TEORÍA DE LAS FUENTES DEL DERECHO

Colección: ***El Derecho y la Justicia***
Directores: Elías Díaz y Francisco J. Laporta

ALF ROSS

TEORÍA DE LAS FUENTES DEL DERECHO

(Una contribución a la teoría del derecho positivo sobre la base de investigaciones histórico-dogmáticas)

Traducción del alemán, notas y estudio preliminar de
José Luis Muñoz de Baena Simón,
Aurelio de Prada García y
Pablo López Pietsch

CENTRO DE ESTUDIOS POLÍTICOS Y CONSTITUCIONALES
Madrid 1999

NIPO: 005-99-036-4
ISBN: 84-259-1108-7
Depósito legal: M-916-2000

Composición: D. G. Gallego y Asociados
Imprime: Gráficas Don Bosco

al Profesor Dr. Iuris
Hans Kelsen
con gratitud

La vida es corta; la verdad
pervive y se propaga.
Digamos la verdad.

SCHOPENHAUER

ÍNDICE

Segunda parte
LA DOCTRINA INGLESA

Tercera parte
LA DOCTRINA ALEMANA

Libro segundo
EXPOSICIÓN SISTEMÁTICA DE LA TEORÍA DE LA FUENTES DEL DERECHO

Primera parte
EL PROBLEMA DE LA POSITIVIDAD DEL DERECHO

Segunda parte
EL PROBLEMA DE LAS FUENTES DEL DERECHO

NOTA DE LOS TRADUCTORES

Todas las traducciones son difíciles. Cada lengua, decía Borges, es una forma de sentir el Universo; una forma, cabría añadir, no intercambiable con otras, aunque muchas de ellas posean raíces comunes. Si a esa intrínseca dificultad se le añade la derivada del hecho de que el autor no escribía en su lengua materna, la dificultad de la tarea puede desanimar a cualquiera.

Pero existe algo incuestionable: la mayor parte de los clásicos de la teoría y filosofía del derecho en lengua alemana de comienzos de este siglo permanecen sin traducir al castellano, y la mayoría de los que han sido vertidos a nuestra lengua lo fueron en el ámbito iberoamericano. Si hay que aceptar que sólo lo que cubre un hueco merece ser publicado, ciertamente una disciplina tan pródiga en «oquedades» como la nuestra reclama un importante número de publicaciones. Lo que dota a cualquier empeño al respecto de un aura de novedad que lo hace ciertamente atractivo.

Por eso mismo, porque traducir es un empeño a la vez seductor y peligroso, la presente traducción ha sido afrontada con tanta pasión como prudencia, y sus autores han sido conscientes desde el principio de la ímproba magnitud de la tarea y de los riesgos que entrañaba. Sólo el estímulo que suponía traducir la *opera prima* de uno de los teóricos que más profundamente han marcado la especulación jurídica de este siglo ha sido capaz de sostenerles hasta el final. Y los tres se responsabilizan plenamente del resultado, pues cada uno de ellos ha revisado minuciosamente la totalidad de los textos traducidos por los otros dos.

En ese empeño, ha sido necesario en muchas ocasiones decidir entre dos o más traducciones posibles, sin la absoluta garantía de que la elegida fuera la más adecuada. Ciertamente, el asesoramiento que hemos obtenido de excelentes especialistas en diversas materias ha minimizado el riesgo; pero no lo ha eliminado. Por eso, los términos más problemáticos, además de incorporar la palabra alemana entre paréntesis, van acompañados, en ocasiones, de notas de los traductores, que informan al lector, a pie de página, de los motivos de la elección y (lo que es no menos importante) de las opciones desechadas.

En general, se ha preferido pulir, hasta donde ello es posible, la proverbial dureza del idioma germano para un castellanoparlante, haciendo más suave su lectura. Y esta tarea no se ha limitado a lo estrictamente imprescindible (tornar activas las voces pasivas que tanto abundan en alemán; suprimir buena parte de los refuerzos cuya traducción recargaría innecesariamente las frases; cambiar por otras formas verbales buena parte de los pretéritos perfectos; alterar el orden de ciertas subordinadas). También, y en aras de una mayor calidad del castellano utilizado, se ha optado por usar, a veces, circunloquios en lugar de desinencias de imposible traducción; acortar, en otras ocasiones, frases innecesariamente largas y reiterativas, o, a la inversa, unir, mediante el versátil recurso del punto y coma, aquéllas que pertenecían a una unidad de sentido; introducir formas pronominales para evitar la repetición excesiva del mismo nombre; sustituir ciertos guiones (en los cuales, como es sabido, sobreabunda el alemán) por otros elementos que mejor desempeñaban su función enfática... Todas estas licencias, que hemos intentado mantener dentro del estrecho marco de libertad en que puede -y debe- moverse todo traductor, han contribuido, esperamos, a hacer más accesible la versión castellana de un texto en sí difícil, plagado a la vez de formas coloquiales y de cultismos, con una cierta tendencia al enrevesamiento. Digamos al menos, en descargo del autor (llevamos demasiado tiempo hablando en el nuestro), que no se recrea en esa atroz pesadilla de todo traductor del alemán que son los encadenamientos interminables de frases subordinadas. El alemán de Ross no es el de Goethe, pero tampoco el de Puchta, y en ambos casos hay que añadir: «por fortuna».

Mención aparte merecen las citas en francés e inglés, así como algún que otro modismo latino, que aparecen en el texto. Como el lector podrá notar, unas y otras no siempre son correctas. Desechamos la idea de cambiarlas, lo que hubiera supuesto cotejar docenas de originales no siempre accesibles, «enmendando la plana» al autor en materia ajena a nuestra competencia. Tampoco nos ha parecido conveniente caer en el futil ejercicio de pedantería que supone llenar el texto de notas con el célebre «*sic* en el original». Sólo nos hemos permitido una pequeña licencia: el nombre de Gény, que aparece en multitud de ocasiones durante los temas iniciales, ha sido escrito correctamente, con acento, y no en la forma en que Ross lo maneja, que es «Geny».

Como es lógico, los resaltes tipográficos se han respetado escrupulosamente, dado que poseen un papel muy importante en la comprensión del sentido que el autor otorga a muchas expresiones. Sólo cuando el resalte afectaba a un término de imposible traducción directa al castellano se ha sustituido por algún circunloquio equivalente; y esto ha ocurrido en contadísimas ocasiones.

La lista de personas que han aportado su colaboración a este arduo empeño es extensa, pero no podemos sino agradecer especialmente su paciencia y sus desvelos a Feliciano Barrios, Francisco Laporta, Elías Díaz y Ricardo Banzo, y en nombre de todos ellos al Centro de Estudios Políticos y Constitucionales, editor de la obra; a Matthias Raus, que proporcionó una buena cantidad de sugerencias, las cuales, a buen seguro, han mejorado considerablemente el resultado final; a la anterior agregada cultural de la Embajada de Austria en Madrid, Karin Kneissl, por sus utilísimas gestiones; a Javier Arnaldo, que aportó sus conocimientos de la lengua y filosofía alemanas; a Gregorio Robles, Mariano Bacigalupo, Enrique Olivas, Jesús Ayllón, Juan Antonio Gómez y Raúl Sanz, que formularon sugerencias con respecto a la traducción de términos especialmente problemáticos; y, en general, a cuantos compañeros de los departamentos de Filosofía Jurídica de la UNED y de la Complutense, respectivamente, nos han prestado su apoyo (y sus conocimientos informáticos, de los que no andamos sobrados). De entre ellos, deseamos destacar de forma muy particular a María Luisa Marín, que apostó desde el primer momento por este proyecto, que se contagió de nuestro entusiasmo y nos lo devolvió corregido, aumentado y, sobre todo, *encauzado*.

Especial agradecimiento merecen nuestras respectivas parejas, Pilar, Teresa y Elena, que han sufrido pacientemente las múltiples —«ausencias»— derivadas de esta traducción, así como nuestras hijas, María, Blanca, Ana y Olga, dos de las cuales nacieron durante el interminable proceso de gestación de este trabajo; responsables de muchas de las dilaciones sufridas y, a la vez, de gran parte de los estímulos que nos han ayudado a seguir adelante. Si hay una buena ocasión para pedirles perdón por todo el tiempo que Ross les ha restado, sin duda es ésta.

A todos ellos, nuestro afecto y gratitud. Una parte no pequeña de cuanto de bueno pueda encontrarse en la presente traducción les corresponde; resérvenos el lector en exclusiva los fallos y vacilaciones que sin duda hallará en ella. ¿A quién, si no?

Madrid, septiembre de 1999
José Luis Muñoz de Baena Simón
Aurelio de Prada García
Pablo López Pietsch

ESTUDIO PRELIMINAR

I. INTRODUCCIÓN

A cien años de su nacimiento y veinte de su muerte, la figura de Alf Ross ha conquistado ya un lugar excepcional en la teoría jurídica de este siglo. Su obra *Om ret og retfaerdighed*, publicada en 1953[1], está considerada, junto con la *Reine Rechtslehre* de Kelsen y *The Concept of Law*, de Hart, como uno de los clásicos de esta disciplina en la presente centuria.

La obra de Ross, caracterizada por una profunda reflexión epistemológica sobre los fundamentos del conocimiento jurídico, sobre la posibilidad del discurso moral y los límites del positivismo, posee una riqueza que la sitúa mucho más allá de las etiquetas que tradicionalmente la han acompañado: «no-cognoscitivismo ético», «realismo escandinavo», «realismo normativista», «empirismo jurídico»... Con ser esencialmente ciertas, todas esas denominaciones ofrecen perspectivas en exceso simplificadoras. El Ross más conocido, el de 1953, no es el mismo que el de *Towards a realistic Jurisprudence* (1946)[2] o *Directives and Norms* (1968)[3]. La constante maduración intelectual del autor le llevó a ofrecer en cada obra una perspectiva diferente, sin renunciar a las claves últimas de su concepción de lo jurídico: así, el interés por los mecanismos psicológicos de la interiorización de las normas, característico de los años cuarenta[4], da paso, en los cincuenta, a una visión en la cual predomina la crítica a las categorías dogmáticas tradicionales y un in-

---

1 *Om ret og retfaerdighed. En indeförelse i den analityske retsfilosofi.* Nyt nordisk förlag, Copenhagen, 1953. Existe traducción al castellano: *Sobre el Derecho y la Justicia*, EUDEBA, Buenos Aires, 1970 (citamos por la 2ª ed. de 1997).

2 *Towards a realistic jurisprudence. A criticism of the dualism in law.* Copenhagen, 1946 (traducción al castellano por J. Barboza: *Hacia una ciencia realista del Derecho*, Abeledo-Perrot, Buenos Aires, 1961. Citamos por esta edición).

3 *Directives and norms.* Routledge and Kegan Paul, Londres, 1968. Hay versión castellana: *Lógica de las normas* (trad. de J. Hierro), Tecnos, Madrid, 1968.

4 *Hacia una ciencia...*, cap. IV, esencialmente pp. 100 y ss. En esta obra, Ross utiliza muchos de los materiales de la *Theorie...*, principalmente en los capítulos I a VI.

tento de aplicación de las tesis verificacionistas del Círculo de Viena a la teoría de la ciencia jurídica[5]; en 1968, la influencia de la filosofía oxoniense del lenguaje común y el análisis pragmático del lenguaje se hacen patentes[6]. Si bien todos esos referentes han sido superados, no es menos cierto que la teoría del derecho los ha asumido en buena medida, como referentes ineludibles en la historia del pensamiento jurídico sin los cuales tanto la crítica del iusnaturalismo como las aportaciones del positivismo no habrían podido ser replanteadas en nuestros días, al menos en la forma en que lo han sido.

Para afrontar esta tarea de constante renovación intelectual, Ross contaba con una sólida base filosófica, reforzada durante sus años de formación de postgrado en Francia, el Reino Unido y, especialmente, Austria. Una beca de ampliación de estudios le permitió estudiar en Viena, el mayor foco de irradiación cultural de su tiempo; allí tuvo por maestros a Kelsen, cuya influencia sobre él fue profunda y fructífera, y a Verdross. De ese contacto con las dos principales figuras de la Escuela de Viena nació su primer libro, la *Theorie der Rechtsquellen.*

Concluida en 1926, cuando su autor contaba apenas veintisiete años, se trata de una obra ambiciosa, que reúne las características de un trabajo juvenil (principalmente su vastísima erudición, no siempre necesaria), sin dejar de apuntar una gran madurez y una insólita capacidad de asumir y superar las influencias. Escrita en una lengua distinta de la materna, lo que no deja de notarse en su peculiar estilo, fue defendida como tesis doctoral en la Universidad de Uppsala. Estas circunstancias la convierten, sin desmedro de sus propios e importantes méritos, en una pieza sumamente valiosa para comprender la evolución intelectual de Ross. Producto genuino de su tiempo, en ella se entrecruzan el neokantismo de su maestro vienés y el empirismo de Hägerström, de cuyo apoyo gozó en Suecia. La primera tendencia se esfumó con cierta rapidez (probablemente a ello hagan referencia las frases finales de la *Vorwort*)[7]; trabajos

---

5 V. *Sobre el Derecho...*, cap. II (pp. 55 y ss.).

6 «Es usual en la lógica considerar a las proposiciones como portadoras de un significado determinado, sin ambigüedad alguna, y por consiguiente como verdaderas o falsas, sin tomar en consideración el hablante ni las circunstancias en que habla... En la vida real únicamente encontramos actos-discurso concretos, expresiones de ciertos individuos en ciertas circunstancias, cuyo significado depende de estas últimas y es a menudo tan vago que la alternativa tajante de verdad o falsedad carece de aplicación» (*Lógica de las normas,* «introducción», p. 13).

7 *«....mis posiciones sobre algunos aspectos han cambiado desde la conclusión de mi trabajo. Por ello, publico mi tratado en su actual estado con alguna reticencia.»*

posteriores como *Kritik der sogennanten praktischen Erkenntnis*[8] y «Recht und Wirklichkeit»[9], ambos de 1933, dan fe del progresivo avance de la segunda.

Con todo, Ross conservó rasgos importantes de esta su primera etapa: acaso los más relevantes sean su acérrimo rechazo hacia la especulación de cuño metafísico, en general, y hacia el iusnaturalismo en particular, así como su desconfianza hacia el positivismo «ingenuo», de base comtiana, hacia el sociologismo «puro» y cualesquiera otros intentos de reducción de lo jurídico a «hechos brutos» (sirva como ejemplo de esto último el rechazo de las tesis imperativistas sobre la norma jurídica).

Pero el fuste filosófico del discurso de Ross no obsta en modo alguno al carácter fuertemente técnico-jurídico de su obra, en la que, por poner un ejemplo, se dedican docenas de páginas a cuestiones típicamente administrativistas (la exposición, en el tema XV, de la doctrina de Laband sobre la naturaleza y extensión de la potestad reglamentaria se halla entre las aportaciones más interesantes del presente libro, del que supone la culminación)[10]. En este sentido, toda la obra es un lento, pero continuo avance desde lo filosófico-jurídico hacia lo jurídico-positivo, sin saltos ni discontinuidades, que proporciona informaciones de sumo interés sobre el estado de la teoría del derecho en la segunda década de nuestro siglo. Y lo hace, precisamente, en un momento en que la aportación kelseniana se había separado del legalismo puro e, influida ya por la doctrina de Merkl sobre el escalonamiento del sistema jurídico, se aproximaba a la forma madura que revestiría con la denominación de «*reine Rechtslehre*».

Tal entrecruzamiento de influencias dota a este texto de un aura de provisionalidad, de producto de un momento determinado, que sólo es perceptible cuando se conoce el rumbo que las doctrinas expuestas tomaron muy pocos años después[11]. Para los interesados en la arqueología del pensamiento jurídico, esa condición lo hace especialmente interesante; en

8 *Kritik der sogennanten praktischen Erkenntnis (zugleich Prolegomena zu einer Kritik der Rechtswissenschaft).* Copenhagen, 1933.

9 «Recht und Wirklichkeit», *Juristische Blätter,* 59º Jahrgang, Wien, 1930, 245-251.

10 *Teoría...,* XV, 5.

11 La brevísima exposición que hace Pérez Luño en su artículo «El Derecho y sus fuentes. Una aproximación filosófico jurídica», en Ayllón, J., Escalona, G., Gayo, Mª E. (coord.), *Liber amicorum Antonio Fernández-Galiano*, Facultad de Derecho, UNED, Madrid, 1995, pp. 691 y 692, resulta, por su propia concisión, especialmente interesante. Igualmente, sobre este punto, v. las pp. 14 a 18 del estudio introductorio de A. Febbrajo «Una critica realistica del diritto», en *Critica del Diritto e analisi del linguaggio,* Il Mulino, *Bolonia, 1982.*

cambio, es posible que decepcione a quienes esperan hallar en este Ross juvenil atisbos claros de sus planteamientos ulteriores. En última instancia, creemos no equivocarnos al afirmar que su interesante disección histórico-sistemática de las principales teorías jurídicas europeas del XIX y parte del XX interesará a todos, por su exhaustividad y su sólida fundamentación teórica y bibliográfica.

II. LA CRÍTICA DEL MÉTODO JURÍDICO TRADICIONAL

La *Theorie der Rechtsquellen*, consecuentemente con lo antes expuesto, se halla presidida por un afán, omnipresente a lo largo de sus páginas, de *deslindar los ámbitos del discurso*, frente al iusnaturalismo y al positivismo «ingenuo». Pero no hay en ella intento alguno de articular una crítica excesivamente detallada contra el llamado «método jurídico tradicional» que distinga las dos vertientes (tan distantes en el tiempo y el espacio) en que éste se articuló: la legalista o exegética y la conceptualista o «constructiva». En los temas que dedica a esta materia, al comienzo de la obra, se limita a profundizar (lo que hace, desde luego, con admirable energía y erudición) en el sustrato común a ambas: la creencia (derivada de los revolucionarios franceses por una parte y de los historicistas alemanes por otra) en la *existencia prejudicial del derecho.* En este punto, por cierto, apenas nada permite diferenciar sus textos de los de Isay, Ehrlich, Fuchs o Kantorowicz.

El blanco de sus críticas es ese juez «que se sienta en su celda, armado tan sólo de una máquina de pensar»[12], con la intención de resolver cualesquiera problemas que le presente su trabajo con la sola ayuda de la *ley*, la *analogía* y el *derecho consuetudinario*. La primera constituye la plasmación suprema de una «voluntad del legislador», auténtica unión hipostática (laica, eso sí) de los tiempos modernos; la segunda no es sino una derivación necesaria de la lógica que impregna todo el sistema, y que permite completarlo allí donde el legislador no ha llegado; en cuento a la tercera (eficaz trasunto del *Volkgeist* historicista), es la que realmente permite «cerrar» el sistema, sometiendo cualquier regulación extraña al mismo a la bendición de éste con la sola constatación de la *opinio iuris.*

Aparentemente irreprochable... siempre que se acepten los presupuestos ideológicos sobre los que se asienta. Pero un examen no superficial, un rastreo epistemológico como el que Ross aborda, mostrará las deficiencias del esquema. La *ley* no suele plasmar «voluntad del legislador» algu-

12 Ibid., VII, 1.

na, y su forzada generalidad esconde más problemas para el intérprete que garantías para el justiciable; la *analogía*, prescindiendo de las restricciones que ciertas ramas del ordenamiento le imponen, es un procedimiento exclusivamente lógico, que no da cuenta de la complejidad que comporta toda concreción normativa; el *derecho consuetudinario,* como categoría «no-legal» del sistema de fuentes, no permite resolver todos los problemas derivados de la interpretación jurídica, como se verá al final de este estudio.

En este punto, la crítica al método tradicional de interpretación vuelve a acercar a Ross a los partidarios del «derecho libre». La norma es un marco necesitado de concreción, cuya interpretación es *siempre* necesaria; la visión logicista-mecanicista del juez, aferrada a viejos aforismos (*in claris non fit interpretatio*), es errónea y se limita a crear, como más adelante diría Kelsen, «la ilusión de la seguridad jurídica»[13]. En el proceso de concreción, intervienen factores que sólo una ingenua pretensión de simplificar el problema sería capaz de pasar por alto.

Ante la constatación de esa insuficiencia, caben varias posturas:

- Negarla en nombre de criterios hermenéuticos intrasistemáticos, de ficciones «tranquilizadoras» como la «voluntad del legislador», la «voluntad objetiva de la ley» o similares, tendentes a reforzar la idea de la autointegración del sistema a partir de la *ley*.

- Negarla apelando a criterios hermenéuticos ajenos al sistema («libre investigación del derecho», «creación científica del derecho» y otros de similar jaez).

La alternativa que esta oposición trasluce es todo menos novedosa: la pugna entre el «juez al servicio de la seguridad jurídica» y el «juez buscador de la justicia material», si bien alcanzó su culmen a comienzos del presente siglo (y ha reverdecido con polémicas recientísimas, relativas a la siempre problemática relación entre normas y principios)[14], se remonta a la Grecia clásica.

A la solución que Ross propone nos referiremos más adelante. En este punto, nos bastará con apuntar a lo que señala como causa de la deficiente comprensión de este problema: la idea, o, más bien, el dogma, de la *existencia prejudicial del derecho y del Estado*, que no es sino un corolario de otro dogma aún más arraigado: el *derecho como voluntad de un Estado*

---

13 Kelsen, H., *La Teoría pura del Derecho* (2ª ed.), Editora Nacional, Méjico, 1982, cap. VI (pp. 139 y ss.).

14 La más señalada de las cuales es, sin duda, la planteada por el libro de Zagrebelski, G., *El derecho dúctil. Ley, derechos, justicia*. Ed. Trotta y Comunidad de Madrid, 1995 (trad. de M. Gascón, epílogo de G. Peces-Barba).

pre y suprajurídico. He aquí el punto de confluencia entre el iusnaturalismo y el positivismo «ingenuo»[15].

A primera vista, la similitud que Ross establece en este punto carece de fundamento: si el iusnaturalismo se caracteriza por algo, es precisamente por su defensa de un concepto de derecho pre y supraestatal. Pero no conviene olvidar que los iusnaturalistas contra quienes dirige sus críticas no son los del XVIII, sino los de fines del XIX y comienzos del XX, sometidos (es el caso de Gény) a un *aggiornamento* que les había privado de muchas de sus señas de identidad, adoptando algunos de los modos y maneras característicos del positivismo (como, por ejemplo, la definición de la ley en términos de «realismo ingenuo») y del sociologismo (la invocación a los «hechos creadores de derecho»)[16].

La crítica de Ross se comprenderá fácilmente resaltando su carácter *epistemológico*: si el positivismo «ingenuo» (el caso más típico en la doctrina alemana sería el de Bergbohm) puede ser considerado como un resto de iusnaturalismo, se debe a su constante *confusión de teoría y política jurídicas*. Este lastre metodológico, auténtica «bestia negra» a lo largo de las páginas de la *Theorie der Rechtsquellen* y bajo cuyo rechazo no resulta difícil columbrar la influencia de su maestro vienés, se remonta a la escuela histórica. Ross lo resume con magistral concisión (que no obsta a lo discutible de su argumento), en un párrafo que no nos resistimos a citar:

«...el método positivista de interpretación contiene un mandato al juez para que, en defecto de ley, *no* aplique un derecho natural abstracto, sino más bien una analogía técnico-concreta; y se afirma, como lo hace también el iusnaturalismo, que tal mandato *es* derecho. Desde un punto de vista metodológico, la doctrina positivista de la interpretación se sitúa así en el mismo plano que su antagonista. El positivismo supone una negación sustantiva del contenido del derecho natural, pero formalmente no supera el sincretismo metódico propio del iusnaturalismo. Supuesto que se entienda por iusnaturalismo, no ya un determinado sistema jurídico cualificado por su contenido, sino cualquier doctrina jurídica que incurra en la mezcolanza metodológica de teoría y política jurídica típica del iusnaturalismo histórico, hay buenas razones para afirmar con razón que el positivismo conserva aún un carácter iusnaturalista. El iusnaturalismo, en sentido histórico, postulaba un determinado ideal abstracto, ético, como derecho; el «ideal» del positivismo es técnico-concreto, pero

15 Si existe un hilo conductor del libro, acaso sea éste. En la denuncia que encierra caben tanto la falta de método y sistematicidad en el tratamiento de los problemas por parte del iusnaturalismo como la que muestra el positivismo precrítico (esto es, prekelseniano).

16 *Teoría...*, III, 6.

igualmente se hace pasar por derecho. La consideración de la analogía —o de la ciencia, como lo expresó la escuela histórica— como fuente del derecho, supone una reminiscencia formalmente iusnaturalista dentro del sistema del positivismo»[17].

III. CRÍTICA DE LOS MÉTODOS ANTIFORMALISTAS

Cuanto hemos visto anticipa ya uno de los temas recurrentes de la presente obra: el empeño de criticar los conceptos de ciencia utilizados de forma impropia. Para llevar adelante esta tarea, Ross había de luchar (tanto en lo referente a la teoría de las fuentes como a la de la interpretación jurídica) en tres frentes a la vez: contra las construcciones larvadamente iusnaturalistas del estilo de la «libre investigación *científica* del derecho» (Gény), contra la «*ciencia* sociológica del derecho» (Ehrlich, Fuchs, Kornfeld) y, por último, contra las aportaciones procedentes del neokantismo que pretendían, en un sentido muy opuesto al de su maestro Kelsen, establecer una «*ciencia* de la interpretación» (Lask, Binder, Radbruch, Kantorowicz).

a) La crítica a Gény se encuentra entre las más acerbas del texto. El sentido último de la obra del jurista francés se resume en un concepto que a los ojos de Ross no podía sino resultar delirante: la «ciencia productiva». Pero si este concepto es efectivamente, desde el punto de vista del positivismo maduro de comienzos del XX, una *contradictio in terminis* (la ciencia describe y organiza, pero no crea), no lo son menos los materiales con los que Gény recurre a esta «creación» y la forma, manifiestamente tramposa, en que los maneja[18]. Un excesivo desarrollo de esta crítica contra Gény privaría al lector del placer de descubrirla por sí mismo, de disfrutar con toda la jocosa agresividad que Ross pone en ella. Baste con dejar claro que, según el autor danés, el dualismo introducido por Gény en la doctrina de las fuentes no es sino el resultado lógico y consecuente de su división del concepto de derecho en dos partes difícilmente compaginables: la ley (tomada como un dato, al modo del ya citado realismo ingenuo) y un derecho extralegal «científicamente» hallado, pero generado por una *conscience collective* que recuerda a la escuela histórica[19]. Sería difícil no ver aquí la crítica al dualismo que, cinco años después, vertebraría epistemológicamente la *Teoría pura del Derecho*, y que Ross había conocido en Viena de primera mano.

---

17 Ibid., VI, 6.
18 Ibid., III, 5.
19 Ibid., III, 4.

b) En cuanto a las perspectivas sociologistas, la negación de la sociología como ciencia normativa presenta el mismo sentido que lo anteriormente visto. Con ella se pretende, según Ross, extraer consecuencias prescriptivas de formas cuyo carácter es eminentemente descriptivo. Si bien el capítulo dedicado a Ehrlich es el más breve de la obra (y los maliciosos verán en ello la mano de su maestro vienés)[20], las objeciones que le dirige no difieren en exceso de las que el padre de la sociología del derecho había recibido en su célebre polémica contra la máxima figura de la Escuela de Viena: la dificultad de casar los dos polos de su teoría jurídico-sociológica, las normas de decisión (*Entscheidungsnormen*) y las formas de organización *(Organisationsformen*), en aras de una teoría sociológica que diera cuenta de los hechos sociales generadores de derecho. La crítica, insistimos, es previsible: lo fáctico no es normativo, y la pretensión de edificar sobre ese ámbito una ciencia jurídica sociológica tropieza con la inconmensurabilidad de métodos. En última instancia, se mezcla el problema de las *causas de aparición* del derecho con el de la *validez* del mismo, «...en una confusión en la que nada se distingue de nada»[21]. Un reproche que, como ocurre tantas otras veces, sólo seremos capaces de suscribir si aceptamos los propios puntos de partida de Ross, su incapacidad para aceptar que el propio Ehrlich, haciendo gala de su apellido, sostiene expresamente en «Soziologie und Jurisprudenz»: «La ley no puede, precisamente, ser una morfología»[22], distinguiendo los ámbitos que el danés le reprocha no haber delimitado (el prescriptivo para las normas jurídicas, el descriptivo para la Jurisprudencia sociológica) y deslindando los métodos que, según él, amalgamaba sin ton ni son.

c) Por lo que a los neokantianos se refiere, la crítica que Ross les dirige se basa en su incapacidad para extraer coherentemente las consecuencias de sus perspectivas ideológicas. La contraposición entre *Sein* y *Sollen,* cuando es incorrectamente entendida (como lo es en el nuevo iusnaturalismo y en el sociologismo) da pie al establecimiento de una suerte de síntesis entre ambos, como la que se da en el ámbito de las descripciones de la «cultura objetiva». Esta última resulta especialmente cuestionable, dado que las formas de objetivación a las que se recurre mezclan, como las anteriores, tipos de discurso mutuamente irreductibles, dando por supuesta

20 Sobre la polémica entre Kelsen y Ehrlich, v. «La polémica entre Kelsen y Ehrlich sobre la naturaleza de la ciencia jurídica», en Robles, G., *Epistemología y Derecho*, Pirámide, Madrid, 1982, pp. 27 a 41.

21 Ibid., IX, 2.

22 V. «Soziologie und Jurisprudenz», en Ehrlich, E.: *Freie Rechtsfindung und freie Rechtswissenschaft. Soziologie und Jurisprudenz.* Scientia, Aalen, 1987, pp 11 y 12.

la cultura como un dato objetivo (véase la dureza con que critica el «ejemplo del andén» de Binder)[23]. La imposibilidad de este tipo de discurso es particularmente evidente en el caso de la Jurisprudencia, la mayor parte de la cual carece de carácter científico y es refractaria a estas formas de pretendida objetividad. De este modo, hay que rechazar cualquier tipo de «ciencia de la interpretación». La tarea de la ciencia del derecho es *aclarar* lo que es derecho válido, no *complementarlo* o *suplirlo* (como no lo era *crearlo* o *investigarlo*); una vez más, escuchamos ecos kelsenianos.

d) En relación con este punto, mención aparte merece el caso de la *Freirechtsbewegung*. No deja de ser curioso que antes, al enumerar los tres frentes de lucha en que se desenvolvió la pugna teórica del joven Ross, hayamos visto en todos ellos autores adscritos, en mayor o menor medida, al llamado «movimiento del derecho libre»; el cual, si bien a mediados de los años veinte comenzaba ya a dar señales de agotamiento, era considerado aún el abanderado de la «renovación jurídica». Con todos ellos comparte el danés su crítica contra el concepto tradicional de ciencia jurídica, al que ya nos hemos referido, así como contra el fundamento de éste: la idea de la existencia prejudicial del derecho y del Estado. Pero este rechazo de la ciencia jurídica encorsetada en dogmas insostenibles no se había producido, según Ross, en el sentido adecuado. La pretensión (inequívocamente kelseniana) de una ciencia del derecho metodológicamente depurada e independiente con respecto a toda ideología, que él sostenía y siguió sosteniendo durante muchos años, no podía casar bien con el inquietante despliegue de términos imprecisos, dudosamente enmarcables en una teoría sólida de las fuentes, con que los «teóricos» del movimiento habían sembrado la reciente literatura alemana: «naturaleza de la cosa», «equidad», «libre investigación», «relaciones de la vida», etc. Ciertamente, la *Freirechtsbewegung* no constituye tanto un intento de hallar un método nuevo, frente a la «construcción» decimonónica, como de aportar un impulso renovador a la jurisprudencia de los tribunales. Pero Ross encuentra (con razón) pretensiones teóricas en ese empeño sustancialmente práctico, y las halla muy cuestionables. Atisba en todas ellas una constante *confusión de teoría y política jurídicas,* capaces de desbaratar cualquier elaboración seria del problema de las fuentes (y que no se planteó con tanta crudeza en su predecesora, la *Interessenjurisprudenz*). La «lucha por el derecho», nos dice Ross, es una «lucha por la política jurídica», que no

23 Aunque el fondo de la argumentación es acertado (siempre, claro está, que se acepte la perspectiva de Ross), la forma, en exceso retórica, en que lo resume resulta manifiestamente simplificadora e injusta (*Teoría...*, X, 3).

constituye sino el último episodio en la reacción contra un positivismo jurídico ingenuo: lejos de enfrentarse a los problemas fundamentales irresueltos que constituían la herencia de aquél (la validez jurídica, la depuración crítica de la doctrina de las fuentes), opta por reproducir el viejo esquema, *añadiendo nuevas fuentes* (de creación ya social, ya judicial) junto a la ley y el derecho consuetudinario[24].

IV. «LA SUPERACIÓN»: LA TEORÍA KELSENIANA Y SUS LIMITACIONES

Hemos dejado para el final la propia aportación de Kelsen, ya despegada del inicial legalismo de los *Hauptprobleme...*, y que Ross había podido estudiar y discutir *in situ* con su autor. A estas alturas, resultaría absurdo resaltar la importancia que la contraposición entre *Sein* y *Sollen* reviste en esta obra temprana del danés. Pero a sus críticas contra los neokantianos no es ajeno el propio Kelsen.

En opinión de Ross, la concepción escalonada del ordenamiento sostenida por Merkl y Kelsen obvia casi todos los problemas derivados, tanto de la propia doctrina de las fuentes, como del proceso de concreción en que se sustancia toda interpretación (sin pretender ser ella misma una *teoría* de la interpretación), respetando los ámbitos del discurso al situar a la teoría jurídica en condiciones de afrontar el problema capital de la *validez específicamente jurídica*, sin confundirla con las condiciones fáctico-psicológicas de la existencia u obediencia a las normas. Tarea sin la cual hubiera sido imposible desenmascarar «las tendencias criptopolíticas de la iuspublicística alemana»[25], cuya manifestación más peligrosa había sido la distinción labandiana entre ley en sentido formal y ley en sentido material, y a la cual nos referiremos más adelante.

Con todo, según Ross, la distinción categorial entre «ser» y «deber ser» no es planteada por Kelsen en los términos adecuados. Su *delimitación* resulta correcta (nada más evidente que la diferencia entre el modo indicativo y el imperativo); no así su *contraposición*, en los términos en que el vienés la plantea. Pues la fijación *conceptual* de los respectivos campos metodológicos no obsta a que se pueda (y deba) «...concebir el sistema de validez normativa en analogía con el sistema del ser, como constituido por medio de una síntesis entre "sensaciones" específicamente normativas y formas a priori del pensamiento»[26]. Por el contrario, la perspectiva de Kelsen, en su

---

24 La política jurídica sería, años después, uno de los ejes de *Om ret...*, de 1953.
25 Teoría, X, 9.

frontal rechazo de toda «contaminación» del método inductivo (científico-natural), traza una rígida separación entre ambos campos, cuyos efectos más perniciosos son, además de su perspectiva rígidamente deductiva, la oposición entre todo conocimiento normativo, por una parte, y cualquier clase de conocimiento referido a la realidad perceptible por los sentidos, por otra. Oposición que genera los problemas típicos planteados por la *Grundnorm* y que Ross intenta paliar (hay que decir que de forma no demasiado convincente) recurriendo a la coordinación recíproca de los dos ámbitos:

«...el derecho es función de una totalidad de voluntad. De donde se sigue que la realidad que subyace al derecho encuentra su peculiar expresión en la formulación normativa. La correlación de las acciones sociales se corresponde con la interconexión lógico-sistemática de las normas»[27].

La base de dicha interconexión se halla en los conceptos de *coordinación* y *sistema*:

«Contempladas desde el plano colectivo (esto es, en relación con las acciones de otros individuos), las acciones de las personas no forman un caos, sino una totalidad organizada. En este sentido es lícito hablar de una voluntad colectiva o de acciones voluntarias colectivas. El conocimiento jurídico resulta posible hasta donde alcanza una coordinación semejante»[28].

El papel que el «sistema de interconexión» desempeña en la teoría de Ross (digámoslo desde ahora) es equivalente al que juega la «norma fundamental» en el de Kelsen: es el criterio último de validez jurídica, la clave de bóveda de la ciencia del derecho. Según Ross, la correcta comprensión del sistema comporta importantes consecuencias para la doctrina de la construcción escalonada, divergentes de las sostenidas por Kelsen:

a) Las normas morales y jurídicas son, ambas, a la vez autónomas y heterónomas, según que se las considere en relación a la voluntad moral individual o a la voluntad sometida a la norma[29].

b) El conocimiento jurídico puede darse en forma tanto inductiva como deductiva[30].

c) El sistema jurídico en su conjunto ha de ser considerado como un *organismo* (y en este punto Ross parece resuelto a vencer su reticencia hacia las metáforas), en permanente transformación; la unidad de dicho sistema no se halla en una norma fundamental presupuesta, meramente formal, sino en la ya citada correlación mutua de sus componentes, que

26 Ibid., X, 10.
27 Ibid., XI, 4, e).
28 Ibid., XI, 4.
29 Ibid., XI, 4, b).
30 Ibid., XI, 4, c).

impide trazar límites precisos entre la revolución y el surgimiento cotidiano del derecho por vías extrasistémicas[31]. Es la variación continua del conjunto, y no su estabilidad, lo que permite comprenderlo a través del concepto de validez.

V. LA PROPUESTA DE LA *THEORIE DER RECHTSQUELLEN*

Cuanto hemos visto nos permite abordar la postura adoptada por Ross en esta su primera obra. Para ello, lo procedente será comenzar por lo más general, avanzando, de forma gradual, hacia el problema capital, el que da su nombre al texto: el de las *fuentes del derecho.*

a) La ciencia del derecho.

Para Ross, la especificidad de lo científico-jurídico se encuentra, no tanto en su carencia de referentes reales, como en la imposibilidad de construir sobre éstos la cientificidad de lo jurídico. Lo contrario nos llevaría a confundirla con formaciones como la sociología, la política o la tecnología jurídicas; pues el derecho designa un ámbito de lo real no reducible a otros (aunque *coordinable* con ellos). El derecho no es «naturaleza», ni en el sentido iusnaturalista ni en el sociologista. Pero existe una importante similitud entre ambos conceptos: ambos expresan sistemas de conocimiento autónomos.

«El derecho no es un concepto científico dentro de un sistema, sino un concepto que designa el propio sistema»[32].

Una auténtica ciencia del derecho, merecedora de este nombre, habrá de huir del sincretismo que tradicionalmente ha impregnado a la especulación al respecto, sustituyendo la pregunta por el *ser* del derecho por la cuestión de *cómo es posible el conocimiento jurídico*. De este modo, Ross plantea, ya desde su primera obra, lo que habría de ser el caballo de batalla de su teoría jurídica durante los siguientes decenios: la firme creencia en que tanto el iusnaturalismo como el positivismo legalista han planteado la cuestión en términos erróneos, y que todos los problemas suscitados entre positivismo y iusnaturalismo son reducibles a (y solucionables mediante) planteamientos epistemológicos[33].

---

31 Ibid., XI, 4, g), XII, 8 y XIV, 6. No deja de resultar paradójico que este movimiento «de arriba abajo» y viceversa nos recuerde, precisamente, a uno de los referentes más lejanos del conceptualismo, cuya teoría de las fuentes fue blanco de las críticas de Ross: Puchta.

32 Ibid., VIII, 1.

33 V., al respecto, el cap. XI de *Sobre el Derecho...,* «Análisis y crítica de la filosofía del derecho natural», pp. 319 a 329.

Esta exigencia, en principio ajena a cualquier forma de «pureza metódica» (aunque ciertamente influida por ella), exige una ciencia específicamente conocedora del derecho, cuyo propósito es conocer la validez como fenómeno específicamente jurídico, basado en la comprensión previa del derecho como sistema escalonado de normas que descansa en (y da forma a) una totalidad de acciones sociales (*Handlungstotalität*)[34]. Sólo así es posible comprender la validez de los actos concretos de aplicación de las normas (sentencias contratos y, en general, las denominadas «normas individuales») en función de su referencia a aquéllas, *pero también a la inversa: en última instancia, la validez expresa la conformidad con el sistema*, y no con ninguna de sus normas, sea o no hipotética[35]. En opinión de Ross, esta solución equidista de lo normativo y lo fáctico; una equidistancia que siempre le preocupó, y de la cual es buena muestra su doctrina madura de 1953, el llamado «realismo normativista»[36]. (Por cierto que la fórmula que acuñó para sintetizar ese difícil equilibrio nos resulta familiar: «entre Escila y Caribdis»)[37].

Esto nos permite situar en su justa término los conceptos de «creación» o «producción»: no son conceptos propios de la *ciencia,* sino de la *técnica* jurídica: no es el «científico» quien «crea» nuevas normas, sino el aplicador que decide la forma en que ha de aplicarlas a casos particulares. De modo que es inevitable rechazar:

a, 1) todo carácter «productivo» o «creativo» de la ciencia jurídica, por entender que ello supone situar al mismo nivel un «derecho legal» creado por el Estado, un «derecho consuetudinario» proveniente de la sociedad y un «derecho científico» generado por la «ciencia»[38];

a, 2) toda pretensión de «describir», en términos científico-naturales, los supuestos «hechos causales» de lo jurídico, por estimar que ello supo-

---

34 *Teoría...*, XI.

35 Ibid., XI.

36 La relación entre lo fáctico-social y lo ideal-normativo es, precisamente, el tema fundamental de su concepto de «derecho vigente»: «Al hacer de la validez una relación internormativa (la validez de una norma deriva de la validez de otra), Kelsen ha clausurado, desde el comienzo, toda posibilidad de que su teoría se ocupe de la médula del problema de la vigencia del derecho, que no es otro que el de *la relación entre el contenido normativo ideal y la realidad social» (Sobre el Derecho...*, II, 13, p. 99; el resaltado el nuestro).

37 *Teoría...*, XII, V. Hart, H. L. A.: *The concept of law,* Oxford University Press, 1961. Traducción al castellano por G. R. Carrió: *El concepto de Derecho,* Editora Nacional, 1963, p.183 (citamos por la 2ª ed., de 1980).

38 Ibid., XII, 3, b).

ne la confusión del discurso sobre las normas con el que versa sobre los motivos de la génesis o la obediencia a aquéllas[39];

a, 3) cualquier intento de configurar la ciencia jurídica como «ciencia de la aplicación del derecho», buscando construcciones que puedan actuar como principios «objetivos» de interpretación, dado que el proceso de concreción inseparable de la aplicación de las normas no tiene un carácter lógico, sino psicológico: «...entre lo abstracto y lo concreto existe un abismo que no puede allanar *lógica* alguna, sino sólo un *hecho*»[40].

La insistencia en el sistema escalonado es esgrimida por Ross para debelar varios de los dogmas habituales en la ciencia jurídica, y que ya venían siendo fuertemente cuestionados. Se trata de los siguientes:

1) *La existencia prejudicial del derecho*. A la crítica que enarbola el autor danés al respecto nos hemos referido anteriormente, y a ella nos remitimos.

2) *La concepción de las normas jurídicas como imperativos*, que no es sino una manifestación de lo anterior: el soberano es aquél de quien «emana» el derecho, como si el propio concepto de «soberano» no requiriera el concurso de conceptos jurídicos como, por ejemplo, el de «competencia», tornando inútil cualquier intento de reducir el derecho a supuestos «datos brutos», «prejurídicos»[41].

Resulta de sumo interés comparar esta argumentación con la que aparece (¡otra vez!) en *The Concept of Law*, de Hart, publicado treinta y dos años más tarde[42]. Evidentemente, se trata de un tema de especial interés para la teoría jurídica anglosajona, debido a la preeminencia del imperativismo austiniano en la concepción continental del derecho. Pero no es éste el único punto en que esta obra de juventud de Ross nos trae a la memoria la de su coetáneo británico: pues el tipo de antiimperativismo que el danés enarbola conduce claramente a una postura que en el texto que nos ocupa se atisba de forma embrionaria y que sólo en *Om ret og retfaerdighed* se despliega con todas sus consecuencias: la que sostiene que las normas van dirigidas a los funcionarios y no a los particulares (punto de vista que Hart consideró, no sin razón, muy representativo de quienes tratan de conseguir para lo jurídico «la deformación al precio de la uniformidad»[43].

3) La ausencia de lagunas. La detallada argumentación construida en torno a este concepto, que distingue el «criterio para determinar la exis-

39 Ibid., IX.
40 Teoría..., XIII, 5.
41 Ibid., VIII, 1 y IV, Excursus A.
42 Op. cit. pp.26 y ss.
43 Ibid., II, 1, pp. 45 a 53.

tencia de la laguna» (*Lückenmaßtab*) de su «principio de existencia» (*Existenzprinzip*)[44], no se separa del marco general trazado por la negación contenida en el punto 1) y, en consecuencia, de la argumentación kelseniana al respecto: la laguna es expresión de un argumento político.

«No es posible conocer una laguna en la ley a partir de la propia ley... El vacío no es discernible de la indeterminabilidad abstracta de la ley. Cuando la ley reclama una decisión material, pero no dice cuál de las posibles debe ser, quiere decir que la decisión es, de acuerdo con la ley, libre e indeterminada dentro de la exigencia abstracta de una decisión por parte de la ley»[45].

El error de considerar la «complementación» de las lagunas como una actividad cognoscitiva es común a la doctrina tradicional y a la *Freirechtsbewegung*. La clave no está en determinar la naturaleza intra o extrasistemática de los procedimientos para llenarlas, sino en ser capaz de «ver» (y quien lea detenidamente el capítulo XIII se percatará de hasta qué punto Ross se percibe del componente *estético* de este problema) que, simplemente, no existen[46].

b) El sistema de fuentes.

Detectado el fallo fundamental que ha impedido a la mayor parte de la doctrina situar en su punto justo la teoría de las fuentes, Ross dedica los últimos temas a reconstruirla, utilizando los conceptos de validez normativa y sistema escalonado a que ya nos hemos referido. Y, aunque dicha referencia nos exime de una detallada exposición sobre el particular (pues muchos de los temas que expone en los capítulos XII a XVI ya han sido expuestos sucintamente), no será inútil tratar aquí alguno de los puntos concretos que presentan mayor interés.

b, 1) La Constitución.

Acaso la mayor paradoja de la concepción del Estado y la soberanía como realidades prejurídicas se halle en la creencia en que la constitución regula las funciones del Estado, cuando ella misma *es* una función del Estado. Para resolver esta paradoja, Jellinek acuñó la doctrina de la «autovinculación del Estado», entendiendo que el ente estatal dictaba normas para limitar la extensión y el uso de su propia voluntad... normas que,

44 Ibid., XIII, 7.

45 Ibid., XIII, 8.

46 Como es sabido, no existe en nuestro país un estudio monográfico detallado sobre la *Freirechtsbewegung*. Tan sólo trabajos concretos, entre los cuales debemos reseñar los de Segura Ortega, M., «Kantorowicz y la renovación jurídica», *Dereito,* vol. II, nº 2 (1993), pp. 113 a 130; «El movimiento del Derecho libre», *Anuario de Filosofía del Derecho*, tomo X (1993) y García Amado, J. A., «Ernst Fuchs y la doctrina del Derecho libre», *Anuario de Filosofía del derecho*, XIV (1997), pp. 803 a 825.

cómo no, procederían de esa misma voluntad, lo que forzaría a recurrir a alguna otra construcción, nada constitucional, del estilo *pacta sunt servanda* o similares[47]. Somló repitió esta formulación, de forma un tanto modificada, en su doctrina sobre las «normas de promesa» (*Versprechennormen*)[48].

Esta evidente construcción *ad hoc* descansa en concepciones primitivas, prejurídicas de los términos «obligación» y «promesa». El resultado nos resulta ya bastante familiar, acaso porque se repite tercamente en este tipo de construcciones: cualquier concepción que no acepte el carácter esencialmente jurídico del Estado está condenada a «remendar» de forma continua problemas generados por su propia y engañosa simplicidad: esto es, por su negativa a aceptar que *la autoridad es la que genera el sistema, y no al revés*[49].

Aunque Ross se aproxima en su modo de entender el papel de la constitución en el sistema de fuentes a la *Grundnorm*, siempre en su condición de pieza clave de un *sistema* (por entender que «...sólo partiendo de *bases lógico-normativas* cabe concebir la Constitución como distinta de las normas de menor rango...»[50]), es preciso dejar claro que esta similitud sólo es tal en cuanto se la compara con construcciones como la de la «autovinculación». Pues no puede ser un concepto meramente formal, sin contenido, ya que la función de una norma que denominamos fundamental (y aquí Ross es sumamente coherente con su perspectiva epistemológica de los problemas) ha de ser la de constituir, ella misma, «...condición necesaria para conocer otra norma como derecho. Y esta función se cumplirá igualmente tanto si las condiciones que establece para la constitución de las normas derivadas son exclusivamente formales como si presentan un carácter material»[51]. Tampoco la norma fundamental del ordenamiento internacional presenta este carácter vacío; antes bien, al contrario, si se caracteriza por algo es por su contenido.

En relación con este punto, el del papel de la constitución en la cadena de validez, el autor danés se refiere en particular a un problema de serias implicaciones lógicas, que siempre le interesó particularmente, y que reaparece en su artículo de 1967 «Sobre la autorreferencia y un difícil problema de derecho constitucional»[52]: el de la constitución que contiene pres-

47 Ibid., XIV, 2.
48 Ibid.
49 Ibid., XII, 8.
50 Ibid., XIV, 3.
51 Ibid.
52 «Sobre la auto-referencia y un difícil problema de derecho constitucional», publicado en *El concepto de validez y otros ensayos*, Centro Editorial de América Latina, Buenos Aires, 1969, pp. 47 a 81.

cripciones relativas a su propia modificación. Dado que éstas son parte de la misma constitución, con idéntico valor normativo que el de aquélla, nos hallamos aparentemente ante una situación contradictoria: la norma que regula la derogación de otra norma no puede ser considerada como perteneciente al mismo escalón. Nos hallaríamos, además, ante una proposición que dice algo sobre sí misma; lo que supodría un absurdo lógico. Su solución es considerar a dichas reglas como «meramente presupuestas», no procedentes de instancia alguna, pese a la evidencia de su incardinamiento constitucional, y que entran en juego allí donde no existen reglas de cambio. Es aquí donde Ross cree ver el significado último de la norma fundamental presupuesta.

«Dicha norma fundamental, lejos de ser arbitraria, aparece en escena exactamente en el momento en que, partiendo de la voluntad social real, no resulta ya posible identificar, a través de un paso de abstracción ulterior, las condiciones generales bajo las que una determinada norma posee validez»[53].

En última instancia, resulta fácil que esto entrañe un desvío del problema hacia el de la *convicción jurídica como fuente de derecho:* la norma es válida porque la voluntad social (bajo su forma de totalidad de acciones sociales, de *Handlungstotalität* no hipostasiada) la quiere; pero si la quiere es porque piensa que vale *con independencia de ello.* «¡ Aquí sí que puede decirse, por una vez, que la creencia crea su propio objeto!»[54].

b, 2) La relación entre ley y reglamento.

La forma en que esta dualidad articula el efectivo funcionamiento del sistema jurídico no ha dejado de plantear problemas teóricos (e ideológicos) en el derecho alemán. El error de base (que se remonta a Rousseau) es la consideración de la ley como necesariamente general y abstracta, frente a la concreción de la sentencia, frente a lo cual argumenta Ross que lo decisivo de la ley es su papel como escalón superior y base de conocimiento de los escalones que le siguen. Inevitablemente, el proceso comporta una concreción; pero esto no significa necesariamente que la norma con rango de ley haya de ser abstracta y general: «El concepto de ley, por tanto, en ningún modo se constituye como *general* mediante el contenido de la norma, sino en función del escalón que ocupa la norma en el sistema»[55].

La manifestación más relevante de la polémica en torno a la naturaleza de la ley es la teoría acuñada por Paul Laband sobre la distinción entre

53 *Teoría...*, XIV, 4.
54 Ibid., XIV, 5.
55 Ibid., XV, 3.

ley en sentido formal y en sentido material, que reserva la condición de ley formal para la manifestación de la «voluntad del Estado» a través de la vía de la legislación, considerando ley material a «...la disposición jurídicamente vinculante de una proposición jurídica»[56]. La distinción correlativa en el ámbito reglamentario admite la existencia de un reglamento en sentido formal destinado a servir de vía a los «actos de voluntad del Estado» por la vía reglamentaria, dividido a su vez en dos subespecies: reglamentos jurídicos (*Rechtsverordnungen*) y reglamentos administrativos (*Verwaltungsverordnungen*); y, junto a éste, un reglamento en sentido material, considerado como un *contenido* tendente a llenar el ámbito de libre actuación que la ley deja a la autoridad administrativa. Si bien circunscrita inicialmente al ámbito presupuestario (la interpretación del art. 5 de la Constitución del Imperio y del art. 62 de la constitución de Prusia), esta postura se impuso con fuerza en la teoría jurídica alemana, y lo hizo precisamente como lo contrario de lo que realmente suponía: un retroceso desde la concepción constitucionalista a la propia de las constituciones estamentales del XIX. Pues, dada la existencia de disposiciones *ad intra* y *ad extra* de la Administración (las segundas comprometen los derechos y deberes de los ciudadanos, a quienes van dirigidas, mientras que las primeras, restringidas al interior de la Administración, no pueden ser consideradas propiamente jurídicas), Laband estima que estas últimas caen fuera de la competencia legislativa[57].

A nadie se le escapa el fuerte papel político desempeñado por esta concepción. Su sustracción al control parlamentario de ciertos actos «internos» del Estado, no considerados jurídicos, algunos de ellos tan esenciales como las aprobaciones de las ordenanzas de tribunales o las leyes de presupuestos, es la consecuencia de una interpretación del concepto de «ley» que Ross ataca briosamente (si bien es cierto que sus lanzadas se dirigen contra un cadáver no precisamente reciente):

«Esto es, a la Asamblea constitucional le corresponde dictar leyes sobre compraventa, sobre matrimonio y herencia y sobre otras bagatelas jurídico-privadas. Pero todos los asuntos de Estado y cuestiones públicos no le conciernen en absoluto; son ordenados, según su propio criterio, por la alta Administración»[58].

El gran error de Laband es equiparar sin más la distinción formal-material en el ámbito legislativo y en el reglamentario[59], restringiendo

56 Ibid., XV, 5.
57 Ibid.
58 Ibid.
59 Ibid., XV, 8.

la juridicidad a ciertas actuaciones del Estado, cuando lo cierto es que todos los actos de la Administración poseen un sentido jurídico derivado de su procedencia de un ente que es, en sí, radicalmente jurídico. Laband, por el contrario, trata a la Administración como algo situado «por encima de» o «tras» el derecho, utilizando un discurso que ya nos resulta familiar. Sus especulaciones sobre el poder del Estado son metafísicas, porque desconocen lo que es la misma esencia de lo estatal: su carácter de *forma* (jurídica) de organizar el poder, y no de *algo que recurre a formas* para organizarlo.

b, 3) La sentencia, el derecho consuetudinario y otras fuentes.

Ross resuelve todos los problemas planteados por las demás fuentes del derecho con una soprendente limitación del espacio, que desconcertaría a quien no se hallase familiarizado con el razonamiento que despliega a lo largo de la obra. En realidad, la postura que sostiene con respecto a todos estos problemas viene ya marcada por cuanto ha mantenido en los temas anteriores, y puede sintetizarse en lo siguiente: «fuente de derecho», desde el punto de vista epistemológico de la validez adoptado por Ross, equivale a «fuente de conocimiento de algo como derecho». No debe ser considerada como un escalón independiente en el sistema, al que inexcusablemente ha de referirse; es por ello que la costumbre, la más importante de las «fuentes extrasistemáticas», no puede tener la condición de fuente del derecho, pues no permite conocer algo como derecho[60]. La doctrina se ha enredado, al respecto, en polémicas que enfrentan a la tesis historicista-sociologista (el derecho consuetudinario es lo primario y el legal lo derivado) y a la positivista-legalista (la ley es la que «autoriza» como válido el derecho consuetudinario). Ninguna de ambas consigue desarrollar un concepto adecuado de validez, referido al sistema, que rompa los círculos viciosos trazados por las viejas polémicas: inducción-deducción, forma-materia... Ross se muestra más cercano a la tesis de Schultze y Bülow (que es, en lo esencial, la de Lambert y Austin) sobre el derecho consuetudinario como de creación judicial[61]. Es la aplicación judicial (entendiendo el término «juez» en sentido amplio) la que convierte a la mera costumbre en derecho consuetudinario.

Lo mismo puede decirse con respecto a las demás «fuentes»: naturaleza de la cosa, analogía, ciencia, espíritu de la ley... Todas ellas son meros *factores*, «...meras circunstancias fácticas que pueden llegar a incidir

60 Ibid., XVI, 3.

61 Ibid., XVI, 4. Tesis que continuará sosteniendo en *Sobre el Derecho...* (v. cap. III, 20, pp. 133 y 134).

de manera determinante en la creación judicial del derecho... Sólo se convierten en derecho a partir de su inserción en un sistema, a partir de su aplicación por un juez o por alguna otra instancia»[62]. Cualquier pretensión en sentido contrario tiende a mantener, una vez más, la ficción de que el juez aplica un derecho ya existente.

VI. RELACIÓN DE LA *THEORIE DER RECHTSQUELLEN* CON LA OBRA POSTERIOR DE ROSS

La influencia neokantiana, como ya hemos dicho, desapareció de las obras posteriores de Ross. Su preocupación por lograr un concepto de validez equidistante del normativismo y el sociologismo sólo encontró una forma madura y plena en los cincuenta, bajo supuestos filosóficos y epistemológicos muy diferentes de los que exhibe en esta obra (no deja de resultar irónico que su postura de esa época, el empirismo lógico, no estuviera en absoluto presente en la primera de sus obras, gestada en Viena durante los años de eclosión del movimiento). La figura del juez, como pieza de conexión entre el sistema jurídico, por una parte, y los sentimientos fácticos de vinculatoriedad, por otra, continuó siendo el referente último de su posterior concepción de la validez como vigencia, siempre liberada de las hipóstasis y reificaciones, tanto iusnaturalistas como positivistas. En este sentido, si su intento de conectar las afirmaciones relativas a deberes (sin postular imperativos categóricos ni sanciones de tipo moral o ultraterreno) con el conocimiento de la realidad, sugerida en el tema XI del presente libro, no fue más allá de Rickert[63], posiblemente se deba al hecho de que en el citado texto se pasa por alto un aspecto que más adelante habría de considerar sustancial, y que resulta inseparable de lo más productivo de la filosofía de este siglo: el *lenguaje*.

En efecto, el Ross maduro de *Om ret og retfaerdighed*, que escribe bajo la influencia del empirismo lógico, encuentra (o cree encontrar) ese lazo

---

62 *Teoría...*, XVI, 7. Sobre la consideración de las fuentes del derecho como factores de la decisión judicial, v. *Sobre el Derecho...*, III, 15, p. 107: «Por "fuentes del derecho", pues, ha de entenderse el conjunto de factores o elementos que ejercen influencia en la formulación, por parte del juez, de las reglas en las que basa su decisión; con el agregado de que esta influencia puede variar: desde aquellas 'fuentes' que proporcionan al juez una norma jurídica ya elaborada que simplemente tienen que aceptar, hasta aquellas otras que no le ofrecen nada más que ideas e inspiración para que el propio juez formule la norma que necesita» (p. 107).

63 Rickert, por lo demás, era un referente obligado en aquella época para cuantos rechazaban el iuspositivismo ingenuo. V. a título de ejemplo Heck, Ph., *Begriffsbildung und Interesssenjurisprudenz,* J. C. B. Mohr (Paul Siebeck), Tübingen, 1932, pp. 25 y ss.

de correspondencia entre el mundo del «sentido» y el de la «realidad» a través de las *proposiciones verificables* (en el sentido de la *testability* de Carnap), como la celebérrima «D es derecho danés vigente». El Ross de 1968, no menos maduro, abandona la pretensión formalizadora propia del Círculo de Viena para aproximarse a la «filosofía del lenguaje común». Mas, en ambos casos, la *textura lingüística de los problemas* es omnipresente y su papel en la definición de los límites de la «ciencia», capital, lo que en ningún modo ocurría en 1929. Fue ese cambio radical el que le permitió dar cumplida satisfacción a su propósito, enunciado ya en esta primera obra, de desplazar los problemas generados por la validez desde el ámbito del «ser» o del «deber ser» al del «cómo podemos conocer»[64].

Esa perspectiva epistemológica debe ser puesta en su sitio, setenta años después de la publicación de este libro: la epistemología (y algo parecido ocurrió en su día con la historia) no es ningún tipo de panacea, si bien sabemos por experiencia que sólo desconocerla frívolamente es peor que confiar de forma exclusiva en ella. Pretender «modernizar» al «primer Ross» es un propósito carente de sentido, pues sus soluciones son, como las de todo autor, relativas a su época (de ahí el gran valor *histórico* —quizá más que dogmático— de buena parte de esta obra). Con todo, en una época en que los problemas más acuciantes de la teoría jurídica buscan su solución por la vía de la relación entre principios y normas; en la que la constitución ha dejado de ser un referente puramente formal del sistema para dominar todo éste en su calidad de *contenido*, haciendo pasar a primerísimo plano la conducta del juez hasta oscurecer la del propio órgano legislativo; en que la teoría de la decisión ha desplazado a la de la norma; en que los principios jurídicos, en fin, han abandonado las «alturas» para encontrar su sentido en su propia capacidad *funcional* para articular un sistema, no deja de tener interés la lectura de una obra como la presente, cuyo último arco de clave es la negación de la existencia prejudicial del derecho.

Madrid, septiembre de 1999
José Luis Muñoz de Baena Simón
Aurelio de Prada García
Pablo López Pietsch

64 Hay un expreso rechazo (por lo demás, comprensible dada la época y la imprecisión del lenguaje de sus contendientes) al papel del consenso de los operadores («comunicacional», diríamos hoy) en la definición de la ciencia jurídica, en su rechazo del «...uso impreciso del lenguaje...» (*Teoría...*, I, 3).

PRÓLOGO

Las ciencias son obra de generaciones. Cada una de ellas tiene que retomar el trabajo tal y como se lo encuentra. Sería una muestra de presunción y un engaño si alguien creyera poder obviar este hecho y empezarlo todo desde el principio. Incluso la obra que abre nuevas veredas es sólo un eslabón más de la cadena, que encontrará su lugar en la secuencia el día en que se escriba su historia. También un trabajo de este género hallará, antes o después, su eterno descanso en la fosa común de las bibliotecas, cumpliendo así su última misión: proporcionar el fundamento para nuevos desarrollos. Éste es el sino del género humano: elevarnos apoyándonos en otros, para que otros puedan elevarse a su vez apoyándose en nosotros.

Las presentes investigaciones sobre la teoría de las fuentes del derecho se han originado desde un sentimiento de íntima ligazón con el pasado. Han surgido con naturalidad, tanto en lo que se refiere al planteamiento del problema como al ensayo de solución, a partir de estudios históricos, y me gustaría que se viera en ellas una continuación orgánica de la tradición, y no algo radicalmente nuevo. Si es cierto que el pensamiento científico de cualquier época se ha desarrollado a modo de réplica lógicamente determinada por lo históricamente dado, entonces tal vez resida ahí la explicación de una peculiar ilusión óptica: cuando se realiza una investigación histórico-dogmática no sólo se tiene la impresión de que el desarrollo histórico es una línea continua, sino que parece además como si portara en su seno un proceso creador que, de modo inmanente, lleva el planteamiento y la solución del problema a su madurez. He tenido la sensación de que mi tarea consistía únicamente en pensar una determinada idea hasta el final, o en deducir la conclusión pertinente desde premisas ya dadas. Con eso no quiero decir que la teoría del derecho esté ya concluida. Al contrario: aún hoy, la teoría del derecho no se encuentra sino en un estadio inicial de su desarrollo, y confío en que las ideas que he plasmado en este libro pronto hayan quedado desfasadas.

En la parte histórica del presente trabajo he intentado mostrar cómo surgió la problemática específica de la teoría del derecho en el tránsito de la escuela histórica hacia el positivismo, y de qué manera ha intentado liberarse de su conexión con la política y la sociología. Pero el positivismo convencional, tal y como fue desarrollado por juristas sin formación filosófica, carece de toda fundamentación crítica. En su desamparo, sólo puede expresar su voluntad de postular la positividad del derecho por medio de pobres tautologías (Bergbohm). Con razón se le llama, por ello, positivismo ingenuo. Es, a fin de cuentas, un achatado producto secundario del empirismo acrítico que dominó la filosofía inglesa y francesa y la totalidad de la conciencia científica vulgar en la segunda mitad del siglo XIX. Es en este momento cuando entra en escena la doctrina lógico-normativa del derecho de Kelsen. Esta doctrina inaugura una nueva época en la historia del pensamiento jurídico, al realizar el primer ensayo de fundamentación crítica del positivismo. El positivismo jurídico dominante no sólo carece de profundidad y fundamento suficientes, sino que adolece también, en su propia construcción, de un vicio oculto. Pese a sus buenos deseos, nunca ha conseguido superar el planteamiento iusnaturalista. Sin saberlo, porta en su interior, escondido, a su enemigo ancestral. Con la doctrina de los métodos de interpretación y los principios de aplicación del derecho estrictamente «positivos» formula exigencias prácticas para la configuración del derecho, y de este modo deja de ser teoría. Si por derecho natural se entiende, en sentido amplio, todo postulado práctico introducido subrepticiamente bajo la máscara de la teoría, entonces con razón puede calificarse una tal doctrina como iusnaturalista. Del derecho natural en sentido estricto y del derecho libre se diferencia por el hecho de que sus postulados no son ideales o materiales, sino (supuestamente) lógico-formales. Ello le hace difícil, por no decir imposible, entender la realidad social del derecho. Si con el presente trabajo hubiera logrado allanar en alguna medida el camino a una identificación crítica de la positividad real-social del derecho, y con ello a la superación de los últimos reductos de iusnaturalismo en el positivismo, vería en ello su aportación más valiosa.

El método histórico ha de completarse con el método crítico. Es importante que, a medida que se vaya progresando desde la controversia meramente histórica hacia el debate de actualidad, el método opere en lo esencial de manera crítico-inmanente. Si uno se limita a combatir desde el propio punto de vista una concepción opuesta, no hace en realidad otra cosa que resaltar una vez más su propia postura. Este tipo de crítica no aporta ningún argumento nuevo en apoyo de la propia concepción. En cambio, aquel investigador que sólo se decide definitivamente a sostener su concepción cuando todas las demás sistemáticamente equivalentes han sido críticamente evaluadas, aporta con ello un argumento nuevo e independiente a favor de su doctrina, a saber, que todos los demás caminos están vedados. Al mismo tiempo, la crítica inmanente es, en sí misma, un instrumento de indagación acerca de la verdad. A lo que hay que añadir que es la única capaz de fomentar una discusión fructífera. Una crítica trascendente siempre puede ser neutralizada impugnando sus propios presupuestos (por medio de otra crítica trascendente), pero frente a una crítica inmanente solamente caben dos posibilidades: refutarla o aceptarla. Sólo el método inmanente nos permite confiar en dinamitar los marcos del particularismo, y en contrarrestar la caótica dispersión de la moderna bibliografía. Naturalmente, es más fácil instalarse en el seno de un círculo de correligionarios, refugiarse de forma autocomplaciente en una secta y dejar al resto del mundo seguir su camino, o despacharlo con ayuda de las armas que siempre pondrá a nuestra disposición una crítica trascendente de fácil adquisición. Pero, de este modo, la ciencia corre peligro de perder su carácter universal y de diluirse en una monádica multiplicidad.

He aspirado, por ello, a realizar en mis investigaciones históricas el mencionado ideal del método crítico-inmanente, aunque puede dudarse de en qué medida lo haya conseguido. Pues es claro que este método exige al investigador una mayor imaginación y empatía que el método trascendente. Hay que superar la estrechez de miras del individuo y, como en algún momento afirma Kant, meterse en la piel del adversario. Pero esto no siempre resulta fácil.

* * *

El presente trabajo es fruto de un viaje de estudios por Francia, Austria e Inglaterra que realicé en los años 1923-26, con la ayuda de una beca de viajes de la Fundación Stampe (Universidad de Copenhague). La impresión causada por la fascinante personalidad investigadora del Profesor Hans Kelsen resultó, para mí, decisiva. Gracias a la inspiración de él recibida diseñé el plan del presente tratado, y, durante su elaboración, a menudo la mejor ayuda fue pensar en los alentadores comentarios del profesor Kelsen. Debo agradecer también al Profesor Alfred v. Verdross, de la Universidad de Viena, los numerosos estímulos que recibí de sus lecciones.

Pude concluir mi trabajo a principios del año 1926. Que haya logrado presentarlo ahora como tratado académico se debe ante todo al interés que el Profesor Axel Hägerström, de la Universidad de Uppsala, mostró por mi trabajo. Sólo merced a este interés pude superar las dificultades inherentes a la adquisición del grado de doctor fuera de mi patria. Deseo expresar al Profesor Hägerström mi más profundo agradecimiento por ello.

Circunstancias externas de naturaleza privada me han impedido introducir variaciones en mi tratado, tal y como quedó confeccionado desde su conclusión a principios del año 1926. Ruego por ello al lector que lo tenga presente en lo que concierne a la bibliografía consultada. Esta circunstancia es tanto más lamentable por cuanto mis posiciones sobre algunos aspectos han cambiado desde la conclusión de mi trabajo. Por ello, publico mi tratado en su actual estado con alguna reticencia. Pero, dado que la variación afecta más a la formulación de mis pensamientos que a éstos mismos, y por tanto una reelaboración no podría limitarse a aspectos singulares, sino que exigiría una nueva redacción, he considerado poder obviarla.

La Fundación Finne (Copenhague) ha contribuido a la publicación de la parte histórica del presente tratado; deseo expresarle mi agradecimiento por ello.

Uppsala, a 8 de abril de 1929
Alf Ross

Nota sobre el modo de citar:

Para simplificar las citas a pie de página, hemos incluido al final del texto un índice detallado y exhaustivo de la bibliografía utilizada. Con frecuencia, una determinada obra sólo se cita por el número que le corresponde en dicho índice bibliográfico, colocado entre corchetes. Así por ejemplo, [344c] 472 significa: Alfred v. Verdross, *Zum Problem der Rechtsunterworfenheit des Gesetzgebers*, *Juristische Blätter*, Viena, 1916, pág. 472.

Las cifras romanas indican el número de capítulo; las subsiguientes arábigas indican el número de apartado.

La abreviatura *op. cit.* se refiere siempre a la cita inmediatamente precedente. Si ésta también contiene la referencia *op. cit.*, entonces ésta se referirá a su vez a la cita inmediatamente precedente, y así sucesivamente.

LIBRO PRIMERO

EXPOSICIÓN HISTÓRICA DE LA TEORÍA DE LAS FUENTES DEL DERECHO DESDE 1800

Primera parte

LA DOCTRINA FRANCESA[1]

Capítulo I
INTRODUCCIÓN

1. LA AUSENCIA DE PLANTEAMIENTO DEL PROBLEMA DEL DERECHO POSITIVO EN FRANCIA.
2. LA DOBLE DIFICULTAD QUE ELLO SUPONE A EFECTOS EXPOSITIVOS; MODOS DE SUPERARLA.
3. EXPOSICIÓN SISTEMÁTICA DE LOS MÉTODOS POSITIVISTA, SOCIOLOGISTA Y IUSNATURALISTA, COMO PRESUPUESTO NECESARIO PARA LA COMPRENSIÓN DE LA TEORÍA FRANCESA.

1. No cabe enunciar con total claridad el problema de las fuentes del derecho positivo en tanto no se haya planteado como problema el propio derecho positivo. Sólo cuando uno se ha preguntado qué significa afirmar que un determinado *sistema jurídico* posee *validez*, se impone inexorablemente la siguiente pregunta: cómo puede conocerse que una determinada regla es derecho válido.

---

1 Bibliografía:

1. Obras de carácter iusnaturalista:

a) Doctrina católica: Valensin, *Traité de droit naturel*; Boistel, *Cours de droit naturel*, I-II, 1899; Vareilles-Sommières, *Les principes fondamentaux du droit,* 1889; Rothe, *Traité du droit naturel*, I-II, 1885, 1893.

b) Otras: Ehrhardt, *La notion du droit et le Christianisme*, 1908; Acollas, *L'idée du droit,* 1886; Fouillée, *L'idée moderne du droit,* 7ª ed., 1913; Beaussire, *Les principes du droit,* 1888; Franck, *Philosophie du droit civil,* 1886; Beaudant, *Le droit individuel et*

Con ello, hemos señalado uno de las obstáculos más importantes para que pudiera desarrollarse en Francia una teoría de las fuentes del derecho: el problema del propio derecho positivo nunca llegó a plantearse. Desde tiempos remotos, las investigaciones iusfilosóficas vienen siendo de carácter ético-jurídico, y no teórico-jurídico. Se ha invertido mucho esfuerzo en determinar cómo *debe ser* el derecho, y poco o nada en investigar qué es lo que significa afirmar que el *derecho es*, y cómo y con qué límites es posible conocer esta existencia. Se han escrito mu-

---

l'Etat, 3ª ed., 1920; Charmont, *La renaissance du droit naturel,* 1910; Platon, *Pour le droit naturel,* 1911; Richard, *L'idée du droit,* 1898; Lerminier, *Philosophie du droit,* 1831; Jouffroy, *Cours du droit naturel,* 1833; Belime, *Philosophie du droit,* 1843; Oudot, *Philosophie du droit,* 1846; *Conscience et science du devoir,* 1856; Renouvier, *Science de la morale,* 1869; Pinard, *La philosophie du droit,* 1908; Hauriou, «Le droit naturel et l'Allemagne», *Le Correspondant,* 1918.

2. Obras filosófico-jurídicas de diversa índole:

a) Preferentemente sociológicas: Cruet, *La vie du droit et l'impuissance des lois,* 1908; Le Roy, *La loi,* 1908; Davy, *Le droit, l'idéalisme et l'experiénce,* 1922; *La foie jurée,* 1922; Mirinesco, *L'idée du droit et l'école anglaise,* 1905 (tesis); Heupgen, *L'idée du droit,* 1892 (discurso); Letourneau, *L'èvolution juridique;* Tarde, *Les transformations du droit,* 8ª ed., 1922; Durkheim, «Cours de science sociale», *Revue de l'enseignement,* 1888; Courcelle-Seneuil, *Etudes sur la science sociale,* 1862; Bordier, *Vie des societés,* 1887.

b) Particularmente en relación a las fuentes del derecho: Gény, *Méthode d'interprétation,* 1899, 2ª ed., 1919; Lambert, *Etudes de droit commun législatif* (sobre el derecho consuetudinario, pp. 111 a 804), 1903. Glasson, «Sources du droit», *Seances et traveaux de l'Académie des Sciences morales et politiques, Compte rendu,* 1900; Esmein, «La coutume doit-être reconnue comme source du droit civil français?», *Bulletin de la Société d'Etudes legislatives,* 1905; Esmein, «Jurisprudence et la doctrine», *Revue trimestrelle de droit civil,* 1902; Brocher de la Fléchère, «Le droit coutumier et la philosophie du droit», *Revue de droit international et de législation comparé,* 1877; Charmont, «Sources du droit positif à l'époque actuelle», *Revue de metapsysique et de morale,* 1906; «La coutume contre la loi», ibid, 1917; Valette, *Du rôle de la coutume,* 1907 (tesis); Lefevre, *La coutume comme source formelle,* 1906 (tesis).

c) Otras: Bonnecasse, *La Thémis,* 1914; *La notion du droit en France aux dixneuvième siècle,* 1919; Tourtoulon, *Principes philosophiques de l'histoire du droit,* 1908; van Bemmelen, *Notions fondamentales du droit civil* (holandés), 1892; *Les méthodes juridiques,* 1911; Grouber, «Une théorie psycologique du droit», *Revue trimestrelle de droit civil,* 1911; Lerminier, *Introduction générale à l'histoire du droit,* 1830; Charmont et Chausse, «Les interprètes du code civil», *Livre du centenaire* I, 1904; Saleilles, «Le Code civil et la méthode historique», ibid. Capitant, *Introduction à l'étude du droit civil,* 4ª ed., 1923; Renard, *Le droit, la justice et la volonté,* 1924; Picard, *Les constances du droit,* 1921; *Le droit pur,* 1908; Eschbach, *Introduction générale à l'étude du droit,* 1856; Duguit, *L'Etat, le droit objectiv et la loi positive,* 1901; *Les transformations générales du droit privé,* 1920; *Souveranité et liberté,* 1922; *Les transformations du droit public,* 1913;*Traité de droit constitucionel,* 2ª ed., 1921; Carré de Malberg, *Contribution à la théorie générale de l'Etat,* I y II, 1920; Le Fur, *L'Etat fédéral et confédérations d'Etats,* 1896; Delisle, *Traité de l'interprétation juridique,* 1849; Rolin, *Prolégomènes à la science*

chas y voluminosas obras sobre el derecho natural, mientras que el derecho positivo propiamente dicho se ha considerado como algo evidente y no problemático, o más bien se lo ha pasado sencillamente por alto. Por tanto, al menos en lo que a Francia se refiere, la habitual opinión inglesa que identifica pensamiento continental con iusnaturalismo de corte ético-metafísico y especulativo no está del todo injustificada[2]. La realidad del derecho es definida del mismo modo en que el realismo epistemológico ingenuo concibe la realidad natural: la realidad es aquello que existe de hecho, lo que percibimos a nuestro alrededor a través de los sentidos.

A modo de ejemplo, podemos citar a Gaston May, que en la más reciente *Introduction à la science du droit* francesa define el derecho positivo como *«le droit* existant actuellement *chez un peuple determiné»*[3]. En una obra similar, también de fecha reciente, Capitant declara expresamente: *«l'expression Droit positif est facile à definir. Elle s'applique au Droit qui* est en vigueur *chez un peuple determiné»*[4]. Éstas son las actuales definiciones francesas de la positividad del derecho[5]. El problema no suscita consideración ulterior alguna. El mismo Gény, que ha estudiado a fondo la doctrina de las fuentes del derecho, tiene a la ley por evidencia última.

---

du droit, 1911; Gény, *Science et technique en droit privé positiv,* tomo I, 1914; II, 1915; III, 1921; IV, 1925; Lévy-Ullmann, *La définition du droit,* 1917; Ripert, *Droit naturel et positivisme juridique,* 1918; Van der Eycken, *Méthode positive,* 1907; Anthony, *La force et le droit;* Bonnecasse, *L'Ecole de l'exegèse,* 1919; Josserand, *La force et le droit* (conferencia), 1917; Saleilles, «Ecole historique et droit naturel», *Revue trimestrelle,* etc., 1902; Courcelle-Seneuil, «De la déclaration des droits de l'homme», *Seances et travaux,* etc., 1890. Laskine, «Les transformations du droit au XIXe siècle», *Rev. de metaphysique et morale,* 1914; Ruyssen, «La force et le droit», ibid, 1914; Michoud, «La personalité et les droits subjectives de l'Etat dans la doctrine française contemporaine», *Festschrift Otto Gierke,* 1911; Berthélemy, «Le fondement de l'autorité public», *Rev. de dr. publ.,* 1915; Ripert, «Le droit en Allemagne et la guerre actuelle», *Rev. int. de l'enseig.,* 1915; «De l'exercise de la souveraineté», *Rev. du dr. publ.,* 1904; «L'ordre hierarchique et la responsabilité», ibid., 1914; Michoud, «La responsabilité de l'Etat», ibid., 1895; Artur, «Séparation des pouvoirs et des fonctions», ibid., 1900; Demogue, *Notions fondamentales du droit privé,* 1911; Hauriou, *La science sociale traditionelle,* 1896; *Le mouvement sociale,* 1899; «Philosophie du droit et science sociale», *Rev. de droit publ.,* 1899; *Principes du droit public,* 2ª ed., 1916; «Le droit et l'Allemagne», *Le Correspondant,* sept. 1918; Gaston May, *Introduction à la science du droit,* 2ª ed., 1925; Ernest Roguin, *La règle de droit,* Lausanne, 1889; *La science juridique pure,* I-III, Paris-Lausanne, 1923.

2 Salmond, vid. IV, 1.

3 May, *Introduction,* p. 57; el subrayado es mío.

4 *Introduction,* p. 32; el subrayado es mío.

5 Vid. también Beaudant, *Cours,* p. 20: «*La définition du droit positif est connu: c'est l'ensemble et la collection des lois en vigeur*» jf Planiol, *Traité,* 2; Aubry et Rau, *Cours,* 3 o.m.a.

La caracteriza como «*l'oeuvre du pouvoir compétent*»[6], y afirma que a partir de ahí resulta ya ocioso preguntar por qué posee validez la ley. En cambio, esta misma cuestión sí es objeto de un detenido análisis cuando se refiere al derecho consuetudinario[7]. Las mencionadas definiciones del derecho positivo como el derecho existente de facto pasan por alto que la aplicación de la categoría «existencia» a un sistema de normas representa un problema fundamental; y cuando Gény define la ley como la voluntad del poder *competente*, olvida que la competencia, lejos de ser un hecho perceptible por los sentidos, es un concepto normativo, que, a su vez, presupone el problema del derecho que se trataba precisamente de resolver[7a].

Así pues, no existe en Francia ni una sola obra que desarrolle la teoría de las fuentes del derecho partiendo de la teoría del derecho positivo. Es en particular el caso de la obra capital en este terreno, el *Méthode d'Interprétation* de Francois Gény. Este estudio —que hay que considerar como capital, al menos en cuanto a su envergadura— ha ejercido, sin duda, una valiosa y liberadora influencia sobre la praxis, singularmente sobre la interpretación doctrinal[*], que estaba a punto de convertirse en una suerte de matemática de parágrafos y de arte constructiva de carácter lógico-abstracto, ajena a la vida real. Sin embargo, al igual que ocurrió con las doctrinas iusnaturalistas de la Ilustración, la innegable influencia política de esta obra ha sido alcanzada a expensas de su corrección teórica. Como ya el propio título permite suponer, el libro de Gény está hasta tal extremo impregnado de política jurídica que apenas resulta posible separar lo valioso, en cuanto teoría del derecho positivo, de lo que constituye un postulado político más o menos encubierto. Mayor relevancia teórica poseen los excelentes y exhaustivos estudios de Ed. Lambert sobre el derecho consuetudinario[8]; pero, debido al marco en el que se insertan, forzosamente han de resultar fragmentarios. Pues Lambert no tiene en mente de manera inmediata la teoría de las fuentes del derecho, sino que sólo se ocupa de la doctrina del derecho consuetudinario en la medida en que posee relevan-

---

6 *Méthode,* p. 115; cfr. pp. 243 y 248.

7 *Méthode,* p. 334.

7a Con esta referencia al poder competente, Gény ocupa una posición semejante al de Bergbohm, cuya concepción realista del derecho desemboca en el mismo concepto.

* N. del T.: La traducción del término *doktrinäre* ha generado no pocos problemas. La opción «doctrinaria», entendida en el sentido más específico de quien aplica fórmulas abstractas a la solución de los problemas, resulta aplicable a algunos de los contextos en que Ross maneja el término, mientras que, en la mayoría de ellos, la traducción más aconsejable es «doctrinal». Ambas acepciones se encuentran a lo largo del texto traducido, habiéndose optado por una u otra en función del contexto.

8 *Études,* pp. 111 a 804.

cia para un problema distinto[9]. Probablemente, la aportación positiva* más depurada a la teoría de las fuentes del derecho sea la excelente *Contribution à la théorie générale de l'État,* de Carré de Malberg. Sin embargo, el objeto y la delimitación de dicho trabajo hacen que tampoco pase de ser un mero fragmento.

2. La situación expuesta en el nº 1 origina una doble dificultad a la hora de estudiar la teoría de las fuentes del derecho en Francia. En primer lugar, la literatura que se ocupa directamente de este tema es escasa[10]. Por lo tanto, en gran medida hay que estudiarlo de forma indirecta. Ello resulta posible si el análisis no se centra exclusivamente en la doctrina científica, sino que se fija también en ciertos rasgos característicos de la legislación, de la praxis, de los métodos doctrinales de interpretación, e incluso en los presupuestos tácitos que subyacen a estos fenómenos y que, por así decirlo, caracterizan la atmósfera jurídica de una determinada época[11]. Se verá más adelante que sobre esta base es posible identificar una determinada doctrina de las fuentes del derecho, aunque, más que ser conscientemente sostenida, se halle inconscientemente presupuesta.

En segundo lugar, el material recogido por estas diferentes vías está impregnado hasta tal extremo de elementos políticos que será precisa una nueva tarea de depuración si queremos identificar la doctrina de las fuentes del derecho positivo. Hemos de descartar todo aquello que, en cuanto política, se propone determinar cómo *debe ser el derecho*, para obtener como resultado final las representaciones acerca del derecho positivo, del *derecho que es*. Esta última tarea requiere un breve esbozo de la diferencia entre los métodos positivista, iusnaturalista y sociológico.

3. Entre los juristas es frecuente la opinión de que es erróneo hablar de derecho natural. Al darse por supuesto que sólo hay *un* derecho, el positivo, se piensa que todo lo que lleve el nombre de derecho natural ha de

---

9 Los estudios de Lambert tienen un carácter fundamentalmente político-jurídico. Por eso, su doctrina del derecho consuetudinario se propone mostrar que éste no ha surgido, como generalmente se supone, como formación jurídica inconsciente, sino en gran parte de forma consciente, como derecho creado por el juez; de ahí que también puedan formularse reivindicaciones político-jurídicas en este contexto.

* N. del T.: Si bien Ross utiliza los términos *positiv* y *positivistisch,* este último aparece escasísimas veces a lo largo de la obra (no más de cuatro o cinco), nunca en contextos que hagan pensar en un significado diferente. Al referirse a autores positivistas, Ross dice, prácticamente siempre, *positiv.* Dando por buena la sinonimia, hemos optado por traducirlo, siempre en función del contexto, en unos casos como «positivo» (v. gr., *derecho positivo, ciencia positiva*) y en otros como «positivista» (p. ej., *perspectiva positivista acerca del derecho).*

10 Vid. nota (1).

11 Esta circunstancia muestra que la teoría de las fuentes del derecho no carece de vinculación con la vida jurídica práctica.

ser descartado. Sin embargo, frecuentemente esto no pasa de ser una mera discusión terminológica: se niega que pueda aplicarse a los enunciados iusnaturalistas el nombre de derecho. Ahora bien, esta posición sin duda es legítima, por la necesidad de clarificar los conceptos. Pero con ello en modo alguno queda resuelta la cuestión de fondo, a saber, si resultan o no posibles un planteamiento y un método iusnaturalistas autónomos. La pregunta de si es o no posible la existencia de un derecho ideal de carácter ético, de si se puede determinar de forma general cómo *debe ser* el *derecho*, no concierne al jurista positivo. Lo único que éste puede y debe sostener es la integridad del derecho positivo (*Integrität des positiven Rechts)*. Ha de defenderse frente a cualquier intento de invasión iusnaturalista de los dominios del derecho positivo; debe rechazar que los problemas iuspositivos puedan resolverse mediante la aplicación, más o menos encubierta, de métodos iusnaturalistas. En definitiva, lo que debe ser rechazado no es la existencia misma del derecho natural, como problema puramente ideal, sino su confusión metodológica con el derecho positivo y los problemas inherentes a éste. Por tanto, la tarea consiste, de entrada, en cobrar conciencia de la diferencia metodológica existente.

Según el uso más corriente e impreciso del lenguaje, se entiende por ciencia del derecho toda doctrina científica que se ocupe, de una u otra manera, de los problemas que genéricamente suelen calificarse como jurídicos. Pero en realidad no existe una única ciencia homogénea, *la* ciencia del derecho, sino varias ciencias, distintas y heterogéneas entre sí. Porque el método, aquello que determina la estructura de una determinada ciencia, es, en sí mismo, heterogéneo. Más adelante me referiré a ello con mayor detalle. Por ahora voy a limitarme a ofrecer un resumen a grandes rasgos, como base necesaria para poder exponer la evolución histórica.

Cabe diferenciar tres maneras de considerar los problemas jurídicos, tres tipos de ciencia del derecho.

a) La ciencia positiva o dogmática del derecho, la *dogmática jurídica*. Se trata de una ciencia normativa, es decir, descriptiva de normas[12]. Parti-

---

12 Habrá que apresurarse a añadir que la tarea de toda ciencia es el conocimiento, esto es, la determinación objetivamente unívoca, y que por ello es errónea la forma en que Somló (*Juristische Grundlehre,* p. 22) y muchos otros hablan de una ciencia normativa «creadora de normas» en oposición a otra meramente «descriptiva de normas». Pero, dado que se insiste en que también los resultados de tal ciencia deberán ser objetivos e inequívocos, y dado que ésta es precisamente el rasgo característico de lo que se entiende por actividad cognoscitiva, en contraposición a actividad creadora, resulta que sólo puede estar hablándose de una determinación de normas «existentes». Si lo único que se quiere decir, al hablar de «ciencia normativa creadora de normas», es que la existencia de la norma depende exclusivamente de factores intelectuales a priori (de la lógica), entonces cabe señalar,

mos, pues, de que el derecho se compone de normas. No podemos precisar aquí lo que esto significa; habremos de contentarnos con constatar que una norma *no* es un fenómeno natural. Una norma no puede hacerse perceptible por medio de aparato sensorial o instrumento alguno; no hay forma de ubicarla dentro de los sistemas de relaciones de las ciencias naturales. La ciencia positiva del derecho se ocupa de determinar la validez* o existencia (el ser, la realidad) de una cierta clase de normas: las normas jurídicas. Y puesto que una norma, como ya se ha dicho, no es un fenómeno natural, la categoría de existencia (el ser) habrá de definirse aquí de manera diversa a como se hace en el ámbito científico-natural, que es donde el concepto surgió por primera vez como una de las categorías modales del pensamiento. Formalmente, el significado es el mismo: expresa una determinación objetivamente unívoca (*objektiv eindeutige Determination*) dentro de un cierto sistema, una inserción de un elemento individual dentro de una determinada secuencia de validez (*Gültigkeitsreihe*). En este sentido formal, más amplio, se puede decir que todo conocimiento tiende a la determinación de una existencia, un ser, una realidad. Con ello no se expresa sino el carácter objetivamente válido del conocimiento. También una ciencia cuyo objeto de conocimiento es una norma, un deber —como es el caso, v. gr., de la ciencia positiva del derecho— tiene como fin determinar que esta norma *es*, que un cierto hecho *es* debido; su objetivo es, pues, determinar el ser de un deber. Luego nuestro conocimiento se descompondrá en tantos grupos principales como sistemas sea posible indicar y aplicar para una determinación inequívoca. Cada uno de estos sistemas establece su correspondiente ser, su peculiar forma de realidad y de existencia. No obstante, al señalar este hecho no pretende haberse resuelto la cuestión de en qué medida existe, en último término, una cierta conexión entre los diferentes sistemas y sus correspondientes formas de existencia (cfr. X, 10).

b) La ciencia sociológico-explicativa del derecho, la *sociología jurídica*. Por tal se entiende aquella ciencia causal de la naturaleza que intenta comprender ciertas acciones humanas como determinadas dentro de un contexto funcional científico-natural. En concreto, tiene por objeto aquellas acciones humanas que resultan relevantes desde el punto de vista de determi-

---

siguiendo a Felix Kaufmann (*Logik und Rechtswissenschaft,* p. 62), que «no hay verdades normativas, no existe lo normativo a priori». El citado autor califica, con razón, de absurdo el concepto de una ciencia creadora de normas. Otro tanto puede decirse de la doctrina de Gény de que la ciencia del derecho posee «une activité proprement productive» y de que sólo existe «tant qu'elle crée véritablement du nouveau» (*Methode,* II. Cfr. pp. 145 y 146 y 231 a 233 y I, p. 5).

* N. del T.: El término *Gültigkeit* se ha traducido como *validez,* dado que no parece que Ross sostenga en esta obra la distinción entre vigencia (*Gültigkeit*) y validez (*Geltung*).

nado sistema jurídico, bien por ser creadoras de derecho, bien por estar sujetas a derecho (esto es, exigidas o prohibidas). La sociología del derecho no se ocupa de *si, y cómo, puede conocerse* que un determinado sistema jurídico existe, posee validez. Por contra, busca comprender, partiendo de un contexto sociológico (científico-natural) más amplio, *por qué motivos* un determinado sistema jurídico llega a existir, bajo unas circunstancias dadas, y la influencia que este estado de cosas jurídico (*Rechtszustand*) ejerce, a su vez, sobre otros hechos sociológicamente dados. La sociología del derecho intenta descubrir, por ejemplo, las conexiones existentes entre el ordenamiento jurídico de una comunidad y su estructura económica; el efecto que una determinada concepción religiosa habría de poder ejercer sobre la legislación; las transformaciones sociales que podría ocasionar un cambio en el derecho registral. Particularmente interesante resulta el problema sociológico de bajo qué condiciones cabe esperar la observancia de hecho de una determinada prescripción jurídica. Tales condiciones delimitan el ámbito sociológico de poder del legislador. Sin embargo, en todas estas cuestiones no debe olvidarse que el elemento que se inserta dentro de una determinada secuencia causal no es el mismo derecho, no son las normas, sino las acciones sociales jurídicamente relevantes, esto es, las acciones creadoras de derecho y las sujetas a derecho. La sociología del derecho presupone, pues, lógicamente, una dogmática jurídica que identifique qué conductas son jurídicamente relevantes.

c) La ciencia política del derecho, la *política jurídica*. Por tal se entiende una ciencia normativa que pretende establecer cómo, bajo unas circunstancias dadas, *debe (tiene que) ser* el derecho, desde un determinado punto de vista normativo. Dado que la cuestión de cómo «debe ser» algo nunca tiene carácter absoluto, sino que está siempre referida a determinada clase de normas (en sentido amplio), la política jurídica se descompondrá necesariamente en tantas disciplinas como puntos de vista normativos (en sentido amplio) puedan adoptarse. No existe *un* único ideal, *el* Ideal, pues este concepto sólo es determinable con relación a un cierto tipo de normas. Ignorar este hecho conduce a creer en un único derecho ideal, que haría superflua cualquier otra política jurídica. Aun suponiendo (cfr. *infra*) la posible existencia de un ideal ético de derecho absolutamente válido, ello en modo alguno hace imposible o superflua una tecnología jurídica de carácter sociológico. Porque incluso si se consigue resolver la cuestión de cómo debe el legislador configurar el derecho para que esté en consonancia con el ideal ético, subsiste en cualquier caso el problema de cómo debe configurarse el derecho para lograr un determinado efecto sociológico deseado. Ambas cuestiones son mutuamente independientes. En la práctica, el legislador aplicará ambas disciplinas políticas en la medida en que desee producir un cierto efecto social fáctico, ya sea en concordancia con un (supuesto) ideal ético absoluto, ya sea con independencia del mismo.

La política jurídica es, pues, una ciencia normativa, esto es, descriptiva de normas. Pero las normas de las que se ocupa no son las jurídicas. ¿De qué normas se trata entonces? No cabe establecer una delimitación a priori. Cualquier clase de norma cuyas exigencias puedan ser aplicadas, según su propio sentido, a las acciones humanas creadoras de derecho, puede servir para fundamentar una determinada norma político-jurídica. Que una exigencia normativa se proyecte sobre tales acciones *en cuanto creadoras de derecho*, significa sencillamente que el contenido de dicha exigencia ha de estar orientado al estado de cosas jurídico causado por tales acciones. El significado que estas mismas acciones puedan revestir desde otro punto de vista es irrelevante. Toda política jurídica presupone, pues, la identificación de una cierta situación —aunque sólo sea imaginada— como jurídica. Por tanto, presupone, lógicamente, una teoría del derecho, esto es, una doctrina que se ocupe de qué significa y cómo puede conocerse que algo es derecho válido. Aquí nos referiremos a dos disciplinas político-jurídicas.

I. Las *normas éticas* fundamentan la disciplina político-jurídica que podríamos denominar *ética jurídica* o *derecho natural en sentido estricto*[13]. Que queramos o no denominar derecho a las normas que ésta establece, es, como se ha dicho, una cuestión meramente terminológica. Lo apropiado es no denominarlas así; con todo, lo realmente importante es que dichas normas se distinguen de las jurídicas en sentido propio por la sanción, que es la característica fundamental de la norma. Si las denominamos derecho, sólo conseguiremos generar confusión metodológica y mezclar puntos de vista morales y jurídicos. En la teoría del derecho francesa abundan los ejemplos de ello.

II. Las normas en sentido impropio o normas técnicas fundamentan una disciplina político-jurídica distinta, la *tecnología jurídica*. Por norma en sentido impropio o norma técnica entendemos una norma de conducta cuya determinación no supone abandonar el punto de vista causal científico-natural, puesto que se limita a establecer que determinada acción es necesaria por motivos funcionales, en sentido científico-natural, si se de-

13 No obstante, con esto no queda resuelta la cuestión de en qué medida la ética jurídica es una mera aplicación de las normas éticas al derecho (como suele sostenerse) o, por el contrario, posee una fundamentación propia, lo que a su vez puede concebirse, ya en el sentido de que las normas jurídicas se hallan en una relación de paralelismo con respecto a las éticas (Stammler), ya en el de que representan un peldaño independiente respecto de éstas dentro de una cierta secuencia escalonada (Max Salomon).

sea que se produzca o que no se produzca otro hecho, igualmente definido conforme a criterios científico-naturales: así por ejemplo, la regla establece que hay que regar una planta si se desea que ésta crezca. Esta regla no es sino una aplicación de la correspondiente ley científico-natural que afirma que la planta requiere una cierta cantidad de agua para vivir. Sería inexacto expresar esta relación de dependencia diciendo que la acción es necesaria como medio (causa) para un cierto fin (efecto). Y ello porque la conexión entre ambos factores, lejos de ser necesariamente causal, puede ser de cualquier otra índole funcional de carácter científico-natural.

La tecnología jurídica constituye una aplicación de la sociología jurídica. Establece cuáles de entre las acciones humanas creadoras de derecho hay que elegir, en unas circunstancias dadas, para provocar ciertas consecuencias sociológicas, ciertas modificaciones en los comportamientos determinados por el derecho. Así por ejemplo, indica qué regla jurídica habrá que establecer, en unas circunstancias dadas, para incrementar el crédito con garantía real y su importancia económica.

Además de estos tres grupos principales en que se divide la ciencia jurídica, cabría mencionar un cuarto: la historia del derecho. Pero no entraremos en su análisis teórico, puesto que es irrelevante para nuestra tarea.

En cambio, sí habremos de referirnos al fundamento científico-teórico que cada una de las tres categorías principales presupone.

La ciencia del derecho positivo presupone lógicamente una teoría del derecho. Su cometido es demostrar en qué medida es posible un conocimiento del derecho positivo.

La sociología del derecho se basa en la sociología general y, por tanto, en la epistemología científico-natural.

La política jurídica presupone una teoría de las respectivas clases de normas. Así, la posibilidad de una ética jurídica se fundamenta en la posibilidad misma de una ética, a cuya estructura habrá de adecuarse punto por punto. Por ello, supone un duro reproche para una teoría del derecho natural —como p. ej. la francesa—, si se logra demostrar que vulnera de manera esencial principios básicos de la filosofía ética.

La tecnología jurídica se basa en la sociología del derecho. No es una auténtica ciencia normativa, pues se le puede aplicar cuanto quedó dicho en «b»[14].

14 Se podría objetar, frente a la tripartición aquí establecida, que sería más correcto agrupar la tecnología jurídica junto con la sociología jurídica, a la vista de su común metodología. Esta idea es sustancialmente correcta. Si a pesar de ello no adoptamos aquí tal clasificación, se debe a que los fines prácticos de la tecnología jurídica invitan a subsumirla bajo la política jurídica.

Tal vez se objete a esta clasificación que sociología jurídica y ética jurídica se excluyen mutuamente. Se aducirá, en este sentido, que, en la misma medida en que se considera causalmente determinadas las acciones creadoras de derecho, se vuelve imposible vincularlas a exigencias morales. Pero ello no es correcto. Esta reflexión estriba en una idea muy común, conforme a la cual ética y determinismo se excluyen mutuamente. Una vez que se ha comprendido, con Cohen, que la disputa determinismo-indeterminismo no concierne en absoluto a la ética y que, por su propia naturaleza, pertenece a la Edad Media, carece ya de sentido prestarle la menor atención. La ética no presupone la libertad metafísica del obrar, sino únicamente su consciencia psicológica[15].

El derecho natural, en sentido amplio, abarca una combinación de ética jurídica y sociología del derecho, es decir, está integrado, de un lado, por una ética jurídica, por lo general de carácter metafísico-especulativo, y de otro lado, por la doctrina según la cual el derecho es creado libre y conscientemente por el legislador. Este último planteamiento, que se pregunta cómo se crea el derecho, formalmente conduce a la teoría hacia la sociología del derecho, si bien la solución ofrecida implica materialmente

---

15 Sería una tarea interesante proporcionar una explicación psicológica de por qué se suele sostener comúnmente dicha conexión entre moral e indeterminismo. Probablemente tal explicación pueda encontrarse en un afán por *justificar el sufrimiento*. El hecho desnudo del sufrimiento, sin relación con los fines y esfuerzos humanos, se experimenta como «absurdo», como la verdadera tragedia de la humanidad. Si, por el contrario, un hombre acepta un sufrimiento «voluntariamente», esto es, para conseguir un determinado fin que tiene para él un valor más elevado que la ausencia de sufrimiento, entonces el sufrimiento parece perder parte de su gravedad. El hecho del sufrimiento se justifica presuponiendo un valor superior. Por tanto, *no* es *el carácter causalmente determinado del sufrimiento*, sino su *ausencia de finalidad* lo que se considera «absurdo». Lo decisivo en la justificación del sufrimiento no se encuentra, pues, en que se postule la ausencia de determinación causal de la acción, sino en que se exige que sirva a un fin, esto es, se exige que haya surgido a partir de un proceso motivacional en el que haya intervenido como elemento la idea de sufrimiento.

Dado que la conciencia popular asocia preferentemente con la moral términos como responsabilidad, culpa, *sufrir* un castigo (...), puede aplicarse aquí el razonamiento antedicho. Sufrir un castigo está justificado cuando ha surgido a partir de un proceso motivacional como el descrito. Pero resulta todavía enigmático por qué esta exigencia de un proceso motivacional, de una determinación por el fin, se expresa en la mentalidad popular como exigencia de una falta de determinación causal de la acción (indeterminismo). Acaso la razón sea que el carácter originariamente normativo de la idea se ha trasformado con posterioridad en causal. De la misma forma que la culpa presupone que la imputación normativa se detenga en la persona que sufre, se exige que también concluya en ese punto la secuencia de determinaciones causales, esto es, que la acción no esté determinada. Esto está relacionado con la cuestión, sumamente interesante, de en qué medida el pensamiento normativo ha precedido al causal en la historia de la humanidad.

la negación de la misma perspectiva sociológica. Para poder comprender una serie de fenómenos históricos, hay que tener bien presente que lo que históricamente ha constituido el aspecto conflictivo de los sistemas iusnaturalistas no son, en buena medida, sus componentes puramente éticos, sino los de tipo sociológico. La escuela histórica en Alemania, la escuela sociológica en Francia, no constituyen tanto una reacción contra un sistema ético, como contra la doctrina (anti)sociológica que sitúa el origen del derecho en una manifestación libérrima de la voluntad del soberano. De este modo, lo que caracteriza al racionalismo de la época de la Ilustración no es tanto la peculiaridad de su ideal ético como la creencia de que la realización de ese ideal se halla al alcance de una voluntad humana consciente y libre.

El que, en lugar de hablar de tres tipos de ciencia del derecho, se prefiera reservar el nombre de ciencia del derecho para la teoría del derecho y para la dogmática jurídica, es una cuestión meramente terminológica. La mencionada terminología es adecuada en cuanto expresa que sólo estas dos disciplinas se basan en un método específicamente jurídico. La sociología del derecho no es sino una rama de las ciencias de la naturaleza; las distintas formas de política jurídica pueden subsumirse bajo otras ciencias normativas, no jurídicas. Como hemos visto, la contemplación de fenómenos jurídicos tanto desde el punto de vista sociológico, como de los puntos de vista normativos no jurídicos, está condicionada por una determinada teoría del derecho. Esta teoría del derecho fundamenta y designa lo que es específicamente jurídico; siempre y cuando se tenga esto en cuenta, resulta por demás irrelevante qué terminología se quiera utilizar. De la diferencia a que nos hemos referido se desprende que el jurista positivo no tiene, en cuanto tal, motivo alguno para combatir el derecho natural o la sociología jurídica. Su tarea consiste, más bien, en poner de relieve la autonomía del derecho positivo frente a ambas disciplinas.

Sólo una vez equipados con este bisturí metodológico estamos ya en condiciones de entender y valorar críticamente la mayor parte de la filosofía del derecho francesa. En ella, la elegancia estilística externa oculta, con harta frecuencia, la existencia de confusiones metodológicas internas. En lo que sigue, separaremos todos los tejidos que nos oculten la visión y así estaremos en condiciones de poner al descubierto el nervio de toda filosofía del derecho: la teoría del derecho positivo. En el capítulo II someteremos a esta intervención a la doctrina francesa del derecho natural. En cuanto puro derecho natural, carece de interés para nosotros. Únicamente nos ocuparemos de ella en la medida en que contenga elementos de carácter teórico-jurídico.

Capítulo II

LA DOCTRINA FRANCESA DEL DERECHO NATURAL, EN CUANTO RESULTA RELEVANTE PARA LA COMPRENSIÓN DE LA TEORÍA FRANCESA DEL DERECHO POSITIVO[1]

1 Bibliografía, vid. I, nota (1), nº 1.

1. Un estudio de los orígenes de la doctrina iusnaturalista, en la filosofía de los siglos XVII y XVIII, rebasaría el marco de este trabajo. En consecuencia, tomaremos como punto de partida la Revolución Francesa. Es por todos conocido que esta época está impregnada de principio a fin por el ideario iusnaturalista. Alentada por la filosofía de Rousseau y los ideales emergentes de libertad e igualdad, impera la firme creencia en un derecho ideal eterno e invariable, que Dios ha imprimido en la naturaleza del hombre y que puede ser conocido a través de la razón humana. Se trata de un derecho ideal que resultará fácilmente realizable cuando el príncipe devuelva la soberanía a su legítimo propietario, el pueblo; se inaugurará entonces una nueva era en la historia de la humanidad. Se adora a la Razón como a una diosa, y se otorga a los principios un valor superior al de las colonias. «*Périssent les colonies plustôt qu'un principe!*», reza una conocida exclamación. Este credo encuentra su expresión monumental en la Declaración de los Derechos del Hombre. Su evidente influencia en el *Code Napoléon* ha contribuído a dar su impronta al derecho francés hasta nuestros días. En el Borrador de la Comisión de Redacción del *Code Napoléon*, dicha creencia aparece como la divisa de todos sus artículos, adornándose con las siguientes hermosas palabras: *Il existe un droit universel et immuable, source de toutes les lois positives: n'est que la raison naturelle, en tant qu'elle gouverne tous les hommes*». He aquí la profesión de fe de la Revolución.

En la base de esta creencia se encuentran los ideales liberales de libertad e igualdad, tal y como fueran sintetizados por Kant. Desde el punto de vista político práctico, suponen una reacción contra la monarquía absoluta, contra los restos de feudalismo (los privilegios) y contra el sistema gremial, y al mismo tiempo una exaltación de la libertad individual de movimiento (*Bewegungsfreiheit*) en todos los ámbitos. En el plano teórico, dichos ideales encontraron su expresión en la doctrina de la dignidad e inviolabilidad de la persona humana, y en la afirmación de la existencia de unos derechos subjetivos, innatos y absolutos, que garantizan la libertad de los individuos frente al poder del Estado. La doctrina del *contrat social* persigue precisamente este fin: expresar el carácter primario y absoluto de los derechos subjetivos frente al poder estatal. Tras Rousseau, el derecho natural no ha vuelto a encontrar en Francia ningún otro teórico sobresaliente. El ulterior desarrollo de esta doctrina discurre en ocasiones por la senda del viejo derecho natural, concebido como auténtica ley de la naturaleza[2]; pero lo más habitual es representarse el derecho natural como

2 Entre los intentos más recientes de este estilo hay que mencionar el de Beaudant en *Le droit individuel et l'Etat*. Igualmente, la doctrina jurídica de Duguit en su versión más antigua (*règle de droit=règle de fait*) y el correspondiente solidarismo primitivo; cfr. *infra*, nº 5.

un *droit rationel*, fundado en la razón, o bien como una ley divina conocida a través de la conciencia. Común a todos los autores es la postulación de ciertos principios últimos que no se fundamentan críticamente, sino que tienen carácter metafísico. La mayoría de ellos se refiere a Dios como fundamento último del derecho natural. «*La loi naturelle*», afirma Toullier, «*c'est la volonté de Dieu*, (...) *c'est une loi que Dieu a donné á tous les hommes et qu'ils peuvent connaître par les seules lumières de leur raison*»[3].

2. Desde entonces, la creencia de la Revolución en un derecho natural nunca se ha perdido del todo en Francia. Incluso parece estar especialmente en boga en nuestros días. Bonnecasse, quien ha escrito la historia del derecho natural en el siglo XIX, menciona no menos de 73 autores que, en una u otra medida, han manifestado posiciones iusnaturalistas[4]. La corriente más importante siguió teniendo carácter metafísico, como en la época de la Revolución. Ciertamente, la filosofía crítica de Kant debió de ejercer un considerable influjo; pero no obstante, Bonnecasse —un metafísico confeso— pudo constatar que la doctrina metafísica había dominado el siglo XIX y que, probablemente, también lo haría en el futuro[5]. Por eso, la teoría y la visión de las cosas que tiene Bonnecasse pueden considerarse típicas de la obra de muchos otros autores en Francia. «*Les métaphysiciens du droit*», dice Bonnecasse, «*ont fait de la notion de Droit une notion métaphysique participant de la notion d'absolu (...) Le Droit en soi leur a donc apparu comme extérieur à nous et revêtu des caractères que la raison prête de toute necessité à cet ensemble des notions qu'on apelle les notions premières (...). Ou le Droit ne sera pas, ou il se présentera à notre raison comme un élément organique du Monde social participant de la notion d'absolu, rêvetant comme elle une caractère universel, éternel et immuable, commandant directement et impérieusement le respect et la protection de la personnalité tant individuelle que collective*»[6]. Como veremos, los ideales que se ocultan tras la metafísica de Bonnecasse son, en lo esencial, los mismos que subyacen a la Revolución. Sin embargo, su doctrina presenta el mismo giro desde una moral individualista hacia una orientada a lo colectivo que resulta característico de la nueva teoría moral francesa.

Quienes defienden la doctrina metafísica son, en primer lugar, los iusnaturalistas católicos, entre los cuales se puede destacar a Oudot, Rothe,

3 Toulier [325], 5. Del mismo modo, invocan a Dios, p. ej., Oudot [236], 57-58; Eschbach [90], 17; La Bigne de Villeneuve [25], 2; Laurent, *Principes*, 51, además de toda la doctrina católica, vid. I, nota (1), nº 1a.

4 *Notion du droit*, p. 50, nota (1).

5 *Notion du droit*, pp. 86 y ss. y 218.

6 *Notion du droit*, pp. 95, 185 y 186, 209.

Boistel y de Vareilles-Sommières[7]. El trabajo más reciente en este género es el *Traité de droit naturel* de Valensin (provisto del correspondiente *nihil obstat* de los *censores deputati*), que sigue fielmente la filosofía escolástica de Santo Tomás de Aquino.

Estrechamente emparentada se halla una obra de Gény escrita con gran laboriosidad: *Science et technique en droit privé positiv.* Sólo que el autor, muy hábilmente, logra imprimir a su metafísica religiosa un sello cuasicientífico. Se confiesa partidario de la «*philosophie nouvelle*»[8], por la cual aparentemente entiende las corrientes filosóficas de moda, de carácter antirracionalista, denominadas filosofía de la vida o de la actividad. Bajo esta común denominación reúne, sin detenerse en sutiles distinciones, el intuicionismo de Bergson y Le Roy y el pragmatismo de James con la filosofía crítica de Poincaré, situada en las antípodas de aquéllas. Por supuesto, la intuición bergsoniana no constituye para él sino un medio fácil para ocultar, tras un vocablo refinado, todo tipo de arbitrariedades metafísico-subjetivas.

Entre los muchos partidarios del derecho natural metafísico, acaso los más conocidos sean Beaudant y Charmont, ambos prestigiosos juristas. Pero extendernos en este punto nos llevaría demasiado lejos.

3. No obstante, el iusnaturalismo metafísico no ha dominado en exclusiva la literatura francesa. Me propongo trazar aquí un esbozo de historia del iusnaturalismo francés tras la Revolución, del que se desprenderá que en cada época el derecho natural ha desempeñado un papel distinto.

La entrada en vigor del *Code Napoléon* acarreó una modificación radical en la importancia atribuida a las teorías iusnaturalistas. Pese a haber jugado un papel destacado y activo durante la Revolución y la gestación del *Code*, con posterioridad, con el resultado ya a la vista, se produjo un fuerte descenso en su consideración por parte de los juristas. La razón era, sencillamente, que se creía haber encontrado finalmente el derecho, y haberlo fijado de la forma más cercana posible al ideal; ya no no existía, pues, motivo práctico alguno para cultivar la política jurídica. En general, los autores se limitaban a admitir en unas pocas líneas la existencia de un derecho superior, un derecho natural, al que, por lo demás, no dedicaban mayor atención. Esto no ocurrió sólo con los primeros comentaristas (aproximadamente hasta el comienzo del reinado de Luis Felipe), los cuales concebían su tarea, en lo esencial, como una verificación analítica del significado exacto y del ámbito de validez de los textos legales. Otro tanto puede decirse del posterior grupo de comentaristas (hasta el fin de si-

7 Vid. I, nota (1), nº 1a.

8 *Science et technique*, I, pp. 75 y 76.

glo, aproximadamente), al que se ha denominado «*l'école de l'exégèse*»; basándose en razonamientos lógico-formales y en construcciones jurídicas, éstos buscaban exponer sintéticamente el material jurídico, reconstruyendo la voluntad del legislador allí donde fuera inexistente o no estuviera clara[9]. Dicha escuela, representada por nombres como Aubry y Rau, Demolombe, Laurent, Mercadé, Demante-Colmet de Santerre y Valette, constituye la expresión más señalada de la ciencia jurídica francesa del siglo XIX. No tenía el menor interés por los problemas de carácter iusnaturalista; esta falta de interés explica también que la escuela histórica alemana ejerciera una influencia tan escasa sobre la Francia coetánea. Si bien es cierto que la revista *Thémis* (1819 a 1831), fundada por Athanase Jourdan, estaba especialmente orientada hacia Savigny y su escuela, ello no le impidió sin embargo conservar en buena medida su impronta iusnaturalista[10].

4. Fuera de los círculos de juristas, surgió una reacción contra el iusnaturalismo metafísico. La escuela sociológica, fundada por August Comte, continuada por Bordier, Courcelle-Seneuil y Tarde y renacida enteramente en las obras maestras de Durkheim, supone, del mismo modo que la escuela histórica en Alemania, una reacción contra la concepción del derecho y el Estado propia del iusnaturalismo metafísico. Ya en el año 1852 Comte, en su *Catéchisme positiviste*, hizo al «*prètre de l'humanité*» decir a «*la femme*»: «*Il est vrai, ma fille, que le positivisme ne reconnaît a personne d'autre droit que celui de toujours faire son devoir (...) La notion du* droit *doit disparaître du domaine politique, comme la notion du* cause *du domaine philosophique (...) Tout droit humaine est donc absurde autant qu'immoral*»[11]. Con ello se está afirmando algo que, desde un punto de vista normativo moderno, resulta evidente: que no se puede hablar de derechos subjetivos al margen de un sistema de normas objetivo y que éste, necesariamente y ante todo,

---

9 Cfr. Charmont et Chausse, «Les interprètes du Code civil», *Livre du Centenaire,* p. 139; cfr. pp. 140 y 141, 152 y ss.

10 Sobre la historia de esta revista, véase Bonnecasse, *La Thémis*. Bonnecasse combate enconadamente a la idea generalizada de que *Thémis* fuera un órgano de la escuela histórica en Francia. Pone de relieve que sus directores estuvieron influidos en alta medida por el iusnaturalismo (pp. 246 y ss.; cfr. pp. 248 y 249); que el derecho romano desempeñó un papel secundario en el programa de la revista (pp. 246, cfr. pp. 163 a 169), además de no compartir la aversión de Savigny hacia la codificación (p. 256). Pero lo cierto parece ser que las diferencias puestas de relieve por Bonnecasse, eran, en gran medida, consecuencia necesaria de las circunstancias del momento. La escuela histórica no podía adoptar en Francia la misma forma que en Alemania. La revista está indudablemente orientada hacia la ciencia del derecho alemana.

11 Comte: *Catéchisme positiviste*, 2ª ed., 1874, pp. 296 a 298.

establece deberes, pues el derecho subjetivo sólo puede ser considerado como un elemento constructivo utilizado para definir el deber.

Sin embargo, como ya se ha dicho, la escuela sociológica no es, primordialmente, una reacción contra el ideal iusnaturalista, ético, sino contra la doctrina que considera el derecho (y el Estado) como libérrima creación de los hombres. La escuela nunca mantuvo una posición uniforme respecto de la ética, y bien puede decirse que las doctrinas morales de Durkheim y de Lévy-Bruhl aún no han extraído plenamente las consecuencias que necesariamente se derivan del fundamento teórico-científico de la sociología[12]. Por el contrario, siempre hubo unanimidad en considerar el derecho y el Estado, no como creaciones libérrimas, sino como una realidad determinada por leyes objetivas, sociológicas.

En este contexto, resulta de interés para nosotros la influencia que esta escuela ejerció sobre la ética jurídica. Courcelle-Seneuil combate con encono el tradicional derecho natural de corte metafísico. En su lugar coloca —seguramente bajo la influencia de Spencer— un ideal utilitarista[13]. Otros —igualmente influídos por el evolucionismo de Darwin y Spencer— consideran la idea del derecho como un producto evolutivo y estudian su génesis y desarrollo[14]. También Tarde combate el derecho natural, pero sólo en su forma concreta y detallada. En cambio, asume que existen ciertos principios superiores inalterables, una cierta «*verité morale*», una «*sublimité morale, une et identique, où s'oriente comme vers un pôle toute âme généreuse de tous les coins de la terre*»[15], lo que le aproxima a los modernos representantes del iusnaturalismo.

5. Hacia finales de siglo, la concepción sociologista de la moral cobró un nuevo auge, aunque en una forma más divulgativa. Bajo el lema «*le solidarisme*», surgió un movimiento inaugurado por Léon Bourgeois en el año 1896, con un libro sobre «*la solidarité*». El movimiento se encontraba vinculado a la necesidad que tenía el laicismo de disponer de una teoría de la moral. Su pretensión inicial era la de crear una teoría de la moral de tipo imperativista, que estuviera basada exclusivamente en el hecho físico de la solidaridad y en un método científico-natural. «*Sur cette verité* [la solidaridad como hecho]», escribió Payot, «*la morale est bâtie comme sur un indéstructible lit de rochers*»[16]. Si recordamos ahora lo que ante-

12 Vid. *infra,* III, 8, con cita (103).

13 *Etudes,* pp. 150 y 205-206.

14 Letourneau, *L'Evolution juridique,* 1891; Mirinesco, *L'idée du droit,* 1905 (tesis); Heupgen, *L'idée du droit,* Bruselas, 1892 (discurso).

15 *Transformations,* p. 195.

16 Citado según Charmont [55c], p. 144.

riormente se dijo (I, 3) sobre la distinción entre conocimiento *normativo* y conocimiento *científico-natural*, comprenderemos que esta pretensión es, desde el principio, metodológicamente imposible. Todo planteamiento que parta de hechos físicos y se sirva de un método científico-natural no conseguirá eludir el círculo con ello trazado. Necesariamente, los resultados no podrán ir más allá de la constatación de una cierta realidad natural fáctica, de ciertas leyes naturales de carácter fáctico; y estos resultados nunca podrán servir para fundamentar normas, obligaciones dirigidas a los hombres. Incluso si se estuviera en condiciones de demostrar que una determinada acción es necesaria, de hecho, para la existencia de la vida humana, ello implicaría una proposición enteramente distinta de la que afirma la obligatoriedad de dicho modo de obrar. Esta última afirmación sólo es posible si se presupone que es obligatorio preservar la vida; mas este presupuesto no contiene verdad *científico-natural* alguna.

De este modo, pronto se comprendió la imposibilidad de establecer una norma sobre una base puramente científico-natural, fáctica. En los años 1901 y 1902, algunos excelentes filósofos morales franceses impartieron una serie de conferencias en las *Ecoles des Hautes Etudes Sociales* que pretendían arrojar luz sobre el problema de la solidaridad. En general, estuvieron de acuerdo en que el término «solidaridad», considerado como fundamento de una norma de conducta[17], designa un ideal. El mismo Léon Bourgeois admitió sus pasados errores. De especial importancia al respecto resultan las reflexiones de Émile Boutroux. Pero, a pesar de ello, el mismo año (1901) apareció una obra jurídica de singular importancia que, con profusión de talento y energía, intentaba una vez más llevar a cabo la idea, en realidad paradójica, de fundar una norma social de comportamiento, la *règle de droit objectif*, en un hecho social. Se trata de *L'Etat, le droit objectif et la loi positive*, de Léon Duguit. La idea de Duguit se basa en el positivismo y el solidarismo de Comte,

17 Las conferencias están publicadas bajo el siguiente título: *Essai d'une Philosophie de la Solidarité.* Conférences et Discours (Présidées par Léon Bourgeois et Alfred Croiset). Ecole des Hautes Etudes sociales, 1901-1902. Paris, Alcan, 1902. En las deliberaciones tomaron parte, entre otros, Belot, Bourgeois, Boutroux, Croiset, Darlu, Gide, Léon, Malapert, por citar sólo algunos de los más conocidos. Vid. en particular Bourgeois, pp. 10 y 11; cfr. p. 2; Croiset, pp. 6 y 7; p. 7: «*il est donc évident, que le mot de solidarité a pris ici un sens tout nouveau, et que la solidarité morale diffère profondement, malgré l'identité de termes, de la solidarité biologique ou juridique*»; Boutroux, p. 277: «*on devait donc nécessairement concevoir, au dessus de la solidarité donné, une solidarité idéale, qui en serait le prolongement et le perfectionnement*»; cfr. Boutroux, *Science et Religion* (Paris, 1922), pp. 157 a 163, donde el solidarismo se reconocía, correctamente, como un epígono del monismo de Häckel.

en su modalidad, ya entonces desfasada, de doctrina puramente científico-natural. Es el primer jurista francés que aplica seriamente la idea comtiana de que el concepto de derecho subjetivo debe desaparecer del ámbito de la política. Su deseo es crear una ética jurídica puramente objetiva; desafortunadamente, eligió como fundamento una teoría de la moral que ya entonces nadie sostenía, y que encierra la más absoluta incomprensión de la diferencia entre conocimiento científico-natural y conocimiento normativo.

Con posterioridad, Duguit ha escrito muchos libros. Formalmente continúa manteniendo su doctrina inicial, pero es fácil demostrar que en su última gran obra, el *Traité du droit constitutionnel,* de la primitiva doctrina no queda sino el envoltorio. En concordancia con la corriente sociológica dominante, el núcleo es ahora una teoría de la moral de carácter histórico-relativista. El criterio supremo es *la conscience juridique du peuple*, tal y como lo fue para la escuela histórica cien años antes[18]. Sin embargo,

18 Cuando a la regla jurídica se la denomina «*règle de fait*», lo que se pretende es definirla como fundada, con carácter de necesidad natural, en el hecho de la solidaridad. Presuponiendo que se quiera vivir, esta regla se seguirá de manera necesaria, puesto que sólo se puede vivir en una comunidad. *L'Etat*, pp. 84 y 85. Tal y como se desprende de lo dicho en el texto, este posición ha de rechazarse, aunque sólo fuera porque la solidaridad, en cuanto fundamento para una norma de conducta, es un ideal y no un hecho. Pero el autor se aleja todavía más de su punto de partida, al no basar el derecho en un concepto objetivo de solidaridad, como algo ya dado con una comunidad determinada, sino en una representación colectiva de esta solidaridad. Esta idea aparece ya en *L'Etat*. Así, en la p. 282, de la misma solidaridad se deduce que el Estado no debe reconocer el derecho de propiedad capitalista; posición que, en cambio, se abandona en la p. 293, al referirse a la concepción dominante que considera que el derecho a la propiedad privada tiene carácter necesario; vid. también pp. 152, 194, 204 a 207, 423, 428 y 557. Este punto de vista es el que predomina en el *Traité*, I. Ciertamente, se conserva el tenor literal de la antigua doctrina (cfr. pp. 11, 12, 16 y 46), pero el espíritu es ya otro. El derecho se determina ahora exclusivamente a partir de «*la conscience juridique*» del pueblo: «*C'est l'état de conscience, précédemment décrit, qui est finalement la source créatrice du droit*» (p. 44; cfr. *passim*). Se intenta salvaguardar la conexión, mediante la introducción del concepto de «*équilibre*» u «*ordre social*». La regla jurídica es contemplada en analogía con el derecho natural que impera en un organismo: cuando se vulnera, se produce un «*désordre*», una reacción colectiva. Sin embargo, se observará que la reacción colectiva no obedece a una ley natural, sino que es de carácter colectivo-normativo. La equiparación es errónea. La concordancia nominal entre la vieja y la nueva doctrina de Duguit se hace posible por la ambigüedad en el término «*fait*». El «*fait moral*» colectivo en el que se apoya Duguit ciertamente es, *en cuanto acto psíquico*, un hecho, pero el *contenido del acto* es un ideal, una norma. Como acto, no se distingue de cualquier otro. Sólo partiendo del carácter específico del contenido como tal, como ideal de justicia, le es posible a Duguit fundamentar el derecho; pero entonces este derecho no poseerá ya, naturalmente, el carácter de una «*règle de fait*». Cfr. al respecto Boutroux (Emile), *Science et Religion*, Paris, 1922 (Flammarion), p. 163. Resulta claro que todas las pretensiones derivadas del

Duguit asume, en concordancia con la doctrina de Santo Tomás de Aquino, un concepto de justicia *(Rechtfertigkeitsbegriff)* con ciertos rasgos de eternidad e inmutabilidad. Él mismo admite que en ese aspecto se le puede considerar defensor de la existencia de un *droit naturel*. Y de este modo, Duguit, en su vejez, tiende la mano a la metafísica a la que infatigablemente combatió durante toda su vida[19]. La explicación se halla en un cambio de orientación que la filosofía del derecho ha experimentado durante los últimos años, y al que nos referiremos más adelante (nº 7).

6. Como se desprende de lo antedicho, en Francia, desde el cambio de siglo hasta el comienzo de la guerra, aproximadamente, adquirió progresiva vigencia un movimiento sociológico, de carácter antimetafísico. Aunque el iusnaturalismo parecía estar también avanzando, llegándose a hablar incluso de un «*renaissance du droit naturel*»[20]. Sin embargo, este *droit naturel nouvel* era bastante distinto del viejo derecho natural. En contraposición a éste, el nuevo renunciaba a deducir de su ideal de derecho soluciones jurídicas concretas. «*Le droit naturel proprement dit*», había escrito en su día Oudot, «*est la collection des règles du juste et de l'injuste qu'il est souhaitable de voir immédiatement transformer en lois positives*»[21]. Se descarta ahora ese derecho concreto, detallado y ejemplar; por contra, es suficiente con que proporcione «*une idée directrice*». Prescindiendo de los que, como Beaudant, se aferran a la invariabilidad de la idea abstracta[22], se llega incluso a reconocer que esta idea es variable en función del lugar y la época. Saleilles introduce la expresión, tomada de Stammler, del «*droit naturel au contenu variable*»[23]. Pero mientras en la doctrina de Stammler había aún un elemento invariable, la forma, éste desaparece completamente en la versión de Saleilles. En realidad, el derecho natural de Saleilles se agota en la invocación de la analogía, «*la conscience collective*» y el «*droit comparé*» como fuentes subsidiarias del

---

ideal colectivo, v. gr., la libertad religiosa, no pueden ser interpretadas como condiciones físicas de existencia de una determinada comunidad. La posición de Duguit es, por tanto, idéntica a la de la escuela histórica.

19 *Traité*, pp. 50 y ss., en especial pp. 52 y 73. Parece que afirmar, con los metafísicos, la existencia de una «*justice en soi*» inalterable, fundada en la naturaleza humana y conocida por medio de la conciencia, no es distinto de invocar, como Duguit, el sentimiento de justicia como un hecho, pero postulándolo, en concordancia con el análisis de Santo Tomás, como «*un élément permanent de la nature humaine*» (50). También en este caso (cfr. cita (18)), la ausencia de distinción entre un determinado acto psíquico y su contenido impide la correcta apreciación de este hecho.

20 Charmont, *La renaissance du droit naturel*.

21 *Philosophie*, p. 67.

22 *Le droit individuel*, pp. 29 y 36.

23 *Ecole historique et droit naturel*, p. 97.

derecho[24]. Con la ayuda de este derecho natural, pretende contrarrestar el método lógico-abstracto de interpretación y remitir al juez, cuando el tenor literal de la ley no ofrezca una solución satisfactoria, a las citadas fuentes, extralegales y, sin embargo, empírico-positivas. Por tanto, su derecho natural se halla en las antípodas de un derecho ideal de carácter absoluto, metafísico. Afirma Charmont: «*l'idée du droit naturel est donc autrement conçue qu'elle ne l'était jadis: elle s'appuit sur une autre base: en même temps, elle subit certaines transformations. Elle se concilie avec l'idée d'évolution, avec l'idée d'utilité. Elle perd son caractère absolu immuable, elle n'a qu'un contenu variable*»[25]. Es cierto, por otra parte, que en su monumental obra «*Notions fondamentales du droit privé*», Demogue afirma que existe un derecho ideal. «*Cet idéal qu'il s'agit de définir, que nous cherchons audessus des innombrables complications mouvantes des faits, c'est le but même de la vie*». Sin embargo, no está pensando en una valoración puramente subjetiva. «*C'est le but de la vie envisagé objectivement, but qui doit exister en dehors de nous (...)*». Parece, pues, que nos hallamos aquí inmersos en la más burda metafísica. Pero, a renglón seguido, afirma: «*ce problème d'ordre objectif nous ne pouvons l'aborder que par nos idées subjectives, je dirai même volontiers par nos sentiments (...)*»[26]. Con lo cual se admite, en realidad, que el citado ideal objetivo no es científicamente cognoscible y, por tanto, precisamente por ello no es objetivo. Prescindiendo de esta incorrección teórico-científica, que se explica por la imperiosa necesidad de hacer profesión de fe metafísica, el interesante libro de Demogue resulta estar imbuido de un profundo espíritu realista. Bien se puede, por ello, considerar el mencionado ideal absoluto de derecho como un rudimento tomado de sistemas metafísicos ya superados, que por lo demás carece de conexión interna con la propia teoría de Demogue.

Al admitir el carácter variable del ideal, «*le droit naturel nouvel*» se alejó por completo de una fundamentación de tipo metafísico, situándose, de hecho, en la misma posición que la sociología realista. Se produjo así una valiosa aproximación, e incluso un encuentro de dos perspectivas distintas. La sociología, que partía originariamente de un «puro hecho», reconocía ahora que tras éste se escondía un ideal, determinado por la valoración que realiza una cierta comunidad. El iusnaturalismo, que partía de una «pura idealidad», un derecho ideal metafísico-absoluto, admitía ahora el carácter positivo y relativo de dicho ideal. Habiendo partido de dos

24 Loc. cit., respectivamente pp. 106, 108 y 109.
25 *Renaissance du droit nat.*, pp. 217 y 218.
26 [69a], pp. 26 y 29.

puntos distintos, se coincidió en la meta: la postulación de un ideal positivo y relativo sobre una base sociológico-colectiva.

Finalmente, habrá que referirse a la forma en que los últimos años se ha producido una perturbación de este evolución.

7. Ya antes de la guerra existía cierta tendencia a contraponer el «idealismo» francés, esto es, la doctrina francesa del derecho natural, a la «teoría del poder» alemana[27]. La guerra dió nuevos bríos a esta propensión. «*C'est la notion de Droit, manifestation de l'Absolu qui a animé les gouvernements alliés, soutenu dans l'epreuve les populations des régions envahies, guidé les combattants*», escribía Bonnecasse[28]. Partiendo de una base nacionalista, surgió así el afán de volver a resaltar, con mayor énfasis, la idea de un derecho de carácter absoluto. Se consideró el periodo precedente, orientado hacia el realismo, como una decadencia pasajera debida a la influencia alemana, contemplándose la guerra como una prueba que habría de despertar a una nueva vida al idealismo francés. «*(C'est) le droit naturel qui fut parfois si décrie auquel nous ramènent par un incoercible dégout les abominations du réalisme allemand*»[29]. Se generó así una cierta bibliografía, poco relevante, que tendía a glorificar el idealismo francés y trataba de demostrar el daño ocasionado por la filosofía del derecho alemana[30]. Se consideraba responsable de la guerra al profesor alemán. El mismo Émile Boutroux contribuyó a esta tendencia en su conferencia ante la «*Societé des dames francaises*»[31]. No es éste el lugar para tratar de establecer en qué medida tales ataques pudieran estar *moralmente* justificados; aquí nos proponemos tratar las cosas desde un punto de vista *puramente científico-jurídico*. Nuestro deseo es mostrar que las conclusiones que el bando francés extrajo de la indignación

27 V. gr., Beaudant, que en *Le droit individuel*, p. 244, cita un pasaje de Dante, «*qu'aucune lecteur français ne lira sans un douloureux frémissement*», según el cual el derecho se define a través del poder.

28 *Notion du droit*, p. 219; cfr. pp. 3, 45 y 46. Kant fue denostado como «estatalista», p. 67; cfr. Duguit, *Le droit et l'Etat*, 1917, pp. 40 y 41.

29 Josserand, *La force et le droit*, Conférence Lyon, 1917, pp. 27 y 28, citado según Bonnecasse, *Notion*, pp. 212.

30 Hauriou, «Le droit naturel et l'Allemagne», *Le Correspondant*, 1918 (sept.); Ripert, «Le droit en Allemagne et la guerre», *Rev. international et de l'enseignement*, 1915; Berthélemy, «Le fondement de l'autorité politique», *Rev. de droit public*, 1915; Joseph Barthélemy, «La responsabilité des professeurs allemandes de droit public», *Bull. de la Soc. de législation comparé*, 1916; Josserand, *La force et le droit*, Conférence, 1917; Polier, «Pour la défence de notre idéalisme juridique», *Rev. des nations latines*, 1918.

31 Emile Boutroux, «Germanisme et humanité», *Rev. international de l'enseignement*, 1915, pp. 241 y 242 y 344 y 345. Germanisme = «*une barbarie savante et une science barbare*» (p. 350).

moral contra Alemania son absolutamente insostenibles desde el punto de vista *científico-jurídico*.

El principal resultado fue un retorno a la doctrina del derecho natural absoluto de carácter metafísico, en cuyo nombre las fuerzas aliadas habían conducido la guerra. Bonnecasse, como se dijo anteriormente, defenderá, más que nunca, un *droit absolu* de base metafísica. Hauriou, que hasta la fecha había escrito importantes trabajos sobre bases sociológicas, desarrolla, en un artículo dirigido contra la teoría del derecho alemana, una doctrina absoluta del derecho natural. La formulación moderada: «*droit naturel au contenu variable*» es descartada. «*Il existe un idéal de justice universel et immuable*». Lejos de contentarse con un *droit rationnel*, recurre enteramente a la vieja doctrina del derecho natural, *le droit naturel* en sentido estricto. El derecho nace de la naturaleza humana. Este autor intenta dar una hechura moderna a la doctrina clásica, al fundamentarla en la antropología (!). Lo constitutivo de *l'espèce humaine*, el *homo sapiens*, es la *sapientia*, esto es, la posesión de facultades morales. El fundamento es, pues, un sentimiento moral, un instinto moral, o como quiera que se denomine a esta forma subjetiva de revelación de verdades eternas; es decir, el fundamento es la metafísica[32].

Berthélemy denosta la doctrina de la personificación del Estado, considerándola como una glorificación del Estado alemán[33]; Ripert describe a la escuela histórica alemana como nacionalista, en contraposición al derecho natural de carácter universal[34]; como ya se ha dicho, el mismo Duguit, el adversario por excelencia del derecho natural, se declara partidario del derecho natural y de la metafísica. Por parte de la vertiente sociológica ortodoxa, Davy se encarga de salvar al idealismo francés con la ayuda de una sociología de mayor profundidad[35].

No resulta difícil —si bien exigirá una explicación más extensa— mostrar la cantidad de errores científico-jurídicos en que se basan tales ataques, al igual que las conclusiones alcanzadas. Lo esencial es que, desde el punto de vista científico-jurídico, la confrontación de «idealismo» y «teoría del poder» es, en sí misma, incorrecta. Lo cual se deduce ya de por sí del hecho de que el idealismo francés es una doctrina *ético-jurídica*, mientras que la teoría alemana del poder es una *teoría del derecho* que sirve de base a una ciencia del derecho de carácter *positivo*. Para una comprensión más precisa, nos remitimos a nuestra anterior explicación (I, 3). Lo

32 Hauriou, «Le droit nat. et l'Allemagne» *Le Correspondant*, sept. 1918, pp. 913 y 914, 933, 938 y 939.

33 En op. cit. en nota (30), loc. cit., p. 671; cfr. pp. 680 y 681.

34 En op. cit. en nota (30), pp. 173 y 174.

35 *Le droit, l'idealisme et l'experience*, pp. 33 y 34; cfr. Conclusion, pp. 161 y 162.

cual no quiere decir que tras la teoría del derecho alemana no se oculte eventualmente una doctrina moral o, más precisamente, la ausencia de tal. Pero ello en nada afecta a a la teoría alemana tal y como está configurada, esto es, como *teoría del derecho positivo*. La teoría alemana del poder no puede, en sí misma, chocar con la doctrina francesa del derecho natural, pues no se ocupan de los mismos problemas. Es posible afirmar, incluso, que también la concepción francesa adhiere a un principio de poder, en la medida en que cabe extraer de la doctrina iusnaturalista una teoría del derecho positivo. La doctrina de Duguit sobre «*les gouvernants*» como «*les plus forts*» constituye un ejemplo de ello[36].

Resulta indicativo de las circunstancias en las que surgió la polémica francesa que, aunque todos los autores coinciden en contraponer la concepción alemana a la francesa, sin embargo tal polémica, considerada en su conjunto, está llena de inconsistencias. No deja de resultar cómico constatar que lo que un autor denigra como alemán, con frecuencia para otro constituye una teoría auténticamente francesa, o de notorio abolengo francés. A la inversa, puede también ocurrir que lo que se glorifique como idealismo francés haya sido dicho en Alemania antes y mejor.

Así, es posible comprobar que la teoría de la personificación del Estado, que Berthélemy estigmatiza como alemana, tiene su auténtico origen, francés, en la doctrina de Rousseau sobre la soberanía de la nación; y que Michoud afirma que la doctrina de la personificación es la dominante en la moderna teoría francesa del Estado[37]. También el intento de Berthélemy de fundamentar la fuerza vinculante del derecho mediante un «*consentiment général*»[38], fue realizado antes y con mayor fortuna por el alemán Bierling, especialmente en la versión de su doctrina que aparece en el trabajo *Zur Kritik der juristischen Grundbegriffe*. Por lo que a Ripert se refiere, habrá que hacer señalar que el supuesto «nacionalismo» de la escuela histórica alemana, esto es, su relativismo historicista, es la idea que se halla en la base de toda la moderna sociología francesa. En este punto, habría que recordar a Bonnecasse, que, según su propia exposición, *l'école de l'exégese* —la cual «*au XIXème siècle a symbolisé en France la science du droit*»— posee una significativa semejanza con la denostada escuela alemana. La mencionada escuela francesa, afirma, ha divinizado al legislador, y «déifier le législateur c'est après tout déifier l'Etat»[39]. Habría que

36 *L'Etat,* pp. 227 y 228; cfr. pp. 10, 97, 186, 242 y 261.

37 *La personalité et les droits subjectives de l'Etat,* pp. 495 y 496.

38 Op. cit. en nota (30), p. 668; p. 670: «*en definitive c'est dans l'assentiment général que la legalité présumée des actes de l'autorité trouve sa justification*».

39 *Notion du droit,* p. 67.

preguntarles a todos los autores mencionados por qué razón sus acusaciones, en cuanto conciernen a la ciencia jurídica, se dirigen en mayor medida contra la teoría alemana que contra la inglesa, cuando ésta, desde los tiempos de Austin, es decir, en el último siglo, no ha sido menos fiel que la alemana a una teoría del poder como fundamento del derecho positivo.

Hay razones suficientes para explicar los errores aquí tratados. Como mencioné al principio de este apartado, en Francia la teoría del derecho positivo, en sí misma, nunca ha sido planteada como problema. Por eso, es comprensible que se haya visto en la teoría positiva alemana del derecho una determinada ética jurídica, o, más concretamente, la negación de tal. Con todo, hay base suficiente para creer que la posición de la teoría francesa tiene carácter transitorio. En la *Revue de metaphysique et morale*, Ruyssen escribió, ya en el año 1915, un inteligente y simpático artículo sobre «*la force et le droit*». En la introducción a la más reciente teoría del estado francesa, Carré de Malberg ha defendido puntos de vista análogos a los aquí descritos. En el año 1814 y encontrándose en estado de excitación por las circunstancias políticas del momento, v. Savigny redactó su célebre escrito polémico, que contenía una crítica muy unilateral e injusta del *Code civil*. Posteriormente, sin embargo, reconocería su error y se manifestaría, ya sin ese apasionamiento, acerca de la ciencia del derecho francesa.

8. Como se ha dicho anteriormente, en el nº 3, el planteamiento y el método iusnaturalistas son en sí mismos legítimos. Pero, bien entendido, sólo mientras permanezcan confinados dentro del ámbito de la política jurídica y se les mantenga estrictamente al margen de la teoría del derecho positivo. No obstante, como ha demostrado Salmond[40], existe un grave riesgo de confusión entre *droit* como *droit positif* y como *droit naturel*. De ahí que sean también innumerables los errores que esta confusión ha engendrado en la literatura francesa al respecto. Así, la defensa entusiasta del ideal de derecho francés en oposición a la doctrina alemana del poder, antes mencionada, resulta impensable sin este trasfondo. Todas las confusiones surgidas de este modo se basan en una confusión del derecho positivo y el derecho natural. Se incurre en el error fundamental de confundir la existencia de un objeto con su ideal, definido éste por referencia a cierta clase de normas. O, como diría Stammler, se confunde el concepto de derecho con su idea. El uso del idioma francés es tan vago que Bonnecasse pudo escribir un libro entero sobre «*la notion du droit*», en el que no se encuentra una sola palabra sobre el concepto de derecho.

---

40 Vid. IV, 1.

Esta confusión se debe, además de al mencionado equívoco, a un cierto hecho psicológico que parece operar en el proceso evolutivo de las ciencias normativas. Los conceptos normativos se forman primeramente con especial referencia al campo moral, que ha sido el ámbito originario de las normas. Posteriormente, se intenta trasladar los conceptos específicamente morales obtenidos de esta manera a otros ámbitos normativos. Esto no puede sino llevar a complicaciones, dada la diversidad de circunstancias; así, por ejemplo, en lo referente al concepto de validez. El proyecto de *Code civil* declaraba «*le droit naturel*» como «*la source de toutes les lois positives*». Con ello pretende indicar, fundamentalmente, que las leyes positivas han de derivar su carácter moralmente obligatorio de su concordancia con «*le droit naturel*». A consecuencia de la mencionada traslación conceptual, este concepto moral se extiende ahora al ámbito jurídico, olvidando que existe un concepto jurídico de validez, tan específico como el moral. Por ello, no resulta sorprendente que en la literatura francesa se confunda, en general, el concepto de derecho positivo con la idea de derecho, identificando la validez del derecho con su justificación ética. Con frecuencia se define el derecho positivo como una determinación concreta del derecho natural, o como un complemento o una interpretación del mismo, que varía en función de las circunstancias. «*Les lois divines, naturelles ou positives, se sont bornés à tracer, une ou deux fois pour toutes, les grandes lignes de la conduite humaine. Dieu n'a pas jugé bon d'intervenir sans cesse (...)*». Por eso, se precisa también una legislación humana que complemente a la divina. «*Des autorités humaines, auxquelles il a conféré le pouvoir legislatif, ont été chargés de ces soins*»[41] (Vareilles-Sommières). En una reciente introducción francesa a la ciencia del derecho, dicha relación se representa de modo tal que el derecho positivo resulta ser una «*interpretation du droit naturel*», que está en función de diversas circunstancias positivas. Esto se ilustra diciendo que *le droit positif* está definido por *le droit naturel*, como una curva matemática lo está por su asíntota[42]. El error de estas definiciones, de las que cabría citar multitud de ejemplos[43], se encuentra en que encubren la verdad de que el derecho positivo puede ser tan reprobable como se quiera, sin que por ello pierda su carácter de

41 Vareilles-Sommières, *Principes fondamentaux*, p. 34.

42 Renard, *Le droit, la justice et la volonté*, pp. 97 y 95.

43 V. gr., Bonnecasse, *Notion du droit*, p. 9; Valensin, *Traité*, pp. 166 y 167; Boistel, *Cours*, p. 3; Rothe, *Traité*, p. 64; Acollas, *L'idée du droit*, p. 29; Beaussire, *Principes*, pp. 63 y 64; Franck, *Philosophie*, p. 1. Esta confusión es también constante a lo largo de la obra de Duguit y la de Gény.

derecho positivo. Esto vale tanto si el ideal que determina el derecho natural es metafísico como si es históricamente relativo, como sostiene la moderna escuela sociológica. Así, v. gr., cuando Duguit[44] mezcla, en su trabajo más reciente, el *Traité de droit constitutionnel,* el concepto de derecho positivo con el ideal histórico-relativo: «*la conscience juridique du peuple*». Al margen de la impronta iusnaturalista de este planteamiento, también se hace patente en él un segundo sincretismo metódico. «*La conscience juridique du peuple*» no es contemplada sólo como ideal, sino también como un hecho, como causa eficiente, sociológica de la existencia del derecho. El punto de vista de Duguit se corresponde exactamente con el de la escuela histórica. La historia se repite.

Ciertamente, Duguit intenta marcar distancias con la escuela histórica alemana al afirmar que él, a diferencia de ésta, no atribuye a la «*conscience collective*» existencia autónoma o real alguna. La conciencia popular no es hipostasiada en ningún «*espíritu del pueblo*» (*Volksgeist*), sino que debe ser únicamente expresión de lo que opina la gran masa del pueblo. Pero, prescindiendo de que en este punto se encuentra en oposición a la escuela sociológica, a la que por lo demás suele recurrir[45], esta negación es pura palabrería. Al recurrir a una conciencia colectiva para la determinación inequívoca del derecho, Duguit acepta también las implicaciones prácticas de la doctrina negada: a saber, que en la gran masa de un pueblo siempre reina la unidad y la armonía entre los ideales individuales, de modo que es posible hablar de *un ideal común*. Esta es la implicación práctica que deriva de la teoría del «*espíritu del pueblo*». Si se acepta esta consecuencia, entonces, de hecho, se está sosteniendo una teoría del espíritu del pueblo, aunque no se haga sobre bases metafísicas, sino sociológico-funcionales.

Si se parte ya de un concepto inadecuado de derecho, necesariamente habrán de resultar también en mayor o menor medida erróneos los demás apartados de la teoría del derecho. Así, en particular, la doctrina de las fuentes del derecho. El derecho natural desempeña aquí el papel de complemento del derecho positivo. La idea básica de toda la doctrina moderna francesa de las fuentes del derecho (en la medida en que no cree, como en épocas anteriores, poder reducir el derecho a la ley) estriba en afirmar la existencia de diversas fuentes iusnaturalistas que tienen carácter subsidiario respecto de la ley (y de la costumbre). Esta concepción, necesariamente falsa, puesto que fracciona la unidad formal del concepto de derecho,

---

44 Vid. *supra,* nota (18).

45 El sociólogo Davy llama la atención sobre esta inconsistencia: *Le droit,* etc., p. 100.

conduce a multitud de errores y polémicas estériles. A ello habremos de referirnos detalladamente en el siguiente capítulo.

Por último, hemos de mencionar que el móvil psicológico de la doctrina del derecho de Gény, su lucha contra la soberanía del poder estatal, sólo es psicológicamente comprensible si se la contempla sobre el trasfondo de la habitual confusión de teoría del derecho y ética jurídica con lo cual pierde también todo valor científico. La repulsión de Gény frente a la doctrina del poder estatal se debe exclusivamente a que la entiende como teoría ético-jurídica de legitimación de la fuerza moralmente vinculante del derecho[46]. Su oposición a este hecho puede ser correcta y comprensible, pero pierde todo sentido cuando se dirige sin distinción contra la doctrina puramente teórico-positiva de la soberanía, esto es, contra una teoría de la fuerza vinculante del derecho positivo. En esto se queda su doctrina: falsos problemas y falsas polémicas, como tan frecuentemente sucede cuando se olvida la mencionada diferencia metodológica. Una lucha contra molinos de viento: hermosa, pero inútil.

9. Se concluirá este capítulo con una breve indagación acerca del juicio que merece el iusnaturalismo francés en cuanto ética jurídica, esto es, sin hacer referencia a su relación con el derecho positivo. Semejante juicio corresponde a la ética; el jurista como tal no tiene ninguna competencia en esta cuestión. Por eso, aquí la investigación debe limitarse a establecer si la doctrina francesa del derecho natural coincide en sus líneas maestras con los principios básicos de la moderna filosofía moral y de la moderna epistemología (francesas). En primer lugar, y por lo que se refiere a la doctrina histórico-relativa del derecho natural, de orientación sociológica, de momento aparece como legitimada por su estrecha vinculación a la ciencia y a la filosofía francesas modernas (y muy en particular, a la tendencia representada por Durkheim). Por contra, el iusnaturalismo metafísico (bajo la dirección de Gény) se basa en principios éticos y epistemológicos abiertamente opuestos a la moderna filosofía francesa, e incluso al pensamiento europeo desde Kant[47-48]. Sólo puede encontrar apoyo en las filosofías católicas o místico-

46 Duguit combate la teoría alemana de que el derecho emana del Estado: *L'Etat*, pp. 106 y 107, 114, 117 y 118, 120. «*La science du droit public n'est digne [!] de ce nom que si elle établit le fondement d'une règle superieure à l'Etat lui-même (...)*» (pp. 614 y 615). Resulta claro que esta concepción es moral y no jurídica. Cfr. *Souveraineté et liberté y transformations du droit public*, pp. 12 y 13. Esto explica también que la soberanía sea, para Duguit, un concepto del mismo orden que el derecho subjetivo individual de carácter iusnaturalista. En la teoría individualista, afirma este autor, predominan dos conceptos: «*l'idée du souveraineté de l'Etat ayant pour titulaire originaire la nation personnifié, et l'idée du droit naturel, inaliénable et impréscriptible de l'individu, s'opposant au droit souverain de l'Etat*» (*op. cit.*, p. 12).

modernas actualmente de moda (intuicionismo). Hojéese *Le problème morale et le pensée contemporaine,* de Parodi, o léanse los agudos trabajos de Brunschvig; piénsese en nombres como Durkheim, Lévy-Bruhl, Henri Poincaré, Goblot, Meyerson, Boutroux, Boyet, Belot, Fouillée, por nombrar sólo al azar algunos de los más conocidos: en ninguno se podrá encontrar el más mínimo apoyo para semejante doctrina. Postular que los principios jurídicos poseen una existencia en sí, absoluta, significa interpretar erróneamente en clave materialista el principio crítico fundamental. Como siempre que se postula un conocimiento suprasistemático, resulta obligado suponer la existencia de un órgano interno, no intelectual, que haga posible la contemplación inmediata de lo eterno. La *Existencia Absoluta* dinamita cualquier sistema; la contemplación inmediata se sustrae a toda fundamentación y control. Es revelación íntima, que en principio no se distingue de aquella externa en la que es la voz de Dios la que habla a los hombres desde el cielo. Ambas dejan un margen ilimitado al arbitrio subjetivo. ¿Qué demostración podría esgrimir Gény contra mi posición, si yo aceptara los moldes de su derecho natural, sus postulados básicos, pero rellenándolos con un contenido en directa oposición al suyo? Me bastaría con referirme, como él, a que «*la conscience*», «*l'intuition*», «*mon sentiment intime*», «*des forces psychologiques plus obscures, subconscience, croyance, sentiment*»[49] o como quiera que Gény denomine a las formas de revelación sustraídas a todo control objetivo, me lo revelan así.

Se puede estar más o menos convencido de la posibilidad de una ética absoluta. Cabe hacer respetables intentos por fundamentar objetivamente una ética semejante; tanto en Alemania como en Francia se han dedicado generosos esfuerzos a este empeño. Pero la doctrina metafísica no significa otra cosa que la negación, sin más, de todo razonamiento filosófico-científico, para arrojarse en los brazos de un credo metafísico-religioso.

---

47 Gény admite (*Méthode d'interprétation*, II, pp. 101) que sus ideas están «*en désaccord avec les tendances, développées par toute la philosophie allemande moderne, et accentuées encore dans le positivisme anglo-saxon*». Habría podido añadir que se hallaban también en oposición a la filosofía francesa dominante. Sin embargo, Gény considera innecesario defenderse frente a esta objeción, pues sus ideales «*recontrent une autorité, dont on ne contestera ni la clarité ni la puissance, dans notre grand Montesquieu*»; lo que supone tomarse algo a la ligera a la filosofía moderna.

48 Ciertamente, hay que reconocer que también Kant llega al conocimiento del imperativo categórico a través de una forma de intuición intelectual, la conciencia. Pero, a diferencia de las teorías iusnaturalistas francesas, el imperativo de Kant es un principio meramente formal (o al menos está pensado como tal). No postula un código absoluto, «*le bien en soi*».

49 *Science et technique,* II, p. 361.

Esta metafísica suele adornarse con el nombre de idealismo. Dejemos hablar al que acaso sea el más relevante de los filósofos franceses contemporáneos, Léon Brunschwicg, para caracterizar con más detalle el idealismo que postula lo Absoluto:

«*La thèse idéaliste ne signifie rien autre chose, sinon que la science moderne ne se place dans l'être absolu, identique avec lui-même, mais qu'elle se meut dans la pensée, à travers des négations et des éliminations qui, seules, lui permettent une approximation croissante de la réalité*».

«*Ainsi entendu, l'idéalisme, n'a rien de commun avec la doctrine metaphysique que certaine savante ont coutume de discuter et de réfuter, parce qu'ils interprètent l'idéalisme par opposition —mais aussi par analogie— avec le réalisme métaphysique (...) L'idéalisme rationnel ne saurait donc se confondre avec l'idéalisme subjectif des métaphysiciens (...) Celui qui croit à la création du monde, à l'immortalité de l'âme, à la sanation divine est appelé, il s'appelle lui-même spiritualiste; en fait il est guidé dans toutes ces convictions par l'imagination matérialiste (...) Plus clairement encore apparaîtra devant le problème moral le devoir du sens commun (...) Supposer que la certitude de l'ordre moral implique l'existence d'une règle universelle, c'est se condamner soit au scepticisme qui paralyse, soit à un dogmatisme qui refuse de discuter, ce qui est encore une façon de douter, et la plus incurable. Le vrai sens commun renonce à l'idole du bien en soi, entité abstraite interposée entre l'agent et l'acte; il ne mit pas la valeur morale dans un acte matériel, mais là où seulement elle peut être, dans la vie spirituelle*»[50].

---

50 *L'ideálisme contemporain,* 2° ed., Paris, 1921, pp. 4, 5, 6 y 37.

Capítulo III
LA TEORÍA DEL DERECHO POSITIVO

1. LA TEORÍA DE LAS FUENTES DEL DERECHO DE LA REVOLUCIÓN. -MONTESQUIEU. LEY Y JUEZ. *RÉFÉRÉ LÉGISLATIF* Y *TRIBUNAL DE CASSATION*

2. EL *CODE NAPOLÉON*. LA INFLUENCIA DE BONAPARTE Y DE PORTALIS. EL DESMORONAMIENTO DE LOS IDEALES DE LA REVOLUCIÓN. EL ART. 4 DEL *CODE CIVIL*

3. LOS PRIMEROS COMENTARISTAS Y *L´ECOLE DE L'EXÉGÈSE*. -MÉTODOS DE INTERPRETACIÓN. LA INFLUENCIA DE MONTESQUIEU

4. *L'ÉCOLE NOUVELLE*. LA HISTORIA DEL MOVIMIENTO. LAS CORRIENTES DE SALEILLES Y DE GÉNY. SU TEORÍA DE LAS FUENTES DEL DERECHO: IUSPUBLICISTAS Y IUSCIVILISTAS, ASPECTOS COMUNES. LOS DOS ERRORES FUNDAMENTALES: EL DOGMA DEL ORDENAMIENTO JURÍDICO PREJUDICIAL Y EL DUALISMO EN EL CONCEPTO DE DERECHO

5.-7. UN EJEMPLO DE LA CORRIENTE IUSNATURALISTA: LA TEORÍA DE LAS FUENTES DEL DERECHO DE GÉNY

5. El derecho como producto científico

6. Gény y los dos errores básicos de carácter general

7. Las diversas fuentes en particular

8.-9. UN EJEMPLO DE LA CORRIENTE SOCIOLÓGICA: LAMBERT

8. La política jurídica de orientación sociológica

9. La doctrina de la costumbre

EXCURSUS. ALGUNAS REFLEXIONES TENDENTES A ESCLARECER EL DUALISMO EN EL CONCEPTO FRANCÉS DE DERECHO

1. Dicho en forma sintética, la doctrina revolucionaria de las fuentes del derecho estriba en la idea de la ley como única fuente del derecho; esto es, en la creencia de que la ley, entendida como la voluntad omnipotente del pueblo soberano, constituye el único factor de creación del derecho y lo abarca en su totalidad. La Revolución acoge el concepto de soberanía del Absolutismo, limitándose a colocar al pueblo en el lugar del príncipe[1]. En este aspecto, la teoría del derecho positivo tiene un carácter ciertamente positivista, es decir, no está afectada por las ideas iusnaturalistas imperantes; si bien hay que reconocer que, aplicado al pueblo, el concepto de soberanía encierra un matiz legitimador. No hay contradicción alguna en que la concepción revolucionaria del derecho sea a un tiempo iusnaturalista y positivista. En el plano *ético-jurídico*, se cree en la existencia de un derecho natural absoluto, de carácter metafísico, que ofrece una respuesta a cada caso concreto; en el plano *teórico-jurídico*, el derecho positivo se contempla como la voluntad del soberano; en el plano *sociológico-jurídico*, en fin, se concibe el derecho como algo libre y discrecional, como un producto surgido de una voluntad libre. Justamente por eso se vuelve tan importante el ideal de derecho. A la postre, lo único que se requiere es algo de buena voluntad y sentido común. En cuanto la soberanía sea transmitida al pueblo, comenzará una nueva era....

El correlato de la comprensión de la ley como omnipotente es la idea de la dependencia del juez respecto del derecho. El papel del juez en una república civilizada no es otro que el de ser la voz de la ley.

Esta idea se remonta a la doctrina de Montesquieu de la separación de los tres poderes, conforme a la cual resulta natural privar al juez de todo poder creador de derecho. «*Plus le gouvernement approche de la république plus la manière de juger deviene fixe; (...) dans le gouvernement*

1 Cfr. Duguit, *L'Etat*, pp. 328 y 329. Beaudant, *Le droit individuel*, pp. 156 y 162.

rèpublicain, il est de la nature de la constitution que les juges suivent la letre de la loi (...). Les juges de la nation ne sont que la bouche qui prononce les paroles de la loi, des êtres inanimés qui n'en peuvent modérer les paroles ni la rigeur»[2].

De ahí se sigue la aversión de la Revolución hacia el derecho consuetudinario y hacia la Jurisprudencia. Sobre el trasfondo de muchas costumbres enrevesadas, de carácter más o menos feudal, y de una jurisprudencia que a menudo era arbitraria y corrupta bajo el *Ancien Régime*, nos resulta psicológicamente comprensible que los revolucionarios ansiaran la ley como la nueva Tierra Prometida. En uno de los dictámenes tribunalicios respecto del proyecto de *Code civil*, se objetaba, con claras muestras de impaciencia, que el *Code* no hubiera hecho *tabula rasa* con todas las viejas costumbres: «*Les Français, indignés de n'avoir pas une législation nationale, fatigués des lois romanes, étrangères à leurs moeurs et à la plupart de leurs relations, d'un amas de coutumes et d'usages bizarrement incohérents (...) des funestes effets de la jurisprudence diverse dans les tribunaux, variables suivants les circonstances, et toujours d'un arbitraire effrayant, demandaient à grands cris, depuis plusieurs siècles, un code complet et uniforme*». Como remedio universal contra estas tropelías, se recomienda la ley: «*Il faut un régulateur général et commun des jugements; ce régulateur est la loi, qui seule peut être regardée comme l'expressión certaine de l'équité; le juge doit être esclave de la loi*»[3]. ¡El juez, un ser inanimado! ¡El juez, un esclavo de la ley! He aquí la llave hacia la ansiada igualdad.

L'Assemblée Constituante asumió esta concepción de la ley y del papel del juez y la aplicó con rigor doctrinario. Basta leer algunas de las actas de los debates parlamentarios, en particular las que se refieren a la Constitución y a la Declaración de los Derechos del Hombre, para convencerse de que todos sus miembros (con una única excepción)[4] estaban poseídos por el mismo espíritu. Thouret exigió que la Constitución dispusiera «*que le pouvoir judicaire est essentiellement distinct du pouvoir législatif (...) et que la fonction des juges n'est que d'appliquer la loi e leur devoir de se conformer au sens littéral, sans s'en écarter, ni se permettre de l'interpréter*»[5]. La misma posición adoptó Bergasse[6], en un informe sobre *le pouvoir judicaire*. Por su parte, Robespierre declaró categóricamente: «*Ce mot de*

2 *Esprit des lois*, Libro 6°, cap. III, *cit. supra* y lib. 11, cap. 6.

3 Tribunal de Lyon; Fenet, *Recueil complet des travaux préparatoires du code civil*. Paris, 1836 y 1837, tomo IV, pp. 27 y 35.

4 Barnave, vid. *Archives parlémentaires,* 1ª serie, XV, p. 410.

5 Op. cit., 1ª serie, VIII, pp. 330 y 331.

6 Op. cit., 1ª serie, VIII, pp. 440 y 441, esp. 446 (art. 9).

jurisprudence des tribunaux (...) doit être effacé de notre langue. Dans un état qui a une constitution, une législation, la jurisprudence des tribunaux n'est autre chose que la loi»[7].

A pesar de que la Asamblea Legislativa no llegara a elaborar un *Code*, sin embargo sí dio inequívoca expresión legal a su voluntad mediante la creación del *référé égislatif* y del *Tribunal de Cassation*[8].

El Decreto sobre Organización de Tribunales de Justicia, de 16 a 24 de agosto de 1790, en riguroso desarrollo de la doctrina de la separación de poderes, estableció (art. 12, tit. II), no sólo que el juez no estaba autorizado a dictar disposiciones, sino que ni siquiera lo estaba a interpretar la ley. En caso de que considerara imprescindible una interpretación, debía dirigirse al poder legislativo. Un decreto de 27 de noviembre a 1 de diciembre de 1790 (art. 21, párrafo 2), extendió el ámbito de aplicación de este «*référé facultatif*», adquiriendo carácter obligatorio en caso de conflicto entre distintos tribunales.

Le Tribunal de Cassation (más tarde *Cour de Cassation*) fue instituido por el último de los citados decretos de 1790. La misión que este decreto le atribuía era la de velar rigurosamente por el respeto al *texto de la ley*. El Tribunal debía anular toda sentencia en la que existiera una «*contravention expresse au texte de la loi*», pero le estaba vedado «*sous aucun prétexte et en aucun cas de connaître du fond des affaires*». También esta institución presuponía, pues, que la única tarea del juez consistía en observar estrictamente el texto de la ley. Más significativo aún es que el propio *Tribunal de Cassation* no se concibiera como tribunal de justicia, sino como un apéndice del poder legislativo. Como representante de dicho poder, su cometido era velar porque los tribunales de justicia no se arrogaran la facultad de realizar interpretación alguna. Ya el primer artículo del decreto contenía la siguiente expresión, sumamente indicativa: «*Il y aura un tribunal de cassation établi* auprés du corps législatif». Robespierre expresa esta idea con toda claridad en las deliberaciones de la Asamblea legislativa. «*Il est donc nécessaire*», afirma, «*d'avoir une surveillance que ramène les tribunaux aux principes de législation. Ce pouvoir de surveillance fera-t-il partie du pouvoir judicaire? Non, puisque c'est le pouvoir judicaire qu'on surveille. Sera-ce le pouvoir exécutif? Non, il deviendrait maître de la loi (...) Ce droit de surveillance est donc une dépendance du pouvoir législatif*»[9].

---

7 Op. cit., 1ª serie, XX, p. 516.

8 Respecto de lo que sigue, cfr. Gény, *Méthode*, pp. 77 y 78, 84 y 85. Carré de Malberg, *Contribution*, pp. 719 y 720.

9 Op. cit., 1ª serie, XX, p. 336.

Ambas instituciones, el *référé législatif* y el *Tribunal de Cassation,* se complementan de manera peculiar, proporcionando conjuntamente una imagen inconfundible de la teoría de las fuentes de la Revolución. La ley, el poder legislativo, es la fuente de todo derecho. La tarea del juez consiste en aplicar la ley, de forma pasiva, como «un ente inanimado», como un «esclavo de la ley», sin acudir a interpretación alguna. Si, excepcionalmente, en alguna ocasión las circunstancias le forzaran a desempeñar un papel activo, habrá de dirigirse previamente al legislador. Por lo demás, éste vela, a través del Tribunal de Casación, porque el juez se atenga estrictamente al texto de la ley. No hay lugar alguno para la costumbre o la jurisprudencia como fuentes del derecho. Apenas es imaginable una teoría de las fuentes del derecho que lleve más lejos, en sentido doctrinario, la fe en la omnipotencia de la ley: *vox populi* —la ley—, *vox dei.*

2. Mediante un decreto de 5 de julio de 1790, *L'Assemblée Constituante* había dispuesto «*que les lois civiles seraient revues et reformées par les législateurs, et qu'il serait fait un code général de lois simples, claires et appropriées à la constitution*». Como ya se dijo, la Asamblea no encontró ocasión de poner en práctica por sí misma este prometedor artículo. Su sucesora, la *Assemblée Législative,* tampoco lo consiguió. Hubo que esperar a la *Convention Nationale* para que dieran comienzo los trabajos[10]. Bajo esta última, y posteriormente bajo el Directorio y las Comisiones que prepararon la transición al Consulado, se redactaron y presentaron sucesivamente hasta cuatro proyectos de *Code civil.* Tres fueron elaborados por Cambacérès y uno por Lacqueminot, sin que, no obstante, se consiguiera llegar a un acuerdo sobre el plan a seguir, la forma de redacción o el contenido. El primer proyecto fue rechazado por demasiado extenso; se quería que fuera más corto y más filosófico. El segundo, por el contrario, resultó demasiado filosófico. Si leemos este sucinto borrador[11], que más que una ley asemeja a un índice de materias, nos asombraremos de que al final pudiera resultar una obra como el *Code civil.* Entre tanto se había producido un cambio de régimen. El propio Bonaparte, *le premier consul,* se hizo cargo de la tarea. Tal vez su mayor mérito estribe en haber elegido a los hombres más adecuados. El 24 Thermidor del año VIII, formó una comisión integrada por tres personas, cuyo *spiritus rector* era Portalis. Este último fue también quien redactó el proyecto que habría de conducir al *Code civil,* en su versión definitiva. No obstante, habrá que conceder que, en la misma medida en que no es posible contemplar a Bonaparte o Portalis

10 Sobre la creación del *Code civil,* vid. Fenet, op. cit. en nota (3), t. I.

11 Fenet, op. cit., I, 110 y 111. Los 297 parágrafos del proyecto están contenidos en treinta páginas impresas; con frecuencia, un parágrafo ocupa sólo una línea.

como ideólogos de la revolución, tampoco cabe hablar del *Code Napoléon* propiamente como una obra de la Revolución[12]. De ahí también que sea expresión de una doctrina de las fuentes del derecho distinta.

Portalis ejerció una influencia decisiva sobre las deliberaciones. Su célebre *Discours préliminaire*[13] asombra tanto por su bello estilo, digno de una obra maestra de la literatura, como por la sorprendente manera en que anticipa lo mejor de la escuela histórico-sociológica. En el plano *ético-jurídico*, parece compartir todavía la idea revolucionaria de la existencia de un derecho natural, y en este sentido cabe considerarle como un exponente del iusnaturalismo. En cambio, en el plano *sociológico* no profesa ya un optimismo racionalista, sino que su discurso es expresión de un inteligente y prudente moderantismo histórico[14]. Portalis se dirige contra los revolucionarios desencantados, que se lamentan «*de ne pas rencontrer aucune grande conception*» en el proyecto de *Code civil*: «*Il serait à desirer que l'on put attacher quelque idée précise à ce qu'on entend par* grande conception. *Veut-on exprimer par ce mot quelque nouveauté bien hardie quelque institution à la manière des Solon et des Lycourgue*? *Mais ne nous y trompons pas, législateurs; une nouveauté hardie n'est souvent qu'une erreur brillante donc l'éclat subit ressemble à celui de la poudre qui frappe le lieu même qu'elle éclaire. Gardons nous donc de confondre le génie qui crée avec l'esprit novateur qui bouleverse ou dénature (...) l'esprit de modération est le véritable esprit du législateur*»[15a]. En otro pasaje, enuncia las célebres palabras que podríamos identificar como el lema de la escuela histórica: «*C'est à l'experience à combler succesivement les vides que nous laissons. Les codes des peuples* se font avec les temps, *mais à proprement parler,* on ne les fait pas»[15b].

A nuestros efectos, resulta de particular importancia el que también la teoría del derecho de Portalis, y por lo tanto su teoría de las fuentes, sea diferente a la de la Revolución. Portalis no considera que la ley sea la úni-

12 Bonnecasse deplora este hecho en *Thémis,* p. 70: «La genèse de ce Code a trop duré; les événements politiques assagirent peu à peu les ésprits et c'est en quelque sorte un code conservateur qui a finalement été octroyé à la France»; a lo que posiblemente se pueda replicar que el *Code civil* a duras penas podría haber sobrevivido a la Restauración, de haber constituido una expresión perfecta de los ideales de 1789.

13 Fenet, *Recueil,* I, pp. 463 y ss.; vid. además VI, pp. 33, 243, 344 y otras.

14 Un ejemplo de la incorrección en que se incurre al hablar de *una* ciencia del derecho al emplear los términos «escuela histórica» y «derecho natural» como conceptos unívocos y mutuamente excluyentes.

15 a)-g) Fenet, *Recueil,* respectivamente, a) VI, pp. 38 y 42; b) I, p. 476. Resaltado en el original; c) II, pp. 3 y 4; d) I, p. 467 y VI, p. 359; e) V, p. 92, 456, 459 y 460; f) VI, p. 150, cfr. 150 a 170; g) I, p. 474 y V, p. 456.

ca fuente del derecho: concede también un lugar a la costumbre y, lo que es aún más importante, comprende que el juez necesariamente ha de desarrollar una cierta actividad independiente y creadora de derecho. En el *livre préliminaire* del proyecto[15c] (que más tarde fue suprimido), se reconocían expresamente carácter de fuente del derecho a las «*coutumes et usages*», si bien sólo en defecto de ley (arts. 4 y 5, tít. I). Respecto al papel del juez, se indicaba, por primera vez, que le correspondía la facultad de interpretar la ley, aunque al mismo tiempo se establecían reglas estrictas sobre la forma en que esta interpretación debía llevarse a cabo (arts. 2-10, tit. V). Es más, se llegó a establecer que «*dans les matières civiles, le juge, à defaut de loi precise, est un ministre d'equité* (art. 11) y, finalmente, que «*le juge qui refuse ou qui diffère de juger sous prétexte du silence, de l'obscurité ou de l'insuffisance de la loi, se rend coupable d'abus de pouvoir ou de déni de justice*» (art. 12, tít. V).

Como se ve, se ha operado un cambio sustancial en el modo de concebir al juez. No es ya «*l'esclave de la loi*», sino un «*ministre d'equité*».

En sus discursos, Portalis se manifiesta contrario a la creencia de que sea posible encerrar todo el ordenamiento jurídico en los artículos de una ley. «*Tout prévoir*», dijo, «*est un but qu'il est impossible d'atteindre* (...). *Il est donc nécessaire une foule de circonstances dans lesquelles un juge se trouve sans loi. Il faut donc laisser alors au juge la faculté de supléer à la loi per les lumières naturelles de la droiture et du bon sens. Rien ne serait plus puéril que de vouloir prendre des précautions suffisants pour qu'un juge n'eut jamais qu'un texte précis à appliquer*»[15d].

Naturalmente, el abandono de los ideales de la Revolución por parte de Portalis no dejó de suscitar protestas. Ya hemos citado anteriormente (p. 89) la amarga protesta de los miembros del Tribunal de Lyon, dirigida tanto contra el hecho de que se admitiera incondicionalmente el derecho consuetudinario, como contra la libertad del juez. Muchos se les sumaron, entre ellos algunos miembros de los Tribunales de París y Rouen [15e]. Posiblemente la más característica sea la airada protesta del tribuno Maillia-Garat ante el Tribunal. «*Tribuns*», exclamó, «*il est dans ce projet de loi une disposition plus absolue, plus abusive, plus funeste encore, sur laquelle je dois appeler votre attention*»[15f], para a continuación criticar, invocando a Montesquieu, el art. 6 del proyecto en su versión revisada (el antes reseñado art. 12, que se convirtió en el art. 4 del *Code civil*).

Y ciertamente, la primera parte de las mencionadas disposiciones acerca del derecho consuetudinario y el papel del juez quedó suprimida en la redacción definitiva del *Code civil*. Sin embargo, esto no se debió a un cambio de concepción. Sencillamente, el *livre préliminaire* fue suprimido en su conjunto, habida cuenta de su carácter filosófico-abstracto, considerado poco adecuado para un código. No obstante, el especialmente controvertido art. 12, tit. V del proyecto inicial y art. 6 del proyecto en su versión revisada, fue conservado en el *Code civil* como art. 4.

Hay que admitir que el *Code civil* no refleja con la misma claridad que su proyecto el cambio de concepción producido. Pero, en cualquier caso, el art. 4 es el resultado final en el que desemboca una evolución histórica que se va alejando de la doctrina revolucionaria de las fuentes del derecho. Finalmente, señalararemos lo que ocurrió, tras la implantación del *Code,* con las dos instituciones antes mencionadas, el *référé législatif* y el *Tribunal de Cassation,* basadas en la teoría del exclusivo e incondicional reinado de la ley.

Le référé legislatif ha de considerarse derogado por el art. 4 del *Code*. Este artículo estaba destinado precisamente a abolir el sistema de *référé*, unánimemente criticado por las perjudiciales consecuencias que arrastraba[15g]. Dicho precepto presupone ya de por sí que el juez está autorizado a interpretar la ley. Pero su intelección natural —cuando no necesaria— conduce, además, a que el juez, en caso de silencio de la ley, esté autorizado y obligado a dictar sentencia siguiendo su propio criterio. Que éste fue también el sentido originario del precepto, es algo que se desprende claramente del proyecto, donde, como ya se ha dicho, estaba colocado inmediatamente detrás del artículo que convertía al juez, en caso de silencio de la ley, en «*ministre d'equité*»[16].

Ciertamente, el *Code civil* no modificó directamente en el *Tribunal de Cassation;* fue un poder más fuerte que el de los artículos el que produjo tal alteración. La competencia de este tribunal estaba rigurosamente limitada, por un Decreto de 27 de noviembre a 1 de diciembre de 1790, a los casos en que existiera «*une contravention expresse au texte de la loi*», pero las condiciones de aplicación de esta prescripcion, en cierto sentido, habían desaparecido. Porque lo que ésta presuponía era que la tarea de los jueces consistía en una mera aplicación mecánica de la ley, de modo que la función del tribunal de asegurar la unidad del sistema jurídico quedaba plenamente garantizada a través del control de «*l'unité de la loi*». Por contra, cuando no resultaba ya posible ignorar por más tiempo el papel autónomo de la interpretación y de la jurisprudencia, el desempeño de su misión requería que la tarea del tribunal se extendiera, con mayor razón, al aseguramiento de «*l'unité de la jurisprudence*». En este sentido, cabe constatar que las casaciones no sólo se producían por

16 En Alemania, el art. 4 del *Code civil* fue entendido, equivocadamente, como expresión clásica de «la plenitud lógica del derecho». Así, Radbruch, *Grundzüge*, pp. 187 y 188.

razón de una *violation formelle de la loi*, sino también de una *fausse interprétation de la loi*[17]. El hecho de que no existiera ninguna instancia superior con capacidad para corregir las acciones del tribunal hizo posible esta ampliación competencial. Sin embargo, dicha asunción autónoma de competencias supuso además que se incumpliera otra de las disposiciones de su decreto constitutivo, a saber, la prohibición expresa de entender «*du fond des affaires*» (cfr. *supra*, p. 90). Pues, como es fácil comprender, no puede procederse a la casación de una jurisprudencia extralegal sin recabar información sobre los hechos del caso. Sin embargo, formalmente se mantuvo la falsa imagen de que no se entraba en las cuestiones de hecho. En cualquier caso, la modificación competencial operada se vio en parte legitimada por una ley de 1 de abril de 1837, que en su art. 2 establecía que, tras una segunda casación fundada en los mismos motivos de la primera, los tribunales subordinados estarían obligados a respetar la decisión del tribunal. De esta forma, se abría la posibilidad de que la *Cour de Cassation* ejerciera una influencia de facto sobre la jurisprudencia que rebasaba manifiestamente los principios de la *Constituante*.

3. El *Code civil* significó, así, un buen paso hacia una teoría más saludable de las fuentes del derecho. Pero, curiosamente, su carácter *codificador* habría de ejercer más tarde en Francia una influencia opuesta a la que los redactores habían pensado. Porque, como tal código, condujo a que resurgiera con nuevos bríos la doctrina de la ley como única fuente del derecho. En esta ocasión, la teoría de las fuentes del derecho se encarnó en la doctrina dominante de la interpretación. En los tiempos que siguieron a la implantación del *Code*, entre los primeros comentaristas (aproximadamente hasta 1840) esta tendencia todavía no se manifestaba con claridad. Ciertamente, hombres como Touillier, Merlin, Proudhon, Delvincourt, Duronton y Troplong veían su tarea ante todo en determinar analíticamente el significado y alcance exactos del texto legal. Pero no consideraban que el sistema jurídico se agotara en este análisis de la ley[18]. Contaban con la virtualidad modificadora o supletoria de las costumbres o de la jurisprudencia. «*J'ai cherché les principes de la théorie*», escribía Touillier, el primer comentarista del *Code civil*, «*et j'ai taché de les puiser, non seulement dans l'histoire, dans la comparaison de nous nouvelles lois avec les anciennes, avec les lois romaines, et même quelquefois avec les législations voisines, mais encore (...) dans le sein*

17 Cfr. Gény, *Méthode d'interprétation*, I, pp. 92 y 93.

18 Cfr. Charmont et Chausse, *Les interprètes du Code civil. Livre de Centenaire*, pp. 140 y 141. Cfr. p. 139; Gény, *Méthode d'interprétation*, I, pp. 23 y 24.

de la vraie philosophie du droit (...) j'ai donc pensé, qu'un professeur en droit ne doit pas se borner à expliquer la loi (...)»[19].

Pero con la siguiente generación, y hasta el final del siglo, surgió un conjunto de comentaristas[20], a los que se suele agrupar bajo el nombre de *école de la exégèse*, que fue configurando una concepción totalmente distinta del método de interpretación y de la teoría de las fuentes. A falta de un conocimiento de primera mano, que habría requerido conocer la mayor parte de la ciencia francesa del derecho positivo del siglo XIX, nos remitimos a la «*Exposé analytique de la Méthode traditionelle*», de François Gény, en su *Méthode d'interprétation*, I, 17-60; a lo allí expuesto va referido lo que sigue a continuación[21].

Dicho método de interpretación se funda en dos ideas principales, que pueden resumirse así: 1° Bajo una legislación codificada, toda decisión jurídica ha de apoyarse, directa o indirectamente, en la ley escrita, única fuente constitucional del derecho. 2° La conversión de reglas jurídicas en decisiones jurídicas tiene lugar mediante la aplicación de una lógica deductiva formal, que parte de ciertos conceptos jurídico-sustantivos de carácter abstracto como elementos para la tarea de construcción jurídica.

De lo cual se desprende, como primera consecuencia, que el punto de partida de la aplicación del derecho es una interpretación *stricto sensu* del texto legal. Si el texto es claro y concierne de modo directo al caso en cuestión, la interpretación se limita a lo gramatical; si, por el contrario, el texto es oscuro o sólo indirectamente concierne al caso, tendrá lugar una interpretación lógica, que quedará circunscrita a las inferencias formales *a contrario*, *a majori ad minus*, *a minori ad majus* y *a pari*; por lo demás, habrán de consultarse los trabajos preparatorios y similares para determinar la voluntad del legislador.

La segunda consecuencia de lo antedicho es que la costumbre, la equidad, la naturaleza de la cosa y similares no pueden ser tomadas en consideración. Sólo algunos autores aislados, no pertecientes a esta escuela, exceptúan de ello al derecho consuetudinario[22].

Finalmente, se deduce de la premisa inicial que allí donde la ley no puede aplicarse bien directamente, o bien a través de una interpretación lógica, la decisión habrá de determinarse mediante una construcción jurí-

---

19 Touillier, *Le droit civil français suivant l'ordre du Code* 1811, t. I, prefacio; cit. por Bonnecasse, *Thémis*, pp. 111 y 112.

20 Cfr. supra, p. 18, donde se cita a los representantes más célebres.

21 V. también Charmont y Chausse, *Les interprètes...*, pp. 152 y ss.; Lambert, *Etudes*, pp. 16 y ss. y 820 y ss.

22 V. Gény, *Méthode*, I, pp. 37 y 38.

dica realizada sobre la base de la ley y de los conceptos jurídicos. Algunos juristas, como Blondeau, Demolombe y Huc[23], van incluso más allá y afirman que en este caso, considerado extremadamente raro, el juez ha de rechazar la pretensión, dado que no encuentra apoyo en la ley. Ciertamente, esta interpretación armonizaba bien con el tenor del art. 4 del *Code civil,* dado que la desestimación (*Freisprechung*) también supone una decisión sobre el fondo del asunto. Sin embargo, se encuentra en total contradicción con la idea que, como hemos mostrado, subyace históricamente a dicho artículo. La construcción jurídica consiste en dos operaciones: en primer lugar, se extrae un principio «superior» por inducción a partir de una o más soluciones contenidas en la ley; posteriormente, la solución que requiere el caso es deducida de dicho principio.

Por tanto, esta concepción restituyó a la ley en su anterior papel. El derecho es la ley; el jurista, un geómetra; la sentencia, un silogismo. Liard expresa claramente esta posición: «*Le droit c'est la loi écrite. Partant leur* [es decir, de las facultades de derecho] *tâche est d'apprendre à interpréter la loi. Il en résulte que leur méthode est deductive. Les articles du code sont autant de théorèmes dont il s'agit de montrer la liaison et de tirer les conséquènces. Le juriste pur est un géomètre...*»[24]. Es fácil reconocer aquí la «*jurisprudencia de conceptos*», tal como fuera criticada y ridiculizada por Ihering.

Si se tiene en cuenta que todo este método de interpretación está basado en el dogma de que cualquier solución a un caso jurídico ha de hallarse, bien directamente en la ley, bien en una *voluntad del legislador* reconstruida a partir del germen latente en la ley, y si se recuerda que dicho dogma tiene su origen histórico en la enérgica aplicación de la doctrina de la separación de poderes en la época de la Revolución, entonces esta doctrina de las fuentes, cuyo núcleo es la voluntad del legislador, se evidencia como una consecuencia de la doctrina de Montesquieu.

4. Hacia finales de siglo, surgió una reacción contra este método interpretativo. El creciente abismo entre teoría y praxis fue el detonante del nuevo movimiento. La praxis, en estrecho contacto con las demandas que iba generando la vida social, había resuelto con frecuencia la *cuestio iuris* mediante interpretaciones flexibles, que sin duda contradecían el resultado al que habría llegado una interpretación lógico-formal. Sin embargo, la teoría seguía convencida de que, en 1804, el legislador lo había previsto y ordenado todo. No reconocía más fuente que el *Code civil,* y se limi-

23 Blondeau en *L'Académie des sciences morales et politiques*, 1841. Demolombe, *Cours,* I, nº 113; Huc, *Commentaires,* I, nº 179; cfr. Gény [108a], I, p. 39.

24 *L'enseignement supérieur en France de 1789 à 1893*, t. II (1894), p. 397.

taba a extraer las correspondientes consecuencias jurídicas, sin preocuparse de en qué medida eran o no aplicadas en la práctica. La praxis era ignorada con cierta displicencia[25]; y si alguna vez se la mencionaba, era sólo para ilustrar la aplicación correcta o incorrecta de una determinada teoría. Todavía en el año 1903 podía decir Lambert, a propósito de este cisma: «*L'éloignement entre la théorie juridique et la pratique s'accentue très vite. Le droit ensegné à l'école et exposé dans les ouvrages de doctrine diffère de plus en plus du droit appliqué au Palais*»[26].

Se entiende que una situación así resultara insostenible a largo plazo. Con el tiempo, la teoría fue adquiriendo conciencia de hasta qué punto este elegante apartamiento de la práctica la hacía estéril. Incluso entre autores a los que, por lo demás, hay que considerar pertenecientes a la *école de la exégese*, comenzaron a manifestarse puntos de vista más orientados a la práctica. Valette solía hacer frecuentes referencias a la praxis, particularmente en sus clases magistrales[27]. Marcadé concibió la idea de sus *comentarios* (las denominadas *annotations*), que posteriormente fomentarían de manera tan fructífera la colaboración entre teoría y práctica[28]. Brocher de la Fléchère escribió en 1877 un artículo en el que ponía de relieve el importante papel del derecho consuetudinario[29].

No fue sino en la década de los noventa cuando el movimiento adquirió una cierta influencia. Saleilles lo impulsó, al intervenir en reiteradas ocasiones para elogiar el método histórico, al que consideraba un método de interpretación fructífero y creativo, fundado en la observación de las demandas y leyes de la vida social. Más tarde resaltó también el papel del derecho natural, pero entendido en sentido histórico-relativista, adoptando así el lema del «*droit naturel au contenu variable*», de Stammler. Otros le secundaron. El extenso trabajo de Francois Gény, *Méthode d'interprétation*, publicado en 1899, dio al movimiento una nueva orientación. Gény sistematiza y sintetiza las distintas tendencias y convierte «*le combat pour le méthode*» en una acción consciente. Intenta elaborar una doctrina teórica de la interpretación y de las fuentes que pueda servir de fundamento a las exigencias de la práctica. En 1902, Esmein inauguró la *Revue trimes-*

25 Esmein, *La jurisprudence et la doctrine*, pp. 9 y 10: «*C'étaient presque deux soeurs rivales, jalouses l'une de l'autre. La* doctrine *en particuler, surtout dans les chaises de l'Ecole, faisait un peu la fière et ne se compromettait pas volontiers dans le commerce de la* jurisprudence. *Ne possédait-êlle pas la verité desinteresée, la pureté des principes, la rigueur de la méthode? Que lui fallait-il de plus?*».

26 Etudes, p. 17.

27 Esmein, *La jurisprudence et la doctrine*, p. 10.

28 Charmont et Chausse, *Les interprètes de Code civil. Livre de centenaire*, p. 164.

29 *Le droit coutumier et la philosophie du droit.*

trelle du droit civil con una suerte de manifiesto, en el que llamaba la atención sobre la necesidad de que la doctrina francesa sometiera a la jurisprudencia a un profundo estudio[30]. Al año siguiente, en sus excelentes investigaciones sobre el derecho consuetudinario, Lambert demostró que éste se origina en buena medida a través de la actividad creadora de derecho del juez. Por lo demás, se refirió al «*droit comparé*», considerándolo el instrumento más importante de una política jurídica fructífera[31]. En el centenario del *Code civil,* en 1904, el presidente de la *Court de Cassation,* Ballot-Beaupré, abogó, con toda la autoridad que le confería su posición, por un método de interpretación más libre[32]. En el «*livre de centenaire*», Saleilles subrayó que, desde la misma implantación del *Code civil,* y pese a su influencia, la praxis francesa siempre había adoptado un tipo de interpretación histórico-social[33]. En adelante, numerosas contribuciones contenidas en discursos, tratados, y tesis, así como en algún que otro trabajo más extenso, darán fe de la lucha por «*la méthode nouvelle*». No podemos referinos a ellas con mayor detalle; mencionaré únicamente las excelentes investigaciones de Le Roy y Cruet, que prueban la impotencia de la ley frente a las fuerzas sociológicas, es decir, la imposibilidad de encerrar las relaciones sociales en un conjunto de parágrafos[34].

Es preciso reconocer que el movimiento ha triunfado en su crítica hacia el método de interpretación, tan ajeno a la vida, de la vieja escuela. Actualmente, apenas si se encuentra en Francia algún jurista que ose «construir» su teoría con soberano desprecio por la vida práctica del derecho. En el *Traité élémentaire de droit civil*, de Planiol, tenemos un buen ejemplo de trabajo elaborado en el nuevo estilo, esto es, en fructífera conexión con la práctica jurídica.

Es posible distinguir dos corrientes de la «école nouvelle»: una histórico-sociológica y otra iusnaturalista.

La primera está representada fundamentalmente por Saleilles[35]. Éste reivindica, por un lado, la interpretación histórico-sociológica; y por otro, defiende la existencia de un derecho natural de contenido variable. Pero desde el momento en que el ideal del derecho natural pierde *todo* contenido absoluto, para variar, en función del lugar y del tiempo, con la

30 *La jurisprudence et la doctrine.*

31 *Etudes*; al respecto, vid. *infra*, apartados 8 y 9.

32 Vid. Gény, *Science et technique*, I, pp. 29 y 30.

33 *Le Code civil et la méthode historique. Livre de centenaire*, I, pp. 95 y ss.

34 Cruet, *La vie du droit et l'impuissance des lois;* Le-Roy, *La loi.* En cuanto a la bibliografía al respecto, vid. por lo demás Gény, *Science et technique*, I, pp. 31 a 33 y sus correspondientes notas.

35 Vid. en particular *Ecole historique et droit naturel*; cfr. *supra*, p. 23.

«conscience collective», tal reformulación del derecho natural tiene que desembocar, de hecho, en su coincidencia con la doctrina de la escuela histórica. Con la diferencia de que ésta concebía la determinación del derecho por el espíritu del pueblo (*Volksgeist*), no exclusivamente como máxima política, sino más bien —bajo la influencia de la filosofía romántica de la historia— como una peculiar mezcolanza entre máxima política y necesidad histórica. Por esta razón, resulta más correcto ubicar a Saleilles, en concordancia con la clasificación más habitual, en la escuela histórico-sociológica, a pesar de que él mismo se declarara partidario de un derecho natural de corte relativista. Y lo cierto es que el propio Saleilles niega al juez el derecho de aplicar un «derecho natural», salvo que éste se encuentre objetivado en alguna de las tres siguientes formas: en forma de reglas jurídicas establecidas por analogía con el derecho positivo; en forma de *«la conscience collective»*, un concepto sociológico que se corresponde con la «convicción del pueblo»; o, finalmente, en forma de *«droit comparé»*, esto es, en la referencia a una conexión entre circunstancias sociales dadas y ordenamiento jurídico, tomada de la ciencia del derecho comparado[36]. Si Saleilles considera iusnaturalista a esta doctrina, ello sólo es comprensible como reacción contra una doctrina de la interpretación que no reconocía otra fuente que la ley. Apoyándose en Saleilles, por su parte Lambert ha puesto de manifiesto la relevancia político-jurídica de la ciencia comparada del derecho.

La otra corriente está representada por François Gény. Su doctrina, a la que nos referiremos en detalle más adelante, no se atiene a fuentes históricamente objetivadas, sino que directamente trata de hallar el fundamento de su método de interpretación en principios de carácter ético-metafísico. Esto es iusnaturalismo, abiertamente practicado. Sus partidarios forman parte un círculo de iusnaturalistas de corte metafísico que coinciden en ver en este derecho natural, en mayor o menor medida, una fuente subsidiaria de derecho.

A grandes rasgos, ésta fue la evolución seguida por el movimiento reformista y éstas fueron sus reivindicaciones. Ahora bien, ¿cuál era la teoría de las fuentes modificada que subyacía a este movimiento, y a la que éste habría de impulsar hasta la posición dominante en la moderna jurisprudencia francesa?

A este respecto, es importante resaltar que la lucha por el nuevo método se desarrolló casi exclusivamente sobre bases civilistas, como resulta comprensible, dada su naturaleza. Los *iuspublicistas* sólo se vieron afec-

36 *Ecole historique et droit naturel*, respectivamente pp. 106, 108 y 109.

tados en una medida insignificante. Y de hecho, la teoría de las fuentes del derecho de éstos continuó basándose, de forma inalterada, en el axioma decimonónico de la ley como única fuente de derecho y el juez como su ejecutor pasivo. La función jurisdiccional es descrita en contraposición a la legislativa, esto es, como función declarativa del derecho (*jurisdictio*), frente a función productiva (*legislatio*). «*Juger c'est dire le droit*», afirma Artur, «(...) *le juge ne doit pas prendre aucune liberté avec la loi qu'il est chargé d'appliquer. Il lui faut sans doute du discernement et souvent une intelligence très déliée pour en pénétrer le sens exact, dans son contact avec les faites: une fois le sens de la loi déterminé, son rôle se borne à en faire une application mécanique*»[37]. Esta misma concepción es la que encontramos en Berthélemy: «*L'arret de la justice ne vaut que par la loi: il en est la traduction fidèle. Le juge n'ajoute rien à la loi, il en dit le sens, il en précise la signification*»[38]. Se podría aducir otros ejemplos[39]; pero no lo considero necesario, pues los mencionados ilustran ya cuál es la concepción dominante. Son muy escasos los que han vulnerado este doble dogma: Carré de Malberg lo infringió al admitir que la tarea del juez ante una laguna en la ley es, en realidad, la de crear y complementar el derecho. Sin embargo, en atención al dogma de la separación de poderes, formula la reserva de que dicha creación de derecho sólo produce efectos para el caso concreto, de modo que no cabrá considerar sin más a la práctica jurisprudencial como fuente de derecho[40]. En cambio, Duguit vulnera el dogma en un aspecto distinto: este autor afirma que el juez aplica no solamente la ley, sino también la *règle du droit objective* (esto es, un derecho natural basado en la *conscience collective*). Sin embargo, mantiene expresamente que la función del juez no es creadora de derecho, lo que le permite seguir, adhiriéndose tranquilamente a la doctrina de Montesquieu[41].

Entre los *civilistas*, la postura es distinta. La experiencia arduamente adquirida ha enseñado que no es posible considerar a la ley como única

37 Artur, *Sépáration des pouvoirs et des fonctions*, pp. 226 y 227.

38 *De l'exercise de la souveraineté*, p. 210.

39 Vid. Carré de Malberg, *Contribution*, p. 700, donde aparecen citas similares de Moreau y Michoud.

40 *Contribution*, pp. 699 y ss., en particular pp. 707, 716, 745.

41 *Traité*, p. 83: «*Leurs (les juges) décisions apparaitront à l'observateur superficiel comme la création d'une norme juridique nouvelle. Il n'en est rien. Les juges ne sont que des interprètes; ils ont mis au jour une règle de droit, il est vrai; mais cette règle est antérieur à leurs décisions; elle s'imposait à eux; elle tire sa force obligatoire, non pas de la formule répétée par le juge, mais des consciences individuelles plus ou moins obscures dans lesquelles elle s'est élaborée*». La confusión de un punto de vista sociológico-iusnaturalista con uno positivista salta a la vista; cfr. p. 95.

fuente de derecho. Sin embargo, esto no les lleva a concluir que la jurisprudencia posea fuerza creadora, a modo de auténtica fuente de derecho. Más bien lo que se infiere de la mencionada experiencia es que han de existir, de manera lógicamente necesaria, *otras fuentes de derecho*, además de la ley, *que determinen la decisión del juez*. Este es el resorte psicológico que anima la pugna de la nueva corriente por una teoría de las fuentes del derecho. Gény expresó dicha conclusión de modo sintético: «*Puisque la loi écrite (...) ne plus suffise aux besoins de l'organisation juridique (...) il faut donc, en dehors et au dessus de la loi, chercher un principe ou en ensemble de principes, qui permette d'en supléer les lacunes. Bref par la seule force des négations auxquelles on s'accorde, se trouve invinciblement affirmée* l'existence d'une inconnue, restant à découvrir encore»[42]. Que el eslabón ausente también podría haber sido sustituido por la propia aplicación del derecho; que ésta podría estar, en parte, jurídicamente indeterminada, es una posibilidad que ni se les pasó por la mente. Una vez más, pues, el principio de Montesquieu impide una correcta comprensión de las cosas.

Por tanto, publicistas y civilistas tienen en común que todos ellos, asuman o no la existencia de fuentes del derecho al margen de la ley, se apoyan en el principio de la separación de poderes para sostener que la jurisprudencia no puede ser considerada fuente de derecho. Esto significa que se *está presuponiendo la existencia pre-judicial de un ordenamiento jurídico pleno, que, por así decirlo, gravita sobre el juez y le proporciona las soluciones a sus casos por simple deducción*. Lo cual también implica que *la decisión del juez siempre está predeterminada por el derecho; esto es, que el término fuente de derecho posee el mismo significado que el de fuente de las decisiones judiciales*.

Éste es el primer error fundamental en que incurre la teoría del derecho francesa[43]. Podríamos denominarlo el dogma del ordenamiento jurí-

---

42 *Science et technique*, I, p. 39. Exactamente el mismo punto de vista se encuentra en Saleilles, *Ecole historique et droit naturel*, p. 102: «*Le juge n'a mission que de constater et rechercher les élements impérativs de ses jugements; et ces élèments impératifs ne peut être qu'extérieurs à lui, et ne peuvent se trouver dans la réalité objective de lois existant en dehors de la pensée de celui qui les applique. Le juge n'a pouvoir que de l'objectif; c'est la definition même de sa fonction*». Dado que este autor, cuando se refiere a las leyes que el juez debe aplicar, no piensa exclusivamente en la ley positiva, su posición es idéntica a la de Duguit. Vid. cita (41).

43 Se puede exceptuar de ello a algunos autores aislados, que han reconocido el papel creador de derecho de la jurisprudencia. Así, Capitant, *Introduction*, p. 57, el cual reconoce que el juez crea derecho, no solamente concreto, sino también abstracto, por medio de la repetición inalterada. La jurisprudencia es fuente de derecho. Lambert, *Etudes*, p. 802; sus investigaciones son de carácter sociológico, pero sin duda están entremezcladas con

dico pre-judicial. Se estaba todavía bajo la influencia de la ficción que Austin erradicó de la doctrina inglesa ya a comienzos del siglo XIX. Si se parte de la errónea idea de que el juez siempre aplica un derecho *ya existente*, no es posible entender adecuadamente la naturaleza de la función jurisdiccional, ni tampoco, en la misma medida, un importante aspecto de la teoría de las fuentes del derecho. En realidad, es perfectamente posible que exista una multitud de motivos políticos que aconsejen mantener esta ficción, pero éstos nada tienen que ver con la teoría. —Digamos la verdad: una ficción es una ficción.

Un segundo error estriba en el método con el que se ha construido la doctrina de la ley (y de las demás fuentes del derecho). Como se mostró más arriba, la cuestión de qué significa y cómo puede conocerse que una determinada norma existe o es válida, es una cuestión *sui generis,* que reclama un método propio, el normativo o positivo. La cuestión es enteramente distinta de la de índole causal, científico-natural, que se plantea la sociología del derecho, o de la de índole normativa, pero no jurídica, que se plantea la ética jurídica (política jurídica). Por tanto, no puede ser resuelta ni acudiendo a un método sociológico, ni a uno iusnaturalista.

En el mejor de los casos[44], la teoría francesa se contenta con definir el derecho positivo al modo positivista, como el conjunto de disposiciones emanadas del poder legislativo, de la autoridad competente o similares. Esta respuesta es inocua, pero también trivial.

Y en las pocas ocasiones en que incide con mayor profundidad en la teoría de las fuentes del derecho, lo hace con un método sociológico o iusnaturalista, no adecuados a la naturaleza misma del problema. Naturalmente, esto tiene que conducir a confusiones.

La consecuencia más evidente de este sincretismo metódico es una incongruencia, un dualismo en el seno del concepto del derecho. Porque hay una fuente de derecho cuya positividad —esto es, cuya validez normativa como *cosa en sí*, independiente de sus causas sociales y del ideal iusnaturalista— es particularmente evidente. Se trata de la ley. Por ello, se asuma como punto de partida un concepto de derecho sociológico o uno iusnaturalista, no se puede por menos que reconocer a la ley (el derecho positivo) como *derecho en sí*, con independencia del concepto de derecho que se haya asumido. De esta manera, uno se ve obligado a suponer la existencia de *dos formas de derecho sin conexión intrínseca*, lo que supo-

una perspectiva iuspositivista; al respecto vid. *infra*, nº 8; Carré de Malberg reconoce la función de creación de derecho que la praxis desempeña en el caso concreto, pero le niega la cualidad de fuente abstracta del derecho; al respecto, vid. p. 48.

44 Se ha dado ejemplos al respecto en *supra*, I, 1.

ne una inadmisible disonancia en el concepto de derecho[45]. Disonancia que se traslada a la doctrina de las fuentes. Puesto que la positividad de las demás fuentes no es tan evidente como la de la ley, se utilizan sin reparo alguno conceptos no-positivos de derecho para la determinación de las fuentes extralegales. El resultado es la descomposición del concepto de derecho en dos partes completamente dispares: *por una parte* la ley, cuya validez se toma como algo dado y no problemático (positivismo trivial)[46]; *por otra* el derecho extralegal, fundado en consideraciones sociológicas o iusnaturalistas (sincretismo metódico). Dejando al margen la inutilidad de aquella parte de la definición del derecho y la imposibilidad metodológica de ésta, la sola divergencia entre ambas convierte esta posición en insostenible.

En cuanto a la corriente, en particular, que basa el concepto no-positivo de derecho en «*la conscience collective*» —ya se conciba este concepto al modo sociológico, como una fuerza natural real, o al modo iusnaturalista, como un ideal de derecho de carácter relativo—, ello le lleva a una notable semejanza con la escuela histórica alemana; semejanza que no se debe a una influencia externa, sino a un paralelismo interno y estructural en el ámbito de las ideas. En ambos casos se tropieza con la misma dificultad: la de hacer compatible la positividad del derecho con un concepto de derecho fundado en un ideal colectivo. La escuela histórica acudió a una *ficción*: la de que el legislador representa siempre la convicción del pueblo. La teoría francesa habla en cambio de una *presunción*[47]. Pero, puesto hay que considerar que la presunción no es derrotable, se trata sencillamente de un término distinto —menos honesto— para hacer referencia a una ficción.

Habida cuenta de los dos errores fundamentales ya en el punto de partida, por un lado la inadecuada comprensión de la posición del juez, y por otro la incorrección metodológica, no es preciso analizar en detalle el ul-

---

45 Sobre este punto, vid. el Excursus.

46 A veces, presuponiendo que el derecho positivo es válido de hecho, se añade una explicación -esto es, una *justificación ética*- de por qué posee validez. May, *Introduction*, p. 40: *«Lorsque les membres de la societé politique ont choisi et designé la loi, l'autorité spécialement investie du pouvoir de faire ils ont* par avance consenti *à admettre cette loi comme règle de leur relations»;* p. 39*: l'autorité de la coutume vient du fait, que chaqun* lápprouve *en l'observant»*. Igual que las observaciones de Berthélemy, vid. II, p.7 con nota (38), estas observaciones conducen a una *teoría del reconocimiento* en su forma más primitiva (la teoría del contrato).

47 Duguit, *Traité,* p. 88; Berthélemy, *De l'exercise de la souveraineté*, p. 9, vid. *infra* el Excursus y la nota (128); Hauriou, *Les idées de M. Duguit, Recueil de législation de Toulouse*, 1911, p. 22; por lo demás, cfr. Excursus.

terior desarrollo de la teoría de las fuentes del derecho. Además de la ley, por regla general se reconoce también carácter de fuente de derecho a la costumbre; la mayoría de los autores la conciben al habitual modo romano-germánico, esto es, como constituida por un elemento objetivo y otro subjetivo (*opinio necessitatis,* en alguna de sus formas)[48]; algunos de los autores más antiguos se adhieren a la teoría del reconocimiento[49]. Únicamente Lambert ha ofrecido una excelente explicación del derecho consuetudinario, como creado (en parte) por la jurisprudencia. Esta doctrina se discutirá más adelante (nº 8).

Por lo demás, se suele hacer referencia al derecho natural y a la sociología como fuentes subsidiarias. En lo que sigue, se expondrá todo ello de manera más detallada. A estos efectos, dedicaremos el apartado quinto a la reseña y crítica de la única obra francesa que intenta desarrollar una teoría coherente de las fuentes del derecho: el *Méthode d'interprétation et sources en droit privé positif*, de François Gény. Como ya se ha dicho, Gény constituye, dentro de los modernos empeños reformistas, un exponente fundamental de la teoría del derecho de corte metafísico-iusnaturalista.

5. El punto de partida, y el móvil psicológico de la obra de Gény, es una crítica del método lógico-formal de interpretación dominante, que se funda en la ley como única fuente de derecho. El *leitmotiv* de esta crítica es la insuficiencia de toda solución jurídica basada exclusivamente en la ley. Por tanto, el objetivo de su propia teoría es encontrar otras fuentes supletorias[50].

Como tales fuentes extralegales, Gény menciona a la costumbre y a la autoridad (esto es, la práctica jurídica y la doctrina), además de —como la más importante— la ciencia del derecho, la *libre recherche scientifique*. Veamos, en primer lugar, de qué forma se representa este autor la *ciencia en su condición de fuente del derecho*.

La idea de Gény es que con anterioridad a la ley existe un derecho superior, que proviene directamente de la razón humana y de la naturaleza de las cosas. La ley no es sino una expresión empírica, incompleta, de este de-

---

48 Aubry et Rau, *Cours*, p. 3, (*conscience collective*); Beudant, *Cours*, p. 61; van Bemmelen, *Notions fondamentales*, p. 29 (*jugement commun*); Esmein, *La coutume* etc., p. 533 (*consentement tacite de la population*); Brocher de la Fléchère, *Le droit coutumier* etc., 581 (*les règles sur lesquelles tout le monde est d'accord, oeuvre vraiment nationale...*); Capitant, *Introduction*, pp. 46 y 47 (*opinio necessitatis, en accord parfait avec les nécessités de la vie pratique*); Picard, *Constances du droit*, p. 121 y 123; May, *Introduction*, p. 35 (*sentiment juridique populaire*); Geny, *Méthode*, I, pp. 361 y ss.; Planiol [244], p. 3.

49 Vid. el cuadro general en XVI, 6.

50 *Méthode*, II, pp. 221 y 404; *Science et technique*, p. 39.

recho superior[51]. Pero, del mismo modo que la ley deriva su fuerza y su validez de ese otro derecho, éste se presenta también como supletorio allí donde acaba el derecho positivo. El derecho supraempírico viene a ser un trasfondo, sobre el que se recorta la figura de la ley, hasta que vuelve a desaparecer de nuestra vista. Sólo aquel trasfondo merece el nombre de derecho.

El cometido de la ciencia es investigar este derecho suprapositivo, penetrando en las íntimas profundidades del pensamiento y la razón humanos, así como en las conexiones fundamentales entre las cosas, desvelando y sacando a la luz los eternos principios de justicia, y creando de esta forma el derecho. Así pues, la ciencia posee «*une activité proprement productive*»[52], que se despliega en la «*élaboration scientifique du droit*»[53]. Este derecho creado por la ciencia interviene con carácter supletorio allí donde termina la ley[54]. Gény considera, por tanto, a «*la libre recherche scientifique*» como la más importante fuente subsidiaria. «*Le champ des investigations se précise et se complète. D´une part, interroger la raison et la conscience, pour découvrir en notre nature intime les bases mêmes de la justice; d´autre part s´adresser aux phénomènes sociaux, pour saisir les lois de leur harmonie et les principes d´ordre qu´ils requièrent*»[55].

Mas esta tarea científica de crear el derecho suprapositivo es ardua. El concepto usual de ciencia (como basada en la autonomía de la razón) no basta. La ciencia del derecho, como disciplina dotada de autoridad, «*avec tendences essentiellement pratiques*» se basa en una «*fusion intime de pensée et d´action*»[56]. Fuerzas más profundas acuden en su auxilio:

---

51 Gény expresa su «pensée maîtresse» como sigue:»*Même sous sa forme positive, le droit nous apparaît comme un ensemble dé règles, issues de la nature de choses, et devant être dégagées, au moyen d'une interprétation, plus au moins libre, des éléments sociaux, qu'il a pour object d'ordonner en vue du bien commun. Directement inspiré par la justice et l'utilité générale, son essence le place donc fort au-dessus des sources formelles, qui n'en sont que les révélations empiriques, detinées seulement à diriger les jugements humains de façon plus précise, mais, en soi, toujours incomplètes et imparfaites». Méthode*, II, p. 221.

52 *Méthode*, II, p. 11; la tarea de la ciencia del derecho se establece en I, p. 5: establecer reglas *«qui soient de nature, en satisfaisant notre intime sentiment de justice, à maintenir entre tous les interêts, avec la sécurité essentielle, l'harmonie désirable, conformement à la fin assignée par Dieu à l'humanité»*; cfr. también II, pp. 145 y 146, 231 a 233 y 98 a 100.

53 Subtítulo de *Science et Technique*, II.

54 *Science et technique* -ésta comprende precisamente la parte del derecho que puede ser identificada mediante un proceso científico de carácter creador, y la que constituye una realización más discrecional de lo científicamente dado: *le donné* y *le construit*. Cfr. *Science et technique*, I, p. 97.

55 [108a] II, p. 92.

56 Op. cit., II, p. 233.

l'intuition et la croyance. «*En d'autres termes, la science, quelque peu défaillante* [!] *en ces matieres, s'y trouve renforcée, sinon même remplacée, par cette révélation obscure* [!], *émanée des profundeurs les plus mystérieuses de l'àme qu'on appelle la croyance, et qui, se rencontrant à la base de toute activité, semble, en même temps, indispensable et suffisante pour procurer les directions, sans lesquelles l'homme ne saurait assurer sa marche dans les sens de sa complète destinée*»[57]. Ciencia o fe, da lo mismo; la diferencia es irrelevante. La fe es fuente de certeza, y ¿qué otra cosa es la ciencia[58]?

Armada de este instrumental, la ciencia ha de investigar en las profundidades para arrancar a la humanidad y a la naturaleza la eterna norma de justicia. «*Pour obtenir de façon décisive avec une plénitude assurée et une fermetée convainçante, le principe des normes directrices de l'activité morale ou juridique, il faut avoir pris parti sur la conception générale de l'Univers, sur l'essence et la nature de l'homme, sur le mystêre de son origine et de son existence en ce monde, sur l'enigme de sa destinée*»[59]. ¡El concepto de universo! ¡La esencia y naturaleza del hombre! ¡El misterio de su origen! ¡El enigma de su destino! ¡El secreto de los santos pentagramas de la Cábala!, podríamos añadir, sin por ello interrumpir la continuidad del discurso. La ciencia ha de tomar esta norma superior del mismo Dios: «*Telle est la règle morale, émanée de Dieu, qui l'impose à l'homme, sous des sanctions d'ordres divers, et en vue de la destinée qu'il a ouverte tant au monde qu'aux individus. Et, suivant son object propre, cette rêgle morale (...) prend parfois le caractêre de rêgle juridique (...) dont la source suprême réside toujours en l'autorité divine*»[60].

Gény ha llevado a cabo esta prometeica tarea reduciendo lo que está científicamente dado a través del derecho *(science en droit, le donné)* a cuatro formas básicas: *les données reélles, historiques, rationelles et ideales*[61]. En lo que a nosotros respecta, interesan particularmente los dos últimos.

La distinción es considerablemente confusa, pero lo más fácil es pensar que lo que resulta con carácter necesario de las exigencias lógicas de la razón es distinguido de aquello que procede de un sentimiento, configurador de un ideal. Así, aprendemos que la prohibición del incesto entre parientes de la misma línea, así como la exigencia de que el ma-

---

57 Op. cit., I, p. 187.

58 Op. cit., II, p. 99; cfr. [108b] II, p. 85, «*science ou non d'ailleurs, qu'importe! Avant tout il faut vivre*».

59 [108b] II, p. 354.

60 Op. cit., II, pp. 360 y 361.

61 Op. cit., II, pp. 371 y ss.

trimonio constituya una unión estable y permanente, se siguen de *les donées rationelles*. Por contra, la extensión del concepto de incesto a otros casos, así como el principio de la monogamia y la indisolubilidad básica del matrimonio, se sigue de *les donées ideales*[62]. Como puede verse, la distinción se aplica de una manera absolutamente arbitraria. Naturalmente, la exigencia de que el matrimonio sea «estable y permanente» es un ideal tan bueno como cualquier otro. Tomados en su conjunto[*] forman, como ya se ha dicho, el resultado del conocimiento *científico* del derecho.

Bajo una cierta condición, nada habría que objetar contra todo ello, a saber, si cambiáramos los términos de «ciencia» y «científico» por los de «magia» y «mágico», de modo tal que el nombre con el que designaríamos a la fuente fundamental de derecho sería «*la libre recherche magique*»[63]. La concepción de la ciencia como una fuerza creativa que mana de las «profundidades místicas del alma», es de índole mágica. La magia interviene creativamente en el devenir del mundo por medio de especulaciones místicas y fuerzas ocultas. En cualquier época ha habido magos y científicos, y lo único que hay que hacer es protestar contra esta apropiación del nombre de ciencia por parte de la magia. La tarea de aquella es más modesta. La ciencia es conocimiento, esto es, determinación de un ser; la creación es acción. Kaufmann prestó a la idea de una ciencia creativa el calificativo que mejor le cuadra: *nonsens*[64].

6. La idea rectora de la obra de Gény es la de una ciencia creativa que produce un derecho ideal de carácter subsidiario. Explicar detalladamente el modo en que desarrolla dicho planteamiento rebasaría el marco de esta exposición, meramente esquemática; por ello, nos limitaremos a mostrar cómo, en la obra de Gény, los mismos dos errores fundamentales (vid. nº 4) que pueden encontrarse en cualquiera de las teorías francesas de fuentes más recientes, se reflejan precisamente en dicha idea rectora.

En primer lugar, el *leitmotiv* de todas las investigaciones de Gény es que el derecho en su conjunto viene a coincidir con las premisas para una sentencia judicial. Parte de que la ley es «insuficiente» y concluye que, *por tanto*, es preciso encontrar otras fuentes subsidiarias. Fue precisamente una cita de Gény la que nos sirvió (en p. 102) para ilustrar el dogma de la existencia pre-judicial del derecho. Cabe añadir que éste niega expresa-

---

62 Op. cit., II, pp. 382 y 386.

* N. del T.: Se refiere, obviamente, a *les donées rationelles* y *les donées ideales*.

63 Una buena crítica de la determinación «científica» del derecho de Gény se encuentra en Davy, *Le droit, l'idéalisme et l'expérience*, pp. 105 y ss., en particular 116 y 117.

64 Cfr. *supra* I, nota (12).

mente que la práctica jurisprudencial constituya una fuente de derecho, invocando el principio de la separación de poderes[65].

La concepción de Gény también es típica del habitual sincretismo metódico en lo concerniente al método. Para resolver el problema de las fuentes del derecho, Gény aplica un método a la vez sociológico y iusnaturalista. En cierto pasaje, se pregunta si el problema de las fuentes (y, en particular, el de la competencia del legislador) se puede solucionar acudiendo a las prescripciones contenidas al respecto en el derecho positivo, en la ley. La pregunta es contestada, con razón, en sentido negativo. «*La competénce du législateur*» se dice, «*s´établit d´après des règles supérieur de toute arbitraire (...) que seules la nature des choses et la raison imposent, en les révelant*»[66]. Estos dos momentos, *la nature des choses y la raison*, a los que la obra hace continuamente referencia, apuntan, respectivamente, hacia un método sociológico y uno iusnaturalista. Gény tampoco escapa al mencionado dualismo dentro del concepto de derecho, que se deriva de este sincretismo metódico. Por una parte, el método iusnaturalista le conduce a postular la existencia de un derecho natural supralegal, el auténtico derecho, del que la ley no es sino una expresión imperfecta[67]; por otra, reconoce la validez incondicional de la ley y la define, desde un positivismo ingenuo, como *«l'oeuvre du pouvoir compétent»*[68]. Niega expresamente que tenga sentido alguno especular a partir de ahí acerca del porqué de su validez[69]. Por el contrario, las condiciones de existencia de las otras fuentes se determinan partiendo de consideraciones iusnaturalistas sobre lo útil, lo justo, lo conveniente, lo natural (punto de vista sociológico), a las que se otorga carácter de fuente de derecho. Subsiste así una discrepancia entre el positivismo inconfeso (pues, ¿quién es el poder competente? Esto es algo que no se puede decidir ni mediante unos prismáticos, ni con un microscopio) y la determinación idealista de las demás fuentes del derecho.

Este dualismo se refleja también en el concepto de fuentes del derecho. Se distingue entre dos clases de fuentes: las que son caracterizadas como «sources formelles» y las que carecen de esa cualidad. De las primeras se afirma que son «*injonction d'autorité compétemmant formées, extérieur à l'interprête, et ayant de qualité pour commander a son jugement*»[70]. Entre las fuentes sin especial cualificación, se incluye la

---

65 [108a] II, p. 35.
66 Op. cit., I, p. 106.
67 Vid. *supra*, nota (52).
68 [108a] I, p. 115, cfr. pp. 243 y 248.
69 Op. cit., I, pp. 242 a 244; referido a esto, *supra*, p. 6.
70 Op. cit., I, p. 238. El tenor de la cita ha sido acortado y levemente modificado.

«direction du jugement pour l'interprête»[71]. Esta distinción entre diversas clases de fuentes del derecho se basa en la ya aludida diferenciación en cuanto a la naturaleza del derecho, y por tanto en si se considera o no al derecho como emanado de una instancia *dotada de autoridad*. Para evitar confusiones con el uso lingüístico germánico, me tomaré la libertad de llamar «fuentes dotadas de autoridad» a las «sources formelles» de Gény. Gény intenta atribuir a esta separación una trascendencia que, bien miradas las cosas, no tiene sentido alguno: afirma que las fuentes dotadas de autoridad poseen una «*force obligatoire absolue*», mientras que a las otras sólo les es propia una «*direction moins impérieuse*»[72]. Esta distinción carece de sentido, pues una norma, o es obligatoria, o no lo es. No hay diferencia de cantidad, sino de cualidad. Una norma puede ser obligatoria desde diversos puntos de vista normativos. Y éste es justamente el fundamento de la distinción: las fuentes no dotadas de autoridad no son en realidad fuentes *de derecho*, sino directivas morales basadas en una teoría moral de corte metafísico.

Pero, lo que resulta aún más importante, cuando clasifica las diferentes fuentes del derecho entre las dotadas y las no dotadas de autoridad, lo hace de una manera que contradice la definición que él mismo ha dado al establecer la distinción. Parece evidente que la ley, emanada de la autoridad competente, pertenece a las fuentes dotadas de autoridad. Pero resulta incomprensible que pueda incluirse entre ellas a la costumbre[73]. Según la concepción de Gény, el derecho consuetudinario emana del círculo indeteminado de quienes operan con el derecho, de los interesados, de los sujetos al derecho. Resulta incomprensible que pueda verse aquí una «*autorité ayant qualité pour commander*», especialmente cuando en otro lugar se ha rechazado que la opinión doctrinal sea fuente de derecho dotada de autoridad, con el argumento de que los teóricos no poseen «*caractère de publicité et pour ainsi dire, d'authenticité*[74]. Con mayor razón habrá entonces que negarle semejante carácter al conjunto de quienes operan con el derecho. Esta leve contradicción del sistema, que podría eliminarse fácilmente privando a la costumbre del título de fuente dotada de autoridad, delata, sin embargo, un error básico más profundo: Gény ha sentido el deseo de dotar al derecho consuetudinario de una positividad semejante a la de la ley, por medio de la denominada *force obligatoire absolue* (esto es, *juridique*), y ha incluido, sin más, la costumbre entre las fuentes dotadas

71 Op. cit., II, p. 3.
72 Op. cit., II, pp. 2 y 3.
73 Particularmente, cuando se rechaza la teoría de la autorización en I, pp. 364 y 365.
74 Op. cit., II, p. 54.

de autoridad, a pesar de que esto encaja mal con su definición no positivista del derecho y, en particular, con su definición del derecho consuetudinario. Sin duda, la expresión menos precisa de «sources formelles» ha contribuido a hacer posible esta manipulación.

El dualismo que necesariamente ha de generarse dentro del concepto de derecho de Gény por no utilizar un método positivista, puede tener, a su vez, un carácter preponderantemente sociologista o iusnaturalista. El error sociologista se manifiesta particularmente cuando se toma la costumbre de hecho —entendida como una importante causa creadora de derecho, en sentido sociológico— como fuente del derecho. Esto está relacionado con la distinción, a la que nos referiremos más adelante, en la parte histórica referida a Inglaterra, entre fuentes del derecho materiales y formales. Austin demostró que las denominadas fuentes materiales, esto es, fuentes del contenido jurídico, tales como religión, costumbres, ideas morales, son en realidad *causas* que pueden conducir a que exista un derecho dado con un contenido dado. En cambio, no son fuentes del derecho, esto es, fundamento de conocimiento de que algo posee validez jurídica, sino en el sentido en que también puede serlo, v. gr., el capricho de un emperador que influyó en la redacción de determinada ley. Exactamente lo mismo es aplicable a ciertas fuentes no dotadas de autoridad que menciona Gény (costumbre, doctrina); como circunstancias de hecho, *pueden* tener influencia sobre la decisión del juez y, según la opinión del autor, *han* de tenerla. Pero no estamos hablando de fuentes del derecho, en el sentido de fundamento para el conocimiento jurídico.

La impostura iusnaturalista se evidencia especialmente cuando Gény señala como fuentes del derecho las libres especulaciones «científicas» acerca de lo «justo», «útil», «idóneo» o «natural».

Afortunado —tal vez— el Estado cuyo ordenamiento jurídico plasmara las teorías de este autor. Sin embargo, no se puede por menos que pensar que éste nunca ha albergado dudas sobre si la *realidad jurídica* se corresponde realmente con lo que él concibe como lo más justo y racional. Pero esto posiblemente se deba a que Gény nunca ha entendido que el problema de las fuentes del derecho está referido a una determinada realidad jurídica, y a que, por lo demás, es un hombre al que le resulta más natural creer que dudar. Por citar al propio autor: «*Science ou non d´ailleurs, qu´importe! Avant tout il faut vivre*»[75].

7. Entre las diversas fuentes del derecho, Gény se refiere, en primer lugar y ante todo, a la *ley*, como fuente dotada de autoridad. Este concepto

75 *Science et technique*, II, p. 85.

se define, al modo positivista, como la voluntad del poder competente. A continuación, analizaré más detalladamente la forma en que Gény determina la posición de la ley en relación con las demás fuentes.

La ley, afirma, es la manifestación de una voluntad humana revestida de forma lingüística[76]. De aquí deduce Gény que el único principio racional de interpretación que se adecúa al sentido común y a la «*raison d'être*» de la ley es que ésta se interprete en consonancia con la voluntad del legislador[77]. Al margen de que, como sucede a menudo con ciertos principios racionales deducidos presuntamente con carácter necesario a partir de un determinado concepto, no se entiende muy bien que clase de necesidad es esa, toda vez que de hecho cabe también extraer la conclusión opuesta, hay que hacer notar que resulta imposible dar al concepto de «voluntad del legislador», entendido como realidad psíquica, una formulación tal que permita obtener un principio de interpretación manejable.

El propio Gény rechaza la posibilidad de que este concepto pueda tener como referencia una voluntad *presunta*. Ello conduciría, a través de la voluntad como realidad psicológica, a un punto de vista normativo independiente, desde el cual se determinaría lo que debe considerarse como la voluntad presunta del legislador. A lo que Gény alude es a una voluntad real[78]. Al margen de que en nuestra época no cabe hablar de una única voluntad legislativa, dado que el legislador no es una persona en sentido psicofísico, esta idea acarrea dificultades adicionales. Si se afirma que la ley sólo puede ser aplicada en los casos previstos durante su tramitación en el parlamento, entonces evidentemente los resultados son insatisfactorios. La única formulación aceptable de la voluntad del legislador consiste en decir que éste ordena que el proyecto de ley se convierta en ley. Esta voluntad, empero, no revela nada; antes bien, presupone un principio de interpretación externo a ella. De ahí que Gény se vea forzado a traicionar su propio principio. Cuando resalta como dato interpretativo la «*harmonie nécessaire*» que surge cuando se considera la proposición concreta de la ley como parte de un todo, es obvio que considera este momento como una exigencia ideal, independiente de toda voluntad existente y real[79].

La siguiente de las fuentes del derecho mencionadas es la *costumbre*. Ya he dicho anteriormente que la costumbre se incluye entre las fuentes dotadas de autoridad, a pesar de que no se señala autoridad alguna de la

76 *Méthode*, I, p. 116.
77 Op. cit., I, p. 263.
78 Op. cit., I, p. 313.
79 Op. cit., I, p. 285.

que emane. Por ello, su tratamiento tampoco es positivista, como lo era el relativo a la ley. Aquí encontramos el primer ejemplo claro de aplicación a las fuentes del derecho de un método iusnaturalista. Pese a que se atribuye a la costumbre la misma fuerza vinculante absoluta que a la ley, y pese a que se considera un hecho que el derecho consuetudinario siempre ha sido, y continúa siendo, fuente de derecho, las condiciones de existencia de este *hecho* se extraen de reflexiones *ideales* acerca de las ventajas sociales y éticas que se siguen de la existencia de un derecho consuetudinario, esto es, se extraen de una justificación de éste. Para «justificar» el carácter deseable del derecho consuetudinario, se aducen tres argumentos: en primer lugar, que es deseable para conseguir una cierta estabilidad, seguridad e igualdad en la vida jurídica; en segundo lugar, que se corresponde con un profundo sentimiento humano; y, por último, que el derecho consuetudinario supuestamente tiene la extraordinaria propiedad de satisfacer todos los intereses en juego[80]. No voy a detenerme aquí en los errores sustantivos en que incurren estos argumentos. Sólo me interesa resaltar que, en cuanto a su forma, todos ellos expresan que el derecho consuetudinario es *deseable* desde el punto de vista de ciertos momentos valorativos. Lo que se hace es justificar el derecho consuetudinario, como reiteradamente señala Gény[81]. Pero, ¿cómo es posible inferir de este *juicio de valor* que el derecho consuetudinario *existe* también *de hecho*, que *es* fuente del derecho, o incluso cuáles son sus condiciones de existencia? Y sin embargo, esto es lo que hace Gény. Por tanto, su punto de partida le aboca necesariamente a unas conclusiones enteramente alejadas de la realidad.

Por lo demás, la teoría de Gény sobre el derecho consuetudinario no es sino una reiteración de la tradicional doctrina romano-germánica. Las condiciones de existencia se resumen en un elemento material, el uso pro-

---

80 1° La costumbre, se dice, se basa en *«une véritable nécessité sociale permanente... La sécurité indispensable aux interêts privés, et la stabilité nécessaire de droits individuels, non moins que la besoin d'égalité, qui fait le fonds de toute justice, exigent qu'une règle, accredité par un long usage, avéc le caractère d'obligation juridique, s'impose, à l'égale d'une loi...»*

2° *«Ce résultat fait écho à un sentiment profond de la nature humaine, qui enveloppe, d'un respect mêlé de crainte, la coutume des ancêtres et redoute de la changer»*.

3° *«Il satisfait tous les intérêts, qui sont en jeu dans l'organisation juridique positive... La coutume supposant, par définition, l'assentiment des interessés, y compris ceux qui souffrent eventuellement de la règle qu'elle établit, pareille reconnaissance générale, essentiellement volontaire, constitue le signe décisif de la valeur intrinsèque de cette règle et la meulleure garantie de l'equilibre qu'elle assure entre les intérèts qui y sont engagés»*. *Méthode*, I, pp. 345 y 346.

81 Op. cit., pp. 344, 348 y otras.

longado y continuado, y otro psicológico, la *opinio necessitatis*[82]. La definición de este último concepto ha de suscitar, necesariamente, las dificultades a que estamos ya acostumbrados. Lambert ha demostrado que Gény oscila entre una formulación basada en la creencia y otra en la voluntad[83]. Pero aquí no nos detendremos en ello.

En tercer lugar, menciona como fuentes del derecho a la *autorité* y la *tradition*. Bajo estos términos hace referencia a la existencia de determinadas concepciones doctrinales y de determinadas prácticas jurídicas establecidas, que reciben el nombre de *tradition,* cuando son más antiguas, y de *autorité*, cuando son más recientes que el *Code civil*[84]. El propio concepto encubre de este modo la importante diferencia que supone, desde el punto de vista positivista, la especial autoridad del juez, la cual, sin embargo, no es tenida por relevante desde el punto de vista ideal-iusnaturalista de Gény[85]. También en este caso, el punto de partida vuelve a ser un razonamiento justificatorio. Sin embargo, se considera que las consideraciones de utilidad no tienen suficiente peso como para justificar que estas fuentes estén dotadas de autoridad[86]. Se considera imposible dirimir la cuestión sobre la sola base de tales consideraciones. Se niega que la tradición posea una *force obligatoire*, puesto que es anterior a la codificación[87]. También las autoridades modernas están dotadas de fuerza vinculante. En lo tocante a la práctica forense, se invoca el principio de la separación de poderes, que prohibe la consideración de la jurisprudencia como una fuente del derecho[88]. Ya hemos indicado anteriormente que este argumento no es correcto. En lo referente a las distintas opiniones doctrinales, la justificación que se da es que los estudiosos no poseen la condición de «*authenticité*»[89]. Como ya se ha dicho, esta posición debería llevar consecuentemente a negar a la costumbre la condición de fuente dotada de autoridad. Por lo demás, *tradition* y *autorité* son consideradas fuentes de orden general.

En cuarto y último lugar, como gran fuente supletoria del derecho, se menciona «*la libre recherche scientifique*». En el apartado 5, he mostrado detenidamente que es incorrecto hacer pasar esta supuesta fuente por un producto *de la ciencia*, cuando en realidad no es sino un conjunto de postulados morales de carácter metafísico-subjetivo. Por ello, esta

82 Op. cit., I, p. 356.
83 *Etudes,* p. 133.
84 *Méthode*, II, p. 12.
85 Op. cit., II, p. 9.
86 Op. cit., II, p. 32.
87 Op. cit., II, p. 18.
88 Op. cit., II, p. 35.
89 Op. cit., II, p. 54.

fuente no merece una discusión más detallada. Para un jurista, con hacer referencia al sincretismo metódico y la confusión conceptual en que se incurre al pretender hacer pasar dichos postulados morales por derecho, ya está todo dicho.

No obstante, y para no dejar el análisis incompleto, voy a referirme brevemente a esta parte de la doctrina de Gény. Su intención es realizar la síntesis de un elemento sociológico-realista y un elemento iusnaturalista-ideal. En el *Méthode d'interprétation*, el punto de partida elegido es el elemento sociológico. La libre creación del derecho comienza con el concepto de «*la nature des choses*», que se fundamenta en el postulado de que «*les rapports de la vie sociale (...) portent en soi les conditions de leur équilibre, et découvrent, pour ainsi dire, eux-mêmes, la norme qui les doit régir*». Pero incluso el más minucioso análisis de las relaciones sociales no será, por sí mismo, capaz de identificar esta norma. «*Il faut chercher, en dehors et au-dessus des faits, la loi de leur harmonie*»[90]. Con ello, se pasa a hacer especulaciones de carácter ya puramente ideal. Correspondientemente, las consideraciones subsiguientes se desglosan en dos partes: a) «*Les éléments de libre recherche puisés dans la conscience et raison*»[91] estriban en la identificación de los supremos princpios racionales e ideales; con los que se corresponden, en la «*Science et technique*», los *donnés rationelles y idéales*. Como se explicó anteriormente, tales principios son identificados mediante la creencia subjetiva y la intuición. La última fundamentación es la referencia a la conciencia. Las afirmaciones se sustraen así a toda discusión. Sobre la base de esta creencia y de otras oscuras fuerzas espirituales, postula Gény una serie de principios jurídicos de mayor o menor evidencia y fuerza vinculante[92]. El lugar supremos lo ocupa la *justice en soi*, que actúa con una *force obligatoire absolue*, y que encuentra su apoyo en los análisis de Aristóteles y Santo Tomás de Aquino. Su esencia es expresada mediante las habituales fórmulas vacías: *suum cuique tribuere, alterum non laedere (ne fait pas tort à personne)*, que presuponen ambas el derecho al que pretenden dar expresión. En segundo lugar figuran una serie de postulados fundados en «la eminente dignidad de la persona humana» y en el derecho a desarrollarse de acuerdo con el propio designio, sin menoscabo del derecho ajeno. Es aquí donde se halla encuadrado el fundamento esencial de la ordenación jurídica de la familia. En tercer lugar figura un conjunto más numeroso de reglas, de naturaleza en parte personal y en parte económica, tales como la prohibición de la esclavi-

90 Op. cit., II, p. 89.
91 Op. cit., II, pp. 93 y ss.
92 *Méthode*, II, pp.105 y ss.; *Science et technique*, II, pp. 390, 394 y ss.

tud, el deber de reparar el daño culpablemente causado, la obligación de restituir el enriquecimiento indebido, el derecho al trabajo, el derecho a la vida, etc. Estas reglas, se afirma, tienen menor certeza que las anteriormente señaladas. Resulta fácil ver que, en realidad, las máximas señaladas, o bien están, como las superiores, vacías por completo de contenido, o bien, como las inferiores, son arbitrarias y se sustraen a toda fundamentación o discusión.

b) Como se señaló anteriormente, la determinación de en qué momento se hallan en armonía «*les éléments positifs de la libre recherche*»[93] presupone una ley ideal acerca de los mismos hechos. Por eso no cabe sino asombrarse cuando Gény afirma que el único indicio seguro de este equilibrio se encuentra en las instituciones positivamente dadas[94]. Puesto que las mencionadas instituciones, en cuanto hechos, pueden hallarse en gran medida en oposición al ideal, ésta parece una vía curiosa de buscar ese equilibrio. En realidad, Gény lleva a cabo una manipulación, a fin de insertar en su sistema ciertos factores sociológicos que determinan el derecho. Para Gény, las instituciones positivas capaces de proporcionar un fundamento para la creación del derecho son las jurídicas que sirven de base para la analogía, las político-positivas y las económicas. Finalmente, menciona a todas las ciencias que puedan dar cuenta de las condiciones de vida en una determinada sociedad: ante todo, la sociología, seguida de la ética, la psicología, la historia, etc.

No podría justificar el haber fatigado al lector con una exposición y crítica tan detalladas de la doctrina de Gény sobre las fuentes del derecho, si no fuera porque su trabajo sobre este particular ha de considerarse como la obra paradigmática de la literatura francesa en esta materia.

A continuación, y como ejemplo de la tendencia reformista de la corriente de Saleilles, estudiaremos la obra de Eduard Lambert, *Etudes de droit comun legislatif*, que son de lo mejor que se ha escrito en la literatura francesa sobre las fuentes del derecho.

8. Como suele ocurrir en Francia con carácter general, también para Lambert «*science de droit*» es política del derecho, «*l´art juridique*». Sin embargo, admite expresamente la incorrección de este uso idiomático[95]. Frente a la metafísica de Gény, Lambert intenta sustituir el derecho natural por una sociología positiva y empírica que determine los deberes sociales. «*La révélation juridique, sous sa double forme, le droit romain et le* Naturrecht *immuable enrégistré dans la conscience individuelle, ne peut plus nous*

93 *Méthode*, II, pp. 113 y ss.
94 Op. cit., II, p. 115.
95 *Etudes*, pp. 103 y 104, 823 y 824.

rendre aucun service. On comment un anachronisme en tentant de nous l´imposer á nouveau. Vainement la maquille-t-on, nous la reconnaisons trop facilement. Elle ne nous séduit plus. Il est temps qu´elle disparaisse. Ce n´est point à elle que nous devons désormais demander les directions nécessaires pour nous guider dans la découverte du devoir social, *c´est à toutes les sciences sociologiques*»[96]. Se afirma que el legislador se ha vuelto en nuestro tiempo moderno y práctico. «*Il a substitué des considerátions utilitaires á l´ideal, au* Naturrecht»[97]. La tarea de la doctrina se establece en estos términos: «*guider et activer le mouvement de la jurisprudence, rapprocher le droit établi ètabli* à celui qui devait exister»[98]. De este modo, la sociología sustituye por completo al derecho natural. Por eso, para cumplir su tarea, el jurista ha de dirigirse a las ciencias sociales, *«les sciences sociales (...) doivent (...) révéler, de plus en plus fréquemment au* Civilpolitiker *les avantages et les inconvénients probables que peuvent produire dans la société où il vit et agit, les solutions entre lesquelles il est appellè à faire un choix*»[99]. Particularmente valioso para este fin se considera *le droit comparé*, que consta de dos disciplinas separadas[100].

La primera de ellas, la *histoire comparative,* pertenece a la sociología descriptiva y suministra —mediante estudios comparados de las relaciones de sucesión existentes entre determinados fenómenos jurídicos— la base para el conocimiento de las causas de las variaciones jurídicas y de las leyes sociológicas científico-naturales que las determinan.

La otra disciplina, la *législation comparée,* no es una ciencia pura, sino un arte *(art)*, una técnica que se aplica para, apoyándose en los resultados alcanzados por la primera disciplina, alcanzar un objetivo práctico. Es uno de los medios para la determinación precisa de conocimiento del derecho positivo. Como se ve, ambas disciplinas encajan bajo las categorías de lo que anteriormente (I, 3) he denominado sociología del derecho y tecnología del derecho.

En su intento de sustituir el derecho natural por la sociología, Lambert incurre en un error frecuente en la moderna sociología francesa. Al hacer de la sociología una ciencia *normativa*, comete un error metodológico. La sociología está constituida como una ciencia causal-natural, y por ello a lo sumo puede conducir a una tecnología, pero nunca a una auténtica doctrina normativa. Por eso, Lambert yerra cuando pretende determinar, a partir de la

96 Op. cit., pp. 874 y 875; el resaltado es mío.
97 Op. cit., p. 841.
98 Op. cit., p. 44.
99 Op. cit., p. 879.
100 Op. cit., pp. 915 y 916.

ciencia sociológica, cuáles son las *obligaciones sociales*, cuáles las *ventajas* y cuáles los *inconvenientes* de una determinada solución jurídica, y cómo *debe ser* el derecho. Todo ello presupone puntos de vista valorativos que resultan inconmensurables desde el método científico-natural. Estas determinaciones presuponen un parámetro y, por tanto, un derecho natural en potencia. Y eso es precisamente lo que encontramos en la exposición de Lambert, cuando se refiere a la «*l´équité et l´utilité*»: «*Sans doute il doit exister sur chaque problème une solution qui, dans l´état actuel de nos moeurs, serait plus que toute autre conforme à l´equité et à l´utilité générale; il doit y avoir en ce sens des rapports nécessaires entre les choses (...). De tous les instruments susceptibles d´ètre employés pour la recherche des solutions juridiques les plus conformes aux exigences actuelles de l´équité et de l´utilité sociale, le moins parfait et le plus généralement utilisable est le droit civil comparé*»[101]. Este punto de vista valorativo, sin embargo, no tiene carácter necesario. Lambert aclara que él, a diferencia de Petrazycki, se da «por satisfecho» con el «parámetro de utilidad»[102]. Pero con la misma justificación podría afirmar Petrazycki que él no se da por satisfecho. El criterio no posee una necesidad objetiva, y la satisfacción subjetiva no tiene lugar alguno en la ciencia. El punto de vista valorativo de Lambert cae fuera de la sociología. Por tanto, o bien habrá que volverse hacia el derecho natural (la ética) para intentar identificar como objetivamente necesario un determinado valor supremo, o bien (y tal vez ésta sea en realidad la idea de Lambert, que, siendo correcta, está incorrectamente expresada) habrá que renunciar a toda determinación valorativa y afirmar que la sociología del derecho y la tecnología del derecho en ella basada no proporcionan medio alguno para determinar el derecho que *debe ser*, sino sólo el que se *quiere tener*; que nada dicen sobre *obligación social* alguna, sino únicamente sobre cómo hay que organizar un ordenamiento jurídico para conseguir un determinado fin libremente establecido. También el soberano de un Estado de bandoleros o un cruel tirano pueden estudiar sociología y aplicar con provecho el *droit comparé*. Hay que quitarle a la sociología del derecho toda apariencia de (auténtica) ciencia normativa; cuando se atribuye tal condición, se convierte en derecho natural disfrazado. La moderna sociología francesa tiene un cierto rasgo de falta de honestidad, en la medida en que no asume de manera consecuente las conclusiones negativas que se derivan de su propio punto de partida[103].

101 Op. cit., pp. 37 y 45.

102 Op. cit., p. 834.

103 El punto de partida para el enfoque sociológico respecto de la moral es tomar lo ideal como un hecho, *le fait moral*, asociado a otros hechos. La cuestión más importante es

9. Lambert trata el *derecho consuetudinario* en un *paréntesis* de sus investigaciones sobre la política sociológica del derecho (un «paréntesis» que va de la página 111 a la 804). El análisis de este problema tiene como objetivo determinar el ámbito sobre el que cabe proyectar las reivindicaciones políticas[104]. En el caso de que el derecho consuetudinario no surja, como se acepta habitualmente, de forma irreflexiva, como resultado de oscuras fuerzas naturales; en el caso de que la formación del derecho presuponga, por contra, la intervención de una voluntad consciente, entonces las reivindicaciones políticas irán referidas no sólo a la legislación, sino también a la actividad consciente que interviene en la creación del derecho consuetudinario. De esto se sigue que el enfoque de Lambert es de tipo sociológico: el autor pretende comprobar qué factores sociales operan conjuntamente en la formación del derecho consuetudinario. La cuestión, de índole formal, de cómo es posible conocer que éste es derecho, no afecta a la tarea que se ha propuesto este autor.

Lambert comienza por exponer la tradicional doctrina romano-canónica del derecho consuetudinario. Según él, la costumbre se funda en un doble momento. Uno objetivo: una cierta práctica, y otro interno: la *opinio necessitatis*, la «convicción jurídica», una creencia en —o una voluntad encaminada hacia— el carácter jurídico de la costumbre. Como se ve, existen muchas maneras de precisar el elemento psicológico. A este efecto, Lambert distingue tres grupos principales de teorías[105]: en primer lugar la romana, que define el elemento psicológico como un consentimiento tácito del pueblo: *tacitus consensus populi*; luego la doctrina de la escuela histórica, que ve en

si asumiendo este punto de partida resulta posible llegar más allá de una doctrina moral descriptiva (explicativa), relativa a concepciones morales colectivas existentes de hecho; es decir, si será posible, partiendo de esta base, establecer ciertas reglas imperativas de conducta superiores a, e independientes de, tales concepciones morales colectivas. También puede expresarse así: si es posible establecer reglas de conducta que sean objetivas no sólo en relación al individuo, sino también a la colectividad. Esta cuestión ha de ser contestada negativamente desde el punto de vista de la sociología, dado su carácter de ciencia natural. No obstante, algunos sociólogos franceses se niegan a capitular frente al escepticismo moral. Durkheim intenta fundar una norma de conducta sobre la diferencia entre estados sociales sanos y enfermos: *Règles de la méthode sociologique*, 7ª ed., Paris 1919, p. 61; cfr. *Sociologie et Philosophie*, Paris 1924, p. 86. Ciertamente, Lévy-Bruhl niega en *La morale et la science des moeurs* la posibilidad de una moral teórica, pero en su libro se encuentran valoraciones introducidas solapadamente (como también en Lambert) (p. 17: *«le grand bien de tous»*, cfr. P. 218, 223, 256, 272, 273 y otros), cfr. la crítica de Parodi contra los dos sociólogos citados en *Le problème morale et la pensée contemporaine*, 2ª ed. Paris 1921, pp. 33 a 70.

104 Etudes, pp. 111 y 821.

105 Op. cit., pp. 122, 127 y 131.

el mencionado elemento una expresión del «espíritu del pueblo»; y por último, una interpretación moderna que se basa en el sentimiento jurídico y en el consentimiento de los «interesados», de «quienes operan con el derecho». Según esta última teoría, el valor eminentemente objetivo del derecho consuetudinario consistiría, precisamente, en satisfacer necesariamente todos los intereses implicados (vid. Gény, pág. 60). Lo sociológicamente común a todas estas formas es que el derecho consuetudinario se contempla como un producto inconsciente e irreflexivo, que, por así decirlo, surge de modo orgánico a través de las costumbres fácticas y las actitudes psicológicas que existen dentro de un determinado grupo.

La crítica que Lambert dirige a esta doctrina puede resumirse en los siguientes puntos:

1. En primer lugar, en lo que se refiere a la formulación romana y a la moderna, el autor muestra que, más que responder a un análisis científico, constituyen un intento de justificación racional[106] (esto concuerda plenamente con mi crítica a Gény, vid. *supra*, p. 113).

2. En segundo lugar, se alega que es ficticio considerar al derecho consuetudinario como el producto de una feliz armonización de las distintas voluntades. Es un sofisma sostener que también *«ceux qui éventuellement souffrent»* consienten libremente, de modo que se satisfacen los intereses de todos. *«Il suffit d´ouvrir les yeux, pour se convaincre que les ardents conflits d´interêts qui s´élèvent de nos jours entre diverses catégories de membre de la collectivité, par exemple entre patrons et ouvriers, entre créanciers et débiteurs, entre les familles légitimes et les enfants naturels d´un de leurs membres, ne s´apaisent pas d´eux-mêmes par des actes réciproques d´abnégation, par une série de concessions mutuelles. Il faut qu´une autorité intervienne pour arrêter et terminer ces conflits qui ne s´étendraient jamais spontanément»*[107].

3. Los principales argumentos son extraidos de una serie de minuciosos estudios histórico-sociológicos sobre las condiciones de existencia del derecho consuetudinario. Estas investigaciones documentan que el derecho consuetudinario se ha formado siempre gracias a la intervención activa y consciente de determinados «expertos», como podrían ser el juez moderno, los hechiceros de la comunidad primitiva, los sacerdotes, los pontífices o los intérpretes de la ley.

Lambert señala igualmente que en el mundo jurídico anglosajón el derecho consuetudinario —que desempeña un importante papel, bajo la forma de *common law* y de *equity*— ha surgido justamente a través de una praxis

106 Op. cit., pp. 123, 137 y 139.
107 Op. cit., p. 137.

centenaria, por mucho que en tiempos de Blackstone también se quisiera hacer ver que el juez se limitaba a declarar un derecho preexistente[108].

En cuanto a la comunidad primitiva, el autor comienza por señalar que «*les trois vaillants pionniers de la science de l'histoire comparative de droit Sumner-Maine, Post, Kohler, s'accordent (...) à reconnaitre l'impossibilité d'isoler la coutume de l'usage judicaire*»[109].

Por lo demás, Lambert nos ofrece una detallado descripción, de propia mano, de la historia y la sociología del derecho consuetudinario en los Estados hebreos, musulmanes, romanos, así como en los antiguos franceses y germánicos. Por desgracia, razones de espacio nos impiden detenernos en estas observaciones. A modo de síntesis de las mismas, el autor constata que, en todas las épocas, la práctica jurídica ha desempeñado un papel significativo en la formación del surgimiento del derecho consuetudinario. En mayor o menor medida, éste recibe su materia prima de las costumbres extrajudiciales; pero el derecho consuetudinario sólo surge una vez que la práctica ha procesado dicha materia prima. «*La jurisprudence a, dans l'élaboration du droit coutumier, un rôle analogue à celui que jouent l'ouvrier et l'outillage industriel dans la transformation de la matière première en produits manufacturés*»[110].

Con respecto a este bello estudio de Lambert sobre el derecho consuetudinario, sólo diré que, por excelente y muy relevante que pueda ser para un análisis sociológico, en cambio no resulta tan decisivo para el problema teórico del derecho positivo, que es el que aquí nos interesa. El problema sociológico y el teórico-jurídico son de naturaleza diferente. Nada impide que, desde un punto de vista sociológico, se considere válida la teoría romano-canónica, y sin embargo no se reconozca carácter de fuente del derecho a las costumbres prejudiciales. La aceptación de la crítica sociológica de Lambert no obliga, pues, en modo alguno a que desde la perspectiva teórico-jurídica se deba combatir la doctrina tradicional del derecho consuetudinario (de hecho, la crítica de Austin era puramente analítica). A la inversa, se puede dar por buena la crítica de Lambert, y sin embargo admitir que las costumbres, ya en su estado meramente fáctico, son fuentes de derecho. No existen implicaciones necesarias entre ambos puntos de vista; otra cosa es que se complementen recíprocamente a efectos de una crítica de la doctrina romano-canónica, toda vez que ésta es un conglomerado de ambos métodos.

---

108 Op. cit., pp.174 y ss.; en la p. 184 se dice que la doctrina inglesa ha mantenido esta ficción; de la interpretación de Austin se desprende que esto es erróneo, vid. IV, 4 y ss.

109 Op. cit., p. 218.

110 Op. cit., p. 802.

No cabe duda de que el propio Lambert no era enteramente consciente de esta diferencia. Cuando considera que la intervención de la jurisprudencia es «*indispensable*» para transformar en auténtica *Coutume* jurídica a las simples costumbres, o que la práctica extrajudicial suministra un material al que la jurisprudencia, por lo general, se limita a dar su sello de aprobación, para transformarlo en derecho[111], está, desde luego, en lo cierto —sólo que no está realizando un juicio de tipo sociológico. La *transformación* de la que habla no puede ser percibida por un enfoque causal y científico-natural, sino sólo desde una perspectiva analítica. Desde el mismo instante en el que se reconoce que no es preciso efectuar una reelaboración ulterior del contenido del respectivo material, sino que sólo hay que proceder a una modificación de la «forma», a una «transformación» en derecho por medio del sello de la aprobación judicial —desde ese mismo instante, ya no se está contemplando la actividad del juez como causa eficiente, sino como un elemento que, a resultas de un análisis conceptual, tiene carácter necesario como fundamento para el conocimiento del derecho consuetudinario.

RESUMEN

Sintetizando lo hasta aquí tratado, resulta que en la teoría francesa no hay ni una sola aportación que estudie la teoría de las fuentes del derecho desde un enfoque teórico-jurídico. Sencillamente, en Francia no se ha sido consciente de la posibilidad o necesidad de un planteamiento semejante. Cuando la teoría no *elude el problema*, refiriéndose al modo positivista al «derecho que existe de hecho», a las «normas del poder competente» o similares, el método es, bien *sociológico*, bien *iusnaturalista*, en el sentido que anteriormente (I, 3) se atribuyó a estos conceptos. A su vez, el método sociológico encubre uno de carácter iusnaturalista. El rasgo común dominante es, por tanto, una *disonancia* en el *concepto de derecho* y en la *teoría de las fuentes del derecho*. Junto a un supremo concepto sociológico-iusnaturalista de derecho, no se puede por menos que reconocer la *positividad de la ley*, en perfecta disparidad con lo anterior. En cambio, las *restantes fuentes del derecho* son determinadas por deducción del concepto no positivo de derecho.

Esta contradicción interna, que es patente incluso cuando se adopta una perspectiva inmanente, ha de mostrarle a la teoría francesa la exis-

111 Op. cit., pp. 802 y 814.

tencia de un defecto a un nivel más profundo. Se trata del defecto metodológico aquí demostrado.

A dicho defecto va unido otro de carácter político-dogmático. Al encontrarse atada a la doctrina de Montesquieu de la separación de poderes, la teoría francesa insiste en sostener el *dogma del ordenamiento pre-judicial pleno*. Sin embargo, este dogma impide una correcta apreciación de la importancia de la práctica del derecho para la teoría de las fuentes.

EXCURSUS

Algunas reflexiones adicionales en torno al dualismo en el concepto francés de derecho.

Gény fue ya tratado anteriormente (nº 5 a 7). Su método es predominantemente iusnaturalista.

Duguit afirma la existencia de un derecho que se encuentra por encima del Estado; de lo contrario, la ciencia del derecho no sería merecedora de llevar tal nombre[112]. Todo cuanto ha escrito tiende a demostrar la existencia de este «*droit objectiv*» «*supérieur à l´État lui-même*», y a combatir la teoría alemana según la cual el derecho emana del Estado. Su método, entreverado de puntos de vista positivos, es en parte *sociológico*, en parte *iusnaturalista*.

Es *sociológico*, allí donde Duguit, con su afirmación de que el derecho no es creado por el Estado, quiere decir que no se basa en el puro capricho del gobernante, sino que está sujeto a causas sociológicas que lo determinan. Por ejemplo: 1º *Cuando* el autor mantiene que no fue la «voluntad del Estado» francés, sino la voluntad común y persistente de los franceses, la que condujo la guerra contra la barbarie alemana o acabó con una huelga criminal[113]. Lo que es tanto como decir que un cierto estado psicológico del pueblo francés fue condición sociológica de que las normas jurídicas que regulaban los actos de guerra y similares del Estado francés adquirieran existencia como tales normas, y fueran llevadas a la práctica. 2º *Cuando* afirma que la intervención del Estado no basta para otorgar a una regla el carácter de jurídica[114]. Aduce como ejemplo que la ley de 5 de abril de 1905, sobre pensiones obligatorias para trabajadores y campesinos, se ha quedado en letra muerta: no fue posible llevarla a la práctica. Eso es tanto como decir que el ámbito de poder, sobre el cual el legislador puede incidir de modo efectivo

112 *L'Etat*, p. 615.
113 *Traité*, I. Prefacio, VIII y IX.
114 Op. cit., I, pp. 43, 44 y 97.

con sus leyes, es limitado por ciertas fuerzas sociales que determinan el derecho, cuyo estudio corresponde a la sociología. Y 3º, *cuando* Duguit afirma que el derecho surge espontáneamente de «*la conscience juridique collective*»[115]. Expresión con la que se hace precisamente referencia a una de las fuerzas sociales mencionadas —si es que una tal concepción común llega a existir realmente, lo que con frecuencia no será el caso.

En cambio, la confusión es de carácter *iusnaturalista* allí donde Duguit, al afirmar que el derecho no es creado por el Estado, quiere decir que no se puede encontrar en ellos el fundamento para la vinculatoriedad moral de una determinada regla. Por ejemplo: 1º *cuando* Duguit combate airadamente la teoría alemana de que el Derecho proviene del Estado (*les gouvernants, les plus forts*)[116], porque equivaldría a fundar el derecho en la fuerza (vid. *supra*, p. 31, nota (46)); 2º *cuando* Duguit enseña que en los pueblos primitivos existe un derecho anterior a la formación del Estado y la legislación[117], pues la pregunta es, precisamente, si el «derecho» que en ellos se encuentra es algo distinto de la moralidad (o la convención); 3º, *cuando* dice que la regla jurídica recibe su «*force obligatoire*» de «*la conscience juridique*»[118]. Además de la perspectiva sociológica, ya indicada, se adopta aquí también un punto de vista moral, conforme al cual lo decisivo es el sentimiento colectivo de justicia. Ni siquiera el derecho positivo merece respeto cuando entra en conflicto con la idea colectiva de justicia[119].

A pesar de esta determinación supraestatal del derecho, Duguit se ve obligado a reconocer la positividad de la ley.

En primer lugar, establece una distinción entre reglas jurídicas normativas y constructivas. Las constructivas son aquellas que persiguen asegurar la realización de las demás, que son las normativas[120]. Al margen de que probablemente esta distinción no pueda establecerse de un modo tajante, modifica en gran medida la doctrina del propio Duguit de que el derecho no emana del Estado. Porque viene a reconocer que las reglas constructivas son creadas por el Estado. Puesto que, por otra parte, el *Code civil* (si exceptuamos el derecho de familia) supuestamente sólo contiene tres normas genuinas, parece entonces que el ámbito del derecho emanado del Estado adquiere unas dimensiones considerables[121].

---

115 Op. cit., pp. 45 y 56.
116 *L'Etat*, pp. 227 y ss.
117 Traité, pp. 42 y 34.
118 Op. cit., pp. 39, 41, 43, 45 y 64.
119 Op. cit., pp. 91 y ss.
120 Op. cit., pp. 37 y 38.
121 Op. cit., pp. 45 y 40.

Hay otro aspecto que resulta de mayor importancia. Duguit admite directamente la positividad de la ley: «*Quand la loi positive est formelle, l´agent public est limité par elle dans son action, il ne peut rien faire allant directement contre la disposition légale. L´agent publique, quel qu´il soit, est subordonné hiérarquiquement au législateur. Le esprits modernes sont arrivés â cette conception qui est celle d´une* norme juridique incontestable *(...)*»[122]. De esta forma, se reconoce a la ley como norma jurídica indiscutible, con independencia de su correspondencia con la *conscience juridique*. Se quiebra así la unidad del concepto de derecho.

Esta quiebra no es casual; es la consecuencia necesaria del concepto de derecho de Duguit. Este autor parte, correctamente, de la consideración de la regla de derecho como una norma social, y de que su peculiaridad estriba en la particularidad de la sanción que se impone en caso de vulneración[123]. Luego, ni la norma económica, ni la moral son derecho; sin embargo, pueden llegar a serlo cuando se modifica el tipo de sanción. La transformación en este sentido decisiva se describe del siguiente modo: la norma se transforma en derecho cuando «*la grande masse des esprits admette que la sanction de cette règle doit ètre assurée par la force dont disposent les gouvernants*»[124]. Sin embargo, es claro que esta sanción solamente expresa una diferencia de grado con respecto al reproche moral usual. Porque el hecho de que la fuerza como sanción *deba ser aplicada*, no significa que ya *se esté aplicando*. La formulación apunta así, de modo trascendente, a otra sanción con distinta naturaleza de la indicada: la aplicación de la fuerza. De donde resulta que la regla, en el mismo instante en que la fuerza se emplea, *de hecho*, como sanción, alcanza un tipo de sanción distinto; lo que significa que la regla se convierte en positiva. Por tanto, la misma definición de derecho de Duguit implica la necesidad de reconocer la existencia de un grupo de normas de distinta naturaleza que reclama en aún mayor medida su calificación como jurídicas: las normas de derecho positivo. Con ello, el dualismo se vuelve inevitable.

También Gaston May formula una definición iusnaturalista del Derecho. Habla de «*droits (individuels) supérieurs à ceux de l´État*». Sin embargo, reconoce la existencia del derecho positivo, como «*le droit existant actuellement chez un peuple déterminé*»[125].

---

122 Op. cit., p. 92; el subrayado es mío.

123 Op. cit., p. 26.

124 Op. cit., p. 42; el subrayado es mío; ciertamente, en algunos pasajes, p. 36 y 41, se utiliza la palabra «*peut*» en lugar de «*doit*». Sin embargo, aparentemente, ello sólo puede referirse a la valoración implícita en el término «*doit*»; esta expresión es también la que más frecuentemente se utiliza, como en las pp. 42 (dos veces), 47 y 48.

125 Introduction, respectivamente, pp. 92 y 57.

Berthelémy afirma, con respecto al legislador: «*En théorie son rôle se borne à constater le droit*». Sin embargo, admite la positividad con una extensión que convierte en irrelevante la anterior definición ideal, al añadir: «*En pratique il le crée, puisque la constatation qu´il en donne est d´avance présumée conforme au sentiment national*»[126].

Le Fur declara que «*L´État n´est pas le créateur du droit*»; pero añade que ello se refiere no sólo al derecho positivo, sino también el derecho genuino, al «*droit naturel*». Con esto se reconoce implícitamente el derecho positivo; reconocimiento que se torna expreso cuando afirma que el Estado, como persona libre, está en condiciones de quebrar los principios que lo ligan y actuar contra el derecho[127].

Hauriou admite la existencia de dos formas de derecho: «*le droit qui découle de la règle de justice*» y «*le droit qui procède de la souveranité gouvernamentale*». Puede suceder que ambos entren en conflicto. En tal caso, el orden público exige que las órdenes del gobierno sean cumplidas, al menos provisionalmente, hasta que una nueva ley o decisión anule la *presunción* de que los actos del gobierno estaban en consonancia con «*la justice*». Dado que dicha presunción sólo puede ser combatida mediante un acto jurídico, ello equivale al reconocimiento de la positividad incondicional de la ley[128].

---

126 De l'exercise de la souvérainété, p. 9.

127 *L'Etat fédéral*, pp. 433 y ss.; las citas referidas, respectivamente, ¿¿pp??. 577 y 441.

128 Hauriou, *Les idées de M. Duguit, Recueil de législation*, Toulouse, 1911; pp. 14, 19 y ss.; cit. por Carré de Malberg, pp. 57 y 58, con sus respectivas notas, y 210.

Segunda parte

LA DOCTRINA INGLESA[1]

Capítulo IV

1. INTRODUCCIÓN. LA RELACIÓN ENTRE EL PENSAMIENTO JURÍDICO INGLÉS Y EL CONTINENTAL

2. «*OLD ENGLISH VIEW AS STATED BY BLACKSTONE*»

3.-6. LA DOCTRINA DEL DERECHO DE AUSTIN

3. El significado de Austin

4. El concepto de derecho de Austin. El concepto de soberanía

5. La doctrina de las fuentes del derecho de Austin

6. Continuación. En particular sobre el denominado derecho consuetudinario (*judge-made law*)

---

1 A) Anteriores a Austin: Hale, *History of the Common Law of England,* 1713; Blackstone, *Comentairies*, 1765; Stephen, *New Comentairies*, 1841.

B) Austin y sucesores: Austin, *Lectures on Jurisprudence*, 1832, 1861-1863; Amos, *Science of Jurisprudence,* 1872; Markby, *Elements of Law*, 1871; Holland, *Jurisprudence,* 1880; Salmond, *Jurisprudence* 190?; Brown, *The Austinian Theory*, 1906; Gray, *Nature and Sources of the Law*, 1909; Hearn, *Theory of Legal Duties and Rights,* 1883; (Harrison, *On Jurisprudence* 1919); (Goadby, *Introduction to the Study of Law*, 3ª ed., 1921); Lightwood, *Nature of Positive Law*, 1883) (Rattigan, *Science of Jurisprudence,* 1888); (Willoughby, *Nature of the State,* 1896); (Clark, *Practical Jurisprudence,* 1883). Los autores que figuran entre paréntesis estuvieron al mismo tiempo bajo la mayor o menor influencia de Maine.

C) Maine y sus sucesores: Maine, *Ancient Law,* 1861 y *Early History of Institutions,* 1875; Bryce, *Studies in History and Jurisprudence*, 1901; Vinogradoff, *Historical*

7. LOS SUCESORES DE AUSTIN

8. CONTINUACIÓN. EN PARTICULAR SOBRE LA TEORÍA DEL DERECHO CONSUETUDINARIO. LA CRÍTICA DE KIß A LA TEORÍA INGLESA

EXCURSUS A. SOBRE EL CONCEPTO DE DERECHO EN LA LITERATURA INGLESA POSTERIOR A AUSTIN

EXCURSUS B. SOBRE EL *CASE-LAW* Y LA *EQUITY*

1. Quien, familiarizado con el pensamiento jurídico continental, trabe conocimiento con la Jurisprudencia anglosajona, se asombrará al toparse con una literatura que difiere completamente, en cuanto a naturaleza, tradiciones y método, de aquello a lo que está acostumbrado. Encontrará un orden de ideas que se ha desarrollado en buena medida sin apenas influencia continental. Esto puede predicarse en particular de Inglaterra. En cambio, en Escocia, hacia el final del siglo pasado, el derecho natural metafísico encontró un fiel partidario en el profesor de Edimburgo J. Lorimer; pero es significativo que los autores ingleses lo tengan por un caso aislado y traten su doctrina como un hecho curioso, sin detenerse por lo demás

---

Jurisprudence, 1923; Pulzsky, *Theory of Law and Civil Society*, 1888 (traducido del alemán); igualmente los incluídos entre paréntesis bajo b). En todos ellos se aprecia también, en mayor o menor grado, la influencia de Austin.

D) Trabajos de menor importancia u originalidad: *Data of Jurisprudence*, 1903; Eastwood, *Introduction to Austins Theory,* 1916, Thomson, *Historical and Philosophical Methode in Jurisprudence*, 1895; Smith, *Sources of Scots Law*, 1904; Chan-Toon, *Nature and Value of Jurisprudence* 2ª. ed. 1889; Ritter, *Moral Law and Lawmaking*, 1898; Campbell, *Science of Law*, 1887; Wise, *Outlines of Jurisprudence,* 3ª ed. 1888; Watt, *Outline of legal Philosophy*, 1893.

E) Otros: Carter, *The Ideal and Actual in Law*,1890; *Law, its Origin, Growth and Function,* 1907; Hammond, Edición americana (con anotaciones) de Blackstone; Wharton, *Commentar on the American Law* (todos ellos se hallan bajo la influencia de la escuela histórica alemana). Lorimer, *Institutes of Law*,1880 (iusnaturalista); Pollock, *A First Book of Jurisprudence,* 1896; *Essays on Jurisprudence,* 1912; Hohfeld, *Fundamental Legal Conceptions,* 1923 (interesante, pero fallido intento de fundamentar una teoría del conocimiento del derecho); Beal, *Cardinal Rules of Legal Interpretations*, 3ª. ed. 1924 (Manual de derecho positivo inglés); Dillion, *The Laws and Jurisprudence of England and America,* 1894; Pound, *An Introduction to the Philosophy of Law,* 1922; *Scope and Purpose of Sociological Jurisprudence,* 1911 a 1912 (Pound es un pensador de orientación sociológica algo oscuro, del corte de Kohler); Holmes, *Path of the Law*, 1897; Ritchie, *Natural Rights,* 1895 (anti-iusnaturalista); Greer, *Custom in the Common Law,* 1893, Cardozo, *Nature of the Judicial Process*, 1921.

en ella[2]. Por otro lado, en América la escuela histórica alemana tuvo una infuencia nada desdeñable[3]; lo que quizá se deba, como apunta Willoughby, a razones políticas[4]. Dado que la república norteamericana surgió a raíz de una rebelión popular contra una potencia «soberana», quizás por ello se prefiriera una teoría del derecho que ponía el acento en el pueblo como fuerza creadora del derecho antes que una doctrina que, como es el caso de la escuela analítica inglesa, postulaba la procedencia de todo derecho del «soberano». Hay que señalar también que, en nuestra época, la ciencia jurídica de orientación sociológica, de origen principalmente francés, ha encontrado difusión en América[5]. Por el contrario, en Inglaterra ni la escuela iusnaturalista ni la escuela histórica alemana ejercieron influencia alguna; sencillamente, no se encuentran sistemas iusnaturalistas en la literatura inglesa. Sin duda, cuando Holland[6] caracterizaba el «derecho natural» como Jurisprudencia *«in the air»* estaba expresando el punto de vista dominante en Inglaterra. Tampoco la escuela histórica alemana pudo alcanzar una influencia digna de mención. Si alguna vez se conocía algo de ella, lo habitual era citar a Savigny con atenta reverencia[7] para, a continuación, y sin temor a ser reprochado por ello, seguir un camino diametralmente opuesto a los dogmas de la escuela histórica alemana. Inglaterra tuvo su propia escuela histórica, fundada por Maine[8], tan diferente de la escuela alemana como lo son las propias circunstancias que dieron origen a una y otra. La escuela histórica alemana surge como reacción frente a la especulación de corte iusnaturalista, pero contiene, precisamente por ello, no pocos rudimentos iusnaturalistas aún no superados; considerada como teoría del derecho, resulta tan iusnaturalista como positivista. Por el contrario, la escuela inglesa surge como continuación de la escuela analítica, de corte positivista[9]; su pretensión no es revolucionar, sino comple-

2 Pollock expresó su opinión acerca del libro de Lorimer en estos términos: *«As I came to the last page I said to myself with a mental gasp and shiver, Ugh, Ugh, now I know what Naturrecht is». Essays, p.* 20.

3 En la bibliografía americana más reciente, esta influencia es especialmente patente en Carter. No he podido consultar directamente la bibliografía anterior; al respecto, me apoyo especialmente en Willoughby, *Nature of the State*, p. 165.

4 Vid. nota (3).

5 Especialmente Pound, quien encontró un discípulo francés en Pierre Lepaulle.

6 Holland, *Jurisprudence*, p. VIII.

7 Por ejemplo, Austin, *Lectures, p.* 15; Pollock, *First Book,* VII; Holland, *Jurisprudence*, p. 8; Salmond, *Jurisprudence*, pp. 12 y ss.

8 Maine, *Ancient Law*; *Early History*.

9 Al respecto, resulta significativo que sea precisamente Maine, el fundador de la escuela histórica, quien fuera también el primero en dar verdaderamente a conocer a Austin, cfr. nota (3).

mentar. Por ello, en su fuero interno no tiene un carácter iusnaturalista, sino positivista. Y de hecho, en nuestro tiempo, ambos puntos de vista, el analítico y el histórico, van a menudo de la mano, sin combatirse recíprocamente[10], adoptándose uno u otro según lo requiera el caso. Por eso, a menudo es imposible decir si un autor debe considerarse, en lo esencial, como perteneciente a la tendencia analítica o a la histórica; en realidad, ambas se han fundido en una sola corriente.

Por otra parte, hasta tiempos bien recientes la escuela analítica inglesa no ejerció influencia alguna en el continente. El nombre de Austin permaneció desconocido.

La ausencia de comunicación entre el pensamiento inglés y el continental se refleja en el desconocimiento, el sentimiento de extrañeza y la predisposición negativa que los autores ingleses muestran respecto de la filosofía del derecho continental, y en particular de la alemana[11]. «*If an English lawyer*» dice el profesor Salmond, «*ventures into the region of continental legal philosophy, he finds himself a stranger in a strange land, where men speak to him in an unknown tongue*». Si nos preguntamos por la razón de este hecho, resulta innegable que, al margen de razones particulares originadas en una diferencia real en el orden de las ideas, se detectan también casos de simple ignorancia o, al menos, de ausencia de un conocimiento más profundo[12]. Lo delata, por ejemplo, la forma en que Salmond caracteriza la filosofía del derecho continental, en contraposición a la inglesa: para él, «alemán» significa tanto como «ético-metafísico-iusnaturalista»[13]. No hace falta decir que esto denota una visión ciertamente deformada de la literatura alemana.

Si se quisiera esbozar una caracterización general de la «Jurisprudencia» inglesa, comparándola con la filosofía del derecho continental,

10 Vid. nota (1).

11 Una expresión típica de Holland, quien había esperado encontrar ayuda en la literatura continental para la redacción de su «Jurisprudence»; pero sufrió una gran desilusión «*and after a general survey of the subject the author set to work to think it out for himself*» *Jurisprudence*, VII, VIII.

12 El conocimiento de la bibliografía continental por parte de los autores ingleses es escaso. Salmond - uno de los mejor informados - cita en su relación de autores a los siguientes alemanes: Arndts, Berolzheimer, Bierling, Dernburg, Gareis, Gierke, Ihering, Jellinek, Kohler, Merkel, Puchta, Savigny, Windscheid. Lightwood, quien incluye en su *Nature of Positive Law* un capítulo especial sobre «*the Modern German School of Jurisprudence*», muestra escasa comprensión al respecto, 262 y s. En el año 1887, Hastie editó bajo el título *Outline of Jurisprudence* una lamentable selección de trabajos en versión traducida: Las *Encyklopädien* de Puchta, Friedländer, Falck y Ahrens; de Puchta, pues, su poco importante y completamente desconocida *Encyklopädie,* y por contra nada de su obra maestra, *Das Gewohnheitsrecht.*

13 Salmond, *Jurisprudence*, pp. 10 y11.

habría que resaltar fundamentalmente dos rasgos. En primer lugar, su carácter asistemático, «práctico-realista»[14], en donde residen a la vez su fuerza y su debilidad. Su debilidad, en la medida en que no cabe alcanzar ningún conocimiento relevante si no se tiene el valor de mirar más allá de lo inmediatamente práctico y «real»; su fuerza, en la medida en que la teoría inglesa, aunque de menor alcance y amplitud de miras, ha conservado siempre un estrecho contacto con la *realidad jurídica (Rechtswirklichkeit)* que trata de explicar. Frente a un énfasis unilateral en la sensibilidad inglesa para lo «real» (que quizás entusiasme especialmente al lector danés), ha de señalarse que Austin, el fundador de la Jurisprudencia científica inglesa, poseía un talento marcadamente «teórico»[15] y se distanciaba irónicamente de quienes pensaban poder objetar contra una teoría algo que no fuera su propia falsedad (lo que se expresa en el conocido dicho de *eso podrá ser correcto en teoría, pero no sirve para la práctica*)[16]. Al mismo tiempo, se dió cuenta de que el concepto de derecho no puede ser definido de forma empírico-inductiva, lo que, al fin y al cabo, tampoco cuadra del todo con un punto de vista «sanamente realista».

El segundo rasgo especialmente significativo de la Jurisprudencia inglesa se halla en estrecha relación con el primero. Se trata de la admirable pureza metódica que ha imperado en la literatura desde la época de Austin, por mucho que sus sucesores no la cultivaran en la misma medida que él. Por eso, no le falta razón a Salmond cuando contrapone la teoría inglesa a la continental, viendo en ésta una mezcolanza de ética y política. Hemos visto con anterioridad hasta qué punto se da esta circunstancia en el caso de la teoría francesa (¡Gény!). Más adelante, mostraremos cómo la controversia doctrinal que tuvo lugar en Alemania durante el último siglo desembocó en la separación del problema jurídico-positivo de su vinculación con la política. No es casual que el único trabajo que Austin publicó en vida tuviera por título «*Province of jurisprudence determined*». Como sín-

14 Lo cual tiene que ver con el carácter decididamente práctico de la formación jurídica. Ésta se realiza principalmente en los tribunales, *the Inns of Courts*. La formación universitaria sólo desempeña un papel reducido, o incluso nulo, e históricamente no es anterior al siglo XIX. La primera cátedra inglesa de derecho procesal fue fundada en 1884 en Edimburgo, vid. Jesper Simonson, *Dommeruddannelse i England*, y Coldstream, *The Teaching of law*. Una detallada e interesante exposición de la historia de los *Inns of Courts*, en Dillon, *Laws and Jurisprudence*, vid. especialmente pp. 34 y ss. y 81.

15 Austin decía irónicamente de sí mismo que él *«ought to have been a schoolman of the twelfth century or a German Profesor»*. Del prefacio de Sarah Austin a las *Lectures* de Austin, *Lectures*, p.13.

16 *Lectures, pp.* 118 y119.

tesis de su infatigable esfuerzo por expresar la positividad del derecho, como expresión del modelo que con ello estableció para el futuro pensamiento jurídico inglés, pueden citarse sus siguientes palabras: «*The existence of law is one thing; its merit or demerit is another. Whether it be or not is one inquiry; whether it be or be not comfortable to an assumed standard, is a different inquiry. A law which actually exists, is a law, though we happen to dislike it, or though it vary from the text, by which we regulate our approbation and disapprobation. This thruth, when formally announced as an abstract proposition, is so simple and glaring, that it seems idle to insist upon it. But simple and glaring as it is, when enunciated in abstract expressions the enumeration of the instances in which it has been forgotten would fill a volume*»[17].

En cuanto a la razón de que la Jurisprudencia inglesa consiguiera evitar en buena medida la confusión metodológica propia del iusnaturalismo, sin duda ha jugado un papel no desdeñable una circunstancia puramente casual, como es la terminología jurídica empleada[18]. Las lenguas continentales utilizan para designar el concepto de derecho objetivo un término —*Recht, Ret, droit, diritto*, etc.— que encierra una doble ambigüedad. Además de al derecho objetivo, con éstos términos se hace también referencia tanto al derecho subjetivo (es decir, a la facultad subjetiva derivada de aquél) como a un concepto ético: derecho como justicia (*Recht als Rechtfertigkeit*). En inglés, por el contrario, se utiliza una expresión —*the law*— que evita estas ambigüedades. La relevancia de este hecho es sin duda considerable. El uso del lenguaje en el continente da involuntariamente a la pregunta ¿qué es derecho? un matiz ético, lo que lleva con facilidad a ponerla en conexión con una justicia «superior». Por el contrario, el uso del lenguaje inglés separa ambos puntos de vista. No resulta difícil decir en inglés: «*it is law, but it is not right*». Si bien hay que decir también que el idioma inglés contiene otras ambigüedades no menos peligrosas, que igualmente han dejado su impronta en la teoría. En primer lugar, la palabra inglesa «*justice*» puede designar tanto a la administración de justicia (en palabras compuestas) como a la justicia misma. Y así, a un tribunal se le llama *court of justice*. Este término encierra, al contrario que los continentales: juzgado y tribunal, la posibilidad de una confusión entre derecho y moral, posibilidad que se ha verificado en la definición de derecho dada por Salmond (v. *infra*). Por otra parte, los autores ingleses corren el riesgo de confundir *a* law (una ley) con *the* law (derecho), lo que

17 *Lectures*, p. 220.

18 Ya habían llamado, en parte, la atención sobre ello tanto Austin, *Lectures*, 293, nota a pie, como Salmond, *Jurisprudence*, pp. 9 y10.

hace que su definición de derecho (por ejemplo, la de Austin) permanezca demasiado apegada al concepto de ley.

Resultan, pues, evidentes las diferencias existentes entre la teoría del derecho inglesa y la continental. Sin embargo, recientemente se ha producido un cierto acercamiento entre ambos sistemas. Austin ha ejercido una influencia considerable sobre el teórico del derecho húngaro Félix Somló (*Juristische Grundlehre*, 1917) y, a través de él, sobre otros, como por ejemplo Karl Wolff (*Grundlehre des Sollens*, 1924). Cabría esperar que estas nuevas corrientes alemanas, próximas en lo esencial al pensamiento de Austin, pudieran a su vez influir en la Jurisprudencia inglesa.

2. Cabe dividir la Jurisprudencia inglesa en tres épocas: a) La teoría pre-austiniana, b) Austin, c) los sucesores de Austin. En el apartado c) incluimos tanto a los autores de orientación más bien analítica como a los que, bajo el influjo de Maine, adoptan una perspectiva más histórica.

La teoría del derecho preaustiniana encuentra su expresión típica en Blackstone[19]. Sus *Commentaries on the Laws of England*, que aparecieron en el año 1765, están influidos por el iusnaturalismo. Blackstone comienza la *Section the second, «On the laws in general»*, con una distinción entre las leyes de Dios, o «*the laws of nature*», y las leyes de los hombres. Y une su voz al coro de quienes se postran ante el derecho natural, la ley de Dios. Afirma [20a] que el derecho natural es obligatorio en todo el globo, en cualquier país y en cualquier tiempo: «*no human laws are of any validity, if contrary to this*». Con todo, se trata más de fórmulas propias del espíritu de la época que de la expresión de una auténtica doctrina iusnaturalista, como lo demuestra la definición de Blackstone del derecho positivo, *the municipal law,* inmediatamente subsiguiente: «*Municipal law*» dice Blackstone[20b], «*is properly defined to be a rule of civil conduct prescribed by the supreme power in a state, commanding what is right and prohibiting what is wrong*».

En esta definición se identifica el derecho positivo sin hacer referencia alguna a la ley de Dios. Para mayor claridad, Blackstone contrapone expresamente el concepto de «*civil conduct*» al de «*moral conduct*»[20c]. Como resulta que, además, Blackstone destaca que la regla de derecho es prescrita por «*the supreme power in a state*», es preciso reconocer, pues, que en su definición no hay ni rastro de iusnaturalismo.

---

19 Vid. también, con anterioridad: Hale, *History of the Common Law of England,* 1713 y con posterioridad: Stephen, *New Commentaries*, que consisten en una reproducción de parte de los de Blackstone, con observaciones complementarias. Los puntos de vista fundamentales son los de Blackstone. Vid. *especialmente New Commentaries*, pp. 46 y 47.

20 a-k) respectivamente a) 41; b) 44; c) 45 y 46; d) 64; e) 73 y 74; f) 76 y 78; g) 69; h) 69; i) 69 y 71.

La teoría de las fuentes del derecho de Blackstone, tal como se expone en la *Section the third*, «*On the Laws of England*», se basa en la distinción romano-germánica entre *lex scripta* y *lex non scripta*, tal y como originariamente aparece en algunos pasajes justinianeos y fue después desarrollada por la escuela histórica alemana. *Lex scripta*, la ley, emana directamente del pueblo y es dictada de manera expresa por los órganos legislativos; por el contrario, *leges non scriptae*, el derecho consuetudinario, se basa en la aprobación tácita del pueblo manifestada en la costumbre; «*they receive their binding power, and the force of laws, by long and immemorial usage, and by their universal reception throughout the kingdom*»[20d]. Que este es el verdadero planteamiento de Blackstone, es algo que se deduce también del hecho de que cita expresamente el famoso pasaje de Justiniano, señalando, como un ejemplo más de la libertad del pueblo inglés, que sus leyes hayan surgido en buena parte, —*the common law*—, por la propia aceptación del pueblo, manifestada a través de la costumbre[20e].

Pero aunque el fundamento sea romano-germánico, resulta significativo que, en manos de Blackstone, la teoría se encamine por una senda completamente distinta a la habitual y a la que después tomaría la escuela histórica alemana. Blackstone establece una importante distinción entre costumbres generales y costumbres particulares, en función de su observancia en «*the whole realm*» o sólo en «*particular districts*». En lo referente a las costumbres particulares, Blackstone aplica con rigor la teoría de su creación por el pueblo; de modo similar a la escuela histórica alemana, establece una serie de condiciones para que exista «*a good custom*» vinculante para el juez («*peacable*», «*reasonable*», «*certain*», «*compulsary*[20f]. Estas condiciones estriban en que la costumbre «*has been used so long that the memory of men runneth not to the contrary*», que haya sido «*continued*», que sea «*compulsary*» y, finalmente, que sea «*consistent with each other*». Merece especial atención la condición de que la costumbre haya de ser «*compulsary*», lo que aparentemente equivale a la exigencia romano-germánica de una *opinio necessitatis*. Por el contrario, en lo que se refiere a las costumbres generales, Blackstone —en abierta contraposición a Puchta— no establece condición alguna para que sean jurídicamente vinculantes. Ello no se debe a un olvido: él mismo se plantea la pregunta: «*But here* [esto es, en relación a las costumbres generales] *a very natural and very material question arrises: how are these customs or maximes to be known and by whom is their validity to be determined?*»[20g]. «*The answer is, by the judges in the several courts of justice. They are the depositary of the laws; the living oracles, who must decide in all cases of doubt...*»[20h]. De este modo, corresponde exclusivamente a los *tribunales*[20i] determinar a qué costumbres ha dotado el pueblo de validez jurídica. No obstante, se sigue sosteniendo por otra parte que el juez *no crea* derecho, sino que *se limita a aplicar* el derecho previamente existente, creado por el pueblo. Se hace especial hincapié en que el juez ha «*sworn to determine, not according to his own private judgement, but according to the known laws and customs of the land*»[20j]. No se considera al juez como creador del derecho, sino como mero oráculo. La sentencia es calificada en repetidas ocasiones como «*evidence*»[20k] —ciertamente, la única dotada de autoridad, pero *evidence* al fin y al cabo— de lo que es *common law*.

La quintaesencia de la doctrina de Blackstone puede expresarse como sigue. El postulado práctico de que el juez no puede crear derecho, sino sólo aplicar el ya existente, y de que su tarea es precisamente encontrarlo, le conduce a a adoptar la distinción romano-germánica entre ley y costumbre. Pero en su ulterior desarrollo, esta distinción adquiere un carácter peculiar, diferente al de la doctrina de la posterior escuela alemana y que apunta ya a la doctrina inglesa más tardía. Blackstone —a diferencia de Puchta— no señala condición alguna para que una costumbre general posea carácter vinculante. Deja todo en manos del juez, convirtiéndolo en el único oráculo viviente con autoridad para determinar el derecho creado por el pueblo. Pero, con ello, el poder creador de derecho del pueblo se convierte en algo más bien ilusorio; en realidad, lo que se ha hecho es privar al derecho consuetudinario de su carácter *extrajudicial*, y de ahí a la doctrina de Austin sobre el derecho consuetudinario como «judge-made law»[21] sólo hay un pequeño paso.

3. Haber definido la ciencia del derecho como una ciencia normativa; haber proporcionado el esbozo de una teoría general de la norma, de carácter formal; haber indicado, además, los criterios que permiten diferenciar las distintas clases de normas, separando con ello las normas jurídicas de las éticas y las convencionales, proporcionando así una base epistémica a la doctrina de la positividad del derecho; esta gran proeza —digna de un Kant, y que en los tiempos más recientes se ha materializado también en otros ámbitos del saber, como fruto inmanente de su pensamiento— fue realizada por el inglés John Austin en una serie de conferencias de los años 1828 a 1832, que sólo unos pocos escucharon y que pronto caerían en un prolongado olvido.

De la vida de Austin, mencionaremos tan sólo que su producción científica se limitó a los cuatro años que van de 1828 a 1832. Durante esa épo-

---

21 Cfr. también la definición de Blackstone del derecho consuetudinario general: «*general customs or common law... this is that law, by which proceedings ond determinations in the king´s ordinary courts of justice are guided and directed*», Commentaries, p. 68.

ca fue profesor en el University College, recién fundado en Londres. Sin embargo, como ese puesto no devengaba más honorarios que los derivados de las matrículas de los estudiantes y tenía muy pocos oyentes[22], consideraciones de tipo pecuniario le forzaron a abandonar su actividad docente. El único trabajo jurídico que publicó en vida fueron sus primeras *lectures*, que, comprimidas en seis, aparecieron en el año 1832 bajo el título *Province of jurisprudence determined*. Pese a que entre sus oyentes se encontraban hombres de extraordinario talento, que más tarde ocuparían posiciones dirigentes en los más diversos campos, y aunque muchos de ellos —como, por ejemplo, John Stuart Mill— se han referido a la profunda impresión que Austin les causó, sus ideas no influyeron en el pensamiento jurídico de la época. Su libro permaneció desconocido, sin encontrar críticos ni continuadores. Las demás lecciones no llegaron a ser publicadas durante su vida. Cuando murió, en el año 1859, era un hombre olvidado: ni siquiera las revistas jurídicas mencionaron su muerte. También en el continente permaneció desconocido. Su nombre no aparece en una obra como el *Rechtslexikon* de Holtzendorff, que proporciona información incluso sobre el más oscuro de los juristas medievales.

Pero, justo al año de su muerte, las cosas comenzaron a cambiar. En los años que van de 1861 a 1863, su viuda, Sarah Austin, publicó, con admirable empeño, una nueva edición de *Province of Jurisprudence determined*, acompañadas, hasta donde fue posible, de las restantes lecciones aún inéditas. El conjunto fue reunido bajo el título de *Lectures on Jurisprudence or the Philosophy of positive Law*. (Quien pretenda realizar una crítica de las *Lectures* de Austin, debe tener en cuenta que sólo existen en forma de bosquejos provisionales, de fragmentos que él mismo nunca encontró dignos de ser publicados). En el año 1863, J. S. Mill escribió un artículo en la *Edinbourgh Review*, en el que por primera vez una autoridad revelaba al mundo jurídico inglés que con John Austin había perdido a un gran jurista. *Last but not least,* precisamente por aquellos años impartía sus lecciones Maine, llamando enérgicamente la atención sobre lo que Inglaterra y el mundo debían a Austin. «To Bentham and even in a higher degree to Austin, the world is indepted for the only existing attempt to construct a

22 El número de oyentes se redujo a cinco. Sobre la vida de Austin, vid. los deliciosos comentarios de Sarah Austin en la introducción a las *Lectures;* vid. además John Macdonell en el *Stephens Dictionary of National Biography*, Londres 1885; Markby en la *Encyclopädia Britannica* (1911); John Stuart Mill, amigo íntimo de Austin, en la *Edinburgh Review*, octubre de 1863. La señorita Janet Ross -nieta de Austin- en la *Atlantic Monthly* 1892 y *The fourth Generation* Londres 1912, *passim*. Las observaciones que siguen están tomadas de dichas fuentes.

system of jurisprudence by strict scientifique process...»[23]. Es evidente que Maine supo despertar el interés por Austin y fomentar una mayor comprensión de su obra; en el año 1869 vio la luz la tercera edición de las *Lectures*, a la que siguieron la cuarta, en el año 1879, y la quinta, en 1885. Medio siglo después de que Austin hubiera pronunciado sus lecciones, los juristas comenzaron a conocerlas, suscitando un creciente interés. En el año 1871 Markby, con los *Elements of Law*, inauguró la serie de importantes trabajos a los que cabe referirse bajo el término de escuela analítica inglesa y que están todos ellos directamente relacionados las *Lectures* de Austin. De ahí en adelante se escribirían análisis, comentarios e introducciones a Austin[24]. Finalmente, se tuvo también noticia de su obra en Alemania, donde ejerció, a través de Somló y Wolf, una influencia decisiva sobre la moderna teoría del derecho[25]. Austin vivió en el siglo XIX, pero escribió para el XX.

Es posible que una de las causas de que al pensamiento de Austin le fuera tan difícil abrirse paso —además de la generalizada falta de interés por la teoría— haya sido la difícil accesibilidad a sus *Lectures*. Por una parte, y como ya se dijo, son sólo un borrador provisional; por otra parte, el estilo de redacción las hace poco atractivas. Su temor extremado a abandonar ningún problema mientras no haya sido aclarado y analizado hasta sus últimos aspectos, arrastra como consecuencia una serie de fatigosas reiteraciones y un estilo premioso, que no avanza. Sus largas explicaciones sobre el utilitarismo moral inglés, que ocupan una parte considerable del trabajo, pese a no tener conexión orgánica con su teoría del derecho y que, por si fuera poco, son expuestas de una manera sumamente aburrida, contribuyeron seguramente a que en el continente despertara antipatía. Pero por fatigoso que pueda resultar su estilo, es testimonio de un rigor científico infatigable hasta el extremo, en abierto contraste con tanta linda palabrería periodística como hay. En mi opinión nadie, salvo Kant, ha ofrecido una estampa tan bella de honestidad intelectual.

El propio Austin no era consciente de que estaba fundando una nueva ciencia, a saber la teoría fundamental del derecho (*juristische Grundlehre*).

---

23 Maine, *Early History*, p. 343.

24 Campbell, *An Analysis of Austins Lectures on Jurisprudence*, Londres, 1877; Brown, *The Austinian Theory of Law*; Eastwood, *Introduction to Austins Theory*.

25 Finalmente, puede también mencionarse que una extensa obra franco-suiza de Ernest Roguin, *La science juridique pure*, Paris-Lausanne 1923, ha llamado la atención sobre la importancia de Austin (Prefacio, p. XIX) y ha ofrecido una exposición de su teoría (Tomo primero, p. 1-53). Pero hay que lamentar que Roguin haya comprendido en tan escasa medida los trazos fundamentales de la obra de Austin, por lo que dicha exposición tiene más de deformación que de reproducción.

Tampoco era consciente de la verdadera naturaleza y el alcance de sus investigaciones. Denominó a su trabajo *general jurisprudence*, sin apercibirse de la diferencia fundamental entre, por una parte, los conceptos formales y necesarios de la doctrina fundamental del derecho, y por otra, los conceptos jurídico-sustantivos (*Rechtsinhaltsbegriffe*), material y positivamente condicionados, que se extraen por generalización a partir de uno o varios sistemas jurídicos. Por ello, la obra de Austin maneja indistintamente conceptos de carácter necesario y formal como los de norma jurídica, deber jurídico, fuente de derecho, Estado y similares; y conceptos puramente contingentes, como los de derechos reales, *res publicae, quasi-servidumbres*, enfiteusis y otros, que pertenecen todos a la parte (en mayor o menor medida) general de uno o a varios sistemas jurídicos positivos. Por otra parte, es evidente que, de algún modo, Austin tuvo presente la idea de esta separación, aunque tal vez no con toda claridad. Algunas frases aisladas parecen enteramente correctas[26]. En el apartado específico *On the Study of Jurisprudence* establece una distinción entre conceptos necesarios y no necesarios[27]. Pero, por una parte, la línea de separación está mal trazada, pues incluye entre los conceptos necesarios muchos de naturaleza meramente jurídico-sustantiva y, por otra, no otorga a la distinción el significado metodológico que le corresponde, como fundamento de la separación entre teoría fundamental del derecho (*juristische Grundlehre*) y teoría general del derecho (*allgemeine Rechtslehre*). Lo cual se debe a que concibe la necesidad más en un sentido práctico que teórico; más como derivada de la influencia de circunstancias existenciales externas que de una lógica formal de las normas.

Austin no carece de precursores. Hobbes, y en no menor medida Jeremy Bentham, ejercieron un considerable influjo sobre él. Cabría incluso continuar el rastreo más allá de estos autores, remontándose en línea recta hasta Bodino[28]. La influencia de Bentham se percibe especialmente en las doctrinas éticas de Austin: su utilitarismo superficial y trivial está cortado enteramente a la medida de aquél. Por el contrario, la verdadera aportación de Austin, su estricta separación de derecho y moral, es de su propia cosecha. Dado que el aspecto más singular de la doctrina de Austin es precisamente la irrelevancia de los principios éticos desde el punto de vista científico-jurídico, no nos detendremos en la influencia que ejercieron sobre él los filósofos morales.

---

26 *Lectures*, 33: «*It [general jurisprudence] is concerned directly with principles and distinctions which are common to various systems of particular and positive law; and which each of those various systems* inevitably *involves...*» (el subrayado es mío).

27 Op. cit., pp. 1108 y 1109.

28 Vid. al respecto Harrison, *On Jurisprudence*, p. 10.

4. El método empleado por Austin para determinar el concepto de derecho es apriorístico y deductivo, no empírico e inductivo. *Province of Jurisprudence determined* comienza del modo siguiente:

«Laws proper, or properly so called, are commands; laws which are not commands, are laws improper or improperly so called. Laws properly so called, with laws improperly so called, may be aptly divided into the four following kinds.

1. The divine laws, or the laws of God; that is to say, the laws which are set by God to his human creatures:

2. Positive laws: that is to say, laws which are simply and strictly so called, and which form the appropriate matter of general and particular Jurisprudence.

3. Positive morality, rules of positive morality, or positive moral rules.

4. Laws metaphorical or figurative, or merely metaphorical or figurative.

The divine laws and positive laws are laws properly so called»[29a].

Por tanto, ya en la primera página, se declara, sin remitirse a experiencia alguna, que el derecho es una clase de *«law properly so called»* o de órdenes (*commands*). Dado que el método para determinar con mayor detalle el concepto de derecho estriba en averiguar —igualmente sin referencia a experiencia alguna— qué es lo que está implícito en el concepto de «orden» para a continuación establecer, de acuerdo con ello, los rasgos específicos que distinguen a las leyes jurídicas de las demás (sean o no leyes en sentido estricto), parece adecuado calificar el método empleado por Austin como apriorístico y deductivo. *Apriorístico* es un concepto relativo; aquí se utiliza en el sentido de *a priori* respecto de algo que se califica como experiencia jurídica.

Desde un punto de vista actual, el método de Austin puede ser interpretado del modo siguiente. El núcleo de la cita reproducida anteriormente es que las «laws properly so called» se distinguen de las «laws improperly so called»; esto es, se establece un concepto para referirse a las *normas en sentido propio*. Si a continuación éstas son calificadas como *commands* y se procede a analizar más detalladamente lo que este concepto implica (vid. *infra*), entonces todo ello supone un ensayo de teoría fundamental de la norma de carácter formal (*formale Norm-Grundlehre*). Si, por último, se indican también los rasgos específicos que distinguen a las normas jurídicas de las demás, esto equivale al intento de establecer una teoría formal de las normas específicamente jurídicas (*spezielle, rechtliche, formale Normlehre*).

29 *a-c*, *Lectures* respectivamente a) 81; b) 91; c) 91 y 92; d) 94; c) 99.

El concepto de *command* se especifica del siguiente modo: «*If you express or intimate a wish that I shall do or forbear from some act, and if you will visit me with an evil in case I comply not with your wish, the* expression *or intimation of your wish is a command*»[29b]. El que ordena tiene que tener además poder para, en el caso de que no se cumpla su deseo, realizar el mal con que amenaza. Los conceptos de deber y de sanción se construyen, a partir de ahí, de modo puramente formal. «*Being liable to an evil from you if I comply not a wish which you signify, I am* bound *or* obliged *by your command, or I lie under a* duty *to obey it. If, in spite of that evil in prospect, I comply not with the wish, which you signify, I am to disobey your command, or to violate the duty which it imposes.*» «*The evil which will probably be in case a command be disobeyed or (to use an equivalent expression) in case a duty be broken, is frequently called* sanction *or* enforcement of obedience.»[29c]. Dado que los conceptos de deber y de sanción se construyen a partir del concepto de orden, resulta claro «*that* command, duty *and* sanction *are inseparably connected terms: that each embraces the same ideas as the others, though each denotes these ideas in a particular order or series*»[29d]. Finalmente, el concepto de *superiority* se determina con el mismo criterio formal. Era consustancial al concepto de orden que el que ordena tuviera también el poder de, llegado el caso, ejecutar la sanción; esa posición de poder se designa como *superiority*. Es decir, que la orden emana del superior y obliga al inferior. «*Superiority signifies might: the power of affecting others with evil or pain, and of forcing them, through fear of that evil, to fashion their conduct to one's wishes*»[29e].

Esta doctrina será criticada más tarde[30]. Aquí sólo queremos llamar la atención sobre la gran trascendencia de las definiciones formalmente coordinadas de los conceptos de norma (*command*), deber y sanción. Ante todo, resulta de gran importancia que el concepto de *deber* se defina de modo completamente formal, como relativo a toda norma, sean o no normas éticas. Con lo cual se priva al concepto de deber del matiz ético que tiene en el uso vulgar del lenguaje, y que en Alemania constituía uno de los obstáculos esenciales para plantear correctamente, y poder solucionar, la cuestión de cuándo una norma jurídica es *jurídicamente vinculante*: esto es, el problema de la positividad del derecho. Austin crea aquí un concepto *puro* de deber, haciendo con ello posible un concepto *puro* de derecho. Otra prueba de la gran trascendencia de esta doctrina de la norma estriba en que, de acuerdo con ella, no hay normas sin sanción, pues sanción y

30 *Vid. infra* XIV, 2.

norma son conceptos correlativos. Consecuencia: el imperativo categórico es una construcción carente de sentido.

Dado que la orden presupone alguien que la emita, la distinción entre las diferentes clases de normas se efectúa acudiendo a su correspondiente emisor. Si incluimos también las normas en sentido impropio, esto es, las que no son órdenes, obtendremos como resultado los siguientes grupos[31]:

1. «*laws of God*», es decir, mandatos establecidos por Dios a los hombres, que para Austin no son sino una construcción alternativa a las normas éticas.

2. «*laws set by men to men*», leyes humanas (*human laws*) que se dividen a su vez en dos apartados:

a)»*rules set by men to men, established by* political *superiors*».

b) «*rules not established by* political *superiors*».

Estos dos primeros grupos son normas en sentido propio (órdenes).

3. «*laws improperly but by close analogy so called, being rules set and enforced by* mere opinion» (reglas de honor, moda, convención).

4. «*laws metaphorically so called*», esto es, leyes naturales.

Es evidente que de estos grupos, el primero contiene las normas éticas y el grupo 2a) las jurídicas. A los grupos 2b) y 3 Austin los denomina conjuntamente *positiv morality*. El grupo 4 son las leyes naturales.

Austin pasa a continuación a caracterizar con mayor detalle cada uno de esos grupos para, a partir de ahí, delimitar *the province of jurisprudence*. Hay que lamentar que, por este motivo, malgaste tanto esfuerzo y espacio en precisar el concepto de *the laws of God*. Las aburridas explicaciones sobre el utilitarismo inglés que colman las *Lectures* 2 a 4 carecen de todo interés para un lector actual. Por medio de un razonamiento circular ingenuo y evidente —en el que postula el principio de utilidad como la voluntad de Dios, porque Dios es *bueno*— consigue construir las normas éticas como *laws of God*.

Las reglas de la moralidad positiva se distinguen de las jurídicas (si dejamos al margen el grupo 2b, de menor importancia) por el hecho de ser «*laws set or imposed by* general opinion*: that is to say by the general opinion of any class or any society of persons*»[32]. Por el contrario, las normas jurídicas son dictadas por los *political superiors*, o, en otros términos, por un soberano o por un círculo soberano de personas. Con ello, hemos llegado al núcleo de la doctrina de Austin: el concepto de soberanía. De modo más preciso, este concepto se define así: «*The superiority which*

31 *Lectures, pp.* 88 y 89.

32 Op. cit., p. 187.

is styled sovereignity, and the independent political society, which sovereignity implies, is distinguished from other superiority, and from other society, by the following marks or characters, 1. The bulk *of the given society are in* a habit *of obedience or submission to a determinate and commun superior: let that common superior be a certain individual person, or a certain body or aggregate of individual persons. 2. That certain individual, or that certain body of individuals, is* not *in a habit of obedience to a determinate human superior... Hence it follows that is only through an ellipsis or an abridged form or expression, that the society is styled independent. The party truly independent is not the society, but the sovereign portion of the society*»[33]. (En consonancia con todo ello, Austin utiliza la palabra *Estado* como sinónimo de *soberano*). En esta definición, no se dice nada acerca del motivo de que la mayor parte de una comunidad siga regularmente las órdenes de unos cuantos; pero está implícito en ella. La soberanía es una clase de *superiority* y *superiority signifies might*. El *poder*, el poder superior, es el rasgo que convierte a una persona singular o a un círculo determinado de personas en soberanos; las órdenes de aquél o de éstos son derecho. La teoría de Austin implica, en otros términos, que en toda comunidad es posible dividir a sus miembros en dos grupos: un pequeño grupo que posee el poder supremo de hecho, *the rulers*, a los que se califica como soberanos y cuyas órdenes son derecho, y un grupo indeterminado mucho más amplio, *the ruled*, cuya mayor parte (*bulk*) obedece regularmente (*habit*) las órdenes del poder soberano.

El concepto de soberanía constituye el núcleo del concepto de derecho de Austin. El *leit-motiv* que recorre todas sus investigaciones es el intento de construir un concepto *puro* de derecho que exprese la *realidad del derecho*. «*The existence*[34] *of law is one thing, its merit or demerit is another. Whether it be or not to be is one inquiry, whether it be or be not comfortable to an assumed standard, is a different inquiry*.» Este intento de determinar la realidad del derecho desemboca, en Austin, en la definición del derecho como las órdenes realmente emitidas por una persona soberana (o por un círculo soberano de personas), esto es, por personas identificables con seguridad, reales. Corresponde a Austin el gran mérito de de haber estudiado el derecho aplicando de manera consecuente un enfoque positivista, y de haber sentado con ello, antes que ningún otro, los fundamentos de una teoría positiva de las fuentes del derecho [*positive Rechtsquellentheorie*].

---

33 Op. cit., pp. 226 y 227.
34 El subrayado es mío.

5. Para Austin, la fuente de una norma (de una orden) equivale a su emisor. Desde su punto de vista, esto resulta coherente. De esta forma, comprende y aplica correctamente la idea de que el concepto de fuente ha de ser determinado en consonancia con el concepto de norma y con los criterios que permiten distinguir las diferentes clases de normas. Pues con ello la fuente, entendida como sustrato de conocimiento, se convierte en expresión de la pertenencia de una norma a determinada clase. De ahí que, cuando se define a la norma como una orden, y se acude como criterio de clasificación decisivo —de modo formal— al emisor de la orden, también el concepto de fuente tenga que ser *formal* y referirse a las relaciones mencionadas. Austin elude así el error en el que incurrirán sus sucesores, consistente en utilizar, además de un concepto formal de fuente que determina la *forma* de derecho, su autoridad, un segundo concepto material que determina el *contenido* de la regla jurídica. Con lo cual se pasa por alto que forma y contenido no poseen dos existencias diferentes, sino que sólo por abstracción pueden ser contemplados como separados de una misma existencia. Por eso, al señalar cuál es la fuente formal del derecho —por ejemplo, el soberano como emisor de órdenes—, al mismo tiempo se está estableciendo también cuál es el contenido del derecho, a saber: *lo que* ordene el soberano, toda vez que no puede existir forma sin contenido. A la inversa, es imposible preguntar por la fuente del contenido del derecho, si se prescinde de su forma o autoridad. Pues, prescindiendo de esta forma, el contenido como tal no puede ser identificado como derecho. Para saber si nos hallamos ante una regla *jurídica* y no ante una mera *regla* de cualquier otra clase, hay que conocer su forma, aquello que determina de manera necesaria y suficiente su carácter jurídico. Por eso, es absurdo querer complementar el concepto formal de fuente con uno material. En realidad, lo que se produce aquí es una confusión metodológica entre problemas de naturaleza bien diversa. Al hablar de fuentes materiales del derecho, se está pensando en las *causas sociológicas* que llevan a que exista un derecho dado. Y este problema sociológico se mezcla posteriormente con la pregunta, de carácter teórico, acerca del *fundamento cognoscitivo* que nos permite saber que algo es considerado derecho.

Austin desarrolla la doctrina de las fuentes del derecho del modo siguiente[35]: dado que, en último término, todas las normas jurídicas son órdenes del soberano, éste es la única fuente de derecho. Pero no todas las normas jurídicas son órdenes que emanan de manera inmediata del soberano. Algunas proceden de manera inmediata de otras instancias, aunque

35 *Lectures*, pp. 525 y ss.

de manera mediata tengan su origen en el soberano. Ahora bien, si se conoce la relación existente entre el soberano y los emisores inmediatos, entonces bastará, para determinar el carácter jurídico de una regla, con indicar quién la ha ordenado de manera inmediata. Por eso, tiene sentido introducir un nuevo concepto de fuente del derecho, el de emisor inmediato de una orden. En función de si el emisor inmediato de una regla de derecho es el soberano mismo u otra instancia (en cuyo caso, el soberano será sólo emisor mediato), cabe distinguir entre derecho inmediato y mediato. «*Laws then are distinguished in respect of their sources, or of their direct or inmediate authors, into laws which are made directly and inmediately by the supreme legislature, and laws which are not made directly and inmediately by the supreme legislature, although they derive their validity from its express or tacit authority*»[36]. Con independencia de esta distinción, Austin establece otra, en función de que el derecho *haya surgido* de forma directa o indirecta (*obliquely*). «*The distinction between law established directly and law obtaining obliquely, depends not on a difference in the sources from whence the law emanates, but on a difference in the modes in which it originates. When the law or rule is established directly, the proper purpose of its inmediate author or authors is the establishment of a law or rule. When then law or rule is established obliquely, the proper purpose of its immediate author or authors is the decision of a specific case or of a specific point or question*»[37]. Estas dos distinciones mutuamente independientes, derecho emanado mediata o inmediatamente y derecho originado directa o indirectamente, pueden combinarse entre sí formando cuatro grupos, de los que Austin señala algunos ejemplos[38]:

1º Derecho inmediatamente emanado y directamente originado. Ejemplo: el derecho originado a través de la actividad legislativa general, en sus diferentes denominaciones: actos parlamentarios, *leges plebiscita, senatus consulta*, etc.

2º Derecho inmediatamente emanado e indirectamente originado. Este grupo representa un papel insignificante, puesto que sólo puede ser concebido en la medida en que el poder soberano aparezca como juzgador; lo que, al menos hoy en día, no suele ser el caso. Austin no cita ejemplo alguno.

---

36 Op. cit., p. 530.

37 Op. cit., p. 547. Pero para ser correcta la distinción ha de trazarse, no en función del fin subjetivo, sino de la incidencia objetiva de la norma; o bien ha sido establecida expresamente, o bien ha de ser inferida indirectamente como presupuesto de una o varias decisiónes concretas.

38 Op. cit., pp. 530, 538 y 539.

3º Derecho mediatamente establecido y directamente originado. Aquí se incluye toda legislación delegada subordinada. Austin cita las *regulae praxis* de las cortes inglesas de justicia, los *arrêts* del parlamento francés y los edictos de los pretores romanos.

4º Derecho mediatamente establecido e indirectamente originado: el derecho que se origina a través de la actividad juzgadora de los tribunales, el *judiciary law*; sobre el particular, vid. *infra*. De estos cuatro grupos, sólo poseen alguna relevancia práctica los números 1 y 4.

6. El aspecto central en la doctrina de las fuentes del derecho de Austin reside en lo que podríamos denominar la plena *preservación de la positividad*. El criterio formal inicialmente adoptado en la determinación del concepto de derecho —su origen en el soberano— se mantiene de manera consecuente para todos los tipos de fuentes del derecho. Con ello se preserva la positividad del derecho, pues (como se dijo anteriormente) cualquier otro concepto de fuente conduciría a la asunción de otros criterios de determinación y, por tanto, a la disolución del concepto de derecho, o a la confusión entre el derecho y otras clases de normas. Otra cosa es que se pueda estar en desacuerdo con Austin en punto a la forma de determinar del concepto de derecho; pero, en cualquier caso, hay que ser consecuente. Una vez que —como suele ser habitual— se caracteriza a la ley como fuente de derecho, en razón de su procedencia de un soberano (de una *autoridad competente*, del *poder del Estado*, o como quiera que se exprese), habrá que utilizar este mismo punto de vista en relación a las demás fuentes del derecho.

Y de hecho, Austin trata de demostrar que las cuatro formas de derecho que ha indicado abarcan también las fuentes de derecho usualmente citadas y consideradas independientes del poder soberano. Estas fuentes del derecho son en particular las tres siguientes: la costumbre, la opinión y práctica de los juristas privados, y la «naturaleza de las cosas», «la razón» o similares. En correspondencia, las tres clases de derecho cuya existencia habitualmente se considera independiente del poder soberano son: el derecho consuetudinario, el derecho basado en la autoridad privada y el derecho natural. Austin muestra que todas ellas han de ser consideradas como derecho de la cuarta clase, *judiciary law*, derecho creado por el juez. Aquí nos referiremos especialmente al derecho consuetudinario, dado que en él se centró Austin a la hora de polemizar con Blackstone y que también fue objeto de disputa entre sus sucesores. Pero cuanto se diga en relación con el derecho consuetudinario puede aplicarse, de manera análoga, tanto al derecho natural como al basado en la doctrina privada, en la «ciencia» o similares.

Austin parte de que una regla consuetudinaria, como tal (es decir, al margen de la autoridad concreta que un soberano le atribuya), se incluye dentro de la clase de normas a la que ha calificado como moralidad positiva. «*Independently of the position or establishment which it may receive from the sovereign, the rule which a Custom implies (or in the observance of which a custom consists) derives the whole of its obligatory force from those concurring sentiments which are styled public opinion. Independently of the position or establishment which it may receive from the sovereign, it is merely a rule morally sanctioned, or a rule of positive (or actuel) morality*»[39]. Pero una regla semejante puede convertirse en jurídica. «*Now a merely* moral, *or a merely customary rule, may take the quality of a legal rule in two ways:—it may be adopted by a sovereign or subordinate legislature, and turned into a law in the direct mode; or it may be taken as the ground of a judicial decision, which afterwards obtains as a precedent; and in this case it is converted into a law after the judicial fashion.*»

En cualquier modo en que esto suceda, la regla de derecho en que se ha transformado emanará del soberano y será precisamente por ello por lo que adquiera carácter formal de derecho. En el primer caso, cuando la regla consuetudinaria ha sido elevada a ley, nadie hablaría de un derecho consuetudinario de tipo especial, por mucho que el contenido de la regla legal tenga su origen en una costumbre preexistente. En cambio, no sucede lo propio cuando la regla consuetudinaria ha adoptado la forma de un derecho de creación judicial. «*Though, as a rule of judicary law, it is not less positive law than it would be if it were a statute, it often is deemed law emanating from custom or jus moribus constitutum*»[40]. La posición de Austin puede resumirse del modo siguiente: en sí misma, la regla implícita en la costumbre no es derecho; sólo lo será *cuando*, y *en la medida en que*, sea aplicada por los tribunales (o, más excepcionalmente, cuando sea adoptada por el poder legislativo). Austin muestra que una inadecuada comprensión de este hecho conduce a la mezcolanza de derecho positivo y moralidad positiva. Señala, asimismo, que tampoco es admisible denominar a la costumbre fuente de derecho en el sentido de ser causa de la regla jurídica que incorpora su contenido; pues en ese sentido no puede otorgarse mayor importancia a la costumbre que a las demás innumerables e indeterminables causas que han conducido conjuntamente a su surgimiento, como al de cualquier otra regla de derecho. «*Taking the term 'source' in a loose signification, Customs may be styled sources of law. For the existence of a custom with the general opinion in favour of it, is the cause or occasion, or is one of the causes or occassions, of that legal*

39 Op. cit., p. 553.
40 Op. cit., pp. 353 y 354.

rule which is moulded or fashioned upon it. But taking the terme 'source' in the same loose signification, the causes of the customs from which the law emerges are also a source or fountain of the law itself: And, generally, any cause of any law must be ranked with its sources or fountains» [41]. La costumbre en este sentido laxo no tendría mejores títulos para ser incluida entre las «fuentes» del derecho romano, por ejemplo, que los *«blandishments of Justinian's wife»*[42].

La doctrina de Austin sobre la costumbre —y sobre las demás fuentes supuestamente independientes— supone un cambio decisivo en la teoría inglesa de las fuentes. Por primera vez se afirma que el juez, en su condición de órgano del soberano, puede crear y crea derecho. Lo que impedía a Blackstone reconocer este hecho, dice Austin, *«was the childish fiction employed by our judges, that judiciary or common law is made not by them, but is a miraculous something made by nobody, existing, I suppose, from eternity, and merely declared from time to time by the judges»*[43]. En adelante, esta *ficción infantil* desaparece de la doctrina inglesa. Se reconoce con carácter general que el juez puede crear, y de hecho crea, derecho. Cosa distinta es que esta ficción, como tantas otras, pueda tener trascendencia práctica, en cuanto oculta una verdad que no se quiere reconocer de buen grado, por unas u otras razones, ante otras personas o ante uno mismo. Cabría aducir diversas razones explicativas de por qué a un juez no le es grato reconocer abiertamente que crea nuevo derecho y, por tanto, prefiere mantener la ficción de que en todos los casos se limita a *aplicar* un derecho previamente existente[44]. En primer lugar, esta ficción podría deberse a un temperamento personal conservador, a un temor a introducir variaciones en el legado. Cuando las circunstancias obligan al juez a renovar el derecho, prefiere, por medio de toda clase de astutos artificios (interpretaciones traídas por los pelos, analogías osadas, ficciones y similares), revestir la nueva regla con el ropaje de las antiguas, creando así la apariencia de que todo sigue igual. Por otro lado, y más decisivamente, dicha ficción se debe también a una causa más objetiva: la autoridad de los tribunales se fortalece ante las partes y el pueblo cuando se mantiene la ficción de que el tribunal no crea derecho, sino que solamente lo aplica. El poder y el prestigio de los jueces ante los partidos en liza resultan fortalecidos cuando éstos creen que, a la hora de resolver sus conflictos, el

41 Op. cit., p. 554.
42 Op. cit., p. 561.
43 Op. cit., p. 655.
44 Cfr. Brown (42), p. 291.

juez está aplicando un derecho que *existe* tanto para él como para ellos y que se ha limitado a *encontrar*. Por el contrario, la autoridad del juez se debilitará si reconoce abiertamente que es en ese momento cuando crea, *ex post facto*, la regla jurídica de acuerdo con la cual se resuelve el litigio. Pero estos trucos prácticos son irrelevantes para la ciencia jurídica teórica, cuyo único cometido es determinar y comprender cómo se desarrollan de hecho los fenómenos jurídicos (la expresión, utilizada aquí provisionalmente, no es precisa, sino más bien metafórica).

La crítica de Austin a la teoría de Blackstone es aplicable, con mayor razón, a la doctrina de la escuela histórica, porque ésta resalta más aún que Blackstone el carácter extrajudicial del derecho consuetudinario. Llega incluso hasta el extremo de otorgar al derecho consuetudinario cierta impronta de elevación mística, como si hubiera surgido secretamente de una mística alma popular. Sin embargo, la solemnidad de este discurso deja incólume el planteamiento de Austin, tan despiadadamente honesto como poco romántico. «*In spite, then, of the grandiloquos talk by which it has been extolled an obscured, customary law has nothing of the magnificent or mysterious about it. It is but a species of judiciary law (...)*»[45]. Finalmente, Austin[46] critica también la extendida idea de que el derecho consuetudinario, en cuanto surgido del pueblo (o, en su caso, de la voluntad de quienes operan con él), sea expresión de los intereses y la libertad de éste (de éstos). Cuando, por ejemplo, unos pocos poderosos mantienen habitualmente a la mayor parte de un pueblo indolente y débil en servidumbre o esclavitud, esa relación se transforma, mediante la costumbre, en derecho consuetudinario. No por ello puede decirse que la costumbre sea expresión de los intereses de los sujetos, puesto que la observancia de la costumbre no tiene que ser necesariamente voluntaria, incluso cuando la coacción no esté revestida de forma jurídica. Antes bien, la costumbre tenderá a expresar el estado natural de las relaciones de poder, esto es, los intereses de los más fuertes.

Cuanto aquí se ha dicho de la costumbre como fuente de derecho es igualmente aplicable a la ciencia, a la «naturaleza» o a cualquier otra fuente «de contenido» que se quiera establecer. No son sino elementos de un derecho de creación judicial; son *derecho* sólo y en la medida en que encuentren aplicación por parte de los tribunales.

La doctrina de las fuentes del derecho de Austin se halla en íntima relación con su teoría general del derecho. El punto clave es en ambos el mis-

45 *Lectures*, p. 560.
46 Op. cit., pp. 558 y 559.

mo. Su doctrina de las fuentes del derecho, como se desprende de lo ya visto, consiste en el desarrollo consecuente de un concepto puramente positivo de derecho (*reiner positiver Rechtsbegriff*), que constituye el objeto de su teoría del derecho. Y la meta es, en ambos casos, hacer posible el conocimiento de una realidad jurídica en estado puro (*reine Rechtswirklichkeit*).

7. La obra de Austin resultó decisiva para toda la teoría inglesa posterior, y lo fue especialmente en dos aspectos. En primer lugar, había creado una base teórica para el conocimiento de la realidad jurídica en estado puro, lo que equivale a decir que había liberado al derecho de su confusión con la ética y la moralidad positiva. La literatura inglesa ha evitado así en gran parte los embrollos metodológicos, de corte iusnaturalista, que se derivan de tales confusiones y que son en buena medida responsables de los estragos causados, y que se siguen causando, en la bibliografía continental. La teoría inglesa ha conservado, más que cualquier otra, una impronta de pureza metodológica, positivista. Por ello, es comprensible que los juristas ingleses se sientan a menudo enfrentados a la filosofía del derecho continental, que ante sus ojos aparece como portadora (en injusta generalización) de un sello ético y metafísico. Y de hecho son también los juristas ingleses[47] quienes han señalado reiteradamente que la mayor aportación de Austin estriba en haber logrado construir una teoría del derecho ajena a toda especulación ética, y que puede ser admitida de igual modo por un hindú, un mahometano o un cristiano, por un monárquico absolutista o un revolucionario; dice, por ejemplo, B. Dillon: «*perhaps no greater service to jurisprudence than in his elaborate chapters on the "Province of Jurisprudence Determined" wherein he defined the boundaries of jurisprudence and separated it from the domain of ethics and morality*»[48].

En segundo lugar (y esto es consecuencia de lo anterior), Austin ha eliminado de la literatura inglesa, de una vez por todas, la *ficción infantil* de que el juez no crea derecho, sino que únicamente aplica un derecho preexistente que se limita a encontrar. La doctrina del *judge made-law* se ha convertido en *opinio communis* entre los juristas ingleses. «*No intelligent lawyer would at this day pretend that the decisions of the courts do not add and alter the law*» ha dicho Pollock[49]. La habitual distinción continental entre ley y costumbre es desplazada, en la literatura inglesa, por la distinción entre ley y *judiciary law* o (menos correcto, pero más sencillo) *judge-made law*.

---

47 Además de Dillon, citado *infra*, vid. también Marky, *Elements of Law*, p. 5 y Harrison, *On Jurisprudence*, pp. 14 y 15.

48 *Laws and Jurisprudence*, p. 6.

49 En una nota de su edición de Maine, *Ancient Law*, p. 46.

La obra de Austin resultó, pues, decisiva para toda la doctrina inglesa posterior. Por otra parte, después de su época no se ha aportado nada esencialmente nuevo. No se ha abandonado ni superado a Austin, pero tampoco se ha progresado por su senda. Se le ha «parcheado» aquí y allá, se le ha criticado en este o aquel aspecto; pero el fundamento básico del edificio doctrinal de Austin —el hecho de asentar la realidad del derecho sobre una voluntad dotada de poder— nunca ha sido enunciado de manera clara y sometido luego a una crítica radical. Ni siquiera Maine y la escuela histórica aportaron nada esencialmente nuevo para la comprensión de la naturaleza del derecho.

Lo que es peor, desde la época de Austin se ha producido un franco retroceso. Mucho de lo que el autor había construido se ha vuelto a derrumbar, o bien ha caído en el olvido. Allí donde él había aportado claridad con su penetrante análisis, se han deslizado subrepticiamente la oscuridad y la confusión. Así ocurre con los dos puntos claves ya citados: el concepto de derecho y la doctrina de las fuentes del derecho. Ni siquiera en relación a este aspecto central, el carácter positivo del concepto de derecho y la separación del derecho de una legitimidad ética «superior», lograron los sucesores de Austin mantener el nivel por éste alcanzado. Persistía la idea de que tenía que existir *algún tipo* de conexión entre derecho y ética. El impulso de incluir siquiera un pequeño fragmento de la justicia superior, siempre tan seductora, se hizo demasiado fuerte. Con expresiones más o menos figuradas, se intentaba introducir de nuevo algo de justicia en la *province of jurisprudence* (al respecto, vid. *infra*, en el *Excursus* A). En vista de que también perdió pujanza la teoría austiniana de las fuentes del derecho (como se mostrará detenidamente a continuación), y de que su doctrina de las cuatro formas de todo derecho cayó en el más absoluto olvido; y dado que, además, la idea de una *teoría fundamental del derecho* de carácter formal, que había inspirado a Austin, desapareció por completo de la bibliografía posterior, siendo sustituida por el concepto de *general jurisprudence*, puede afirmarse, en términos generales, que el edificio teórico doctrinal que Austin había levantado se fue desmoronando progresivamente en manos de su sucesores ingleses. Estaba reservado al teórico del derecho húngaro Félix Somló reanudar el pensamiento de Austin y su sistema e insuflarle nueva vida, desarrollando sobre esta base una doctrina fundamental del derecho.

Este progresivo eclipsamiento de la doctrina de las fuentes del derecho en los sucesores de Austin quizás tenga su origen en cierto defecto de su propia obra. Es cierto que Austin había adoptado un concepto de fuente que reunía los requisitos metodológicos exigibles, a saber, su adecuación al concepto de derecho; como también es cierto que, por esta misma razón, había desechado conceptos de fuente determinados de distinta manera, como en el caso particular del concepto de fuente material o determinadora del contenido del derecho. Pero no había aclarado suficientemente las razones de que el concepto de fuente hubiera de ser determinado de ese modo, y por tanto no había puesto suficientemente de relieve el significado formal del concepto de fuente. Precisamente, el error fundamental de sus sucesores consiste en que casi ninguno de ellos comprende el significado formal del concepto de fuente, lo que les lleva a manejar conceptos de fuente diferentes, metodológicamente dispares, que hacen imposible una comprensión más profunda e interconectada del problema de las fuentes. La confusión interna se refleja externamente en el hecho de que no haya dos autores que coincidan en sus afirmaciones acerca de la determinación del concepto de fuente del derecho.

El error que más salta a la vista, el que, en diferentes formulaciones, más se repite en todos ellos, es que, en lugar de un concepto unitario de fuente, emplean dos conceptos diferentes e independientes entre sí, a los que se suele denominar, respectivamente, formal y material. «*A formal source is that from which a rule of law derives its force and validity. It is that form which the authority of the laws proceeds. The material source, on the other hand, are those from which is derived the matter, not the validity of the laws.*» Así define Salmond esta duplicidad de conceptos[50], en una formulación que puede considerarse como paradigmática también respecto de los demás autores[51]. A la primera pregunta, la relativa a de dónde extrae la regla de derecho su fuerza vinculante, se contesta afirmando, en concordancia con Austin, que ésta deriva del poder supremo, soberano o, como ahora suele decirse, del Estado[52]. Con ello, se apunta a la fuente formal. Por el contrario, en lo que se refiere a las fuentes ma-

50 *Jurisprudence*, p. 164.

51 Cfr. Markby, *Elements of Law*, p. 37; Holland, *Jurisprudence, p.* 55; Goadby, *Introduction, p.* 55; Gray, en *Nature and Sources of Law*, no define propiamente el concepto de fuente, pero la distinción se sigue de su sistema. Para él todo derecho es de creación judicial, incluida la ley (125). Por eso, la única fuente «en sentido formal» es la decisión judicial. Todas las demás fuentes son fuentes «materiales» del contenido de la decisión judicial. pp. 123 a 125; Hearn, *Legal Duties and Rights, p.* 37 y ss. Solamente Amos, *Jurisprudence,* p. 52, define muy bien la fuente de derecho como «*the inmediate group of circumstances through which a legal rule acquires its essential character as such*».

52 Cfr. Excursus A. Goadby, p. 85 indica, sin embargo, que la costumbre y la religión fueron en otros tiempos las fuentes «formales» del derecho y que en algunos países todavía lo son; ello se debe a que él determina erróneamente el concepto de derecho en concordancia con lo que la concepción popular, en un determinado pueblo, considere el fundamento de la vinculatoriedad del derecho, cfr. pp. 46 y ss. ¿Qué será lo que los esquimales entiendan por derecho?

teriales, reina una abigarrada confusión: bajo ese rótulo se hace referencia, en un *totum revolutum,* a una serie de cosas diferentes que, en un sentido vulgar, ciertamente cabría calificar como fuentes. La circunstancia de que no haya dos autores que estén de acuerdo en su enumeración de las fuentes materiales es un claro signo de hasta qué punto este concepto resulta insostenible y absurdo. Markby[53] menciona la *legislation*, el *judiciary law* (incluidos *interpretation* y *custom*) y los *commentaries*. Salmond[54] distingue, dentro de las fuentes materiales, entre las históricas y las legales (esto es, aquellas que son reconocidas por el propio derecho) y alude, entre estas últimas, a la *legislation,* el *precedent*, la *custom* y el *agreement.* Gray menciona como fuentes materiales los *statutes*, los *judicial precedents*, las *opinions of experts* y la *custom*[55]. Goadby, a su vez, la *legislation*, la *custom*, el *natural law* y la *equity*[56]. Finalmente, Holland trabaja con no menos de cuatro conceptos de fuente. Además del habitual concepto de fuente en sentido formal, utiliza uno que indica de dónde procede nuestro conocimiento de lo que es derecho, otro que apunta a las causas remotas (*remote causes*) que han conducido a la existencia de las reglas jurídicas, y un tercero que designa los órganos a través de los cuales el Estado crea nuevo derecho. Dentro de estos tres grupos, y sin indicar qué relación guardan entre ellos ni cómo se relacionan con las fuentes formales, se mencionan las siguientes fuentes: *statute-book, reports, esteamed treatises* (ad 1), *custom, religion, scientific discussion* (ad 2), *adjudication, equity* y *legislation* (ad 3)[57].

La razón de esta confusión de raíz estriba en que la propia distinción entre fuentes del derecho formales y materiales es imposible, en la misma medida en que es imposible distinguir entre forma y contenido como dos existencias autónomas e independientes, toda vez que no son sino dos vertientes abstractas de una misma existencia concreta. Al declarar a la voluntad soberana fuente formal del derecho, al mismo tiempo se está también determinando su fuente material, a saber, el contenido de esa voluntad. El problema de las fuentes del derecho consiste, en este caso, en mostrar cómo la voluntad soberana —si se quiere, en cuanto forma del derecho— va precisando su contenido, a través de una serie de actos determinadores. Por el contrario, carece de sentido alguno querer establecer fuentes materiales que no posean conexión con la volun-

53 *Elements of Law*, pp. 37, 41, 45 y 65.
54 *Jurisprudence*, pp. 164 y ss.
55 *Nature and sources*, pp. 152 y s., 198 y ss., 260 y s., 282 y ss.
56 *Introduction*, p. 89.
57 *Jurisprudence*, pp. 55 y ss.

tad soberana (partiendo siempre, claro está, de que existe acuerdo en que la voluntad soberana es la fuente *formal* del derecho). Se puede pensar aquí, a lo sumo, en las *causas* (en sentido científico-natural), que han llevado al soberano a adoptar como derecho una regla con este o aquel contenido. Pero el problema causal-sociológico obviamente no puede contraponerse o colocarse al mismo nivel que el problema de las fuentes *formales*: ambas cuestiones son absolutamente inconmensurables. Por eso, la principal división en la que más adelante se basará la teoría inglesa de las fuentes constituye un imposible metodológico susceptible de generar numerosas confusiones. De esta forma es imposible llegar a una clasificación razonable de las fuentes. En este sentido, resulta sintomático que la división de todo derecho en cuatro grupos propuesta por Austin (vid. *supra*, pp. 146 y 147) se desvanezca por completo en las obras de sus epígonos, dando lugar a una clasificación arbitraria y superficial que, en la mayoría de los casos, no dista mucho de ser una mera retahíla. Además, el error implícito en la división fundamental forzosamente tiene que dar lugar a falsas contraposiciones. Por ejemplo, si se considera a la costumbre como fuente material y al *precedent* como formal, se da pie a la concepción según la cual el derecho consuetudinario *no* es un derecho de creación judicial, concepción que en un contexto distinto la mayoría de los autores suele rechazar.

8. Si las contribuciones a la teoría general de las fuentes fueron, por tanto, escasas y tendieron más a desdibujar las teorías de Austin que a reforzarlas, el debate se centró con tanta mayor intensidad en un único aspecto de su teoría de las fuentes: a saber, su teoría del derecho consuetudinario como derecho creado por el juez, cuando y en la medida en que éste, a través de su sentencia, imprime el sello del reconocimiento estatal a una regla ya existente, pero que hasta ese momento no era sino una mera regla consuetudinaria perteneciente a la *positive morality*. Austin se había pronunciado críticamente contra la ficción de Blackstone de que el juez no podía crear derecho, sino sólo aplicarlo. En este aspecto crítico-negativo, que encierra la afirmación positiva de que el juez puede crear, y de hecho crea derecho, Austin logró el asentimiento generalizado de la doctrina inglesa posterior. En la literatura inglesa propiamente dicha, no hay una sola voz autorizada[58] que se haya opuesto a Austin en este extremo.

58 Clark, *Practical Jurisprudence*, p. 152 y 332, se adhiere a Savigny y opina que la costumbre se convierte en derecho merced a un «*common feeling of obligation*» (p. 333). Rattigan, *Science of Jurisprudence*, hace afirmaciones totalmente contradictorias: en la página 76 señala que «*Courts of Justice do not make law; their province is to ascertain and declare what the law is*», con lo cual se adhiere a la ficción de Blackstone; en total

Por el contrario, en América, siempre más influida por la escuela histórica alemana, diversos autores[59] han afirmado la independencia del derecho consuetudinario, apoyándose en las posiciones de dicha escuela. El último de estos autores, y el que mayor énfasis puso, fue Carter, en una conferencia[60] pronunciada ante la *American Bar Association*, y posteriormente en una obra mayor, *Law, its Origin, Growth and Function*. Apoyándose en Blackstone y en la escuela histórica alemana, Carter niega que el juez pueda crear derecho. Basa su afirmación especialmente en dos argumentos. En primer lugar, en un análisis psicológico sobre cómo concibe el propio juez su función[61]: Carter muestra que éste nunca tiene la pretensión de estar creando derecho. Ante el caso, se consulta primero la ley y el precedente. Pero, en la mayoría de los casos, éstos no suministrarán ninguna respuesta plenamente satisfactoria. *«Here is the interesting and crucial test of the question how the law springs into existence. That the judge cannot* make *the law is accepted from the start (...) It is agreed that the true rule must be somehow* found. *Judge and advocates —altogether— engage in the search. Cases more or less nearly approaching to the one in controvercy are adduced. Analogies are referred to. Customs an habits of men are appealed to. Principles already settled as fundamental are invoked and run out to their consequences; and finally a rule is deduced which is declared to be the one which the existing law requieres to be applied to the case»*[62]. Este razonamiento es erróneo por muchas razones. En primer lugar, la opinión del juez sobre su propia función no resulta relevante a la hora de determinar cómo se desarrolla ésta realmente. Cabe aducir, como hemos dicho, muchas y buenas razones para que el juez mantenga, frente sí mismo y frente a otros, la ilusión de que no crea derecho. Además, el razonamiento se basa en un concepto de fuente incorrecto («material»). Incluso cuando el juez decide el caso basándose en un estándar ya existente, no es seguro que dicho estándar tuviera ya carácter de fuente de derecho. Es posible que la *regla* no sea nueva, ni tampoco de creación judicial, pero que el *derecho* reúna ambas con-

contradicción con esto, habla en la página siguiente (p. 77) del *judge-made law* como legislación indirecta y afirma que los jueces, cuando ni la ley ni la costumbre ofrecen una regla, «*they are obliged to invent a rule*».

59 Además de Carter, vid. también Hammond en las observaciones a su edición de los *Commentaries* de Blackstone; así como Wharton: *Commentaries on American Law.* He tenido conocimiento de estos autores indirectamente a través de Gray [119], p. 222, y también Willoughby [343], pp. 170 y 171.

60 *The Ideal and Actual in Law.*

61 *Law*... 183 y *Ideal and Actual*..., pp. 758 y 759.

62 *Ideal and Actual*..., p. 758.

diciones* [63]. Por otra parte, Carter basa su crítica a Austin en que, si realmente existiera el derecho de creación judicial, éste tendría que ser *ex-post factum*, lo que tendría como consecuencia «*that a man [had to] suffer for the violation of a law comitted before the law was made. No theorie of law can stand, which involves such a consequence*»[64]. En la medida en que expresa un rechazo de índole ético-política, este argumento ha de ser considerado como irrelevante a la hora de decidir cómo suceden las cosas realmente. Es un hecho que también las leyes tienen a veces *fuerza retroactiva*. Por lo demás, se puede tranquilizar en alguna medida a Carter, señalando que lo único que cabe deducir de la existencia del *judge-made law* es que lo que tiene carácter *ex-post factum* es el *derecho* como tal, mientras que la *regla* conforme a la cual se sentencia a un hombre existía ya previamente en forma de regla consuetudinaria, moral, convencional o algo similar[65].

---

* N. del T.: Parece referirse a que aunque la regla exista ya con anterioridad a su aplicación por el juez, es posible que sólo mediante esta aplicación adquiera carácter jurídico, en cuyo caso, como tal regla jurídica, será de creación judicial.

63 Cfr. Brown, *Austinian Theory*, p. 289.

64 *Law*, p. 186.

65 Por lo demás, la teoría de Carter de las fuentes del derecho recuerda mucho a la de la escuela histórica. Considera la costumbre como la fuente última de todo derecho, pero con ello confunde una explicación causal-sociológica, de por qué un cierto derecho existe y es observado, con la cuestión analítica, propia de la teoría del derecho, acerca de cómo se puede saber que una determinada regla posee carácter jurídico. La similitud de la teoría de Carter con la de Savigny es seguramente casual, pero se basa en que ambos se han opuesto activamente a una codificación. Gray dice de Carter [119], p. 233. «*Mr. Carter, at an earlier period of his life, was a strenous opponent of the adoption by the State of New York of Mr. David Dudley Fields Civil Code. In his opposition he was succesfull.... The remembrance of this great struggle was always in his mind, and was, I feel sure, the raison d'être of his essay and his book, and has affected his whole point of view.*» Cuando un código —con el que se proyecta una modificación discrecional de la situación jurídica existente— está siendo sometido a debate, la doctrina de que la voluntad del soberano o su mandato es la base para el conocimiento del derecho, adoptará fácilmente la equívoca formulación de que en la formación del derecho no intervienen otras *causas* que no sean la libre voluntad del soberano. La base del conocimiento del derecho se confunde así con las causas por las que un derecho con ese contenido existe. Los adversarios de la codificación se ven entonces llevados involuntariamente a resaltar que el derecho no se crea por medio de la voluntad caprichosa de un soberano, sino que hay razones más profundas para su existencia. Resulta significativo que el verbo que los adversarios de la codificación emplean a propósito de la relación del derecho con el soberano es el mismo en alemán y en inglés: *machen* y *to make*; se afirma así que el derecho no es hecho («*gemacht*» o «*made*») por el soberano. Por muy correcto que todo ello sea, conduce, sin embargo, a un falseamiento metodológico del problema de las fuentes.

En conjunto, cabe pues afirmar que la crítica de Austin a Blackstone logró una aceptación incondicional por parte de sus sucesores. Por contra, no ocurrió lo mismo con la vertiente positiva de su doctrina, conforme a la cual el derecho consuetudinario es creado por el juez, *cuando* y *en la medida* en que una costumbre es utilizada como fundamento del fallo. La discusión al respecto se originó por considerarse inaceptable una de las implicaciones de la teoría de Austin, a saber, que las costumbres no tienen carácter jurídico antes de haber sido aplicadas por un tribunal. Frente a ello, se señalaba que las reglas consuetudinarias poseen, en medida no inferior al derecho emanado de las leyes, validez como ley del país, incluso antes de haber sido aplicadas en una sentencia. En defensa de esta tesis se aducían diversos argumentos[65a]. En primer lugar y ante todo, que el juez está tan vinculado y obligado a respetar ciertas costumbres como a obedecer a la ley; por tanto, no está en sus manos decidir si aplica o no ciertas reglas consuetudinarias, luego hay que concluir que éstas son derecho antes de ser aplicadas. Se alegaba, además, que el reconocimiento por el juez de una regla consuetudinaria tenía efectos retrospectivos[66]. Las conductas realizadas con anterioridad al momento del fallo son juzgadas conforme a la regla consuetudinaria; la cual, por tanto, tiene que ser ya derecho en el momento de la acción. Brown ha replicado, con toda razón, que este argumento no es concluyente, pues el reconocimiento retrospectivo de la regla consuetudinaria no resulta esencialmente diferente del caso de una ley dictada con «fuerza retroactiva». No es sino desde este momento cuando adquiere carácter jurídico, pero, a pesar de ello, se aplica a hechos anteriores. En tercer lugar, se hacía referencia al pronunciamiento y a la opinión del juez, de acuerdo con los cuales al aplicar una regla jurídica se está aplicando un derecho ya en vigor. La insostenibilidad de este argumento ha sido ya demostrada con anterioridad: lo que un juez declara o cree hacer no tiene que coincidir necesariamente con lo que hace realmente. Por todo ello, de los tres argumentos señalados sólo resta examinar en detalle el primero, que estriba en que el juez está obligado a aplicar ciertas costumbres, igual que está obligado a aplicar la ley. Con independencia de lo que se piense al respecto, podría parecer que la afirmación de que las reglas consuetudinarias son derecho con anterioridad a su aplicación judicial lleva a estos autores a una contradicción interna. Por una parte, están de acuerdo con Austin en que la regla consuetudinaria como tal no tiene carácter

65a) Holland, *Jurisprudence*, pp. 60 y ss.; Brown, *Austinian Theory*, pp. 288 y ss., Salmond, *Jurisprudence,* 3ª ed., Londres (Sweet and Maxwell), pp. 156 y ss.; Greer, *Custom in Common Law*, p. 158; Cardozo, *Nature of Judicial Process*, pp. 131 y 132.

66 Especialmente, Holland, vid. nota (65a).

jurídico, sino que sólo pertenece a lo que Austin denominaba *positive morality*; por otra parte, sin embargo, afirman que la regla, que en sí misma no pertenece al derecho, posee ya carácter jurídico con anterioridad a su reconocimiento por el juez y le vincula jurídicamente. Y de hecho, Kiß, en un artículo sobre la teoría inglesa de las fuentes[67], ha calificado esta supuesta contradicción como su talón de Aquiles, su antinomia nunca resuelta; antinomia que él intentará solucionar basándose en las últimas aportaciones de la teoría continental de las fuentes. Lo que resulta ocioso, pues no es cierto que esta aparente contradicción no haya sido resuelta por los propios juristas ingleses[67a]. A la postre, hay que reconocer que la solución que éstos dan al problema es considerablemente mejor que la propuesta en su lugar por Kiß. Porque la antinomia es sólo aparente. Por un lado, se dice que la regla consuetudinaria no posee vinculatoriedad en cuanto tal; por otro, que ciertas costumbres sí son jurídicamente vinculantes antes de que se apliquen por primera vez como fundamento de una sentencia. De donde se deduce que no es la aplicación judicial concreta la que ha otorgado a la norma consuetudinaria su carácter jurídico, como sostenía Austin. Ahora bien, si se logra demostrar que la regla consuetudinaria se ha transformado de meramente moral en jurídica, *de algún otro modo, con anterioridad* a su aplicación concreta, entonces se desvanece cualquier atisbo de contradicción. En este sentido, afirma Holland: «*We can only say that the rule that a Court shall give binding force to certain kinds of customs is as well established as hundreds of other rules of law, and has been established in the same manner. The judges acting as delegates of the State, have long ago legislated upon this point as upon* many others»[68]. Holland vuelve a resaltar que la fuerza vinculante de la costumbre se basa en su reconocimiento estatal. «*The legal character of reasonable ancient custom is to be ascribed, not to the mere fact of their being reasonable ancient customs, but to the existence of an express or tacit law of the State giving to such customs the effect of laws*»[69]. Por tanto, difiere de Austin en su énfasis en que el reconocimiento por el Estado puede producirse no sólo con posterioridad (reconocimiento singular) sino también anticipadamen-

---

67 *Teoría de las fuentes del derecho*, p. 283.

67a) Los únicos y muy débiles fundamentos que Kiß puede aducir al respecto son algunas declaraciones de Salmond, *Jurisprudence*, 3ª ed., 1910 (vid. nota (91)), p. 156 y. ss., que además están ya depuradas en la última edición; Greer, *Custom in Common Law*, p.199. En cualquier caso, sobre esta sola base no cabe imputar tal defecto a la jurisprudencia inglesa en su conjunto.

68 *Jurisprudence*, p. 61.

69 *Jurisprudence*, p. 62.

te (reconocimiento en bloque). Existe una regla de derecho que reconoce en bloque, desde un principio, las costumbres que cumplan determinadas condiciones; esto es, se produce lo que nosotros llamaríamos, desde el punto de vista de una doctrina fundamental de las normas, una recepción general de ciertas normas procedentes de otro sistema normativo (de la moralidad positiva). Holland concibe esta norma de recepción como *judge-made law*, establecida por el propio juez en tiempos remotos. La objeción de Kiß, en el sentido de que una obligación para los tribunales no puede emanar del propio juez, es incorrecta en cuanto se trate de la relación de los tribunales inferiores con los superiores. Y en la parte en que sí resulta correcta, en cuanto es cierto que el supremo tribunal no puede obligarse a sí mismo, ello indica seguramente los límites formales a que está supeditada la declaración de determinadas reglas consuetudinarias como vinculantes; límites que sólo pueden ser obviados mediante ingeniosas construcciones, como la de Kiß (vid. *infra*). La posición de Holland es también la secundada por Brown[70], en sus detenidos estudios del derecho consuetudinario, aunque quizás esté expresada con menor claridad. Por otra parte, hay que recordar que la citada dificultad sólo se da en los autores que combaten la doctrina austiniana de que el derecho consuetudinario se crea únicamente a través de su aplicación judicial concreta. Porque también hay autores[71] que mantienen de forma inalterada la solución de Austin, y niegan que la costumbre cree derecho con anterioridad a su aplicación concreta. Aquí no nos incumbe decidir cuál de ambas posiciones es la correcta.

En contraposición a estas soluciones inglesas de Brown y Holland, Kiß intenta incorporar la regla jurídica de recepción —de manera algo forzada— a la ley. Cuando en un sistema jurídico existe una norma legal expresa con ese contenido, no hay problema[72]; cuando, como en el caso del derecho inglés, no se encuentra nada semejante, entonces Kiß trata de fundar[73] la regla jurídica de recepción en un principio fundamental que no está explicitado en la ley, pero le es inherente: lo *aequum et bonum*, esto es, el principio de la *aequitas, equity* en el lenguaje jurídico inglés. Porque de este principio pretende deducir Kiß «*que los jueces están obligados a adap-*

70 Brown, *Austinian Theory*, p. 329. «*To the question why custom is law no better answer can be given then that the judges treat it as such. The custom of the people is law, in so far as it is law, by virtue of the customs of the courts*».

71 Así Dillon, *Laws and Jurisprudence*, p. 5 y especialmente Willoughby, *Nature of the State*, p. 175, quien afirma que debería admitirse abiertamente que se produce una legislación *ex post facto*.

72 Pues ésta *sólo puede* entenderse como plasmación de la teoría de Kiß.

73 *Theorie de Rechtsquellen*, p. 287.

tarse a las particularidades del caso; que no deben mantenerse apegados a la letra de la ley, sino practicar una jurisprudencia viable y creativa mediante la aplicación de la verdadera intención de la ley, *esto es, teniendo en cuenta las concepciones inherentes al tráfico jurídico y a los usos del tráfico*»; para, a partir de ahí, deducir finalmente la fuerza vinculante de los *usages*, de las *popular customs*[74]. Salta a la vista lo artificioso y ficticio de esta construcción: se otorga fuerza de ley a un principio tácito, inherente a la ley, sin que se sepa, precisamente por su formulación tácita, de dónde procede su cognoscibilidad objetiva, la que determina su carácter legal. Este tipo de principios indeterminados, no cognoscibles de manera objetiva, son medios cómodos —pero futiles— para incorporar a la ley aquello que se desee. El concepto de ley pierde así toda relevancia teórico-jurídica. En el Excursus B se mostrará que, en realidad, lo que hace Kiß es emplear equivocadamente el concepto inglés de *equity.* Finalmente —pero con igual importancia—, se puede alegar contra la teoría de Kiß que no permite comprender ciertos fenómenos jurídicos: por ejemplo, cómo es posible que las reglas que establecen las condiciones para que las costumbres generales y las particulares adquieran carácter vinculante puedan diferir entre sí. Mientras que las primeras en la práctica suelen quedar al arbitrio del juez, en el caso de las costumbres particulares el derecho inglés establece una serie de condiciones precisas. ¿Se deducen estas 7 u 8 condiciones del principio general inherente a la ley? Y, en tal caso, ¿por qué no rigen también para las costumbres generales? Esta teoría absolutamente irreal y ficticia sólo tiene una razón de ser: el autor participa del difundido dogma continental de que la ley es la única, última y firme base para la existencia de una regla jurídica. Un fundamento que se da hasta tal extremo por supuesto, que no permite ya interrogarse *¿por qué*? Arrastrado por este dogma, Kiß se ve forzado a construir una teoría artificiosa y ajena a la realidad para dar cuenta de fenómenos que, por otra vía, resultan mucho más fáciles de explicar.

Hemos tratado en detalle la teoría de Kiß porque ilustra, en relación con una cuestión de especial interés, las diferencias existentes entre la teoría del derecho continental y la inglesa; una cuestión que resulta ser precisamente aquella en la que Kiß pretende acudir en auxilio de la Jurisprudencia inglesa, con ayuda de *las aportaciones más recientes de nuestra ciencia jurídica continental*.

La teoría de la costumbre que se maneja en la literatura inglesa posterior puede resumirse brevemente como sigue: si prescindimos de algunos autores aislados que estuvieron influidos por la escuela histórica del dere-

74 Op. cit., p. 293.

cho, la crítica de Austin a la doctrina de Blackstone alcanzó un reconocimiento incondicional, sosteniéndose de manera generalizada que el juez puede crear y crea derecho y que el derecho consuetudinario es, precisamente, una clase de derecho de creación judicial. Algunos autores también se mostraron de acuerdo con la vertiente positiva de la doctrina de Austin, que estriba en que el derecho consuetudinario es creado por el juez, cuando, y en la medida en que, la regla implícita en una costumbre sirve como base para una decisión. Por el contrario, otros autores sostuvieron que la regla consuetudinaria es ya derecho antes de su aplicación concreta, basándose en el deber del juez de aplicar ciertas reglas consuetudinarias, lo que explicaban, a su vez, en términos de una anticipada y limitada recepción en bloque de las reglas consuetudinarias, fundada en una regla jurídica de origen judicial.

EXCURSUS A

Sobre el concepto de derecho en la literatura inglesa posterior a Austin

En la época posterior a Austin se hace ostensible una *tendencia* a confundir *derecho y justicia* (cfr. *supra* pág. 151), que encuentra su manifestación típica en Salmond y se expresa también en su definición del derecho: «*Law may be defined as the body of principles recognised and applied by the state in the administration of justice. In other words, the law consists of the rules recognised and acted on by courts of justice*»[75]. Añade Salmond que *justice* no significa simplemente derecho y «*court of justice*», no sólo «*tribunal de derecho*»; pues en ese caso su definición tendría carácter circular. Subraya que *justice* significa algo más que derecho, significa justicia, y que «court of justice» alude, ante todo, a un lugar donde se ejerce la justicia. «*What a litigant obtains in the tribunals of a modern and civilised state is doubtless justice according to law, but it is essentially primarily justice and not law*»[76]. Está claro que, cuando distingue entre *law* y *justice*, lo que Salmond tiene en mente es la diferencia entre las reglas establecidas y la concreción discrecional del derecho. Pero lo que resulta peculiar es que esta distinción, que contemplada desde una perspectiva positivista alude simplemente a la diferencia entre la determinación previa, en abstracto, del derecho y su subsiguiente concreción discrecional, sin embargo en la versión de Salmond experimenta una transmutación parcial hacia lo ético. Incurre aquí

75 *Jurisprudence*, p. 39.
76 Op. cit., p. 40.

el autor en una inconsecuencia muy común: una parte de los fenómenos jurídicos, el derecho fijado en abstracto, la ley, es contemplada, al modo positivista, como la voluntad del Estado; mientras que la otra parte, la concreción discrecional del derecho, es considerada, al modo racional-idealista, como ejercicio de la justicia. Con ello, pasa por alto que el carácter jurídico de la decisión discrecional del juez ha de ser resultar necesariamente de los mismos criterios positivos que se utilizan para atribuir su condición jurídica a la ley; de ahí que, por su propia naturaleza, la concreción del derecho nada tenga que ver con la justicia, la cual se limita —al igual que respecto de la ley— a proporcionar un ideal por el que el derecho —sea en abstracto, sea en su aplicación concreta— debería guiarse, según determinado punto de vista ético. Que la discreción ejercida por el juez se adecúe o no a este ideal, resulta enteramente irrelevante para su carácter jurídico. También un juez que se deje guiar, en su ámbito de discrecionalidad, por prejuicios «injustos», de clase o de cualquier otro tipo, estará en cualquier caso estableciendo lo que es derecho. En realidad, la concepción de Salmond es idéntica a la doctrina iusnaturalista conforme a la cual el derecho natural —*the justice*— tiene carácter supletorio respecto del derecho positivo[77]. Puede ocurrir fácilmente que esta idea termine proyectando un reflejo iusnaturalista sobre la propia ley positiva; pese a su positividad, ésta se concibe como un medio auxiliar, una forma imperfecta de justicia. Y esto es precisamente lo que ocurre en el caso de Salmond, que define a la ley como *legal justice*. Porque *justice* es una clase con dos especies: *«Either natural or moral justice, or legal justice. The first of these is justice in itself —in deed and truth; the second is justice as actually declared and recognised by the civil law and enforced in the courts of law.... Legal justice is the authoritative formulation of natural justice by the civil law for the direction for the courts by which justice is administered»*[78]. Pero no se ve cuál pueda ser el sentido de concebir a la ley como una formulación de la justicia natural dotada de autoridad, cuando resulta que, dada su positividad, puede llegar a ser tan injustificable como se quiera sin perder por ello su condición de ley. Lo que hay aquí es una manifiesta confusión entre el concepto y la idea de derecho (Stammler).

Esta misma confusión de derecho y justicia que aparece reflejada en el concepto de derecho de Salmond se encuentra también, de manera más oscura y *vacilante, en otros autores. «Law is no ethics, it is true» dice Dillon..., but they [the laws] have an ethical foundation»*[79]; sutil distinción,

77 Vid., por ejemplo, Geny; cfr. p. ?
78 *Jurisprudence*, p. 60.
79 *Laws and Jurisprudence*, p. 14.

nada fácil de comprender. La misma tendencia a mezclar concepto e idea de derecho se manifiesta también en Vinogradoff[80]. Las reflexiones de Pollock en el *First book of Jurisprudence* son tan vagas que no es posible extraer de ellas una posición determinada, pero lo que resulta evidente es que se asientan en conceptos no menos vagos[81].

Por otra parte, y al margen de la tendencia a mezclar derecho y justicia, también el concepto de derecho positivo ha experimentado alguna variación, aunque rara vez a mejor.

En primer lugar, se ha convertido en lugar común afirmar que el derecho no deriva de una persona soberana o de un círculo soberano, sino del Estado[82]; con lo cual, en lugar de una expresión clara y exacta se introduce otra oscura y carente de un sentido preciso. Lo que plantea multitud de problemas que luego no se consigue resolver.

Además, se ha criticado frecuentemente la afirmación de Austin de que el derecho consiste en *órdenes emanadas del soberano*. Prescindiré aquí provisionalmente de los autores que impugnan el propio concepto de soberanía, refiriéndome sólo a aquellos que se aferran al significado psicológico real de dicha afirmación, para negar que el derecho consista en órdenes; para ellos, el derecho consistiría más bien en *reglas que son impuestas por el soberano*[83]. Pero aquí pasan por alto que el propio Austin era ya consciente de este hecho, toda vez que afirma que en ocasiones el soberano sólo da órdenes de forma *mediata*, al obligar o hacer obligar al cumplimiento de órdenes emanadas de otras instancias.

Una tercera corriente considera que la instancia a través de la cual el poder determina verdaderamente el derecho no es *el legislador*, sino *el juez*. Austin había caracterizado al soberano como el titular del supremo poder fáctico y, por ello, simultáneamente como el titular de la suprema potestad jurídica de mando abstracto. Otros, por el contrario, señalan que es el juez quien, en último término, crea la realidad jurídica. Ciertamente, el juez no posee por sí mismo el supremo poder fáctico, pero actúa bajo su directa influencia. Dicho poder establece las reglas que determinan la competencia del juez; de este modo, el poder proyecta a su vez su influencia sobre el derecho. A diferencia de Austin, aquí se habla de dos formas diferentes de soberanía: la de hecho y la de derecho. De acuerdo con esta

80 *Jurisprudence,* p. 118.

81 [245a], pp. 32 y ss.

82 Holland [114], p. 55; Brown (42), p. 342, cfr. con 254 y ss.; Salmond (275), p. 50; Goadby [117], p. 85.

83 Holland, [144], p. 43, Salmond [275], p. 39; Harrison [128], p. 47; Vinogradof [335], p. 119.

teoría, el poder de hecho no opera de manera inmediata como instancia jurídica suprema, sino que dirige y sostiene un sistema jurídico independiente; este sistema jurídico otorga formalmente la titularidad de la suprema autoridad jurídica a otras instancias, pero que en realidad no son sino un instrumento en manos de los titulares del poder fáctico, de los creadores del Estado, como los denomina Gray. Atisbos de un planteamiento semejante se encuentran ya en Salmond, cuando define el derecho como «*the rules recognised and acted on by courts of justice*»[84], con referencia, pues, a los tribunales y no al legislador. Un desarrollo más preciso de esta teoría se encuentra en Gray, quien la conecta con su teoría de la soberanía, a la que nos referiremos más adelante. Gray propone la siguiente definición de derecho: «*The law of the state or of any organized body of men is composed of the rules which the courts, that is, the judicial organs of that body, lay down for the determination of legal rights and duties.*»[85]. El motivo de la traslación del centro de gravedad del derecho desde el legislador al juez es seguramente la percepción de las dificultades que surgen cuando la autoridad jurídica suprema se determina exclusivamente, al modo de Austin, conforme a criterios de poder fáctico. Sin embargo, con esta traslación no se consigue absolutamente nada; pues surge de inmediato la pregunta de *quién* es juez y *qué tipo de potestad* posee. Y entonces, *o bien* ello nos remite de nuevo al poder fáctico, con lo cual la traslación resulta inútil, puesto que el derecho ha de ser definido, también en este caso, como órdenes del poder de hecho emanadas del juez como su delegado; *o bien* se otorga a estas preguntas carácter jurídico, pero en este caso la definición de derecho es claramente circular, al dar por supuesto el derecho. De nada sirve intentar superar estas dificultades acudiendo al expediente formal de no otorgar a las normas constitutivas de la posición del juez el calificativo de derecho, hablando por contra de una específica organización estatal, como hace Gray. Ello supone únicamente un cambio terminológico sin mayor relevancia.

Por último, los sucesores de Austin han impugnado también el *propio concepto de soberanía*, y con ello el de derecho. Esta crítica procede, por un lado, de la corriente historicista de Maine; y por otro, de la escuela analítica en sentido estricto.

Ya en *Ancient Law* (1861)[86], Maine se refirió de pasada a este aspecto, al resaltar que en las comunidades primitivas suele haber un juez antes de que llegue a existir un legislador, lo que hace imposible demostrar la

84 Op. cit., p. 39.
85 [119], p. 84.
86 p. 7.

existencia de un soberano en tales comunidades, en el sentido de Austin. Más adelante —en la *Early History of Institutions* (1875)—[87], sometió el problema a un tratamiento más profundo. La crítica de Maine puede resumirse en dos puntos: en primer lugar, afirma que el concepto de soberanía de Austin, y con él el de derecho, se basan en una abstracción que no se corresponde enteramente con la vida real. Este tipo de abstracciones sólo son científicamente admisibles mientras no se olvide su carácter de tales y se recuerde que sólo son aplicables en la medida en que se pueda prescindir de los elementos que se pierden en el proceso de abstracción. En segundo lugar, afirma que para llegar a dicha abstracción se ha partido de una contemplación unilateral de los estados civilizados modernos y que la definición de derecho sólo posee, por ello, una validez limitada y no general, al no adecuarse a formas más primitivas de derecho.

En lo que respecta al primer punto, Maine no niega, pues, la posibilidad de formular un concepto de soberanía fundado en el poder fáctico. Admite expresamente la idea de que en cada comunidad exista un tal poder fáctico supremo. Si todos poseyeran la misma fuerza física y armamento, esta fuerza residiría en la mayoría, *«but, as a matter of fact, various causes, of which much the important have been the superior physical strength, and the superior armament of portions of the community, have conferred on numerical minorities the power of applying irresistible pressure to the individuals who make up the community as a whole»*[88]. Bien puede Maine conceder, por ello, que derecho es lo que ordena el soberano; siempre y cuando se tenga en cuenta que estamos ante una abstracción que ignora una buena parte de la realidad. *«The vast mass of influences, which we may call for shortness moral, perpetually shapes, limits or forbids the actual direction of the forces of societ by its Sovereign. This is the point which of all others the student should bear in mind, because it does most to show what the Austinian view of Sovereignity really is— that is the result of abstraction»*[89]. Lo que Maine sostiene es, por tanto, que en la comunidad operan fuerzas que limitan el llamado poder soberano, y que inciden en la formación de la voluntad jurídica suprema. Aunque esto es indudablemente cierto, hay que señalar que Austin no definió el poder soberano como todopoderoso, sino como el relativamente superior, como aquél cuyas órdenes son regularmente obedecidas (vid. *supra*, p. 144), y que nunca afirmó que la voluntad soberana se formara con independencia de las circunstancias sociales. Hay en Maine una confusión entre la perspectiva

87 pp. 342 a 392.
88 Op. cit., pp. 357 y 358.
89 Op. cit., p. 359.

teórico-jurídica y la sociológico-jurídica[89a]. La voluntad del soberano como tal —con independencia de su condicionamiento sociológico— es para Austin el fundamento teórico-jurídico que permite identificar una norma como jurídica. Pero con ello no se afirma en modo alguno que la voluntad soberana, sociológicamente considerada, no dependa de las relaciones sociales dadas.

Para apoyar su otra afirmación, Maine hace referencia a las comunidades rurales primitivas sujetas a un gran Estado de corte asiático o antiguo que les exige el pago de tributos. Bajo tales circunstancias, encuentra inadecuado calificar a las costumbres locales que dominan completamente la vida de sus miembros como órdenes de un lejano soberano. *«How can it conduce to clear thinking to speak of the Jewish law as commanded at one period by the great King of Susa?»*[90]. Este argumento resulta escasamente convincente, dado que también una orden que emana inmediatamente de alguien distinto del soberano es un *«command»*, y si se le imputa a éste, es sólo porque en último término su poder garantiza la sanción de la regla. Por lo demás, las circunstancias sociales pueden ser bien diversas. Así, es posible que una eventual violación de las citadas costumbres no provoque represión alguna por parte de un poder organizado; en este caso, Maine no nos proporciona el criterio, el concepto de derecho en los cuales podría fundamentar el carácter *jurídico* de estas costumbres. Si la violación es sancionada por un poder organizado, éste se apoyará, en última instancia, en las tropas *«del gran Rey»*[91], de modo que no existe razón alguna para abandonar el concepto de Austin. Con estas observaciones críticas no pretendo sostener, *en modo alguno, que la doctrina austiniana sea correcta*, sino solamente mostrar que las objeciones de Maine no resultan concluyentes[92].

Más incisiva que la crítica de Maine es la procedente de la escuela analítica en sentido estricto. Especial referencia merece, en este sentido,

89a) Una concepción análoga a la de Maine, pero en versión ampliada, se encuentra en Hägerström [124], § 1. Al igual que Maine, maneja y critica en detalle la teoría de la voluntad desde una perspectiva exclusivamenente psicológica y sociológica, pero con ello pasa por alto el significado teórico-jurídico de dicha teoría. De las citas antes aportadas se desprende que Hägerström, en sus observaciones sobre Maine (op. cit. p. 15, nota (3)) malinterpreta reiteradamente a este autor.

90 Op. cit., p. 385.

91 Si éste no es el caso, entonces según Austin tampoco «the Great King of Susa» será el auténtico soberano. Ello lleva a los difíciles problemas de los Estados «semisoberanos», las uniones de Estados, etc.

92 El argumento contra Austin tomado de las antiguas costumbres populares es combatido repetidamente en la bibliografía inglesa; vid. por ejemplo, Markby [203], p. 6; Sadler [273], pp. 5 y 6.

el trabajo de Gray sobre *Nature and Sources of Law*. La crítica de Gray no es, como la de Maine, de carácter histórico-empírico. Trata de mostrar que los conceptos de soberanía y derecho de Austin adolecen de una intrínseca falta de claridad que los hace inadecuados para fundamentar el conocimiento del derecho. El autor objeta contra el concepto de soberanía que no es posible identificar la persona, o el círculo supremo de personas, cuyas órdenes son habitualmente obedecidas, acudiendo únicamente al poder fáctico. Al igual que sucede con la potestad jurídica, esta persona o este círculo de personas sólo pueden determinarse por referencia a reglas jurídicas —las cuales, según esta teoría, precisamente debían fundarse en este poder. El autor señala que, por ejemplo, hay determinadas normas que regulan cómo deben el Rey de Inglaterra y el Parlamento adoptar sus acuerdos, de modo que, si éstas no se observan, si p. ej. el Rey, los Lores y los Comunes se reunen en una misma cámara y votan todos juntos, no existiría un estatuto obligatorio que encontrara obediencia[93]. Y al caer el concepto de soberanía, cae también el de Estado. El concepto de Estado que maneja el propio Gray no es del todo claro: lo califica como una «persona artificial», *«a personified abstraction —an idol, a dumb idol, whose use is to give a title to its law-making and judgement-giving priests»* y continúa: *«I believe that the state is an abstraction created and furnished with organs by the real rulers of society»*[94]. Estas expresiones no son precisamente exactas, pero desde luego no distan mucho de considerar al Estado como un sistema de normas, una ideología, mantenida en vigor por *«the real rulers»* del pueblo. Gray presume la existencia, en cualquier comunidad jurídicamente ordenada, de un círculo indeterminado de dirigentes de hecho, los cuales, sin poseer una cualificación jurídica, o sin querer arrogársela, gobierna de hecho la comunidad. El modo de hacerlo es creando y sosteniendo la abstracción, el ídolo —digamos, la ideología, el sistema normativo— al que se denomina Estado u orden estatal[95]. La crítica de Gray apunta en la dirección correcta. Se dirige precisamente contra el error básico del sistema de Austin: la identificación del derecho acudiendo a un poder de hecho situado «tras» el derecho. Pero Gray no ha superado en modo alguno esta forma de representación. La teoría de Gray no significa, en realidad, sino una división del sistema jurídico en su conjunto en un orden jurídico y un orden estatal (¿qué sería este último sin la parte correspondiente del orden jurídico?). Gray logra, así, separar el «orden jurídico» de su conexión directa con el poder. Pero como el «orden estatal» sigue basándose in-

93 p. 76.
94 Op. cit., p. 70.
95 Op. cit., pp. 67 y ss.; 113 y ss.; esp., p. 122.

variablemente en el poder fáctico (los creadores del Estado), y dado que el «orden jurídico» se basa en el «orden estatal», la modificación es sólo aparente; en última instancia, es meramente terminológica.

Para concluir, hay que señalar que también el concepto de «jurisprudence» (entendida como teoría fundamental del derecho) ha experimentado una variación en la literatura posterior. El intento austiniano de lograr una definición adecuada de dicho concepto, partiendo de la diferencia entre conceptos jurídicos necesarios y conceptos meramente compartidos, desaparece en la literatura posterior. La contribución más extensa a la determinación del concepto es la de Holland, que califica a la *jurisprudence* como una ciencia cuyo carácter es *«formal or analytical as opposed to material»*[96]. Si bien esto parece correcto, un análisis más detenido muestra que el autor no consigue aclarar qué es lo que está implícito en la calificación de algo como «formal», en contraposición a «material». Ya el circunloquio inmediatamente posterior: *«that is to say, that it deals rather with the various relations which are regulated by legal rules than with the rules themselves which regulate those relations»*, suscita dudas sobre la correcta comprensión del problema por parte del autor. Cuando a continuación afirma que la Jurisprudencia es *«the formal science of those relations of mankind which are generally recognised as having legal consequences»*, y que es *«abstracted a posteriori from... positive law»*[97], no cabe dudar por más tiempo de que la *jurisprudence*, tal y como Holland la describe, es realmente una disciplina jurídico-sustantiva, de carácter material. Los demás autores renuncian a cualquier intento de establecer una distinción esencial entre la *jurisprudence* y el resto de la ciencia jurídica. Salmond subraya que la diferencia sólo es de grado; caracteriza a la *jurisprudence* como *«the science of the first principles of civil law»*[98]. Por último, Gray se muestra consecuente al extraer las consecuencias derivadas de esta posición: es imposible delimitar la Jurisprudencia, como disciplina específica, con respecto a cualquier otra ciencia jurídica. Todo aquello —de lo más especial a la más general— que se presente revestido de la forma que marca el método científico, posee el mismo derecho a la denominación de *jurisprudence*[99]. Con ello, la idea inicial de Austin de una teoría fundamental del derecho ha desaparecido de la literatura inglesa[100].

---

96 [144], p. 6.

97 Op. cit., p. 9.

98 (275], p. 2.

99 [119], p. 147.

100 Cfr. Goadby [117], p. 4, nota (6); Eastwood [80], pp. 4 y 5; Henry [137], p. 7, Holmes [145], p. 474.

EXCURSUS B

CASE-LAW Y *EQUITY*

1. El hecho de que la doctrina de Austin sobre el derecho de creación judicial encontrara tan pocos obstáculos y fuera tan incondicionalmente admitida en la literatura inglesa, quizás tenga que ver con la autoridad vinculante que la concepción inglesa del derecho —a diferencia de la continental—, otorga a la jurisprudencia (*Rechtsprechung*), al precedente. De ahí que, cuando un abogado inglés invoca un «case», el argumento posea el mismo peso que si se estuviera refiriendo a una ley. El derecho de creación judicial, el *judiciary law*, es conocido también como *case-law*. Ahora bien, cabría pensar que esta característica del derecho inglés constituye el fundamento necesario de la teoría de Austin sobre el derecho de creación judicial, que, por esta razón, no puede reclamar validez general. Las reflexiones que siguen mostrarán que este razonamiento no es correcto.

Los *cases* ya eran citados por los jueces en tiempos tan remotos como el reinado de Eduardo I, a fines del siglo XIII. Pero Holland observa al respecto que no siempre se les ha atribuido un carácter de autoridad. Lord Hale (1713) explica que consisten en *«less than law»*, pero sí son *«greater evidence thereof than the opinion of any private persons as such whatever»*[101]; su contemporáneo Arthur Duck observa que el juez del *common-law*, en casos de duda, *«non recurrunt ad jus civile Romanorum, ut apud alias gentes Europeas, sed suo arbitrio et conscientiae relinquuntur»*[102]. Sólo en tiempos de Blackstone se impuso ya la idea de que *«the duty of the judge is to abide by former precedents»*. Esta regla, que se ha mantenido inalterada desde la época de Blackstone, ha de considerarse, como ya se dijo, una peculiaridad angloamericana. Cabe señalar dos causas para dicha peculiaridad, por una parte, siguiendo a Salmond, *«the power, the skill and the professional reputation of the judges who made them... In England the bench has always given law to the bar; in Rome it was the other way about, for in Rome there was no permanent body of professional judges capable of doing the work, that has been done for centuries in England by the royal courts»*[103]. Por otra parte, también hay que señalar que el reconocimiento de la función creadora de derecho del juez contradice ciertos esfuerzos y dogmas que en el continente han dominado las

101 *History of the Common Law of England (1713)*, cap. 4. Se cita según Salmond [275], p. 69.

102 *«De Usu et Actu»* ii, c.8. citado según Salmond [275], p. 69.

103 [275], p. 188.

mentalidades en medida mucho mayor que en Inglaterra. En primer lugar, el papel destacado del juez es contrario a cualquier esfuerzo codificador, absolutista o racionalista. Tanto el código justinianeo como el prusiano y el austríaco prohíben expresamente que se conceda autoridad al precedente. Querer dar un significado independiente a la decisión de los tribunales iría contra la tendencia a fijar y encerrar todo el derecho en unos cientos de parágrafos. Algunas codificaciones más democráticas y menos racionalistas, como la francesa, la belga, la alemana y otras, no contienen expresamente esta prohibición, pero el resultado que se deriva del pensamiento codificador como tal es, materialmente, el mismo. En segundo lugar, cualquier discurso sobre el poder creador de derecho del juez se halla en profunda contradicción con el dogma constitucional de la separación de poderes y puede enfurecer a cualquier demócrata constitucional bienpensante. Desde esta perspectiva niega, p. ej., Gény que quepa atribuir «*force obligatoire*» a la praxis judicial[104].

No todos los precedentes poseen el mismo peso en el derecho inglés. A este respecto, se distingue[105] entre los precedentes meramente persuasivos, los dotados de autoridad absoluta y los de autoridad limitada. Entre los meramente persuasivos se incluyen: 1º Las sentencias extranjeras, especialmente las americanas; 2º Las decisiones de tribunales superiores de otros lugares del Imperio británico; 3º Las decisiones del *Privy Council* cuando actúa como corte de apelación suprema de las colonias; 4º Los *judicial dicta* u *obiter dicta*, esto es, las consideraciones jurídicas contenidas en una sentencia que trascienden el objeto del litigio y establecen una regla de derecho que no resulta indispensable para la resolución del caso concreto.

Hay autoridad absoluta en los siguientes casos: 1º Cada tribunal está vinculado de forma absoluta por las decisiones del tribunal superior; 2º La instancia suprema, *the House of Lords*, está absolutamente vinculada por sus decisiones anteriores; 3º También la instancia intermedia, *the Court of Appeal*, se contempla como vinculada de manera absoluta por sus propias decisiones, bien entendido, siempre que su vinculación con respecto a *the House of Lords* no lleve a un resultado distinto.

Fuera de estos tres casos, sólo existe una vinculación limitada.

El resultado de que *a case* esté dotado de autoridad absoluta en relación con un cierto tribunal (se deduce de lo antedicho que el concepto es relativo al rango del tribunal) es que el juez está obligado a seguir este *case*

104 Gény, *Methode d'Interprétation*, II, p. 35.

105 La exposición de las reglas inglesas que se realiza a continuación está fundamentalmente basada en la de Salmond, *Jurisprudence*, pp. 191 y ss.

al pie de la letra, por incongruente, irrazonable o perjudicial que esto pueda parecer. También un precedente dotado de autoridad sólo limitada debe ser observado, en condiciones normales. Pero excepcionalmente puede no seguirse (*be overruled*). Para ello, se afirma que son necesarias dos condiciones. En primer lugar, *«the precedent must be erronous, either in law or in reason»*, y en segundo lugar, *«the circumstances of the case must not be such as to make applicable the maxim* communis error facit ius»[106]. Esta última condición atiende a la posibilidad de que una determinada decisión jurídica, en sí misma censurable, haya podido tener una vigencia tan prolongada que deba protegerse a quienes posiblemente actuaron confiando en lo que dicha decisión establecía, lo que le confiere una autoridad de la que por sí misma carece. Por otro lado, sin embargo, se subraya que una decisión judicial —al igual que una persona— sólo va incrementando su fuerza con la edad hasta llegar a cierto punto de inflexión; puede también alcanzar una edad excesiva, menguando entonces su vinculatoriedad.

Podría parecer, así, que existe una profunda diferencia entre el derecho inglés y el continental. En éste queda por completo a la discreción del juez si sigue o no una decisión, mientras que en aquél se ha regulado de manera clara y tajante cuándo el juez debe seguir un precedente y cuándo puede apartarse de él.

Con todo, un análisis más detenido pondrá de relieve que la diferencia no es en modo alguno tan grande como a primera vista podría parecer; es más, que resulta imposible expresar una diferencia en términos jurídicos entre ambos sistemas. Hay que prescindir, a este respecto, del argumento de que la práctica jurídica continental muestra una tendencia creciente a otorgar importancia al precedente y la inglesa una tendencia a una crítica más libre de las decisiones precedentes. Este argumento se limita a mostrar que los resultados no son muy discrepantes *en la práctica* y que, por ello, no hay razón alguna para entablar una discusión sobre qué sistema es preferible al otro. En cambio, no aporta nada en lo referente a la *construcción jurídica* ni, por consiguiente, responde a la cuestión de si la posición *jurídica* que ocupa el juez en uno y otro sistema ha de considerarse esencialmente distinta; una cuestión que posee relevancia teórico-jurídica, tanto en relación a la pregunta anterior sobre si la teoría de Austin tiene validez general, como en relación con otros importantes problemas, según tendremos ocasión de comprobar más adelante.

Los argumentos en apoyo de nuestra afirmación están tomados de la *teoría formal de la norma* (*formale Normlehre*). (No podemos exponer aquí

106 Op. cit., p. 196.

en qué consiste ésta; al respecto vid. *infra*, XI, 4e). Aspiran a mostrar que la obligación de la que se habla es ilusoria, porque sólo puede ser expresada en formas que no suponen una obligación real, sino sólo aparente, basada en normas aparentes. Se hablará aquí de tres de esas formas de obligación aparente: 1° La «autovinculación», esto es, una «vinculación» producida por una norma «obligatoria» integrada por los mismos elementos constitutivos de lo supuestamente normado (*debes querer esto y aquello, porque quieres esto y aquello*). Expresado con menor exactitud, si el único fundamento de la vinculación de una persona es su propia voluntad, entonces esa persona nunca podrá querer algo que contradiga esa vinculación, pues cualquiera que sea la cosa que desee, habrá cambiado en ese mismo momento el fundamento de la obligación. 2° La «vinculación» condicionada a la aprobación del «obligado» (*debes, si te parece bien*). 3° La «vinculación» cuyo contenido remite a la discreción del obligado (*debes lo que tú libremente dispongas*).

Las formas 2 y 3 podrían considerarse casos especiales de autovinculación. Todas ellas tienen en común que excluyen *cualquier tipo de* vinculación, si presuponemos una completa identidad entre las condiciones constitutivas de la existencia de la «norma» vinculante y del acto presuntamente normado (sujeto que establece la norma y sujeto sometido a la misma). Por el contrario, si la identidad no es completa, de modo tal que la igualdad de las condiciones constitutivas sólo implica que el sujeto que establece la norma y el sometido a la misma han de hallarse dentro de la misma unidad psicofísica, entonces las formas referidas sólo excluyen la vinculación *jurídica*, mientras que sí es posible una obligación moral. Esto se debe a que las normas jurídicas, como tendremos ocasión de ver más adelante, son psicológicamente heterónomas.

ad 1) Un caso que adopta la forma de la autovinculación (en sentido estricto) es el de la supuesta vinculación de la instancia suprema, *the House of Lords*. Dado que estas reglas sobre los precedentes no se basan en la ley, sino en la práctica, es decir, son de creación judicial, el fundamento último de su vinculatoriedad radica en las decisiones de la propia instancia suprema. Por lo cual ésta no puede estar vinculada por tales reglas. Si *the House of Lords* se apartase de alguna de sus anteriores decisiones, no existiría poder alguno sobre la tierra capaz de cambiar ese estado jurídico de cosas, o de deducir las consecuencias pertinentes por haberse obrado antijurídicamente. Por lo tanto, afirmar que la instancia suprema está «vinculada» equivale en último término a decir que sigue de hecho sus propias decisiones anteriores. No existe aquí ningún género de vinculación real.

ad 2) Un caso que adopta la otra forma (*debes, si te parece bien*) es el de la vinculación que, supuestamente, nace del precedente dotado de autoridad limitada. Pues las condiciones que limitan la facultad del juez para apartarse de un determinado precedente están configuradas de tal forma que en realidad no expresan nada objetivo, sino que remiten al arbitrio discrecional del juez. La primera condición se concreta en que *«the precedent must be erroneous either in law or in reason»*. Se califica al precedente como *«erroneous in law»* cuando contradice alguna de las reglas de derecho ya existentes[107]. Sin embargo, esto es imposible. Como parte del derecho mismo, no puede contradecir otra regla perteneciente al mismo sistema. El peso principal ha de recaer, pues, en la segunda alternativa, es decir, en que el precedente en cuestión sea *«erroneous in reason»*. Pero por la propia naturaleza de la cuestión, esto es, como no existen criterios objetivos y generalmente válidos sobre lo que demanda la «razón», con ello sólo se puede estar diciendo que el precedente contradice lo que el juez considera razonable. Con lo cual esta primera condición remite a la propia apreciación discrecional del «obligado», y por tanto no existe vinculación alguna. El propio Salmond lo reconoce al decir que, si lo único exigible para apartarse de un precedente dotado de autoridad limitada fuera esto, no cabría distinguirlo del meramente persuasivo. El peso decisivo tiene que descansar así en la otra condición, a saber, en la de que *«the circumstances of the case must not be such as to make applicable the maxim* communis error facit ius*»*. Pero también esta condición, cuya aplicabilidad varía, dentro de ciertos límites, en función de la antigüedad del precedente y de otras consideraciones y circunstancias modificativas, está configurada de tal modo que en la práctica no se distingue de una remisión al arbitrio del juez. Sería impensable que, por incumplir esta condición, se considerara nulo el apartamiento del precedente o, por lo demás, este hecho arrastrara las consecuencias propias de una acción antijurídica.

En este caso, en el que la vinculación ciertamente emana del propio juez, pero sin embargo cabría distinguir idealmente, dentro de la persona psicológica del juez, entre la instancia normadora y la que está sujeta a las normas —entre la mejor convicción y la decisión de hecho—, cabe hablar de una obligación moral, pero no así de una vinculación jurídica.

ad 3) La vinculación cuyo contenido remite a la discreción del obligado, es la forma que adoptan todas las supuestas vinculaciones que se han tratado. Un caso jurídico nunca es igual a otro, y por ello surge necesariamente la pregunta de qué es lo que vincula de un precedente. La teoría inglesa responde señalando que lo vinculante es la llamada *ratio decidendi*. *«Looking at the general reasons alleged by the Court for its decisions»*, dice

107 Op. cit., p. 193.

Austin, «*and abstracting those reasons from the modifications which were suggested by the peculiarities of the cases, we arrive at a ground or principle of decision, which will apply universally to cases of a class, and which like a statute law, may serve as a rule of conduct*»[108]. Este principio es la llamada *ratio decidendi* de la sentencia. Cabe también expresarlo del modo siguiente: la sentencia en cuestión constituye una norma plenamente determinada, concreta, que anuda una cierta consecuencia jurídica a una determinada situación concreta, esto es, a un conjunto infinito de rasgos determinantes. Se trata entonces de considerar esta forma concreta como deducida de una norma abstracta que anuda cierta consecuencia jurídica a un conjunto de rasgos finito. Ahora bien, así como cabe inferir, de manera objetivamente unívoca, una regla especial a partir de una general, lo contrario no es posible. Luego es claro que que no cabe identificar con carácter objetivamente unívoco la *ratio decidendi* de una determinada sentencia. El acto de identificación encierra, necesariamente, un nuevo acto normador. Aun concediendo que puedan establecerse directivas más o menos vagas, en el sentido de que dicho acto deberá estar en mayor o menor consonancia con las normas ya existentes, no cabrá nunca alcanzar una univocidad objetiva, como ya se ha dicho. Una apreciación discrecional resulta, hasta cierto punto, inevitable. La consecuencia es que el contenido de la «vinculación» se basa en la apreciación discrecional del «obligado», o sea, que no existe una auténtica vinculación jurídica (mientras que sí cabrá hablar, por las mismas razones que se mencionan en el anterior apartado, de una obligación moral). En la práctica, esto significa que si el juez confronta un precedente supuestamente vinculante, siempre podrá decir que interpreta la *ratio decidendi* en un sentido que hace que en el caso actual no se halle vinculado por dicho precedente. O, dicho de otro modo, podrá *distinguir («distinguish»)* el caso presente del precedente alegado.

De las observaciones precedentes se desprende que, en contra de la opinión comúnmente expresada, no hay ninguna diferencia jurídica real entre la posición del juez respecto del precedente que se da en el continente y la que se da en Inglaterra. Nos movemos aquí en los *límites del conocimiento jurídico*. Lo que a este respecto se suele tener en general por un rasgo de carácter jurídico, debe considerarse en puridad sólo como expresión de unas circunstancias puramente fácticas o quizás, más bien, de carácter moral o convencional.

Puesto que, por lo tanto, no existe ninguna diferencia jurídica básica entre el sistema inglés y el continental, la teoría de Austin sobre el dere-

108 *Lectures*, p. 643.

cho de creación judicial resulta no ser una doctrina específicamente inglesa, sino que es aplicable con idéntica razón (con *cuánta* razón, es algo que se analizará en otro contexto) tanto al derecho no-inglés como al inglés.

La *equity* designa, en el lenguaje jurídico inglés, por un lado una parte del derecho positivo, y por otro, un principio de interpretación, además de un estándar, un principio ético, la justicia, la equidad. Es importante no confundir estos significados, pues en tal caso se producirían inevitablemente errores metodológicos de corte iusnaturalista.

Una parte del derecho positivo es la *equity,* una clase especial del case-law, que se ha ido desarrollando en la *Court of Chancery* (llamada también *the Court of Equity*) y que, para evitar confusiones con otros significados de la palabra, es preferible llamar (con Austin[109]) *Chancery-Law*. Hasta el año 1873, Inglaterra tuvo la peculiaridad de poseer dos sistemas jurídicos (materialmente) independientes y contradictorios entre sí, el *common law* y la *equity*[110]. El *Common law* constituía la parte más antigua y era administrado por los antiguos tribunales, los administradores originarios de la justicia real: el *King's Bench*, la *Court of Common Pleas* y el *Exchequer*. La *equity* era un sistema más moderno de reglas que se habían desarrollado en la *Court of Chancery* y que fue administrado exclusivamente por el *Chancelor*. Inicialmente, ambos sistemas eran en buena medida idénticos, pues la *equity* nació bajo la máxima *«equity follows the law»*, lo que significaba que la *equity* debía ser supletoria y modificadora, pero no abrogadora. Sin embargo, con el tiempo se fue produciendo una notable divergencia entre ambos sistemas, de modo que el mismo caso, dependiendo de si se había llevado ante el King's Bench o ante la *Court of Chancery* podía ser resuelto de manera diferente. *The Judicature Act* de 1873, suprimió esta anormal situación. Abolió el *common law* en cuanto contradecía la *equity* y trasladó la administración de sistema unitario así establecido a un tribunal general, *the High-Court of Justice*, que sustituyó a las antiguas *Courts of Common Law* y a la *Court of Chancery.* Sin embargo, la diferencia entre ambos sistemas, *common-law* y *equity*, permanece aún en cuanto no se oponen. En esta medida expresan de manera paralela unos derechos y deberes diferentes, que integran una misma construcción jurídica *global.* Se da aún el caso de que una persona puede ser *«the legal owner of property»*, y otra *«the equitable owner of the same property»*; un caso que no supone contradicción alguna, sino que es simplemente una construcción jurídica similar hasta cierto punto con la figu-

109 Op. cit., p. 603.

110 El bosquejo histórico que se ofrece a continuación está tomado de Salmond, *Jurisprudence*, p. 89.

ra de la representación en el derecho continental, que, como es sabido, supone una relación jurídica que puede poner en notables aprietos a la teoría a la hora de mantener un concepto de propiedad indiviso.

Las dificultades surgen cuando se procede a caracterizar con mayor detalle la parte del derecho inglés denominada *equity*. Es fácil incurrir en confusiones con otros significados de la palabra *equity*, y se producen numerosos malentendidos. Así, ha sido habitual entre los juristas ingleses considerar la distinción entre *law* y *equity* como racionalmente necesaria y universal; o considerar la equity —*Chancery-Law*— como un derecho no basado en reglas fijas, sino que reclama una decisión que tenga en cuenta la justicia y la equidad; que aplica principios de interpretación distintos a los del *common law;* que deja al juez libertad para seguir su conciencia, etc. Contra toda esta confusión metodológica se dirigió Austin[111], con su *teoría del derecho positivo*. La justicia y la equidad no son fuentes de derecho ni para la *equity* ni para el *common law*. Austin muestra primeramente que la separación entre los dos sistemas no tiene en modo alguno carácter necesario y universal, sino que depende de circunstancias históricas particulares. Aparte del derecho inglés, dicha separación sólo existe en el derecho romano, que presenta, con el *jus praetorium*, una construcción jurídica emparentada con la *equity*. A continuación, Austin profundiza en el origen histórico de ambas instituciones, para mostrar que *«if the Courts of Common-Law had not refused to introduce certain rules of law or of procedure which were inquired by the exigences of society, the equitable or extraordinary jurisdiction of the Chancellor would not have arisen, and the distinction between law and equity would never have been heard of»*[112]. Porque a fin de remediar los defectos y las claras injusticias derivadas de la aplicación estricta y rigurosa del derecho por las *King's Courts of Law*, se había convertido en práctica habitual la apelación directa contra la decisión ante el mismo rey, toda vez que la administración de justicia era considerada un privilegio real[113]. El rey la ejercía por medio del Canciller, el cual, por ello, *«was deemed to be the keeper of the royal conscience»*. El canciller no estaba formalmente autorizado para modificar las reglas del *common law*. Pero las demandas de la vida práctica le forzaron a, aparentando seguir el *common law («equity follows common law»)*, desarrollar en realidad una importante tarea de creación discrecional de un derecho concreto. Con el transcurso del tiempo se consolidó una cier-

111 *Lectures*, pp. 602 y ss.

112 Op. cit., p. 635.

113 Una evolución similar se produjo en Dinamarca, a través de la práctica del derecho de destierro real. Vid. Paul Johann Jörgensen, *den danske Retshistorie* (1.Udg.) p. 206 y ss.

ta práctica, un *case law* determinado por el precedente, y la aplicación discrecional pasó a jugar en la *equity* un papel similar al que desempeña en el *common law*. Así, originariamente se decía que el deber del Canciller era dictar sentencia *«which justice and reason and good faith and good conscience require in the case»*[114]. Selden había criticado esta situación acudiendo a una imagen grotesca: una *equity* en concordancia con la conciencia del Canciller en realidad no difiere de la idea de una *equity* en concordancia con su pie. *«One Chancellor has a long foot, another a short foot, a third an indifferent foot; it's the same thing in the Chancellor's conscience.»*[115]. Pero más adelante esta descripción dejaría de ser apropiada. Uno de los más conocidos cancilleres ingleses, Lord Eldon, se expresó en una sentencia del siguiente modo:t *«I cannot agree that the doctrines of this Court are to be changed with every succeding judge. Nothing would inflict on me grater pain, in quitting this place, than the recollection that I had done anything o justify the reproach that the equity of this Court varies like the Chancellor's foot»*[116].

Por tanto, la descripción que Austin hace de la *equity* es correcta, al menos en lo que se refiere a las épocas históricamente más recientes. Por contra, alguien podría quizá pensar que *inicialmente* la justicia y la equidad operaron como fuentes del *Chancery-Law*. Esa es la posición de Salmond *«The equity was not originally law at all, but natural justice»*[117]. Sin embargo, esta idea se debe a que confunde la concreción discrecional del derecho con la justicia[118]. Lo único que se puede decir es que la *equity* constituye un ejemplo de derecho de creación judicial con un elemento decreciente de discrecionalidad, que muestra cómo en la medida en que crece el número de precedentes se va formando también un conjunto de reglas cada vez más estables y abstractas.

Nos hemos extendido tanto con la *equity* porque es un buen ejemplo de una forma de crear derecho cuyo carácter positivo a menudo se pasa por alto; por eso, la teoría de Austin muestra aquí todo su valor, al desbaratar las concepciones iusnaturalistas y demostrar la conexión de la *equity* con el restante sistema de derecho positivo.

Finalmente, hay que mencionar un ejemplo de interpretación errónea de la *equity* inglesa. Sólo si se parte de este fundamento es posible criticar

---

114 Cit. por Spences, *Equitable Jurisdiction of the Court of Chancery*, I. 408, nota a. Citado por Salmond.

115 *«Table Talk»*, tit. *«Equity»*, cit. según Holland [144], p. 74.

116 *Gee v. Pritchard*, 2 Swants 414, cit. según Holland.

117 [275], p. 94.

118 Vid. supra, p. ?

en su conjunto la teoría del derecho consuetudinario de Kiß a que nos hemos referido antes. *«Este fundamento metódico de la aplicación del derecho constituye la idea básica de la equity inglesa. Equivale al* espíritu de la ley *"correctamente entendido"»*[119]. Es claro que Kiß está utilizando el término *equity* en el sentido de un principio de interpretación, sentido que, como se señaló al comienzo de este fragmento, también puede tener la palabra. Y de hecho, Kiß cita precisamente un pasaje de Austin en el que este último habla de la *equity* como principio interpretativo. Ahora bien, el razonamiento de Kiß consiste en derivar primeramente la validez de las costumbres de la *equity* en este sentido, para pasar a contemplar la *equity* como una parte de la ley y concluir, finalmente, que la fuerza vinculante de la costumbre deriva de la ley. *«El fundamento de la fuerza vinculante de las "customs" reside por tanto en la equidad,* in ultima analysi, *también en el (...) principio básico de la ley»*[120]. Pero este razonamiento de Kiß es falaz, toda vez que contempla la *equity*, entendida como principio interpretativo, como una parte de la ley. Es significativo al respecto que la cita de Austin a que recurre Kiß en apoyo de su interpretación, está tomada de un capítulo en el que Austin dice que sólo se propone enumerar *«certain of the senses which the term bears, when it does not denote a certain portion of positive law»*[121]. Y resulta curioso que Kiß haya omitido en la cita un paréntesis en el que Austin, tras haberse referido a la *equity* como una forma de interpretación o construcción, añade: *«or rather of* judicial legislation disguised *with the name of interpretation»*[122]. Prosigue Austin afirmando que *«this species of interpretation or construction is not interpretation or construction properly so called.»* De donde resulta que es imposible concebir la *equity* en el sentido que Kiß da a este término, esto es, como una parte de la ley. En realidad, es un principio a menudo aplicado por el derecho de creación judicial, con el que se intenta darle forma de interpretación general de la ley. Por ello, el intento de Kiß de fundar el derecho consuetudinario en la ley conduce, una vez depurado de sofismas, a la doctrina inglesa: el fundamento de la fuerza vinculante de ciertas costumbres es una regla de creación judicial. Pero la teoría de Kiß contiene un malentendido adicional: no es el «principio de interpretación», como tal, el que fundamenta la fuerza vinculante de la costumbre, pues este principio no es, en sí mismo, derecho. El fundamento está, más bien, en la creación de derecho practicada de hecho.

---

119 Kiß [171 c], p. 289.
120 Op. cit., p. 294.
121 El subrayado es mío; *Lectures,* p. 596.
122 *Lectures*, lecture XXXIII. (5ª ed., pp. 577 y 578).

Tercera parte

LA DOCTRINA ALEMANA

CAPÍTULO V
LA ESCUELA HISTÓRICA

10. La filosofía de la historia del romanticismo

11. La importancia del romanticismo para la comprensión de las teorías de Savigny y Puchta

12. Argumentos a partir de la importancia de la hipótesis interpretativa para la comprensión de los sistemas de Savigny y Puchta

13. Argumentos doctrinales de especial relevancia

14. Observaciones críticas

15. El carácter práctico de la doctrina de las fuentes del derecho

16. Caracterización sumaria

1. Pese a que existe una abundante literatura sobre la escuela histórica y sus corifeos, Savigny y Puchta[1], surgida en buena medida en tiempos recientes, no parece del todo superfluo abordar este tema una vez más, a fin de

1 Las contribuciones recientes más importantes a la exposición y crítica de la escuela histórica, en particular sobre la doctrina del espíritu del pueblo, son las siguientes: Zitelmann, *Gewohnheitsrecht und Irrtum*, 1888; Stammler, *Über die Methode der geschichtlichen Rechtswissenchaft,* 1888; Bergbohm, *Jurisprudenz und Rechtsphilosophie*, 1892; Brie, *Der Volksgeist bei Hegel und in der historische Schule*, 1909; Moeller, *Die Entstehung des Dogmas von dem Ursprung des Rechts aus dem Volksgeist,* 1909; Dittmann, *Der Begriff des Volksgeist bei Hegel*, 1909; Loening, *Die philosophischen Asusgangpunkte der rechtshistorische Schule*, 1910; Landsberg, *Geschichte der deutschen Rechtswissenschaft*, III, 2, especialmente pp. 207 y ss; Kantorowicz, *Volksgeist und historische Rechtschule*, 1912; *Was ist uns Savigny?*, 1912; Ehrlich, *Soziologie des Rechts*, 1913, pp. 347 y ss.; Manigk, *Savigny und der Modernismus im Recht,* 1914; Visser, *De collective Psyche in Recht en Staat*, 1916, pp. 1 y ss., esp. 35 y 36. Contribuciones muy valiosas se encuentran en Franz Rosenzweig, *Hegel und der Staat*, I y II, 1920, vid. esp. I, p. 21 y ss., 75 y ss., 223 y ss., 167 y 168; II, pp. 180 y ss.

Vid. además: Stahl [306], tomo II, pp. 234 y ss.; Reyscher [275b], pp. 30 y ss; Thibaut [321b]; Bluntschli [30 b]; Beseler [21 a], pp. 63 a 70; Schmid [287] 170, 173 y ss., 223 y ss; Ihering, *Geist*, II, § XXV; *Kampf um's Recht*, pp. 36 y ss.; *Entwicklungsgeschichte*, pp. 6 y ss; Windscheid [345 a], (345b); Lenz [189]; Kuntze [176]; Rückert [269], pp. 10 y ss; Wirth [346], pp. 4 y ss; Meier [207], pp. 9 y ss; Arnold [9]; Harum [129]; Lüders [198], pp. 24, 25, 28 y ss; Seitz [296a], [296b]; Mejer [209]; Adickes, *Zur Lehre von den Rechtsquellen*; Stintzing [315]; Bierling [24 b], pp. 50, 93, 96 y 97; Gierke [111 a], pp. 7 y ss., [111 c]; Bekker [16]; Frank [102], pp. 18 y ss; Stier-Somló [314]; Graf zu Dohna [74]; Wieland [340]; Spiegel, Gesetz und Recht, pp. 77 y ss; Radbruch,, pp. 6 y ss; Binder, *Philosophie des Rechts*, pp. 1006 y 1007, 1055 y ss. Vid. también la edición, a cargo de Stern, de los escritos de Thibaut y Savigny, 1894, con una introducción de 1914.

intentar fijar el perfil de esta escuela, y particularmente de su teoría de las fuentes del derecho; y ello, porque las interpretaciones al respecto son muy diversas. No sólo se ha discrepado en lo atinente al valor de la escuela y a su importancia para el desarrollo de la ciencia del derecho alemana, sino que —por extraño que pueda parecer— ni siquiera existe una idea clara y terminante, generalmente aceptada, acerca de la corriente de pensamiento en la que hay que encuadrar la escuela histórica, ni en lo referente a cómo calificar su naturaleza desde el punto de vista científico-jurídico. La concepción tradicional ve en Savigny al San Jorge de la ciencia jurídica alemana que derrotó al dragón del derecho natural. Por contra, una interpretación alternativa considera que Savigny no sólo no venció al derecho natural[2], sino que incluso contribuyó a propagar su simiente[3]; de ahí que se sienta la tentación de «ver en Savigny a aquel que en realidad ha llevado a cabo la transmisión del derecho natural a la Jurisprudencia más reciente»[4].

En el aspecto político y metodológico, es habitual estigmatizar la política de la escuela, como portadora de un conservadurismo y quietismo enemigo del progreso[5], y apuntar hacia Savigny como autor del herético dogma de la plenitud lógica del ordenamiento jurídico[6]. Recientemente, un conocido partidario del derecho libre ha llegado a calificar a Savigny como «poderoso enemigo de la actual ciencia jurídica alemana, y aun de la cultura alemana», como «el padre del historicismo jurídico y la jurisprudencia de conceptos»[7]. Poco después, otro «modernista» se encargó de rehabilitar a Savigny. Le absolvió de toda acusación de enemistad con el movimiento del derecho libre, calificándole incluso de «primer defensor *original* del derecho libre». Más que fundamentar el citado dogma, Savigny le habría declarado la guerra[8]. Por último, un tercer autor, sociólogo, ha

2 Stammler, *Über die Methode*, pp. 28 y ss; Kantorowicz, *Was ist uns Savigny?*, p. 49.

3 Bergbohm, en *Jurisprudenz und Rechtsphilosophie*, señala los elementos predominantemente iusnaturalistas presentes en la teoría de las fuentes del derecho: la convicción jurídica y la ciencia como fuentes del derecho (pp. 507 y 521); explicando, por lo demás, la doctrina de la escuela como una inacabable *«lucha entre la concepción básica acerca de la naturaleza del derecho, de carácter realista... y la filosofía del derecho natural, de carácter espiritualista...»* (p. 525).

4 Bekker, *Über den Streit der historischen und der philosophischen Rechtsschule, p.* 20; cfr. pp. 18 a 20.

5 V. gr., Ihering, *Kampf*, pp. 31 y 32; Windscheid, *Die geschichtliche Schule*, p. 47; Kantorowicz, *Was ist uns Savigny?*, p. 77, entre otros muchos.

6 V. gr., Wieland, *Historische und kritische Methode*, p. 12; Sander, *Rechtsdogmatik*, pp. 8 y ss; Kantorowicz [169 b], pp. 77 y 78.

7 Kantorowicz, op. cit., p. 78.

8 Manigk, *Savigny und der Modernismus im Recht*, pp. 16 y 17. En la misma dirección, Sternberg, *Einführung*, 152 y 153.

pretendido apropiarse de Savigny y su método en aras de una Jurisprudencia de específica orientación sociológica, y de hecho ha querido reencontrar en la doctrina del derecho consuetudinario de Savigny su propia doctrina sociológica sobre los «hechos del derecho», sobre las instituciones jurídicas como contrapuestas a las normas de decisión en sentido propio[9]. Esta misma división de opiniones afecta también, en medida no inferior, a la comprensión del concepto teórico fundamental de la escuela: el espíritu del pueblo (*Volksgeist*). Mientras algunos sólo quieren ver en este concepto «una expresión sintética para referirse a los rasgos empíricos compartidos, propios del estado espiritual en el que se hallan los miembros de un pueblo», otros creen que designa una personificación, una existencia o fuerza psíquica real.

Los ejemplos citados, a los que fácilmente podrían añadirse otros[10], demuestran en suficiente medida la necesidad de nuevos estudios histórico-dogmáticos. ¿Fue Savigny positivista o iusnaturalista, partidario de la Jurisprudencia de conceptos o del derecho libre, empirista o metafísico? Hasta que se hayan aclarado éstas y otras preguntas, no será posible alcanzar un correcto entendimiento de la doctrina de las fuentes de la escuela histórica. En lo que sigue, mostraremos que, en parte, las citadas cuestiones están mal planteadas, puesto que las alternativas no se excluyen mutuamente. Los rótulos «derecho natural» y «método histórico», tal y como se aplican habitualmente, no tienen en realidad carácter mutuamente excluyente. Sólo una vez que hayamos analizado estos conceptos desde los tres puntos de vista que cabe adoptar ante el fenómeno jurídico en su conjunto, es decir, el dogmático-jurídico, el sociológico-jurídico y el político-jurídico[11], podremos determinar su estructura teórico-ideal, que representa el punto de partida para una caracterización apropiada de la escuela histórica. Mostraremos, asimismo, que la clave para desarrollar esta tarea reside en una circunstancia cuya entera trascendencia no ha sido apreciada hasta la fecha: el hecho de que Savigny es espiritualmente un romántico, entendiendo por tal, no un mero concepto histórico-individual, sino un *tipo básico de estructura intelectual* (*geistesstruktureller Grundtypus*).

2. La historia externa de cómo surgió de la escuela histórica ha sido expuesta ya en tantas ocasiones[12] que sólo nos referiremos a ella de pasada. Es bien sabido que la genial exposición de Savigny del programa de la escuela histórica se produjo con ocasión del proyecto codificador, como

9 Ehrlich, *Soziologie des Rechts*, pp. 362 y 377.

10 Así, v. gr., sobre la relación de la escuela con el romanticismo, vid. *infra*, nº 14.

11 Vid. sobre este punto, *supra*, cap. I, 3.

12 Vid. esp. Landsberg, *Geschichte*, III, 2, pp. 186 y ss.

un paso más dentro de las tendencias a la unificación nacional que se desarrollaron alrededor de 1813, tras liberarse del dominio napoleónico. Pese a que la idea de un código general alemán había despuntado ya con anterioridad[13], fue ahora cuando encontró la ocasión propicia para, combinada con pretensiones de tipo político, influir en los ánimos de amplios sectores. En el recién fundado *Rheinischer Kurier* aparece una serie de artículos que exhortan, con verbo cálido, a la unificación espiritual y política de Alemania[14]. La unidad jurídica se convierte en el símbolo natural de la ansiada unidad imperial: «Ésta ha de ser vuestra consigna: ¡Un Imperio! ¡Un derecho! Éste ha de ser el objetivo y el vínculo que una a la asociación alemana contra lo no alemán que constituye su amenaza externa»[15]. Esta misma alianza de proyectos codificadores y voluntades políticas volvemos a encontrarla en la obra *Deutschlands Wiedergeburt*, publicada por Karl Ernst Schmidt en Jena, en 1814. Como un paso más dentro del proyecto regeneracionista, el autor recomienda adoptar el Código austríaco de 1811, recientemente concluso, con las modificaciones necesarias para acomodarlo a las peculiaridades alemanas. Pero sólo Thibaut, el jurista de Heidelberg, logró dar con la formulación precisa de los pensamientos y deseos de su tiempo[16], en su libelo *Sobre la necesidad de un Derecho civil general para Alemania*, publicado en Heidelberg en 1814. Fue escrito, como él mismo refirió más tarde, «en el año 1814», «cuando en el cuartel tenía a muchos soldados alemanes llenos de esperanza que querían marchar sobre París, (...) en no más de catorce días —alentado por el más cálido entusiasmo[17]»[*].

Aunque el móvil era, pues, de tipo político, también fue importante que tales planes encontraran un suelo abonado en la conciencia jurídica hasta entonces dominante. Para el iusnaturalismo racionalista, era la ocasión propicia para poner orden en el «abigarrado caos anterior»[18], así como

---

13 Conrings, Leibnitz, Thomasius, Biener, Herder. Cfr. Stern [312], pp.8, 236.

14 Stern cita una serie de ejemplos [312], en nota (12). El *Rheinischer Merkur*, fundado en 1814 por Joseph v. Görres, fue el diario más influyente de su tiempo, siendo calificado como «la quinta potencia» por Napoleón.

15 «*C. de G.*» del año 1815, nº 219.

16 Pfeiffer, *Ideen zu einer neuen Civil-Gesetzgebung für teutsche Staaten*, 1815, titula, en este sentido, el § 2: «*Die Wünsche dieser Zeit*» (*Los deseos de nuestro tiempo*).

17 *Über die sogenannte historische und nicht-historische Schule*, p. 6.

* N. del T.: Aunque la cita es confusa («*als ich viele deutsche Soldaten, welche auf Paris marschieren wollten, mit frohen Hoffnungen im Quartier hatte (...) höchstens nur in vierzehn Tagen, —recht aus der vollen Wärme meines Herzens*»), Thibaut parece querer decir que escribió el libelo a vuelapluma, en sólo catorce días.

18 Thibaut [321], 11 (edición de 1814).

para hacer el esfuerzo de implantar de una vez por todas un código único, claro y completo, basado en los eternos principios del derecho natural. Se percibe aquí un lejano eco de la *ère nouvelle* soñada por la joven Revolución Francesa. Pero, a diferencia de Francia, en Alemania el objetivo a conseguir no era tanto un determinado contenido de la codificación, cuanto la unificación jurídica que ésta suponía.

No obstante, el momento de la unidad política alemana no había llegado aún, lo que condenó también al fracaso la idea de la unidad jurídica.

Esta era la situación cuando Savigny intervino en la polémica, negando a su época la «vocación para la legislación» (*Vom Beruf unserer Zeit für Gesetzgebung und Rechtswissenschaft,* Heidelberg, 1814). Estaba seguro de la victoria, mientras la discusión hubiera de mantenerse necesariamente. Pero en tanto se mantuvieran en este ámbito, las palabras no podían cambiar el curso de las cosas. Por el contrario, era más que dudoso que pudiera lograr también un triunfo interno*, y un cambio en el sentir general. De hecho, el ánimo del pueblo continuó del lado de Thibaut: en las objeciones de Savigny no se veía sino pedantería académica y prejuicios[19]. Si a pesar de ello Savigny consiguió tan plenamente su propósito de atraer hacia su posición a la corriente jurídica de la época, ello se debió a su alianza con otra fuerza de su tiempo, el romanticismo; y a través de él, a su vez —aunque en diferente forma—, con el nacionalismo.

El libelo de Savigny supone, como toda ruptura intelectual, a la vez la clave de bóveda de una determinada evolución y la primera piedra de otra nueva. El genio cosecha los frutos que el tiempo ha hecho madurar. Hugo, Herder, Montesquieu, Vico y otros muchos precedieron a Savigny; pero fue él quien dió el golpe preciso en el momento adecuado**. Todas las glorias fueron a parar a él, *porque fue el último*. Por otra parte, Savigny se convirtió también en el punto de arranque de un nuevo movimiento, y andando el tiempo se le atribuiría la responsabilidad por los errores y extravíos de éste, *al haber sido el primero.*

---

* N. del T.: *sic («innerer Sieg»),* aunque parece que tendría más sentido hablar de un triunfo externo, fuera de la academia.

19 Stern cita ([312], pp. 185 y ss.) una serie de *«juicios de los autores contemporáneos acerca de los escritos polémicos de Thibaut y Savigny entre 1814 y 1818»*. Al margen de las manifestaciones de Hugo y Grimm y algunas otras excepciones, muy contadas, la práctica totalidad de las 25 opiniones citadas están del lado de Thibaut, entre ellas la del célebre criminalista Anselm v. Feuerbach. (Prólogo a Nepomuk Borst, *Über die Beweislast im Zivilprocess*, Bamberg y Leipzig, 1816).

** N. del T.: A. Ross acude aquí a una imagen intraducible. Dice literalmente: *fue como cuando se hace salir a golpes al gato del tonel.*

La corriente historicista, que ya había cobrado conciencia de sí misma, alcanzó también forma externa al año siguiente, en 1815, cuando Savigny fundó, junto con Eichhorn y Göschen, la *Zeitschrift für geschichtliche Rechtswissenschaft*. En torno a este órgano se agruparon una serie de discípulos, de los que el más célebre fue Georg Friedrich Puchta. Considerado el talento constructivo-especulativo de la escuela, formuló en el primer volumen de su *Das Gewohnheitsrecht* (Erlangen, 1828) la doctrina teórica fundamental de ésta, a saber, la teoría del surgimiento del derecho a partir del espíritu popular. Más adelante, dicha teoría fue asumida por Savigny, quien la incorporó al primer volumen de su *System des heutigen römischen Rechts* (Berlín, 1840). Con ello, concluye el desarrollo interno de la escuela histórica; es más, la obra de Savigny marca ya el inicio de su disolución (vid. *infra*, a continuación). Hacia la mitad del siglo XIX, los ataques contra esta escuela se suceden sin descanso; más adelante nos referiremos a este hecho. Pero, en cualquier caso, sus doctrinas fundamentales influyeron de tal manera en las mentalidades de la época, que no han dejado hasta hoy de condicionar en buena medida las ideas más comunes acerca del derecho. Sus dogmas han evidenciado una capacidad análoga a los de índole religiosa para evolucionar y transformarse, adecuándose al cambiante espíritu de los tiempos. Este hecho es el que permite comprender que existan tamañas vacilaciones en la interpretación de su contenido. Y por eso parece, pues, que ha llegado el momento de mostrar su originario y verdadero carácter, el romántico, a fin de poder liberarnos de él definitivamente.

A fin de plasmar su doctrina de las fuentes del derecho, partiremos de la exposición que hace Puchta en su *Gewohnheitsrecht*. Se afirma aquí que todo derecho posee carácter nacional, que es producido por el espíritu del pueblo a través de las convicciones jurídicas populares en que se manifiesta. Si eliminamos provisionalmente, con vistas a una ulterior discusión, la cuestión relativa a la naturaleza de este proceso de producción, bastará con señalar de momento que, al menos en cuanto a su forma, puede ser concebido como análogo a un proceso natural. Igual que, v. gr., en el proceso de formación del nitro se puede hablar: 1° de una *«fuerza eficiente»* (una «fuerza química», hipóstasis de una cierta regularidad); 2° de distintos *métodos de producción* (naturales y artificiales, por ejemplo, en un laboratorio); 3° de las *formas de aparición* en las que el resultado de la producción puede ser constatado (precipitado en las paredes, sedimento en la probeta, etc.) y finalmente, 4° de los *estados* específicos en los cuales puede hallarse el mismo producto (amorfo, cristalino) —de igual modo distingue Puchta entre los correspondientes cuatro elementos en el proceso de formación del derecho. Es importante tener en cuenta esta circunstancia, puesto que aporta una mayor claridad a la terminología de Puchta, que es cualquier cosa menos exacta.

ad 1° Como ya se ha dicho, Puchta considera «fuerza eficiente», factor último de producción, al espíritu del pueblo, a la convicción popular. Por lo tanto, lo llama «la verdadera fuente de todo derecho»[20].

ad 2° A continuación, dice, «hay que dar un paso más e indicar la forma y manera en que la convicción jurídica del pueblo genera el derecho, las vías mediante las cuales éste nace de aquella, las formas en las cuales surge»[21]. Estas formas reciben el nombre de fuentes del derecho, sin mayores precisiones. «Tales fuentes del derecho son tres: hay tres vías por las que surge el derecho, tres fuentes del derecho: el acuerdo natural en la convicción jurídica, la legislación y la ciencia»[22]. De estas tres vías, se considera que la primera es la vía directa y natural de producción, ya que el espíritu del pueblo «actúa de forma inmediata, sin el concurso de un medio artificial; esto es, actúa a través de la influencia que ejerce la convicción jurídica del pueblo sobre las conductas de los individuos que lo componen»[23].

ad 3° «De estas formas de surgimiento hay que distinguir los medios o *fuentes de conocimiento* del derecho»[24]. A las tres vías de producción corresponden, respectivamente, tres fuentes de conocimiento[25]: «la costumbre», esto es, «la convicción jurídica inmediata de los integrantes del pueblo, que se revela en sus acciones[26], la ley y, por último, el sistema, entendiendo por tal «el conjunto de los fundamentos intrínsecos del conocimiento»[27].

ad 4° Finalmente, el producto mismo, el derecho, es definido siguiendo el mismo esquema tripartito, como derecho consuetudinario, derecho promulgado y derecho de juristas, respectivamente»[28].

No obstante, esta visión de las cosas sólo se corresponde plenamente con las circunstancias reales en la fase primitiva de un pueblo. Posteriormente, la conciencia jurídica nacional va trasladándose paulatinamente a un círculo más restringido, el de los juristas especializados. «Así sucede (...) que, por vía natural, los juristas se convierten en el órgano que expre-

20 *Das Gewohnheitsrecht*, I; p. 143.
21 Op. cit., I, pp. 143 y 144.
22 I, pp. 144 y 78.
23 I, pp. 9 y 10.
24 I, p. 78.
25 I, pp. 78 y 79. A efectos expositivos, hemos retocado ligeramente la formulación que ofrece Puchta.
26 *Inst.*, I, p. 18.
27 *Gewohnheitsrecht*, I, p. 79.
28 Op. cit., I, p. 78.

sa las opiniones jurídicas nacionalmente compartidas, y de ahí que la convicción común del estamento de los juristas pase a ocupar la misma posición que se atribuye a la opinión de los miembros de una nación en general»[29]. Por tanto, dentro del «derecho de juristas», en sentido amplio, hay que distinguir dos partes: la primera constituye un desarrollo del primitivo derecho consuetudinario, creado de forma natural y directa; el espíritu del pueblo actúa aquí a través de los juristas, como representantes naturales del pueblo. Y la segunda surge a través de la ciencia, como medio artificial: el «derecho de juristas» en sentido estricto, o, mejor aún, «el derecho de la ciencia».

Puchta había comenzado el capítulo del «surgimiento del derecho» con una descripción de la evolución de la humanidad desde Adán y Eva, basándose en las Sagradas Escrituras; al parecer, esta religiosidad dogmático-ingenua se acentuó con los años. En el muy posterior *Cursus der Institutionen*, de 1841, mantuvo la doctrina del surgimiento del derecho en su forma básica, pero dotándola de un fundamento religioso-dogmático: ciertamente, el derecho surge en el seno de la conciencia humana, pero ha sido Dios quien les ha otorgado ésta a los hombres[30]. Se afirma, además, que «el derecho llega a la conciencia humana, en parte por la vía sobrenatural de la Revelación —nuestras Sagradas Escrituras atribuyen a Dios haber formulado la primera sentencia de derecho—, y en parte por la vía natural de un sentido o instinto innato al espíritu humano. Este derecho humano presupone una conciencia común que le sirva de fuente»[31]. El presunto positivista histórico capitula, así, ante el derecho natural en su forma más extrema: el derecho natural de origen divino, revelado. El camino hacia la filosofía teocrática del derecho de Stahl está expedito.

En su libelo de 1814, Savigny no incluyó doctrina sistemática alguna de las fuentes del derecho. Si bien en este escrito la teoría del espíritu del pueblo está ya latente en forma embrionaria, hay que destacar que para Savigny el momento *histórico* predomina con creces sobre el *nacional*. Insiste, una y otra vez, en el desarrollo histórico-orgánico del derecho. Este punto de vista es el que predomina también en el artículo programático que Savigny escribió al año siguiente para la *Zeitschrift für geschichtliche Rechtswissenschaft*. Sólo posteriormente, influido por Puchta, acepta la doctrina del espíritu del pueblo, que aparece incorporada, con todos sus rasgos básicos, al primer volumen de su *System des heutigen römischen Rechts* (1841). Sin embargo, Savigny admitió la existencia de excepcio-

29 Op. cit., II, pp. 19 y 20.
30 *Inst.*, I, p. 14.
31 Op. cit., I, pp. 14 y 15.

nes modificativas en todos los ámbitos de surgimiento del derecho. Así, reconoció que «ciertamente, la casualidad y la arbitrariedad ejercen un gran influjo sobre la formación de los Estados; en particular, los confines de aquellos frecuentemente son establecidos por conquista o por fraccionamiento, de forma harto divergente de las fronteras naturales determinadas por la unidad de un pueblo»[32]. También en lo que atañe a la legislación general, se percibe claramente que a Savigny le costó admitir el dogma del espíritu del pueblo. Subrayó, con mayor énfasis que Puchta, que la convicción popular opera particularmente «en la etapa de juventud de un pueblo», para más tarde retroceder, tendiendo incluso a desaparecer del todo, «si no fuera porque se establecen órganos específicos (...) a este efecto: la legislación y la ciencia del derecho»[33]. Aunque también Savigny pretende concebirlos, con Puchta, como *órganos* de la convicción del pueblo, sin embargo desvirtúa esta concepción en cuanto añade que se trata de «dos órganos», «cada uno de los cuales tiene vida propia e independiente»[34]. Pues el rasgo de la *vida propia* anula precisamente la condición de *órgano*. Ni siquiera el núcleo de la doctrina, el derecho consuetudinario, se mantiene de forma inalterada. Se admite «que muchas prescripciones son de naturaleza relativamente indiferente»; no están determinadas por una determinada convicción del pueblo: «en ellas, lo único importante es que exista, o se tenga por válida una regla determinada cualquiera... y de esta forma, desde luego, la costumbre, como tal, puede influir en la formación del derecho»[35]. En concordancia con esto, Savigny asigna al legislador una misión más importante que la que le confiere Puchta[36]. Finalmente, Savigny tampoco comparte la posición de Puchta respecto del derecho internacional, al que éste niega de plano el carácter jurídico, alegando que su origen es no-nacional[37].

Con esta serie de importantes modificaciones (que a menudo se pasan por alto), Savigny en realidad vino a romper con las consecuencias más importantes del dogma fundamental del espíritu del pueblo. Por eso, en el fondo Manigk tiene razón cuando considera que el núcleo de la doctrina de Savigny no es el espíritu del pueblo, sino más bien la contemplación de la ciencia jurídica como fuente del derecho[38]. Y, por la misma razón, se

32 *System,* I, p. 31.
33 Op. cit., I, pp. 17 y 18.
34 Op. cit., I, p. 50.
35 I, p. 36.
36 I, p. 40.
37 I, p. 33.
38 *Savigny und der Modernismus*, pp. 78 y 79.

equivoca a su vez Ehrlich[39] cuando cree poder reencontrar en la doctrina del derecho consuetudinario sus «hechos del derecho». Porque en el sentido que fue tomando en esta doctrina, el fundamento del derecho consuetudinario no eran las costumbres populares existentes de hecho, sino la ciencia del derecho como sistema.

3. Para comprender en su esencia la doctrina *historicista,* es preciso aclarar, antes que nada, *cuál es el problema* que se ha planteado y que desea resolver esta doctrina. De los tres problemas fundamentales del derecho[40], el teórico-jurídico, el sociológico-jurídico y el político-jurídico, parece razonable considerar que es el segundo el que ha querido plantear y resolver la teoría del surgimiento del derecho a partir del espíritu del pueblo. Es seguro que no se ha tratado de establecer un nuevo ideal de derecho, un nuevo derecho natural; y menos aún se ha querido hacer de la existencia del derecho un problema epistémico. Más bien, se ha pretendido ofrecer una nueva doctrina sobre *cómo surge el derecho*, en forma de un sistema jurídico dado; y sobre cómo el derecho —presuponiendo ya su existencia— puede ser comprendido en un contexto más amplio. Ahora bien, todo ello ha de entenderse con la salvedad de que, si bien Puchta y Savigny tuvieron bien clara la diferencia entre este problema y el de índole político-iusnaturalista (aunque no consiguieran mantener separados ambos problemas), no ocurrió lo propio con la diferencia entre el problema sociológico y el teórico-jurídico. Antes bien, ambos creyeron que, al resolver el primer problema (el de cómo *surge* el derecho), habían resuelto también el segundo (el relativo a qué significa y cómo puede conocerse que algo *«existe»* como derecho).

A partir de aquí, se plantean las siguientes dos interrogantes:

a) ¿Cuál es la idea básica que se halla implícita en la doctrina del origen del derecho a partir del espíritu del pueblo y que constituye la respuesta de Savigny y Puchta al problema de cómo *surge* el derecho?

b) Desde el punto de vista *metodológico*, ¿permanece esta doctrina dentro de los límites trazados por este planteamiento, o incurre acaso en un sincretismo metódico? Dicho sincretismo podría darse en dos planos distintos: por una parte, la cuestión acerca del surgimiento del derecho puede mezclarse con consideraciones de tipo iusnaturalista; y por otra, ambas formas de plantear el problema pueden ser confundidas, a su vez, con el problema teórico-jurídico de la existencia del derecho.

De ambas interrogantes, que son absolutamente determinantes para la comprensión de la escuela histórica, analizaré en primer lugar la segunda.

---

39 *Soziologie des Rechts*, pp. 362 y 377.

40 Cfr. supra, p. (en blanco en el original).

4. ad b) Resulta innegable que, si se examina la doctrina de Puchta sobre las fuentes del derecho bajo el presupuesto de que se ocupa exclusivamente de *algo fáctico*, de cómo surge *fácticamente* el derecho, entonces existen algunas manifestaciones que no parecen compadecerse con ello.

Puchta afirma que también en el caso del derecho surgido de forma *mediata*, el «derecho promulgado» y el «derecho de la ciencia», la convicción del pueblo es el auténtico factor creador de derecho, que lo genera de forma mediata, a través de la legislación o la ciencia como medios artificiales. Mas esta idea, de que la fuerza creadora que opera, *de hecho*, en tales formas jurídicas es la convicción popular, no es luego mantenida de forma consecuente.

En lo que a la legislación se refiere, Puchta admite que ésta no ha de ser necesariamente expresión *real* de la conciencia general, sino que se trata únicamente de presumir, *en forma ficticia*, que lo es[41]. Ahora bien, está claro que, en la medida en que lo que se trata de explicar es el surgimiento *fáctico* del derecho, la admisión del carácter ficticio de la «fuerza creadora» priva de todo sentido al planteamiento. En cambio, este giro de la argumentación resulta perfectamente inteligible y oportuno cuando la tarea se orienta a la *justificación ética* del derecho (por eso, las teorías contractualistas del Estado se han servido siempre de este tipo de ficción). Que, en realidad, éste y no otro punto de vista es el que subyace al planteamiento de Puchta, es algo que se aprecia claramente cuando reconduce la constitución estatal a la convicción nacional. «Se puede pensar en tres vías para el surgimiento originario de la constitución», afirma. «O bien se ha establecido una autoridad pública, y por consiguiente el Estado ha surgido mediante un contrato entre los futuros miembros del mismo, o bien mediante la fuerza, o bien, por último, a través de aquella natural coincidencia de pareceres. De estas posibilidades, desecha inmediatamente la primera, por su carácter ficticio. De la segunda, dice: «Si hubiera surgido un poder estatal del segundo modo, no merecería, puesto que es algo plenamente irracional, ser considerado como el fundamento jurídico de cosa alguna». El autor puede así concluir: «por tanto, únicamente resta la tercera vía»[42]. De lo cual se desprende que el planteamiento es, sin duda, ético-iusnaturalista; puesto que la afirmación de que la constitución no puede *fundarse* en la fuerza, evidentemente sólo tiene sentido si se entiende el término «fundar» en el sentido de una *justificación ética*. Adoptando esta perspectiva, el sentido de lo antedicho es, pues, que el derecho promulgado ciertamen-

41 *Gewohnheitsrecht* I, pp. 143 y 231; cfr. *Kritik von Georg Beseler*, p. 17.

42 *Gewohnheitsrecht*, I, pp. 209 y 210.

te surge de manera (hasta cierto punto) independiente del espíritu del pueblo, pero que sólo está éticamente justificado en la medida en que emane de éste.

Otro tanto se puede decir en lo referente al derecho basado en la «ciencia», en el «sistema».

Si pasamos entonces al núcleo de la doctrina, el derecho consuetudinario como directamente surgido de la convicción del pueblo, parece que sería aquí donde antes cabría esperar que se fuera consecuente con el planteamiento del surgimiento *fáctico* del derecho. Pero este no es el caso. En su polémica con Eifer, Puchta niega una y otra vez que la costumbre *meramente fáctica* pueda ser considerada como fundamento del derecho; un planteamiento que sólo es inteligible cuando se pretende «fundar» el derecho consuetudinario, esto es, justificarlo. Y de hecho, esto mismo es lo que se deduce también de forma inequívoca de una serie de manifestaciones suyas, entre las que mencionaremos las siguientes: «Quien mantiene que la costumbre es fuente del derecho consuetudinario, no puede hallar solución al problema de cómo *justificar* el resultado, esto es, el que conductas de personas concretas puedan adquirir vinculatoriedad para terceros»[43] (para la ulterior argumentación, vid. nota [44]).

A la inversa, afirma que el derecho consuetudinario encuentra su «fundamentación» en la medida en que emana de la conciencia nacional. Conviene detenerse un momento en la argumentación de Puchta, para ver en qué consiste realmente su doctrina de la justificación del derecho. El derecho consuetudinario, afirma, está justificado si (porque) se basa en la convicción nacional, puesto que hay que considerar que *todo individuo*, en cuanto miembro de la nación, *participa de esta convicción*. «La existencia de la libertad jurídica conlleva que, frente a la voluntad de un hombre, haya otra voluntad, a la cual reconoce en parte como distinta, externa, como la voluntad de otro sujeto libre, capaz de tener una voluntad propia; pero también la reconoce en parte como suya, en la medida en que

---

43 Op. cit., II, p. 215.

44 1) Op. cit., II, p. 7: *«Si lo primero fuera el caso [si la costumbre como tal fuera* fuente del derecho], entonces el derecho consuetudinario sería algo completamente *inexplicable». 2) Kritik von Georg Beseler*, p. 7, donde se dice, en el mismo contexto: «Es contrario a la *justicia...»*. Añadiendo después (p. 8) que «el fundamento interno de la autoridad de su origen» no se puede buscar en la aprobación del legislador, pues «un legislador tal merecería ser apartado de su función, tal y como se despide a un administrador negligente». Por contra, se trata de encontrar el fundamento (p. 10) en «el innato sentido del derecho de la nación»; expresión que presupone una justificación del derecho consuetudinario. 3) Su aversión hacia los prejuicios [248a], I, p. 164. «No cabe cosa más triste que una autoridad atribuida simplemente a un hecho externo, no animado por idea alguna».

se funda en una convicción que igualmente le es propia». En cambio, la mera costumbre de hecho no puede justificar la vinculación de un tercero; lo que se explica porque estos actos «no proceden de la convicción común, esto es, son actos decididamente ajenos para quienes no hayan participado en ellos»[45]. Por consiguiente, se otorga importancia decisiva a si la acción creadora de derecho puede considerarse como «propia» o como «claramente ajena». Se da por supuesto que esta acción vincula cuando es «propia»; y como tal es considerada cuando se funda en la convicción general. Mediante esta reconducción del fundamento (éticamente) obligatorio del derecho a la voluntad *individual*, el planteamiento nos devuelve a las teorías individualistas de la voluntad, de carácter iusnaturalista; esto es, a la *teoría contractualista*. La vinculatoriedad que deriva de la (ficticia) participación individual en la común convicción nacional constituye una construcción legitimadora de carácter individualista; pertenece al mismo tipo que la teoría contractualista, según la cual la obligación surge a través de la participación (ficticia) del individuo en un contrato.

Como cabe concluir de todo lo antedicho, Puchta no se ciñe de manera consecuente a la cuestión de cómo surge fácticamente el derecho. Ciertamente, ésta constituye el trasfondo de sus reflexiones, pero con frecuencia este punto de vista se entremezcla con el afán de justificar el derecho, heredado del iusnaturalismo.

Es más, todo este complejo de consideraciones sociológicas (al menos, en cuanto al planteamiento inicial) y éticas se mezcla, a su vez, con el problema epistemológico de la existencia del derecho, con el problema de la positividad. Ciertamente, Puchta distingue entre fuentes de creación y fuentes de conocimiento, pero se le escapa el carácter radical de esta distinción. No se ha dado cuenta de que (en términos lógicos) antes de poder preguntar cómo surge el derecho hay que saber qué significa, y cómo es posible conocer, que un determinado derecho posee validez. De ahí que crea poder conferir directamente carácter de derecho positivo, por una parte a la convicción del pueblo, tal y como aflora de manera inmediata en los actos de los individuos (la costumbre), y por otra a la ciencia del derecho. Sin embargo, pasa por alto que, si bien ambos pueden ser factores operantes en el proceso de surgimiento del derecho, no son, en sí mismos, derecho positivo. Esta confusión de las fuentes de conocimiento con las «fuerzas determinantes», implícita en la doctrina de la escuela histórica, ha sido criticada especialmente por Bergbohm[46].

45 I, p. 139; II, p. 215.

46 *Jurisprudenz und Rechtsphilosophie*, pp. 507 y 521.

Cuanto se ha dicho aquí de Puchta puede aplicarse también, en lo esencial, a Savigny. Encontramos en su obra manifestaciones que se corresponden plenamente con las de Puchta sobre la justificación del derecho consuetudinario y la constitución, por tener su origen en la voluntad del individuo, operando la voluntad común como elemento intermedio[47]. Y también lo dicho en relación con la costumbre y la ciencia jurídica como fuentes del derecho es predicable, sin modificación alguna, respecto de Savigny.

Podemos concluir, por tanto, que en la escuela histórica se produce un doble sincretismo metódico. Por una parte, esta escuela no ha superado el planteamiento eticista y iusnaturalista, sino que frecuentemente mezcla esta perspectiva con la sociológica (al menos, en cuanto al planteamiento del problema). Por otra parte, mezcla ambos puntos de vista con el de la epistemología jurídica. No obstante, la escuela histórica se distingue del iusnaturalismo en dos aspectos. En primer lugar y ante todo, por el mero hecho de plantear el problema sociológico. Corresponde a la escuela histórica el mérito indiscutible de haber superado la concepción iusnaturalista, de carácter asociológico, según la cual el origen del derecho se encontraba en un *libre arbitrio* descontextualizado. El rechazo del carácter *arbitrario* de la existencia del derecho constituye la médula de la escuela y su disculpa por los abundantes pecados cometidos. Su segundo mérito estriba en que el criterio ético que se usa para evaluar la justificación del derecho pierde su carácter abstracto y absoluto y deviene concreto (esto es, histórico) y relativo.

Solucionada esta cuestión, sigue en pie el problema fundamental: si prescindimos de los errores metodológicos ya tratados, esto es, únicamente en lo tocante al problema del surgimiento fáctico del derecho, ¿cuál es la naturaleza de la doctrina de la escuela histórica sobre el surgimiento del derecho a partir del espíritu del pueblo?

5. ad a) La interpretación que resultaría más plausible en términos actuales es que tal doctrina obedece al intento de determinar el surgimiento del derecho de forma causal, científico-natural; supeditando, pues, el proceso de creación del derecho a una regularidad sociológica, científico-natural. Y de hecho, esta interpretación es la que predomina de manera casi exclusiva en la literatura. Así es cómo se ha entendido a la escuela histórica, y sobre esta base se la ha criticado[48]. Sin embargo, esta interpretación ha surgido bajo la égida del positivismo, para cuya orientación intelectual cualquier otra visión de las cosas tenía que resultar imposible. No podía caber duda alguna de que Savigny había querido resaltar, ante todo, el surgimiento no

47 *System*, p. 24. «Sólo el individuo puede, en virtud de su libertad, sublevarse, sobre la base de lo que desea para sí, contra lo que piensa y quiere como miembro del todo».

48 En particular, Stammler, «*Über die Methode der geschichtlichen Rechtswissenschaft*».

arbitrario del derecho. Ahora bien, si dicho surgimiento no se toma como algo arbitrario, entonces habrá que considerarlo como un proceso natural sometido a leyes: *tertium non datur*. Un razonamiento de esta índole tenía que resultar convincente en una época dominada por el positivismo naturalista, como lo fue la segunda mitad del XIX.

Habremos de intentar aquí una interpretación de la doctrina de la escuela histórica radicalmente distinta de la acostumbrada; interpretación que se sustenta en tres tipos de consideraciones.

α) Si contemplamos detenidamente la obra de Savigny y Puchta, *no* con la lente del positivismo científico-natural, esto es, partiendo del evolucionismo y la sociología de Darwin y de Comte, *sino* desde la perspectiva de la propia época de Savigny, es decir, desde los presupuestos de la filosofía naturalista y la filosofía idealista de la historia de Schelling y Hegel, entonces se obtiene una imagen enteramente distinta a la tradicional. El sistema de Savigny y Puchta surgió bajo, y en íntima relación con, el romanticismo alemán. Aquí se encuentra, probablemente, la clave para el correcto entendimiento de su doctrina. Sólo entendiéndola como el producto romántico de un tiempo romántico, se nos desvelará su auténtico significado.

β) Por otra parte, cabe extraer argumentos de peso de las consecuencias que se derivan de adoptar la interpretación a que acabamos de referirnos como la históricamente más plausible. Porque la doctrina del espíritu del pueblo contiene algunos aspectos que, entendidos a la luz de la interpretación tradicional, vendrían a ser anomalías desconcertantes, cuando no incoherencias tan evidentes que su presencia en un sistema creado por el genio científico de Savigny y el talento lógico-constructivo de Puchta no puede resultar sino enigmática. La interpretación que proponemos deshace estas aparentes incoherencias; sólo así cabe presentar la doctrina de la escuela histórica como un todo dotado de conexión orgánica.

γ) Finalmente, cabe aducir, a modo de confirmación, algunas manifestaciones literarias a las que debe atribuirse particular relevancia, ya sea por el tiempo en que surgieron, ya por el autor del que provienen.

6. ad α) No es ningún descubrimiento que la escuela histórica se halla en conexión con el romanticismo alemán; más bien, ha de considerarse la interpretación más común[49]. Especialmente Löning ha descrito en detalle

49 Kantorowicz [169c], p. 302, considera indudable esta conexión, a la vista de las investigaciones más recientes; vid. particularmente Brie, Moeller, Dittmann, Loening, Landsberg y Visser, en las obras citadas en nota (1). En contra, sin fundamento ninguno, Manigk, en *Savigny und der Modernismus*, pp. 28, 42, 67 y 101, estimando que Savigny llegó «por sí mismo» a la teoría historicista; vid. también Ehrlich, *Soziologie des Rechts*, p. 368.

los presupuestos filosóficos de la escuela[50]. Sin embargo, extrañamente no se han extraído las consecuencias inmediatas que esto comporta para la comprensión de la doctrina del espíritu del pueblo.

Es conocido el contacto personal que ambos profesores de derecho mantuvieron con eminentes personalidades del primer romanticismo. Savigny[51] estuvo casado con Kunigunde Brentano, una hermana de Bettina, que a su vez estaba casada con Achim von Arnim; ya de por sí, sus vínculos familiares le mantienen, pues, en estrecho contacto con el círculo de los románticos. Pero además tuvo estrecha relación con los hermanos Grimm, como profesor y amigo, al margen de toda una serie de lingüistas y poetas románticos que formaron parte, desde la juventud, de su círculo de amistades[52]. De las cartas enviadas durante su viaje de estudios (1799-1800)[53] se desprende que visitó el baluarte del romanticismo, Jena, y escuchó al celebrado Schelling, que le causó una profunda y duradera impresión. Pero fue Puchta quien mantuvo una relación personal más estrecha con éste: desde su primera juventud (1820) hasta su muerte (1846), pasó la mayor parte de su vida próximo a Schelling, primero en Erlangen (1820-1827), más tarde en Munich (1828-1835) y en Berlín (1842-1846). Aunque no presenció las clases magistrales de Schelling sino en Munich[54], a título de colega universitario, no puede haber duda alguna de que ya en los tiempos de Erlangen conocía las obras del reputado filósofo.

También las influencias objetivas de la filosofía romántica, que saltan a la vista en algunos pasajes de los trabajos de ambos juristas, han sido posteriormente objeto de detallados estudios[55]. Pero, aunque sin duda estos estudios revisten gran importancia, han reparado excesivamente en los detalles, en *influencias* directamente demostrables, al considerar la rela-

50 Vid. nota (1).

51 Para la biografía de Savigny, vid. en particular: Rudorff, en *Zeitschrift für Rechtsgeschichte,* 2 (1863), pp. 1 y ss.; Ihering, en *Gerber und Iherings Jahrbuch*, 5 (1861), p. 354 y Landsberg, en *Allgemeine deutsche Biographie*, vol. 30 (1890) y la bibliografía allí citada. Vid. también Eduard Müller, *Friedrich Karl von Savigny*, Leipzig, 1906; Briefwechsel Johann Kaspar Bluntschlis mit Savigny, Niebuhr, Leopold Ranke, Jakob Grimm und Ferdinand Meyer, editado por Wilhelm Oechsli, Frauenfeld, 1915.

52 En particular, Friedrich Creuzer; vid., por lo demás, sus cartas de viaje, editadas por Stoll (vid. nota siguiente).

53 Stoll, *Friedrich Karl von Savignys sächsische Studienreise 1799 und 1800.* Leipzig, 1891.

54 Cfr. con la Biografía de Puchta en *Allgemeine deutsche Biographie*. En 1823, Schelling dejó de impartir docencia. En 1820, Puchta obtuvo su grado de Doctor y se habilitó. Viaje de estudios en 1821-1822.

55 En particular, Brie, Moeller, Loening, Landsberg y Kantorowicz, en las obras citadas en nota (1).

ción como de causa-efecto. Este método es, ya de entrada, erróneo. La conexión entre la filosofía romántica y la escuela histórica que hay que demostrar no se circunscribe a una relación causal; la tarea es más bien la de demostrar la uniformidad interna, orgánica, estructural de estos complejos de ideas, su determinación común y paralela por el mismo tipo de morfología intelectual (*morphologischer Geistestypus*).

Este método presupone que es posible definir el concepto de romanticismo como un tipo básico de morfología intelectual (*geistesmorphologischer Grundtypus*), regido por una regularidad lógico-general y una estructura interior orgánica y subordinado a un principio organizativo común.

No obstante, es evidente que rebasaríamos con mucho el marco de este trabajo si quisiéramos probar la existencia de esta ciencia y exponer el método del que se sirve. Tendremos que contentarnos aquí con postular algunos de los resultados a los que se llega por esta vía y atenernos, por lo demás, al romanticismo alemán como tipo empírico, extrayendo las consecuencias que de ello se derivan para la comprensión de la teoría del espíritu del pueblo.

7. Dryssen ha definido el «romanticismo», en el sentido más amplio, como «aquella mentalidad que, pese a percibir claramente la distancia que separa la *ratio* de lo no racional y de lo suprarracional, trata de no renunciar a la aprehensión espiritual de la vida, intentando acceder a ella de modo inmediato, en una forma cualitativamente distinta a la de la *ratio*. El órgano que permite esta aprehensión suprarracional es la experiencia de la intuición»[56]. Se señala aquí, de modo ciertamente correcto, que lo que caracteriza al romanticismo es la relación entre lo racional y lo irracional. No es posible ofrecer en estas escasas líneas una exposición detallada; lo que sigue es poco más que un esbozo.

Lo racional o lógico supone una función de determinación del objeto (*objektbestimmende Funktion*). El objeto se determina mediante un proceso lógico que no puede ser definido sino como función determinadora, articuladora, esto es, establecedora del objeto. El concepto y el juicio son sus elementos básicos. Por ello, lo racional puede ser calificado también como abstracto; pues el concepto nunca puede adecuarse plenamente a lo individual-infinito, la determinación nunca puede tener carácter exhaustivo. También cabe calificarlo como relativo; pues la función del juicio es ir avanzando a lo largo de una infinita concatenación de relaciones. Por último, dado su carácter determinador del objeto, lo racional es también expresión de una vinculación a leyes; pues el objeto

56 *Bergson und die deutsche Romantik*, p. 50.

sólo puede determinarse en un proceso lógicamente sometido a leyes, y no en uno arbitrario.

Lo irracional supone el límite de la función soberana propia de lo racional (*souveräne Eigenfunktion des Rationalen)*; lo determinado por el objeto (*das Objektgesetzte*), en oposición a la función determinadora del objeto (*objektsetzende Funktion*). Por el contrario, no debe ser entendido como «otro ámbito dentro del alma» —lo «no-regido por la razón», el «sentimiento», la «voluntad», la «vida» o similares—, como algo que esté dado de modo inmediato en la conciencia, con independencia del proceso racional. Que algo se hace consciente significa, precisamente, que «algo aparece», que se objetiviza para un determinado sujeto cognoscente, que es determinado, pues, mediante un proceso racional. No existe un órgano para la autocontemplación interior. Por ello, lo irracional, la vida, pueden ser vividos, pero no experimentados, si no es mediante un proceso racional[57].

El aspecto romántico de una determinada postura vital o intelectual estriba en un violento movimiento de expansión de lo irracional a costa de lo racional. En cuanto actitud vital, implica una alta consideración, un entregarse a la existencia inarticulada como tal —a la pasión, a la autorrealización, a la vida— y un desdén correlativo hacia el conocimiento racional analítico, abstracto, relativista, que pretende encerrar lo vivo en lo muerto, y que nunca podrá superar el hiato entre el concepto y la vida. En este sentido, el romanticismo aparece, pues, como síntoma de una fuerza vital pletórica, como rebelión contra la ley. En cuanto actitud intelectual, la expansión de lo irracional supone una profesión de fe en la posibilidad de aprehender y conocer lo irracional, lo vivo e inexpresable, por caminos distintos a los de la inteligencia racional, analítica, discursiva y mortífera. Contemplado así, el romanticismo constituye un fenómeno de cansancio intelectual; la relajación, periódicamente recurrente, que sucede a la tensión crítica. El romanticismo es pereza conceptual y ansia de una aprehensión «inmediata» de lo infinito e inexpresable.

En la medida en que lo romántico se manifiesta en una postura singular ante la vida —en un desdén subjetivo hacia la penosa, sobria, tensa y agotadora reflexión; en una alta apreciación subjetiva hacia una vida temeraria y genial, liberada de aflicciones morales mezquinas y pedantes—, en esa medida afirmo que el romanticismo no es accesible a la crítica racional. Se comparta o no la deificación romántica del Yo, la admiración romántica de las grandes pasiones y el ansia de placeres intelectuales y

57 Paul Natorp, *Philosophie, ihr Problem und ihre Probleme*, Göttingen, 1911, pp. 151 y ss., en particular, 153.

eróticos desenfrenados: en su mera existencia, estos momentos irracionales no pueden ser sometidos a crítica racional alguna.

La cosa se presenta de forma enteramente distinta cuando el romanticismo es considerado como una postura y un producto de carácter intelectual. En la medida en que la expansión irracional lleva a postular un conocimiento distinto del puramente racional, la crítica se hace posible. Pues el proceso de conocimiento sólo está sometido a sus propias leyes racionales, soberanas y, sean cuales fueren sus irracionales fuerzas motrices, está sujeto a una crítica racional. Vulgarmente expresado: es posible sentir escaso aprecio por la sobriedad de la ciencia y admirar en su lugar las fantasías, llenas de premoniciones, de Novalis. Se puede encontrar el pan de la vida que el alma ansía en la filosofía de la revelación, plena de misticismo, de un Schelling, sin que nadie pueda decir nada en contra. Pero en el mismo instante en que se abre la boca, no para proferir un ruido inarticulado, sino con el fin de expresar un conocimiento, queda uno expuesto con su afirmación al rigor inexorable de la crítica racional. Porque sólo hay una forma de conocimiento, y su ley es lo racional.

En lo sucesivo, sólo profundizaremos en este aspecto del romanticismo. Sin embargo, excede de nuestros objetivos mostrar cómo el ansia de un conocimiento definitivo, prometedor y sustancial llega a vencer a la capacidad crítica, conduciendo a la religiosidad especulativo-filosófica (que también puede traducirse en formas estéticas) y a la «ciencia positiva» (en contraposición a la «negatividad» crítica») características del romanticismo; las cuales, cuando no encuentran otro camino por el que continuar, acuden a una intuición que todo lo aprehende, el ángel custodio de todo conocimiento romántico.

Mayor importancia para nuestro tarea de comprender el dogma del espíritu del pueblo reviste la influencia que el impulso estético ejerce sobre el conocimiento. Dentro de la cultura romántica, uno de los rasgos más distinguidos y sutiles es el amor por lo concreto-individual, por lo «único», por la figura y el símbolo en oposición a la ley, y el haber comprendido que la construcción racionalista de los conceptos nunca será capaz de expresar totalmente la unidad irracional-infinita. Dicho amor se manifiesta, primeramente, como sensibilidad estética. Por esta razón, hemos de agradecer a los románticos que hayan preservado la existencia de una serie de valores culturales que fueron ignorados, cuando no olvidados, por un racionalismo nivelador y egocéntrico. Mostrando una camaleónica capacidad de adaptación y aclimatación, los románticos han cultivado y traducido obras poéticas lejanas y extrañas a ellos (Calderón, Shakespeare, Cervantes y otros, poesía nórdica antigua y asiática, canciones populares, etc.). *En precisa conexión con la sensibilidad estética, se halla el sentido histórico para lo «único»*. La historiografía romántica ha contribuido de manera muy importante (incluso en nuestros días, como es p. ej. el caso de Spengler) a superar el egocentrismo racionalista y la nivelación generalizadora de lo único-individual.

Por ello, no es casual que la ciencia alemana adquiriera en el periodo romántico un carácter predominantemente histórico. Eso fue lo que ocurrió, por ejemplo —dejando a un lado la propia investigación histórica, que se distanció del pragmatismo racionalista—, en la lingüística, la teología e incluso en las ciencias naturales (la idea de evolución), así como en la ciencia del Estado y del derecho. En la ciencia jurídica, la escuela histórica constituye, en cuanto tal, esto es, en cuanto reacción historicista contra un derecho natural racionalista abstracto, egocéntrico, un ejemplo vivo de romanticismo. Por ello, sería erróneo pretender mostrar una *conexión* entre la escuela histórica y el romanticismo alemán; pues la escuela misma *es* una parte orgánica del romanticismo alemán. Aquí se encuentra la clave para entender sus doctrinas. De aquí resulta su «principio organizativo».

8. Tras todo lo dicho, se podrá comprender que el enfoque histórico de Savigny es el resultado de la corriente intelectual romántica, entendida como tipo, sin que sea necesario buscar algún otro género de «influencia», en una época en la que, en cierto sentido, el pensamiento histórico viene a hacer eclosión. Antes bien, ambos fenómenos se hallan yuxtapuestos, son plantas surgidas del mismo suelo[58].

---

58 También el concepto de «espíritu del pueblo» *(Volksgeist)*, al menos en la acepción, más empírica y francesa, del espíritu que posee un pueblo (*Geist des Volkes*), el carácter de la nación u otros similares, estaba ya implícito en la época, como mostró Moeller en sus excelentes investigaciones: «Poetas y pensadores, teólogos e historiadores, estadistas y juristas, todos ellos han contribuído a la lucha por la victoria, de manera que, cuando Savigny pronunció la palabra decisiva, hasta el *studiosus iuris* de primer semestre podía decir, con cierta razón: «Hace mucho que lo sé» [221], p. 35. Aunque sólo fuera por esta razón, está claro que Brie yerra cuando ([38b], p. 22), basándose en una pretendida identidad de planteamiento, pretende demostrar la *influencia de Hegel sobre Savigny*. A ello hay que añadir que la supuesta identidad es esencialmente incorrecta, pues el concepto de espíritu del pueblo significa en Hegel algo enteramente distinto que en Savigny. Cfr. Dittmann, *Der Begriff des Volksgeistes bei Hegel*, y Rosenzweig, *Hegel und der Staat*; sobre este punto, vid. *infra*. Por la misma razón, ha de rechazarse también el supuesto influjo que, según Brie, *Hegel habría ejercido sobre Puchta*, en el sentido de que este último habría tomado el concepto de espíritu del pueblo de aquél. Hay un solo aspecto de detalle en la doctrina de Puchta (vid. infra, p. 160) que proviene de Hegel. La posición de Brie es refutada, con buenos argumentos, por Loening, *Die philosophischen Ausgangspunkte der rechtshistorischen Schule*, pp. 82 y ss., y Kantorowicz, *Volksgeist und historische Schule*, pp. 319 y ss.; sin embargo, éste último supone una divergencia entre los conceptos de espíritu del pueblo de Hegel y Puchta excesivamente grande.

Por ello, aunque es cierto que Savigny contrapone a la *arbitrariedad* iusnaturalista la determinación *por la historia,* como sostiene la interpretación más habitual, en cambio, comprender *a qué tipo de* determinación se refería, exige un conocimiento más profundo de la concepción romántica.

Para el modo de pensar racionalista, es natural equiparar *determinación* a regularidad, a subsunción de lo individual bajo lo general; lo que no ocurre con los románticos. La íntima conexión entre las cosas que la filosofía natural de Schelling pretende encontrar en la naturaleza no es una fórmula sintética que exprese la regularidad científico-natural (puesto que ello significaría tan sólo una continuación de la propia ciencia natural), sino

---

Por último, Franz Rosenzweig ha demostrado, en sus detallados estudios sobre Hegel (*Hegel und der Staat*, 1920), la incorrección de la concepción de Brie (op. cit., I, nota en p. 22). De las afirmaciones de Rosenzweig se desprende que el término «*espíritu del pueblo*» aparece *por primera vez* en Hegel en el año 1789, en un inédito trabajo de juventud sobre «*Volksreligion und Christentum*» (op. cit., I, pp. 20 y 21), pero que este concepto tenía para Hegel un significado enteramente distinto del que más tarde tendría en la escuela histórica. «El espíritu del pueblo no es realmente para él la raíz oculta de toda existencia nacional, al modo en que la escuela histórica concibió posteriormente este concepto, sino más bien un elemento de esta existencia en su fase de plenitud, o bien —en la mayoría de los pasajes— su máximo esplendor; no es tanto fuerza conformadora como la misma vida del pueblo, ya configurada» (op. cit., pp. 22 a 34). Según esto, en términos de historia de las ideas, el concepto de espíritu del pueblo de Hegel pertenece al mismo plano que el *Esprit général* de Montesquieu; vid. sobre este punto *infra*, nota (67). El concepto de Montesquieu y Hegel es empírico y analítico; representa un complejo de causa-efecto, a la vez causado y causa de otros fenómenos; encuentra su lugar en una investigación de la historia que analice la evolución histórica en sus componentes causales. En cambio, el concepto de espíritu del pueblo de la escuela histórica es metafísico y sintético; significa algo absoluto y primero, que causa sin ser él mismo causado. Su lugar está en una investigación histórica que pretenda aprehender la evolución histórica como un todo vivo, por oposición a una división mecánica de misma. La idea de Hegel, sin embargo, va más allá de la de Montesquieu, en tanto que aquél supone, como fuente de la vida empírica del pueblo que se manifiesta en forma del espíritu del pueblo, una «razón general». —De la exposición de Rosenzweig (I, p. 167) se desprende también que el concepto vuelve a aparecer, con idéntico significado, en el tratado de Hegel sobre el derecho natural (1803). Dado que, por tanto, para Hegel no es el espíritu del pueblo quien crea el derecho, no podrá tampoco dejar la producción jurídica a las silenciosas fuerzas del espíritu del pueblo, como hace Savigny, sino que tendrá que reclamar una actividad legislativa consciente. De ahí el conocido dualismo político-jurídico entre el racionalismo hegeliano y el quietismo romántico, que aflora ya en el *Schrift über die Reichverfassung* (1801-1802) y en el tratado sobre el derecho natural (1803), y que, como es conocido, encuentra su más acerada expresión en el § 211 de su *Filosofía del Derecho* (cfr. Rosenzweig, I, p. 153 y 16 y II, pp. 105 y 106). Sólo en la Filosofía del Derecho de Hegel (1820) se percibe una modificación del concepto hegeliano de espíritu del pueblo. El Estado se contempla ahora como presupuesto del arte, la religión y la ciencia; Estado y cultura existen en íntima conexión. «A este hecho interconectado de esta manera —el Estado como forma, la cultura como contenido—, es a lo que Hegel denomina ahora espíritu del pueblo» (Rosenzweig, II, p. 182).

que supone la comprensión de la naturaleza «desde dentro», como un juego de fuerzas, de principios constitutivos de la naturaleza. Para explicar los distintos peldaños que hay en la naturaleza orgánica e inorgánica, Schelling imagina la existencia, en la naturaleza invisible u organizadora, de tres fuerzas primigenias: «la gravedad», «la luz» y «el vínculo o la vida general».[59] La gravedad, el principio más bajo, significa, no la fuerza de atracción perceptible por los sentidos, sino «el principio de corporalidad», y genera, en el mundo visible, la materia, en sus distintos estados de agregación. Cuando se añade la luz —entendida, no en sentido físico-real, sino como «principio del alma»— y ésta se une a la materia, surge un nuevo peldaño en el mundo inorgánico: el proceso dinámico, la materia animada. Según va aumentando en potencia, ésta se configura sucesivamente como magnetismo, electricidad y proceso químico. Por encima de este peldaño se levanta la naturaleza orgánica, dominada, además, por el principio del vínculo o de la vida. Al principio de la gravedad corresponde en este mundo la reproducción, es decir, la alimentación dentro de un proceso de crecimiento y reproducción; es el nivel de la planta y la mujer. Con el principio de la luz surge la «irritabilidad», el nivel del animal y el hombre. Finalmente, con el principio de la vida aparece el fenómeno más elevado de la naturaleza, «la sensibilidad» o la «capacidad de sentir», el nivel del ser humano. Así concibe, pues, Schelling la naturaleza global en sus distintos peldaños: está constituida por una serie de fuerzas invisibles, «internas», que, tomadas conjuntamente, forman «el alma del mundo».

Como se verá, hay una diferencia fundamental entre estas fuerzas y las que se dan en las ciencias naturales (la fuerza de la gravedad, p. ej.). Estas últimas no tienen otro significado que el de una expresión sintética, figurada, para referirse a la existencia de una regularidad. La fuerza de la gravedad sólo puede definirse mediante la ley de la gravitación. Pero, como muestra la etimología de la palabra «fuerza», este significado objetivado no es el original. Originariamente se entiende como un despliegue subjetivo de fuerza, en sentido antropomórfico: un ente que se agita en la naturaleza. Es claro que la filosofía de Schelling está basada en esta misma concepción espiritualista. Su filosofía de la naturaleza es expresión de una «animación» de la naturaleza, tanto orgánica como inorgánica. El planteamiento se basa en la idea primitiva de la voluntad como algo absolutamente primario, determinante, pero en sí mismo libre de toda determina-

59 Sobre lo que sigue, cfr. Falckenberg, *Geschichte der neueren Philosophie*, 1921, pp. 419 a 420; Schelling, *Ideen zu einer Philosophie der Natur*, 1797; *Erster Entwurf eines Systems der Naturphilosophie*, 1799; *Allgemeine Deduktion des dynamischen Prozesses oder der Kategorien der Physik (Zeitschrift für spekulative Physik)*, 1800; *Von der Weltseele*, 1800.

ción. Consecuentemente, la «determinación» originaria de la naturaleza se lleva a cabo por la sencilla vía de, sin atenerse a regularidad externa alguna, imputar a la naturaleza una voluntad subjetiva, la cual, en sí misma libre e indeterminable, proporciona la «determinación» y «explicación» de todo fenómeno. Éste es también el significado (originario) de la creencia religiosa en el universo como un producto de la voluntad divina.

9. Esta concepción del mundo no era en modo alguno una creación *ex novo*. En su excelente tratado[60], Lamprecht ha mostrado cómo surge en la metafísica de Leibniz y va desarrollándose posteriormente en el pensamiento alemán. La quintaesencia de la metafísica de Leibniz era que «el mundo es espiritual». En conexión con la psicología, y particularmente con la psicología animal, esta doctrina ha derivado —como Lamprecht certeramente señala— hacia un «pandinismo o panpsiquismo del mundo». El mundo orgánico es considerado como un todo orgánicamente trabado. «Una fuerza originaria de naturaleza espiritual se derramó sobre todos sus seres, si bien con distinta intensidad». Más adelante, también el mundo inorgánico es incluido en la imagen, que adquiere la forma de una grandiosa concepción del mundo en las *Ideen zur Philosophie der Geschichte der Menschheit*, de Herder (1784 y ss.). Con razón afirma Lamprecht que la imagen que Herder da del mundo es antropocéntrica. Para Herder, no cabe duda de «que el mundo está construido por analogía con el ser humano, que es un todo simpatéticamente cohesionado y que en él opera, tras los cuerpos perceptibles por los sentidos, una serie de fuerzas misteriosas, ascendiendo desde los organismos inferiores hasta los superiores: que el mundo es un receptáculo de fuerzas divinas, de una naturaleza de carácter divina, de la «santa madre» de Dios. De aquí se deduce una doctrina de la evolución, pero, téngase bien en cuenta, «una historia de la evolución construida conforme a juicios de valor, que no se rige por el principio de causalidad, sino por el de finalidad»[61], y por tanto una teoría de la evolución de carácter *idealista*, muy alejada de la posterior teoría *naturalista* de Darwin y Spencer.

10. De esta concepción de la naturaleza a la filosofía de la historia no hay más que un paso. En esencia, son lo mismo. Una idea, una fuerza se despliega en el espacio y el tiempo. También la filosofía de la historia, estando ya prefigurada en Herder, fue después desarrollada por Schelling, para encontrar su culminación «logificada» en forma de grandioso sistema en la filosofía de Hegel. Con ello, la idea había sido ya explotada hasta la extenuación y se retiró (provisionalmente) del escenario filosófico.

60 *Herder und Kant als Theoretiker der Geschichtswissenschaft.*
61 Los pasajes citados, en op. cit., pp. 165, 166 y 169.

Para Schelling, la historia es «una revelación progresiva y continuada de lo absoluto»[62a]. El problema de cómo puede compaginarse este desarrollo absoluto con la libertad del individuo conduce en Schelling a la doctrina, fundamental para la escuela histórica, de la unión de libertad y necesidad en la historia.

Para Schelling, lo necesario es lo mismo que lo inconsciente; libertad equivale a consciencia[62b]. A partir de ahí, resulta claro que la historia es libre, por oposición a la necesidad ligada a las leyes naturales. Se afirma, «que, en general, todo aquello que es consecuencia de un determinado mecanismo, o que tiene su teoría a priori, no puede ser objeto de la historia: teoría e historia son algo completamente opuesto. El hombre sólo tiene historia porque no hay teoría alguna que pueda prever lo que hará»[62c]. Por otra parte, sin embargo, la historia sí presupone una cierta necesidad, aunque se trata de una necesidad oculta; esto es, una necesidad que no es expresión de una regularidad natural externa y objetivable. La Providencia, el Destino, actúan en la historia[62d]. Aquí se hace patente la concepción panpsíquica y antropocéntrica: la historia es el paso de Dios por el mundo. Pero ¿cómo puede ser esto compatible con la libertad individual? Schelling afirma al respecto que no es el individuo quien realiza lo objetivo: «el género entero» es el sujeto actuante en la historia[62e]. La armonía entre lo subjetivo y lo objetivo, que ello necesariamente implica, es alcanzada por Schelling por la vía de suponer su identidad absoluta[62f]. De esta forma, se hace posible afirmar que la historia es, simultánemente, libertad y necesidad. El individuo actúa libremente, de forma consciente, y el curso de la historia no puede predecirse. Y, sin embargo, el resultado no es arbitrario, pues hay un destino que actúa: el despliegue y la revelación de lo absoluto. La necesidad no es regularidad natural, teoría a priori, sino, como en la filosofía natural, un principio de tipo psíquico-antropocéntrico: la voluntad absoluta. La mejor forma de ilustrar la concepción de la historia de Schelling es acudiendo a la idea de lo trágico como categoría estética, una imagen que él mismo utiliza en repetidas ocasiones.

Esta filosofía de la historia de carácter trágico-estético, que en nuestro tiempo ha encontrado una reedición, en forma modificada, en la ingeniosa novela histórica de Spengler *Der Untergang des Abendlandes*, es ciertamente *profunda*. Resulta fascinante por la perspectiva que su unidad estética proporciona a la historia; conmueve por su significado trágico. El individuo es colocado aquí ante la alternativa *trágica*, en su sen-

62 a)-f). Schelling, *System des transzendentalen Idealismus*, pp. 603, 594, 589, 595, 596 y 600.

tido auténtico: cumplir con su misión (...) o ser aplastado por el destino. Sólo sobre el trasfondo de esta filosofía de la historia se comprende cómo es posible eso que tan contradictorio tiene que parecer a los ojos de un naturalista: que la evolución posea carácter necesario y que, sin embargo, se le exijan acciones al individuo (exigencia que resuena, con la admonitoria fuerza de lo trágico, a través de toda la hermosa obra de Spengler).

11. Después de todo lo dicho, resulta fácil determinar el significado de la doctrina de Savigny y Puchta sobre el surgimiento del derecho a partir del espíritu del pueblo. Se trata de una corriente secundaria, de profundidad levemente inferior, de la teoría de la evolución antropocéntrico-espiritualista, en su camino desde Herder, pasando por Schelling, hasta Hegel.

Como se ha dicho en repetidas ocasiones, resulta ocioso aportar pruebas de una influencia directa, pero a mayor abundamiento puede demostrarse que el célebre pasaje en el que Savigny plasma su teoría histórica constituye una reminiscencia, sólo a medias digerida, de las explicaciones de Schelling antes citadas[63]. La conexión entre Puchta y Hegel, por otra parte, no admite la más mínima duda.

---

63 El conocido pasaje de la *Zeitschrift für geschichtliche Rechtswissenschaft*, tomo I (1815), pp. 2 a 4, reza como sigue: «Esta es, por tanto, la pregunta general: ¿en qué relación se encuentra el pasado con el presente, o el devenir con el ser? Y al respecto, los unos explican que toda época crea por sí misma, con su libre albedrío, su ser, su mundo, y lo crea bueno y feliz, o malo y desdichado, según la medida de su conocimiento y su fuerza... Según la doctrina de los otros, no hay ninguna existencia humana perfectamente singular y aislada: más bien lo que se tiene por singular es, visto desde el lado opuesto, elemento de un todo superior... Pero si ello es cierto, entonces cada época no crea su propio mundo según su arbitrio, sino en comunidad indisoluble con el pasado en su conjunto. Y entonces, cada época tiene que reconocer como dado, algo que es, a la vez, necesario y libre; necesario, en tanto que no depende del particular arbitrio del presente; libre, pues tampoco procede de arbitrio ajeno alguno (como sucede con la orden del señor a su esclavo), sino que emana de la superior cultura del pueblo, entendida como un todo en permanente devenir y desarrollo». Este pasaje recuerda llamativamente a Schelling. Reminiscencia que se ve corroborada por el hecho de que Savigny tuviera conocimiento, ya en su viaje de estudios de 1800, del *System des transzendentalen Idealismus* de Schelling, aparecido el mismo año. En una carta de Savigny, fechada el 26 de abril de 1800 (Stoll [317], p. 33), se encuentra el siguiente pasaje: «El fin del arte es producir un efecto completamente definido sobre los hombres que lo contemplan, a saber, el estímulo de su sentido de la belleza, o (en el objeto) la belleza misma. Este fin artístico no tiene nada que ver con la intención del artista, y yo puedo imaginarme al artista perfecto sin conciencia de propósito artístico alguno: alcanza el objetivo al que un Dios le guía, y contempla, maravillado, la obra que ha creado». Esta afirmación está evidentemente tomada del citado trabajo de Schelling, donde se encuentra en la p. 617 del tomo III de las obras completas (Stoll [317], p. 3, nota (174); Kantorowicz [169c], p. 314, nota (1); Landsberg [181], 214). Sustituyamos «arte» por «derecho» y tendremos *in nuce* la teoría histórica de Savigny.

De lo cual se sigue que el concepto de espíritu del pueblo de estos dos juristas nunca fue pensado como expresión de una causalidad científico-natural, como se pensaría más adelante. Como Herder y Schelling, tampoco ellos consideran que la evolución histórica esté regida por leyes naturales. El espíritu del pueblo no expresa un conjunto de causas naturales, no es una expresión sintética para referirse a un complejo de regularidades; se trata más bien de un principio espiritual, una dimensión espiritual absoluta, que se despliega y revela en la vida nacional y, dentro de ésta, en la vida del derecho. El propio Schelling a punto está de formular esta idea cuando dice, en el lugar citado, que «el entero género» actúa en la historia; y considera a la historia del derecho, al surgimiento del derecho, como paradigmáticos en este sentido[64].

Como es sabido, Savigny no utiliza en sus geniales estudios el término «espíritu del pueblo», sino que se limita a hablar del crecimiento orgánico del derecho. Esta analogía con lo orgánico se ha interpretado más tarde en el sentido de representar el sometimiento del surgir del derecho a leyes naturales. Sin embargo, concebir lo orgánico como imagen de lo mecánico, de lo que posee una «teoría a priori», resulta en todo punto incompatible con el planteamiento de los románticos. Al contrario: lo «orgánico» es, para el romanticismo, lo animado por la vida, lo irreductible, lo que es llevado por una particular «fuerza psíquica», la «fuerza vital». Así es como hay que entender la expresión en Savigny: como un símbolo de la profunda «vitalidad» de la historia, de su carácter espiritual, irreductible a regularidad. Su propósito al esgrimir el carácter necesario de la historia es la protesta contra la arbitrariedad iusnaturalista, pero se trata de una necesidad intraorgánica, una necesidad del destino.

Mientras que Savigny se detiene, en lo esencial, en el punto de vista *histórico-dinámico*, inspirándose, pues, en la *filosofía de la historia* de la época, en cambio Puchta contempla la conexión del derecho con el espíritu del pueblo primordialmente de forma nacional-estática. De ahí que su doctrina tenga analogía con la *filosofía natural*, en la que probablemente también está inspirada. En el ámbito del derecho, como en el de la naturaleza, rige un principio que se despliega con creciente potencia, a medida que va avanzando el grado de consciencia. Así como el espíritu dormita aún en el mundo inorgánico, despierta en el orgánico y alcanza su plena consciencia en el hombre, también el espíritu del pueblo va desplegándose, atravesando el derecho consuetudinario no organizado y primitivo, hasta llegar a los escalones, más altos y organizados, del «derecho de juristas»

64 En nota (63), lop. cit., p. 596.

y el «derecho legal». Y sin embargo es una misma fuerza la que permea todo el conjunto y opera en él: «el alma del mundo», en el caso de la naturaleza, «el espíritu del pueblo» en el ámbito del derecho[65].

---

65 Resta aún una pregunta: en forma de qué acto psicológico-colectivo del espíritu del pueblo ha de revelarse o determinarse el derecho, según la opinión de la escuela histórica. A ello se refiere detenidamente Zitelmann, en *Gewohnheitsrecht und Irrtum*. Puchta aborda esta cuestión de forma extremadamente confusa. Lo más habitual es que (1º) se hable de una *convicción (Überzeugung)*, si bien hay también afirmaciones que hacen referencia a (2º) un *sentimiento jurídico (Rechtsgefühl)*, cfr. *Gewohnheitsrecht*, II, 70, 75, o un *sentido de lo jurídico (Rechtssinn)*, op. cit., II, pp. 12 y 74. E igualmente (3º) se habla de una *formulación de voluntad (Willensformulierung)*, en op. cit., I, p. 139 y, muy frecuentemente, en las *Vorlesungen* y en las *Institutionen*. La teoría de la formulación de la voluntad se convirtió más tarde en la habitual, y la doctrina de la escuela histórica fue considerada frecuentemente como una teoría voluntarista. Ello supone, en parte (como se dijo *supra*, p. 140), una reminiscencia de la teoría individualista de la voluntad y del contrato, de carácter iusnaturalista, y en parte (cfr. *infra* VI, en nota (22)) una anticipación de la posterior teoría positivista del derecho. La escuela histórica ocupa así una peculiar posición intermedia entre el derecho natural y el positivismo.

Pero, incluso suponiendo que a lo que la escuela histórica otorga relevancia decisiva es a la *convicción jurídica* (en este sentido, Zitelmann, op. cit.; Hägerström (124), pp. 8 y 9, prefiere poner el acento sobre la formulación de la voluntad), esto no elimina la incertidumbre. Partiendo de tal convicción jurídica, caben, a su vez, las siguientes opciones: a) una *teoría de la juridicidad*, esto es, que la convicción estriba en que la proposición que afirma lo que el derecho debe ser es ya derecho válido. (A esta posibilidad parecen apuntar, v. gr., [248a] II, pp. 33 y 36, 4 y 66); b) una *teoría de la justicia*, esto es, que la convicción tiene como contenido que determinada proposición *debería* ser derecho. (Este sentido se halla presente en [248a], II, pp. 69, 74 y Savigny, *System* I, p. 93); c) finalmente, Zitelmann supone como tercera posibilidad que la convicción estriba en que la proposición *como tal, es derecho válido* [351b], p. 404, y esta es la posición que considera inherente a la teoría de Puchta y Savigny. Para ello, se apoya particularmente en una afirmación de Savigny, que define ([280d], I, p. 177) la convicción como «una convicción de la verdad y la fuerza, *en sí misma* vinculante (sin sanción externa), de la regla...».

Habida cuenta de la absoluta inconsistencia de las afirmaciones realizadas, a efectos de optar entre las diferentes posibilidades habremos de guiarnos por la función que la convicción desempeña en el sistema. Aquí, el criterio decisivo es qué relevancia puede tener el posible *error* en la correspondiente convicción. Sobre este punto, Puchta afirma que nunca puede existir *error* en la convicción popular inmediata, sino, a lo sumo, allí donde ésta se produce de forma mediata, esto es, allí donde estriba en que la proposición tenía ya carácter jurídico como consecuencia de una ley vigente [248a], II, pp. 65 y 66. Lo que quiere decir que el acto relevante, en cuanto inmediato e infalible, no supone un conocimiento de algo ya existente, sino un *acto de valoración*, esto es, las posibilidades a) y c) son descartadas en favor de b). Y, de hecho, ésta es también la forma más natural de entender las afirmaciones de Savigny citadas por Zitelmann; «en sí» se opone a «sanción externa», designando, precisamente, el carácter ético-interno de la convicción. Aparentemente, Zitelmann falseó ese sentido al colocar, sin vacilación alguna, la expresión «derecho en sí mismo válido» en lugar de «fuerza, en sí misma vinculante, de la regla». Por eso, puede admitirse que, psicológicamente, Savigny no tuvo del todo clara la dife-

Hay estudios minuciosos que tratan de esclarecer el dogma del nacimiento del espíritu del pueblo. A estos efectos, se ha rastreado[66] la senda seguida por esta idea desde sus orígenes en la Antigüedad, y se ha mostrado cómo va imponiéndose progresivamente a partir del Renacimiento, hasta que, a finales del siglo XVIII (tras Herder), el concepto y el término de «espíritu del pueblo» pasan definitivamente a formar parte del acervo cultural general. Lo que sucede es que el valor de estas investigaciones se ve empañado en gran medida por el hecho de no haber distinguido (suficientemente) entre el espíritu del pueblo, tal y como lo hemos reseñado aquí, y el espíritu del pueblo (espíritu general del pueblo) entendido como expresión de un complejo de causa-efecto de carácter empírico, científico-natural, esto es, como expresión de una peculiaridad empíricamente observable de un determinado pueblo, *condicionada* por el clima, la raza, la historia, etc., y que a su vez *condiciona* la vida de la nación. Así, resulta particularmente equívoco incluir a Montesquieu entre los precursores de la doctrina de la escuela histórica. El entendido, ingenioso y experto hombre de mundo de la Francia racionalista del XVIII nunca habría podido caer en el misticismo romántico que encierra el concepto empleado por Herder y Savigny[67].

---

rencia entre ambos significados, toda vez que, como ya se ha mostrado, confunde validez positiva y validez ética del derecho.

Si Zitelmann cree poder eludir este razonamiento afirmando (op. cit., p. 414) que no existe error alguno, puesto que debe entenderse que la proposición ha adquirido carácter de derecho precisamente en virtud de la convicción, entonces está recurriendo a una construcción lógicamente imposible. La convicción sólo puede tender a que la proposición en cuestión tenga carácter de derecho de una manera no condicionada por la propia convicción; ya que, de lo contrario, la propia convicción volvería a operar en la determinación del contenido de la proposición (como condición); lo cual sería una construcción del mismo tipo que «esta proposición es falsa».

Por eso, podemos concluir que la «convicción jurídica» de la escuela histórica no es un acto cognitivo, sino que únicamente puede referirse a un acto inmediato de valoración. Si nos referimos a todo esto, que no reviste gran interés desde el punto de vista *histórico*, se debe a que ilumina, a efectos *sistemáticos*, la oscuridad en que necesariamente se tiene que hallar inmersa también la doctrina dominante, que considera al derecho consuetudinario como fundado en una *opinio necessitatis*.

66 Vid. en particular, el bien fundamentado tratado de Moeller, *Die Entstehung des Dogmas von dem Ursprung des Rechts aus dem Volksgeist.*

67 La diferencia se desprende claramente de las afirmaciones de Montesquieu en *Esprit des Lois*, Libro XIX, v. gr., cap. IV: *«Plusieurs choses gouvernent les hommes; le climat, la religion, les lois, les maximes du gouvernement, les exemples des choses passées, les moeurs, les manières; d'où il se forme un esprit général qui en résulte», por lo que se ve que este «esprit-général»* no es algo primigenio, sino empíricamente condicionado, incluso por las propias leyes. De lo cual se sigue que Kantorowicz ([169c], p. 323) yerra cuando supone una conexión histórico-ideal entre Montesquieu y Savigny; cfr. *supra*, nota (58); vid. además Rosenzweig ([266], I, p. 225), que refuta detalladamente la teoría de Kanto-

12. ad β. La interpretación que resulta ser, tras lo antedicho, la más plausible en términos históricos, se ve reforzada cuando se examina más en detalle la doctrina de las fuentes del derecho de Savigny y Puchta, ya que ésta presenta algunas incoherencias que resultan psicológicamente inexplicables, salvo que se acuda a la mencionada interpretación. Entre ellas, destacan especialmente las dos siguientes:

1) El propósito fundamental de la doctrina estriba, sin duda, en mostrar el surgimiento *necesario* del derecho, y no en establecer un criterio moral para su evaluación. Savigny resalta especialmente este aspecto en su trabajo programático de la *Zeitschrift für geschichtliche Rechtswissenschaft* (nº I, 1815). Tras describir los caracteres más relevantes de la evolución histórica, continúa: «No se trata aquí de una elección entre lo bueno y lo malo, en la que la aceptación de lo dado sería buena y su rechazo malo, pero en cualquier caso posible. En rigor, este rechazo de lo dado es completamente imposible, toda vez que nos domina de manera inevitable y lo único que podemos hacer es engañarnos al respecto, pero no alterar ese hecho»[68a]. Sin embargo, esa inexorable *necesidad* de la evolución, en la que tanto énfasis se pone aquí, no excluye, en modo alguno, que quepa formular *exigencias* en cuanto al *contenido* que debe tener la legislación. Al comentar, en una recensión publicada en el mismo número de la revista, inmediatamente a continuación del trabajo antes mencionado, la réplica que le formula Gönner en «*Über Gesetzgebung und Rechtswissenschaft in unserer Zeit*», Savigny niega que haya sido su intención desposeer al monarca del poder legislativo, para ponerlo en manos del pueblo y de los juristas. Él —como el propio Gönner— sólo acepta un criterio para valorar el *recto uso* del poder legislativo. Afirma respecto de todo poder legislativo que «su vocación es la de identificar y expresar el derecho que existe con independencia de él, y que malinterpreta su función cuando lo sustituye por su propio arbitrio (por mucho que lo haga con buena intención)»[68b]. Desde la perspectiva (iusnaturalista) de Gönner, si se dictara una ley que estuviera determinada por algo distinto de la razón, la utilidad, la experiencia, la sabiduría o la justicia, se estaría haciendo un uso ilegítimo del poder legislativo. «En este sentido, y no en otro, he afirmado que nos hallaríamos ante un uso ilegítimo de la legislación si ésta sirviera para crear derecho de forma arbitra-

---

rowicz. La correcta comprensión de Montesquieu en Rexius, *Historische Zeitschrift*, nº 107; su interpretación incorrecta, en Wahl, en Historische Zeitschrift, nº 109, pp. 135 y ss., y en Hild. Trescher, *Hegel und Montesquieu*, Leipzig, Tesis doctoral, 1918.

68 a)-c), *Zeitschrift für geschichtliche Rechtswissenschaft*, nº 1, 1815, pp. 4, 384 y 385.

ria, en lugar de estar orientada a reconocer y expresar el derecho que vive en el seno del pueblo, sin intervención de arbitrio alguno (ya sea del pueblo o del gobernante)», puesto que precisamente el derecho que vive en todo pueblo es el único acorde a la razón[68c].

Este pasaje[69] que, desde el punto de vista formal, aproxima a la doctrina de la escuela histórica en gran medida al derecho natural, toda vez que se limita a rellenar con un contenido material distinto la fórmula de «lo único acorde a la razón», tiene que parecer necesariamente una incongruencia en el sistema, absolutamente carente de sentido y psicológicamente improbable, si se identifica necesidad con conformidad con una ley natural[70]. Tal incongruencia desaparece, en cambio, si la teoría de Savigny se interpreta del modo que hemos sostenido aquí y si, en consecuencia, la necesidad se concibe, siguiendo la filosofía de la historia dominante, al modo antropocéntrico, es decir, no como una *necesidad perceptible por los sentidos, sino como necesidad interna, del destino*. En su comportamiento concreto, el legislador, como individuo, es libre; mas el resultado, el curso que toma el drama, tiene carácter necesario, y el legislador, por tanto, no tiene más opción que cumplir su misión de contribuir al crecimiento orgánico del derecho, o verse arrollado por el destino. El legislador viene a ser como un jardinero, que ciertamente podrá proteger y contribuir al crecimiento orgánico de la flor, pero pobre de él si intenta intervenir y alterar a su antojo el curso del crecimiento: su obra se le deshará entre las manos. Éste es el verdadero significado del hermoso símbolo savigniano del crecimiento orgánico del derecho[71].

2) Si los fundadores de la escuela histórica hubieran concebido realmente el concepto de espíritu del pueblo al modo de un complejo causal, habría sido consecuente intentar descomponer este complejo en sus diversos elementos, determinando qué circunstancias (clima, historia, raza, etc.) actúan sobre el espíritu del pueblo y de qué manera éste, a su vez, incide

69 El mismo planteamiento se encuentra en Puchta, *Kritik von Georg Beseler*, p. 17 y en *Institutionen*, pp. 27, 28 y 19.

70 Curiosamente, esta aparente incongruencia es frecuentemente pasada por alto. Hasta donde yo sé, sólo la detectaron Spiegel, *Gesetz und Recht*, 1913, p. 87, y Radbruch, *Grundzüge der Rechtsphilosophie*, 1914, pp. 6, 7 y 87, que llama la atención sobre la contradicción que supone que la escuela histórica, no obstante su monismo metódico, refractario a toda consideración valorativa, desembocara en la filosofía del derecho y en la política. Una incongruencia totalmente análoga, y en este caso real, es la que se produce en el sistema económico del marxismo (cfr. Radbruch, op. cit., p. 14) y es explicada aquí por el origen hegeliano de dicho sistema. También en este caso se trata, pues, de reminiscencias de una necesidad del destino.

71 Cfr. m *System*, p. 40.

sobre el derecho[72]. El hecho de que no se haya emprendido tal intento tiene que ser considerado entonces como una omisión muy sorprendente; e igualmente tiene que parecer por demás contradictorio que se señale expresamente que un análisis semejante es *imposible* de realizar. Savigny afirma que el derecho surge a consecuencia de «fuerzas internas, que actúan en silencio»[73] [*las fuerzas típicamente románticas, concebidas en clave interna-antropocéntrica* (¡!)] y declara expresamente que el surgimiento del derecho a partir del espíritu del pueblo es *invisible*[74], lo que no puede significar sino que es *imperceptible.* De igual manera se manifiesta Puchta, quien habla del surgimiento del derecho «del interior del oscuro taller del espíritu del pueblo»[75]. Por eso, es indudable que al hablar de espíritu del pueblo se está refiriendo a algo de carácter absolutamente originario. Pero la idea de una tal *prima causa* se vuelve absurda cuando se presume el carácter científico-natural de todo este planteamiento, toda vez que contradice el principio de causalidad. En cambio, también en este aspecto la dificultad desaparece y la armonía del sistema queda restablecida cuando se concibe al espíritu del pueblo, no como un complejo causal, sino como un principio espiritual-absoluto, que se despliega y revela en la vida de la naturaleza y, con ello, del derecho. El principio divino-antropocéntrico, la voluntad absoluta, se distingue precisamente por ser *prima causa* y hallarse, por tanto, más allá de cualquier determinabilidad causal. También concuerda con ello el hecho de que en ningún lugar de la doctrina de ambos juristas se diga que resulta posible prever la futura evolución del derecho, o que cabe formular reglas técnicas derivadas de la determinación causal de la evolución jurídica. Para ellos, el espíritu del pueblo únicamente constituye un principio, que permitirá que más adelante los hombres —los historiadores— puedan tener una idea, siquiera vaga, de las grandes interrelaciones, del tránsito de Dios por él.

3) Junto a estos dos aspectos principales, cabe aducir también algunos elementos aislados que avalan igualmente nuestra interpretación de la doctrina de la escuela histórica. Así, parece pertinente analizar si el concepto de espíritu del pueblo implica tan solo el hecho empírico de que los diferentes miembros del pueblo formen una comunidad, o si se está aludiendo a una entidad hipostasiada. Ciertamente, hay que reconocer que

72 Tanto más, cuanto que en la literatura precedente, v. gr. en Hegel y Montesquieu, hay precursores en este sentido. Además, Savigny conocía en profundidad a estos autores, vid. *Vom Beruf*, pp. 125 y 126, y estaba sin duda familiarizado con las obras de Herder.

73 *Vom Beruf*, p. 14.

74 *System*, I, p. 14.

75 *Institutionen*, I, p. 18.

tanto en Puchta como en Savigny es posible encontrar algunas afirmaciones que parecerían apuntar hacia un sentido meramente empírico del concepto[76]. No obstante, a estas afirmaciones[77] no puede otorgársele un peso decisivo; lo verdaderamente decisivo es la aplicación que dicho concepto encuentra en el sistema. Y de ahí resulta que, sin lugar a dudas, hace referencia a una hipóstasis. Su función básica es la de explicar el surgimiento del derecho. Interpretado de forma empírica, resultaría plenamente incomprensible por qué las coincidencias nacionales habrían de ser más determinantes del surgimiento del derecho que las diferencias nacionales, v. gr. de raza, clase o posición. En cambio, esta incoherencia desaparece cuando por espíritu del pueblo entendemos una entidad supraindividual. Que éste es el sentido implícito resulta más claro aún en el caso de la otra función del concepto, la de justificar el derecho. Cuando se afirma que el individuo participa en la «convicción nacional» aunque empíricamente su voluntad sea otra, ello sólo tiene sentido si se la entiende en sentido supraindividual y metafísico. Y cuando, en tercer lugar, Puchta erige al espíritu del pueblo en transmisor de la idea de derecho de pueblo a pueblo, dentro de la cadena que forma la humanidad en su conjunto[78] (idea tomada de Hegel), ya no puede caber duda alguna acerca de cuál es el verdadero significado del concepto. Finalmente, podemos aducir en apoyo de nuestra interpretación una serie de expresas afirmaciones, recogidas literalmente en la nota[79]. Parece posible afirmar, pues, que nuestra hipótesis se verifica también en este ámbito.

---

76 V. gr. Puchta, *Das Gewohnheitsrecht*, I, pp. 134 y ss., sobre el concepto de pueblo: «El concepto de pueblo halla su fundamento natural en el común origen. Dicho origen genera una afinidad no sólo corporal, sino también espiritual» (134), cfr. también pp. 135 a 138.

77 Así lo hacen, incorrectamente, sobre todo Kantorowicz, *Volksgeist und historische Rechtsschule*, p. 323; Manigk, *Savigny und der Modernismus*, p. 69. Vid. también Visser, *De collectieve Psycke in Recht en Staat*, pp. 35 y 36, cfr. pp. 19 y 20.

78 *Institutionen*, p. 13; *Kleine zivilistische Schriften*, p. 595.

79 V. gr., Puchta, *Gewohnheitsrecht*, II, p. 65, «Una opinión del pueblo, por la que naturalmente no ha de entenderse aquí la opinión común de la inmensa mayoría, o de cualquier grupo, *cualquier mayoría de individuos* a la que injustamente se haya colocado la etiqueta de "pueblo", sino por la que ha de entenderse exclusivamente una opinión nacional radicada en el espíritu del pueblo...» —y op. cit., I, p. 208: «Lo que muchos o *todos los individuos* establecen como derecho no por ello posee, sin más, carácter general...» (el subrayado es mío). También puede traerse a colación la polémica de Puchta contra Schlegel, I, p. 153. No son los individuos quienes crean la tradición popular. Puchta señala que sólo para una comprensión superficial y vulgar no existe lo que es *invisible* —lo que parece apuntar hacia un concepto de espíritu del pueblo invisible, es decir, hipostasiado. Además, debe notarse que también el proceso de surgimiento del derecho a partir del espíritu del pueblo se declara invisible, como señalamos anteriormente.

En el *Cursus der Institutionen*, p. 17, se encuentra la siguiente afirmación: «Los Estados, como el derecho mismo, surgen por la voluntad humana. Esto no debe ser malinterpretado. Ante todo, sólo se puede afirmar en el mismo sentido en el que se afirma también del derecho. Como el derecho, también el Estado es, en su origen, algo creado por Dios (...) Así pues, no es la voluntad de los individuos la que forma el Estado (...), sino la voluntad del pueblo (...) Los filósofos del siglo dieciocho fundaban el Estado en la voluntad de los individuos, en un contrato que habrían concluido conjuntamente, un contrato social, *contrat social*. Por contra, entre los más recientes se ha preferido contemplar al Estado como un vegetal cuya formación sería independiente de la voluntad humana. Ambas teorías están por igual alejadas de la verdad; lo único que cada una de ellas tiene de verdadero estriba en la negación de la otra». Estas reflexiones, y en particular la afirmación expresa de que *el Estado y el derecho no surgen como un vegetal*, permiten apreciar hasta qué extremo la escuela histórica dista de concebir el surgimiento del Estado y del derecho como un proceso natural ciego. De aquí se desprende también el sentido que hay que dar a la imagen, empleada por Savigny, del crecimiento *orgánico* del derecho: no simboliza una necesidad de carácter natural, sino una voluntad supraindividual, que interviene en el surgimiento del derecho.

13. ad γ) Nuestra interpretación se ve confirmada a la luz de algunas manifestaciones literarias a las que hay que atribuir especial relevancia, ya sea en razón de su época, ya en razón de su origen.

En cuanto a las del primer tipo, hay que resaltar la curiosa circunstancia de que algunos autores menos recientes, que estuvieron en contacto directo con la escuela histórica en su forma originaria, a menudo han entendido su doctrina del modo aquí expuesto, aunque la falta de perspectiva que conlleva precisamente la cercanía histórica les impidiera ser conscientes del problema aquí tratado. La interpretación que defendemos es especialmente visible en Stahl, el filósofo y consecuente culminador de la escuela histórica. De las reflexiones de Stahl *(Philosophie des Rechts*, vol. II, 18) se desprende que interpretó la doctrina del derecho de Savigny a la

---

Savigny califica como pueblo «al *sujeto personal* y activo (de la producción de derecho)» (System, I, p. 18) y afirma expresamente: «mas ello no debe ser entendido en el sentido de que sean los miembros individuales del pueblo quienes crean el derecho conforme a su voluntad... más bien es el espíritu del pueblo, vivo y actuante colectivamente en todos los individuos, el que produce el derecho positivo...».

Ciertamente, frente a estas afirmaciones están también las mencionadas anteriormente, que *no* apuntan hacia la existencia de una hipóstasis. Pero el mero hecho de que se emplee un concepto semejante resulta más decisivo que el que también haya pasajes en los cuales se usen los términos en un sentido más más general y menos determinado por el sistema.

luz de la filosofía de la historia de Schelling[80]. Tampoco puede dudarse de que, según lo entiende él, el concepto de espíritu del pueblo designa una entidad supraindividual[81]. Ésta es la interpretación que hace de Savigny un pensador contemporáneo, un discípulo y espíritu afín, como lo fue Stahl, lo que aporta un argumento más a favor de nuestra concepción. Otros autores de la época, además de Stahl, se han acercado también en mayor o menor medida a la interpretación que creemos correcta[82].

El siguiente autor resulta también de particular interés. Recientemente, un filósofo del derecho alemán ha intentado construir, en oposición a la filosofía crítica dominante, una doctrina del derecho en íntima conexión con la filosofía «idealista», esto es, con la *Crítica de la razón práctica,* de Kant, y su continuación por Fichte, Schelling y Hegel. Dado que su autor —Julius Binder (*Philosophie des Rechts*, Berlín, 1925)— está muy familiarizado con esta filosofía, debería hallarse en las mejores condiciones para comprender la doctrina de la escuela histórica. Lamentablemente, Binder sólo toca el problema de pasada; pero, en cualquier caso, lo que dice se corresponde totalmente con nuestra interpretación. Sitúa el origen de la escuela histórica en el romanticismo y, hasta donde yo sé, es el único de

80 Stahl señala en reiteradas ocasiones el significado pionero de Schelling para la concepción historicista; v. gr. *Philosophie des Rechts*, tomo I, p. VII: «Con esta idea básica, el concepto mismo de perpectiva histórica, que Schelling expuso sucintamente al comienzo de sus lecciones, con una claridad y una fuerza que llegan a lo más hondo, se inaugura una nueva era en la filosofía»; vid. también pp. 241 y 242. — Por lo que se refiere a la filosofía de la historia en particular, Stahl explica la Historia como efecto del «poder de lo Absoluto y su evolución» (p. 251), describiendo la evolución como un «devenir», «un crecimiento invisible» (p. 252); y, por tanto, como algo contrapuesto a un derecho causalmente determinado. Más adelante, se dice: «Este incesante crecimiento, este devenir vital es también el que impera en el planteamiento de Schelling, y su sistema constituye una incesante pugna por describirlo. El mismo rasgo presenta, en su ámbito, la obra de Savigny, lo que le hace aparecer como fundador de la perspectiva historicista...»

81 Stahl polemizó expresamente, op. cit., pp. 234 y 235, contra el concepto meramente empírico de «carácter nacional» empleado por Montesquieu: «Pues entonces [referido a Montesquieu] no se contempla la nación como un *único* espíritu, sino que aparece como carácter nacional el que muestran las personas que forman parte de ella, tal y como se muestran individualmente» (p. 235); «el carácter nacional es la vocación divina de una nación» (p. 236).

82 Ya Gans [106b], XIII (1825) se refiere fugazmente a la vinculación entre la escuela histórica y la filosofía dominante. Una exposición clara y certera de las relaciones de Savigny con la filosofía de la historia de Schelling se encuentra en Reyscher [257b], pp. 30 y 31 (1839). Reinhold Schmid [287], pp. 173 y ss. (1848) menciona la influencia de Schelling y afirma que el espíritu del pueblo designa, tanto en Savigny y Puchta como en Stahl, la personificación de una voluntad objetiva, de un organismo moral. Sobre este último aspecto, vid. también Lüders [198], pp. 24 y 25 (1863).

los autores más recientes que afirma (si bien sólo de pasada y sin aportar justificación alguna) que la teoría de las fuentes del derecho no implica una determinación del derecho de tipo causal, científico-natural[83]. La interpretación de Binder, que casi habría que calificar como *inconscientemente correcta*, es un ejemplo característico de las corrientes románticas de nuestro tiempo, que facilitan la comprensión del romanticismo alemán de hace cien años.

14. Algunas consideraciones críticas:

Las afirmaciones precedentes han de ser consideradas por sí solas como una refutación crítica de la doctrina dominante, que no ve en la teoría de la escuela histórica sobre el espíritu del pueblo sino una expresión sintética para referirse a un complejo causal. Aquí habremos de detenernos. No aportaría gran cosa descender a refutar en detalle a una serie de autores que se pronuncian, de uno u otro modo, en el sentido aquí rebatido: Bekker, Stammler, Frank, Landsberg, Somló, Manigk, Ehrlich, por mencionar sólo algunos de los más recientes[84]. Así por ejemplo, es fácil ver lo erróneo de la insistencia de Ehrlich y Somló en anclar a Savigny en una concepción sociológica del derecho, o lo osado de negar toda conexión con el romanticismo, como hace Manigk, quien califica la doctrina de la evolución de Savigny como una «rama del evolucionismo científico-natural», tal y como fuera inaugurado por Lamarck, más o menos en la misma época[85]. Resulta significativo que donde la doctrina se desarrolla con mayor honestidad, y donde mejor fundamentada está, como en el caso del siempre riguroso Landsberg, las dificultades con las que inevitablemente tropieza hacen que amenace con autodestruirse. Por ello, nos referiremos sucintamente al análisis de Landsberg.

Landsberg[86] pretende extraer «del intrincado tejido» tres concepciones dominantes: una de corte empírico-histórico, otra de tipo científico-natural-evolucionista y una tercera de índole romántica. Describe cómo la perspectiva mencionada en segundo lugar comporta necesariamente que

---

83 *Philosophie des Rechts*, p. 1007, cfr. con 1006. Posteriormente he comprobado que ya Binder (*Archiv für Rechts-und Wirtschaftsphilosophie*, IX (1915-1916), p. 26) expresa esta concepción acerca de la naturaleza de la escuela histórica.

84 Bekker, *Über den Streit der historischen und der philosophischen Rechtsschule*, p. 8; Stammler, *Theorie der Rechtswissenschaft*, pp. 391 y 392; *Wirtschaft und Recht*, pp. 302 y ss. y op. cit.; Frank, *Naturrecht, geschichtliches Recht und soziales Recht*, p. 21; Landsberg, *Geschichte der deutschen Rechtswissenschaft*, III, 2, pp. 207 y ss.; Somló [304a], 569; Manigk, *Savigny und der Modernismus im Recht*; Ehrlich, *Soziologie des Rechts*, pp. 357 y ss.

85 Op. cit., p. 28, cfr. pp. 42, 67 y 101.

86 Op. cit. en nota (84), pp. 207 a 209.

el derecho se corresponde con el resultado de un proceso histórico, y ello «no de forma meramente probable, sino con la certeza inherente a las leyes naturales». Luego no queda lugar alguno para formular exigencias normativas que deba cumplir el legislador, sino que éste se halla más bien sujeto a una inevitable «necesidad, quiéralo o no». Pero, a continuación, Landsberg, influido por la tercera de las concepciones aludidas, la romántica, hace que se opere una transformación: «Bajo el hálito del espíritu romántico, la continuidad se convierte de ineludible necesidad en mera posibilidad deseable, que la codificación vendría a suprimir».

Este análisis adolece de varios errores.

En primer lugar, no aclara en absoluto en qué consiste en realidad ese espíritu romántico, cuyo aliento transforma la necesidad científico-natural en una mera posibilidad deseable.

En segundo lugar (y ello es más grave), no se entiende tampoco cómo es posible una síntesis de los puntos de vista científico-natural y romántico. Resulta incomprensible, tanto lógica como psicológicamente, qué es lo que significa que una necesidad científico-natural sea transformada por un soplo romántico en una mera posibilidad. Porque, ¿qué es un proceso natural que deja de ser necesario? ¿Qué significa que un proceso natural sea posible? Tales dificultades aumentan aún si se tiene en cuanta que Savigny, a pesar del hálito romántico, continúa hablando siempre del carácter necesario de la evolución.

En realidad, lo que sucede es que no se puede captar un determinado conjunto de ideas por la vía de descomponerlo en sus elementos heterogéneos para, a continuación, comprenderlo como síntesis de éstos. El procedimiento a seguir consiste más bien en comprender el conjunto a partir de un determinado *principio organizador*, y como tal hemos identificado la filosofía romántica de la historia.

Como ya se dijo, la posición de Landsberg conduce a una tensión que amenaza con destruir su propio punto de partida. Porque se ve obligado a reconocer que el «enfoque evolucionista» de Savigny se adelantó en gran medida a su tiempo. «En aquel momento, fue totalmente incomprendida, y pasó desapercibida (...)». Al margen de que carecemos de toda base empírica para poder afirmar que Savigny se sintiera incomprendido por su tiempo, con el que, por el contrario, vivió en perfecta armonía, esta improbabilidad raya incluso la paradoja cuando Landsberg continúa: «tan lejos [estaba la idea de su época], que ni el propio Savigny pudo estar a su altura». Lo que tal vez Landsberg tuvo en mente, de forma vaga, y lo que quizás sea también el núcleo correcto de su doctrina, es que, desde la perspectiva de su evolución lógico-objetiva, cabe contemplar a la filosofía de la naturaleza y a la filosofía de la historia de corte romántico-antropocéntrico como fases previas de una ciencia natural objetiva, centrada en determinar leyes, que pugna por salir a la luz.

15. No podemos concluir la exposición de nuestra interpretación de la doctrina de la escuela histórica sobre las fuentes del derecho sin antes haber analizado la dimensión *práctica* que fue desarrollando esta doctrina, a partir de los fundamentos teóricos ya constatados, y, en conexión con ello, cuál es su relación con el dogma de la plenitud lógica del ordenamiento jurídico, que se impondría más adelante.

De entrada, de la filosofía de la historia que subyace a la escuela histórica se deriva también necesariamente su orientación política básica: es *conservadora*. Aunque se considera al individuo como libre en sus actos, sin embargo, como tal individuo, se le niega capacidad de iniciativa y relevancia para la evolución histórica. El resultado de dicha evolución está determinado, pues, por una necesidad superior, un destino. Por tanto, lo único que los individuos —y entre ellos el legislador— pueden hacer es cumplir su misión, esto es, promover y cooperar con una evolución que se consumará con independencia de su intervención; de lo contrario, se verán arrollados por los acontecimientos. El principio político básico tiene que consistir, por tanto, en la aprobación de lo históricamente dado, en la idealización de lo fáctico; una postura desde la que es fácil que cualquier tentativa reformista se interprete apresuradamente como ruptura con la tradición histórica o con el espíritu del pueblo.

Por otra parte, la escuela histórica tiene demasiada sensibilidad para la historia como para poder ser reaccionaria; al fin y al cabo, la reacción es —al igual que la reforma de corte racionalista— una acción. A un conservadurismo que no deviene reaccionario, sino que sencillamente niega a toda acción consciente la capacidad para influir de modo decisivo en el curso de la evolución, suele llamársele, con toda propiedad, *quietismo*.

El quietismo es el principio político básico de la escuela histórica. También en su vertiente política, pues, la escuela se muestra como hija de su tiempo: el tiempo del Congreso de Viena y de la Santa Alianza.

Excedería del marco de esta obra mostrar pormenorizadamente el modo en que este quietismo iba asociado a una predilección por el derecho romano, preferentemente en sus formas primitivas (purismo). En lo concerniente a nuestro objeto, la teoría de las fuentes del derecho, bastará con constatar el carácter político-jurídico de la escuela; y con resaltar que, en cuanto al problema —tan importante para la teoría de las fuentes— de la posición del juez respecto de las fuentes del derecho, necesariamente había de tender a resolverlo mediante una fórmula que estribara en la pasividad del juez: el dogma de la plenitud lógica del ordenamiento jurídico. Y no cabe duda alguna de que ésta fue la posición que pronto adoptaron sus discípulos, menos dotados, pero tanto más fieles a los principios de la escuela.

La cuestión es, únicamente, si esto puede predicarse también de Savigny. Ya se ha constatado que, en la práctica, el núcleo de la doctrina de las fuentes del derecho de Savigny no es el inservible «espíritu del pueblo», sino la ciencia del derecho (junto con la ley y la costumbre). Sin embargo, con ello Savigny no pretendió conceder a los juristas un papel independiente, libre y creador de derecho. Esto se desprende, ya de por sí, de la consideración de la ciencia jurídica como mero órgano del espíritu del pueblo, y se ve reforzado por la detallada doctrina de Savigny acerca de la aplicación del derecho. Según ésta, el principio interpretativo «conocer la ley en su verdad»[87a], designa una función receptiva y no productiva. De ahí que, en general, la función interpretativa se describa como una actividad lógico-gramatical, que se apoya en consideraciones históricas y sistemáticas y tiende enteramente al conocimiento del auténtico significado del derecho[87b]. Sólo excepcionalmente —cuando la ley es defectuosa— corresponde a la interpretación desempeñar una tarea adicional. Aquí —como ocurrirá también más adelante—, la piedra de toque es la teoría de las «lagunas del derecho». Al respecto, Savigny afirma, al igual que Puchta, que para colmar una laguna no es necesario acudir a un derecho natural de tipo ideal, sino que se debe consultar el propio derecho positivo; esto es, toda integración de lagunas debe realizarse por medio de una analogía[87c]. Mientras que Puchta[88], en su descripción de la analogía (y de la «consecuencia jurídica»), muestra trazos inequívocos de una Jurisprudencia de conceptos puramente lógica, Savigny resalta que la analogía no posee una naturaleza meramente lógica, sino que se basa en la capacidad *orgánica* del derecho positivo para completarse a sí mismo[87d]. Sin embargo, no sería adecuado interpretar la expresión «orgánico» en el sentido de atribuir a la ciencia jurídica un poder independiente de creación de derecho. En primer lugar, porque la *capacidad orgánica* se predica del propio derecho positivo, y no de la ciencia del derecho. Y en segundo lugar, porque la palabra «orgánico», de acuerdo con los presupuestos filosóficos de Savigny, no designa una función libre, sino vinculada. Puesto que la ciencia jurídica es considerada como un mero órgano del espíritu del pueblo, en este caso estará vinculada a las ideas jurídicas contenidas, en forma latente, en el sistema del derecho positivo y en la convicción jurídica del pueblo. A pesar de que, *en la práctica*, Savigny aplicó dicho principio interpretativo de una forma más flexible que sus epígonos, su *teoría*

87 a)-f). *System...*, tomo I, pp. 207, 212 y ss., 290-291, 290, 329 y 330.
88 *Pandekten*, pp. 29 y 30.

encierra en cualquier caso la tendencia a considerar a la analogía como una función receptiva, ligada a lo preexistente; no estamos aquí ante una teoría del derecho libre. Ello se desprende también de la visión que Savigny tiene del papel del juez. Niega decididamente que éste posea facultad alguna para innovar, contraponiendo expresamente analogía y «desarrollo del derecho»[87e]. El cometido del juez sigue siendo el de un simple *aplicador* del derecho. Savigny llega incluso hasta el extremo de recomendar la implantación de una institución análoga al *Tribunal de Cassation* francés, cuya tarea, como es sabido, consistía originariamente en el control de la correcta aplicación de la ley[87f]. Se puede afirmar, por tanto, que Savigny —por mucho que, en la práctica, aplicara el principio de la analogía de un modo más flexible, y que su calificación como «orgánico» permita ya inferir esa mayor flexibilidad— se hallaba ciertamente bajo la influencia del dogma de la existencia de un derecho estático, prejudicial y que consta de «un sólo escalón»[89].

Por ello, habrá ciertamente que suscribir la opinión de Manigk, cuando estima que Kantorowicz se excede al equiparar, sin más, a Savigny con sus discípulos y calificarlo como padre de la Jurisprudencia de conceptos.

En cambio, Manigk se equivoca cuando, partiendo de que la analogía es considerada como de naturaleza no meramente lógica, sino también orgánica, estima que Savigny podría ser considerado como el «primer defensor original del derecho libre»[90]. Al parecer, Manigk no está suficientemente familiarizado con los presupuestos filosóficos de Savigny como para poder comprender que, por «orgánico», hay que entender un cierto *tipo de vinculación*. Nada añade Manigk cuando pone de relieve que la analogía, en la aplicación *práctica* que de ella hace Savigny, supone de hecho una innovación. Pues esto es predicable de toda analogía, de la misma manera que tras la Jurisprudencia de conceptos más extrema puede ocultarse una aplicación del derecho libre. Lo decisivo es que Savigny no no se apercibió de este hecho, es decir, no comprendió la función creadora de derecho que desempeña el juez[90a].

---

89 Savigny confundió incluso la positividad del derecho con su existencia prejudicial: habla del «hecho indudable de que, cuando una determinada relación jurídica se hace consciente y origina una cuestión jurídica, hace tiempo que existe una regla para ella, de modo que no es posible ni necesario encontrarla ahora. En atención a esta característica del derecho en general, conforme a la cual éste, en cualquier situación determinada en la que puede ser buscado, posee ya existencia real como algo dado, lo denominamos derecho positivo» (*System,* I, p. 14).

90 *Savigny und der Modernismus*, pp. 125, 126, 127 y 157.

90a Quizás sea posible expresar el enfoque básico de Savigny y del historicismo más antiguo —una vez despojado de toda forma filosófico-dogmática— del modo siguiente: frente al racionalismo reformista, no se tiene ya fe alguna en el valor práctico de una reno-

16. Tras todo lo hasta aquí referido, estamos ya en condiciones de ofrecer una caracterización sumaria de la doctrina de las fuentes del derecho de la escuela histórica. No es posible contemplarla como *teoría del derecho* (en sentido estricto), esto es, como teoría fundamental acerca del problema de la positividad del derecho. El problema de la positividad del derecho no se le había planteado aún a esta doctrina; más bien, confundió dicha positividad con el dogma de la existencia prejudicial, «en un único escalón», del derecho[90b]. Tal y como tuvimos ocasión de mostrar, se produce un doble sincretismo metódico: se considera que la existencia positiva del derecho está determinada por su surgimiento a partir del espíritu del pueblo; pero este surgimiento, o esta fundamentación, se basan en una mezcolanza del punto de vista ético-jurídico con el sociológico-jurídico-histórico (en cuanto al planteamiento del problema).

En cuanto *sociología del derecho*, la escuela histórica supone un progreso decisivo en el *planteamiento del problema*, frente a la concepción iusnaturalista del surgimiento del derecho a partir de un libre arbitrio. Se plantea aquí por primera vez el problema sociológico del carácter determinado del derecho. Sin embargo, no se acaba de dar enteramente el paso desde la voluntariedad iusnaturalista a una determinación entendida como sujeción a leyes naturales. La escuela histórica no entiende por carácter determinado del derecho una sujeción a reglas de carácter objetivo, relativo, científico-natural/sociológico, sino el despliegue subjetivo —históricamente absoluto— de una fuerza interna y antropomórfica. Si el punto de vista del iusnaturalismo era a-sociológico, el de la escuela histórica es no-sociológico.

En cuanto *política (o ética) jurídica*, la escuela supone, en relación con el iusnaturalismo, una relativización y concreción de su ideal de derecho absoluto y abstracto. La frecuente afirmación de que la escuela no ha formulado ningún ideal de derecho, ni tampoco directriz alguna para la actuación del legislador, se basa en un malentendido. En realidad, su filosofía de la historia conduce a que su posición política se determine por referencia a lo históricamente dado y a la evolución supuestamente necesaria de la historia. Su ideal coincide con la necesidad fáctica. Aunque no

---

vación del derecho en sus formas abstractas, aplicando principios abstractos de la razón. Únicamente se pretende innovar, en la medida en que la experiencia histórica haya sacado a la luz una carencia; y las innovaciones que sean imprescindibles se tratan de efectuar, en la mayor medida posible, «de abajo a arriba», mediante la tácita y constante transformación «orgánica» del derecho válido operada a través de la aplicación del derecho. La preferencia por el derecho consuetudinario tiene una clara connotación política. Significa que se prefiere ver al *juez* como reformador del derecho, antes que al *legislador*.

90b Vid. nota (89).

esté expresado con la misma claridad, su punto de vista coincide pues, con el de Hegel: «lo que es racional, es real; y lo que es real, racional»[91]. Esta semejanza es consecuencia natural de su común punto de partida en una filosofía de la historia y una doctrina de la evolución de carácter idealista-espiritualista. En su vertiente práctica, esta teoría política conduce al quietismo. Que la escuela histórica no haya superado la fusión iusnaturalista del punto de vista ético con el positivo, no es sino el resultado del sincretismo metodológico más arriba reseñado.

Finalmente, en cuanto *historia del derecho*, la escuela lo es todo. También en este aspecto se tendió a mezclar (como ha puesto de relieve especialmente Ihering)[92], en perjuicio de ambos, el método histórico y el dogmático, adoptando incorrectamente una perspectiva dogmática a la hora de exponer un derecho históricamente desaparecido, y, a la inversa, introduciendo en excesiva medida enfoques históricos a la hora de exponer dogmáticamente el derecho vigente; pero, a pesar de ello, supone un notable progreso frente al punto de vista ahistórico, nivelador y egocéntrico propio del iusnaturalismo. Y es que el espíritu del pueblo —que resulta inservible a la hora de determinar el derecho positivo— proporciona en cambio, en cuanto *principio organizador*, el enfoque adecuado para una exposición histórico-individual.

Todas las doctrinas de la escuela se agrupan en torno a la filosofía romántica de la naturaleza y de la historia como su *principio organizador*, formando un todo interdependiente. El auténtico significado de la doctrina sólo se percibe sobre el trasfondo de la filosofía de pensadores como Herder y Schelling. Pero, en cualquier caso, resulta sorprendente comprobar la rapidez y facilidad con la se va adaptando al cambiante espíritu de los tiempos, experimentando la correspondiente transformación: del romanticismo al positivismo.

91 *Grundlinien der Philosophie des Rechts*, Berlin 1821, XIX.
92 *Entwicklungsgeschichte des römischen Rechts*, pp. 7 y 8.

Capítulo VI
EL POSITIVISMO

1.-5 TRANSICIÓN HISTÓRICA DEL ROMANTICISMO AL POSITIVISMO CIENTÍFICO-NATURAL

1. EL PROCESO SE OBSERVA EN LO REFERENTE A TRES ASPECTOS, A SABER

2. A) LA DOCTRINA DEL SURGIMIENTO DEL DERECHO COMO FUNDAMENTO DE UNA TEORÍA POLÍTICO-JURÍDICA, QUE SE SITÚA EN EL CENTRO DE UNA TRIPLE DISPUTA ENTRE ESCUELAS

3.-4. B) LA DOCTRINA DEL SURGIMIENTO DEL DERECHO COMO FUNDAMENTO DEL PROBLEMA DE LA REALIDAD

3. Crítica interna de la escuela histórica

4. Crítica externa de la escuela histórica

5. C) LA DOCTRINA DE LA APLICACIÓN DEL DERECHO

6. CARACTERIZACIÓN DE LA DOCTRINA POSITIVISTA DE LAS FUENTES DEL DERECHO

1. La escuela histórica se configuró en consciente oposición al iusnaturalismo precedente y por ello resulta posible señalar el momento preciso de su nacimiento. En cambio, no existe una delimitación tan clara entre la escuela histórica y su sucesor jurídico, el positivismo. La escuela se va transformando lenta e imperceptiblemente, conservando en parte, después de que un nuevo ser se haya aposentado en ella, su apariencia externa. ¿En

qué relación se halla este nuevo ser con el anterior? En algunos aspectos se trata de su absoluto contrario, en otros de su plena realización. Pero el propio positivismo apenas si ha sido consciente de ello. Y ésta es la razón de que sus partidarios no sepan bien qué postura adoptar con respecto a Savigny. Las tradicionales alabanzas van unidas a un distanciamiento crítico de sus principios básicos de carácter romántico.

No podemos demorarnos aquí en proporcionar una descripción histórica del proceso a través del cual se pasó de una ideología jurídica a otra. Habremos de limitarnos a mostrar, como trasfondo de la doctrina de las fuentes del derecho, algunas de las principales líneas de conexión. Sólo prestaremos atención a la época de transición. Una vez que el naciente positivismo se hubo consolidado, se fue extendiendo con rapidez, sin que sea posible seguir su crecimiento en detalle. Coordinado con el naturalismo filosófico dominante del mismo modo que, en su tiempo, la escuela histórica lo estuvo con la filosofía romántica, el positivismo se convierte en la concepción jurídica común de la época; una concepción que con frecuencia no se formula expresamente, sino más bien se presupone tácitamente. El positivismo jurídico encuentra su expresión clásica en el conocido libro de Karl Bergbohm, *Jurisprudenz und Rechtsphilosophie*. Si bien el planteamiento positivista ha sufrido posteriormente importantes ataques desde distintas posiciones, hay que considerarlo aún hoy como la ideología jurídica de la generalidad de los juristas; a menudo, sin que se tenga conciencia de que es una «concepción», porque se la tiene por evidente y no se es consciente de sus presupuestos —un hijo legítimo del siglo XIX, que se hace pasar por uno del siglo XX.

En el bosquejo histórico que realizaremos a continuación, seguiremos el mismo método que utilizamos al describir la relación de la escuela histórica con el romanticismo. En vez de disolver el proceso en una concatenación causal, intentaremos comprender sus diferentes aspectos como partes de un todo, que se agrupan en torno al proceso que lleva del idealismo romántico al positivismo naturalista como su principio organizador.

Nos proponemos observar la transformación de la escuela histórica en lo referente a tres aspectos: a) La doctrina del surgimiento necesariamente orgánico del derecho y el consiguiente quietismo político; b) La doctrina del espíritu del pueblo como fuente suprema del derecho; y c) La teoría de la aplicación del derecho. El primer aspecto se sitúa en el centro una triple «disputa de escuelas». Cabe definir la relación entre la escuela histórica y el positivismo, a grandes rasgos, de la siguiente manera: en lo que respecta al primer y segundo puntos, el positivismo supone una alteración radical de las doctrinas de la escuela histórica, mientras que en relación al tercero representa su consecuente culminación interna.

2. ad a) Es natural que la política legislativa quietista de la escuela histórica, y la teoría conexa del surgimiento necesariamente orgánico del derecho, se sitúen en el centro de la batalla, consciente y externa, a favor y en contra de la escuela histórica como tal. Pues ya el motivo de su aparición fue de orden práctico. Savigny había acuñado el concepto de escuela histórica por contraposición a la filosófica, representada por Thibaut, en el contexto de una lucha a favor y en contra de la codificación. Con ello estaba servida la primera «disputa de escuelas», que se desarrolló inicialmente con gran urbanidad, debido a un común y cálido patriotismo, y por lo demás decayó en seguida, puesto que, en aquel entonces, la lucha por la codificación no tenía posibilidades de obtener resultados prácticos[1]. En los años siguientes, la escuela histórica se consolidó y se convirtió en el detonante del espíritu romántico de la época, alcanzando rápidamente fama y prestigio[2]. Savigny (que se hallaba en Berlín) era su rey sin corona, Puchta (que más tarde también llegaría a Berlín) era el sucesor designado, el delfín. La escuela encontró su culminación filosófica interna en la teocracia conservadora de Stahl. Mientras, en la lejana Heidelberg, Thibaut pasaba más y más a un segundo plano. Fue entonces cuando se encendió de nuevo la disputa. Desilusionado y enfermo, amargado y sin autocontrol, como quien, impotente, esgrime su arma contra un adversario victorioso, redactó Thibaut, en el año 1839, un escrito polémico, el último, *Über die sogenannte historische und nicht-historische Rechtsschule*. Con no menos claridad queda reflejada la posición de Savigny en la introducción, de ese mismo año, a la obra capital de su vida, el *System des heutigen römischen Rechts*. Todavía en la plenitud de su madurez, homenajeado por doquier, invulnerado e invulnerable, se siente suficientemente seguro como para reconocer tranquilamente las exageraciones de la escuela histórica y me-

1 Como principales aportaciones, al margen de las Savigny y Thibaut, podrían mencionarse: H. Almendingen, *Politische Ansichten über Deutschlands Vergangenheit, Gegenwart und Zukunft*, Tomo I, 1814; B.W. Pfeiffer, *Ideen zu einer neuen Zivilgesetzgebung für teutsche Staaten*, 1815; Anselm v. Feuerbach en el *Prólogo* a Nepomuk Borst, *Die Beweislast im Civilprocess 1816*; Schrader, *Die Prätorischen Edicte der Römer auf unsere Verhältnisse übertragen*. Todos estos trabajos son críticamente reseñados por Savigny en el *«Primer Suplemento»* de la segunda edición de *Vom Beruf*, 1828.

2 Ya en el año 1810, Federico Guillermo III llamó a Savigny a Berlin, para tomar parte en la organización de la Universidad recién creada. Fue profesor allí desde 1810 a 1842, sucediéndole Puchta por propia decisión de Savigny. De 1842 a 1848 fue Ministro de Legislación. En 1856 aceptó un sillón en la *Herrenhaus* y el *Kronsyndicat*, y fue al mismo tiempo condecorado con la *Alta Orden del Aguila Negra*. En 1860 se festejó, con el reconocimiento de todo el mundo académico, su sexagésimo aniversario como doctor. Savigny es uno de los pocos juristas de nuestro tiempo que han alcanzado renombre europeo. Sobre su influencia en Inglaterra y Francia, vid. *supra* IV, 1 y II, 3, nota (10).

diar conciliadoramente entre las partes en conflicto. Por lo demás, esta vez Thibaut había encontrado apoyo en su lucha. El motivo de su escrito fue una disputa entre Savigny y Gans[3], y ello nos conduce a otro decisivo enfrentamiento entre escuelas. Así como Thibaut representaba la filosofía kantiana, Gans defendía la filosofía hegeliana, en contraposición al historicismo de Schelling. Aunque a nuestros ojos parezcan parientes cercanos, hegelianos y seguidores de la escuela histórica (schellinguianos) se sentían en franca oposición. La filosofía de la historia de Hegel colocaba en el lugar del autodespliegue inconsciente (necesario, trascendente a la razón) de lo absoluto (de lo divino), el autodesarrollo dialéctico de la razón. Por ello, Hegel tenía que sentir repulsión ante el quietismo histórico e irracional; y, de hecho, calificó el rechazo de Savigny a la codificación que su época reclamaba como «una de las más grandes afrentas que se le pueda hacer a una nación o a aquel estamento [el de los juristas]»[4]. En el lado contrario, la escuela histórica, de inclinación religiosa y enemiga de la razón, combatía la filosofía de Hegel por racionalista y atea.

El destino quiso que los ataques conjuntos de Gans y Thibaut fracasaran. En el año 1839 muere Gans, y en el 1840 Thibaut. Desaparecidos su dos adversarios más importantes, la escuela histórica alcanzó, en los años siguientes, su pleno apogeo. El núcleo de tales ataques contra la corriente dominante, por parte del bando filosófico, tenía un carácter práctico. Se impugnaba el quietismo político de la doctrina histórica; se

3 Gans avanzó su crítica primero en *los Scholien zum Gajus*, Berlín 1821; la formuló con más fuerza en el prólogo a *Das Erbrecht in weltgeschichtlicher Entwicklung*, Tomo I, Berlín 1824, y de forma más moderada en una crítica de la obra de Savigny, *Geschichte des römischen Rechts im Mittelalter* (vid. Gans, *Vermischte Schriften*, Berlín 1834) culminándola en *Über die Grundlagen des Besitzes*, Berlín 1839. Los *Hallische Jahrbücher*, 1840, 900-904, contienen algunos apuntes del propio Gans como base para una biografía. De ahí está tomada la siguiente cita: «La estrechez, la pesadez y la momificación que la mencionada escuela [histórica] conlleva, el perjudicial influjo que ejerció sobre la legislación y el desarrollo del derecho y la menesterosa presunción con la que cubre sus desnudos miembros con el manto del Estado, me han convertido en su antagonista... La escuela histórica, en realidad el propio señor Savigny... ha respondido a ello [es decir, a esta crítica] intentando, mediante toda suerte de maquinaciones personales, causarme perjuicios en mi carrera civil. La principal contrariedad del partido histórico fue el éxito que alcanzaron las lecciones magistrales que impartí en Berlín, así como la imposibilidad de deshacerse de un adversario que tenía la intención de influir sobre los estudiantes de cualquier modo posible.»

Por lo demás, se desprende de las volúmenes coetáneos de los *Hallische Jahrbücher* (1838, pp. 785 y ss., 1617 y s. 1839, 601 y ss., 1641 y ss.: 1905 y ss., ; 1840, 900 y ss., 1009 y ss.) que la preferencia de los círculos intelectuales se decantaba en buena medida por Thibaut y Gans. Gans fue profesor en Berlín desde 1825 hasta su muerte en 1839.

4 Hegel, *Rechtsphilosophie*, § 211.

afirmaba que con su doctrina del surgimiento orgánico inexorable del derecho se subestimaba el significado de la legislación, invitando a cruzarse de brazos, cuando lo que correspondía era actuar; que se desatendían o se pasaban por alto importantes problemas prácticos del presente, en aras de cuestiones históricamente menores, ajenas a la vida —en fin, que suponía una micrología histórica.

En el mismo año (1839) en que Gans y Thibaut emprendían sus infructuosos ataques contra la escuela histórica, se consolidó una tercera fuerza que resultaría decisiva para la evolución posterior. Se trata de la llamada corriente germanista que se reunió alrededor de la *Zeitschrift für deutsches Recht und deutsche Wissenschaft,* fundada por Reyscher y Wilde. Con razón pudo afirmar Bluntschli que la contraposición jurídica decisiva ya no era por más tiempo la que enfrentaba a la Jurisprudencia filosófica y la histórica, sino la de germanistas *versus* romanistas[5]. La mencionada corriente recibió un nuevo impulso merced al conocido escrito de Georg Beseler sobre derecho popular y derecho de los juristas, del año 1843. En este trabajo, acaba con la fábula de la recepción como obra del espíritu del pueblo alemán, al afirmar que la recepción del derecho romano había sido operada por los juristas, sobreponiéndose a las resistencias del pueblo, y que el derecho romano había adquirido su carácter de derecho válido por la mera costumbre, sin mediar convicción popular alguna. La vehemencia e impertinencia con que Puchta rechazó este herético apartamiento de la doctrina pura, son características de un sistema que se ha petrificado en forma de dogmas y se encuentra ya en fase de disolución[6]. Con las corrientes liberales y nacionales de fines de los cuarenta, el movimiento germanista experimentó un auge extraordinario[7]. En el año 1846 se celebró el primer congreso de germanistas en Frankfurt, en 1847 el segundo en Lübeck. En adelante, los ataques[*] se sucederían sin tregua. En 1847, v. Kirchmann, como precursor de un positivismo naturalista, pronunció su famosa conferencia sobre *Die Wertlosigkeit der Jurisprudenz als Wissenschaft,* que plantea problemas aún hoy irresueltos[8]. Algunos años después (1852) apareció el primer tomo del *Geist des römischen Rechts*, de Ihering, en el que el influyente jurista se distanciaba de la política de la escuela histórica. En el año 1845, Windscheid expresó su

---

5 *Hallische Jahrbücher*, 1839, pp. 1905 a 1960: *«Die neueren Rechtsschulen der deutschen Juristen überhaupt und die historische Schule insbesondere»*.

6 *Kritik von Georg Beseler*, 1844.

7 Al respecto, vid. especialmente, Otto Gierke, *Die historische Rechtsschule und die Germanisten* (Discurso), 1903.

* N. del T.: parece referirse a los ataques a la escuela histórica; cfr. *supra* cap. V.2.

8 Vid, con más detalle, *infra* VIII, 5.

convencimiento de que el tiempo daría la razón a Georg Beseler en el sentido de que «la generación que ahora se está educando sólo tendrá un lema: el derecho nacional»[9]. Se puede citar, adicionalmente, una serie de trabajos de autores menos conocidos[10]. En resumidas cuentas, cabe afirmar que, hacia el final de los años cincuenta, el quietismo político de la escuela histórica y la teoría conexa del surgimiento inconsciente e inexorable del derecho habían sido superados. Como hemos visto, esta doctrina estaba íntimamente relacionada con la filosofía romántica de la historia y tenía que desaparecer necesariamente con ella. Lo que en este momento se califica todavía como Jurisprudencia historicista es, en realidad, algo completamente distinto de la doctrina originaria de Savigny y Puchta. La época siguiente traería al pueblo alemán la deseada unidad política, que, una vez alcanzada, habría de neutralizar los últimos residuos de resistencia historicista a la codificación. Alemania obtuvo su *BGB* (Código Civil).

3. ad b) El núcleo en torno al cual se desarrolló el proceso que acabamos de describir en el apartado anterior fue la doctrina del surgimiento del derecho a partir del espíritu del pueblo, contemplada en lo referente a sus consecuencias político-prácticas. Paralelamente, se desarrolla un segundo movimiento, que se centra igualmente en dicha doctrina, pero en este caso en cuanto afecta al *problema de la realidad del derecho* (*das Wirklichkeitsproblem des Rechtes)* En consonancia con el creciente «realismo» de corte positivista, se intenta, con frecuencia cada vez mayor, fundar la realidad del derecho en la sólida realidad del *Estado,* en lugar de hacerla derivar de un espíritu del pueblo místico e intangible. Este movimiento se originó ya entre los más fieles seguidores de la escuela histórica (nº 3). Pero su auténtico carácter sólo se revela en los autores que tomaron conscientemente partido contra la escuela histórica, al intentar depurar el problema de la realidad del derecho de su confusión metodológica con los problemas éticos y sociológicos en los que la escuela histórica se había complicado (nº 4).

Incluso dentro de la propia escuela histórica, la doctrina del surgimiento del derecho a partir del espíritu del pueblo, en la versión coherente, nacional-espiritualista, de Puchta, encontró pocos partidarios incondicionales[11].

---

9 *Recht und Rechtswissenschaft* (Discurso), p. 20.

10 Por ejemplo, Gerber: *Zur Charakteristik der deutschen Rechtswissenschaft*, Discurso, 1815; Lenz, *Über die geschichtliche Entstehung des Rechts*, 1854; Kuntze, *Der Wendepunkt der Rechtswissenchaft*, 1856; Rückert, *Begriff des gem. d. Privatrechts*; Wirth, *Über die Wendepunkte der Rechtswissenchaft*, 1858; Seitz, *Das praktische Bedürfnis der Rechtsreform gegenüber der historichen Schule*, 1865.

11 Así Pfeiffer (241), p. 41; Stobbe (316) § 22, p.3; Thöl (322a), § § 49 y ss.; Gerber (109a), § 28, nota (1).

La mayoría de los miembros de la escuela sometieron a crítica ambos elementos básicos, el nacional y el espiritualista.

Atendiendo al origen *no nacional* tanto del derecho internacional como del eclesiástico, Puchta les había negado consecuentemente el carácter de derecho. Por contra, menos coherentemente, había concedido que el derecho podía surgir también en círculos más pequeños, cuasipopulares, por ejemplo en regiones del país. Sus críticos se negaron a aceptar ese rechazo del derecho internacional y el eclesiástico. Por el contrario, sostuvieron que, *normalmente* pero *no necesariamente*, el derecho surge del espíritu del pueblo entendido como unidad nacional, y reconocieron la existencia de *desviaciones anormales*, de estados patológicos. También Savigny (como se desprende de lo dicho en p. 191) se adhirió a esta crítica[12]. Uno de los puntos claves de la teoría *espiritualista* del derecho de Puchta era que sólo la convicción jurídica, y no el mero uso como tal, era determinante para la existencia del derecho consuetudinario. Esta idea recorre, como un hilo rojo, todo el *Gewohnheitsrecht*. Pero también en este aspecto facilitó Puchta un blanco para la crítica, al conceder que, respecto de una acción determinada, el único medio para constatar la existencia de la convicción interna —que en realidad es lo único determinante— es la manifestación externa. Los autores posteriores han rechazado prácticamente en su totalidad esta concepción puramente espiritual del derecho, subrayando la importancia del uso fáctico como condición de la propia existencia del derecho consuetudinario, y no sólo de su conocimiento[13].

4. Más importante fue la crítica realizada por los autores que se hallaban en desacuerdo de principio con el punto de partida y el método de la escuela histórica. Progresivamente se fue cobrando consciencia de los elementos iusnaturalistas implícitos en la doctrina del espíritu del pueblo y se exigió una determinación de la realidad del derecho que fuera independiente, tanto del ideal desde el que se calibraba el derecho, como de la convicción en la que ese ideal se manifestaba. Ernst Meier dio expresión a esta creciente exigencia de realismo, al afirmar que la escuela histórica, partiendo de ciertas suposiciones «que se ha sacado de Dios

12 Puchta había intentado salvar el carácter jurídico del derecho eclesiástico de un modo sumamente artificioso: fundándolo en una autonomía que la Iglesia habría recibido directamente de Cristo. Esta posición fue atacada por v. Scheurl. (282 b.) Vid. por lo demás el resumen *infra cap.* XVI, 6.

13 Vid. el resumen *infra cap.* XVI, 6. Se produce así una incongruencia con el punto de partida: de la teoría del espíritu del pueblo no se deduce consecuentemente la exigencia del uso. Sólo hay un autor que se muestre más consecuente que el propio Puchta; se trata de Thöl, quien afirma que la convicción del pueblo ha de ser identificada partiendo de una base distinta a la de los usos (322a), pp. 134 a136.

sabe dónde», llega a resultados que, «alejándose de la firme realidad, cabalgan en el reino del sueño y de la fantasía»[14].

Una serie de autores intentará determinar la realidad del derecho desarrollando el enfoque de las condiciones sociológicas de existencia del derecho, del cual había partido la escuela histórica, aunque luego no lo mantuviera de forma consecuente. Ya en el año 1839, Kierulff, con expresiones que parecen salidas de boca de un moderno partidario del derecho libre sociologista, había defendido la *realidad sociológica* del derecho frente a un derecho sólo aparente, fundado únicamente en la convicción o en determinados «parágrafos». «Sólo *es* derecho el que actúa de forma viva, y sólo es derecho vivo el derecho práctico, el vigente, no aquel cuya validez sólo se halla prescrita»[15]. Rückert, Harum y otros autores aplican un enfoque sociológico similar. Identifican el derecho en sí con sus verdaderos resortes en la realidad, creyendo haber determinado de esta manera la específica forma de existencia del derecho. Impugnan las teorías formales, afirmando que el derecho *es* más bien un sistema de «impulsos reales» y que las «fuentes del derecho» son meras fuentes de conocimiento, no «fuentes de producción». El derecho *es* la voluntad dotada de poder, la resultante, dentro del paralelograma de las fuerzas sociológicas[16].

Un segundo grupo de autores se distingue de los del primero en que, sin llegar a negar el valor de las investigaciones sociológicas, no creen sin embargo haber solucionado con ello el problema de la realidad del derecho. Encontramos esta posición ya en 1848, en el excelente libro de Reinhold Schmidt *Theorie und Methodik des bürgerlichen Rechts*, donde se expresa a través de la distinción entre fuentes del derecho materiales (sociológicas) y formales. Dicha distinción no es del todo correcta, como vimos anteriormente, en la parte histórica referente a Inglaterra, pero expresa correctamente la idea de que la pregunta referente a si algo posee carácter jurídico difiere de la pregunta por las causas del derecho. Schmidt concede que el espíritu del pueblo influye sobre el contenido del derecho, pero niega que lo determinado por esta fuerza tenga por sí solo carácter de derecho válido: «antes, tienen que cumplirse las condiciones formales de validez»[17]. En el mismo sentido apuntan las reflexiones de Ernst Meier, Bruns y otros[18]. La referida distinción metodológica encuentra una formulación especialmente bella en Lüders. Al igual que

14 (207), p. 9.
15 (169), p.5.
16 Rückert (269), p. 14; Harum (129), p. 9 y 11.
17 (287), p. 224.
18 Ernst Meier (207), pp. 9 y ss.; Bruns (43), p, 397.

Rückert, afirma que el derecho no depende sólo de determinados conjuntos de ideas, sino de «condiciones reales»; pero, a diferencia de aquél, no identifica el derecho con dichas condiciones reales. Afirma que la economía sólo puede dar respuesta a la pregunta *¿por qué?*, pero no a la pregunta *¿cómo?* Siguiendo este razonamiento, subraya la diferencia entre *hecho* y *derecho*. El derecho es un *orden*, un orden de las condiciones humanas de vida, que en cuanto derecho se distingue por ser un orden coactivo garantizado por el Estado. Por contra, las condiciones de vida en sí mismas son un *hecho*; los intereses económicos, las actitudes espirituales, los afectos y los instintos, la actividad que de ellos deriva, como también las leyes naturales que rigen fácticamente estos fenómenos, todo ello son hechos, en contraposición al derecho[19].

Esta nueva orientación metodológica ejerció una decisiva influencia sobre la teoría de las fuentes del derecho. Ante todo, llevó a descartar el espíritu del pueblo como fuente suprema del derecho. Desde un punto de vista sociológico-positivista, el concepto de espíritu del pueblo tenía que aparecer necesariamente como expresión de un complejo causal. Pero, contemplado así, este concepto, en cuanto causa «primera» absoluta, irreductible, implicaba una ruptura con el propio principio de causalidad y tenía que aparecer como un mero rótulo que en realidad designa un problema; como una forma de eludir la verdadera conexión funcional, «una cómoda excusa para el perezoso, un manto con el que cubrir su ignorancia para el deshonesto»[20]. Contemplada como fuerza *sui generis* de la naturaleza a la

19 Lüders (198), p. 30 y ss.

20 Arnold (9), p. 27; una crítica formulada desde el mismo punto de vista en Schmid (287), pp. 170, 173, 175 y 223; Harum (129), p. 6; Stammler, *Wirtschaft und Recht,* § p. 57. La misma explicación, esto es, su origen en una filosofía espiritualista, tienen otras hipóstasis, tales como «Estado» y «fuerza vital».

No obstante, no se agota en ello el papel desempeñado por el *concepto de espíritu del pueblo*. De Hegel pasa a Steinthal, quien, en estrecha conexión con las ideas del herbertiano Lazarus, trata de fundamentar sobre este concepto una psicología de los pueblos (*Zeitschrift für Völkerpsychologie und Sprachwissenschaft*, T. I (1860), pp. 1 y ss. Pero no hay aquí hipóstasis alguna. Tal y como Lazarus y Steinthal (pp. 29, 30, 31, 37 y 39) definen el concepto, éste se halla muy próximo al manejado por Montesquieu. Es expresión, pues, de un conjunto de factores empíricos comunes que constituyen un eslabón dentro de la cadena causal; un conjunto en sí mismo determinado, y determinante a su vez de otros. Pero, con ello, el concepto pierde en realidad todo significado independiente. Significado que intenta atribuirle W. Wundt (en *Über Ziele und Wege der Völkerpsychologie*, Phil. Studien, publicados por W.W., Tomo IV (1888), pp. 1 y ss.) al emplear el concepto como expresión del significado autónomo de la coexistencia social entendida como hecho: las relaciones psicológico-sociales no pueden explicarse sin tener en cuenta el significado autónomo de la coexistencia, es decir, las leyes que rigen las relaciones psicológico-sociales no son reducibles a las que determinan la psicología individual. Ahora bien, entendido de esta forma, el concepto —que ni

que se acude para explicar el surgimiento del derecho, el espíritu del pueblo vendría a ser de un ingenio similar al de Molière cuando, en *El enfermo imaginario*, hace decir al médico, para explicar el efecto somnífero del opio, que posee una *vis dormitiva*[21].

Este rechazo del punto de partida de la escuela histórica había de comportar necesariamente alteraciones sustanciales en la doctrina de las fuentes. Externamente, tales cambios se presentan como meras modificaciones, aunque radicales, de la doctrina tradicional. De las tres fuentes del derecho, las concepciones positivistas eliminan una: la *ciencia*. Pero ello no supone más que un cambio de denominación, pues igualmente se sigue considerando a la *analogía* como fuente de derecho. Entre las otras dos fuentes, se modifica el orden jerárquico. El positivismo considera a la ley como la fuente más importante y al derecho consuetudinario como la de menor relevancia. Ya no se hace «derivar» la *ley* de un supuesto espíritu del pueblo, ni se la «fundamenta» en él, sino que se afirma, sencillamente, que vale porque es la *voluntad declarada del Estado*[22], la estable-

designa existencia alguna ni explica nada, sino que resulta ser tan sólo expresión *negativa* de los límites de nuestro saber, igual que los conceptos de «vida», «psique», «electrón» y otros semejantes— corre peligro de ser objeto de una hipóstasis material. Y ciertamente eso es lo que ha ocurrido cuando se ha pretendido convertir este concepto, bajo el nombre de *«la collectivité»*, en fundamento de la sociología moderna (francesa). El carácter metafísico del concepto de «espíritu colectivo» de Jerusalem resulta particularmente evidente. Al mismo tiempo, el concepto evidencia una cierta tendencia a asociarse con ideales culturales antirracionalistas (Jerusalem, Spengler, etc.), para mayor gloria de lo colectivo-irracional.

De modo paralelo a este giro en la filosofía, dicho concepto reaparece nuevamente en la ciencia del derecho, así por ejemplo, en B.B. Stier-Somló (314), p. 22, Oertmannn (235d), p. 26. De forma sumamente confusa y ampulosa, se encuentra presente en el neohegelianismo de Kohler y Berolzheimer. Se comprende que tenga que jugar un cierto papel en la filosofía del derecho idealista de Binder, vid. *Philosophie des Rechts*, 1925, pp. 963, 1030, 1041 y1047. Para una historia del concepto del espíritu del pueblo en el siglo XIX, vid. Visser, *De collectieve Psyche in Recht en Staat*, 1916, parte inicial.

21 Si bien con la diferencia de que la formulación de la escuela histórica expresaba en todo caso un paralelismo exacto entre las condiciones de aparición del derecho, del lenguaje, de los mitos, etc.

22 Por primera vez Kierulff, 1839 (169), p. 1; Reyscher, 1839 (275 b), p. 37; Beseler, 1843 (21a), p. 77; Schmid, 1848 (287), p. 224; además Unger (328), § 2; Ernst Meier (207), p. 23; Boehlau (31), p. 274, quien incluso distingue entre la voluntad del Estado y el derecho, esto es, el derecho consuetudinario. El Estado ordena que la ley *posea validez* jurídica. Rith (267), &42, Dernburg (71a), & 18; Binding (27), 3, p 198, nota (6). Cuando Binding habla de una «voluntad de la comunidad», hay en ello reminiscencias de una justificación iusnaturalista. Gierke (111b), § 18, y muchos otros. La caracterización del derecho como *voluntad del Estado*, como expresión, por una parte, de una política jurídica determinada por la voluntad y, por otra, de una teoría del derecho positivista, se remonta a Hegel, cfr. Thon, *Rechtsnorm und subjetives Recht*, 1.

cida por la autoridad estatal competente. En cuanto a la teoría del *derecho consuetudinario*, pese a la enorme bibliografía generada, no se introducen cambios esenciales respecto de la doctrina tradicional[23]. Para que el derecho consuetudinario exista como tal se exige un doble elemento: uno espiritual, la *opinio necessitatis*, y uno material, el uso prolongado. En relación con la doctrina original de la escuela histórica, la diferencia estriba en que la convicción del pueblo se ha transformado en una convicción de los que ejercen el derecho. Pero lo principal es que no hubo cambio fundamental alguno en la consideración del derecho consuetudinario a la luz de un concepto espiritualista de derecho, como originado al margen del Estado y fundado exclusivamente en la convicción «privada».

5. ad c) Como se desprende de lo antedicho, la doctrina del *surgimiento* del derecho fue sometida a una doble modificación de raíz, en su evolución desde el romanticismo al positivismo: por una parte, fue despojada de su carácter histórico-fatalista y, por otra, adquirió la forma de un proceso estatal. En un tercer aspecto, sin embargo, el positivismo puede considerarse como desarrollo interno de la doctrina de la escuela histórica: nos referimos a la teoría de la aplicación del derecho.

Ya la escuela histórica partía, en su teoría de la aplicación, del dogma de la existencia prejudicial del derecho, conforme al cual al juez le corresponde exclusivamente localizar y aplicar la regla jurídica adecuada al caso. Si esa regla no existía en forma expresa, como ley o como costumbre, entonces la ciencia debía hallar la solución requerida a través de la analogía, por vía de un razonamiento lógico a partir del material jurídico ya existente. Por contra, se rechazaba toda decisión que partiera de la finalidad de la ley, del valor intrínseco de la decisión, de la naturaleza de la cosa, de la equidad y otras similares, por estar basada en consideraciones de tipo iusnaturalista. Esta doctrina de la interpretación fue incorporada por el positivismo. Combinándola con el «concepto jurídico» (esto es, un contenido jurídico-positivo postulado a priori, en forma de concepto) y el arte de la construcción jurídica (esto es, la construcción de complejas moléculas conceptuales), se logró desarrollar dicho método de interpretación hasta conseguir un depurado sistema (presuntamente) lógico-objetivo, que nos es ya conocido de la «*école de l'exégese*» francesa, anteriormente expuesta, por lo que no procede reiterarlo aquí. Se puede apreciar un cierto paralelismo entre las evoluciones de ambos países. Aquí como allí, el sistema se basaba en el dogma,

23 Sin embargo, una serie de autores ha reconducido la costumbre, de modo consecuente con su enfoque positivista, a la potestad estatal (teoría de la autorización); al respecto vid. el cuadro general *infra*, XVI, 6.

antes mencionado, de que el derecho consta de un solo escalón, en la consideración de la ley (y de la costumbre) como única fuente del derecho y en la contemplación del derecho como voluntad omnicomprensiva del legislador. También en Alemania esta teoría encontró un apoyo especialmente valioso en la doctrina constitucional, que separaba estrictamente la actividad del juez de la del legislador[24]. Es razonable suponer que, en Alemania, la introducción del derecho codificado resultó ser favorable al sistema, como lo fue en su momento en Francia. En ambos países, el sistema había abierto un abismo cada vez mayor entre teoría y praxis, algo que en Alemania era ya palpable mediado el siglo XIX y que fue percibido, con pesar, por Savigny[25]. Finalmente, cabe señalar que, tanto en Francia como en Alemania, la «Jurisprudencia de conceptos» fue objeto de violentos ataques, que en parte se produjeron de forma paralela.

6. El aspecto común de las distintas líneas de evolución que, como se ha mostrado, conducen desde el romanticismo hasta el positivismo, estriba en el hecho de que la nueva concepción acerca del derecho puede comprenderse partiendo de un dogma básico común a todas ellas: a saber, *el dogma del derecho como voluntad* del *Estado* y del *Estado como realidad tangible, supra y prejurídica.* De este enfoque básico derivan, naturalmente, tanto la teoría político-voluntarista de la validez no derivada de la ley, como el sistema de interpretación orientado hacia una voluntad preexistente.

En relación a los tres problemas básicos del ámbito jurídico, el positivismo supone un enérgico intento de plantear el problema de la realidad del derecho al margen de consideraciones éticas y sociológicas. Se vuelve la espalda al derecho natural y, simultáneamente, se rechaza la disolución de la ciencia jurídica en la sociología. Corresponde, pues, al positivismo el honor de haber sido el primero en haber hecho este intento, si bien hay que reconocer que no sólo no ha solucionado el problema de manera aceptable, sino que ni siquiera ha conseguido mantener la pureza metódica.

En primer lugar, puede afirmarse que el positivismo, a consecuencia de su superficialidad naturalista, propende especialmente a proporcionar soluciones circulares, que nada aportan. Así, la fundamentación del derecho en la voluntad del Estado se basa en un razonamiento evidentemente circular. El derecho es la voluntad del Estado; pero, como el Estado sólo puede «querer» a través de sus órganos, esta teoría implica, de hecho, que el derecho es la voluntad de determinados órganos. Ahora bien, dado que dichos órganos sólo son reconocibles como tales a través de su cualifica-

24 A título de ejemplo, mencionaremos a Jellinek, *Gesetz und Verordnung*, 1887, p. 218, Laband, *Staatsrecht*, II, 5, p. 178.

25 *System*, XX y ss.

ción *jurídica*, de ello se deduce que se está identificando el derecho conforme a un criterio interno al propio derecho: es derecho lo que las autoridades *jurídicamente* cualificadas para ello establecen. Esta concepción, presente en muchos de los positivistas menos recientes (Bruns, Meier y otros)[26], ha encontrado su formulación clásica en Bergbohm[27]: derecho es lo que ha sido ordenado por la autoridad *competente*, donde por «competencia» sólo se puede entender «competencia jurídica»; la circularidad del razonamiento es evidente. Esta solución al problema de la positividad del derecho no es en realidad tal, sino que equivale, desde un punto de vista epistemológico, al «realismo ingenuo» con el que el profano trata de «solucionar» el problema de la realidad natural: realidad natural es lo que vemos y oímos en derredor[28].

En este último sentido, hay que subrayar que, bien mirado, la teoría positivista de la aplicación del derecho es *política* que *se hace pasar por teoría*. Se prescribe lo que el juez (y con él la doctrina) debe hacer, y se hace pasar esta exigencia por verdad inherente al derecho. Se toma, pues, como verdad acerca del derecho el que el juez aplique, y sólo *deba aplicar*, el derecho válido, real; y puesto que, a continuación, *se identifica a priori derecho válido* con *derecho históricamente dado en forma de ley escrita y de su correspondiente extension analógica*, la afirmación de que el juez debe aplicar únicamente la ley y su analogía se convierte en puramente circular. En realidad, se trata de una exigencia política. La circularidad resulta especialmente evidente cuando se afirma que el juez debe aplicar el derecho positivo y éste es definido, posteriormente, como el derecho real, vigente; esto es, como el derecho que se aplica de hecho[29]. En realidad, se trata simplemente de que el método positivista de interpreta-

---

26 Ernst Meier (207), 1861, p. 9 pretende solucionar el problema del surgimiento del derecho partiendo de las fuentes válidas en Alemania. Para Bruns (43), p. 397, «la pregunta acerca de quién puede dictar leyes en un determinado Estado, y mediante qué procedimiento, es de índole exclusivamente jurídico-pública y depende de la concreta constitución estatal.» (1 ed.,1879).

27 *Jurisprudenz und Rechtsphilosophie* (1892), p. 549.

28 La exposición que se realiza en el texto se basa especialmente en el estudio de los teóricos iusprivatistas. Sin embargo, la teoría positivista del derecho público muestra una estructura muy similar. El enfoque básico es el mismo: el Estado se concibe como una existencia o persona suprajurídica que *crea* el derecho y que, por lo demás, es capaz de actuar también fuera del campo del derecho y, particularmente, de perseguir fines estatales no jurídicos (administración).

29 También se basa en un razonamiento circular la «prueba» aducida por Bergbohm para sostener que el derecho natural no es verdadero derecho. Todos sus argumentos pueden reconducirse a la siguiente estructura: el derecho positivo (a) se define analíticamente

ción contiene un mandato al juez para que, en defecto de ley, *no* aplique un derecho natural abstracto, sino más bien una analogía técnico-concreta; y se afirma, como lo hace también el iusnaturalismo, que tal mandato *es* derecho. Desde un punto de vista metodológico, la doctrina positivista de la interpretación se sitúa así en el mismo plano que su antagonista. El positivismo supone una negación sustantiva del contenido del derecho natural, pero formalmente no supera el sincretismo metódico propio del iusnaturalismo. Supuesto que se entienda por iusnaturalismo, no ya un determinado sistema jurídico cualificado por su contenido, sino cualquier doctrina jurídica que incurra en la mezcolanza metodológica de teoría y política jurídica típica del iusnaturalismo histórico, hay buenas razones para afirmar que el positivismo conserva aún un carácter iusnaturalista. El iusnaturalismo, en sentido histórico, postulaba un determinado ideal abstracto, ético, como derecho; el «ideal» del positivismo es técnico-concreto, pero igualmente se hace pasar por derecho. La consideración de la analogía —o de la ciencia, como lo expresó la escuela histórica— como fuente del derecho, supone una reminiscencia formalmente iusnaturalista dentro del sistema del positivismo[30].

Además, la doctrina dominante de las fuentes del derecho está lastrada por una seria incongruencia. En contradicción con su propio punto de partida, hace surgir el derecho consuetudinario *al margen* del Estado, contemplándolo como expresión de la conformación social del derecho. Con ello, quiebra la unidad fundamental del sistema, la unidad en el concepto de derecho. Pues si se define el derecho como voluntad del Estado, y se considera a la ley como derecho en cuanto deriva del Estado, afirmar que el derecho consuetudinario es derecho porque expresa la convicción de quienes lo usan, o sea, de los súbditos del Estado, significa aplicar un enfoque enteramente distinto. Ambas fuentes se remontan a diferentes conceptos de derecho, que no pueden ser reducidos a un único criterio jurídico común. El modo en que se contempla el derecho consuetudinario implica aún

---

como derecho verdadero (a1); se afirma de éste que siempre se ha generado históricamente (b) —y que nunca se funda en el derecho natural (x). Para tener sentido, la demostración tendría que consistir en definir (x) en contraposición a (b), como (no-b), y a partir de ahí mostrar que (no-b) es siempre (no-a) y por tanto es (no-a1), es decir que cualquier derecho no surgido históricamente no es derecho verdadero. En lugar de ello, Bergbohm define derecho natural como (no-a), tras de lo cual es ya puramente tautológico «demostrar» que por tanto es también (no-a1), es decir, que no es verdadero derecho. No pueden exponerse aquí en detalle los argumentos aducidos por Bergbohm.

30 *En esta medida* Sander tenía razón cuando (en *Rechtsdogmatik oder Theorie der Rechtserfahrung*, 1921) calificaba a la dogmática como iusnaturalista; ante lo cual, no sería de gran ayuda invocar a la voluntad positivista de Bergbohm.

un concepto de derecho puramente espiritualista, herencia de la escuela histórica, por mucho que ahora se complemente, de manera internamente contradictoria, con la exigencia de un uso prolongado de hecho. Ello se debe a que la teoría del derecho consuetudinario al uso siempre se plantea el *problema* preguntando por el *fundamento* de la *fuerza vinculante* del derecho consuetudinario; es decir, lo plantea de un modo enteramente iusnaturalista. Si se aplicara consecuentemente, este planteamiento tendría que llevar a formular la misma pregunta respecto de la ley. Pero en este caso la cuestión se considera superflua, puesto que la validez de la ley se tiene por un hecho. Zitelmann ha percibido esta incoherencia en el planteamiento metodológico de la teoría del derecho consuetudinario y la ha criticado en detalle en la insuperable parte crítica de su tratado sobre *Gewohnheitsrecht und Irrtum*, de 1883; lamentablemente, no ha ejercido ninguna influencia sobre la corriente positivista dominante[31]. De ahí que aún hoy la concepción positivista del derecho continúe incurriendo en un dualismo radical que resulta insostenible en términos lógico-sistemáticos[32].

---

31 En esta obra, Zitelmann introduce un admirable cambio en el planteamiento del problema. Muestra que no resulta claro qué se quiere decir con «fundamentar» la fuerza vinculante de la costumbre, y que la tarea consiste más bien en comprobar *qué es lo que significa, y cómo podemos saber*, que el derecho posee validez (351b), p. 452. Lamentablemente, la propuesta de solución de Zitelmann no está a la altura de su planteamiento del problema. En consonancia con la tendencia psicologista y naturalista de su época, no ve su tarea en la determinación lógica del concepto de validez («la validez no es nada en sí», p. 460, porque no representa ninguna realidad natural objetiva), sino en comprender en términos *psicológicos* bajo qué condiciones se forma la representación de la validez del derecho «en sujetos con una percepción correcta».

32 Al margen de los autores citados *supra*, nota 23, que como partidarios de una teoría de la autorización, reconducen todo derecho al Estado, puede decirse que la doctrina alemana de las fuentes del derecho más avanzada reconoce, partiendo de un enfoque positivista —bajo directa influencia de Austin—, el carácter *estatal* del derecho consuetudinario, como derecho *creado por los jueces*. Al respecto, vid. el cuadro general, *infra* XVI, 6.

Capítulo VII
EL DERECHO LIBRE Y LA TEORÍA PURA DEL DERECHO

1. COMPARACIÓN CON EL *COMBAT POUR LA MÉTHODE* EN FRANCIA
2. ESBOZO DE UNA HISTORIA DEL MOVIMIENTO DEL DERECHO LIBRE
3. LA IMPORTANCIA DEL DERECHO LIBRE PARA LA DOCTRINA DE LAS FUENTES DEL DERECHO
4. LA TEORÍA PURA DEL DERECHO

1. A finales del siglo pasado y comienzos del presente, surgió en Alemania una fuerte oposición al positivismo dominante. Esta corriente —a la que se suele agrupar bajo la denominación de movimiento del derecho libre[1]— fue en parte provocada por el análogo *combat pour la méthode*, ini-

---

1 Entre la extensa bibliografía que, con mayor o menor extensión, se ocupa del movimiento del derecho libre, destacaremos: Schultze, *Privatrecht und Prozess*, 1883; Bülow, *Gesetz und Richteramt*, 1885; Zitelmann, *Lücken im Recht*, 1903; Ehrlich, *Freie Rechtsfindung*, 1903; Gnaeus Flavius (H.U. Kantorowicz), *Kampf um die Rechtswissenschaft*, 1906; Jung, *Positives Recht*, 1907; Ehrlich, *Tatsachen des Gewohnheitsrechts*, 1908; Sinzheimer, *Die soziologische Methode in der Privatrechtswissenschaft*, 1909; Gmür, *Die Anwendung des Rechts nach Art. 1 des schweizerischen Zivilgesetzbuches*, 1908; v. Laun, *Das freie Ermessen und seine Grenzen*; Stampe, *Die Freirechtsbewegung*, 1911; Kantorowicz, *Rechtswissenschaft und Soziologie*, 1911; Kiß, *Gesetzauslegung und «ungeschriebenes» Recht*, 1911; Kornfeld, *Soziale Machtverhältnisse*, 1911; Danz, *Richterrecht*, 1912; *Einführung in die Rechtssprechung*, 1912; Heck, *Das Problem*

ciado en Francia por Gény. Pero incluso prescindiendo de este hecho, la gran semejanza de las circunstancias explica que el movimiento francés y el alemán se desarrollaran a menudo en paralelo. Así, ambos surgen, principalmente, como una reacción *práctica* contra el método de interpretación positivista dominante. Éste fue objeto de censura, por considerarlo una Jurisprudencia conceptual y constructiva ajena a la vida, un culto a la letra de la ley, un fetichismo legal, una pandectología, una paragrafomanía, etc. Igualmente se criticó su concepción ideal del juez: «Un alto funcionario estatal, con formación académica, se sienta en su celda, armado tan sólo de una máquina de pensar, aunque, ciertamente, muy refinada. Su único mobiliario es una mesa verde, sobre la que reposa, ante él, un voluminoso código. Se le entrega un caso cualquiera, real o ficticio, y en cumplimiento de su deber, con ayuda de operaciones puramente lógicas y de una técnica secreta sólo por él conocida, es capaz de demostrar, con absoluta exactitud, la decisión predeterminada por el legislador en el código»[2]. Frente a tales artificios interpretativos, mediante los cuales importantes cuestiones vitales son resueltas con glacial desprecio hacia las necesidades reales de la vida, se viene a exigir una Jurisprudencia que se mantenga apegada a esta realidad y que no se base sólo en la ley y en su interpretación. Partiendo de que no todo derecho se encuentra en la ley, se llega, por regla general[3], a la conclusión de que hay otras fuentes, además de la ley, de las que el juez puede extraer derecho: el derecho libre, el derecho vivo —«*la libre recherche scientifique*». Este «otro» derecho, que se justifica unas veces al modo iusnaturalista y otras sociológicamente, es percibido como contrapuesto a las leyes, en cuanto es un derecho «libre», de origen no estatal, y encuentra su fundamento en la ciencia como fuente de derecho[4]. Como puede verse, se trata, a grandes ras-

---

der Rechtsgewinnung, 1912; *Gesetzesauslegung und Interessenjurisprudenz*, 1914; Jung, *Das Problem des natürlichen Rechts*, 1912; Fuchs, *Juristischer Kulturkampf*, 1912; Spiegel, *Gesetz- und Recht*, 1913; Ehrlich, *Soziologie des Rechts*; Reichel, *Gesetz und Richterspruch*, 1915; v. Verdross, *Das Problem des freien Ermessens und die Freirechtsbewegung*, 1914; Tezner, *Konventionalregeln und Systemzwang*, 1916; Somló, *Juristiche Grundlehre*, 1917; § 114-115.; Kornfeld, *Allgemeine Rechtslehre und Jurisprudenz*, 1920.

Vid. además: Kohler, *Über die Interpretation von Gesetzen*, 1886; Ehrlich, *Lücken im Recht*, 1888; Rümelin, *Werturteile und Willensentscheidungen im Zivilrecht* (Conferencia), 1891; Georg Frenzel, *Recht und Rechtssätze*, 1892; Bülow, *Heitere und ernste Betrachtungen über die Rechtswissenschaft*, 1901; Sternberg, *Einführung in die Rechtswissenschaft*, 1904; Ehrlich, *Soziologie und Jurisprudenz* 1906; Rogge, *Methodologische Vorstudien zu einer Kritik des Rechts*, 1911.

2 Gnaeus Flavius, *Kampf um die Rechtswissenschaft*, p. 7.

3 Manigk, (202), pp. 120 a 123, se ha percatado de lo erróneo de esta conclusión.

4 Gnaeus Flavius (98), p. 20. «Es hora ya de tomar en serio a la ciencia como fuente de derecho, ese concepto que la escuela histórica más antigua llegó a manejar con cierta

gos, de una reiteración de la doctrina de las fuentes del derecho de Gény. Ya conocemos, por nuestra reseña de Gény, las confusiones metodológicas en las que tiene que desembocar una doctrina semejante. Al igual que sucede en el caso francés, también en Alemania cabe distinguir una corriente básicamente iusnaturalista[5] y otra fundamentalmente sociologista; pero mientras que en Francia la orientación dominante, bajo la dirección de Gény, es la iusnaturalista, en Alemania ocurre lo contrario. Aquí son los sociólogos quienes desempeñan, con mucho, el papel principal; y dado que, además, el derecho natural que utilizan es relativo y concreto, y no metafísico-absoluto como en el caso de Gény, en esta medida la corriente alemana se distingue favorablemente de la francesa. Pero, por lo demás, no le vaga a la zaga en cuanto a absurdos teóricos y monstruosidades metodológicas. Éstas se encuentran diseminadas a lo largo de una serie de tratados y escritos polémicos que, sin embargo, no llegan nunca a cuajar en un trabajo monumental comparable al *Méthode d'Interprétation* de Gény.

2. Podemos ordenar la historia del movimiento alemán del derecho libre, a grandes rasgos, en tres periodos: de fundación, de florecimiento y de liquidación. Los hitos esenciales de esta evolución pueden situarse, conforme a este esquema, en los años 1906 y 1911. Hasta 1906, la literatura disponible muestra periódicas y aisladas irrupciones de un creciente descontento político con el sistema de interpretación dominante. No hay sino investigaciones fragmentarias, que no rebasan los límites del campo de la metodología interpretativa. Los primeros acercamientos a una concepción *sociológica* del derecho corresponden al grupo de autores que, como ya se dijo en VI, 4, postulan la realidad sociológica del derecho, en oposición a la teoría espiritualista del derecho de la escuela histórica, como, por ejemplo, B. Kierulff y Rückert (1839 y 1857). Mientras que la importancia de éstos hasta el momento se ha pasado por alto, en cambio se sue-

---

frecuencia». La contraposición entre derecho de origen estatal y derecho de origen no estatal es especialmente clara en Spiegel, Ehrlich, Jung. El Estado, que, en sí mismo, es tan sólo el centro de imputación que otorga unidad formal a todo conocimiento jurídico en cuanto tal, se convierte aquí en una fuerza sociológica, situada en el mismo plano que la «comunidad». Y así, en lo que se refiere al conocimiento de la existencia positiva del derecho, todo derecho es de creación estatal. En cambio, a efectos de una identificación de las fuerzas sociológicas que determinan la existencia de un ordenamiento jurídico, resulta que no hay ningún derecho que sea de creación estatal, pues en este caso el concepto de Estado no puede, obviamente, desempeñar papel alguno.

5 Por ejemplo, Richard Loening (*Über Wurzel und Wesen des Rechts*, 1907); en parte Jung (*Das Problem des natürlichen Rechts*, 1907) y Kantorowicz, además de los partidarios de una «Jurisprudencia de sentimientos» («*Gefühlsjurisprudenz*»). Stammler, con su doctrina del «derecho justo», ocupa una posición singular. Entre los más antiguos: Adickes (*Zur Lehre von den Rechtsquellen*, 1872); Félix Dahn (66a-c); Schlossmann (*Der Vertrag*), 1876.

le citar con razón a v. Kirchmann, quien, en el año 1847, y partiendo de un planteamiento científico-naturalista, negó a la dogmática jurídica todo valor como ciencia[6]. En el bando *iusnaturalista*, el primero en oponerse a la doctrina dominante fue Franz Adickes (1872), quien consideraba como fuentes del derecho a «la razón subjetiva» o al sentimiento[7]. Mayor importancia que algunos de estos intentos revisten los excelentes estudios de Schultze y Bülow[8] (1883 y 1886), que franquearon el camino a una comprensión *teórico-jurídica* de la función creadora de derecho del juez, planteamiento que no sería comprendido en todo su alcance hasta un momento mucho más tardío. A partir de 1888, con el primer trabajo de Ehrlich, *Lücken im Recht,* puede considerarse fundado el movimiento del derecho libre. Otra obra de suma importancia teórica, correspondiente a este primer periodo, es el excelente discurso rectoral de Ernst Zitelmann sobre «las lagunas en el derecho»[9].

A partir de 1906, los acontecimientos cobran distinto cariz. Gnaeus Flavius (H.U. Kantorowicz) introduce, con un pequeño escrito polémico, el lema del «derecho libre», convirtiendo al movimiento en una «lucha por la ciencia jurídica». Este elegante panfleto produjo el efecto deseado: consiguió agrupar a sus partidarios en torno a su común *defensa*[*] del «derecho libre». Los años siguientes, la época de florecimiento del movimiento, contemplan una auténtica guerra literaria; los espíritus, una vez invocados, no se dejaron ya expulsar. Ahora no será ya posible detenerse en la reivindicación de un nuevo método de interpretación de corte sociologista, sino que, al tiempo que se rechaza todo método normativo y dogmático, se intentará modificar radicalmente la teoría de la ciencia jurídica, partiendo de bases sociológicas, entendidas en clave científico-natural. No sólo se reivindica una *política jurídica* de orientación sociológica, sino que se afirma que *la esencia y la propia existencia del derecho* sólo pueden determinarse sociológicamente, y que la ciencia del derecho sólo puede entenderse como sociología. Como era de esperar, estas exageraciones metodológicas provocaron la correspondiente reacción. Kantorowicz, revolucionario de vanguardia en 1906, se confiesa ya en 1911 un

6 Cfr. Th. Sternberg *I. H. v. Kirchmann und seine Kritik der Rechtswissenschaft*, 1908, pp. 16 y ss.

7 Adickes, *Zur Lehre von den Rechtsquellen*; Schlossmann, *Der Vertrag*.

8 Vid. *supra,* nota (1). Por lo general, se suele mencionar sólo a Oskar Bülow. La prioridad cronológica corresponde, sin embargo, a Schultze, vid. *infra* XVI, 4 y ss.

9 Para la bibliografía adicional, tanto anterior como posterior a 1906, vid. nota (1).

* N. del T.: literalmente dice: *Sie sammelte Anhänger als vereinte Gegner des «freien Rechts»,* esto es*: «Consiguió agrupar a sus partidarios en torno a su común oposición al «derecho libre»*, lo que no parece que tenga sentido.

moderado, de los que se distancian de la «sociologización» de la ciencia jurídica de Ehrlich y Fuchs[10]. Con el tiempo, se le van adhiriendo en cada vez mayor número sus antiguos seguidores[11]. Aunque los sociólogos no escatiman esfuerzos, tras esta época no se produce ya ninguna contribución esencialmente nueva. Más bien, se van desarrollando las concepciones ya asumidas. En los años siguientes, aparecen más y más autores que, separándose de las posiciones de la escuela, intentan valorar críticamente la producción del movimiento del derecho libre. Tras el ardor de la batalla, el metal noble es separado de la ganga: el movimiento del derecho libre ha entrado en su fase de *liquidación*[12].

Que un movimiento práctico tan razonable como lo es la reacción contra una Jurisprudencia de conceptos ajena a la vida provoque una lucha tan encendida y conduzca a consecuencias teóricas tan aberrantes, se debe, en gran medida, a unos conocimientos metodológicos insuficientes. Los líderes del movimiento fueron, con excesiva frecuencia, gentes cuyas indiscutibles dotes de agitación práctica superaban con creces su capacidad para la exacta formulación de su posición en términos científico-teóricos. Sin embargo, no por ello debe olvidarse que Fuchs y Ehrlich, al igual que Gény, han contribuido de manera valiosa al progreso práctico. Tal vez —como sucede también en la historia de las ciencias—, sus errores no sean sino asunciones teóricas en aras de un fin práctico, el precio que la *vida* exige para el éxito práctico.

3. Ofrecer una interpretación razonable del conjunto de ideas que conforma el movimiento del derecho libre es tarea difícil. Por otra parte, de nada servirá limitarnos a reproducir las opiniones de los autores mencionados, pues han sido emitidas sin comprensión alguna de su significado metodológico. Cuando, por ejemplo, Sternberg, en la edición más reciente de su *Einführung in die Rechtswissenschaft (1920)*, resume en los siguientes cinco puntos las reivindicaciones del movimiento del derecho libre: «a), b) La teoría de las lagunas y el método sociológico son las dos reivindicaciones básicas del movimiento del derecho libre (...) c) El jurista debe tener una formación científico-social real (...) d) La exigencia de otorgar mayor relevancia a la personalidad del juez (...) e) La exigencia

10 *Rechtswissenschaft und Soziologie*, pp. 299, 302 y 303.

11 Por ejemplo, Heck, *Das Problem der Rechtsgewinnung*, 1912; p. 39, nota (3); p. 28, cfr. 40.

12 Así los trabajos de Kiß, Verdroß, Rogge y Somló citados en nota (1). Vid. también Oertmann, *Gesetzeszwang und Richterfreiheit*, 1909, pp. 41 y 42; cfr. p. 27; *Staatliche und gesellschaftliche Rechtsbildung* (1914), pp. 90 y 91; *Rechtsordnung und Verkehrssitte*, 1914, Prefacio, pp. 15 y 18.

de una reforma radical de la justicia»[13]... ¿Quién puede discernir, dentro de este caos, qué es lo que está dentro y qué es lo que está fuera del punto de vista jurídico? (c y d parecen ser reivindicaciones de carácter puramente ético-pedagógico). ¿Cómo puede saberse cuáles de estas exigencias son expresión de un postulado político, en principio indiscutible, y cuáles pueden aspirar a tener un valor objetivo de verdad? Y, entre estas últimas, ¿cuáles pueden suponer verdades jurídicas universales, y cuáles son de alcance sólo jurídico-positivo? Otros autores del derecho libre provocan similares dificultades de comprensión, por lo que no tendremos más remedio que ofrecer una interpretación de propia mano.

Del origen psicológico del movimiento, como reacción contra el método de interpretación lógico-formal, se desprende que contiene, ante todo, un *postulado político-jurídico*. Se niega que el ámbito del derecho se agote en las leyes; el derecho es más que la ley. En defecto de ley, el juez no debe seguir una regla conceptual cuasilógica, sino que debe (de manera libre, es decir, no constreñida por los vínculos de la ley) buscar la solución más conveniente por otro camino. Sin embargo, el carácter político de este postulado está siendo encubierto cuando se afirma que, junto a la ley, existen otras fuentes del derecho (de carácter iusnaturalista o sociológico). Como éstas son fijadas en última instancia por la *ciencia*, en cuanto fuente suprema del derecho, se cree haber expresado con dicho postulado una *verdad universalmente válida*. Lo que nos devuelve a la *contradictio in adjecto* que conocemos ya del caso francés: una ciencia productiva. Iría más allá de mis fuerzas, y de la paciencia de los lectores, pretender mostrar en detalle los innumerables errores en que incurre esta política disfrazada de teoría en sus manifestaciones concretas. Un solo ejemplo bastará. Cuando Fuchs[14] postula, como verdad jurídica universal, que la sociología es fuente de derecho, esa afirmación contiene los siguientes errores: 1° la sociología —una ciencia causal-natural— se considera como una instancia creadora de normas; 2° al margen de esto, se considera como fuente directa de derecho lo que, por su naturaleza, es sólo un elemento que puede ser determinante del acto creador de derecho del juez (o del legislador); 3° lo que constituye una exigencia política se hace pasar por una verdad teórica; 4° e, incluso, por una verdad jurídica universal, a pesar de que la pretensión sólo tiene sentido en relación con un sistema jurídico-sustantivo concreto.

En su formulación radical, la doctrina del derecho libre no supone sólo una política enmascarada, sino una completa *teoría del derecho*. El trán-

13 Pp. 136 a 140.
14 *Juristicher Kulturkampf*, pp. 51 y ss. y 60.

sito del primer punto de vista al segundo se realiza siguiendo una determinada lógica interna, idéntica a la que conduce a Gény desde una política jurídica iusnaturalista a un concepto iusnaturalista de derecho. Como primer paso del razonamiento, se afirma la existencia de ciertas fuentes del derecho no positivas (de carácter iusnaturalista o sociológico) junto al derecho positivo; ello implica, naturalmente, introducir un dualismo en el concepto de derecho. Para superar esta discrepancia, se procede a contemplar el fenómeno jurídico en su conjunto a la luz de un concepto no positivista de derecho (iusnaturalista o sociologista), de modo que, tras esta operación, la ley aparece tan solo como un elemento especialmente realzado sobre el trasfondo general de dicho concepto no positivo de derecho[15]. Tras todo ello, la ciencia del derecho es definida como una parte de la sociología, al tiempo que se rechaza todo método normativo o dogmático. No son sólo las condiciones de existencia del derecho, sino también esa existencia misma, el contenido del derecho, lo que, conforme a esta idea, deberá ser determinado por medios sociológicos. Los proposiciones normativas no son normas, sino reglas científico-causales. El contenido concreto de estas teorías, que proceden de Ehrlich, Sinzheimer, Kornfeld y otros, se discutirá en la parte sistemática (IX). Aquí nos referiremos únicamente a su naturaleza metodológico-formal. No es difícil ver que incurren en la más burda incomprensión de la especificidad del problema de la positividad. Como era de prever, tras lo antedicho, tampoco han conseguido mantener de forma consecuente un enfoque exclusivamente sociológico: en todas las exposiciones se introducen solapadamente, de las más diversas maneras, puntos de vista normativos.

Finalmente, hay que referirse a un conjunto de importantes investigaciones sobre la teoría de la interpretación y sobre la posición del juez ante el derecho, que, aunque no tienen conexión directa con el movimiento del derecho libre, sí están ciertamente inspiradas en sus ideas[16]. Entre ellas se encuentran las aportaciones más importantes a la moderna teoría alemana de las fuentes del derecho. En este contexto, cabe citar a los autores que, en concordancia con el derecho libre, afirman que no todo el derecho se encuentra en la ley, pero sin por ello presumir la existencia de fuentes del

---

15 Sobre Gény, vid. *supra* III, pp. 5 a 7.

16 Vid. los trabajos, citados en la nota (1), de Gmür, Laun, Kiss, Danz, Verdross, Reichel, Tezner y Kohler; además, los de Brütt, *Die Kunst der Rechtsanwendung*, 1907; Lukas, *Zur Lehre vom Willen des Gesetzgebers*, 1908; Wieland, *Die historische und die kritische Methode in der Rechtswissenschaft*, 1910; Berolzheimer (19b) y (19c); Peretiatkowicz, *Methodenstreit in der Rechtswissenschaft*; Merkl, *Zum Interpretationsproblem*; Huber, *Recht und Rechtsverwirklichung*, 1921.

derecho no positivas junto a la ley. Más bien, deducen de la premisa común que la decisión del juez puede estar en parte jurídicamente indeterminada y que, en tal caso, el derecho no surge en parte sino a través de la decisión del juez, como uno de los peldaños en el proceso escalonado de formación del derecho[17].

En síntesis, podemos decir que el significado del derecho libre para la teoría de las fuentes del derecho es el siguiente.

De manera inmediata, la doctrina de las fuentes del derecho aquí expuesta no supuso sino una mayor confusión metodológica. La teoría de la interpretación del movimiento del derecho libre es, en este aspecto, idéntica a la positivista: no es sino otra política más que se hace pasar por teoría del derecho. El concepto sociologista de derecho supone —en este caso, a diferencia del positivista— una radical incomprensión de la naturaleza normativa del derecho.

En cambio, el movimiento del derecho libre ha percibido correctamente que el ámbito del derecho no se agota en los parágrafos legales, ni la función del juez en una deducción silogística a partir de preceptos jurídicos. A pesar de que el propio movimiento ha interpretado este hecho de una manera equivocada, en cualquier caso ha franqueado el camino a una correcta comprensión del proceso escalonado de formación del derecho. Por otra parte, su política jurídica, adecuadamente interpretada, contiene la idea, sumamente relevante, de la posibilidad de una *tecnología jurídica* y de las importantes aportaciones que podría realizar a la política jurídica, tanto legislativa como judicial. En este punto, la doctrina francesa es con mucho superior a la alemana, como consecuencia de los magistrales estudios de Lambert. Por lo demás, nos remitimos a la reseña del citado autor, *supra*, cap, III, 8.

Manifestar nuestra posición acerca del postulado político de los partidarios del derecho libre es algo que, en realidad, excede de nuestro ámbito; con todo, no puedo dejar de observar que lo tengo por un considerable avance práctico. En sí mismo indiscutible, sólo puede valorarse desde los presupuestos de un sistema político más amplio. Pero, en cualquier caso, creo poder afirmar que la política del derecho libre se adecúa en mayor medida que la positivista a las modernas posiciones valorativas europeas.

4. Mientras los ataques del derecho libre iban por tanto dirigidos, en lo esencial, contra la política jurídica del positivismo, simultáneamente se sometía a una detallada crítica a la teoría del derecho positivista, de carác-

17 Vid. *supra* VI, nota (32). Estos intentos culminan en la doctrina de Merkl de la «construcción escalonada del derecho»; vid. especialmente Merkl, *Die Lehre von der Rechtskraft*, 1923.

ter ingenuo y dogmático. Durante la última década se ha hecho visible un incipiente interés filosófico-jurídico, que rápidamente ha ganado en intensidad. En el primer plano se hallan los intentos neokantianos de alcanzar un conocimiento del derecho basado en la teoría crítica del conocimiento de Kant, esto es, de conseguir una teoría del conocimiento jurídico que posea validez universal. Ya en 1888, Stammler impugnó la utilización «del método histórico dentro de la ciencia jurídica», demostrando su inadecuación para solucionar la pregunta fundamental acerca del concepto y la idea de derecho; y él es también el primero que ha intentado construir una teoría formal, apriorística de la ciencia del derecho. Hay que admitir, sin embargo, que las afirmaciones y conceptos de Stammler aparecen con frecuencia revestidos de un cierto brillo de necesidad formal y a priori, cuando en realidad no son sino inducciones materiales[18].

En la teoría del derecho alemana, la obra pionera de Kelsen, *Hauptprobleme des Staatsrechts,* de 1911, en parte inspirada en Hermann Cohen, ha supuesto un cambio de orientación análogo. Sin entrar a valorar aquí el significado de Kelsen para la teoría del derecho, queremos señalar algo que llama inmediatamente la atención en la obra citada: la rigurosa coherencia con la que Kelsen, bajo el lema de «la teoría pura del derecho», se enfrenta tanto al sincretismo metodológico iusnaturalista como al científico-naturalista (esto es, sociologista) en la ciencia del derecho positivo. Su idea fundamental es que el derecho consiste en un conjunto de normas y que, por tanto, sólo puede determinarse por medio de un método puramente normativo. Es evidente que de aquí se derivan consecuencias de largo alcance para la doctrina del Estado, que Kelsen formula en los *Hauptprobleme*. Pero, dado que el concepto de «Estado», concebido como una realidad sociológica, se ha convertido, como hemos tenido ocasión de ver, en el punto central de la teoría positivista de las fuentes del derecho, resulta obvio que la asunción básica de Kelsen, conforme a la cual el Estado se «disuelve» en un complejo de normas, tenía que implicar también, de modo mediato, importantes consecuencias para la teoría de las fuentes del derecho. Sin embargo, dichas consecuencias, latentes en el sistema, no han sido desarrolladas aún por Kelsen, ni por ninguno de sus seguidores, en forma de una teoría de las fuentes del derecho. Ésto es lo que nos proponemos hacer en la parte sistemática subsiguiente, a partir de una valoración crítica de la teoría jurídica kelseniana. Con ello, hemos indicado simultáneamente el lugar que nuestro trabajo ocupa en la secuencia histórica.

---

18 Así, Willikowski, *Neukantianer im Recht*, 1914, pp. 64 y 65, y Binder, *Philosophie des Rechts*, 1925, pp. 123 y ss., 127 y 128.

LIBRO SEGUNDO

EXPOSICIÓN SISTEMÁTICA DE LA TEORÍA DE LAS FUENTES DEL DERECHO

Primera parte

EL PROBLEMA DE LA POSITIVIDAD DEL DERECHO

Capítulo VIII
INTRODUCCIÓN: TAREA Y MÉTODO

1. EL MÉTODO INDUCTIVO
2. REFLEXIÓN SOBRE EL CONCEPTO PRECIENTÍFICO DE DERECHO. - «EL MÉTODO REFLEXIVO»
3. EL MÉTODO CRÍTICO LÓGICO-TRASCENDENTAL
4. LA *PROBLEMÁTICA DEL DERECHO*, DE MAX SALOMON
5. V. KIRCHMANN. EL DERECHO LIBRE Y EL POSITIVISMO
6. VISIÓN PANORÁMICA DE LAS SIGUIENTES TEORÍAS
   - A) EL DERECHO COMO DEBER SER ÉTICO
   - B) EL DERECHO COMO SER-NATURAL
   - C) EL DERECHO COMO DEBER SER ESPECÍFICAMENTE JURÍDICO

La exposición de la evolución histórica hasta aquí realizada nos permite precisar en mayor medida el problema que nos ocupa. Hemos visto que, históricamente, bajo la cuestión de las fuentes del derecho se han tratado problemas que desde el punto de vista sistemático difieren mucho entre sí, sin que, en la mayor parte de los casos, se fuera consciente de estas diferencias. Estamos en condiciones de indicar, provisionalmente, cuáles de esos problemas *no* queremos tratar. Nuestro análisis no tiene por objeto la cuestión sociológica relativa a las causas de la existencia de un derecho dado; como tampoco la cuestión política (ética) acerca del derecho que *debe* exisitir. Por contra, nos ceñiremos, a la hora de tratar el problema de las fuentes del derecho, al tercer gran grupo de problemas, el que se ocupa de cómo saber que algo es derecho válido. Pero para poder precisar más esta cuestión, tenemos primero que explicar qué quiere decir que el derecho *es*, en qué consiste la esencia o la naturaleza del derecho; esta es la tarea que trataremos de acometer en esta primera parte. A modo de *introducción*, trataremos de poner en claro el método que habremos de emplear en esta tarea.

1. De acuerdo con una idea bastante extendida, el método para la determinación del concepto de derecho tendría carácter *empírico* e *inductivo*. Se suele considerar que la tarea consiste en encontrar los rasgos característicos del derecho —su *genus proximus* y su *differentia specifica*— mediante la comparación de una serie de fenómenos que indudablemente poseen carácter jurídico. Y el concepto de derecho se obtendría así por vía de inducción y abstracción.

Aunque esta idea es incorrecta por varias razones, la objeción que habitualmente se le formula no resulta, sin embargo, concluyente. Se suele objetar que el método inductivo presupone ciertos fenómenos como base de la inducción que, desde un principio, se identifican como jurídicos: esto es, el método da por supuesto el concepto que trata de determinar. Pero, en esta forma, el argumento es incompleto; pues podría dirigirse, con igual razón, contra cualquier otro concepto empírico-inductivo, como, por ejemplo, el concepto de «caballo». Sólo si se hace, además, referencia a las específicas diferencias que existen entre el concepto de «derecho» y el de «caballo», adquiere relevancia el argumento. Nos detendremos en ello a continuación. Pero, antes que nada, hemos de señalar otra razón que convierte, ya de por sí, en incorrecta esta extendida idea[1].

La razón estriba en que todos los conceptos científicos tienen en común el no ser «conceptos sustanciales» («*Substanzbegriffe*»); es decir, que no son determinables como agregados de una serie de rasgos característicos, cada uno de los cuales expresa una determinada «propiedad» abstraída de la «realidad». Semejante doctrina aristotélica sobre la formación de conceptos —conforme a la cual todo concepto puede definirse por relación a su *genus proximus*, el cual, por su parte, se inserta en una secuencia ascendente según su grado de abstracción, hasta culminar en el vértice de la pirámide conceptual con el concepto de «algo»— presupone la correspondiente metafísica aristotélica y, desde el momento en que ésta se rechaza, deja de poseer valor científico alguno. Tal forma-

1 Cfr. Cassirer, *Substanzbegriff und Funktionsbegriff*, cap.1; Rickert, *Zur Lehre von der Definition*.

ción de conceptos supone tan sólo una clasificación de la realidad, y no es capaz de «justificar» un concepto científico, esto es, de demostrar su relevancia científica.

El concepto científico es un concepto funcional *(Funktionsbegriff)*: su razón de ser estriba en que designa una magnitud que ocupa un lugar en una ecuación, dentro un contexto funcional de carácter científico (*wissenschaftlicher Funktionszusammenhang*). Así, por ejemplo, la gravedad sólo puede definirse mediante la ley de la gravitación. Cualquier suposición de una fuerza situada tras ella es una superstición metafísico-antropomórfica, una reduplicación sustancial del objeto de nuestro conocimiento. Los conceptos de «masa», «energía», «átomo», etcétera, igualmente adquieren su significado sólo por relación a leyes físicas. Y no sólo los supremos conceptos científicos son conceptos funcionales: un episodio bien conocido de la historia de la botánica es precisamente la pugna por hallar el *fundamentum divisionis* —es decir, el sistema conceptual— que expresara de la forma más adecuada la regularidad botánica[2]. Mientras Linneo se aferraba a una referencia exterior, como es el número y las características de los estambres, la botánica posterior buscó puntos de referencia cada vez más profundos, que fueran relevantes en relación a las leyes botánicas. Se produce aquí un permanente efecto recíproco. Es imposible conocer las leyes sin trabajar con ciertos conceptos, siquiera sean provisionales o parcialmente inadecuados. A su vez, la corrección de éstos sólo resulta posible sobre la base del conocimiento adquirido acerca de la adecuación a leyes naturales.

Todo lo cual nos muestra que el concepto de «derecho» no puede obtenerse mediante una *abstracción* que aísle una serie de características comunes. Pues cuáles de éstas son *relevantes*, es algo que sólo puede decidirse por referencia a un contexto funcional de carácter científico. Ahora bien, admitiendo que el concepto de derecho sea un concepto funcional, ¿no se trata acaso —cabría preguntar— de un concepto funcional *empírico-inductivo*, como lo es, por ejemplo, el concepto de «caballo»?

Como se señaló anteriormente, esta pregunta no puede rechazarse afirmando que la inducción estaría presuponiendo ya el concepto en cuestión. Lo mismo podría decirse del concepto de «caballo». El argumento supone solamente que toda definición material ha de ir precedida por una nominal. Si la contestación a la pregunta es negativa, ello ha de deberse, pues, a una diferencia entre el concepto de «caballo» y el concepto de «derecho», tal y como se deriva de lo que se sigue.

2 Al respecto, L. Blaringhem, «Botanique», en *De la méthode dans les sciences*, 2ª serie, Paris 1911, pp. 157 y ss.

La definición nominal del concepto científico determina en *qué* relación el concepto juega un papel; dicha definición coloca, provisionalmente, el nombre del concepto como una «x», en una ecuación. La definición material significa que «se resuelve la ecuación» sustituyendo la palabra, la «x», por la característica relevante, expresando así una determinada ley. Desde el punto de vista lógico, toda definición nominal es una hipótesis y toda definición material una tesis. El concepto de «caballo» no es, inicialmente, sino una denominación precientífica de conjunto de ciertos animales que presentan un aspecto similar (aquellos que, entre otras cosas, tienen una sola pezuña); pero adquiere su justificación científica en el marco de una biología general, de una historia de la evolución de las especies, tras lo cual ya no se le otorgará relevancia alguna a la característica de poseer una sola pezuña. ¿Es empírico este concepto? Desde luego, tan cierto como que toda ciencia natural se basa en la empirie. ¿Se ha obtenido inductivamente? Esto es ya menos correcto. Inducción y deducción no son dos formas diferentes de pensamiento, sino expresiones de un único proceso de pensamiento, contemplado desde dos lados distintos. Todo pensamiento científico-natural estriba en una correlación entre lo (relativamente) concreto y lo (relativamente) abstracto; correlación que sigue siendo la misma, se parta desde «arriba» o desde «abajo». La deducción es una inducción hipotética, y viceversa; la creencia de que la ciencia natural suele de hecho practicarse inductivamente no es más que una superstición vulgar[3]. Por ello, resulta más correcto calificar a los conceptos empíricos no como inductivos, sino como funcionales. Son expresión de una sujeción a leyes.

Esto nos sitúa en condiciones de comprender por qué el método empírico no puede utilizarse a propósito del concepto de derecho[4]. En efecto, de lo antedicho se sigue que los conceptos empíricos expresan una regularidad *dentro de un cierto sistema*, de una ciencia dada. Así, los conceptos de «peso», «masa», «caballo», etcétera, presuponen un sistema científico-natural, dentro del cual encuentran su lugar. Pero si preguntamos por el concepto de derecho, es precisamente este presupuesto el que falta: el derecho

3 Cfr. H. Bouasse, «Physique générale», en *De la méthode dans les sciences*, 1a. série, Paris, 1920, pp. 124 a145. *«Ce qui fait l'originalité de la méthode en physique est au contraire l'importance qu'y prende le raisonnement déductif... En physique, les découvertes sont principalment dues à la méthode déductif: c'est ce qu'on ennonce en parlant des* théories fécondes.*»* Después de ilustrar lo anterior con un ejemplo tomado de la óptica, el autor puede concluir: *«Le rôle de l'experience se trouve ainsi réduit au minimum, presque à rien.»* (138).

4 Esto lo reconoce también la más reciente filosofía del derecho, vid. Sauer, *Übersicht über die gegenwärtigen Richtungen in der deutschen Rechtsphilosophie*, 5. Constituyen una excepción Beling, *Rechtswissenschaft und Rechtsphilosophie*, 13 y Max Wenzel. Sobre éste último, vid. *infra* XV, 1.

no es un concepto científico dentro de un sistema, sino un concepto que designa el propio sistema. Caracteriza un cierto tipo de conocimiento como específicamente jurídico. No podemos remitir a la empirie y a los contextos funcionales, pues «derecho» es, en sí mismo, expresión de un sistema funcional peculiar. El «concepto» de derecho es, en este contexto, análogo al «concepto» de naturaleza: ambos expresan un sistema de conocimiento. Por tanto, «definir» los «conceptos» citados no puede significar otra cosa que indicar la especificidad del conocimiento correspondiente.

2. Del mismo modo que hemos de descartar la idea vulgar que contempla las «cosas como son» y pretende abstraer, a partir de una comparación, sus características comunes, tenemos que rechazar también otro método (menos primitivo, pero igualmente cuasi-científico), que intenta hallar el verdadero concepto de derecho a partir de una reflexión sobre el concepto precientífico de derecho. Aunque dicho concepto precientífico resulte impreciso, se confía en que la reflexión sobre él revelará la auténtica configuración del concepto. Se habla también de una *reflexión* (*Sich-besinnen-auf*) acerca del sentido del correspondiente concepto, que tendería a poner en claro qué es lo que se está pensando al pensar el concepto en cuestión, qué *opinión* (sentido) está expresada en él. Un método como éste no es aceptable: carece de toda garantía de objetividad, esto es, de toda garantía de la relevancia científica del concepto. Decir que se debe reflexionar sobre el concepto precientífico es tanto como no decir nada, mientras no se indique cuál es el *criterio* con el que se ha de operar a la hora de corregir el concepto. Otra cosa es que semejante reflexión pueda tener valor heurístico. Podrá quizás poner al pensador sobre la senda correcta, pero en ningún caso proporcionarle el fundamento para una definición. Tampoco el método del «análisis de la opinión» («*meinungserforschend*») aporta nada relevante. El que las proposiciones jurídicas expresen una u otra «opinión» es algo que no está implícito, ni en las propias proposiciones ni en nosotros mismos. El sentido que haya que *atribuir* a las proposiciones jurídicas, es algo que sólo puede decidirse en función del *status* que les otorgue una fundamentación del conocimiento jurídico. Nuestro conocimiento nunca deja de retornar sobre sí mismo; nunca extrae sus conceptos de un «sentido» independiente, al margen de toda relación. Un ejemplo particularmente ilustrativo del referido método de definición es el «método reflexivo» («*besinnliche Methode*») de Binder. Este autor define los conceptos de derecho, Estado y cultura por referencia a lo que pensamos cuando pensamos estos conceptos[5]. Es evidente

5 Binder, *Philosophie des Rechts*, LIII, pp. 222 a 223, 226 (derecho), 483 (Estado) y 105 (cultura).

que con ello se abre la puerta al arbitrio subjetivo, lo que demuestra la escasa seriedad de la invocación del método crítico por parte de Binder. Su método no pasa de ser pseudocrítico. Ello explica que el resultado no pudiera ser sino lo que es: una metafísica idealista renovada.

3. Llegamos así a la conclusión de que la pregunta por la «naturaleza» del derecho, por su «concepto», ha de ser idéntica a la pregunta acerca de *cómo es posible el conocimiento jurídico*. La reflexión sobre la naturaleza del derecho es reflexión sobre el carácter de la ciencia jurídica; la pregunta no puede tener otro significado. El único método posible para solucionar este problema es el crítico lógico-trascendental descubierto por Kant. Conforme a este planteamiento, se parte de una determinada ciencia tomada como un hecho y el método tiende a determinar, por medio de una inferencia, las condiciones de posibilidad de la ciencia en cuestión.

Con todo, la aplicación del método lógico-trascendental a la ciencia jurídica presenta especiales dificultades. Lo característico de este método no consiste —como Binder parece suponer— en prescidir rápidamente de la cuestión de *si* algo es posible, para preguntarse sólo *cómo* es posible el hecho presupuesto. Binder, por ejemplo, no tiene en cuenta que la «cultura» habría de darse por supuesta como algo dado, como un hecho indubitado. Tal y como el autor entiende esta palabra, significa «cultura correcta», una realidad que se determina por relación a normas objetivamente válidas; en este sentido, la cultura, lejos de ser un hecho, es algo sumamente problemático. Cuando se aplica de este modo, el método «crítico» se convierte en útil instrumento para una filosofía ávida de metafísica: todos los problemas y dudas fundamentales pueden resolverse por la sencilla vía de dar por supuesto, como un hecho, aquello que encierra el problema. Éste no es en modo alguno el sentido del método crítico. Kant acertó al dar por supuesto el hecho de la ciencia natural; el pensamiento científico-natural ya había superado sus enfermedades infantiles y confirmado su carácter de ciencia, esto es, de proceso de creación de juicios relacionados entre sí, sistematizados, coordinados por referencia a un mismo punto unitario. Por contra, dar por supuesta la cultura como un hecho carece de toda justificación. *El hecho de la ciencia jurídica* ocupa una difícil posición intermedia. Ciertamente, durante milenios se ha venido desarrollando una actividad bibliográfica y doctrinal que reclama para sí el nombre de *jurisprudentia*, ciencia del derecho. Pero también se ha producido una disputa —de la que nuestra época participa en no escasa medida—, aún irresuelta, acerca del valor científico, la tarea y el método que le son propios. Igual que no es oro todo lo que reluce, tampoco es ciencia todo aquello sobre lo que se escriben gruesos libros, ni todo aquello de lo que se ocupa una cátedra universitaria.

Por tanto, habremos de ser especialmente cuidadosos al aplicar el método trascendental al «hecho» de la ciencia jurídica. Tenemos que cuidar que la ciencia que queremos fundamentar no sobrepase, en sus pretensiones, lo que realmente puede considerarse como *objetivo*, dentro del complejo de lo que se entiende por Jurisprudencia. La Jurisprudencia, entendida como el entero campo de actividad de los juristas prácticos y «teóricos» (por tales entiendo los profesores de ciencia jurídica, los que emiten *responsa* y otros similares, que conciben su actividad como científica), es tan amplia, que en su mayor parte no tiene carácter científico. A lo que se añade que la actividad puede también ser en algún sentido científica, pero no ser científico-jurídica.

Por eso es preciso, ante todo, dejar claro lo que caracteriza formalmente a la ciencia que queremos fundamentar.

Se caracteriza por ser la *específicamente orientada a conocer el derecho.*

Hemos de eliminar del campo de la Jurisprudencia todo lo que pueda considerarse perteneciente a otra ciencia. Hay que recordar lo que hemos dicho más arriba (I,3): tanto la sociología jurídica como la política jurídica tienen, de un modo u otro (sin que sea necesario precisar aquí de cuál), conexión con los fenómenos jurídicos. Pero ambas caen plenamente dentro del campo de una ciencia distinta, ya sea la ciencia natural o la ética (o cualquier otra disciplina política). Ambas *presuponen* un conocimiento específicamente jurídico que sólo puede hallarse en *aquella* ciencia cuyo objetivo es conocer que algo *es* derecho. He aquí lo que distingue formalmente a la ciencia que queremos fundamentar. Si retenemos este dato, evitaremos el error que da al traste con la mayor parte de los intentos de fundamentar la ciencia del derecho.

Porque este principio lleva a eliminar del hecho de la ciencia del derecho todo aquello que, aun formando parte de la Jurisprudencia, desempeña sin embargo una función *no conocedora* de derecho, sino política, *creadora* o *postuladora de derecho*. Como se mostrará más detenidamente (*supra cap.* XIII, 5-6), toda actividad interpretativa cae bajo esta categoría: la interpretación dotada de autoridad es creadora de derecho, la doctrinal es políticamente postuladora de derecho. Con excesiva frecuencia, la fundamentación de la ciencia jurídica se ha inclinado hacia una determinada interpretación, con lo que se acaba, inexorablemente, haciendo política (iusnaturalista), y no teoría del conocimiento jurídico.

Esa inclinación hacia una determinada interpretación y política debe ser calificada como el tumor de la moderna teoría del derecho. Son los afectos más fuertes los que se manifiestan aquí, los prejuicios más queridos los que toman la palabra, de modo que resulta (psicológicamente) comprensible que la teoría no consiga liberarse de la maraña de la política.

Además, y ello tal vez no sea el menor de los factores involucrados, el jurista profesional y especializado tiene que ser enemigo declarado de una teoría que pretende despojar a la *política científica, en forma de interpretación,* de su carácter de autoridad científica. Porque en ello se basa precisamente la superioridad mágica del jurista, su posición de autoridad como *pontifex*, como sacerdote y profeta jurídico; el conservador, anunciador e intérprete de la Escritura. Y aquél que, sintiéndose un segundo Gnaeus Flavius, pretenda entregar el secreto al pueblo, no puede esperar una acogida amistosa.

La tensión entre teoría y política que se da en el seno de la Jurisprudencia se corresponde con la más profunda tensión que pueda haber dentro de nuestro pensamiento: entre la lucha desinteresada de la investigación y nuestros instintos y sentimientos, nuestras esperanzas y anhelos. Espíritu y vida: la lucha de la crítica ajena a la vida contra aquello que desea vivir; el dogma, el postulado, la fe... *de profundis*. Pero la vida es corta. El espíritu es ascesis. Digamos la verdad.

En la parte histórica hemos tenido oportunidad de demostrar repetidamente cómo los postulados políticos fueron disfrazados de teoría. Es una verdad conocida de antiguo que el derecho natural, en cuanto se hace pasar por derecho positivo o por el «fundamento» de éste, consiste en una mezcla de política y teoría. Que también la escuela histórica era, en buena medida, un subterfugio para una determinada política jurídica (quietista-positiva), es algo que ha empezado ya a percibirse, y nuestro análisis de la escuela abona tal interpretación. Finalmente, hemos demostrado también que incluso el positivismo, el enemigo jurado del derecho natural, consiste en una doctrina del derecho de orientación política, de carácter formalmente iusnaturalista. ¿Y qué otra cosa son los modernos movimientos del derecho libre? Reaccionan contra el positivismo como política... desde un punto de vista político. En lugar de una política jurídica formal y ajena a la vida, postulan otra de tipo material y sociológico. Pero tal reivindicación puede, como mucho, usurpar la denominación de teoría.

Lo curioso es que esta inclinación de la teoría de la ciencia jurídica hacia la vertiente de la eficacia política no es privativa de las doctrinas que se han ido desarrollando en contacto con la historia de la ciencia del derecho positivo; otro tanto puede decirse de un gran número de trabajos recientes, específicamente iusfilosóficos, realizados por filósofos especializados o por juristas con una marcada orientación filosófica. Piénsese en el desbordante entusiasmo cultural de los neohegelianos (que, como advenedizos filosóficos, han usurpado la condición de hijos espirituales de Hegel); o en la corriente neokantiana sudoccidental alemana. Para Lask, Radbruch, Kantorowicz (y Binder) la ciencia del derecho equivale, precisamente, a ciencia de la interpretación[6]. Lo propio puede decirse de una obra tan meritoria como la *Grundlegung zur Rechtsphilosophie*, de Max Salomon, inspirada en la escuela de Marburgo.

Contra el telón de fondo de esta mezcolanza generalizada de política y teoría, se destacan con tanta mayor claridad los contados pensadores que han intentado, excepcionalmente, orientar la teoría de la ciencia jurídica hacia un conocimiento no político del derecho. Hemos de referirnos en este sentido ante todo a la escuela analítica inglesa (John Austin) y a la reciente escuela austríaca (Hans Kelsen).

Con ello, quedan fijados nuestra tarea y nuestro método. Ciñéndonos a aquella parte de la ciencia jurídica, entendida como hecho, que consiste en una función objetiva, conocedora de derecho, y sirviéndonos del método crítico lógico-trascendental, habremos de fundamentar cómo es posible la ciencia jurídica. Prescindiremos, en cambio, por ser irrelevante a nuestros fines, de la cuestión acerca de si el conocimiento jurídico puede adoptar la forma de una *auténtica ciencia*[7], limitándonos a preguntar cómo es posible el conocimiento jurídico.

4. Aunque sólo sea por esta razón, hemos de prescindir también del notable intento de fundamentar la ciencia del derecho en forma de una *problemática del derecho* (Max Salomon). Esta expresión hace referencia a una exposición sistemática de los problemas que pueden ser objeto de una eventual legislación[8]; sin embargo, ello no ha de entenderse en el sentido de que el objeto de una ciencia consista en problemas, esto es, en preguntas que reclaman una *solución*. En opinión del autor, la solución de los problemas jurídicos no es tarea de la ciencia del derecho, sino de la filosofía del derecho; el cometido de la ciencia jurídica estriba solamente en *exponer* los problemas en su conexión sistemática[9]. Sin entrar aquí en la posibilidad, sumamente problemática, de una tal «problemática», bastará con señalar que una «problemática» sólo es concebible desde un determinado planteamiento del problema. Por tal entiende el autor un planteamiento *ético-político*. La ciencia del derecho y la filosofía del derecho, tomadas conjuntamente, forman la totalidad de la política jurídica. Aunque no sea correcto calificar a la «ciencia jurídica» de Max Salomon como políti-

6 Cfr. *infra* X, 2 y 7.

7 Vid. al respecto v. Kirchmann, *Über die Wertlosigkeit der Jurisprudenz als Wissenschaft*, 1848; Nussbaum, *Über Aufgabe und Wesen der Jurisprudenz*, 1906: Max Rumpf, *Volk und Recht*, 1910; Max Salomon, *Grundlegung zur Rechtsphilosophie*, pp. 11 a 81; Binder, *Philosophie des Rechts*, § 28; H. Marx, *Der Wissenschaftscharakter der Jurisprudenz*, 1918; Binder, *Der Wissenschaftscharakter der Rechtswissenschaft*, 1920.

8 Max Salomon, Op. cit., p. 54.

9 Op. cit., pp. 55 a 57.

ca jurídica[10] (pues no se propone *solucionar* los problemas), no puede negarse que se trata de una introducción a aquella; no es, por decirlo claramente, una problemática *del derecho*, sino una problemática *de la política jurídica*. Aunque no hay que otorgar excesiva trascendencia a la terminología empleada, no deja de ser desafortunado que Max Salomon califique a la ciencia (por hipótesis) así fundamentada como ciencia del derecho. Incluso si se asume, con el autor, que la política jurídica no es una mera aplicación de la ética, resulta evidente que en gran medida tiene *la misma configuracion* que ésta. Por contra, carece de toda conexión con el derecho positivo. Dado que la «ciencia jurídica» del autor es absolutamente dependiente de la política jurídica, tendrá que tener igualmente la misma configuración que la ética. Incluso si se dieran por buenas todas las consideraciones del autor sobre la fundamentación de la mencionada ciencia, habría que afirmar que ésta no merece el nombre de ciencia jurídica, pues carece de conexión con el derecho positivo. Es cierto que el autor supone (siguiendo a Kirchmann) que lo que en general se califica como ciencia del derecho positivo no es en realidad ciencia; pero con ello no ha fundamentado, en modo alguno, la conclusión *negativa* de que una ciencia semejante sea imposible. Por otra parte, el autor intenta —aunque sin fortuna— hacer encajar el derecho positivo en su sistema (por lo visto, le ha tenido que parecer absurdo fundamentar una ciencia del derecho completamente desconectada del derecho positivo); pero tal intento estaba condenado al fracaso. Según Max Salomon, la filosofía del derecho (y la ciencia del derecho) tiene por objeto el derecho justo, la idea del derecho. El autor define el derecho positivo como la voluntad de la mayoría imperante; tiene muy claro que un análisis del derecho positivo nunca puede conducir a la idea de derecho, sino sólo a su concepto[11]. Admite que el derecho positivo, como voluntad de la mayoría imperante, es y será derecho, con independencia de si se ajusta o no a la idea de derecho[12]. Lo cual resulta tanto más sorprendente, por cuanto el autor convierte a la idea del derecho (*Rechtsidee*) *en constitutiva* del derecho positivo. «La idea del derecho nos muestra en qué casos los fenómenos (...) deben considerarse fenómenos jurídicos, fenómenos de derecho, y en esta medida la idea del derecho opera como factor constitutivo del derecho, tal y como aparece en la realidad» (...)[13]. ¿Cómo es posible que la *idea* del derecho —consi-

10 Como lo hace Binder [26c], p. 343; en contra, con razón, Salomon, op. cit., p. 38, nota (1).

11 Salomon, op. cit., p. 195.

12 Op. cit., p. 190.

13 Op. cit., p. 174.

derada «una abreviatura para referirse a la eticidad»[14]— pueda ser constitutiva del concepto de derecho —entendido como la voluntad de la mayoría dominante? El autor intenta eludir el problema describiendo el derecho positivo como un *intento* de realizar el derecho correcto. «El derecho positivo, por consiguiente, ha de caracterizarse como un intento de solucionar, en sentido jurídico, los problemas por él abarcados, al proyectar sobre ellos una interpretación muy concreta de la idea de derecho...» «En el derecho positivo vigente se expresa... la solución de los problemas jurídicos que momentáneamente se tiene por correcta, y, por tanto, cuál es la concreción conceptual de la idea de derecho de una determinada época. El derecho positivo es, pues, un modo de manifestación de la idea de derecho, aunque muchas de sus prescripciones concretas contradigan dicha idea»[15]. Sin embargo, esta relación entre concepto e idea no parece tener sentido alguno: contemplado *objetivamente*, el derecho positivo puede contravenir esa idea sin por ello dejar de ser derecho positivo. La formulación que emplea Max Salomon (p. 191) parece apuntar a una conexión *subjetiva*, toda vez que se considera que una determinada interpretación subjetiva de la idea de derecho es uno de los móviles decisivos a la hora de configurar el derecho. Pero al margen de que, en este caso, no es la idea como tal, sino su representación, como un hecho psíquico, la que resulta «constitutiva» del concepto de derecho, es evidente que esa supuesta conexión es completamente ficticia. ¿En quién se encuentra ese móvil? ¿No actúan también otros móviles? ¿Cómo debe ser de fuerte en relación a esos otros móviles? ¿Se nos pide realmente que creamos que el móvil predominante en toda configuración del derecho es una aspiración al ideal de derecho? ¿Se quiere hacer depender de ello el carácter jurídico del derecho positivo?

La representación del derecho positivo como una «forma de manifestación de la idea del derecho» («*Erscheinungsweise der Idee des Rechts*») está sumamente extendida y aparece inexorablemente cada vez que la ciencia jurídica se inclina hacia una determinada política jurídica, cada vez que se parte una u otra filosofía idealista para afirmar la primacía de la idea del derecho sobre el concepto del mismo. Se trata de un compromiso entre la determinación ideal de la ciencia jurídica y la positividad real del derecho. En Alemania, a menudo se trata de un remanente de la filosofía de Hegel y, en cualquier caso, sólo puede tener sentido sobre la base de una metafísica de corte hegeliano. Sólo asumiendo una idea absoluta, que se despliega, y *revela,* en la existencia, sólo presuponiendo una identidad entre ser y deber ser, entre realidad e idea, tiene sentido calificar el dere-

14 Op. cit., pp. 153 y ss.
15 Op. cit., pp. 190 y 191.

cho positivo como manifestación de la idea del derecho, esto es, como su «revelación», y afirmar que la idea, como tal idea, como un deber ser, es constitutiva del derecho positivo, entendido como realidad, como ser. Pero como Max Salomon no asume la metafísica en cuestión (y como Binder dice que no la asume), su teoría carece de sentido, es imposible.

Hemos de concluir, pues, que Max Salomon simplemente ha trasladado el problema. Su doctrina contiene (al margen de su mayor o menor corrección) una interesante fundamentación de una teoría de la política jurídica, pero carece de toda conexión con el derecho positivo. Sin embargo, no ha demostrado la imposibilidad de una ciencia del derecho positivo. La banal definición tradicional del derecho positivo como «voluntad de la mayoría» supone apartar los problemas del derecho positivo con una sola frase vacía. El autor debería haber notado que, si se parte del concepto de derecho positivo, la ciencia del derecho positivo y la filosofía del derecho no podrán situarse en el mismo plano que la «ciencia y filosofía del derecho justo» por él fundamentadas, sino que más bien tendrán carácter primario respecto de éstas. Porque, a la postre, él mismo define el objeto de su ciencia jurídica, precisamente, como «el objeto de la legislación posible», esto es, *positiva*.

5. Tras haber eliminado la política jurídica de la ciencia jurídica, entendida como hecho, volvamos al problema incial: ¿cómo es posible una ciencia que se caracterice específicamente por tender al conocimiento del derecho?

Las modernas discusiones sobre esta pregunta se iniciaron a mediados del siglo pasado, con una tesis que asombró por su revolucionario atrevimiento, despertó malestar, suscitó en muchos secretas dudas y tuvo de hecho, en adelante y hasta nuestros días, un efecto determinante sobre el pensamiento teórico-jurídico. Se trata de la tesis, formulada en 1847 por el prestigioso y alto funcionario I. H. v. Kirchman, de la «inutilidad de la Jurisprudencia como ciencia» («*Wertlosigkeit der Jurisprudenz als Wissenschaft*»)[16]. Sin duda, el trabajo de Kirchmann se cita más de lo que se lee; al menos, las reproducciones de su contenido son a menudo extremadamente defectuosas. En este trabajo se sostienen dos tesis diferentes, una político-práctica y otra teórica[17].

---

16 Sobre Kirchmann y su escrito, vid. especialmente Sternberg, *I.H. v. Kirchmann und seine Kritik der Rechtswissenschaft*; Binder, *Der Wissenschaftscharakter der Rechtswissenschaft*, 321; Landsberg, *Geschichte*, III, 2, pp. 737 y ss.; Max Rumpf, *Volk und Recht*, 1910, pp. 96 y ss.; Pachmann, *Über die gegenwärtige Bewegung in der Rechtswissenschaft*, 1882, p. 30 y ss. ; Max Salomon, *Grundlegung*, p. 13.

17 Lo que ha sido correctamente resaltado por Binder [26c], p. 322.

La primera estriba en que la actividad que de hecho se realiza, bajo el nombre de ciencia del derecho, Jurisprudencia, —al margen de cuál pueda ser su valor teórico— resulta, en la práctica, perjudicial para la vida jurídica. La docta palabrería leguleya destruye el sano, fuerte e inmediato sentimiento jurídico del pueblo; el sentido que toma la jurisprudencia de los tribunales se convierte en puramente casual, estando determinado por doctas discusiones sobre la interpretación de un determinado parágrafo; el proceso se convierte en un juego que se gana o se pierde, no en una lucha por el derecho. El autor recomienda, por ello, retornar al estado anterior, el que existía antes de que la serpiente de la palabrería leguleya se introdujera en el paraíso. El poder de la jurisprudencia debe ejercerse por jueces legos, provenientes del pueblo. Su sentido jurídico será una garantía de buenas decisiones, el proceso será claro y corto. Pese a que Kirchmann dirige su sarcasmo contra las sutilezas micrológicas de la escuela histórica, no es difícil ver que su propio planteamiento representa una continuación radical del punto de partida de aquella. El auténtico hogar del derecho es la conciencia del pueblo; v. Kirchmann combate únicamente la otra tesis de la escuela; se opone a que el estamento ilustrado de los juristas pueda ser visto, siempre o muy a menudo, como el depositario de esa conciencia. Su doctrina es, en esta medida, una continuación de la de Georg Beseler, quien pocos años antes había afirmado que a menudo el «derecho de juristas» se hallaba en contradicción con el derecho del pueblo.

Esta tesis práctica, según la cual la reflexión docta debe descartarse como instrumento de una política jurídica sana, que debería fundarse exclusivamente en el sentimiento jurídico del pueblo, ocupa el lugar central de la conferencia de v. Kirchmann y contra ella se dirigieron inicialmente, y sobre todo, las réplicas[18]. En cambio, esta tesis dejó de despertar interés alguno en los años posteriores: la evolución de los acontecimientos ha demostrado sobradamente que no es posible compartir la creencia optimista de v. Kirchmann en la sabiduría irreflexiva y popular sobre lo bueno y lo malo. Es fácil imaginar la veleidad e inseguridad que podrían introducirse en la aplicación del derecho, si ésta se entregara al instinto del pueblo.

Por tanto, es la segunda tesis la que nos interesa, la que afirma que la actividad a la que se conoce como ciencia del derecho no es merecedora de llevar tal nombre. Sencillamente, no es ciencia. Dicha afirmación se basa en los siguientes argumentos: compárese la ciencia del derecho con una auténtica ciencia, por ejemplo, la ciencia natural, y se apreciará una pro-

---

18 Retsag, *Apologie der Jurisprudenz*; Rudorff, *Kritik der Schrift des Staatsanwalt v. Kirchmann über die Wertlosigkeit der Jurisprudenz als Wissenschaft von einem Lehrer dieser Wissenschaft*; Stahl, *Rechtswissenschaft oder Volksbewußtsein?*

funda diferencia. «La característica que más inmediatamente destaca es la mutabilidad del derecho natural como objeto de la Jurisprudencia. El sol, la luna, las estrellas brillan hoy como hace milenios; la rosa florece hoy igual que en el paraíso; pero el derecho ha cambiado desde entonces»[19]. Esa *mutabilidad* del objeto de la así llamada ciencia del derecho se ve reforzada por una segunda circunstancia. «Se trata de la figura de la ley positiva (...) que se interpone entre el derecho y la ciencia y vierte sobre ambas sus perniciosos efectos»[20]. La ley positiva es el mero arbitrio, que contiene tanto lo verdadero como lo falso. Ha convertido a la ciencia jurídica de «sacerdotisa de la verdad» en «sirvienta del azar». El trabajo de la ciencia del derecho es fútil. «Tres palabras rectificadoras del legislador, y bibliotecas enteras se convierten en papel de desecho»[21].

Otro argumento del autor estriba en que «el derecho se halla, no sólo en la sabiduría, sino también en el sentimiento, su objeto tiene su sede no sólo en la cabeza, sino también en el corazón de los hombres»[22]. La cuestión de si la luz es un movimiento ondulatorio en el éter o un movimiento lineal de pequeñas partículas de materia, puede decidirse sin apasionamiento. «Por contra, en el derecho, ¡qué qué enconamiento, qué apasionamiento, qué partidismo intervienen en la búsqueda de la verdad! Todas las cuestiones del derecho público están impregnadas de ello. Constitución o no, libertad de prensa o censura, dos cámaras o una... en tales cuestiones, como en casi todos los ámbitos del derecho, antes de que la investigación científica haya siquiera podido comenzar, el sentimiento ya ha optado por una respuesta»[23].

Merece la pena examinar con detalle estos argumentos de v. Kirchmann, que contienen *in nuce* la «lucha por la ciencia jurídica» de tiempos posteriores. Al mismo tiempo, constituyen, sin duda, una expresión de la concepción ilustrada más extendida, que no ha superado aún el positivismo de corte naturalista. Cuando hoy en día algún jurista se resiste a admitir las conclusiones pesimistas de v. Kirchmann, no siempre es porque no esté de acuerdo con las premisas del razonamiento. A menudo se debe simplemente a que no posee la suficiente coherencia y honestidad intelectual para negar el carácter «científico» de la actividad a que ha consagrado su vida.

¿Qué es lo que v. Kirchmann no quiere considerar ciencia? Aquí nos tropezamos de inmediato con vacilaciones en la exposición. Como objeto de la ciencia jurídica, el autor indica, en primer lugar, el *derecho natural*.

19 V. Kirchmann, *Die Wertlosigkeit...*, p. 11.
20 Op. cit., p. 20.
21 Op. cit., p. 19.
22 Op. cit., p. 14.
23 Op. cit., p. 15.

Por tal entiende, en consonancia con la escuela histórica, no un derecho abstracto e inmutable, sino uno concreto, histórico, popular[24]. Pero, por otro lado, el autor parte de que el objeto de la ciencia jurídica es el *derecho positivo*, a cuya mutabilidad hacen precisamente referencia las célebres tres palabras rectificadoras del legislador. Sólo comprenderemos esta duplicidad si recordamos que el método del autor no es crítico: no se pregunta si, y cómo, es posible una ciencia del derecho. Parte de cómo habría de estar configurada una tal ciencia, si es que es posible, y a continuación la compara con la Jurisprudencia que de hecho existe. De ahí que el autor señale al derecho natural como objeto de la ciencia del derecho. Parte de que la tarea de la verdadera ciencia del derecho ha de consistir en determinar lo válido y verdadero, en guiar la práctica de los tribunales hacia las mejores decisiones. Resumiendo, define la ciencia del derecho como política jurídica. Cuando, en otras ocasiones, habla de que el objeto de la ciencia jurídica es el derecho positivo, está refiriéndose al material con el que la Jurisprudencia trabaja de hecho.

Por tanto, el autor sostiene dos tesis:

En primer lugar, pone en duda la posibilidad de una verdadera ciencia del derecho. Pues en este ámbito, incluso el derecho natural, el «verdadero», es variable, además de ser, en parte, una cuestión de sentimiento. En segundo lugar, es en cualquier caso indudable que la Jurisprudencia, la ciencia del derecho positivo, no es verdadera ciencia, pues se interpone el derecho positivo, privando a la Jurisprudencia de toda conexión con lo «verdadero». Con otras palabras, el autor presupone acríticamente, desde un principio, que ciencia del derecho verdadera equivale a política jurídica válida, a ciencia del derecho natural, para, a continuación, subestimar el valor de la ciencia del derecho positivo como política jurídica. En último término, todo ello estriba en que la ciencia del derecho positivo no es ciencia del derecho natural, y el derecho positivo no es derecho natural. Por el contrario, v. Kirchmann no ha tenido en cuenta en absoluto la posibilidad de que la ciencia del derecho positivo pueda ser contemplada como ciencia desde otros puntos de vista, desde parámetros distintos a los de la política; esto es, precisamente como ciencia del derecho positivo y no del derecho natural. No se ha reparado suficientemente en el hecho de que v. Kirchmann condena la ciencia jurídica desde el plano de la política jurídica. Su tesis teórica se funde, en realidad, con la tesis práctica[25]. Lo que se

---

24 Op. cit., p. 8, cfr. pp. 11 y 18. Encaja con ello que el derecho sea conocido por medio del sentimiento. Vid. la cita *supra*, notas (22) y (23).

25 De hecho, el autor no las expone por separado sino, como él mismo afirma, de forma ambivalente; op. cit., p. 7.

debe a la idea, aún enraizada, de que la tarea de la ciencia jurídica consiste tanto en determinar qué es derecho válido como en «elaborarlo», en «suplirlo». Se pasa por alto que estamos ante dos tareas metodológicamente dispares, no susceptibles de ser unidas en una misma ciencia.

También hay que descartar, por tanto, la respuesta de v. Kirchmann a la pregunta de si es posible una ciencia del derecho. No corresponde al ámbito de la teoría de la ciencia positiva, cuyo objeto es conocer el derecho, sino al de la teoría de la política jurídica.

Hemos visto anteriormente, en la parte histórica, que la conferencia de v. Kirchmann se convirtió en el preludio de una larga serie de ataques a la corriente histórica dominante. Los ataques originados a partir de las teorías de v. Kirchmann siguieron dos caminos distintos.

Como ha mostrado Sternberg, las críticas de este autor a la Jurisprudencia se basaban en una concepción positivista-naturalista de la ciencia[26]. Se niega a la Jurisprudencia (política del derecho) el carácter de ciencia, porque no tiene por objeto, como la ciencia natural, lo inmutable, lo eternamente válido. «Ciencia» es «ciencia natural». ¿Qué podía ser más lógico, desde este punto de vista, que intentar fundamentar la ciencia del derecho como una forma de ciencia natural? Así surgió la Jurisprudencia *sociológica*, cuyos esfuerzos se centraron precisamente en introducir métodos científico-naturales en la ciencia del derecho, ya se quisiera determinar por esta vía el derecho *justo (richtig)*, o construir una historia naturalista de la evolución del derecho en conexión con el evolucionismo dominante (Post)[27]. Pero, de momento, esta ciencia sociológica no se planteaba en absoluto el sustituir a la positiva.

Pero había una segunda conclusión que tenía que parecer igualmente plausible, a partir de las premisas de v. Kirchmann. Si la causa principal del fracaso de la Jurisprudencia era la ley positiva, que se había interpuesto entre la ciencia del derecho y su auténtico objeto, el derecho natural, entonces tenía que resultar evidente que la Jurisprudencia, para alcanzar el rango de ciencia, había de orientarse de nuevo hacia el derecho natural, el derecho verdadero y válido. Sin embargo, preocupaba a v. Kirchmann que, en realidad, este verdadero derecho pudiera ser percibido únicamente por medio del *sentimiento*. Pero, ¿no podría dicho sentimiento ser tal vez analizado y aprehendido por una ciencia? A esta

26 Sternberg [313a], pp. 16 y ss.

27 Post, *Einleitung in eine Naturwissenschaft des Rechts*, 1872; *Der Ursprung des Rechts. Prolegomena zu einer allgemeinen, vergleichenden Rechtswissenschaft*, 1876; *Bausteine für eine allgemeine Rechtswissenschaft auf vergleichend-ethnologischer Basis*, I-II, 1880-1881; *Grundlagen des Rechts und die Gezüge seiner Entwicklungsgeschichte*, 1884.

conclusión llegaron Adickes, Schlossman, Ehrlich y otros. Adickes se refirió a la *razón* subjetiva como fuente última de todo derecho; Schlossman habló, como v. Kirchmann, de la existencia de un sentimiento jurídico (*Rechtsgefühl*)[28]. Dejo al margen la cuestión de si estos autores fueron conscientes de su conexión con v. Kirchmann. Unicamente pretendía mostrar que sus teorías pueden ser comprendidas lógicamente como continuaciones de la suya.

Restaba aún un pequeño paso para que las dos corrientes originadas en v. Kirchmann pudieran confluir en una sola. Desde el momento en que se presumiera que el derecho *natural* sólo podía hallarse por vía *sociológica*, la diferencia entre las ambas orientaciones tendría que desaparecer. Ahora bien, semejante suposición resultaba totalmente natural para la concepción de la época. Porque el derecho natural no era ya un «derecho de la naturaleza», sino un producto de la conciencia popular de carácter histórico-relativo. Sólo se precisaba un pequeño desplazamiento para trasladar el derecho natural desde la conciencia del pueblo como fenómeno ideal a las mismas condiciones de vida del pueblo, a las demandas de su estructura *sociológica*.

Esa fusión tuvo lugar. El lector habrá notado que de esta forma hemos identificado la génesis del *movimiento del derecho libre*, que consiste precisamente en la afirmación de la existencia de un derecho subsidiario, de corte iusnaturalista y sociológico, junto al derecho positivo.

Así las cosas, la evolución se reduce a una simple variación en la concepción acerca de la política jurídica. «La lucha por la ciencia del derecho» significa, en realidad, la lucha por la política jurídica. La reivindicación de un nuevo método se refiere a un nuevo método para la «aplicación del derecho», esto es, para la producción de un derecho de creación judicial. El derecho positivo (la ley) queda aún intacto.

Como se ha dicho en la parte histórica[29], sólo faltaba un paso para que también se revolucionara la teoría del derecho. Para escapar del incómodo dualismo en el concepto de derecho, el carácter sociológico-iusnaturalista del derecho aplicado en defecto de ley se hizo extensivo a la propia ley, cosa que resultaba ciertamente coherente. Ya hemos visto (*supra, cap.* III, 4 y 5, y VII, 1 y 2) que esta culminación de la evolución se produjo tanto en Francia como en Alemania, en la primera partiendo de bases fundamentalmente metafísico-iusnaturalistas (Gény) y en la segunda sobre bases preponderantemente sociológicas (Ehrlich).

---

28 Adickes, *Zur Lehre von den Rechtsquellen*, 1872, especialmente, p. 22; Schloßmann, *Der Vertrag*, pp. 193 y ss.

29 Cfr. *supra*, p. 187.

De esta forma se originaron históricamente, en conexión con las teorías políticas de v. Kirchmann, *dos auténticas teorías del derecho*: una sociológica y otra iusnaturalista. Ambas se oponían a la doctrina dominante, el *positivismo*. Al margen de su teoría política de la interpretación, el núcleo del positivismo consistía en definir el derecho como producto de una *voluntad dotada de autoridad*. Lo que, como más tarde veremos, supone, en sentido *negativo*, que el derecho no es ni sociología ni derecho natural; y en sentido *positivo*, la percepción, todavía imperfecta, de que el derecho consiste en un sistema de normas *sui generis*.

La evolución histórica desde la época de v. Kirchmann hasta hoy permite identificar, por tanto, tres tipos básicos de teoría del derecho: uno iusnaturalista, que define el derecho como deber ser ético; otro sociologista, que define el derecho como ser natural; y otro positivista, que considera al derecho como un deber ser específicamente jurídico.

6. Esta tripartición, históricamente desarrollada, no posee, sin embargo, sólo virtualidad histórica, sino también sistemática. Bajo estos tres punto de vista pueden agruparse, sin dificultad, todas las teorías sobre la «naturaleza» del derecho. La distinción se basa en la diferencia, frecuentemente resaltada por la filosofía, entre el ser y el deber ser, entre nuestro conocimiento natural de lo que *es* (ser-natural, en sentido estricto) (*im engeren Sinne Natur-Sein*) y nuestro conocimiento de un deber, de lo que *debe ser* (conocimiento del ser o de la validez de un deber; ser en en sentido amplio) (*Erkenntnis eines Seins oder Geltung des Sollens, Sein im weiteren Sinne*). Partiendo de la clasificación tripartita antes mencionada, nos proponemos ofrecer una breve visión sistemática de las teorías existentes, entresacando aquellas que se prestan a una investigación más detallada.

a) El derecho como *deber ser ético (ethisches Sollen)*. Bajo esta categoría cae todo derecho natural que no se circunscriba a una mera política del derecho. No obstante, no se exagera al afirmar que jamás ha existido un sistema de derecho natural coherentemente desarrollado. Las doctrinas iusnaturalistas de toda índole han hablado siempre, además del derecho natural, de un especial derecho positivo. A pesar de que han sentido siempre escasa estima hacia el derecho positivo, subordinándolo al derecho natural, en esta precisa medida han venido a reconocer la independencia de aquél. En concreto, son innumerables los intentos que se han hecho de «justificar» o «fundamentar» la fuerza obligatoria del derecho positivo[30]. Pero, por mucho que

30 Casi todos ellos son reconducibles al intento de anclar el derecho en la propia voluntad de los sujetos a él sometidos. Se piensa que la mejor justificación posible de la coacción jurídica estriba en que es *querida* por los propios afectados. Esta es la idea básica que subyace a la *teoría contractualista*. Tal y como vimos en la parte histórica referida a Ale-

se reconduzca de esta forma la supuesta fuerza éticamente obligatoria del derecho a principios iusnaturalistas, no deja de presuponerse —como hecho que es objeto de justificación— la existencia del derecho positivo como tal. Esa existencia, en sí misma, se presupone sin ambages. Ya el planteamiento de la cuestión, al preguntarse por cómo es posible «justificar» la «fuerza obligatoria» del derecho, su «validez», indica, por sí solo, una errónea comprensión del problema de la positividad del derecho. El planteamiento

---

mania, existe una conexión entre esta idea y la doctrina de la escuela histórica, conforme a la cual el origen del derecho se halla en el espíritu del pueblo, un espíritu del que se considera que cada individuo es partícipe. Sin embargo, tales teorías incurren en una incongruencia, al considerar que los individuos están vinculados por la voluntad manifestada, aunque dicha voluntad cese eventualmente en un momento posterior. Bierling intentó corregir este defecto tensando la idea básica de la teoría contractualista hasta el límite. El resultado fue su *teoría del reconocimiento (Annerkennungstheorie)*, tal y como aparece en *Zur Kritik der juristischen Grundbegriffe*, donde se hace depender la fuerza vinculante de una aceptación que puede ser revocada en todo momento. La *teoría del reconocimiento* ha encontrado multitud de seguidores. En Francia está representada por Duguit, Berthélémy, May y otros, vid. *supra* II, nota (38) y III notas (46) y (47). No obstante, la teoría del reconocimiento, en cuanto teoría ética que justifica la fuerza vinculante del derecho, tiende a convertirse con suma facilidad, por medio de una variación terminológica casi imperceptible, en una teoría positiva que se ocupa de la realidad, de la positividad del derecho. Este fenómeno se produce cuando se olvida ese sentido ético en el que se está hablando de reconocimiento y se pasa a interpretar el hecho mismo de tal reconocimiento como expresión de un consentimiento (eventualmente forzoso), de una observancia efectiva de los dictados de una determinada voluntad. La teoría del reconocimiento se convierte, con ello, en una teoría sociológica de la observancia, que, en la medida en que su origen es iusnaturalista, cabría considerar como formulada «por el bando equivocado».

De hecho, la teoría de Bierling experimentó una variación semejante en su siguiente trabajo, la *Juristische Prinzipienlehre*. Pero, dejando al margen la cuestión de si estos diferentes intentos de justificar el derecho positivo son o no afortunados, en cualquier caso todos ellos coinciden en presuponer el derecho positivo y su fuerza vinculante, para a continuación tratar de «justificar» este hecho. Por ello, *no podemos tomarlas en consideración* en cuanto *teoría del derecho* en sentido estricto, esto es, en cuanto explicaciones del derecho positivo entendido como hecho.

Dentro de la bibliografía más reciente, la teoría del reconocimiento ha sido adoptada —con ropaje fenomenológico— en la obra de Gerhard Husserl, *Rechtskraft und Rechtsgeltung*, de 1925. El autor comienza con una buena definición formal de la validez del derecho, como «la forma de ser del derecho... una facticidad configurada de determinada manera, una realidad históricamente única» (p. 6). También es correcta su afirmación de que el ser del derecho no es un fenómeno natural (p. 6). Ahora bien, quizás sea característico del método fenomenológico utilizado por el autor el que no logre ir más allá de dicha definición analítico-formal de la validez y del ser del derecho. Nada se dice acerca de en qué consiste ese ser, ni acerca de cómo puede ser conocido. El autor se contenta con recomendar «que el ojo espiritual se haga más agudo y sensible a la percepción no sensorial de realidades de tipo espiritual, cuya forma de existencia es invisible», pues, «*este* tipo de visión sí puede *percibir* con suficiente claridad la norma jurídica». Un consejo que no resulta excesivamente útil a quien sólo posee dos ojos, da por supuesto lo que en realidad constituye el problema central: que el derecho posee validez. Zitelmann, en su inolvidable, pero olvidado o malentendido, artículo sobre el derecho consuetudinario y el error, fue el primero en sostener brillantemente que lo importante no es preguntar *por qué*

---

y que, con independencia de a qué haga referencia ese «ojo interno», no deja de ser una simple metáfora, que no proporciona la menor información acerca de la naturaleza de esa percepción interna ni, por tanto, acerca de la naturaleza del ser jurídico.

Sólo indirectamente cabe inferir de la exposición realizada cómo se concibe ese ser. Concretamente, a partir de la explicación de cómo *se constituye* ese ser. «El derecho se constituye —su validez se genera— a través de actos concretos de voluntad (...) a través de actos de voluntad de *aquellos* sujetos de derecho afectados por una norma que *se someten* al «derecho», como norma correspondiente a su círculo personal, y, con ello, conforman la comunidad jurídica» (...) «Un sujeto de derecho que *reconoce voluntariamente* determinado hecho como norma jurídica (el resaltado es mío), le confiere con ello calidad de realidad social *inter*subjetiva, *trascendente* respecto a la propia corriente de la conciencia» (pp. 11, 47 y 8). En esta idea de la validez del derecho como constituida en virtud de un reconocimiento, de un consentimiento voluntario por parte de los sometidos a determinada norma («un producto de la voluntad de los propios sujetos afectados», p. 40), se basan todas las posteriores reflexiones del autor. El objeto de éstas es siempre el de reconducir el derecho al reconocimiento subjetivo, a la participación en la voluntad, y por tanto serán correctas en la medida en que lo sea la idea básica de partida. La teoría, tal y como aparece configurada en Husserl, recuerda mucho a la teoría contractualista originaria, y más incluso a la teoría del reconocimiento de Bierling, pues la voluntad, el reconocimiento, una vez expresados «son irreversibles» (40).

Pero, a diferencia de la teoría contractualista, Husserl no pretende fundamentar en la voluntad individual la vinculatoriedad moral del derecho, sino su realidad, su positividad o validez. Al margen de que dicho autor en ningún momento explica en qué consiste esa realidad, resulta de todo punto incomprensible cómo puede constituirse esa realidad social, transubjetiva, a partir de una voluntad individual, cuando precisamente ha de trascender a ésta. Al suponer que la voluntad, una vez manifestada, no puede ser revocada, está formulando una norma que no cabe basar a su vez en la voluntad individual. Confrontado, pues, con la positividad del derecho, el autor intenta reformular esta teoría, que en su origen es puramente iusnaturalista. Al igual que Bierling, presume que el reconocimiento puede darse tanto de manera indirecta (el reconocimiento de la constitución implica el reconocimiento de todo el ordenamiento jurídico), como tácita —mediante actos concluyentes— y ¡forzosa! (esp. pp. 72 y 73: «Al *imponerse* el nuevo gobierno, esto es, *al ser reconocido tácitamente* por la totalidad del pueblo, se convertirá en legal).» De esta forma, también esta teoría del reconocimiento se ha transformado —al verse confrontada con la positividad del derecho— en una teoría sociológica de la observancia de hecho de los dictados del poder (*Macht-Befolgungstheorie*). El propio Husserl pone de manifiesto dicha transformación, al ir paulatinamente abandonando la distinción entre la validez del derecho como ser específicamente normativo y las acciones de voluntad de carácter constitutivo, y pasar a definir directamente *el propio derecho como una voluntad* (p. 4: «voluntad de la comunidad» (*«Gemeinschaftswille»)* de la que el individuo participa; en la p. 23 se habla del derecho como una voluntad en forma real (*Willenswirklichkeit*) y en la p. 82 de la «voluntad del ordenamiento jurídico» (*Wille der Rechtsordnung*)). Es más, en algunos pasajes el autor se refiere incluso de pasada a la

es válido el derecho, sino *qué* significa y cómo sabemos que el derecho posee validez. A pesar de ello, en las modernas teorías reaparece con frecuencia el planteamiento iusnaturalista, conforme al cual se intenta, de uno u otro modo, «justificar» el derecho[31].

Por ello, no hay razón alguna para profundizar en el análisis de las doctrinas iusnaturalistas. No pueden tomarse como teoría del derecho en sentido estricto. Su singularidad consiste precisamente en que, al dividir el concepto de derecho, separan el derecho positivo y sus problemas.

b) El derecho como *ser*, como *realidad*, en contraposición al deber ser, como idea. Resulta tentador incluir bajo esta categoría el amplio y variopinto conjunto de teorías del derecho en las que el derecho se contempla como el producto de una *voluntad*: la voluntad del soberano, del Estado, del legislador, del más fuerte, del poder jurídico, del espíritu del pueblo... etc.[32]. Pues la voluntad es un fenómeno psicológico y, como tal, es parte de la realidad natural.

Sin embargo, esta conclusión es precipitada, como lo demuestra el hecho de que la mayoría de los autores que hablan del derecho como producto de una voluntad no se refieren a una realidad psicológica. Por ejemplo, no toman posición alguna ante la difícil pregunta de en qué psique posee existencia real esta voluntad, y tampoco pretenden referirse con ello a un fenómeno sociológico-colectivo. Por una u otra razón, la expresión se ha utilizado en sentido ficticio y significa algo distinto de lo que inmediatamente expresa. Y de hecho, un análisis detenido así lo evidencia. No obstante, para comprender por qué esto es así conviene tener previamente en cuenta las siguientes consideraciones.

---

cuestión de qué es lo que convierte a esta voluntad en una norma, en una realidad social; en la p. 40 se caracteriza la voluntad del derecho como «una realidad jurídica con capacidad para imponerse» (*eine behauptungsfähige Rechtswirklichkeit*); en la p. 74 se afirma que en el hecho de que «un nuevo gobierno se imponga» hay implícito un reconocimiento tácito del mismo, es decir, el acento está en la «capacidad de imposición» de una determinada voluntad imperante. Podemos concluir, por tanto, que la teoría de Husserl, que aparece revestida de solemnes ropajes fenomenológicos, se revela como una vacua reiteración de la teoría contractualista en su formulación más primitiva (vid. esp. p. 4) que, confrontada con la positividad del derecho, se va transformando paulatinamente en una teoría sociológica de la observancia de hecho de los dictados del poder. Por ello, a efectos de una fundamentación de la positividad del derecho tiene tan poco que aportar como las otras. Mucho ruido —fenomenológico— y pocas nueces.

31 Así, la teoría francesa no ha logrado todavía, en su mayor parte, superar este planteamiento.

32 Una teoría de la voluntad semejante constituye a menudo la parte positiva de las teorías iusnaturalistas dualistas o de las teorías sociologistas. Es el caso de Gény, Duguit, Radbruch, Binder, etc.; vid. los pasajes correspondientes.

Se dice en el lenguaje cotidiano: «Quiero que tú debas hacer esto y lo otro.» Este uso del lenguaje es impreciso*. Como objeto de la voluntad se toma aquí una norma, a saber: «Debes hacer esto y lo otro.» Pero es claro que una norma, como expresión objetiva, como expresión de un deber ser, es tan poco susceptible de ser querida como una ley natural, como por ejemplo, la ley de la gravitación. Puede quererse un comportamiento, pero no un juicio. Incluso cuando se atribuye a las mencionadas expresiones el siguiente significado: «Quiero que hagas esto y lo otro», la cosa no mejora. El objeto de la voluntad es aquí un comportamiento ajeno. Pero tampoco es posible querer algo semejante. Del mismo que no podemos querer algo cuya realización está enteramente fuera de nuestro alcance (por ejemplo, que mañana haga buen tiempo), tampoco se puede querer algo a cuya realización se puede contribuir sólo indirectamente. Puede quererse sólo aquello sobre lo que se puede actuar de manera directa: el propio comportamiento. Todas las consecuencias, fuera del propio comportamiento, pueden aparecer como calculadas, como queridas; pueden haber sido determinantes para mi voluntad, pero el objeto de mi voluntad sigue siendo mi propia conducta. A lo sumo cabría calificar como objeto mediato las consecuencias calculables de antemano de mi conducta.

La afirmación: «Quiero que tú debas hacer esto y lo otro» no puede, por ello, tener más significado que el de que mi voluntad se dirige a realizar determinadas acciones propias (castigos, conductas sancionadores de cualquier tipo, eventualmente meras desaprobaciones psíquicas), *si* tú no realizas la conducta deseada. El objeto de mi voluntad no es la norma, ni tampoco la conducta exigida, sino exclusivamente mi propia conducta sancionadora condicionada. Ni siquiera cabe calificar la conducta en cuestión como objeto mediato de mi voluntad, pues no es consecuencia del comportamiento sancionador. La afirmación objetiva, normativa «debes hacer esto y lo otro», no puede —al menos en este caso— tener otro significado que el de ser una expresión objetiva de la existencia de una voluntad sancionadora. Sin embargo, es psicológicamente comprensible la disposición precientífica a identificar la expresión normativa objetiva con la voluntad sancionadora que hay tras ella. La propia norma se contempla como expresión de una voluntad. Norma y voluntad ajena (dotada de autoridad) pasan a ser conceptos idénticos. Incluso aquellos mandatos normativos (*Normgebote*) que aparentemente no constituyen «órdenes» (*Befehle*), son atribuidos a una voluntad ajena. Las normas morales se convierten en «vo-

* N. del T.: en realidad, nadie dice habitualmente —ni siquiera en Alemania— *quiero que tú debas hacer algo*, sino más bien *quiero que hagas algo*; así también en alemán: *ich will, daß du etwas tust*; y no, *ich will, daß du etwas tun sollst*.

luntad de Dios». ¿Es de extrañar entonces que también las normas jurídicas se conciban como una voluntad emanada de una instancia ordenante (*Befehlender*): el Estado, el legislador o algo semejante?

Vemos, pues, que cuando las teorías antes mencionadas califican el derecho como una voluntad no quieren decir, en modo alguno, que el derecho sea un hecho psíquico. Pretenden indicar solamente su carácter normativo, obligatorio. Aquello que obliga es denominado voluntad, en concordancia con la expresión: «Yo *quiero* que tú debas...». En los casos específicos en que se habla de dicha voluntad como de la voluntad de todos, la voluntad común, la voluntad del Estado o algo semejante, el sentido de estas expresiones ficticias, o de significado no explicitado, es indicar el carácter heterónomo y transubjetivo de las normas jurídicas.

Lo esencial de las teorías de la voluntad estriba, pues, en que, de modo ciertamente torpe, pretenden expresar el carácter específicamente normativo del derecho. Ello encaja con el hecho de que nos encontremos con tales teorías preferentemente en el ámbito del positivismo, cuya correcta tesis negativa consiste en que el derecho no es ni sociología ni ética. En cambio, los rasgos que cualifican ulteriormente a las diferentes teorías de la voluntad, especialmente como teorías de la autoridad o del poder, se basan en puntos de vista que resultan irrelevantes para nuestro actual planteamiento. Así, se indican criterios para determinar *qué* voluntad es la jurídica, qué normas son derecho válido; pero el carácter específicamente normativo del derecho permanece intacto.

Por ello, las teorías de la voluntad han de ser incluídas en el tercero de los grupos principales.

Bajo la categoría aquí tratada caen, por contra, dos subgrupos diferentes. Por una parte, una corriente *sociológica* que pretende hacer de la ciencia del derecho positivo una parte de las ciencias de la naturaleza, y del derecho positivo un conjunto de reglas científico-naturales; por otra, una corriente que también afirma que el derecho se inserta en el ámbito del ser, pero entendido no como ser natural, sino como *ser cultural*, como una realidad cultural que constituye una parte de la realidad en su conjunto, en contraposición al «reino del deber ser».

c) El derecho como *deber ser específicamente jurídico*. Bajo esta categoría caen, como se dijo, las diferentes teorías de la voluntad. No procede, sin embargo, profundizar en ellas, pues el punto de vista normativo que les subyace —el único relevante a este respecto— ha encontrado su más conocida y madura expresión en la *ciencia normativa del derecho* de Kelsen y sus seguidores. Las objeciones que se pueden hacer contra las teorías de la voluntad se dirigen, sobre todo, contra la forma defectuosa en que se ha desarrollado el punto de vista normativo. Aparece aquí todavía fuertemente entremezclado con elementos psicológicos y metajurídicos, que se manifiestan especialmente en la idea de que el derecho consiste en «órdenes» (una figura lingüístico-psicológica) «que emanan» de un Estado situado «tras» el derecho, esto es, metajurídico. Dado que esta concepción resulta de especial importancia para la determinación del concepto de fuente del derecho, pospondremos la crítica detallada de la teoría de la voluntad hasta más adelante, cuando sea tratado dicho concepto (*infra, cap.* XII,3). A los fines actuales, bastará con estudiar el positivismo en la forma madura que ha adquirido con la Jurisprudencia normativista. Partiendo de esta visión panorámica, podríamos plantear la parte crítica de nuestras investigaciones del modo siguiente: el grupo a) —las teorías iusnaturalistas—, como tal, no es relevante para nuestro problema; el grupo c) —las teorías positivistas— se tratarán sólo bajo la forma de la ciencia jurídica normativista. Restan, pues, tres tipos de teorías que habremos de investigar críticamente: el derecho como ser natural (*Natur-Sein*), como ser cultural (*Kultur-Sein*) y como deber ser (*Sollen*) *sui generis*. En el capítulo IX se expondrá y realizará la crítica del primer tipo. En el capítulo X, los dos tipos restantes serán confrontados entre sí e igualmente sometidos a crítica. Finalmente, en el capítulo XI intentaremos construir una doctrina de la positividad del derecho.

Capítulo IX
EL DERECHO COMO SER-NATURAL

1. KORNFELD

2. EHRLICH

1. En la introducción hemos hablado de la relación de la doctrina del derecho como ser-natural (*Recht als Natur-Sein*) con las teorías de v. Kirchmann. Está representada especialmente por Kornfeld y Ehrlich. La tónica dominante en las obras de estos autores es la misma que en las de Kirchmann: el positivismo naturalista. La ciencia es la ciencia natural. Hay una sola vía hacia el conocimiento: nuestros sentidos. «El único procedimiento», dice, por ejemplo, Kornfeld, «para alcanzar un conocimiento de validez general es la inducción a partir de observaciones inmediatas de acontecimientos reales»[1].

De los dos autores mencionados, quien con mayor rigor ha desarrollado la concepción del derecho como ser-natural es Kornfeld. Afirma este pensador que «todo derecho positivo consiste en reglas que están de hecho vigentes en la vida social»[2]. Con ello se expresa que el derecho no está formado por normas, ni tampoco por leyes naturales. Porque hay aún una tercera posibilidad: las *reglas científico-naturales*. No implican una necesidad inexorable y sin excepciones, como las leyes naturales, sino que indican el curso que va a tomar un determinado proceso natural en la mayoría de los casos, con la mayor probabilidad, en toda regla. Por ello, las reglas

1 De modo muy semejante, Ehrlich, *Soziologie des Rechts*, p. 38.
2 Kornfeld, *Allgemeine Rechtslehre*, p. 66.

jurídicas no son, ni normas que indican como *deben* comportarse los hombres, ni leyes naturales que indican como *tienen que* comportarse necesariamente y sin excepción, sino reglas científico-naturales que indican, con un grado de certidumbre que no excluye ciertas excepciones, el comportamiento que de hecho tienen los hombres. Entiéndase bien: no se limitan a describir, a posteriori, lo que comúnmente se suele hacer, sino que comparten con las leyes naturales el carácter *predictivo*[3].

Aunque el autor no es excesivamente claro al respecto, no puede querer decir que estas reglas supongan una forma de conocimiento distinta de la consistente en leyes naturales. En último término, las reglas tendrían que basarse en la suposición de una causalidad, sólo que en una causalidad conocida de manera inexacta. ¿De donde procedería, de lo contrario, su relativa necesidad, su capacidad de predicción? La diferencia con las leyes naturales no reside ni en el objeto ni en el método, sino únicamente en el grado de *exactitud* con que nos permiten comprender la conexión causal[4]: las reglas son leyes de la naturaleza comprendidas de manera inexacta. Que, de hecho, ésta es la posición mantenida por el autor, se infiere también de sus afirmaciones acerca de la experiencia que sirve de base a estas reglas. La experiencia, afirma, no se limita a las observaciones externas, sensoriales, sino que abarca también lo interno, lo psíquico: las «categorías del entendimiento» (*«Verstandeskategorien»*), como el autor extrañamente las denomina. Puesto que los hombres, tanto tomados de forma aislada como en su vida social, forman parte de la naturaleza *en sentido amplio*, ello abre la posibilidad de una ciencia natural de la vida social: la sociología[5a].

Para determinar *a qué clase* de reglas sociológicas pertenecen las jurídicas, el autor parte de la consideración de que el objeto de las reglas sociales son siempre conductas humanas, en cuanto dirigidas a un fin común. Pero dado que, con independencia de cuál sea su contenido concreto, un tal fin común no puede lograrse sin reprimir las conductas antisociales y egoístas, ello supone la existencia de un fin colectivo puramente formal, «consistente en combatir las acciones voluntarias que sean antisociales y en fomentar las que tengan carácter social, esto es, en asegurar la propia vida social (...)»[5b]. En consecuencia, las reglas ju-

3 Op. cit., p. 66.

4 Esto se deduce también claramente de las *Soziale Machtverhältnisse*, p. 26, donde se afirma que las reglas se basan en el principio: «A acontecimientos semejantes suceden acontecimientos semejantes.» Por lo demás, resulta sumamente engañoso cuando el autor caracteriza las «reglas» como leyes *empíricas* en contraposición a las leyes naturales exactas; pues las leyes de la naturaleza son precisamente empíricas - y no exactas.

5 a)-f) Op. cit. a) p. 71; b) p. 73; c) p. 73; d) pp. 133 y 134; e) p. 115; f) p. 119.

rídicas son definidas como «aquellas reglas que sirven al fin de la autopreservación de la vida social»[5c].

Preguntar por las fuentes de estas reglas científico-naturales no puede tener otro sentido que el de interrogarse por sus «fundamentos reales»: por las causas de que los hombres se comporten de hecho en consonancia con estas reglas. Tales causas estriban —como toda causa de una conducta— en ciertos sentimientos. «Los sentimientos que subyacen al comportamiento jurídico-social encierran la necesidad y el deseo de que ciertas conductas voluntarias sean socialmente fomentadas y otras socialmente restringidas»[5d].

El orden jurídico, así definido como «fáctico», no posee, como tal, carácter normativo. La regla jurídica sólo posee fuerza vinculante en la medida en que vaya ligada a una exigencia ética. «A la vigencia efectiva del derecho positivo va ligada la exigencia ética de conducirse conforme a derecho»[5e]. La razón de ello estriba en el hecho «de que el orden social del poder (*soziale Machtordnung*) es uno de los instrumentos más importantes, si no el más importante, de la cultura social»[5f].

El valor cultural es algo que va unido a la forma del derecho con independencia de su contenido y, por ello, las reglas de hecho vigentes llevan aparejada la exigencia ética de su observancia[6].

Ésta es, a grandes rasgos, la doctrina de Kornfeld. ¿Ha conseguido desarrollar el enfoque que contempla a las reglas jurídicas como objeto del conocimiento científico-natural? No; Kornfeld no ha logrado desprenderse de la perspectiva normativa. La expulsa por la puerta y vuelve a entrar por la ventana.

El punto de vista normativo reaparece en el momento en que Kornfeld intenta delimitar la experiencia jurídica respecto de otras experiencias naturales, con toda la dificultad que ello conlleva para toda teoría del derecho de carácter científico-natural. Bajo esta perspectiva, el autor define las normas jurídicas como «las reglas cuyo fin es la autopreservación de la vida social». Al margen de que aquí nos las hemos de ver con un fantasma (la vida social en sí) que no encuentra acomodo en ninguna parte de la realidad natural, esta definición causa inmediatamente perplejidad por una

6 Respecto de esta demostración, Kelsen observa correctamente: «Ello encierra no sólo una ficción, sino también una falacia. Que *algún tipo* de vida social en común sea presupuesto de la cultura, tal vez sea correcto. Pero de ahí no se sigue que *toda* vida social en común posea tal condición, del mismo modo que no cualquier ordenamiento jurídico, por el mero hecho de hacer posible algún tipo de vida en común, tiene que ser considerado en todos sus elementos como promotor de la cultura, y por tanto, como éticamente justificado.» Kelsen [168 g], p. 610.

razón distinta. ¿Qué quiere decir que una *ley natural* (siquiera sea en la forma imperfecta de una regla natural) *sirve a un fin humano*? ¿Puede, por ejemplo, la ley de la gravitación universal servir a un fin semejante? Evidentemente, no. Con tal consideración teleológica, el autor rebasa las fronteras de una ciencia natural, que se limita a explicar y constatar. Esto es aún más claro si tenemos en cuenta que el fin al que las reglas jurídicas supuestamente sirven, la autopreservación de la vida social, no alude a ningún hecho, sino que expresa una norma. Una comunidad puede existir, «vivir» de innumerables formas. También un Estado de ladrones, una comunidad basada en la explotación y en la represión, es un Estado. Pero puede existir de forma «buena» o «mala», de acuerdo con un cierto criterio. Y, en último término, al hablar del derecho como el conjunto de las condiciones de existencia de la vida social lo que está haciendo es remitir a un criterio valorativo presupuesto.

Hay otro modo de mostrar que Kornfeld no puede en modo alguno desarrollar su teoría sin recurrir a puntos de vista normativos. Si es que ha de tener algún sentido definir las reglas jurídicas como máximas de la experiencia relativas a las acciones probables de los hombres, está claro que el procesamiento de la experiencia del que se extraen las reglas no puede presuponer, a su vez, el derecho como algo dado. Partiendo del programa de Kornfeld, cabría formular su tarea aproximadamente del modo siguiente: las reglas jurídicas son expresión de una cierta conducta de carácter regular y probable; su contenido sólo puede ser determinado analizando las causas de las correspondientes acciones humanas. De esta forma, el estudio del conjunto de causas subyacentes debería permitir prever cuáles van a ser las conductas que se realicen regularmente. Sin embargo, el autor no procede de esta forma. En la «explicación causal» de las reglas jurídicas, ¡remite al derecho! ¡A las propias reglas jurídicas! En este sentido, afirma: «El derecho legal es producto de la existencia de impulsos uniformes a someterse a las leyes jurídicas, esto es, a ideas lingüísticamente formuladas de fines jurídicos objetivos, de modo tal que, indirectamente, se asegura la consecución de éstos mismos»[7]. Por tanto, está dando por supuestas unas proposiciones jurídicas que en teoría no deberían ser inferidas sino de la experiencia. Aunque al hablar de *proposiciones jurídicas* el autor parece querer distinguirlas de las *reglas jurídicas*, es claro que en este contexto no puede considerarse proposición jurídica a cualquier formulación lingüística de un fin jurídico. El autor tiene que estar refiriéndose a ciertas proposiciones jurídicas dotadas de autoridad. Y de hecho, en otro lugar hace

7 Kornfeld, *Soziale Machtverhältnisse*, p. 74.

referencia, sin más, al legislador[8]; esto es, la existencia del derecho positivo, como tal, es presupuesta. En realidad, lo que el autor convierte en *objeto de una experiencia científico-natural no son las propias reglas jurídicas*, en su calidad de derecho positivo, sino *más bien las razones de su observancia* de hecho, una vez presupuesta su existencia. El autor no explica, desde un punto de vista científico-natural, *lo que* se cumple, *lo que* es derecho, sino *el motivo* por el cual ciertas proposiciones, cuyo carácter jurídico se presupone, son observadas en la práctica. Sólo en la medida en que son observadas, el autor denomina a las proposiciones jurídicas reglas jurídicas. No podemos sino ver con buenos ojos este cambio de orientación en el planteamiento de Kornfeld, toda vez que devuelve la perspectiva sociológica al lugar que le corresponde. Pero es innegable que ello supone una completa anulación de su teoría, conforme a la cual el *carácter jurídico* de las reglas del derecho se funda en un conocimiento científico-natural. En un trabajo más reciente, la *Allgemeine Rechtslehre*, Kornfeld intenta aparentemente evitar este círculo vicioso. En este caso, se considera, como hemos visto, que el fundamento real son ciertos sentimientos. Sin embargo, (vid. cita *supra,* en nota 5a) éstos están formulados de una manera tan general, que resultan inservibles a efectos de una delimitación respecto de las demás actividades sociales. Por ello, en cierta manera no es de extrañar que, sin mediar argumentación alguna, el autor añada a renglón seguido, en referencia a dichos sentimientos: «Reciben, por ello, el nombre de *sentimientos jurídicos (Rechtsgefühle)*»[9]. Pero, o bien estos sentimientos jurídicos dan por supuesto lo que es el derecho positivo, devolviéndonos así al círculo vicioso, o bien desembocamos en la vieja superstición que postula la existencia de un *sentido jurídico* originario y específico, un séptimo sentido. Pero, aun prescindiendo de esto, lo cierto es que tal «explicación» no es mejor que la anterior. Partiendo de los presupuestos de Kornfeld debería ser posible, mediante un estudio del sentimiento jurídico originario del pueblo, establecer una larga secuencia de concatenaciones causales que permitiera finalmente derivar conclusiones acerca del ordenamiento jurídico de un determinado pueblo. Sin embargo, ello resulta imposible. El autor vuelve a confundirse, igual que en la anterior ocasión. La existencia de las proposiciones jurídicas positivas se da por supuesta; el sentimiento jurídico sólo explica por qué son observadas.

No es difícil apreciar la causa del fracaso de la teoría de Kornfeld. Estriba en que el autor identifica norma con norma absoluta de la razón, deber

8 Kornfeld, *Allgemeine Rechtslehre*, pp. 140 y 141, cfr. [175a], pp. 78 y 79.
9 [175b], p. 134.

con deber ético, a modo de una exigencia autónoma emanada de una razón práctica de carácter eterno y absoluto[10]. Colocado ante tal disyuntiva, es comprensible que se intente inscribir el derecho dentro de la realidad natural; lo que sucede es que Kornfeld no ha demostrado en ninguna parte que tal dilema exista realmente. Al basar su crítica de la ciencia normativista del derecho en semejante concepto ético de norma, lo que muestra es que no ha comprendido los elementos más básicos de la teoría que combate.

Al parecer, lo que el autor pretendía con su teoría era dar a las condiciones sociológicas de existencia del derecho una expresión más adecuada, subrayando la diferencia entre las proposiciones jurídicas que existen sólo sobre el papel y las reglas jurídicas sociológicamente eficaces. Pero ha identificado erróneamente las causas de la existencia del derecho con esa existencia misma, esto es, con su significado y el fundamento de su conocimiento. Sin embargo, no podemos concluir nuestra crítica de la teoría de Kornfeld sin reconocer lo loable de sus motivaciones. La suya es una de las pocas teorías del derecho cuyo objetivo consiste en fundamentar la ciencia jurídica como una ciencia pura, es decir, no como una política enmascarada, ni tampoco como un mera técnica auxiliar para la aplicación del derecho[11].

2. Ehrlich no va tan lejos en su naturalismo como Kornfeld. Reconoce el carácter normativo de una gran parte del ámbito jurídico, en concreto de las denominadas «normas de decisión» («*Entscheidungsnormen*»), que son configuradas por la legislación, la ciencia o la praxis. El autor opone a esta parte del ámbito jurídico otra de carácter exclusivamente *fáctico*: el derecho consuetudinario, entendido como un conjunto de costumbres y formas de la vida social meramente fácticas, los «hechos del derecho consuetudinario» («*Tatsachen des Gewohnheitsrechts*») o las «instituciones jurídicas» («*Rechtseinrichtungen*»). La ciencia del derecho al uso identifica, de forma incorrecta, proposición jurídica con norma de decisión, esto es, con aquello en lo que el juez basa su decisión: un error derivado del hecho de que las universidades funcionen como incubadoras de jueces. Pero el derecho es mucho más. Es el *orden* de las relaciones humanas de la vida social que es observado *de hecho*. Ehrlich califica ambas partes del ámbito jurídico, respectivamente, como de creación estatal y de creación social[12].

10 «Lo contrapuesto a lo que lo que es y a lo que sucede, es exclusivamente el deber ser, en el sentido de un deber racional.» [175b]. Que los errores de Kornfeld derivan de este punto de partida, es destacado también por Henrich [136a], p. 160.

11 Kornfeld [175a] Prefacio, y Ehrlich [83a], pp. 1 y 19.

12 Cfr. Ehrlich, *Soziologie des Rechts*, pp. 376 y 377, 368, 405 (los pasajes más importantes); 393 (proposición jurídica); 4 (norma de decisión); 68 y ss., 382 (hechos jurídi-

Resulta de antemano inconcebible cómo estos dos elementos tan distintos, las normas jurídicas de decisión y los hechos jurídicos, pueden ser reunidos en un solo objeto homogéneo (uniforme) de una ciencia metodológicamente homogénea (uniforme). Ehrlich no ha explicado en parte alguna qué es lo que otorga a estos dos elementos su común carácter *jurídico*[13]. Pero, al margen de ello, un examen más detenido muestra que la referida distinción es imposible de trazar. También el *orden* obedecido de hecho ha de constar de normas. Su significado es normativo, por mucho que su obediencia tenga carácter fáctico. Además, también estas normas tienen que estar diseñadas de tal forma que puedan constituir el fundamento para la solución de un litigio jurídico, supuesto que se hayan de poder considerar como jurídicas. Esto se desprende también de los ejemplos aportados por el propio Ehrlich. En relación a las circunstancias que existían en la época de los derechos de origen popular, el autor considera que, por ejemplo, las reglas para el castigo del robo ciertamente eran verdaderas «normas de decisión». Sin embargo, tales reglas presupondrían un estado fáctico de la sociedad que determinara la existencia de un derecho de propiedad y permita distinguir, en este sentido, al adquirente legítimo del ladrón[14]. Pero lo que esto demuestra en realidad es que también este orden estaba diseñado para servir de fundamento a una decisión jurídica. Sobre esa base se identificaba al ladrón. Sus reglas se convertían directamente en decisivas cuando el litigio versaba sobre si había robo o adquisición legítima, o sobre quién entre muchos era el propietario legítimo. Por otra parte, «las normas de decisión», en cuanto son verdaderamente observadas, son «hechos» en la misma me-

---

cos); 17, 68 (derecho como orden); 8, 379, 408 (creación estatal-creación social). Sobre los «hechos» vid. el tratado independiente, *Tatsachen des Gewohnheitsrechts*.

13 En *Tatsachen des Gewohnheitsrechts*, p. 8, Ehrlich define el derecho como «las instituciones y medidas sociales que los círculos relevantes de una determinada sociedad consideran el fundamento del orden estatal, social y económico.»

Dejando aparte el hecho de que en ningún momento se explica en qué consisten tales órdenes, y en especial el estatal, *como diferente del jurídico*, tampoco se entiende qué es lo que se quiere decir al afirmar que el derecho, que es en sí mismo un orden (vid. nota (43)), es el fundamento de los demás. Seguramente el autor tuvo vagamente presente el hecho de que las normas jurídicas son aquellas que los grupos dirigentes consideran como las esenciales y las más significativas dentro de los sistemas normativos sociales; de modo tal que sin ellas el orden social, entendido en su conjunto, quedaría configurado de manera enteramente diversa. Resulta fácil apreciar lo incorrecto de este planteamiento. Si está prohibido, por ejemplo, bajo amenaza de pena por incurrir en maltrato de animales, sacar de su nido a los polluelos de algún ave, ¿qué significado tiene entonces la afirmación de que dicha regla es fundamento del «orden estatal, social y económico»?

14 *Tatsachen*, p. 50, cfr. P. 49.

dida en que lo es el derecho consuetudinario. La distinción de Ehrlich no sólo es extraña, sino que es imposible.

La coherencia interna de la teoría de Ehrlich se hace visible cuando se la interpreta bajo el presupuesto de que, en realidad, no se está hablando de dos clases diferentes de derecho, sino de dos métodos diferentes, que se entremezclan. En lo que respecta a las «normas de decisión», el autor utiliza un punto de vista positivista. Son una expresión de lo que *es* el derecho. Por el contrario, en lo que se refiere a los «hechos del derecho», a las costumbres fácticas, las consideraciones del autor expresan un punto de vista sociológico-explicativo. Esta categoría *no* hace referencia a *qué es* derecho, sino más bien a cuál es una de las principales *causas creadoras de derecho*, dentro del proceso causal de su formación. Sin embargo, Ehrlich debería haber caído en la cuenta —como hizo Lambert, su maestro francés—, de que las costumbres fácticas no son, por sí solas, derecho. La consecuencia evidente de esta interpretación es que el intento de distinguir entre las dos mencionados clases de derecho estaba condenado al fracaso. También los demás errores de Ehrlich son consecuencia de su pecado metodológico. Así, por ejemplo, la consideración de las dos partes del derecho como de creación estatal y de creación social, respectivamente, no es sino una suerte de hipostatización de la diferencia metodológica en el enfoque empleado. Todo derecho es de creación estatal, también el derecho consuetudinario, pues con ello lo único que se expresa es la unidad normativa del sistema jurídico. Y todo derecho es de creación social, también la ley. Pues con ello lo único que se expresa es el condicionamiento sociológico-causal del derecho, que es tan predicable de la ley como del derecho consuetudinario.

Tras lo antedicho, no es de extrañar tampoco que a Ehrlich le resulte imposible dar al concepto de derecho una delimitación precisa. Debería abarcar simultáneamente los fenómenos jurídicos mismos (esto es, las normas) y sus causas fácticas (esto es, costumbres de hecho y similares). La consecuencia es que la concepción de Ehrlich tiene por objeto tanto el derecho, como otros órdenes normativos no jurídicos (costumbres y usos), como lo exclusivamente fáctico, en una confusión en la que nada se distingue de nada. Es fácil de comprobar, si observamos los ejemplos que Ehrlich da del «derecho vivo». Una única frase servirá de botón de muestra: «¿Quién querría juzgar nuestra vida familiar o asociativa por las disputas familiares o asociativas que se producen?»[15]. Nadie, pero igual de claro resulta que la *vida* familiar y asociativa es un objeto de estudio dis-

15 *Soziologie des Rechts*, p. 400.

tinto del *derecho* de familia y de sociedades. La *vida* familiar y asociativa comprende también aspectos morales, religiosos, económicos, convencionales, exclusivamente fácticos, además de los jurídicos. Ésto es lo que Ehrlich pasa por alto. La ciencia jurídica desaparece y lo que queda es una morfología exhaustiva, sociológica de la vida en comunidad, que abarca tanto los aspectos morales, religiosos, económicos, convencionales y exclusivamente fácticos de la vida en sociedad... como los jurídicos.

Esta crítica de las teorías de Kornfeld y Ehrlich encierra una crítica de la doctrina del derecho como ser-natural. Partiendo de la intención, en sí loable, de determinar las condiciones sociológicas de existencia del derecho, esta concepción mezcla dichas condiciones con la específica forma de existencia del propio derecho. La validez específicamente jurídica se disuelve, en parte en un hecho natural, y en parte en una subsiguiente «eticización» de este hecho.

Los trabajos de Kornfeld y Ehrlich son, en gran medida, continuación del de Georg Frenzel, *Recht und Rechtsätze*, de 1892, muy poco conocido en comparación con los de aquéllos. Sólo que el método de Frenzel es más psicológico y el de los otros más sociológico. Como ya el título da a entender, Frenzel distingue estrictamente entre derecho y proposiciones jurídicas. El derecho es tratado como una clase especial de las costumbres generales, esto es como un conjunto de asociaciones psíquicas de comportamiento (*psychische Handlungsassoziationen*) (pp. 19, 67 y 68, 25 y 26). Las proposiciones jurídicas son, por el contrario, representaciones psicológicas que se encuentran en el espíritu humano en forma de reglas —quizás expresadas en un lenguaje de signos— y van referidas a dichas costumbres. Pero sólo éstas, y no las proposiciones jurídicas, son derecho. La labor de la ciencia jurídica no consiste, por ello, en exponer los significados de determinadas secuencias de signos presentes en un texto legal, sino en identificar las auténticas costumbres (pp. 1 y 77).

Tampoco Frenzel consigue eludir el punto de vista normativo. Éste hace su aparición a la hora de determinar el contenido de las costumbres. Tal contenido se define como un *orden* regularmente observado, esto es, un sistema normativo (p. 29). En lo referente en particular a la ley, se habla de un hábito general de obediencia a las normas establecidas por *ciertos individuos* (p. 29), con lo cual se están presuponiendo precisamente las normas *jurídicas* que atribuyen competencia legislativa. Al igual que en el caso de Kornfeld, también en éste podemos decir que, en realidad, las costumbres (Kornfeld las denomina «reglas») no fundamentan el derecho, sino que lo presuponen. Esta misma distinción entre «orden jurídico» (la ley, el derecho «oficial», el derecho de la dogmática jurídica) y «realidad jurídica» es empleada por Sinzheimer (*Die soziologische Methode in der*

Privatrechtswissenschaft, p. 7) y por Ludwig Spiegel (*Gesetz und Recht*, pp. 18, 26, 27, 38 y 57). Al igual que Ehrlich, estos autores asumen, junto al dogmático, un método *supletorio* de carácter sociológico (Spiegel, op. cit., pp. 33, 34, 38 y 40, Sinzheimer, op. cit., p. 14). Lo que les expone a las mismas dificultades con las que tropieza Ehrlich, especialmente en lo referente al dualismo en el concepto de derecho y su falta de diferenciación con respecto al «uso».

Como expresión de la misma concepción *naturalista* —que, al identificar lo real con lo que podemos ver y lo psíquico con los movimientos de las moléculas cerebrales etc., cree, de buena fe, estar adoptando una posición de sobrio criticismo realista, «auténticamente científico», pero que naturalmente no deja de constituir un dogmatismo de dudoso valor— puede considerarse a Hoppe (*Der psychologische Ursprung des Rechts*, 1888) y a Bernard Stark (*Die Analyse des Rechts, Eine Beschreibung der Rechtsdinge auf Grundlage der Psychophysiologie des Organismus*, 1916). Cfr. también Henri Rollin (*Prolégomènes à la science du droit. Esquisse d'une soziologie juridique*, 1911), ¡que pretende fundamentar la ciencia del derecho como una especie de zoología! (p. 5). Una ciencia no escolástica estudia exclusivamente lo que tiene «*existence phénoménale*», pero «*il n'y a que des phénomènes psycologiques, vitaux, psyco-chimiques, méchaniques*» (p. 4). Asimismo, Petrazycki parte del supuesto naturalístico de que el derecho es o una cosa material, o un hecho psíquico. Como el derecho no puede percibirse con nuestros sentidos, concluye: «*Il est donc impossible de chercher le droit dans l'espace, dans le monde des choses; il est donc impossible d'y chercher des éléments. Le phénomène juridique n'existe pas ou c'est un phénomène de conscience*». Cit. según la referencia de Grauber.

Sobre Baumgarten (*Die Wissenschaft vom Recht und ihre Methode*, T. 1. a 3, 1922) cuya teoría recuerda en muchos aspectos a la de Kornfeld, vid. Henrich, *Das Sollen als Grundlage der Rechtswissenschaft*, pp. 131 y 132, cuya crítica es, a grandes rasgos, correcta. Baumgarten pretende entender todo deber ser de forma real-psicológica y reducir toda ciencia normativa a ciencia causal (*supra, cap.* III, pp. 538 y ss.), y en esa medida es todavía más naturalista que Kornfeld. La crítica de Henrich deja bien claro que Baumgarten no es fiel a su propio punto de partida y acaba recurriendo a lo normativo (vid. también Tomo III, pp. 340 y 341). Por lo demás, la obra de Baumgarten está escrita con un espíritu tan acrítico que no merece la pena realizar una crítica detenida.

En cambio, sí la merecería —si bien nos llevaría demasiado lejos— el interesante intento de Fritz Sander de fundar epistemológicamente el conocimiento del derecho en un proceso sintético, en analogía con el conocimiento natural. Hasta donde alcanzan mis conocimientos, en lo que a la comprensión de la positividad del derecho respecta la teoría de Sander no conduce —al margen de su mayor valor epistemológico— más allá de la posición de Kornfeld. (Vid. F. Sander, *Staat und Recht*, Leipzig-Wien 1922; *Das Recht als Sollen und das Recht als Sein; Rechtsdogmatik oder Theorie der Rechtserfahrung*, 1921, *Kelsens Rechtslehre, Kampfschrift wider die normative Jurisprudenz*, Tübingen 1923).

Capítulo X
EL DERECHO COMO DEBER SER *SUI GENERIS* Y COMO SER-CULTURAL

1. LA DOCTRINA DE KELSEN SOBRE EL DERECHO COMO PURO DEBER SER

2. LA DOCTRINA DE LA ESCUELA SUDOCCIDENTAL ALEMANA SOBRE EL DERECHO COMO SER-CULTURAL

3.-8. CRÍTICA DE LAS TEORÍAS DEL SER-CULTURAL

3. CRÍTICA DEL CONCEPTO DE CULTURA

4. CRÍTICA DE LA DETERMINACIÓN DEL DERECHO COMO UNA PARTE DE LA REALIDAD CULTURAL

5.-7. DETERMINACIÓN DEL SIGNIFICADO REAL DEL CONCEPTO DE CULTURA EN LAS TEORÍAS REFERIDAS

5. No es constitutivo del concepto del derecho

6. No fundamenta la validez del derecho

7. Encierra un derecho natural encubierto

8. Síntesis

9. CRÍTICA DE LA TEORÍA DEL DERECHO COMO UN PURO DEBER SER

10. CONSECUENCIAS

1. La idea rectora del positivismo tenía un sentido negativo: la ciencia del derecho no es ni sociología ni ética. El positivismo formuló esta idea de índole negativa explicando el derecho como una voluntad: a saber, la voluntad del poder (jurídicamente) competente. Pero, por muy claramente que esta definición circular reflejara la naturaleza específica del derecho, nada nos indicaba —precisamente por su circularidad— acerca de en qué consiste, en sentido positivo, dicha naturaleza. Fue Kelsen, el fundador de la ciencia jurídica normativista, esto es, de la doctrina del derecho como un deber ser específicamente jurídico, quien ofreció una respuesta a esta pregunta, haciendo así explícita la idea que se halla en el núcleo del positivismo.

Para Kelsen, el deber ser (*sollen*) supone «una categoría originaria», «un modo de pensamiento» («*Denkmodus*») asociado a la categoría del ser, pero absolutamente diferente de ella[1]. «Esta contraposición entre «deber ser» y «ser» constituye un elemento básico del método de las ciencias del espíritu, en general, y del conocimiento propio de las ciencias del derecho y del Estado, en particular. Pues en la contraposición entre deber ser y ser está presente la que separa espíritu y naturaleza. Afirmar que el Estado, al igual que el derecho, entendido como sistema normativo, se inserta en el ámbito del deber ser y no en el del ser, no quiere decir otra cosa, en principio, sino que la específica forma de existencia del Estado, y las leyes a las que está sometido, son de distinta índole a las de la *naturaleza*. Al ser-*natural*, que suele ser calificado como el «ser» por antonomasia, se contrapone el ser del Estado; a la legalidad causal de la naturaleza —considerada la legalidad por antonomasia— se contrapone la legalidad normativa del Estado, completamente diferente de la legalidad causal»[2]. Si atendemos a la estructura lógico-formal del pensamiento, se da «una completa disparidad entre ser y deber ser». «Igual que yo afirmo que algo es, puedo decir también que debe ser, y ambas afirmaciones son enteramente distintas»[3]. Disparidad que se muestra con mayor claridad aún a la hora de hacer razonamientos lógicos. Igual que no puedo extraer de dos premisas en indicativo una conclusión en imperativo, tampoco me es posible, partiendo de dos presupuestos que han sido pensados en forma de categorías del ser, fundamentar lógicamente una conclusión en forma de deber ser. O a la inversa: si quiero intentar fundamentar un deber ser, esto es, indicar los presupuestos que lo hacen lógicamente comprensible, está excluida de antemano la posibilidad de buscar esos presupuestos dentro del ámbito de

1 *Hauptprobleme*, p. 7, cit. por Simmel.
2 *Der soziologische und der juristische Staatsbegriff*, p. 75.
3 *Hauptprobleme*, p. 7.

la categoría del ser. Si tomamos conjuntamente cualesquiera contenidos ideales expresados, por una parte, en el modo del ser y, por otra, en el del deber ser, el resultado sería comparable a la existencia de dos superficies paralelas: no tienen ningún punto en común, pero es posible ordenar todos los puntos de modo tal que a cada uno de ellos le corresponda un punto equivalente en la otra superficie.

Sin embargo, comúnmente no se suele tener presente esta diferencia radical entre ambas formas de pensamiento. Habitualmente no se vacila en responder con un ser a la pregunta por el fundamento de un deber ser. «Así, la contestación más habitual a la pregunta por el fundamento de la validez del derecho, o sea, del deber ser jurídico, que estriba en que "lo ha ordenado el Estado", o el príncipe absoluto, o el parlamento, etc., se considera igualmente satisfactoria que la respuesta dada ante la pregunta por el deber ser religioso o moral: porque Dios lo ordena, o la conciencia lo exige, o la razón lo quiere»[4]. Al respecto, señala Kelsen: «No es, sin embargo, sino un uso impropio y descuidado del lenguaje, que se engaña sobre la verdadera relación lógica. No *debo* comportarme así, o de otro modo, porque lo ordenen Dios, la conciencia o la razón, sino porque yo *debo* obedecer el mandato de Dios, de la razón o de la conciencia; esta es la razón última, no deducible a su vez de otra, de la validez de la religión y la moral; sólo como contenido de una *norma* suprema puede el mandato de Dios, de la conciencia o de la razón justificar el *deber ser* de una determinada norma (...) Cuando se pretende indicar el fundamento último de un deber ser, éste sólo puede consistir en otro deber ser»[5]. Si, por tanto, el fundamento lógico de la validez de una norma sólo puede hallarse en otra norma, forzoso es suponer como fundamento de la validez del derecho positivo la existencia de una norma (lógicamente) primaria —la norma originaria (*Ursprungsnorm*)—, que constituye el fundamento de todas las demás dictadas por derivación de ésta, pero que en sí misma no está «puesta» (*«gesetzt»*), sino sólo «presupuesta» (*«vorausgesetzt»*). Sin embargo, esta norma originaria no puede concebirse como una forma dotada de un contenido sustantivo, a partir de la cual quepa deducir lógicamente el contenido del sistema jurídico; lo que expresa es la unidad *formal* del sistema jurídico. Es la norma suprema sobre creación de derecho. Al establecer bajo qué condiciones algo debe ser considerado derecho, está delegando la competencia para determinar el contenido del derecho en una primera instancia creadora de derecho, cuyas normas podrán, a su vez, desempeñar la función de norma originaria relativa, en relación a otras normas subordi-

4 *Problem der Souveränität*, p. 95.
5 Op. cit., cfr. *Hauptprobleme*, p. 8.

nadas. Desde el punto de vista lógico, el número de veces que puede tener lugar una secuencia así es ilimitado. A lo largo de esta secuencia escalonada, el derecho se va desplegando y adquiriendo contenido sustantivo; en última instancia, todo derecho, sea cual sea su lugar en la escala, extrae su *validez* jurídica de la norma fundamental (*Grundnorm*) presupuesta. Cual si fuera una corriente, que fluye desde el punto más elevado y va canalizando su «fuerza normativa» a lo largo de las sucesivas ramificaciones. Por contra, el *contenido* del derecho sólo se determina a través de una progresiva concreción, esto es, a través del ejercicio sustantivo de la potestad delegada de creación de derecho[6].

Con este intento de concebir todo derecho como derivado de una norma originaria, la doctrina de Kelsen recuerda a las teorías iusnaturalistas, conforme a las cuales todo derecho es deducido a partir de un supremo principio jurídico. En ambos casos, el planteamiento expresa el intento de concebir el sistema jurídico como una unidad. Pero —como señala el propio Kelsen[7]— existe una diferencia decisiva entre su doctrina y la iusnaturalista. En contraposición al principio jurídico sustantivo propio del iusnaturalismo, la norma fundamental de Kelsen es sólo expresión de la unidad formal del ordenamiento jurídico. Allí donde el derecho natural postula apodícticamente la existencia de un principio jurídico sustantivo y absoluto, Kelsen presupone, como hipótesis, un principio formal y relativo. En el carácter *hipotético, relativo* y *formal* de la norma fundamental estriba la diferencia decisiva con el postulado apodíctico, absoluto y sustantivo del iusnaturalismo.

2. Existe una corriente teórico-jurídica que, partiendo también de la existencia de una diferencia radical entre ser y deber ser, ha intentado, por contra, inscribir el derecho en el ámbito del ser, definiendo la ciencia jurídica como conocimiento de la realidad. A diferencia de la teoría sociologista analizada en el capítulo IX, la concepción que ahora se examina no entiende el «ser» en el sentido de una realidad natural, sino de una específica *realidad cultural* (*Kulturwirklichkeit*). Ciertamente, esta realidad cultural tiene como sustrato un ser-natural, que es el que la distingue de la pura categoría del deber ser; pero no adquiere su peculiar condición de

6 Esta «teoría escalonada del derecho» sobre bases lógico-normativas (*«Stufentheorie des Rechts» auf normlogischer Grundlage)* fue formulada primeramente por Merkl, en una serie de trabajos: *Das doppelte Rechtsantlitz*, Juristische Blätter, 1917; *Das Recht im Lichte seiner Anwendung,* 1917; *Die Rechtseinheit des österreichischen Staates*, Archiv für öff. Recht, 1918, nº 37; Hans Kelsens *System einer reinen Rechtstheorie*, ibidem, 1921, nº 41; *Die Lehre von der Rechtskraft*, 1923.

7 *Die Lehre von den drei Gewalten oder Funktionen des Staates*, § 5 B.

cultura sino por una cierta relación con el deber ser, con los valores. Ésta es la que le confiere su *significado* característico y la constituye como una nueva forma de realidad. La cultura es una realidad valiosa (*wertvoll*), orientada a valores (*wertbezogen*).

Como se ve, esta concepción descansa en la conocida distinción de Rickert entre ciencia natural y ciencia cultural, los dos principales grupos que componen las ciencias de la realidad, como opuestas a las ciencias normativas. Sin embargo, el propio Rickert no desarrolló este punto de vista en lo relativo a la ciencia del derecho; tal tarea fue realizada por su discípulo Emil Lask. Partiendo de la distinción entre deber ser y ser, Lask define la filosofía del derecho como doctrina *axiológica* del derecho (*Rechtswertlehre*) y la ciencia jurídica como doctrina de la *realidad* del derecho (*Rechtswirklichkeitslehre*). Dentro de esta última, distingue a su vez entre una ciencia teórico-social (la sociología del derecho), que se basa en la observación empírica de la realidad social, y una ciencia dogmática del derecho. Lask percibe ciertamente la diferencia de esta última con la sociología. En contraposición a ésta, la dogmática jurídica no tiene nada que ver con el derecho «en cuanto factor cultural real» (*realer Kulturfaktor*) y «fenómeno vital de carácter social» (*sozialer Lebensvorgang*)[8]. Su objeto no es «algo que existe, sino algo meramente dotado de significado; no un ser, sino un deber ser, algo que exige cumplimiento»[9]. Sin embargo, Lask considera que también esta rama de la ciencia jurídica pertenece a las ciencias empíricas de la realidad, en contraposición a las ciencias normativas. Lo justifica alegando que la dogmática jurídica no se relaciona con la sociología del derecho como el deber ser con el ser, sino que la relación se asemeja más bien a la que existe entre la «realidad» y su correspondiente «significado». La dogmática jurídica no supone un conocimiento normativo, sino una *interpretación* de aquello que la ciencia teórico-social determina como derecho[10].

Posteriormente, varios juristas, y entre ellos Radbruch y Binder, se han adherido a esta doctrina. Radbruch[11] parte de un relativismo ético. Define la cultura como un reino situado *entre* el ser y el deber ser[12]. El objeto de la ciencia jurídica es para él una realidad empírica; en cambio, su método es normativo[13]. El último en incorporarse a esta serie es Julius Binder, quien

8 Lask, *Rechtsphilosophie*, p. 302.
9 Op. cit., p. 304.
10 Op. cit., p. 304.
11 Radbruch, *Grundzüge der Rechtsphilosophie*.
12 Op. cit., p. 38 «un curioso reino intermedio.»
13 Op. cit., p. 186.

(según su propia confesión), bajo la influencia psíquica de la guerra, ha pasado de mantener una posición criticista a defender un idealismo de corte metafísico[14]. El punto de partida de Binder es una versión renovada del idealismo alemán clásico: Fichte, Schelling, Hegel. A quien más se aproxima en su planteamiento es a Hegel (a diferencia de otros, Binder puede ostentar *con pleno derecho* el título de neohegeliano), con la única diferencia de que él no presume, como Hegel, la inmanencia de las ideas en la realidad, sino una *«relación»* entre idea y realidad. Por lo demás, Binder supone, como Hegel, la existencia de un espíritu objetivo que se despliega y refleja en el espíritu subjetivo[15]. Las ideas son normas absolutas de carácter supraempírico, conocidas por la «razón práctica» por medio de la intuición. Su naturaleza es la de lo incondicionalmente válido (lo válido por antonomasia), la validez pura[16]. La filosofía de la cultura y la filosofía del derecho de Binder se basan en este idealismo absoluto.

La idea básica que subyace a todos estos intentos por definir el derecho como un ser-cultural estriba en un cierto compromiso. Por un lado, tenemos la sensación de que el derecho es algo más que simple naturaleza. En la ciencia del derecho se opera con conceptos como deber, validez, culpa, etc., todos ellos pertenecientes a un tipo de pensamiento de carácter normativo. De alguna manera, pues, el punto de vista jurídico tiene que estar en conexión con el normativo. Por otro lado, sin embargo, se vacila en trasladar el derecho a la esfera propiamente normativa y en disolver con ello su existencia en la mera *validez,* sin apoyo alguno en la realidad. Porque dado que el derecho positivo varía en función de unas circunstancias empíricas dadas, y puesto que en este sentido su contenido rige sólo de una forma muy determinada *hic et nunc,* parece que ha de ser considerado como parte de la realidad empírica. Por tanto, atendiendo a ese doble carácter se intenta definir la «naturaleza» del derecho por medio de un compromiso: el derecho es un ser; pero un ser que, de alguna manera, está en contacto con un deber ser, un ser que lleva adheridos ciertos puntos de vista normativos. El concepto de cultura sirve de fundamento a este puente entre el ser y el deber ser. En el caso de Lask y Binder, esta doble forma de contemplar el derecho se concreta en su concepción del derecho como una *realidad* que se *interpreta* o cuyo *sentido se establece*. Radbruch expresa esta misma idea —con menor habilidad, pero mayor franqueza—, cuando afirma que el objeto de la ciencia del derecho es una realidad, pero que sin embargo su método es un método normativo.

14 Binder, *Philosophie des Rechts*, XLVI.
15 Op. cit., cfr. pp. 272, 274.
16 Op. cit., p. 112

3. En lo que sigue, nos proponemos estudiar detenidamente ese *concepto de cultura* que, supuestamente, tiende un puente entre los reinos del ser y del deber ser. A fin de ofrecer una fórmula sucinta capaz de agrupar a los distintos autores hasta aquí examinados, diremos que la cultura es definida como una realidad referida a valores. Como ha señalado Kelsen, esta definición encierra una cierta ambigüedad, dado que la palabra *valor* puede entenderse, bien como expresión de una norma con validez objetiva, bien como expresión de una valoración meramente subjetiva[17]. Pues bien, afirmamos que este concepto de cultura, en sus dos sentidos posibles, no resulta adecuado para ser constitutivo de una realidad diferente de la natural. Las razones son, sintéticamente formuladas, las siguientes: a) En su formulación objetiva, el concepto de cultura no es apropiado para construir una realidad específica, 1) porque, como expresión de un deber ser, no es capaz de formar una síntesis con el ser de la realidad natural, y 2) porque no es posible que una relación no sintética pueda constituir una nueva forma de existencia, toda vez que, en una relación semejante, ninguno de sus elementos pierde su peculiaridad e independencia. b) En su formulación subjetiva, el concepto de cultura hace imposible toda constitución de una realidad específica, 1) debido a que un concepto de esa índole no establece delimitación alguna; todo comportamiento humano expresa, y cualquier objeto natural es susceptible de, una valoración subjetiva, y 2) porque (si se parte de la diferencia absoluta entre ser y deber ser) semejante valoración subjetiva no expresa un deber ser, sino solamente un hecho psíquico en el ámbito del ser; por esa razón, lejos de constituir una nueva realidad al margen de la natural, lo único que se hace es establecer relaciones causales dentro de ésta.

En lo que sigue, proporcionaremos una prueba *más extensa* de esta afirmación, por medio de una crítica detenida del concepto de cultura. No obstante, y dado que el propio Kelsen ha realizado ya una crítica equivalente respecto de Rickert, Lask y Radbruch[18], habremos de remitirnos, por razones de espacio, a esa aguda crítica de Kelsen, y limitarnos a analizar, por nuestra parte, el *concepto de cultura de Binder*.

Binder se propone hallar y fundamentar el concepto de cultura a través de la aplicación del método crítico lógico-trascendental (*kritisch-traszendentallogische Methode*) a ciertos *objetos culturales, entendidos como hechos*. Trata de mostrar, a partir de ciertos ejemplos específicos, que hay objetos que no son aprehensibles por una observación natural,

17 Kelsen, *Die Rechtswissenschaft als Norm-oder Kulturwissenschaft*, pp. 1200 y ss.
18 Op. cit., pp. 1181 y ss.

sino sólo por una específicamente cultural, y que por tanto presuponen, en términos lógico-trascendentales, un determinado concepto de cultura y fundamentan la correspondiente realidad cultural. Piénsese en un hombre natural, por ejemplo un salvaje del África central que nunca haya estado en contacto con clase alguna de cultura (prescindiendo de que exista o no un hombre semejante), situado frente a un andén de ferrocarril; lo contemplaría con los mismos ojos que nosotros, pero no podría comprenderlo nunca como andén, como objeto cultural. Quizás le llamase la atención la regularidad de su forma, pero seguiría siendo para él un trozo de naturaleza. Del mismo modo, a quien no posea una cultura estética una sinfonía tiene que parecerle puro ruido, y una venus griega, un pedazo de mármol. Sólo la *relación con las ideas* (vid. *supra*: las normas absolutas) confiere a estos objetos, como frutos de una *acción humana en libertad*, su significado específico (su sentido), convirtiéndolos así en objetos culturales[19].

Este concepto de cultura resulta doblemente inapropiado para delimitar una específica realidad cultural. En primer lugar, *toda* acción humana es acción en libertad. Que pueda ser contemplada como libre o como no libre, no indica la existencia de dos clases distintas de acciones, sino de dos modos distintos de observación: uno científico-natural, causal y otro normativo. A juzgar por sus propias palabras, también Binder lo considera así[20]. La libertad es sólo un postulado «de la razón práctica». De lo que se sigue que cualquier acción humana es una acción cultural. Por lo demás, los ejemplos aportados por el autor y el curso que sigue su razonamiento no suministran razón alguna para pensar que la «libertad» y las «ideas» son el fundamento de la cualidad cultural de los fenómenos en cuestión. La incomprensibilidad de un andén de ferrocarril para un negro no demuestra la existencia de una «idea», una norma objetiva incondicionalmente válida. Para su comprensión, basta con saber lo que es un ferrocarril: esto es, que se entienda el andén como medio para un fin empírico de tipo subjetivo que los hombres persiguen habitualmente. Lo único que dicho concepto presupone es un interés, una capacidad empírica de deseo que diferencia, dentro de la naturaleza, entre lo que es medio para cumplir el deseo y lo que no lo es. Del mismo modo, tampoco los objetos culturales de tipo estético *necesitan* presuponer nada más que una capacidad de goce empírico-individual respecto de sinfonías, venus griegas, etc.

De aquí se sigue la segunda razón por la que el concepto de cultura de Binder no es apropiado para delimitar específicos objetos culturales. De

19 Binder, *Philosophie des Rechts*, p. 104, cfr. pp. 106, 107.
20 Op. cit., pp. 53 y s.

acuerdo con la estructura interna de su planteamiento, no hay razón alguna por la que haya que permanecer en el «reino de la libertad». La posición específica del objeto cultural se basa, como hemos visto, en que sobre él recae un interés, en que se halla en relación con un determinado fin. Pero esto puede ocurrir con independencia de que el objeto sea creado por los hombres, e incluso de que tal fin sea humano. El que pueda o no ser entendido por un negro es algo completamente independiente de la génesis del objeto. Lo mismo sucede en el ámbito de lo estético: también la belleza natural del cuerpo humano, de una puesta de sol y de otras cosas, puede tener para el observador un *significado* especial, análogo al de una obra de arte, que no podrá captar quien carezca de visión estética. Por último, el interés tampoco tiene por qué ser humano, como ya se ha indicado: también una colmena resulta, como tal, incomprensible para el no iniciado, incluso cuando el fin al que sirve es únicamente el de las abejas.

Este concepto de cultura que Binder, a partir de los ejemplos mencionados, determina como algo fáctico, podrá ciertamente hacer referencia a un hecho, pero a uno completamente inservible, puesto que abarca la totalidad de las acciones humanas y de la naturaleza. Porque, a la postre, todo ello es expresión u objeto de una valoración subjetiva, que le confiere un «significado» inaprehensible para una observación meramente científico-natural. Ni siquiera las estrellas del cielo son una excepción. ¿Quién negaría que para un espíritu poético tienen un significado distinto que el de ser cuerpos celestes que brillan por sí mismos, poseen un tamaño «n» y están situados a una distancia de «m» años luz de la tierra?

Indudablemente, tal y como el autor utiliza el concepto de cultura en sus explicaciones ulteriores, el significado que le otorga es otro. En realidad, se refiere a cultura *correcta,* válida desde el punto de vista normativo-objetivo; quiere decir que una sinfonía de Beethoven existe, no sólo como motivo de placer subjetivo, sino también como obra de arte de carácter estéticamente objetivo, poseedora de un valor cultural superior al de una efímera melodía de jazz. Pero tan pronto como el concepto de cultura es referido a una norma objetiva, la demostración de Binder de la existencia de la cultura como hecho deja de ser válida. Que exista la *cultura, en sentido enfático,* que, por ejemplo, nosotros seamos «superiores» en cultura a los chinos, no constituye un hecho, ni es tampoco presupuesto necesario de hecho alguno. Todo ello demuestra cuán falsamente se adorna Binder (por supuesto, de forma inconsciente) con una perspectiva y un método crítico lógico-trascendental, en lugar de admitir honestamente que está haciendo metafísica y que su método es también metafísico. ¡Querer derivar lógico-trascendentalmente la validez eterna de normas absolutas a partir del hecho de un andén de ferrocarril! O bien el hecho se determina correctamente, y entonces sólo se puede llegar al resultado deseado por medio de una inferencia incorrecta, o se determina, inadecuadamente, como cultura correcta, introduciendo así de antemano en el hecho lo que precisamente se trataba de fundamentar. Las pequeñas artes de prestidigitador de Binder son simplemente expresión de un afán religioso-metafísico por hallar (tras la guerra) la orientación espiritual correcta, los correctos «*arriba*» y «*abajo*» del mundo espiritual. Pero, al igual que hace mucho que hemos aprendido que en el mundo físico «arriba» y «abajo» no son puntos de referencia absolutos en el espacio, sino relativos al globo terráqueo y su centro, y que se proyectan en todas las direcciones de la bóveda celeste, es tiempo de aprender que también en el mundo espiritual «arriba» y «abajo» son determinaciones relativas, que indican las direcciones que se proyectan desde el centro de nuestra existencia espiritual.

No es éste el lugar para criticar más a fondo la metafísica de Binder. Nos limitamos a indicar al respecto que, como todos los metafísicos, se ve obligado a fundamentar su conocimiento metafísico en una *intuición,* en una «contemplación intelectual», situándose así fuera de toda discusión objetiva.

Nos limitaremos a analizar en qué medida, si asumimos la existencia de tales principios normativos de carácter absoluto, resulta posible establecer una realidad cultural específica. La crítica, por tanto, continúa siendo *interna.*

Llegados a este punto, alguien podría pensar en construir esta nueva realidad por medio de una síntesis a priori de materia y espacio, de realidad natural y valor. Hacia esta dirección apuntan la concepción de Hegel de la inmanencia del valor (*Wertimmanenz*) y la de Rickert de la «realidad valiosa, plena de valor» («*wertvolle Wirklichkeit*»). Sin embargo, Binder prescinde explícitamente de esta concepción[21], siguiendo en este punto a Kelsen, quien se pregunta, con razón, cómo es posible unir en *una* misma existencia realidad y valor, esto es, no realidad, o cómo puede hablarse de una realidad «plena» de algo no real. El objeto sólo existe como realidad en su ser-natural (*Natursein*). En cuanto pura validez, el valor es expresión de un deber ser, de una norma. Cuando estamos expresando que algo *es,* no podemos nunca expresar al mismo tiempo que la realidad (lo que es) es valiosa. Y a la inversa, cuando estamos identificando algo como valioso, no podemos en modo alguno expresar que el valor (lo valioso) es *real.* La habitual expresión «una realidad valiosa» (o «un valor real») representa una unión incorrecta de dos juicios categorialmente distintos que

21 Op. cit., pp. 101 y ss., 198 y ss.

tienen un «sustrato» común. (Es un mismo «algo», que primero se presenta como perteneciente a la categoría del ser, y luego como perteneciente a la del deber ser). Un ser no puede ser sustrato de un deber ser, y viceversa[22].

El propio Binder se da cuenta de todo ello, y renuncia por tanto a la posibilidad de que la realidad cultural pueda generarse *por vía sintética.* Por contra, intenta fundamentar la realidad cultural basándose en la relación existente entre la realidad natural y una determinada norma, un determinado valor.

Antes de entrar en el análisis de la exposición de Binder, cabe ya señalar que su intento está condenado al fracaso. Pues, como antes se dijo, cuando no se realiza una síntesis, no puede tampoco surgir una nueva existencia. Todo tiene que permanecer como antes: un objeto natural, que sólo es real en cuanto naturaleza, y una norma que expresa un valor con independencia de la realidad; y ello incluso cuando el sustrato de la norma sea idéntico al que subyace al juicio de ser. Dicho en términos vulgares, el objeto sólo es real en cuanto fenómeno natural; desde un punto de vista normativo, podemos considerarlo valioso o no, adecuado o contrario a la norma; pero este juicio es algo que no tiene nada que ver con la realidad del objeto.

Lo que para Binder resulta constitutivo de la realidad cultural es la relación en la que se halla el objeto con respecto a la idea[23]. Pero, más allá del dato negativo de que ello no constituye una síntesis, no queda claro lo que el autor quiere decir con esta afirmación. Las manifestaciones al respecto resultan poco claras, y aun contradictorias.

Su posición resultaría más clara —al margen de la valoración que merezca por lo demás— si Binder hubiera definido el concepto de cultura —como Radbruch— por medio de la relación con una norma, en el sentido de que la norma en cuestión pueda aplicarse razonablemente dentro de su ámbito, sin consideración a si el objeto se presenta como valioso o carente de valor[24]. Entendida así, la relación tendría, pues, carácter *formal,* y de hecho hay algunos pasajes de Binder que parecen apuntar hacia una concepción como la referida[25]. Pero, como se verá a continuación, también hay signos inequívocos de que el autor, a la hora de la verdad, no ha querido detenerse en una relación meramente formal,

---

22 Cfr. Kelsen, op. cit. en nota 17, p. 1188 y ss., esp. 1190.

23 Por ejemplo, pp. 688, 762: «porque sabemos que esta pura empirie en absoluto es ya derecho; que es sólo su *relación con la idea de derecho*, la que convierte en derecho a esta empirie».

24 Valga la expresión, que empleamos sólo por razones de simplicidad.

25 Vid. *infra,* nota 31.

con la que sólo hubiera podido perseguir en grado ínfimo los fines «idealizantes» que constituyen el verdadero móvil de su doctrina.

Si la relación no ha de ser meramente formal, entonces tiene que ser, de un modo u otro, *material.* Otra posición igualmente clara habría consistido entonces en exigir una concordancia objetivo-material entre objeto e idea; pero esta solución choca tan abiertamente con la positividad del derecho que su imposibilidad es evidente. En cambio, ciertamente sería muy util para fines «idealizantes», y de hecho Binder sólo utiliza esta solución ocasionalmente, cuando el fin que está en juego la convierte en especialmente deseable.

Por lo demás, el autor adopta una posición vacilante entre estas dos posiciones definidas. Parece suponer que a la pregunta de si se cumplen o no las exigencias que la idea plantea no puede contestarse con un rotundo sí o no; la idea establecería, pues, una orientación a seguir, más que unas exigencias determinadas. Por otra parte, hemos de presumir la existencia de un umbral de cumplimiento máximo y otro de cumplimiento mínimo, pues el autor da por supuesto tanto que las exigencias de la idea puedan ser satisfechas por completo como que puedan ser enteramente incumplidas[26]. Sin embargo, a la vista de la positividad del derecho, Binder tampoco se decide por una concepción de intervalos como ésta.

Por ello, no le resta otra salida que trasladar la relación de lo objetivo a lo *subjetivo.* El factor decisivo estriba, entonces, en que la producción de la obra cultural se haya realizado bajo el influjo de la idea (de la representación de la idea) (*Ideevorstellung*). Pero también con esta formulación se plantea la pregunta de si el influjo subjetivo ha tenido que dejar alguna huella objetiva en la obra. El autor vacila: sus afirmaciones parecen apuntar a que la representación de la idea ha tenido que ser *eficaz,* que ha tenido que ser causa de la realización de un *estado de cosas que se encuentre en correspondencia con la idea.* Puesto que, según afirma el propio autor, estas expresiones no pueden ser entendidas al modo hegeliano, como expresión de la inmanencia de la idea, de su autorrealización en la historia, habremos de entenderlas, pues, en clave empírico-psicológica. Pero ello nos lleva a un principio constitutivo de la cultura que es, a un tiempo, irrelevante e imposible. Irrelevante, porque a efectos de la determinación y cognoscibilidad del carácter cultural del pro-

26 En pp. 770-771 se afirma expresamente que el derecho puede adecuarse a la norma, es decir, que *puede* cumplir por completo lo que la idea demanda; en p. 461 se califica como «inmoral y reprobable, *en tanto que incompatible con la idea del matrimonio*» tanto «la arbitraria ruptura del matrimonio por uno solo de los contrayentes» como «la absoluta indisolubilidad del vínculo». Lo mismo se afirma de la esclavitud en la p. 427.

ducto terminado, las circunstancias psicológicas bajo las que haya sido realizado resultan indiferentes[27]. Imposible, porque esta formulación contradice la positividad del derecho. Razón por la cual el autor abandona esta posición. La última formulación que encontramos es ya puramente subjetiva, y prescinde del resultado objetivo al que se llegue: se afirma que la producción cultural es un *intento* subjetivo de realización de la idea, pero no se especifica en qué grado se supone que ese intento ha tenido éxito. Porque, como es evidente, los intentos pueden resultar, pero también pueden fracasar. Lo único decisivo es que la representación de la idea haya tenido un efecto motivador; el que haya habido obstáculos externos o internos que se hayan interpuesto en el camino, haciendo fracasar el intento, no obsta para que la obra posea carácter cultural. En concordancia con esto, el autor consigue finalmente definir la cultura como «aquella realidad que debe su existencia a la acción humana libre, racional y orientada por ideas, y que sólo por esta razón puede ser contemplada racionalmente desde el punto de vista de la libertad que corresponde al ámbito de la normatividad»[28].

Pero tampoco esta formulación resulta satisfactoria. Al margen de que, como ya se mostró, una formulación subjetiva reduce el mundo cultural a lo que es exclusivamente producto de las propias acciones humanas, resulta que, por otra serie de razones, tampoco es capaz de *constituir* una nueva realidad, porque el punto de referencia no es la norma, sino una *representación* de la norma (*Normvorstellung*) (y, por tanto, un hecho psíquico-real perteneciente al ámbito del ser). La relación entre realidad e idea se revela entonces sencillamente como nexo causal entre un determinado motivo psíquico y ciertas acciones. Seguimos dentro de la realidad natural. Pero, confrontado con la positividad del derecho, Binder se ve obligado a abandonar incluso esta última y mínima conexión con la «idea» que supone contemplar la representación de la idea como motivo impulsor; por más que tal abandono se produzca en forma de *lapsus linguae* y no sea reconocido abiertamente. Al principio, Binder afirma, de forma concordante con lo antedicho, que «si un código ha de crear realmente derecho, no deberá basarse en el arbitrio, sino en la razón; habrá de presentarse como un intento de satisfacer *la idea del derecho (Rechtsidee)*, y en el marco de esta tarea tendrá que adecuarse a las circunstancias sociales y económicas, el espíritu del pueblo y su eticidad. Esto es completamente diferente

27 Una cuestión que, por cierto, no parece tener sentido alguno respecto de objetos que son creados de forma colectiva, como, por ejemplo, el derecho.

28 P. 866.

del arbitrio (...) »[29]. Pero poco después señala: «No estamos, pues, ante un arbitrio ciego, tampoco en el caso de la legislación, o al menos *no debería ser ese el caso* (...)»[30]. Estas últimas palabras, resaltadas por mí, muestran que Binder abandona la exigencia de que el derecho haya surgido *realmente* como un intento tendente a realizar lo justo. La exigencia es aquí claramente *normativa, no constitutiva*.

Nuestra tesis queda, pues, probada. Binder no ha logrado constituir una nueva realidad cultural. Confrontado con la positividad del derecho, el autor ha tenido que abandonar, una tras otra, todas las determinaciones, con sus múltiples matices, de esa «relación» supuestamente constitutiva de los objetos culturales (jurídicos), toda vez que son imposibles de realizar. Lo que sucede es que tales concesiones no se han reconocido *ex professo*. Por ello, no impiden al autor —cuando el fin lo reclama y la positividad del derecho no resulta excesivamente evidente (caso del derecho extralegal y la interpretación)— operar con un concepto de derecho de corte idealista[31].

---

29 P. 848.

30 P. 489.

31 En la presente nota, ofrecemos una visión panorámica de las diversas manifestaciones de Binder sobre la «relación» entre la realidad empírica y la idea que es constitutiva del derecho. Las indicaciones de página van todas referidas a la *Philosophie des Rechts*.

a) Pasajes que apuntan hacia una *relación meramente formal*: 1) p. 110, donde habla de la delimitación de un ámbito cultural por referencia a la norma del correspondiente ámbito. Y prosigue: «*Otorgamos valor* al objeto empírico, a la obra de arte, al comportamiento de los hombres etc., *si consideramos que se adecúan* a la norma correspondiente»; de lo cual parece deducirse que la obra de arte no necesariamente ha de adecuarse a tal norma. 2) p. 111: «Existe por tanto una relación recíproca entre la norma y su ámbito cultural: *no tiene sentido alguno* encontrar virtuoso un triángulo o hermosa una fórmula matemática (...)» Aquí, la condición parece ser únicamente que tenga algún sentido aplicar la correspondiente norma, lo que es tanto como decir que las «relaciones» son formales. 3) p. 432, donde se afirma que el actual Estado alemán no se corresponde con su idea: «nuestra vida pública consiste tan solo en la lucha de todos por el *cadáver del Estado*, un Estado que ya no está vivo, puesto que *su idea ha muerto hace ya tiempo*.» Salvo que el autor pretenda negar con ello el carácter jurídico del vigente derecho positivo alemán en su conjunto, se desprende de ello que la divergencia material entre el objeto cultural y la idea puede ser absoluta. Pues, ciertamente, el «cadáver» al que se alude es todavía un *Estado* y su derecho es *derecho positivo*, por más que su idea esté muerta.

b) Pasajes que apuntan hacia una *relación material*:

α) Formulación predominantemente *objetiva*: las exigencias de la idea de derecho tienen que estar objetivamente satisfechas (al menos en cierto grado), para que el objeto pueda ser reconocido como derecho: p. 238 «derecho es todo aquello en lo que interviene la idea del derecho»; cfr. p. 235: «el sentido de un hecho empírico estriba precisamente en que, en su *existencia* y *modo de ser* (*Dasein und Sosein*), se adecúa a una *idea*, a una exigencia categórica de la razón».

β) Formulación predominantemente subjetiva: la creación del objeto cultural debe haberse producido bajo el influjo de la idea.

4. En el apartado anterior, hemos realizado una crítica del concepto de cultura en general. Aquí nos proponemos mostrar que, a la hora de determinar, en concreto, el *derecho* como una parte de la realidad cultural, necesariamente han de surgir una serie de dificultades específicas. Porque resulta que el derecho se diferencia de otros objetos culturales por no ser solamente una realidad asociada a una norma (como lo es también, por ejemplo, una sinfonía), sino que posee al mismo tiempo un cierto *significado normativo* (lo que, por contra, no ocurre en el caso de la sinfonía). La tarea consiste, por tanto, en determinar el sustrato de realidad del derecho (*Wirklichkeitssubstrat des Rechts*) de tal modo, que sea al mismo tiempo realidad natural (convertida en cultural a través de su relación con la idea) y sustrato de un significado normativo. Sin embargo, ese propósito ha de tropezar necesariamente con dificultades insuperables. Como se verá a conti-

* Con la exigencia adicional de un *resultado objetivo*: 1) en p. 62 se afirma que la idea influye sobre el mundo empírico, que su esencia consiste en *incidir* en la historia y la cultura. Ahora bien, dado que se rechaza la metafísica hegeliana, esto no puede entenderse en el sentido de una autorrealización de la idea, sino como una influencia de la representación de la idea en el individuo creador de cultura. 2) en la p. 135 se explica del modo siguiente lo que significa que la idea del derecho sea constitutiva de la realidad jurídica: «La idea del derecho prescribe un determinado estado de cosas, y por tanto es *el motivo* de que se genere ese estado de cosas; *en esta medida, es constitutiva* de la realidad del derecho.» 3) en p. 1042 se define el derecho como «una voluntad determinada por la idea del derecho».

** Sin exigencia adicional de un resultado objetivo: 1) en la p. 771 se afirma claramente que la adecuación a la idea no posee carácter necesario: «Si calificamos entonces a un derecho que deriva totalmente de la idea como derecho *justo* (*richtiges Recht*), la consecuencia es que el derecho positivo históricamente dado puede ser tanto un derecho justo (*richtiges Recht*), como un derecho injusto (*unrichtiges Recht*).» En lugar de la plena adecuación a la idea, lo que se exige es sólo: «que todo derecho (...), para serlo, ha de *tender hacia ella*, de modo que lo que no posea esa tendencia, lo que no *intente* satisfacer la idea, sencillamente no puede ser calificado como derecho»; 2) en la p. 687 se define el derecho *fenoménico* como «un *intento* de adecuarse lo más posible a la idea del derecho; 3) p. 848: «un código que pretenda ser realmente derecho (...) tiene que presentarse como un *intento* de satisfacer la idea del derecho.» 4) en la p. 1041 se describe la historia del derecho como «la vida creadora de derecho de los pueblos, naciones, Estados, bajo el *impulso* de la idea del derecho.» 5) en la p. 22 se afirma que «no podríamos comprender la esencia de los objetos de este ámbito [el jurídico] de otro modo que planteando la cuestión acerca del *fundamento y fin* de estos objetos. Son éstos los verdaderos *elementos constitutivos de los objetos culturales* (...)» También esta afirmacion parece situar los elementos constitutivos en el terreno de lo subjetivo. 6) La definición de cultura, p. 866, vid. el texto en la nota 28.

Esta panorámica tiene —necesariamente— un carácter sintético, y por tanto no pretende ser exhaustiva. Confrontando los pasajes citados, se obtiene la más viva impresión de la contradictoriedad entre las diferentes formas de definir —en función del fin y las circunstancias en juego— esa «relación» con la idea que es constitutiva de la realidad empírica en derecho. (Todos los subrayados son míos).

nuación, su cumplimiento es sólo aparente y se basa en la confusión de un acto psíquico, como tal acto, con su contenido, como significado lógico.

Radbruch pretende determinar el carácter de realidad del derecho por oposición al carácter de deber ser de la moral, de modo tal que el primero consta de *imperativos* y la segunda de *normas.* La diferencia es ilustrada por medio de un ejemplo: la proposición «cumple con tu deber». «Si en esta proposición separamos el significado de la persona que la pronuncia, lo pronunciado de lo dicho, obtendremos, por una parte, una entidad fáctica (*Seinsgebilde*) temporal y espacialmente determinada, causalmente provocada y efectiva, una secuencia de sonidos que suena ahora y aquí, que está provocada por un proceso psicofísico del hablante y genera otro proceso en el que escucha. Y, por otra parte, una entidad ideal (*Sinngebilde*) atemporal, no espacial ni causal, una necesidad moral que vale independientemente del lugar, el tiempo y la eficacia de dicha proposición. De esta manera, la proposición supone un imperativo, en tanto que es y tiene efectos, y una norma, en tanto que significa y posee validez; un imperativo, en tanto que a través de ella se impone un querer, y una norma, en tanto que contiene la afirmación de un deber ser; ciertamente, ambas cosas están contenidas en la proposición en cuestión, pero no por ello han de estar siempre conectadas»[32]. En concordancia con esta distinción, la ciencia jurídica es definida como una «ciencia referida a hechos», en contraposición a una ciencia normativa. Ahora bien, es claro que, para que esta distinción pueda subsistir, el imperativo tendrá que concebirse, consecuentemente, como un elemento perteneciente al ámbito del ser, causalmente determinado y de carácter espacio-temporal. En el ejemplo en cuestión, pueden considerarse como imperativo las siguientes cosas: el proceso psíquico, fácticamente existente, que lleva a formular tal proposición; el acto de pronunciar (las ondas sonoras) y los correspondientes fenómenos receptivos. Todo ello en contraposición a un contenido significativo (*Bedeutungsinhalt*) de carácter no espacial. Sin embargo, las observaciones de Radbruch al respecto están en absoluta contradicción con ello. Afirma lo siguiente: «La norma es una no-realidad que quiere realizarse, el imperativo una realidad que quiere tener efectos (...) la norma pretende ser el fin, el imperativo sólo un medio para ese fin (...) la norma exige comportamientos conformes a ella por motivos igualmente conformes a ella; al imperativo le basta con conductas conformes al imperativo, cualquiera que sea la motivación. En otras palabras: la norma exige moralidad, el imperativo mera legalidad»[33]. En esta y otras frases semejantes de la misma página, se

32 Radbruch, *Grundzüge*, pp. 62-63.
33 Op. cit., p. 63.

indica que el imperativo «*quiere* tener efectos», que «*quiere* ser medio para un fin» y que «se satisface» cuando el fin ha sido realizado, que el imperativo «*se cumple suficientemente*» si los comportamientos son conformes a él, que sólo «*exige* legalidad». A partir de ahí, no cabe duda de que, por imperativo, Radbruch entiende igualmente un determinado contenido significativo, una entidad ideal (*Sinngebilde*) de carácter no-espacial. Esto es tan cierto como que no tiene sentido alguno decir que un fenómeno existencial de carácter espaciotemporal *quiere* algo, exige algo, etc. Tal y como Radbruch caracteriza al imperativo, lo que lo diferencia de una norma no es su forma, sino su contenido: el imperativo sólo exige legalidad, la norma moralidad. Ello demuestra también que el autor en modo alguno realiza su propósito de determinar el objeto de la ciencia del derecho como un imperativo, una «entidad fáctica» («*Seinsgebilde*»). Por el contrario, reconoce que la dogmática se ocupa del imperativo como «entidad ideal» («*Sinngebilde*»), e incluso que utiliza en su labor un método normativo: «No cabe distinguir un imperativo de una norma (...) si se contempla su significado; porque no cabe definir el imperativo sino como un querer que tiene como contenido un deber ser»[34]. Pero, así entendido, el imperativo no puede ser nunca una realidad perteneciente al ámbito del ser. La construcción de Radbruch se basa en el error de suponer que el significado de —por ejemplo— una norma es el «contenido» de un «querer», entendido como «hecho perteneciente al ámbito de ser». En cuanto realidad psicológica, el objeto de un «querer» sólo puede ser un elemento del acto psíquico: la representación como deseable de algo que puede realizarse. El significado lógico del acto (el deber ser) no participa nunca de la cualidad de ser de tal acto. En definitiva, de la distinción establecida por Radbruch no queda sino la afirmación de que existe una diferencia categorial entre el objeto de la ciencia del derecho y su método, cosa que, en términos lógico-trascendentales, resulta imposible[35].

---

34 Op. cit., p. 186.

35 Finalmente, cabe señalar que esta construcción conduce a Radbruch a una evidente contradicción, también en lo referente al concepto de deber ser. Si el derecho se define como ser, como imperativo, es debido a que el autor ha definido los conceptos de deber ser, norma, valor, obligación como referidos a una valoración ético-subjetiva. «El lugar del complejo formado por los conceptos de libertad, norma, validez y obligación es *exclusivamente la ética*, y no la filosofía del derecho» (73). Pero ello está en abierta contradicción con la transposición de los conceptos de obligación, norma y demás a la ciencia jurídica, entendida como «ciencia empírica acerca de hechos», y con la definición que da el autor del imperativo empírico como un deber ser. Con ello, se derrumba la estructura interna del planteamiento de Radbruch. Él parte de una estricta separación entre ser y deber ser y sitúa al derecho en el ámbito del ser, en contraposición al deber ser ético-subjetivo (norma). A pesar de ello concluye: «Por tanto, la Jurisprudencia hace bien en calificar tranquilamente los

También Binder intenta inscribir el derecho (y su «significado») en la realidad natural (que, a través de su relación con la idea del derecho, se constituye en realidad cultural). A este efecto, señala que la realidad natural y la causalidad no sólo abarcan los fenómenos físicos, sino también los psíquicos. Naturalmente, en este punto no podemos sino darle la razón. Sin embargo, añade: «Pero lo que entra dentro de la realidad no sólo es el pensamiento como proceso, sino también *la idea,* como aquello que es pensado, como lo creado a través del pensamiento, y como lo que —al poder ser expresado en palabras, esas "aladas herramientas del pensamiento"— se mantiene también vigente. Y de esta forma, también el *derecho,* como conjunto de *lo pensado* y *lo querido* (...) es algo *real,* algo que no solo tiene efectos sobre la realidad, sino que, además, y precisamente en virtud de su idealidad, resulta adecuado para, y está destinado a, mantenerse vigente»[36]. Para terminar de anclar el derecho en la realidad, sólo resta entonces decidir a quién corresponden la voluntad y el pensamiento por medio de los cuales se determina el derecho. Binder parte de que es la voluntad del pueblo. El derecho es la voluntad objetivada del pueblo, «la voluntad de la comunidad»[37].

Binder comete aquí el mismo error que Radbruch. Hace partícipe al significado lógico de un acto psíquico, a lo *pensado* y *querido*, de la condición de realidad del propio acto psíquico. Esto es imposible. Si pienso, por ejemplo, «Napoleón continúa vivo», esta idea, en cuanto proceso psíquico, es real. Es real el hecho de que contiene la representación del «estar-ahora-en-la-vida de Napoleón.» Pero el contenido mismo, en su significado lógico, esto es, lo pensado, no es en modo alguno real. Lo propio rige (especialmente en relación al derecho) cuando el acto psíquico es un acto de voluntad y su objeto una norma. Al margen de ello, se plantean también dos difíciles cuestiones que Binder pasa por alto: qué significa querer una norma (vid. *supra cap.* VIII, 6b) y qué significa que una norma es «realidad» (vid. *supra cap.* I, 3a.). Por lo demás, Binder se adhiere a la distinción de Radbruch entre imperativo y norma. La cosa no cambia por el hecho de que Binder afirme que el objeto de la ciencia jurídica son las normas empíricas; pues éstas, al igual que las exigencias contenidas en los imperativos, emanan de los sujetos empíricos, y sólo son calificadas como normas empíricas «en la medida en que se presentan con la pre-

---

imperativos del derecho (...) como normas, y en acoger también, junto al concepto de norma, a los conceptos pertenecientes a la misma familia (...), como especialmente el concepto de obligación.» (p. 161-162).

36 Binder, *Philosophie des Rechts*, p. 691.

37 Op. cit., pp. 695, 698.

tensión de que los deberes que imponen no descansan en el mero arbitrio, sino que son racionalmente necesarios»[38]. Ya en la crítica a Radbruch hemos mostrado la insostenibilidad de esta distinción.

5. Para completar nuestra crítica de la doctrina del derecho como ser-cultural, nos resta examinar la función sistemática que el concepto de cultura desempeña dentro de estas teorías. Sólo una vez aclarada ésta, podremos hacernos una idea del verdadero carácter teórico-jurídico de tales teorías. ¿Qué es lo que subyace, en última instancia, al concepto de cultura?

En vista de la probada inadecuación del concepto de cultura para constituir una nueva forma de realidad, no puede asombrar que los autores en cuestión —en contra de sus afirmaciones expresas— no utilicen realmente el concepto de cultura para constituir el concepto de derecho (nº 5) o su validez (nº 6). Pero quizás sí pueda resultar algo sorprendente el que, tras todas estas teorías, lo que se esconda sea una posición iusnaturalista, en su más reciente disfraz (nº 7). Ésto es lo que nos proponemos mostrar en lo que sigue.

Vimos anteriormente que la invocación del método crítico lógico-trascendental por parte de Binder no puede considerarse excesivamente seria. Ello se hace también patente en su determinación del concepto de derecho. En este caso, su método estriba en hallar, en primer lugar, el *genus proximus* del concepto de derecho, a través de un análisis del concepto precientífico de derecho más corriente; a continuación, mediante una «reflexión» («*Besinnung*») acerca de objetos aislados que cualquiera diría que poseen un indudable carácter jurídico, trata de encontrar la *differentia specifica* del concepto de derecho, el auténtico «sentido» del derecho. Como pudimos apreciar anteriormente, este método descansa en una serie de malentendidos. Es un error creer que la definición nominal de un concepto pueda basarse en lo que el uso habitual del lenguaje entiende por la palabra que designa el concepto. El uso habitual del lenguaje resulta irrelevante para la elaboración de conceptos científicos: la definición nominal no es análisis del lenguaje, sino estipulación de la función científica del concepto. Igualmente, es un error creer que existan objetos aislados que *son* indudablemente fenómenos jurídicos, porque *nadie* —«ni juristas, ni legos»—[39] duda acerca de su carácter jurídico. Binder menciona, a modo de ejemplo, el Código Civil y el Código Penal[40]. Semejante suposición viene a ser la mayor de las burlas posibles hacia el método crítico que Binder invoca. Lo de menos es que, *de hecho*, el carácter jurídico de estos objetos haya sido frecuentemente puesto en duda,

38 Op. cit., p. 708.
39 Op. cit., p. 223, 226.
40 Op. cit., p. 226.

por ejemplo, por Bülow, Kornfeld, Georg Frenzel, Ehrlich, Duguit, Creut, Leroy y otros y, en mayor o menor medida, por todos los «naturalistas»[41]; lo decisivo es que el carácter jurídico de estos objetos es por principio cuestionable, mientras no se haya fundamentado críticamente en qué consiste. *Nosotros* atribuimos carácter jurídico a las leyes en aplicación de un método crítico y no por la vía de considerar de antemano indudable que la ley lo posea. Por último, asumir que los conceptos posean, en sí mismos, al margen de su sistema científico, un significado independiente, un sentido que cabe determinar por medio de una «reflexión» acerca de los fenómenos en cuestión, supone practicar una metafísica conceptual de corte acrítico. Semejante modo de actuar, más próximo a la meditación mística que a la fundamentación crítica, carece de toda garantía de objetividad.

Basándose en tal método, Binder define el concepto de derecho como un orden social coactivo que deriva su carácter específico, su sentido, de una relación con la idea del derecho (*Rechtsidee*)[42]. Que esta última sea el resultado de la «reflexión» del autor acerca de ciertos fenómenos indudablemente jurídicos, no puede maravillarnos, visto lo anterior. Y, en rigor, es algo que está fuera de toda discusión, habida cuenta del carácter subjetivo del método «de reflexión». Pero, en cambio, sí estamos en condiciones de criticar los diversos elementos y razonamientos objetivos a los que el autor recurre en apoyo de su «reflexión».

Binder comienza refiriéndose a tres grupos de hechos que podrían resultarnos jurídicamente significativos: «Normas para la conducta humana (...); conductas que sirven a la realización e implantación del orden jurídico; conductas que son juzgadas conforme a normas jurídicas»[43]. A continuacion, el autor señala, de forma correcta, que el auténtico problema del derecho se circunscribe al primero de estos tres grupos. Los otros dos, las conductas, poseen su propio «sentido» específico y adquieren relevancia jurídica sólo como consecuencia de su relación con las normas del primer grupo. «Así pues, podemos reducir el problema del derecho empírico esencialmente al *mundo normativo del derecho* (...)»[44]. Pero entonces resulta extraordinariamente sorprendente que el autor escoja cier-

41 Bülow, *Gesetz und Richteramt*. En la distinción de los sociólogos entre derecho, regla de derecho y proposición jurídica (vid. *supra* IX) hay implícita una negación de que la ley, como tal, sea derecho. Duguit, por ejemplo, niega el carácter jurídico de la ley francesa de 5 de abril de 1910, vid. *supra* III, Excursus; Cruet, *La vie du droit et l'impuissance des lois*, esp. 239 y s. (240, 241), 304, 335, 336; Leroy, *La loi*, 328.

42 Binder, *Philosophie des Rechts*, pp. 223, 224, 227, 235, 238.

43 Op. cit., p. 229.

44 Op. cit., p. 231.

tas *conductas* como ejemplos a partir de los cuales «reflexionar» acerca del auténtico significado del derecho. Con todo lujo de detalles nos describe: a) al verdugo que ejecuta una sentencia de muerte de conformidad con la ley, frente a b) el asesino que de noche da muerte al ciudadano que se halla dormido. E igualmente a a) la dama que promete el siguiente baile a un caballero, frente a b) el deudor que extiende un pagaré. Se pregunta a renglón seguido cómo es posible que unos tengan que responder por sus actos (casos b) mientras que los otros quedan sin sanción (casos a). Binder cree poder responder esta pregunta partiendo de la idea del derecho: la explicación estribaría en que la aplicación de la coacción *es razonable y tiene sentido* en los casos b), mientras que sería irrazonable y carente de sentido en los casos a). En relación a la dama que promete un baile, afirma: «La coacción del derecho sería, en este y en otros casos semejantes, intolerable, porque, pensándolo bien, ha de considerarse absurda»[45]. En relación al verdugo, el resultado se fundamenta en que la pena de muerte resulta completamente razonable. «La respuesta [a la pregunta sobre la justificación y necesidad de la pena de muerte] será siempre: la pena de muerte es necesaria, es justa porque la comunidad para la que rige la ley penal no puede prescindir de ella, si es que quiere perdurar, mientras que sin esta pena perecería»[46]. En concordancia con este razonamiento, Binder define el derecho como «todo aquello en lo que interviene la idea del derecho»[47]. El derecho obtiene su sentido de la idea del derecho. Para mayor ilustración, cabe añadir que «el sentido de un hecho empírico (...) consiste justamente en que, en su *existencia* y *modo de ser* (*Dasein und Sosein*), se adecúa a una idea, a una exigencia categórica de la razón»[48].

Si esta idea fuera realizable, entonces estaríamos realmente ante una constitución del concepto de derecho por medio de la idea del derecho. El autor opta por una «relación» claramente objetivo-material. Pero, como hemos demostrado antes, esta determinación del concepto es insostenible.

El origen del error está en que Binder, a pesar de circunscribir el auténtico problema jurídico «al mundo normativo del derecho», sin embargo posteriormente escoge ciertas conductas como fundamento de su «reflexión». Las conductas en cuestión pertenecen al grupo tercero, esto es, a las juzgadas conforme a las normas jurídicas. Su carácter jurídico reside exclusivamente —como el propio Binder señala de forma expresa— en su relación

45 Op. cit. p. 232.
46 Op. cit., p. 233.
47 Op. cit., p. 238.
48 Op. cit., p. 235.

con las normas jurídicas. Por esa razón, tales conductas nunca pueden entrar en relación directa con la idea, y, de hecho, la única respuesta posible a la pregunta de por qué el verdugo y la dama quedan libres es que eso es lo que se deduce de las reglas del derecho positivo. Así está establecido por el Código Civil o por cualquier otra ley; y si allí no constara, se seguiría de alguna otra manera del ordenamiento jurídico positivo (praxis). Si tampoco fuera éste el caso, entonces la cuestión aún no habría encontrado una solución expresa en el ordenamiento jurídico positivo. Se trataría de un problema de interpretación en relación con las disposiciones jurídicas sobre promesas y sobre homicidios. Pero querer solucionar semejantes cuestiones de interpretación a partir de la idea del derecho, a partir de consideraciones sobre lo «razonable», significa incurrir en una *suplantación de índole puramente iusnaturalista.* Lo cual resulta evidente si imaginamos que la cuestión hubiera encontrado una solución distinta en el Código Civil. En lo que respecta a los ejemplos aducidos, esto sería improbable en la práctica, pero no es difícil encontrar casos en los que es perfectamente imaginable una solución positiva en contradicción con lo «razonable». Así, Binder afirma en otro lugar que el reconocimiento de la esclavitud contradice la idea del derecho y que otro tanto sucede con la indisolubilidad del matrimonio, como también con su disolubilidad unilateral. Y, sin embargo, estos casos fueron y son en parte resueltos por los legisladores positivos en un sentido contradictorio con lo «razonable». *La idea del derecho,* por tanto, *no interviene en tales disposiciones.* El hecho de su existencia contradice lo que la idea demanda. ¿Acaso por esta razón no constituyen derecho positivo?

Como se mostró anteriormente, Binder no se atreve a extraer tal consecuencia. Intenta salvar su doctrina refugiándose en una relación de carácter meramente formal y subjetivo. Pero, como hemos visto, esta relación desemboca, en último término, en la nada. Lo único que queda del concepto de derecho es que el derecho es un orden social coactivo. Sin embargo, este dato se obtiene exclusivamente por medio de la inducción y abstracción a partir de la experiencia jurídica precientífica; es decir, el concepto de derecho continúa siendo empírico-inductivo. *En realidad, no estamos en modo alguno ante una constitución del concepto de derecho por medio de la idea del derecho.*

Lo que aquí se ha demostrado con respecto a Binder, rige también para la determinación del concepto de derecho por parte de Radbruch. Por razones de espacio, no podemos aquí detenernos en mostrarlo[49].

49 Sólo destacaremos que la definición material del derecho ([251] p. 42) como «regulación de la comunidad» no tiene ninguna conexión con la definición formal (p. 39) de que el derecho es un sustrato posible (*mögliches Substrat*) de la idea del derecho; pues la

6. La imposibilidad de constituir el concepto de derecho a través de su idea resulta particularmente evidente cuando los autores de esta corriente tratan de «fundamentar» la validez del derecho en la validez ideal de la idea del derecho. También en este caso, nos limitaremos a considerar las afirmaciones de Binder.

De forma concordante con su determinación fenomenológica del derecho (como algo fácticamente querido y pensado), Binder sostiene que la validez del derecho equivale a su realidad empírica[50]. Tal validez —entendida como hecho empírico— ha de distinguirse estrictamente de la validez ideal-trascendental que caracteriza a la idea del derecho. Con ello, Binder cree haberse desprendido de cualquier atisbo de iusnaturalismo, toda vez que el error de éste habría consistido precisamente en mezclar ambas clases de validez.

Sin embargo, parece que ello conduce al autor a un arduo dilema: o bien considera realmente la validez del derecho positivo como independiente de la idea del derecho, en cuyo caso cualquier discurso sobre la constitución del derecho por medio de su idea parece prescindible y carente de sentido, o bien sostiene dicha constitución, y entonces se ve obligado a establecer algún tipo de conexión entre ambas clases de validez, con lo que cae de nuevo en el iusnaturalismo. ¿Qué camino escogerá el autor? Después de lo anteriormente visto, no hay duda de que tendrá que ser el del iusnaturalismo. Y así se confirma, como veremos a continuación.

Después de haber definido el concepto de validez del modo mencionado, el autor se plantea otra cuestión: «La pregunta conceptual acerca de en qué consiste la validez del derecho es distinta de la pregunta por el *fundamento* de la validez del derecho, esto es, la pregunta por los elementos que

---

especificación de la idea del derecho (p. 42) se ha realizado sobre la base de una diferenciación entre los posibles sustratos. Por tanto, es exclusivamente este sustrato, y no la idea, lo que posee un carácter primario en la definición de derecho.

50 Binder, *Philosophie des Rechts*, pp. 749-750. Sin embargo, aquí se produce una modificación en la determinación de la realidad del derecho que resulta contradictoria. Anteriormente (p. 691, al respecto vid. *supra* p. 246), ésta residía en la condición del derecho como algo «pensado y querido». La concepción contrapuesta era para Binder la *sociológica*, según la cual el derecho real es definido como «la regla que realmente determina la vida social, en cuanto realidad conocida y ejercida» (693). Tal concepción es rechazada por Binder, afirmando que «la así llamada realidad sociológica del derecho es algo que pertenece sin duda a la realidad social, pero que no es en modo alguno realidad jurídica» (695). En el lugar aquí citado (750), se afirma, por el contrario, que la realidad del derecho «consiste en que es conocida y utilizada como algo capaz de *ser aplicado y de imponerse en la práctica*» —lo cual se me antoja completamente idéntico a la teoría sociológica que tan enérgicamente rechazaba (en p. 693-695). Hay una prueba adicional en la p. 256, donde se afirma simplemente que «la validez del derecho positivo consiste en que *puede ser impuesto* en la práctica.»

determinan que algo posea 'validez' como derecho»[51]. Ya de antemano, el significado de esta cuestión se antoja incomprensible. Binder ha definido la validez del derecho como una realidad empírica, esto es, como un *hecho* natural que consiste en la condición del derecho como algo «querido y pensado». ¿Qué significa entonces la pregunta por el *fundamento* de un *fenómeno natural*? Aparenta ser una expresión inexacta para referirse a las *causas* de ese hecho, a su adecuación a determinadas leyes causal-naturales, en relación con las cuales puede ser comprendido y determinado. La pregunta corresponde a la disciplina que hemos denominado sociología del derecho. A ello apunta también la explicación psicológica de Stammler, que Binder trata a continuación del planteamiento del problema.

No es éste, sin embargo, el problema al que quiere ir a parar Binder. Porque cabe también armonizar estos dos elementos dispares, el fundamento (que se refiere a una inferencia lógica) y el hecho (que se inserta en un contexto causal), por la vía de modificar este último. Hay buenas razones para suponer que ésta es la posición del autor, de modo concordante con el planteamiento tradicional. Lo que Binder trata de hallar es el fundamento epistemológico de la «fuerza éticamente vinculante» del derecho, esto es, el principio ético supraordenado del que cabe derivar la validez del derecho, esto es, su fuerza éticamente vinculante. Pero, tal y como hemos visto, desde este mismo momento la palabra «validez» cambia de significado. No alude ya a un hecho, a una realidad natural, sino que expresa una idealidad de carácter normativo. El autor presupone que el derecho posee tal carácter normativo[52] y pregunta por el principio que permite entender ese carácter. La impresión de que ésta es la verdadera posición de Binder se ve reforzada cuando señala que la solución se inserta en el campo de la *ética*[53]. Su respuesta reza así: «El solo fundamento de la validez del derecho es la razón»[54]. No entraremos aquí a valorar la respuesta en sí misma; nos limitaremos a subrayar que, conforme a este planteamiento, validez y

51 Binder, *Philosophie des Rechts*, p. 762.

52 El razonamiento de Binder al efecto de sostener la fuerza moralmente vinculante del derecho positivo se basa en el mismo sofisma que el argumento de Kornfeld, vid. *supra* IX, nota 6. Cuando Binder afirma (por ejemplo, en las pp. 767-768) que el individuo no puede afirmar su propia personalidad moral sin hacer otro tanto con la sociedad que garantiza esa personalidad, en realidad lo único que, a lo sumo, puede deducirse de ello, es que el individuo tendrá que aprobar *algún tipo* de sociedad y *algún tipo* de ordenamiento jurídico, pero no precisamente el ordenamiento jurídico *vigente*, con independencia de cuál sea su contenido.

53 Binder, *Philosophie des Rechts*, p. 767.

54 Op. cit., p. 768. El propio planteamiento del problema que lleva a preguntarse por el *fundamento* de la validez del derecho muestra que esta doctrina es expresión de un positivismo ingenuo, que presupone ya la propia existencia del derecho, vid. *supra cap.* VIII, 6 a.

validez son dos cosas distintas. Anteriormente, la palabra se empleaba en el sentido de la facticidad del derecho, de su realidad natural; ahora, en cambio, designa su fuerza éticamente vinculante. Y, de hecho, carecería de todo sentido declarar a la «razón» (a modo, pues, de principio ético) como fundamento de un hecho natural.

Sin embargo, esto es precisamente lo que hace Binder. Tras haber utilizado en los primeros dos apartados la palabra validez en los dos sentidos diferentes mencionados, en el tercer apartado los reúne en uno y afirma ¡que la validez ideal de la idea del derecho es el fundamento de la validez empírica del derecho! «[El derecho] no posee *validez* porque los hombres que viven en comunidad así lo quieran, y el individuo lo consienta, sino que es válido en virtud de su relación con la idea del derecho; aunque ciertamente es un querer, ese querer precisa de un fundamento: tal querer posee validez para nosotros, como seres racionales no podemos sino consentirlo y aprobarlo, como de hecho hacemos, porque lo reconocemos como expresión de la misma razón que es también nuestro propio principio, porque, en forma de idea del derecho, es una exigencia de la razón»[55]. De tan osada manera, se vuelve a rescatar la constitución del derecho a través de su idea: la validez del derecho depende de la razón, de la idea. Ahora bien, si no nos dejamos deslumbrar por la hábil pero falsa dialéctica, basada en la mencionada ambigüedad de la palabra «validez», percibiremos enseguida con meridiana claridad el completo sinsentido que supone declarar que una norma trascendental es el fundamento de un hecho natural. Es sorprendente el grado de jesuitismo intelectual que puede llegar a desarrollarse (ciertamente, de buena fe) en un sistema filosófico al que la buena intención termina por arrastrar al «idealismo» y la «metafísica».

Por lo demás, surgen por supuesto las mismas dificultades a las que antes nos hemos referido. ¿Y si el derecho positivo, como hecho, contiene disposiciones que contradicen a la idea? En tal caso, ¿el fundamento de la validez del derecho es igualmente la idea?

Podemos así constatar que, a partir del mencionado planteamiento del problema, Binder tampoco logra constituir el derecho (su validez) a través de la idea del derecho[56]. También en este caso, la teoría se ha revelado como un supuesto de iusnaturalismo disfrazado.

55 Op. cit., pp. 769-770.

56 Lo mismo puede decirse de la doctrina de Radbruch sobre la validez del Derecho. El autor distingue entre tres clases de validez: la jurídica, la sociológica y la filosófica [251], 159 y ss. Sólo ésta última, como expresión de la corrección ética del derecho, está relacionada con la idea del derecho. Las otras dos no están en conexión con ella. Por lo demás, la doctrina de la validez de Radbruch es expresión de un positivismo ingenuo, que presupone

7. Finalmente, mostraremos la forma en que verdaderamente se usa la idea del derecho en los mencionados sistemas, tomando la concepción de Binder como prototipo de todos ellos. Como se sigue de lo anterior, la doctrina de Binder sobre el derecho, que lo considera a la vez ser y deber ser (un ser referido a un deber ser) está dominada por una permanente inseguridad. La imposibilidad de unir estos dos elementos dispares hace que predomine ora el uno, ora el otro. Sin embargo, si interpretamos la doctrina de Binder de un determinado modo, se revela que la aparente arbitrariedad no es tal. Podemos determinar así el significado profundo de las teorías del derecho como realidad y norma, como relación entre ser y deber ser. En esencia, estas teorías no deben entenderse en el sentido de querer constituir un concepto homogéneo de derecho por medio de algún tipo de síntesis o de coordinación enter ser y deber ser. La imposibilidad interna de la que adolecen (pese a haber pasado desapercibida) confiere a estas teorías un distinto cariz. *En realidad, no son sino la reformulación de una concepción muy extendida, conforme a la cual el ámbito de lo jurídico se descompone en dos partes diferentes: una positiva y otra ideal-iusnaturalista.* La concepción del derecho como *ser*, como hecho natural, ha sido elaborada pensando en la ley, y es la que se utiliza cuando se habla de esta parte del derecho positivo. La concepción del derecho *que tiene relación con un deber ser, el constituido por medio de una idea,* se refiere al derecho extra-legal, «libre», cuya positividad es menos evidente que la de la ley, y es la que se utiliza al tratar la interpretación. Anteriormente, y en particular al referirnos a Gény, hemos tenido ya oportunidad de criticar este dualismo dentro del concepto de derecho. Por un lado, en lo que al concepto de ley se refiere, esta doctrina constituye una continuación del positivismo ingenuo: la ley es una evidencia no problemática. Por el otro lado, es puro iusnaturalismo: el derecho extralegal se determina partiendo de la idea del derecho. En comparación con el iusnaturalismo abiertamente sostenido, esta formulación se asemeja a una retirada y un atrincheramiento. Se renuncia a la ley, cuya positividad es demasiado evidente; a lo sumo se busca dotarla —de manera tal vez sólo complementaria— de una validez ideal. Pero por otro lado, los postulados iusnaturalistas, políticos, se atrincheran con tanta mayor firmeza en la interpretación. Conforme a este planteamiento, la tarea de la ciencia del derecho es, pues, doble: consiste en parte en conocer la ley y en parte en

---

ya la existencia del derecho y sólo se interroga acerca de cómo puede fundamentarse (jurídica y éticamente) o explicarse (causalmente) tal existencia. Ello se desprende, ya de por sí, de que el autor plantee aún el problema preguntándose por el *fundamento* de la validez del derecho. Vid. *supra* VIII, 6 a.

conformarla, en interpretarla —en un sentido idealista—, desarrollando así una actividad creadora de derecho.

Esta es, sin duda, la concepción que sostiene Binder.

Las leyes —el BGB, el Código penal, etc.— son para él los hechos «respecto de los cuales ni juristas ni legos dudan de que sean realmente objetos y casos jurídicos»[57]. El autor no es consciente en absoluto de la problematicidad de la ley. La ley existe (está ahí) y es derecho, y de hecho su definición de la ley (el derecho) como voluntad fáctica del pueblo[58] es una muestra de positivismo ingenuo. Como ya señalamos al hablar de las «teorías de la voluntad», tal definición es claramente circular. Pues la «voluntad del pueblo», la «voluntad de la sociedad», sólo aparece como creadora de derecho en cuanto voluntad del Estado, esto es, en virtud de determinadas normas que establecen la forma que ha de adoptar la voluntad del Estado para llegar a existir como tal. Pero tales normas no pueden ser sino jurídicas, con lo cual la circularidad del razonamiento resulta evidente.

Binder contrapone a la ley positiva otra parte del derecho, que se determina de un modo completamente distinto. Cuando —como en los ejemplos del verdugo y la dama— pretende deducir la solución jurídica de consideraciones sobre lo «razonable» y cosas semejantes, el concepto de derecho que subyace a tales razonamientos no se adecúa al que acabamos de ver. ¿Dónde está aquí la voluntad del pueblo? No encontramos sino una «razón» supraempírica. Las observaciones de Binder, al hilo de los ejemplos citados, son sencillamente interpretaciones iusnaturalistas, postulados de derecho natural «*post legem*».

El enfoque iusnaturalista es particularmente evidente en la forma en que Binder determina la naturaleza y finalidad de la ciencia jurídica. El derecho posee una dimensión perteneciente al ámbito del ser, y la ciencia jurídica es por tanto una ciencia que se ocupa del ser, o de ciertos hechos. Ahora bien, como esta forma de ser consiste en un determinado significado, la ciencia del derecho no puede considerarse perteneciente ni a la física ni a la psicología, sino que habrá de incluirse en un tercer grupo de ciencias de la realidad, «a las que podríamos llamar ciencias interpretativas, en cuanto que se ocupan de lo que posee sentido y significado»[59]. Por otra parte, la ciencia jurídica opera «con el material de las proposiciones jurídicas y es, por tanto, una ciencia normativa»[60]. Es más, la ciencia del de-

57 Binder, *Philosophie des Rechts*, p. 223.
58 Op. cit., pp. 695, 698.
59 Op. cit., p. 887.
60 Op. cit., p. 889.

recho «puede tal vez concebirse también como ciencia práctica, en la medida en que las propias normas están pensadas para la praxis, y la ciencia del derecho, al intentar objetivar el contenido normativo de las proposiciones jurídicas, desempeña al mismo tiempo la función de garantizar su correcta aplicación»[61]. Al convertir así a la interpretación, a la *correcta* aplicación del derecho, en el objeto de la ciencia jurídica, Binder aterriza plenamente en el iusnaturalismo. La *correcta* aplicación del derecho es un concepto de índole ético-iusnaturalista, y nada tiene que ver con la «aplicación» positiva del derecho.

Esta tesis se ve reforzada por la definición que Binder hace del método de la ciencia jurídica, como teleológico e ideológico; características que se predican, ante todo, de la construcción de los conceptos jurídicos. Cuando un concepto jurídicamente relevante (como por ejemplo, el de «error»), filológicamente interpretado, posee varias acepciones, entonces para los juristas todo depende de «lo que haya pensado el *legislador*, lo que deba inferirse razonablemente en el contexto de una reflexión acerca de los propósitos de éste y en conexión con la idea del derecho»[62]. Aquí se muestra claramente el carácter idealizante que tiene en Binder el conocimiento de la realidad. El autor yuxtapone «lo que el legislador ha pensado al respecto» y «lo que, en conexión con la idea del derecho, debe inferirse razonablemente». Pasa así por alto que está utilizando dos principios de interpretación diferentes. El primero (al margen de su formulación positivista) apunta hacia lo que el ordenamiento jurídico positivo (el legislador) «quiere» de hecho; el segundo, por el contrario, hacia lo que se corresponda con la idea. No tenemos garantía alguna de que el legislador, de hecho, quiera lo «razonable»; esto no es sino un postulado ético-político. Cualquier interpretación que no sea la positiva, la dotada de autoridad (para crear derecho), constituye una anticipación mental de ésta, una actividad anticipada, un postulado político para la futura configuración del derecho. En general, una idea (como idea práctica) y un *telos* (como determinación de un fin) no pueden ser principio de un *conocimiento,* sino sólo de una conducta. El objeto de conocimiento únicamente puede estribar en cómo tiene que realizarse esa conducta si ha de ser respetuosa con la idea. Esta formulación muestra que la interpretación de hecho, positiva, también puede optar por soluciones distintas. Desde el momento en que Binder oculta este hecho, al hacer pasar la actividad anticipadora (la interpretación) por ciencia, está haciendo pasar un determinado ideal por realidad, y con ello incurre en iusnaturalismo.

---

61 Op. cit., p. 889.
62 Id.

Lo que aquí se ha dicho en lo referente a la construcción de conceptos, puede afirmarse igualmente de la interpretación en sentido propio. «También la interpretación ha de tener lugar bajo puntos de vista teleológicos e ideales»[63]. De ahí que el autor pueda concluir que la tarea de la ciencia del derecho consiste en «modelar el contenido del derecho empíricamente dado, siendo esto una actividad productiva»[64]. Binder desemboca así en el concepto, totalmente absurdo, de ciencia productiva. La producción es actividad; la ciencia es conocimiento (actividad de conocimiento) y no (cualquier otra) actividad. El concepto encierra una *contradictio in adjecto.* Modelar el derecho —una actividad— es hacer política, no ciencia.

En definitiva, su constitución del derecho como ser-cultural, como realidad relacionada con la idea, se revela como un disfraz de amplios vuelos para encubrir una teoría iusnaturalista[65].

8. Resumiendo entonces la crítica de la teoría del derecho como ser-cultural hasta ahora realizada, consideramos que dicha teoría debe rechazarse, por razones tanto lógico-formales como lógico-trascendentales.

Desde un punto de vista lógico-formal, hemos de dar la razón a Kelsen en que, una vez asumida la distinción radical entre ser y deber ser, entre realidad y valor, ya no es posible unirlos en *un mismo* concepto. Se trata de categorías formales pertenecientes a un mismo nivel y no existe comunicación alguna entre ellas. Por ello, los conceptos de cultura, imperativo,

63 Op. cit., p. 911.

64 Op. cit., p. 921.

65 El iusnaturalismo es especialmente visible en Radbruch. También para él, la verdadera tarea de la ciencia jurídica es la interpretación teleológica e ideológica [251] 190 y ss. El que, a pesar de la variabilidad de la ley, la continuidad de esta ciencia puede ser preservada, se debe, según este autor, a que «la ley está determinada por la ciencia jurídica como poco en la misma medida en que la ley determina a la ciencia jurídica, por lo que la reforma legislativa no supone una ruptura, sino una continuación de la ciencia jurídica existente. La ley misma es, en buena parte, producto de la ciencia jurídica, y en esta medida la ciencia jurídica es, pues, idéntica a su objeto» (204). ¡Una ciencia que es idéntica a su objeto; una ciencia que produce sus objetos, no en sentido lógico-trascendental, sino en sentido real! Esto parece bastante absurdo.

La ciencia jurídica ha sido fundamentada así como actividad creadora de derecho, cercana a la legislación, como una actividad que, por así decirlo, empieza donde termina la legislación: la ciencia del derecho se ocupa del «acabado» de ese producto semielaborado que es la ley. A partir de aquí, sólo queda ya un pequeño paso para identificar ciencia jurídica con política jurídica, y el autor, en efecto, lo da: «pero quizás se podría concebir también como una ciencia normativa, cuyo objeto es el derecho justo (*richtiges Recht*), pero cuya aprehensión de este objeto está empíricamente vinculada, lo que la priva de la incondicionalidad propia de la ciencia» (206-207). La escisión en positivismo y iusnaturalismo no puede expresarse con mayor claridad: la ley es positiva, la interpretación es ideal. La ciencia jurídica es interpretación idealizante.

«significado» y otros con cuya ayuda se intenta unir ambas categorías, están condenados al fracaso. Todos ellos se basan en la suposición errónea de que el deber ser está «contenido» en el ser, de que el significado lógico de un acto psiquíco está «contenido» en el acto. Con la palabra «contenido» pretende indicarse que lo «contenido» participa del ser-natural del «continente». Lo que, naturalmente, es falso.

La incorreción de estas teorías desde el punto de vista lógico-trascendental se debe a que, al referir el derecho a su idea, todas ellas orientan la ciencia jurídica hacia la interpretación doctrinal. Al margen del valor que quepa atribuir a sus respectivas contribuciones, todos los autores mencionados —Lask, Radbruch, Binder, Salomon— tienen en común que fundamentan una teoría de la *política* jurídica y no una teoría de la ciencia positiva, centrada en conocer el derecho. Pasan por alto el problema del derecho positivo como tal. Resulta significativo que todos ellos traten la definición del derecho positivo de un modo relativamente superficial y no trasciendan, en este aspecto, la tradicional formulación positivista: el derecho es la voluntad del pueblo. Antes bien, de lo que se ocupan es de la teoría de la política. Y, al mezclarla —en diversos grados: el que menos lo hace es Max Salomon, y el que más, Binder— con la teoría del derecho positivo, el resultado presenta rasgos iusnaturalistas. Pese al énfasis que ponen en el carácter real del derecho, estas teorías no están en condiciones de resolver el problema de su positividad. Su posición ante este problema es, en realidad, la siguiente: respecto de una gran parte del derecho, la constituida por la ley, dan ingenuamente por supuesta su positividad, como algo no problemático; con respecto a la otra parte, en cambio, el derecho extralegal, omiten completamente su carácter positivo y lo determinan de forma iusnaturalista. Con ello, las teorías del ser-cultural adquieren los rasgos peculiares del derecho libre, entendiendo esta expresión en su sentido más amplio, como referida al dualismo dentro del concepto de derecho que caracteriza a esta corriente (Gény). Mientras no se haya entendido el problema de la positividad del derecho, cualquier teoría del derecho tendrá que oscilar entre los dos extremos del positivismo ingenuo y el idealismo iusnaturalista o escindindirse eventualmente en estas dos mitades.

9. En contraposición a estas teorías de orientación político-iusnaturalista, Kelsen ha postulado con inagotable energía la positividad del derecho. No hay nadie que haya puesto mayor empeño en dar expresión a esta positividad. La enorme trascendencia de esta postulación del carácter positivo de todo derecho reside en sus consecuencias metodológicas: la eliminación de todo punto de vista político o sociológico de un método puro, normativo, jurídico. Esto es lo principal. La hazaña científica de Kelsen no estriba en su fundamentación filosófico-teórica de la positividad del

derecho, que —por su propia naturaleza— siempre podrá ser discutible, sino en haber desvelado minuciosamente y sin compasión los rasgos criptopolíticos de la teoría dominante del Estado en su conjunto, y en haber depurado metodológicamente una serie de «problemas fundamentales»; se trata de la encendida e indignada protesta de la conciencia puramente científica contra cualquier encubrimiento de la verdad por motivos políticos. Kelsen ha calado hasta el fondo la teoría del Estado del Imperio Alemán; ahora, ésta se halla científicamente comprometida, prostituida como está por su trato íntimo y frívolo con la política.

Esta depuración metodológica es lo decisivo. Frente a ello, la cuestión de si cabe admitir su propuesta filosófico-teórica de fundamentación de la positividad del derecho, o se piensa, por el contrario, que habrán de ser investigaciones posteriores las que se encarguen de continuar desarrollando la teoría de la positividad, resulta de una importancia menor. Declarándome así de acuerdo con Kelsen en lo esencial y reconociendo mi profunda deuda con él en el aspecto metodológico, debo, no obstante, realizar algunas observaciones críticas respecto del concreto desarrollo que ha dado a su teoría de la positividad.

Tal y como se señaló anteriormente, en el apartado primero, para Kelsen la validez de una norma sólo puede fundamentarse en otra norma. «La pregunta por el porqué de un concreto deber ser sólo puede remitir, en términos lógicos, a otro deber ser (...)»[66]. De aquí se sigue que la secuencia de preguntas en algún momento tiene que concluirse de forma arbitraria. Kelsen, para poder empezar o terminar en alguna parte, tiene que presuponer siquiera sea una única norma, la norma originaria de la que derivan su validez todas las demás. Todo lo demás está «puesto» en relación con la norma fundamental, sólo ella está presupuesta. Esta norma fundamental no se fundamenta en un sistema normativo de otra índole, como por ejemplo el moral. Porque, para Kelsen, la positividad del derecho consiste precisamente en el hecho de regirse soberanamente por su propias leyes, en su fundamental especificidad frente a cualquier otro sistema normativo. De manera estrictamente coherente con la distinción categorial entre ser y deber ser, Kelsen combate cualquier intento, tanto de fundamentar el deber ser en el ser, como de determinar el sustrato del deber ser como un ser. Lo primero hemos tenido ya oportunidad de observarlo con anterioridad, en el apartado 1; lo segundo se desprende de la discusión del concepto de cultura de Binder, en el apartado 3. Allí nos referimos a la adhesión de Kelsen a la crítica de Rickert, según la cual la pretendida sín-

66 *Hauptprobleme*, p. 8.

tesis consistente en una realidad valiosa (o en un valor real) es imposible. En esta medida, hemos de afirmar que, haciendo gala de una agudeza y coherencia muy superiores a las de sus adversarios, Kelsen ha extraído las consecuencias de su común punto de partida: la diferencia categorial entre ser y deber ser. Ha cortado despiadadamente cualquier vínculo entre la norma fundamental y la tierra firme, rompiendo toda conexión del reino normativo del derecho tanto con otros ámbitos normativos como con el reino de la realidad natural. Como norma fundamental, en el más estricto sentido de la palabra, queda lo absolutamente primario, la norma originaria. Ahora bien, precisamente por ello, parece que ha de resultar imposible aprehender la positividad del derecho, su validez *aquí y ahora,* en la medida en que se halla en algún tipo de relación con este mundo del ser.

Kelsen no pretende en modo alguno explicar *qué* significa que una norma poseae validez. Dice solamente que *si* queremos fundar la validez de una norma, eso sólo puede llevarse a cabo reconduciendo su validez a otra validez. Pero en cambio, nada nos dice acerca de cuál es el significado de esta primera validez presupuesta. Para Kelsen no significa nada; nada excepto que, una vez presupuesta esta «validez», constituye el fundamento para la «validez» de las normas derivadas de la norma fundamental. Este concepto es, pues, siempre hipotético: que una norma tenga validez sólo puede querer decir que tiene esta cualidad *cuando* otra norma también la posee. El concepto expresa, pues, una conexión intrasistemática entre dos normas, siempre relativa a la superior. La afirmación «la norma N es válida» tiene que considerarse carente de sentido si se entiende de forma absoluta. Habría que reformularla en los siguientes términos: La norma N1 es válida en relación a la norma N0, esto es, N1 puede derivarse lógicamente de N0, y nada más. He aquí el error de partida que subyace al planteamiento kelseniano del problema: influido seguramente por el continuismo histórico, Kelsen adopta el planteamiento habitual del problema, que le lleva a interrogarse acerca del *fundamento* de la validez del derecho y no acerca de *qué significa y cómo puede conocerse que el derecho es válido.*

Sobre esta base, parece imposible que se pueda establecer alguna relación entre la validez del derecho y las circunstancias empíricamente dadas; parece imposible que se pueda derivar de ahí la validez de un determinado derecho *aquí y ahora.* Por ello, se me escapa con qué derecho afirma Kelsen, desde sus propios presupuestos, que «sería simplemente absurdo pretender acudir, para comprender hoy la naturaleza del Estado ruso, a la norma originaria que, con anterioridad a la *Revolución,* cualquiera que persiguiera ese mismo fin epistémico había de tener en cuenta: la que establece que la suprema autoridad es el Zar absoluto. Y la única razón por la que esto sería absurdo es que el ordenamiento así identificado no ofrecería posibilidad alguna de interpretar el comportamiento de hecho de los rusos como razonable, esto es, como de algún modo ajustado a normas»[67]. Esta afirmación de Kelsen parece difícil de entender, toda vez que el sistema jurídico consiste en su propia interconexión lógica (validez), al margen de toda relación con la realidad. No se comprende por qué habría de ser absurdo que el ámbito normativo presentara un contenido diferente en su mayor parte del contenido del correspondiente ámbito del ser. La validez jurídica supone exclusivamente que N1 se hace derivar de N0, y esto es independiente de cualquier realidad. Más rotunda aún resulta la afirmación de Kelsen cuando califica como «un hecho incontestable» «que, con la revolución triunfante, la ideología del Estado cambia de hecho: que desde ahora, en lo que respecta a las cuestiones jurídicas, se parte de una nueva norma fundamental, diferente de la anterior, en la que los factores que de hecho han conseguido el poder a través de la Revolución son instituidos como supremas autoridades jurídicas (estatales). *El poder se ha convertido en derecho*»[68]. Lo que puede cambiarse por medio de una revolución es, exclusivamente, una ideología estatal fácticamente existente, pero la misma norma fundamental —como norma arbitrariamente presupuesta— no puede verse afectada por un hecho. En este mismo sentido, cuando se dice que «se» parte de otra norma fundamental, ello significa únicamente un cambio fáctico en la ideología, pero no una alteración de la propia norma fundamental. Mientras esta norma fundamental siga proporcionando la base para los razonamientos jurídicos, permanecerá también invariable el estado jurídico de cosas.

Ciertamente, Kelsen intenta justificar la postulada relación entre la norma fundamental y el mundo del ser afirmando que la elección de la norma fundamental habrá de ser necesariamente arbitraria desde un punto de vista estrictamente jurídico, pero que no por ello ha de serlo desde otro punto de vista[69]. Existe una norma —por más que no tenga carácter jurídico— que exige «presuponer únicamente como derecho válido un orden eficaz»[70], de lo que se desprende una cierta conexión funcional entre la esfera de la validez del derecho y la esfera de los hechos empíricos. Kelsen cree poder justificar esta norma reconduciéndola a un principio más general y elevado, a saber, a un «principio de economía epistémica que se hace extensivo al ámbito del conocimiento normativo, al de la *valora-*

67 *Soziologischer und juristischer Staatsbegriff*, p. 95.
68 Op. cit., p. 98.
69 *Problem der Souveränität*, pp. 97-98.
70 Op. cit, p. 98.

ción»[71]. Pero, puesto que este principio de Mach es en sí mismo muy dudoso y como además su concreta aplicación al presente problema ha sido ya criticada por Verdroß, en un modo que suscribo plenamente, este punto no será desarrollado con mayor detalle[72-73].

71 Op. cit., pp. 98-99.

72 Cfr. Verdroβ, *Einheit*, pp. 79 y ss.

73 La dificultad que el punto de vista de Kelsen comporta para la comprensión de la positividad de las normas, vale igual para las normas morales que para las jurídicas. Sin embargo, Kelsen establece una injustificada diferenciación entre ambas posibilidades. Kelsen supone que en el ámbito de la moral —debido a su carácter autónomo— siempre y sin excepción todo «yo debo» va conectado y coincide en su contenido con un «yo quiero» cualificado (*Hauptprobleme,* 11). A pesar de que también en estos casos resulta posible distinguir, *desde la perspectiva lógico-formal*, entre el punto de vista normativo (el deber ser moral) y el punto de vista de la realidad (la voluntad cualificada), la coincidencia en su contenido real tiene consecuencias para la práctica: «Desde el punto de vista de la concepción autónomo-subjetiva antes descrita, quizás en la práctica carezca de sentido mantener la contraposición formal entre ser y deber ser en las leyes morales con el rigor con que Kant y Fichte la han formulado» (op. cit., 25).

Sin embargo, su punto de partida, esto es, la necesaria identidad de contenido de norma moral y voluntad fáctica, parece inconcebible desde los propios presupuestos de Kelsen. Rige para la moral —con la misma necesidad que para el derecho— que no cabe ningún conocimiento de la norma moral que no tenga su fundamento en una norma moral originaria (*moralische Ursprungsnorm*). De forma completamente análoga a la jurídica, esta norma originaria habrá de ser arbitraria desde el punto de vista moral y radicalmente independiente de todo ser. Por ello, resulta incomprensible que, de antemano, tenga que concordar con ciertos elementos fácticos contenidos en la voluntad. La afirmación del carácter *autónomo* de la moral oculta, evidentemente, un problema del mismo alcance y dificultad que el de la positividad del derecho. Ésto es lo que Kelsen pasa por alto. Y se debe a que, desde el punto de vista lógico-normativo, la separación entre normas autónomas y heterónomas resulta insostenible. También dentro de una moral autónoma tiene que existir una diferencia entre «el querer» que dicta la norma y el determinado por ella. De otro modo, sencillamente, el deber ser se identificaría con cualquier querer y la inadecuación a la norma resultaría imposible. En términos lógico-normativos, por «voluntad normadora» no puede entenderse sino el conjunto de las condiciones de constitución de una norma. Y este conjunto ha de ser distinto de la «voluntad» determinada por dicha norma: esto es, del conjunto de las condiciones de constitución de la conducta normada. Por ello, desde el punto de vista lógico-normativo, también en el caso de la moral son distintos el «sujeto» que establece las normas y el sometido a ellas. Que ambos se inserten dentro de la misma unidad psicológica es irrelevante. El concepto de «norma autónoma» supone —fuera del punto de vista psicológico— una *contradictio in adjecto*.

De aquí se sigue que no hay razón alguna para tratar de forma diferente la cuestión de la relación entre norma y realidad en uno y otro caso. En ambos, se da un complejo real de voluntad (*realer Willenskomplex*), coordinado con uno normativo: una voluntad individual, o un fenómeno colectivo análogo. No hay, de entrada, razón alguna para conectar en mayor grado las normas morales con la realidad individual que las jurídicas con la social. Porque tal conexión resulta igualmente imposible en ambos casos, a causa

10. Al rechazar la teoría de la positividad de Kelsen[74], parece que nos hemos colocado en una situación bastante embarazosa. En el debate entre las concepciones normativista y no normativista del derecho, hubimos de

---

de la radical diferencia entre ser y deber ser. Una aplicación consecuente del punto de vista de Kelsen exige, por tanto, que se plantee también el problema de la positividad respecto de la moral.

74 Nuestra crítica de la determinación de la positividad que hace Kelsen se ve reforzada por el hecho de que no sólo fue atacada por los adversarios de la Jurisprudencia normativista, sino que también fue sometida a una profunda crítica por pensadores cercanos a la misma. Quizás Merkl sea el único que sigue fielmente a Kelsen en este punto.

Verdroβ ha visto claramente que la determinación de la positividad de Kelsen significa un «salto a lo social», esto es, a lo meta-jurídico. (Verdroβ, *Einheit*, 82). Al respecto, afirma que «antes bien, la positividad del derecho se determina de modo inmanente, sin abandonar el campo del derecho» (op. cit., 82). Esta determinación inmanente resulta posible cuando sabemos qué es derecho. «Pues entonces sabemos, como antes se expuso, que el derecho es un orden que se va desplegando, de forma escalonada, a través de una serie de actos de órganos (*Organakte*), lo cual, al mismo tiempo, muestra su carácter de orden espacio-temporal. Y ello porque el desarrollo escalonado sólo puede darse en un determinado tiempo y espacio. Una vez aceptado esto, se comprende inmediatamente qué orden jurídico es el positivo. Es aquél que se realiza actualmente a través de los actos de los órganos» (op. cit., 80).

Al respecto, debemos observar que, si no se presupone algún tipo de conexión entre el deber ser y el ser, entre el derecho y la sociedad, ha de resultar imposible reconocer determinados actos como actos de órganos, y un determinado sistema como positivo. Si se es realmente consecuente en no tomar en consideración la observancia social, entonces *cualquier* sistema normativo escalonado, derivado de una norma fundamental arbitraria, se realizará actualmente a través de actos de órganos. Si se dan los requisitos de constitución, los actos de tales órganos se realizan —y ello con total independencia de si el contenido del sistema tiene sentido como esquema de interpretación de las conductas humanas y concuerda de algún modo con lo fáctico, puesto que el punto de vista inmanente se caracteriza precisamente por prescindir de este dato. Por ello, Kelsen está en lo cierto cuando observa que sería iluso pensar, a la vista de la concreción escalonada del derecho, que el problema de la positividad tiene un carácter totalmente inmanente. «Antes bien, el problema de la relación entre el sistema del derecho, como norma, y el sistema de la realidad —que corresponde a la norma— entendido como la realidad de la naturaleza, se repite en cada uno de los escalones del orden jurídico» (*Allgemeine Staatslehre*, p. 250).

Schreier intenta determinar el derecho positivo partiendo del «conocimiento de los hechos», de la «experiencia» (Schreier, *Grundbegriffe und Grundformen des Rechts*, p. 178). Las normas jurídicas mismas son irreales, atemporales. Su relación con lo real puede establecerse mostrando que son encarnaciones, portadoras de esa entidad irreal». Esto puede ocurrir de dos modos: «o bien (...) la norma jurídica recibe observancia, o bien la entidad irreal se subjetiviza en su forma pensada; el contenido del fallo es expresado por el acto de la sentencia, la norma jurídica es dictada» (op. cit., 178-179). Por eso, afirma Schreier, la reconducción de la validez de una determinada norma a otra superior, de la que aquella se concibe como derivada, tiene que culminar necesariamente en el «establecimiento» ('*Setzung*') de la norma, bien sea a través de la costumbre (observancia efectiva), bien a través de una 'autoridad' que otorga validez a la proposición en cuestión» (op. cit., 179).

dar primeramente la razón a Kelsen en su crítica de la concepción del derecho como un ser (natural o cultural). Y ahora nos vemos obligados a abandonar también la doctrina del derecho como un puro deber ser. El derecho como puro ser (las teorías sociológicas), el derecho como puro deber ser (la

---

De este modo, Schreier puede concluir: «El Estado es, pues, el conjunto de normas jurídicas cuya validez (positividad) se basa en el hecho básico común a todas ellas de haber sido objeto de establecimiento» (op. cit., p. 180). Tales consideraciones, como también las de Verdroß, suponen un intento de trascender la determinación kelseniana de la positividad en términos de pura lógica formal de las normas (*rein formalnormlogische Bestimmung der Positivität*). Sin embargo, no parece que se gane mucho sustituyendo el término de «norma» por el de «hecho básico». Porque el hecho solamente es tal en relación a una norma; y, por tanto, vuelve a plantearse la pregunta de a *qué* hechos cabe atribuir autoridad (cfr. el pasaje citado, p. 179), *qué* hechos resultan básicos (cfr. el pasaje citado, p. 180). La formulación de Schreier, lejos de suponer una verdadera solución del problema de la positividad, es simplemente expresión de su afán por destacar la relación del derecho con la realidad.

Un desarrollo consecuente de la lógica de sistema de Kelsen —que, precisamente por serlo, hace que los errores se manifiesten en forma casi caricaturesca— lo encontramos en la doctrina de Merkl de la vigencia (*Rechtskraft*). La idea básica de Merkl estriba, en primer lugar, en que la cuestión acerca de la mutabilidad de una norma jurídica no es de naturaleza lógico-normativa, y, en segundo lugar, en que esta cuestión no es solucionable por mera referencia a lo deseable en términos de política jurídica, como hace la doctrina dominante, al igual que no cabe resolver por esta vía ningún otro problema jurídico-positivo. Por ello, Merkl afirma que la norma jurídica es básicamente inmutable y que el principio de la *lex posterior* sólo rige en la medida en que encuentra un expreso respaldo jurídico-positivo. Lo mismo vale para el principio de la «previsión del error» («*Fehlerkalkül*»), conforme al cual, en ciertos casos, se otorga vigencia a un derecho aparentemente surgido de forma contraria a lo dispuesto por el propio ordenamiento. Merkl dice literalmente: «La disposición derogatoria (y lo propio puede afirmarse de la previsión del error) ha de encontrar expresión a través de *los mismos medios lógico-gramaticales* que se aplican para el restante *contenido de las normas*» (*Die Lehre von der Rechtskraft*, p. 259). Se dirige contra los intentos de considerar implícita una norma sobre la modificación del derecho en otras disposiciones, como, por ejemplo, en las normas que establecen los modos de producción normativa. «Frente a esta fantasía de una disposición derogatoria implícita, debe exigirse que su formulación sea expresa» (op. cit., p. 260). Tal reivindicación es tan consecuente como franca: la mutabilidad del derecho positivo, como también la vigencia del derecho extrasistemático, exige un *expreso* respaldo jurídico-positivo. Es fácil imaginar las consecuencias que ello tendría para un orden jurídico que, como el inglés o el danés, no incluye ninguna, o prácticamente ninguna disposición de este tipo. Si, en el caso del derecho danés, se asume que nuestra norma básica fue establecida por la Constitución de 1849 y la situación jurídica existente en aquel entonces, el resultado sería que la amplia mayoría de las leyes posteriores, al igual que de las sentencias, no estarían en vigor, por falta de un respaldo jurídico-positivo expreso. Un resultado que quizás no asuste a Merkl, quien afirma que es derecho lo que la ciencia del derecho reconoce como tal, con independencia de la práctica (op. cit., p. 260). Pero bien puede decirse que, con ello, la ciencia jurídica se habría reducido a sí misma *ad absurdum et ridiculum*. Sin embargo, resulta también evidente que Merkl parte de un presupuesto arbitrario y falso, a saber: que derecho positivo significa derecho *expresamente* formulado. Como antes se señaló, no hay razón lógico-nor-

ciencia jurídica normativista) y el derecho a la vez como ser y como deber ser (teorías del ser-cultural): no parece haber más posibilidades. Y es que, ciertamente, si aceptamos el fundamento de la clasificación, la radical diferencia entre ser y deber ser, estas tres combinaciones tienen, en su conjunto, carácter exhaustivo. Por ello podemos constatar, con certeza matemática, que *si* se acepta la crítica hasta aquí expuesta de las tres teorías citadas, sólo hay un camino para intentar alcanzar una teoría del derecho aceptable: a saber, atacar el presupuesto común en que descansan dichas teorías conjuntamente exhaustivas, la radical diferencia categorial entre ser y deber ser. No podemos saber de antemano si este camino nos llevará efectivamente a buen puerto; pero, si es que cabe alcanzar algún resultado, sólo podremos conseguirlo por esta vía. En apoyo provisional de las buenas perspectivas que este camino ofrece, podríamos aducir lo siguiente: si se reflexiona acerca de lo visto hasta aquí, se verá que la razón por la que los tres tipos de teorías en cuestión tenían que fracasar radica precisamente en la suposición de una diferencia categórica radical entre el ser y el deber ser. Si, partiendo de este supuesto, el derecho se inscribe en el ámbito del ser, quedará como un trozo de realidad natural, al que resulta imposible hacer participar en modo alguno del deber ser. Desde luego, se intenta vincular esta realidad natural a una validez ética puramente ideal. Pero, al margen de si tal intento puede resultar, en cualquier caso no conseguiremos sino dividir la validez positiva del derecho en dos componentes no jurídicos: una pura realidad natural y una pura validez ética. Y, a la inversa, si se inscribe el derecho en el ámbito del deber ser, entonces resulta imposible ponerlo en relación con la realidad y, en consecuencia, la validez positiva del derecho se disuelve en una lógica sistémica de carácter no empírico. Por último, si se trata, al modo de la teoría del ser-cultural del derecho, de determinarlo a la vez como ser y como deber ser, tal pretensión estará condenada al fracaso, pues semejante unión

---

mativa alguna para suponer que la norma fundamental no pueda instituir también un derecho tácitamente establecido o presupuesto. Al igual que no hay inconveniente alguno en incluir los principios referidos en la propia norma fundamental. Esto es admitido por Kelsen. Sin embargo, ha de reconocerse que, si se incluyera también en la norma fundamental la «previsión del error», ello haría que la «lógica de sistema» («*Systemlogik*») saltara en pedazos.

Lo que en Kelsen se hallaba todavía en estado latente, en Merkl se aprecia ya con toda claridad: la ciencia jurídica, entendida como expresión de una lógica de sistema fundada en la ley —como realidad jurídica presupuesta de modo ingenuamente positivista—, es elevada a la condición de fuente del derecho, que decide, en controversia con la praxis jurídica, qué es derecho. Esto equivale a un iusnaturalismo formal. La exigencia de Merkl de que el derecho extralegal tenga que contar con expreso respaldo legal, supone la formulación más extrema de la teoría de la ley, y el sistema sobre ella erigido, como única fuente del derecho (cfr. *infra,* cap. XI, c, 4 y XIII, 3, 4).

resulta imposible, una vez presupuesta esta distinción categorial. Pero todas estas *categorías** no sólo tropiezan con problemas lógico-formales; también desde un punto de vista lógico-trascendental, el dualismo presupuesto conlleva fácilmente una errónea orientación de la teoría de la ciencia jurídica. Las teorías sociologistas disuelven la ciencia jurídica en sociología, borrando la diferencia entre derecho y «costumbres». La teoría normativista de Kelsen tiende a orientar la ciencia del derecho hacia una lógica sistémica de carácter formal y a ignorar o interpretar erróneamente la existencia de formas de creación de derecho de carácter extrasistemático, que suponen una parte importante, y en modo alguno excepcional, de la realidad jurídica en su conjunto[75]. Finalmente, la unión de ser y deber ser es propensa a una política iusnaturalista de corte idealista y a una escisión del concepto del derecho en dos partes heterogéneas, una ingenuamente positivista y otra iusnaturalista, como es típico del derecho libre.

Todo ello nos proporciona buenas razones para enfrentarnos a la separación ser-deber ser. Puesto que el concepto de ser está ya relativamente determinado, en comparación con el mucho menos estudiado concepto de deber ser, es natural que orientemos nuestra atención hacia este último. Kelsen ha descrito y definido el deber ser como categoría en completa

* N. del T.: parece que se refiere más bien a las *teorías*.

75 Cfr. *infra*, cap. XI, 4 c y XIII, 3,4. - Kelsen, *Zur Soziologie des Rechts*, pp. 605-606. «No hay en el moderno Estado de derecho ninguna actividad jurisdiccional, ni, en general, actividad estatal alguna que sea *sine lege*, en el propio sentido de la palabra, esto es, que no se presente como aplicación de una proposición jurídica —ya esté contenida en una *ley*, o se trate solamente de una proposición *consuetudinariamente establecida*— (...) Si no cabe constatar la existencia de un alegado deber jurídico del ciudadano (B) mediante una interpretación razonable y adecuada de las *proposiciones jurídicas existentes*, ningún juez del mundo, ni ningún método jurídico, podrán poner el aparato jurídico a disposición para imponer su cumplimiento. La invocación de tal deber habrá de ser *rechazada*, aunque su existencia fuera muy deseable desde el punto de vista de la justicia o de la rentabilidad económica» (los subrayados son míos). En cuanto prescripción de índole práctica, la última frase es, evidentemente, pura política. Lo único que el teórico puede afirmar es que una determinada sentencia, contemplada desde el punto de vista de una norma fundamental dada, no es derecho. Pero ¿qué pasa, entonces, cuando el juez de hecho dicta tal sentencia? ¿Cuando las sentencias *sine lege* forman parte, de hecho, de la vida jurídica cotidiana— como sucede en Inglaterra, por ejemplo? Sería absurdo querer negar el carácter jurídico de esta realidad. Pero Kelsen tampoco tiene razón alguna para hacerlo. Basta con incorporar la correspondiente delegación a la norma originaria. El error en el razonamiento de Kelsen estriba en que no existe ninguna necesidad lógico-normativa de que la sentencia suponga la aplicación de una proposición jurídica, en el sentido de una regla «existente», *ya fijada*. Desde el punto de vista lógico-normativo, basta con que se presente como aplicación de una norma meramente presupuesta (la norma fundamental). Sin embargo, desde este mismo momento resulta evidente el carácter absolutamente tautológico de tal afirmación.

oposición a la del ser, pero no ha conseguido desarrollar este punto de vista hasta sus últimas consecuencias, pues en su sistema falta una teoría del conocimiento normativo que muestre de qué manera la validez de los juicios normativos encuentra su fundamento en una cierta unidad sistémica (*Systemeinheit*). Kelsen se ha quedado anclado en una lógica formal de las normas y en una concepción formal de la validez de los juicios de deber ser como derivados de una primera validez (si bien hipotéticamente presupuesta) inderivada, absoluta, fundamentada en sí misma —esto es, en la «validez en sí»[76]. Pero una concepción así resulta tan imposible como la correlativa en el ámbito del ser, que pretende derivar todo ser de una suprema unidad de ser, absoluta y con fundamento en sí misma. Si es que ha de resultar posible concebir al deber ser como categoría independiente, hemos de encontrar un sistema en relación al cual los juicios de deber ser adquieran su validez.

A este efecto, a primera vista podría parecer indicado concebir el sistema de validez normativa (*normatives Geltungssystem*) en analogía con el sistema del ser (*Seinssystem*), como constituido por una síntesis entre «sensaciones» («*Empfindungen*») específicamente normativas y formas a priori del pensamiento. Sin embargo, no tengo conocimiento alguno de la existencia de tales específicas «sensaciones de deber ser» («*Sollensempfindungen*»). Ello parece bastante evidente en el caso de los sistemas normativos (psicológicamente) heterónomos y rige también en el caso de los autónomos. Ciertamente, se podría pensar en apelar aquí a la «conciencia» («*Gewissen*»), como expresión de una «sensación» originaria de deber ser («*originäre Sollensempfindung*»); pero, como hemos visto, la apelación a la conciencia desemboca siempre en un conocimiento supuestamente intuitivo. No es sus-

76 En contraposición a las doctrinas del derecho natural absoluto, Kelsen no postula un principio jurídico supremo determinado. Su norma fundamental es indeterminada, hipotética y formal. El propio Kelsen la describe, asimismo, como relativa. Esto es cierto en un sentido, pero en otro no. La palabra «absoluto» es ambigua. Cuando decimos que el derecho natural postula un principio jurídico absoluto, podemos querer decir con ello que ese principio es absolutamente determinado, que es incondicional, que no permite elección. En este sentido, la norma fundamental de Kelsen no es absoluta. Tiene carácter hipotético-indeterminado, condicional (accesible a una elección).

Pero la palabra «absoluto», como opuesta a «relativo», suele significar algo diferente. Relativo es lo que está en relación con algo distinto, que lo determina (absoluto= «estar-ligado-a-la-nada» «*An-das-Nichts-geknüpft-sein*», Schopenhauer, *Neuere Paralipomena*, Redam § 96). En este sentido, la norma originaria no es relativa, sino absoluta. Rige (aunque sea de forma presupuesta) sin presuposición alguna, sin fundamento, sin relación— de manera absoluta. Es la validez por antonomasia, la norma absoluta, la norma en sí. Por más que se la dote de un contenido condicional e indeterminado, su forma, su significado como norma, sigue siendo absoluto.

ceptible de un análisis material con pretensiones de validez general. La conciencia no supone una síntesis específica, sino una peculiar interpretación inconsciente de determinadas experiencias.

Podríamos expresarlo también del modo siguiente: no ha resultado posible fundamentar en la conciencia un sistema objetivo análogo al de la ciencia, que pudiera autorizarnos a identificar en términos lógico-trascendentales la existencia de una específica categoría de deber ser, basada en unas determinadas «sensaciones de deber ser». Frente a esto, alguien podría hacer referencia precisamente a las normas heterónomas y apuntar hacia la ciencia jurídica como una ciencia normativa de carácter objetivo, que por tanto presupondría la existencia de una específica categoría de deber ser. A esta objeción tendríamos que responder remitiéndonos al resultado de la crítica anteriormente realizada. Precisamente la asunción de la existencia del deber ser como una categoría independiente, en absoluta contraposición al ser, ha evidenciado ser un presupuesto que arrastraba al fracaso a los principales tipos de teorías mencionados, impidiéndoles captar la positividad del derecho. ¿Por qué no renunciar a tal presupuesto, en cuya defensa nada cabe alegar y que obstaculiza la construcción de una teoría positiva del derecho?

Sería una idea revolucionaria. La concepción del deber ser como una categoría independiente, radicalmente distinta al ser, es compartida por Kelsen y todos sus antagonistas. Debe admitirse, además, que tal concepción encuentra apoyo en la filosofía alemana: la doctrina del *imperativo categórico* se remonta a Kant. Pero, sea cual fuere la autoridad que se me quiera oponer, con la mayor honradez no veo sino que tal concepción resulta errónea. No puedo por menos que constatar que el imperativo categórico —si es que significa algo— es un concepto metafísico-normativo, «el imperativo en sí», completamente análogo a «la cosa en sí». Y, del mismo modo que la más moderna crítica del conocimiento científico ha prescindido de «la cosa en sí», considerándola un residuo del planteamiento anterior al «giro copernicano», también el imperativo categórico, «el imperativo en sí», debe desaparecer del campo normativo. En defensa de esta posición, cabe añadir que se ha mostrado ya en reiteradas ocasiones lo injustificado de dotar al imperativo categórico de Kant de un cierto contenido sustantivo, y que, si se lo reconduce a su formulación puramente formal, está vacío de significado: «Haz tu deber», o «debes hacer lo que debes hacer». Esta forma tautológica delata, precisamente, su origen metafísico. Es una verdad conocida de antiguo que el pensamiento metafísico-analítico desemboca, en último término, en tautologías: el ser es y el no ser no es. Lo mismo ocurre en el campo normativo: lo que debe ser, debe ser y lo que no debe ser, no debe ser.

Que en la filosofía alemana no se haya criticado enérgicamente hasta ahora la idea del imperativo categórico (absoluto) se debe, seguramente, a la siguiente circunstancia: la teoría en cuestión se desarrolló originariamente en conexión con las normas morales de carácter autónomo y subjetivo, para cuyo estudio resultaba natural adoptar un punto de vista metafísico (esto es, psicológicamente hipostasiado), que además hacía díficil que se percibieran los errores y malentendidos en que incurre. Kelsen fue el primero en trasladar el concepto absoluto de norma que subyace al imperativo categórico al sistema normativo (heterónomo) del derecho. Pero con ello había de hacerse patente el error, al mostrarse que no es posible entender la validez del derecho positivo como deducida de una primera validez de carácter absoluto (si bien indeterminada en cuanto su contenido).

Por ello, hemos de tener la valentía de extraer las consecuencias obligadas: el deber ser no es una categoría independiente que se halle en contraposición absoluta al ser.

Con ello no se pretende decir en modo alguno que el conocimiento normativo sea idéntico al conocimiento natural. Nos reservamos la posibilidad de que el conocimiento normativo se desarrolle a través de ciertas formas propias y que el deber ser se configure como categoría específica en este sentido. Pero para ello hemos de suponer que existe algún tipo de conexión que conduce del conocimiento normativo al natural, del deber ser al ser. Sólo a partir de tal suposición será posible comprender el derecho, al mismo tiempo, en su carácter normativo y empírico-positivo. De ello se tratará en el siguiente capítulo.

Capítulo XI
EL DERECHO COMO SISTEMA DE NORMAS QUE EXPRESA UNA TOTALIDAD DE ACCIONES SOCIALES (*SOZIALE HANDLUNGSTOTALITÄT*)

1. ¿Qué significado tiene la afirmación «debes hacer esto y lo otro»? En cuanto imperativo categórico, en cuanto afirmación absoluta fundada en sí misma, sin presupuestos ni relaciones, carece, como hemos visto, de todo significado; pues «significado» equivale precisamente al hecho de estar en relación con algo. Tampoco creemos que se pueda dotar de validez y significado a dicha afirmación por la vía de insertarla dentro de una específica secuencia normativa de validez; porque no existen «sensaciones» normativas (*normative «Empfindungen»*) originarias. Por ello, no tenemos otro medio de conferir algún sentido a esa afirmación que ponerla, de algún modo, en relación con el conocimiento no-normativo de la realidad. Ahora bien, si queremos establecer una conexión entre la norma «*A debe ser*» y nuestro conocimiento de la realidad, entonces parece indudable que esa conexión tendrá que ir ligada, de algún modo, a la existencia de «A». Dar a la afirmación «*A debe ser*» el mismo significado que

el que otorgamos a «*A es*» sería, evidentemente, una duplicación carente de sentido. La única posibilidad que resta entonces es que la norma «*A debe ser*» exprese una función de la existencia o no existencia de «A». De acuerdo con ello, la norma «*debes hacer esto y lo otro*» sólo cobraría sentido a partir de la respuesta a la pregunta «*¿y qué pasa si no*?». Se trata de saber qué diferencia hay entre que «A» sea y que no sea, entre que la norma se cumpla o se incumpla. Resulta abiertamente contradictorio con esto el hecho de que la conciencia moral, en sus formas más desarrolladas, se autoatribuya un carácter *categórico*: esto es, cuando postula que se debe «*lo que es bueno*», sin atención a clase alguna de sanción, recompensa o castigo, cielo o infierno. Lo que sucede es que el verdadero significado de este postulado estriba únicamente en que las normas morales son independientes de cualquier sanción *externa*, en que poseen un carácter puramente autónomo y subjetivo y en que, por ello, la única sanción que su infracción puede acarrear son los «remordimientos», esto es, la no satisfacción de un peculiar conjunto de apetencias de la voluntad.

Que la norma «*A debe ser*» exprese una función del ser o del no ser de A, puede explicarse también afirmando que dicha norma supone en realidad una peculiar fórmula sintética para expresar dos enunciados del tipo: «*si no A, entonces S*»; y «*si A, entonces no S*». En ello estriba el significado de la norma: sólo si es A, entonces no es S. Las dos funciones que la norma expresa no son en sí mismas normativas, sino que han de pertenecer a alguna de las clases de funciones «teóricas» ya conocidas. Sin embargo, con ello no está ya dicho que sean de tipo *científico-natural*. Hay otras funciones teóricas, además de las científico-naturales.

Si la doble función consiste en una ley científico-natural, entonces calificaremos a la norma como *norma en sentido impropio (unechte Norm)*. Esta denominación pretende indicar que, en este caso, la norma no es sino una expresión sintética para referirse a una ley científico-natural, y no trasciende de ninguna manera al método puramente científico-natural. Las disciplinas que pueden fundarse en tales normas en sentido impropio son puramente científico-naturales y sólo generaría confusión querer calificarlas específicamente como normativas. Las tecnologías o disciplinas prácticas consisten en un conjunto de normas en sentido impropio y, por tanto, de leyes naturales normativamente formuladas; concretamente, se trata de *aquellas* que se seleccionan, entre el conjunto de las leyes naturales, por dar cuenta de las condiciones de existencia o de realización de un determinado hecho. Así por ejemplo, la disciplina de la construcción de puentes explica lo que «se debe hacer» para construir un puente, esto es, encierra en una formulación normativa (en sentido impropio) una selección de leyes naturales: a saber, las que dan cuenta de las condiciones de realización y existencia de los puentes. Del mismo modo, la tecnología jurídica proporciona información sobre qué acciones creadoras de derecho «deben» emprenderse para conseguir determinados cambios sociales[1].

Por razones análogas, calificaremos también como normas en sentido impropio a las que expresen una relación de dependencia de tipo matemático o lógico.

Las normas en sentido propio se basan en la posibilidad de una clase de conocimiento de la realidad diferente del conocimiento generalizador de tipo científico-natural. Explicar en detalle cómo es posible semejante conocimiento, rebasaría los límites de este trabajo; habremos de dejarlo para otra ocasión, y contentarnos con señalar aquí que se trata de un *conocimiento individualizador cuyo objeto es una totalidad (individualisierende Totalitätserkenntnis).*

Como autores que defienden la posibilidad de un conocimiento tal, debemos mencionar sobre todo a Heinrich Rickert y Harald Höfding[2], si bien en modo alguno estamos de acuerdo con forma en que el primero de ellos trata de identificar conocimiento individualizador con ciencia cultural orientada a valores (*wertbezogene Kulturwissenschaft*). El conocimiento normativo contempla la voluntad humana como una totalidad psíquica. Con ello no pretende negarse en modo alguno que tal voluntad, entendida como fenómeno psíquico-real, esté sujeta a la ley de la causalidad y determinada por leyes naturales. Lo que queremos decir cuando calificamos a la voluntad humana como una totalidad es únicamente lo siguiente. Creemos, con Rickert, que el rasgo distintivo de la ciencia natural es su método generalizador, que intenta aprehender racionalmente la realidad irracional por la vía de establecer límites y puntos de referencia dentro del continuo heterogéneo que forma, y convertirla así en un discreto que resulte accesible a una determinación conceptual. Pero esto sólo es posible a costa de

1 El concepto de norma en sentido impropio nos pemite entender mejor ese otro concepto, tantas veces malinterpretado, de «disciplina práctica». En rigor, este concepto encierra una *contradictio in adjecto*. Toda disciplina científica es, en cuanto tal ciencia, teoría. Sólo tiene carácter práctico la conducta, la *praxis*. Una disciplina «práctica» supone la *selección* de una teoría desde cierto punto de vista cuyo interés práctico se presupone. Pero, como es natural, la selección realizada no cambia el carácter teórico de lo elegido, del mismo modo que la pólvora no deja de ser pólvora porque sea sometida a un análisis químico. De ahí lo erróneo de la extendida idea conforme a la cual las disciplinas prácticas —como por ejemplo la Jurisprudencia, a la que a menudo se concibe como tal— poseen un carácter «creador», «productivo». Cfr. *supra*, cap. III, 5 *in fine*.

2 Rickert, *Kulturwissenschaft und Naturwissenschaft*; Höffding, *Totalität als Kategorie*. Versión alemana con el título: «*Der Totalitätsbegriff. Eine erkenntnistheoretische Untersuchung.*» Leipzig, 1917.

lo individual; la ciencia natural sólo es posible en la medida en que quepa subsumir las cosas bajo grupos, por abstracción de lo individual; por utilizar una imagen jurídica, su posibilidad depende de que las cosas se consideren como fungibles. Por el contrario, allí donde no es posible sustituir una cosa por otra, donde el interés investigador se fija precisamente en la singularidad de la cosa individual, el método generalizador resulta inadecuado. El conocimiento científico sólo resulta posible en la medida en que consigue sustituir las cualidades no fungibles inmediatamente dadas por cantidades fungibles. Tras estas observaciones, se comprenderá que la voluntad humana ciertamente puede ser objeto de estudio mediante un método generalizador de carácter científico-natural; pero, al igual que sucede con todo objeto de estudio de la ciencia natural, sólo en sus propiedades generales, y no en aquellas que lo diferencian de todos los demás; y además, sólo en la medida en que sea posible sustituir cualidades psíquicas por cantidades. Es forzoso reconocer que, en comparación con los objetos de estudio del mundo exterior, en el caso del mundo psíquico ello sólo se ha logrado en muy escasa medida. De ahí que —al menos en el presente estadio del conocimiento— lo psíquico se presente aún *en buena medida como individualidad* que no ha sido posible disolver y determinar por medio de un proceso generalizador. Sin embargo, no todas las individualidades son del mismo carácter. Mientras, por ejemplo, la luna no ofrece motivo alguno para una *comprensión* más profunda de su individualidad, sino sólo para una *descripción* arbitraria, no sujeta a principios, y nunca exhaustiva de sus propiedades, hay otras individualidades en las que resulta posible un conocimiento más profundo. Conocimiento quiere decir determinación de un elemento como eslabón dentro de una cadena, como insertado dentro de un sistema. Tales individualidades reciben el nombre de *organismos*, *totalidades*. El sistema de relaciones al que aquí nos estamos refiriendo es de un tipo completamente distinto al científico-natural. El conocimiento científico-natural busca conexiones funcionales que estén exclusivamente determinadas por características generales; es decir, busca propiedades que no sean precisamente peculiares de un único *especimen*. Por ello, su ideal es la comprensión de la naturaleza en forma de funciones espacio-temporales que se establecen entre unidades indistintas, los atómos (electrones). En cambio, el sistema de relaciones orgánico tiende a agrupar las propiedades individuales en torno a un principio válido exclusivamente para esa determinada totalidad, de modo tal que todas esas propiedades se presentan como una aplicación de dicho principio específico, como determinadas por él. En contraposición al sistema de relaciones científico-natural, no se trata de una sucesión espacio-temporal sino de una coordinación recíproca respecto del mismo sistema, de una orientación uniforme hacia un mismo punto individual. En este sentido el sistema puede ser calificado como teleológico, siempre y cuando se evite asociar a este *telos* toda idea de una «causalidad invertida».

Ahora bien, la experiencia muestra que en la realidad existen totalidades individuales semejantes. Siempre que hablamos de vida orgánica, a lo que hacemos referencia es precisamente a la existencia de un sistema de totalidad de carácter individualizador (*individualisierendes Totalitätssystem*) como el descrito. No existe otro criterio para contraponer lo orgánico a lo inorgánico. Entre tales organismos se encuentra también la psique humana y, en especial, la voluntad humana. El conocimiento que nos proporciona la generalización científico-natural a efectos de su determinación es mínimo: en lo esencial, sólo es contemplada como individualidad concreta. En este sentido, pues, se justifica calificar a la voluntad como libre —al margen de cualquier significado metafísico o ético— si con ello lo único que queremos decir es que, en la práctica, no resulta posible calcular con antelación, a partir de una regularidad general, la orientación de una determinada voluntad. Lo que no significa que la voluntad, considerada en su realidad concreta e individual, sea algo absolutamente arbitrario. Toda política —individual o colectiva— se basa precisamente en una previsión de las tendencias de comportamiento de nuestros semejantes; pero este cálculo no se realiza basándose en una psicología científica. Si estoy convencido de que el amigo que se sienta a mi lado no va a clavarme de pronto un puñal, tal conocimiento no se basa en una conclusión científico-natural obtenida a partir de las circunstancias concurrentes, ni en una regularidad general extraída de los rasgos que los elementos psíquicos de este individuo tienen en común con los de los demás individuos. Probablemente, el material que permitiría llegar a una conclusión semejante me sea completamente desconocido (predisposición a la deficiencia mental y cosas por el estilo). Mi convicción reposa, más bien, en un conocimiento del individuo en cuestión, en una hipótesis acerca de su *carácter,* su *principio organizador*. El hombre de Estado debe ser «un buen psicólogo», pero esto no quiere decir que haya de ser un buen científico natural, sino un buen *conocedor de los hombres*. Lo que se precisa no es tanto comprender la conexión funcional entre los elementos de la vida espiritual humana, en lo que tienen de común a todos los hombres, cuanto aprehender el *principio organizador* específico de cada individualidad (ya se trate de una individualidad psicológicamente singular o compuesta, esto es, de una individualidad social). Pero puesto que esto no se alcanza por medio de la abstracción a partir de un conjunto de capacidades, consideradas en sus rasgos comunes, sino más bien reuniendo los elementos de la totalidad en su singularidad concreto-individual, se comprende que aquí nos estamos refiriendo a un proceso lógico y psicológico enteramente distinto y a un tipo de talento completamente diferente al que necesita el científico natural. Imaginemos —lo que, naturalmente, es un ideal imposible— que el investigador haya comprendido todas las características de un individuo dado; en tal caso, tendría que sentirse idéntico a esa existencia concreta, llegar a ser uno con esa vida. Por eso se habla —a menudo con algo de misticismo— de que el investigador de lo individual-concreto ha de familiarizarse, ha de identificarse con su objeto.

Sólo si partimos de este tipo de conocimiento de la totalidad conseguiremos comprender el significado del conocimiento normativo. Una norma en sentido propio (*A debe ser*) existe cuando la doble función que expresa (*si no A, entonces S*, y *si A, entonces no S*) se basa en el conocimiento de un complejo de voluntad humana entendido como totalidad individualizadora *(individualisierende Totalitätserkenntnis eines menschlichen Willenskomplexes*).

2. Tras haber determinado así lo que entendemos en general por norma, se plantea inmediatamente la siguiente pregunta: ¿qué es lo que distingue específicamente a las normas *jurídicas*? También en este caso habremos de limitarnos a un breve apunte sobre este importante y difícil problema. La cuestión sólo puede contestarse a partir de un análisis de en cuál de los principales grupos naturales han de incluirse tales normas, de acuerdo con sus propiedades elementales, para decidir a continuación cuál de éstas resulta apropiada para fundamentar el sustrato de hecho de la ciencia jurídica.

En lo referente a la forma básica general de la norma (*allgemeine Grundform der Norm*), los tipos básicos pueden determinarse a partir de dos circunstancias: por una parte, la clase de totalidad que está en la base del conocimiento de la norma; por otra parte, la relación en la que se encuentra S (la sanción) con respecto a dicha totalidad. En lo tocante a este último aspecto, puede pensarse, o bien que S está dada inmediatamente con el propio complejo de voluntad, en tanto que S significa la no-realización de la voluntad, con la insatisfacción, decepción y malestar consiguientes; o bien que S está dada sólo mediatamente* con el complejo de voluntad, en tanto que la voluntad se dirige a realizar S a modo de hecho externo a la propia voluntad, en caso de que no se realice A. Esta diferencia ha de implicar un cambio decisivo en la correspondiente forma de conocimiento normativo. En el primer caso, su objeto es tan solo la voluntad entendi-

* N. del T.: literalmente dice *sólo inmediatamente («nur unmittelbar»)*, pero parece que se trata de un error involuntario, puesto que precisamente está contraponiendo esta posibilidad a que S esté dada de manera *inmediata* con el complejo de voluntad.

da como una existencia puramente psíquica; por el contrario, en el segundo caso su objeto es la actualización de la voluntad en forma de *acciones*.

Por lo que se refiere a la división básica mencionada en primer lugar, se establece en función de hasta qué punto la totalidad normadora (*normsetzende Totalität*) es psicológicamente singular, y en este sentido individual, o bien es psicológicamente compuesta, esto es, tiene carácter social-colectivo. Combinando las dos distinciones básicas se obtienen los siguientes cuatro tipos básicos:

a) *Las normas psíquico-individuales (individuell-psychische Normen)*. Comprenden las normas morales, las estéticas y las demás que presupongan una valoración subjetiva autónoma. La totalidad de voluntad (*Willenstotalität*) aquí implicada no coincide con la voluntad individual personal como tal; pues, en caso contrario, no existiría ninguna diferencia entre la voluntad normadora y la voluntad objeto de las normas y cualquier conocimiento normativo resultaría imposible. En este caso, la totalidad objeto de las normas supone un complejo de voluntad más reducido, dentro de la globalidad individual de la persona, que está determinado de una manera específica. Las normas morales, por ejemplo, se determinan por relación a un complejo de voluntad de carácter específicamente moral (*spezifisch moralischer Willenskomplex*), cuya peculiar naturaleza no nos corresponde aquí detallar. Así, Kelsen, en concordancia con Simmel, ha visto correctamente que el deber ser moral se corresponde siempre con una voluntad real, o con una inclinación de la voluntad (posiblemente superada por otras inclinaciones de la voluntad). Pero así como la positividad de tales normas morales tenía que resultar enigmática desde el punto de vista lógico-normativo de Kelsen, se deduce en cambio como consecuencia inmediata de nuestra teoría: la posibilidad del conocimiento normativo moral estriba en que la voluntad moral no constituya una serie caótica de diferencias, sino una totalidad. Se evidencia que es posible coordinar las diversas manifestaciones de voluntad concretas e individuales en torno a puntos de vista más generales. En la misma medida en que el individuo intenta identificarlos y fijarlos, repercuten a su vez de manera determinadora y organizadora sobre los fenómenos individuales. El conocimiento moral adopta así un carácter tanto «inductivo» como «deductivo»[3]. La comprensión moral sólo es posible en la medida en que se consiga ordenar los fenómenos individuales bajo una misma totalidad.

Esto nos permite comprender también la conexión, tan frecuentemente asumida, entre conocimiento normativo, por una parte, y conocimien-

---

3 Como es obvio, las palabras «inducción» y «deducción» poseen aquí un significado específico, distinto del que tienen en la lógica y en las ciencias naturales.

to inmediato y subjetivo de una norma, esto es, valoración subjetiva, por otra. Todo conocimiento normativo se basa en una voluntad, una «valoración». Sólo que se ha pasado por alto que ese conocimiento está referido a una totalidad entendida como *algo real (Wirklichkeitserkenntnis einer Totalität)*, que se trata de un conocimiento consistente en la coordinación de ciertos elementos dados bajo una totalidad. Se ha fijado excesivamente la atención en que el conocimiento normativo presupone un principio supremo —que o bien es conocido metafísicamente de modo inmediato, o bien es presupuesto arbitrariamente— a partir del cual cabe deducir las normas. Con ello, se pasa por alto que tal punto de partida no puede determinarse arbitrariamente, sin tener en cuenta los elementos de la voluntad moral reales, de carácter concreto-individual. Las normas morales tienen, como todas las demás, su propia positividad, y son tan poco susceptibles de ser deducidas a partir de cualquier norma originaria arbitrariamente establecida como las jurídicas. El supremo principio de deducción no puede obtenerse sino por medio de una previa inducción. (Al igual que en las ciencias naturales, tampoco aquí deducción e inducción son algo opuesto). Por ello, tan imposible es situar el punto de partida *in facta* como en dicho principio. El proceso sólo puede consistir en su relativa y recíproca coordinación.

b) *Las normas físico-individuales (individuell-physische Normen).* Como la coerción física no puede emplearse en contra de la propia voluntad, estas normas presuponen necesariamente una diferencia psicológica entre la voluntad normadora y la voluntad en cuyo ámbito se inscribe el acto exigido por la norma. Se trata de normas fundadas en relaciones de voluntad interindividuales. En estas relaciones ha de resultar muy difícil el conocimiento de la totalidad, lo que hace que este grupo no ofrezca mayor interés.

c) *Las normas psíquico-colectivas* (*kollektiv-psychische Normen*). Al hablar aquí de una totalidad de voluntad *colectiva (kollektive Willenstotalität)*, hemos de deshacer de antemano cualquier sospecha de estar practicando metafísica. No nos referimos aquí a una «voluntad común» místico-sustancial, a una «voluntad del pueblo» ni a nada parecido, como expresión de una psique supraindividual que posea existencia real. Estamos también muy lejos de querer hipostasiar (como hace la moderna sociología francesa) la colectividad como una nueva fuerza «eficiente», insertando erróneamente la totalidad en la perspectiva causal de tipo científico-natural y generalizador. Por otra parte, hemos de afirmar que el rechazo dogmático de las expresiones «espíritu colectivo» o «voluntad colectiva», cuando hacen simplemente referencia a una cierta conexión funcional, se basa en una concepción de la voluntad tan metafísica como la que presume la existencia de una psique comunitaria sustantiva[4]. La afirmación de que «en la realidad» sólo hay voluntades individuales, que no existe una mente colectiva ni nada que se le parezca, se basa evidentemente en una concepción sustancialista de la voluntad individual. La voluntad individual no es sino una forma de expresar que los actos individuales de voluntad que parten de una persona psico-física no pueden determinarse exhaustivamente por medio de un método generalizador, científico-natural, sino que aparecen como una totalidad concreto-individual, en la que los elementos individuales pueden ser coordinados en un todo. Pero exactamente lo mismo puede ocurrir con la suma de actos de voluntad procedentes de un cierto círculo de individuos. Y en este sentido sí está justificado hablar de una totalidad social o colectiva, de una voluntad social o colectiva.

Normas psíquico-colectivas son aquellas normas colectivas cuya sanción se origina por el incumplimiento de la voluntad social y consiste en el enojo, la desaprobación y el distanciamiento psíquico-colectivos subsiguientes. Entre tales normas cabe mencionar las costumbres, las reglas convencionales, la moda y similares.

d) *Las normas físico-colectivas*. Por tales entendemos las normas que se basan en el conocimiento de una totalidad colectiva y cuya sanción presupone que la voluntad colectiva se convierta en acción. Éstas son las normas jurídicas.

3. Antes de proseguir, queremos responder a una serie de objeciones que, partiendo de la relación entre norma y realidad, cabría aducir contra esta caracterización de las normas jurídicas. Tal y como hemos definido el conocimiento normativo, éste no es sino una forma de *conocimiento de la realidad*. La norma es expresión de una función de la realidad, que se determina, si no por el camino de la ciencia natural generalizadora, sí a través del conocimiento individualizador de una totalidad.

Como signo evidente de que el conocimiento normativo expresa algo esencialmente diferente a la determinación teórica de la realidad, podría alegarse que la expresión normativa «*A debe ser*» significa algo esencialmente distinto del juicio «*A es*» y que su validez es independiente de la de éste. Naturalmente, esto es completamente correcto y está en consonancia con nuestra teoría. El juicio «*A debe ser*» no dice nada sobre la existencia de A y es válido con independencia de ésta. Se limita a establecer una relación entre A y S. La contraposición antes aludida es ciertamente correcta, siempre que se tome como símbolo de que el sistema de validez nor-

4 Por ejemplo, Duguit, en numerosos pasajes.

mativa es de naturaleza completamente distinta al científico-natural. En esta medida, podríamos suscribir la teoría de que el derecho consiste en un deber ser, en contraposición a un ser, si con ello nos limitamos a expresar que el sistema jurídico es diferente del científico-natural. Por el contrario, tendríamos que protestar ante la identificación de «ser» con toda la realidad, poniendo así el conocimiento normativo en contraposición a todo conocimiento de la realidad. Con ello, se pasa por alto que hay otra realidad distinta de la que se determina por medio de la ciencia natural generalizadora. O, mejor dicho, se olvida que la realidad ciertamente es sólo una, pero que el método científico-natural sólo la capta en un determinado aspecto.

Sostener que el hecho de que no se produzca la sanción no es óbice para que la norma tenga validez como tal, constituiría ya una objeción de mayor peso contra nuestra teoría. La norma jurídica conforme a la cual uno debe pagar sus deudas puede ser válida con independencia de que haya hombres que de hecho no las paguen y no se les imponga la sanción prevista en la norma. Parece así que la validez de la norma es independiente de que se realice la función en ella expresada, en forma de violación de la norma y sanción. De aquí se sigue que la esencia de la norma no puede consistir en expresar esta función como algo real. Al respecto ha de observarse que, bien mirado, la referida norma jurídica presupone varias condiciones para que tenga lugar la sanción, además de la condición material, que es en la que primero se repara: el impago de la deuda. La puesta en práctica de la ejecución (sanción) también requiere que se interponga una denuncia, que tenga lugar un fallo judicial, que se solicite la ejecución, etcétera. Sólo cuando se dan todas las condiciones y sin embargo no se realiza la ejecución, puede decirse que existe una disparidad entre la realidad y lo que se desprende de la norma. No obstante, en la mayoría de los casos en los que se habla del no cumplimiento de una norma se suele estar haciendo referencia a que, de forma ilegal, se ha incumplido alguna de las condiciones mencionadas, es decir, la demanda, la sentencia o similares; y ello, porque la autoridad correspondiente autoridad ha infringido una norma coordinada con la primera, que ordena, supuesta la validez de la primera norma, que se presente denuncia, que se dicte sentencia, etcétera. Cuando esto ocurre, parece que estamos ante una disparidad entre norma y realidad. Ahora bien, con frecuencia carecerá de sentido afirmar en tales casos que la norma que no se ve respaldada en la realidad es, sin embargo, válida. Si aun así se puede dar este hecho, ello se debe a una toma de consideración del sistema en el que la norma concreta encuentra su lugar. Esta circunstancia habrá de ser examinada más adelante (nº 4 y 5). Aquí nos limitaremos a señalar que la objeción se ha mostrado justificada, en la medida en que nos vemos obligados a corregir la definición que hemos dado de la validez de una norma. Pero lo decisivo es que ello no implica ninguna diferencia entre norma (sistema) y realidad, en tanto que, también en estos casos, al conocimiento normativo continúa subyaciendo un conocimiento de la realidad. Con ello queda firmemente establecido que el conocimiento normativo es una clase específica de conocimiento de la realidad.

4. Estamos ya en condiciones de señalar qué es lo que ha de entenderse por positividad del derecho. Derecho positivo significa lo mismo que derecho válido, «real», verdadero, existente. Desde un punto de vista formal, el problema de la validez del derecho (de las normas) es idéntico al problema de la validez de los juicios generales acerca del ser. En ambos casos se pregunta por el *sistema* dentro del cual los juicios en cuestión encuentran la coordinación recíproca en la que consiste todo conocimiento. Los juicios sistematizados se diferencian así de los restantes juicios, meramente arbitrarios o carentes de sentido. De esta forma, la realidad se separa del sueño y de la fantasía y el derecho positivo del derecho meramente pensado o construído. Desde un punto de vista material, el problema se resuelve indicando cuál es el carácter del sistema. De todo lo antedicho se desprende que las afirmaciones acerca del derecho encuentran su sistema de validez (*Geltungssystem*) en el conocimiento de una totalidad colectiva de voluntad y acción entendida como realidad (*Wirklichkeitserkenntnis einer kollektiven Willens-und Handlungstotalität*). No resta sino examinar más de cerca cómo es posible el conocimiento de una totalidad semejante.

La experiencia muestra que es posible contemplar una serie de acciones humanas, entre las cuales algunas tienen carácter coercitivo, como mutuamente coordinadas y recíprocamente infraordenadas y supraordenadas, de modo tal que las que están infraordenadas, sin estar al mismo tiempo supraordenadas respecto de otras, son acciones físicamente coercitivas (*physische Zwangshandlungen*). Contempladas desde el plano colectivo (esto es, en relación con las acciones de otros individuos), las acciones de las personas no forman un caos, sino una totalidad organizada. En este sentido es lícito hablar de una voluntad colectiva (*kollektiver Wille*), o de acciones voluntarias colectivas (*kollektive Willenshandlungen*). El conocimiento jurídico resulta posible hasta donde alcanza una coordinación semejante. La vigencia del sistema de normas jurídicas infra y supraordenadas se basa en el correspondiente sistema de acciones sociales voluntarias infra y supraordenadas. De este hecho se deriva una serie de importantes consecuencias:

a) Al igual que sucede con las normas morales, también las normas jurídicas se corresponden con una voluntad real. En ambos casos, la positividad de las normas se basa en la realidad de esta voluntad: de la voluntad individual y de la social. Si se admite, con Kelsen, que la norma moral se corresponde siempre con una voluntad real, o con una inclinación de la voluntad, entonces no hay razón alguna para no conceder lo mismo respecto de las normas jurídicas en su relación con la totalidad social.

b) Las normas jurídicas y morales son, en igual medida, «autónomas» y «heterónomas». Las normas morales son autónomas desde el punto de vista de la específica voluntad moral, pero heterónomas desde el punto de vista de la voluntad individual sometida a la norma (cfr. *supra* cap. X, nota 73). Y también las normas jurídicas son autónomas desde el punto de vista de la voluntad social, pero heterónomas desde el punto de vista de la voluntad individual sometida a la norma. Por tanto, la distinción que Kelsen intenta establecer en este sentido resulta insostenible.

c) El conocimiento jurídico es posible hasta donde resulta posible coordinar los elementos sociales y jurídicos de la voluntad (*soziale, rechtliche Willenselemente*). De aquí se sigue que el conocimiento del derecho puede alcanzarse tanto de forma inductiva como deductiva. El ideal al que tiende el conocimiento normativo es un sistema completo, interrelacionado, en el que todos los elementos se derivan de una norma superior: la norma fundamental. El sistema de Kelsen constituye la mejor expresión de este idea. Sin embargo, Kelsen ha enfatizado unilateralmente el modo de producción normativa deductivo, a partir de una norma fundamental presupuesta, cuando resulta que, como ya pudimos comprobar, partiendo de tal perspectiva no es posible determinar qué norma fundamental debe situarse en la base de la deducción. Ésta sólo puede determinarse por medio de una previa inducción; sólo de este modo puede llegar a comprender la positividad del derecho. No es ninguna contradicción que el modo de producción sea a la vez inductivo y deductivo, pues, como ya hemos señalado reiteradamente, no se trata de procesos diferentes y contrapuestos, sino de un único proceso de coordinación, visto desde lados opuestos. Por ello, calificar el sistema jurídico exclusivamente como un proceso de progresiva *concreción* escalonada, a partir de la norma fundamental, entraña un punto de vista unilateral. Con la misma razón se podría afirmar que se trata de un proceso progresivo de *abstracción* escalonada, a partir de las individuales y concretas acciones coercitivas. Ambas formas de expresión son unilaterales y erróneas, puesto que no hay un punto de partida absoluto ni arriba ni abajo. La norma fundamental, en cuanto tal, sólo es comprensible contemplándola como abstracción a partir de las acciones coercitivas reales; y viceversa, éstas sólo pueden entenderse como jurídicas en la medida en que quepa contemplarlas como concreción (escalonada) a partir de una norma fundamental presupuesta. La realidad del derecho reside en la *correlación continuada* (*durchgehende Korrelation*).

De aquí se deriva la importante consecuencia de que si una norma relativamente infraordenada no puede entenderse como derivada de una norma superior a ella, no por ello debe necesariamente negarse el carácter jurídico de tal norma infraordenada, en cuanto resulta deductivamente contraria al sistema. Porque, dado que la propia norma supraordenada* extrae su validez de su adecuación inductiva a la norma individual-relativa, en principio cabría concluir de igual modo que la norma supraordenada, en cuanto inductivamente contraria al sistema, no puede seguir siendo considerada como derecho. El criterio decisivo para que pueda afirmarse su validez jurídica es exclusivamente la correlación y no la deducción, ni tampoco la inducción, por sí solas. No cabe establecer de antemano cuál de ambas conclusiones es la correcta, sino que ello dependerá de cuál de las dos posibilidades exprese una mayor correlación. El punto de vista exclusivamente deductivo, al negar carácter jurídico a todo cuanto sea deductivamente contrario al sistema —como por ejemplo, las leyes aprobadas de manera inconstitucional, las decisiones judiciales *sine lege* o *contra legem*—, ha de conducir a resultados que están en flagrante contradicción con la realidad del derecho. Por otra parte, cuando esta teoría capitula ante los hechos, pero al mismo tiempo considera jurídicamente inconcebible la correspondiente forma de creación de derecho —así por ejemplo, la transformación de reglas convencionales en reglas jurídicas—, no viene sino a declarar su propio fracaso. Pues, desde estos presupuestos, resulta imposible indicar en qué se basa el conocimiento de que determinadas reglas convencionales *han adquirido* carácter jurídico. Kelsen consigue hasta cierto punto eludir este problema, al presuponer que la norma fundamental incluye una delegación en blanco para la creación de derecho que comprende también el derecho extrasistemático. Pero, en la misma medida, la perspectiva sistemático-deductiva se anula a sí misma. Porque, en primer lugar, no se ve cómo, si no es desde una perspectiva inductiva, se puede llegar a hacer una presuposición así, y en segundo lugar, con ello la deducción se vuelve puramente tautológica: presupone inductivamente lo que se trata de «deducir». Más consecuente, hasta el absurdo, se muestra Merkl en su desarrollo de la perspectiva sistemático-deductiva, al exigir el expreso respaldo de una norma supraordenada para atribuir carácter jurídico a un derecho surgido fuera del sistema (cfr. *supra* cap. X, nota 74).

En directa contraposición a la jurisprudencia dogmática se encuentran las corrientes del derecho libre, cuya acertada idea básica estriba, precisa-

* N. del T.: literalmente dice *la propia norma infraordenada,* pero parece tratarse de un error de transcripción, porque la frase carece entonces de sentido.

mente, en su oposición a la lógica de sistema (*Systemlogik*). En efecto, el movimiento del derecho libre está en lo cierto cuando considera que la aplicación del derecho no puede ser entendida como una mera aplicación deductiva de la ley. Pero yerra, en cambio, cuando pretende inferir de este hecho la existencia, junto a la ley, de una serie de fuentes de derecho no positivas. Lo que consigue por esta vía es romper la unidad del concepto de derecho y encubrir el hecho, de gran trascendencia, de que el juez crea derecho[5]. En este sentido, el movimiento del derecho libre conserva aún un método deductivo.

Sólo si partimos de una concepción de la positividad del derecho como la aquí defendida podremos comprender teóricamente el hecho ante el que hasta ahora se han cerrado los ojos y que ha sido negado por la teoría francesa y alemana[6], cuando la teoría inglesa hace ya tiempo que lo ha acepta-

5 Aunque los teóricos del derecho libre a menudo subrayan que la función del juez va más allá de la aplicación silogística de la ley, están demasiado ligados a la doctrina constitucional de la función meramente aplicadora del derecho del juez como para llegar a una correcta comprensión del *judge-made-law*.

A) La mayor parte de ellos asume, siguiendo a Gény, la existencia de otras fuentes del derecho no positivas, de carácter iusnaturalista o sociológico. Así: Gnaeus Flavius [98] (nuevo derecho natural); Spiegel [305] 18, 39, 60-61 (derecho de creación popular); Danz [67b] 219 (regla social); Reichel [254] 108, 110 (naturaleza de la cosa; justicia); en parte Jung [161a] 478-479, 512 (el sentimiento jurídico (*Rechtsgefühl*), pero no como regla abstracta); Huber [147] 351, 355.

B) Otros autores, que no quieren compartir tales extravíos iusnaturalistas o sociologistas, intentan considerar de algún modo el derecho de creación judicial como contenido ya, *en forma latente*, en la ley. Así, Zitelmann [351a] 25 (derecho existente, pero desconocido que el juez descubre); Gmür [114] 77-78 («estas proposiciones jurídicas especiales están ya, *en sustancia*, contenidas en las leyes, si bien *aún no han cobrado forma*. (78). c) Quien más lejos ha llevado este planteamiento ha sido Kiß, que sin embargo intenta incorporar el derecho de creación judicial a la ley recurriendo a una supuesta delegación en blanco [171b] 470, 471, (contenido indirecto de la ley, delegación) y especialmente [171c] 287, (*aequum et bonum* como principio inherente a la ley). Sobre Kiß, vid., más en profundidad, *supra* cap. IV, 8 y excursus B, *in fine*.

Bülow [46b] 330 y ss. apoya su razonamiento en una teoría correcta, basada en consideraciones teórico-jurídicas. Finalmente, una correcta percepción del papel autónomo desempeñado por la aplicación del derecho constituye el núcleo de verdad contenido en la crítica de Sanders contra la lógica de sistema aplicada por la doctrina dominante.

6 Sobre la teoría francesa, vid. *supra cap.* III, 4; para las excepciones, vid. cap. III, nota 43. Sobre las excepciones en la literatura alemana, vid. la nota precedente. La concepción continental se ha ido configurando, probablemente, bajo la influencia de las *grandes codificaciones*. En los países escandinavos, que, al igual que Inglaterra, viven bajo un derecho no codificado, la doctrina de la actividad creadora de derecho del juez encontrará menos resistencia: vid. por ejemplo, Reuterskiöld, *Rechtsauslegung*, 53, 55. Quien con mayor claridad ha percibido la actividad creadora de derecho del juez ha sido Bentzon, «Noter til C. Goos», *Foreläsninger over den alm. Restläre,* Copenhague, 1899, p. 45, 61; *Skön og. Regel*, Copenhague, 1914, p. 65 y 67.

do[7]. La actividad del juez es creadora de derecho; creadora de derecho no sólo en tanto que delimita y concreta el margen discrecional de una norma supraordenada, relativamente abstracta, sino también de manera independiente, *sine lege* y *contra legem*; no sólo determinando el derecho concreto para un caso individual dado, sino también estableciendo el derecho en abstracto, a través de la práctica consolidada. Esta idea, que se deduce con carácter de necesidad teórica de la forma en que hemos determinado la realidad del derecho, esto es, como correlación respectiva de una serie de acciones sociales, es al mismo tiempo la única interpretación natural y no forzada de la realidad social existente. Mucho hay que cerrar los ojos ante la realidad para no darse cuenta de que la actividad del juez es creadora de derecho, en el pleno sentido del término. En Inglaterra, el *common law* y la *equity* surgieron de la práctica judicial desarrollada en las *Kings Courts of Law* y en la *Court of Chancery*. Pero incluso en épocas más recientes, hay importantes sectores del derecho que surgen y se desarrollan por esta vía (así por ejemplo, las disposiciones sobre la *undue influence*). En Dinamarca, tres cuartas partes de las normas del derecho de cosas y buena parte del derecho restante han sido establecidas exclusivamente a través de la práctica. Si en tales sistemas jurídicos se exigiera, con Merkl, un respaldo normativo expreso para atribuir carácter jurídico a este derecho surgido extrasistemáticamente, entonces ello conduciría sencillamente a eliminar de la ciencia jurídica los correspondientes sectores del derecho positivo. Un resultado que para Merkl sería en teoría posible, por cuanto defiende la autoridad soberana de la ciencia jurídica para decidir qué es derecho; pero que en cambio ha de parecer un doctrinarismo absurdo al modo de pensar inglés y danés. Ya anteriormente (*supra* cap. IV, Excursus B) hemos mostrado que no se trata de una institución específica del derecho positivo inglés o danés. El que la teoría francesa y alemana se hayan resistido, con sorprendente consecuencia, a reconocer este hecho se debe a que hay determinados motivos para negar esta realidad, que se manifiestan aquí con especial intensidad. Como igualmente nos hemos referido a ellos con anterioridad, nos limitaremos a recordar que consisten básicamente en el temor a debilitar la autoridad del juez como árbitro imparcial que se ajusta a lo establecido como derecho y en el temor de la doctrina constitucional a reconocer que el poder judicial participa de la potestad creadora de derecho, de la potestad legislativa.

Por otro lado, tampoco puede concluirse sin más que la norma infraordenada sea derecho y que, en consecuencia, se deba modificar la

7 Con posterioridad a Austin. Vid. al respecto *supra*, cap. IV, 6.

norma supraordenada para adecuarla a la infraordenada. Si esto fuera el caso, entonces no cabría ya distinguir entre el derecho y el ejercicio arbitrario del poder. El criterio para saber por cuál de las dos alternativas debemos optar estriba en la mayor correlación posible de las acciones dentro de un sistema. Especial importancia revisten en este sentido las normas de competencia personal. Si una determinada autoridad establece una norma violando su competencia objetiva, pero no hay acción jurídica para anularla, por regla general lo que sucederá es que el sistema «reconocerá» e incorporará la norma deductivamente contraria a dicho sistema. Ello se manifestará en el establecimiento de una serie de normas infraordenadas respecto de la norma competencialmente extralimitada. La unidad del sistema exige considerar la norma supraordenada como válida. Por otra parte, nada se opone, obviamente, a que la violación sea de tal naturaleza que el sistema reaccione contra ella considerándola como ajena al sistema, como nula.

d) La «voluntad social» no supone una realidad independiente que exista con carácter previo, yuxtapuesto o supraordenado respecto de las acciones sociales en las que se manifiesta. Sólo en la medida en que éstas se correlacionan cabe hablar de dicha voluntad como de una totalidad. En cambio, sería erróneo considerar al derecho como una voluntad independiente que posteriormente, «al imponerse», demuestra su positividad —lo cual, sin embargo, es lo que suele quererse decir cuando se describe al derecho como una voluntad—. De hecho, ésta es la idea que subyace a la doctrina de Stammler de la positividad del derecho como expresión de la capacidad de «imposición» de la voluntad jurídica; voluntad que, en sí misma, puede ser determinada por otra vía. Y se manifiesta con mayor claridad aún en las teorías de Radbruch, Binder, Salomon y otros, conforme a las cuales la «realidad» del derecho, su «validez jurídica» (Radbruch), su «fenomenalidad» (Binder), puede considerarse como la voluntad real del Estado, de la comunidad o de algo semejante, que adquiere «vigencia sociológica» (Radbruch) o «vigencia fáctica» (Binder) al imponerse y encontrar observancia. Esta idea es incorrecta, aunque sólo fuese porque no se entiende a qué se pretende aludir con esa «voluntad». «El Estado» o «la comunidad» no están en condiciones de expresar una voluntad formal. Al respecto, suele pensarse en la ley, lo que supone obviamente un razonamiento circular, pues la respuesta a la pregunta acerca de qué es la ley o quién el legislador presupone una regulación jurídica, esto es, ese derecho que debía ser determinado por la voluntad. El planteamiento no consigue escapar al positivismo ingenuo, puesto que presupone el derecho positivo como algo dado de forma inmediata. El núcleo válido de esta idea es la consideración del derecho como una función de la voluntad social, tal y como ésta se manifiesta en la respectiva correlación de un determinado conjunto de acciones sociales que forman una totalidad individual.

e) Constituiría un malentendido afirmar que el derecho es una voluntad o el objeto de una voluntad (*supra cap.* VIII, 6b). El derecho consta de normas y las normas son expresión de una específica conexión funcional (*Funktionszusammenhang*), establecida a partir del conocimiento de una cierta totalidad de voluntad (*Willenstotalität*). Por eso, lo único que nos está dado decir es que el derecho es función de una totalidad de voluntad. De donde se sigue que la realidad que subyace al derecho encuentra su peculiar expresión en la formulación normativa. La correlación de las acciones sociales se corresponde con la interconexión lógico-sistemática de las normas (*systemlogischer Zusammenhang der Normen*). La lógica de sistema formal (*formale Systemlogik*) con la que toda ciencia normativa debe operar, y que se deriva de la estructura lógica de las normas, puede ser desarrollada hasta configurar una teoría formal de las normas (*formale Normlehre*). Ésta es a las ciencias normativas lo que las matemáticas a las ciencias naturales: un repertorio de formas posibles. Como sucede también en el caso de las matemáticas, no todas las formas desarrolladas han de encontrar necesariamente aplicación de hecho en el conocimiento de la realidad. Pero, a la inversa, sí puede decirse que todo conocimiento de la realidad —ya sea normativo o científico— ha de estar revestido de una forma suministrada por la teoría formal de las normas o por las matemáticas[8].

f) Hemos mencionado anteriormente que tenemos que corregir en alguna medida el concepto de validez. Se desprende de lo hasta aquí tratado que no es posible el conocimiento de una norma singular, aislada; sino, en todo caso, de un *sistema de normas* basado en una totalidad de voluntad. De donde se deriva que lo decisivo es que el *sistema de normas* se corresponda con una *totalidad* de voluntad, entendida como algo real. Frente a ello, podría pensarse que se da una cierta falta de concordancia entre una norma aislada y la realidad en ella expresada, en la medida en que esta norma está infraordenada respecto de otra que la unidad del sistema exige mantener, a pesar de su disparidad con la realidad que subyace a la norma infraordenada. Expresado correctamente, la positividad de una norma estriba, por tanto, en su pertenencia a un sistema que es función de la correspondiente totalidad de voluntad entendida como realidad.

g) Por último, de nuestro punto de partida se deduce también una serie de consecuencias en relación a los *límites del conocimiento jurídico*.

8 Cfr. Schreier, *Grundformen und Grundbegriffe*, p. 5.; cfr. pp. 45, 80, 85 y ss.

Una presentación de tan importante problema, apenas abordado por la literatura, daría para escribir un tratado independiente. Por ello, habremos de limitarnos a señalar aquí que dichos límites estriban en la imposibilidad de encontrar dentro del sistema del derecho un único punto fijo desde el cual el conocimiento jurídico pueda encontrar un camino seguro. La realidad jurídica consiste exclusivamente en la continua correlación recíproca. Pero el sistema jurídico, como organismo individual concreto, cambia a cada instante. Se da aquí una analogía con el organismo animal. Considerado en su realidad concreta-individual, un organismo tal consiste en un equilibrio permanentemente inestable en relación con su entorno. Se comporta como un equilibrista que se balancea sobre una cuerda. Cualquier variación concreta de las circunstancias exteriores, cualquier cambio de las condiciones de existencia, provoca la correspondiente compensación del organismo. «*Vivre, c'est s'habituer*». La introducción de una toxina, por ejemplo, genera una antitoxina, y en adelante el organismo reacciona frente a esa toxina de un modo diferente, esto es, ya no vuelve a ser el mismo. Hay sólo una diferencia de grado entre la ingestión de un veneno y, por ejemplo, la de alimento. El organismo está en perpetua mutación. Pero, precisamente porque la variación es continua, somos capaces de concebir el organismo, sometido a incesante fluctuación, como un mismo organismo[9]. Lo propio ocurre con el sistema jurídico. Como organismo, como totalidad individual, no es nunca igual a sí mismo.

La imposibilidad de hallar un punto de partida absoluto para el conocimiento jurídico ha encontrado su expresión lógico-formal en la doctrina de Kelsen sobre la norma fundamental como de índole meramente presupuesta. Sin embargo, Kelsen se equivoca cuando cree que es posible expresar la identidad de un determinado sistema jurídico a lo largo del tiempo acudiendo a la permanencia de la norma fundamental. Kelsen supone

9 Vid. al respecto F. le Dantec, en «*De la méthode dans les sciences*», primera serie, Paris 1920: «*tout ensemble de facteurs ambiants qui intéresse la vie d'un organisme détermine chez celui-ci une réaction, un fonctionnement dont le résultat est une modification, souvent très complexe, de la structure de l'individu. La vie tout entière peut donc se décomposer en une série de* vies successives, *dont chacune peut et doit s'appeler* le fonctionnement individuel *à chaque instant» (210). «Chez tous, animaux ou végétaux, l'emploi d'un réactif quelconque détermine l'accoutumance quand il ne produit pas la mort. - Vivre, c'ést s'habituer» (211). «Il n'y a d'ailleurs qu'une différence de degré entre les troubles appelés* maladies *et les modifications apportées a l'animal par l'introduction dans son intérieur d'une substance alimentaire (...) pathologie et physiologie deviendront synonymes, puisque, en réalité, l'organisme vivant varie sans cesse depuis sa naissance jusqu'à sa mort» (234-235). «Tout être qui fonctione subit un changement qui résulte de son fonctionnement et est dirigé par lui. On ne peut pas faire faire deux fois de suite la même chose à un même animal,* car ce nèst plus le même mécanisme» (247).

que los límites de la identidad del sistema están en la revolución, que se caracteriza precisamente por eliminar la norma fundamental precedente, dinamitando con ello la identidad del sistema. Frente a ello, hemos de afirmar que no hay diferencia básica alguna entre la revolución y el surgimiento diario del derecho extrasistemático (vid., más detenidamente, *infra,* caps. XII, 8 y XIV, 6). Ambos son igualmente ajenos al sistema, ambos presuponen por ello un cambio en la norma fundamental. Cualquier formación extrasistemática de derecho equivale a una variación en las condiciones de existencia del organismo animal. El sistema jurídico tiene que reaccionar frente a ello y en ningún caso podrá mantenerse intacto. Pero, al igual que el organismo, el sistema jurídico presenta una relativa continuidad dentro de su permanente mutación. Por ello, la ciencia jurídica no puede proporcionar, en rigor, sino una imagen instantánea. Ello no obstante, en la medida en que se basa en la relativa continuidad, adquiere también un valor que trasciende a lo instantáneo.

Otro importante límite del conocimiento jurídico estriba en que no hay razón alguna para considerar únicamente como derecho aquello que existe en forma escrita, o en cualquier otra forma lógico-gramatical. También es derecho lo meramente presupuesto, o lo que tiene que presuponerse necesariamente en consideración a una correlación continuada. Es más, el derecho escrito y lógicamente formulado ha de considerarse incluso como secundario. Los parágrafos, los documentos jurídicos, únicamente poseen significado en la medida en que tras las palabras existe una voluntad social presta a materializarse en acciones. La voluntad social ni siquiera necesita servirse de las palabras o de la escritura, sino que puede expresarse directamente a través de acciones y ser conocida como presupuesto de una serie de acciones sociales dada. Cuanto más abstracto sea el nivel en el que se determina lo que es derecho, menos relevancia cabrá otorgar al derecho fijado en fórmulas. Por ello, a partir de un cierto grado de abstracción, las cuestiones jurídicas no pueden ya solucionarse acudiendo a la ley y al derecho escrito, sino solamente a través de la observación de la voluntad jurídica inmediata de una determinada comunidad. He aquí uno de los límites del conocimiento jurídico: se produce una transición casi imperceptible de la voluntad jurídica clara y consciente hacia tendencias más o menos difusas, representaciones acerca de cómo debería ser el derecho y meras aceptaciones convencionales de lo fáctico. *En esta medida, hay algo de cierto* en la afirmación de que el derecho «encuentra su fundamento» en la conciencia jurídica, la voluntad jurídica o similares. En el plano más abstracto, el derecho se disuelve y pasa a ser únicamente visible en forma de sus componentes sociológicos: lo fáctico-convencional, lo deseado o querido como derecho (*infra cap.* XIV, 5).

5. A modo de resumen de los resultados obtenidos, podemos señalar lo siguiente. En esta primera parte (caps. VIII a XI) nos hemos propuesto determinar en qué consiste la «esencia» del derecho, su realidad, lo que el derecho realmente «es». Hemos visto que esta pregunta no puede tener otro significado que el de interrogarse por cómo es posible el conocimiento jurídico. Para responder a esta pregunta, todas las teorías relevantes han partido hasta hoy de una absoluta contraposición categorial entre ser y deber ser. Sin embargo, un análisis crítico demuestra que resulta imposible fundamentar una ciencia jurídica partiendo de este supuesto. Si se define el derecho como un ser, entonces resulta imposible hacerlo partícipe en modo alguno del deber ser; esto es, su carácter normativo ha de resultar forzosamente incomprensible. Y a la inversa: si se define el derecho como un puro deber ser, entonces ha de resultar imposible de aprehender la realidad del derecho, su positividad. Una síntesis de ambos puntos de vista, como la que intentan formular las teorías del ser-cultural, está condenada al fracaso, debido a la absoluta disparidad de ambas categorias. No queda entonces otro vía que suponer que el deber ser no constituye una categoría independiente, en absoluta contraposición al ser. Y en este sentido hemos intentado determinar el deber ser a modo de específica formulación de un tipo de conocimiento cuyo objeto es una totalidad concreto-individual, entendida como realidad (*eigentümliche Formulierung einer Wirklichkeitserkenntnis einer konkret-individuellen Willenstotalität*), fundamentando así la posibilidad del conocimiento jurídico. En términos lógico-trascendentales, la prueba del acierto de nuestra teoría reside en que sólo partiendo de esta base cabe captar, al mismo tiempo, la positividad del derecho (esto es, el carácter empírico del conocimiento jurídico-científico y [de] la normatividad del derecho)* y la diferencia que, sin embargo, existe entre el conocimiento científico-jurídico y el científico-natural. Con ello, poseemos ya una noción suficiente acerca de la naturaleza del conocimiento jurídico como para poder entender plenamente el significado del problema de las fuentes del derecho.

* N. del T.: literalmente, el paréntesis contiene las siguientes palabras: «el carácter empírico del conocimiento jurídico-científico y su normatividad (*den empirischen Charakter der rechtswissenschaftlichen Erkenntnis und seine Normativität*)», con lo cual no queda claro si el carácter empírico se extiende también a la normatividad del derecho (en cuyo caso debería haber utilizado el genitivo *und seiner Normativität,* que puede haberse perdido por simple error tipográfico) o si esta normatividad es un segundo elemento, autónomo, dentro de la oración; de ahí el *de* que hemos colocado entre corchetes.

Segunda parte

EL PROBLEMA DE LAS FUENTES DEL DERECHO

Capítulo XII
EL CONCEPTO DE FUENTE DEL DERECHO

1. EL SIGNIFICADO FORMAL DEL CONCEPTO DE FUENTES DEL DERECHO
2. SUS CONSECUENCIAS EN RELACIÓN CON LAS DIVERSAS FUENTES DEL DERECHO SUPUESTAMENTE EXISTENTES
3.-8. LA DEFINICIÓN REAL DEL CONCEPTO DE FUENTE DEL DERECHO SEGÚN
    3. EL POSITIVISMO DOMINANTE
    4. LA JURISPRUDENCIA LÓGICO-NORMATIVA
    5. LAS TEORÍAS SOCIOLÓGICAS
    6. LAS TEORÍAS FILOSÓFICO-CULTURALES
    7. LAS TEORÍAS IUSNATURALISTAS
    8. LA CONCEPCIÓN AQUÍ SOSTENIDA
9. EL CONCEPTO DE NORMA DE DELEGACIÓN
10. LOS CONCEPTOS DE FUENTE DERIVADA, FUENTE NO INDEPENDIENTE Y DERECHO EXTRASISTEMÁTICO

1. Las definiciones no se prueban, se justifican. Anteriormente (cap. VIII, 1) hemos señalado que, cuando un concepto —como sucede, por ejemplo,

con el concepto de derecho— es constitutivo de un determinado sistema, su definición equivale a la fundamentación lógico-trascendental del correspondiente sistema de conocimiento. Por el contrario, si el concepto —como sucede, por ejemplo, con el concepto de fuente del derecho— es intrasistemático, entonces hay que distinguir entre su definición nominal y su definición real. La definición nominal implica un planteamiento del problema de manera interna al sistema, concibiendo el concepto al modo de una «x» dentro de una ecuación; la definición real es la solución de dicha ecuación. La definición nominal es una hipótesis, la definición real una tesis. El concepto *está justificado* en la medida en que la definición nominal determina de manera adecuada una función científicamente relevante.

Aplicado al concepto de fuente del derecho, lo dicho nos lleva a que tal concepto está justificado si, y sólo si, hace referencia a un planteamiento unitario de un problema dentro del conocimiento jurídico. Por el contrario, lo que no nos indica el término (en este caso, ese término consistente en tres palabras que suman 16 letras) es de *qué* problema se trata. Los numerosos estudios acerca de lo que el uso lingüístico habitual entiende por el término «fuente» resultan irrelevantes. Desde el punto de vista lógico, no cabe postular la existencia de criterio alguno que sirva para determinar la función que desempeña el concepto. En este sentido, lo único decisivo es la *tradición histórica* de una determinada ciencia. Hay razones de índole técnico-científica para seguir utilizando la terminología tradicional. Históricamente, se va imponiendo un determinado término científico como ligado a cierto círculo de problemas. El cometido de la ciencia posterior es determinar el concepto —si es que es necesario— de manera formalmente unitaria, por la vía de ir precisando en mayor medida el planteamiento tradicional del problema.

Nuestro análisis histórico ha documentado copiosamente que la pregunta por las fuentes del derecho no ha ido referida a un *problema metodológicamente unívoco*. Los distintos problemas que se han contemplado conjuntamente, sin consciencia de su diversidad, son los siguientes: 1° la cuestión *sociológico-jurídica* (científico-causal) acerca de las causas de que un sistema jurídico dado llegue a existir. Expresado con mayor exactitud: las causas por las que llegan a realizarse los actos que crean derecho en relación a un determinado sistema jurídico. Éste es el planteamiento que subyace a la consideración de determinadas relaciones sociales y económicas de poder, de intereses de clase, costumbres, tradiciones históricas, concepciones religiosas o morales muy extendidas, etc., como fuentes de derecho. 2° el problema *ético* del fundamento de (esto es, la pregunta por el principio general que tiene como consecuencia) la fuerza moralmente vinculante que supuestamente cabe atribuir al ordenamiento jurídico; así por ejemplo, cuando la voluntad de Dios, la razón, el contrato, el reconocimiento o cosas semejantes son concebidas como fuente «última» de derecho. 3º El problema *teórico-jurídico* de cuál es el fundamento para saber que algo es derecho. Éste es el significado del término cuando se habla de la ley, el reglamento y otros instrumentos normativos como fuentes del derecho. Es ciertamente posible, aunque bien poco práctico desde un punto de vista técnico, designar con la misma palabra (fuente) todos estos problemas. Pero ello encierra el riesgo inmediato de que se produzca una mezcolanza de los distintos problemas, con la consiguiente confusión metodológica, riesgo que de hecho se ha materializado con gran frecuencia a lo largo de la historia. Para alcanzar un concepto más claro y depurado de fuente del derecho, es preciso decidirse por uno de esos tres problemas[1]. El problema básico de las fuentes es el que expresa el tercer planteamiento. Y ello porque los otros dos presuponen lógicamente este tercero (vid. al respecto *supra*, cap. I, 3). El planteamiento teórico-jurídico es el único que *entra en el ámbito* del sistema de conocimiento específicamente jurídico. Hemos de aislar este problema, que constituye el núcleo del círculo de cuestiones que tradicionalmente suelen plantearse bajo esta rúbrica, y situarlo en la base de la definición formal del sistema de fuentes: fuente del derecho significa, desde el punto de vista formal, fundamento que nos permite saber que algo es derecho[2].

2. De lo señalado en el apartado anterior, se desprende que la definición real del concepto de fuente del derecho depende de la teoría sobre la «naturaleza» del derecho de la que se parta. Sobre esta base, podemos ya criticar algunas ideas que se hallan implícitas en la teoría dominante de las fuentes del derecho, antes de pasar a la determinación material del concepto de fuente. Porque está claro que, con independencia de cómo se determine el concepto de derecho o de cómo se conciba la naturaleza del conocimiento jurídico, el concepto de fuentes del derecho ha de estar en

1 De ahí que sea incorrecto situar a las fuentes en sentido formal y a las fuentes en sentido material en el mismo plano, como a menudo sucede, especialmente en la literatura inglesa al respecto. En realidad se está pensando en dos problemas bien distintos, uno teórico-jurídico y otro sociológico, que no cabe contemplar como situados en el mismo nivel. Al respecto, vid. *supra* cap. IV, 7. Esta distinción aparece también en Bruno Schmidt, *Das Gewohnheitsrecht*, p. 59; Bergbohm, *Jurisprudenz und Rechtsphilosophie*, pp. 543 y ss., y en muchos otros.

2 En el mismo sentido, Kelsen, *Problem der Souveränität*, p.105. Éste es también el significado inmanente de la definición positivista del concepto de fuente, no del todo correcta desde el punto de vista lógico-normativo. Lo que sucede es que con frecuencia se tiende a identificar «fuente del derecho» con «sustrato que permite conocer *el derecho que el juez debe aplicar*»; una idea basada en el dogma de la existencia prejudicial del derecho, vid. p. ej., Bentzon, *Retskilderne*, p. 82, y Adickes, *Zur Lehre von den Rechtsquellen*, p. 31.

concordancia formal con ello. Sea lo que fuere lo que se considere fuente del derecho, hay un requisito necesario: que las distintas fuentes confluyan en el *mismo* criterio para la determinación del concepto de derecho. Cuando éste no es el caso, existe una contradicción que resulta evidente incluso para una crítica meramente interna. En lo que sigue, se mostrará que el motivo es, en todos los casos, que la cuestión teórico-jurídica del fundamento del conocimiento jurídico es mezclada con uno de los otros dos problemas antes mencionados: el sociológico acerca de las causas del derecho, o el ético acerca de su justificación.

Si, por ejemplo, se considera a la ley como fuente del derecho, basándose en que proviene de una autoridad competente, una voluntad estatal o algo similar, entonces todas las demás fuentes deben ser reconducidas al mismo concepto de derecho presupuesto. Cosa que no se hace cuando, junto a la ley, se considera a *la costumbre, la naturaleza de la cosa, la ciencia, el libre conocimiento del derecho, la equidad, la justicia y cosas semejantes* como fuentes supletorias. Al no reconducir estos conceptos a los mismos criterios que confieren al derecho positivo su condición de fuente del derecho, se produce un dualismo inaceptable en el concepto de fuentes del derecho, que se extiende al propio concepto de derecho. Una parte del derecho se define, al modo positivista, como voluntad dotada de autoridad o algo similar; la otra parte, por el contrario, se define por referencia a criterios absolutamente dispares como la concepción jurídica del pueblo, el consentimiento de quienes operan con el derecho, el ideal objetivo de derecho o similares[3]. En términos psicológicos, este sincretismo metódico se explica por el siguiente motivo. La cuestión de las fuentes del derecho es considerada en todo momento como idéntica a la cuestión práctica acerca de cómo debe alcanzar el juez el fallo decisorio. Partiendo del dogma constitucional de que la función del juez consiste únicamente en aplicar el derecho ya existente, se llega inmediatamente a suponer que es la idea del derecho la que señala al juez dónde puede encontrar el derecho que ha de aplicar. Dado que resulta innegable que el juez no extrae el material para su decisión únicamente de la ley, sino también de costumbres, de consideraciones acerca de la «naturaleza de la cosa» y cosas similares, lo que se hace es extender a estas «fuentes», por analogía, la cualidad de fuentes del derecho. Con ello, una serie de circunstancias fácticas que con frecuencia determinan la decisión del juez son contempladas como fundamento del conocimiento jurídico, lo que nos devuelve al ya analizado dualismo en el concepto de derecho. Cuando, para probar su carácter de ver-

3 Sobre el dualismo en el concepto de derecho, vid. también *supra* caps. III, 4; IV, excursus A. y VII, 1.

daderas fuentes del derecho, se alega que el juez está *obligado* a tomarlas en consideración, en la misma medida en que está vinculado por la ley, hay que aclarar primero a qué clase de obligación nos estamos refiriendo. Si nos estamos refiriendo a un *deber jurídico*, entonces habrá que demostrar la existencia de la correspondiente regla jurídica obligatoria, basada en una fuente que esté en consonancia con el concepto de derecho. En tal caso, estaríamos ante una delegación y las citadas fuentes sólo podrían tener una validez secundaria, derivada de la norma delegante. Si, por contra, no es posible mostrar la existencia de una norma de derecho tal, entonces es obvio que con tal obligación se está haciendo referencia a un deber *moral* del juez de aplicar esas supuestas fuentes aducidas. Y en tal caso, también resulta claro que no se justifica en modo alguno llamarlas fuentes del derecho.

Cabe concluir, pues, que *si se parte de la concepción dominante, que considera la ley como fuente de derecho porque la entiende como expresión de una voluntad especialmente cualificada, resulta contradictorio presentar a la naturaleza de la cosa, la equidad, el derecho libremente conocido, y cosas similares como fuentes subsidiarias. Pues a lo que en realidad se hace referencia es, o bien a los factores sociológicos que determinan la creación judicial de derecho, o bien a los ideales ético-políticos a los que debería estar orientada.*

Si se quiere seguir manteniendo el dogma de la existencia prejudicial del derecho, sólo hay dos vías para intentar evitar esta contradicción. *En primer lugar,* cabe seguir manteniendo el mismo concepto de derecho y entonces habrá que armonizar con él las mencionadas fuentes, considerándolas como basadas en delegaciones. Este camino es el que sigue, por ejemplo, la denominada «teoría de la autorización» («*Gestattungstheorie*»), que pretende explicar la fuerza vinculante de la costumbre acudiendo a una delegación del legislador. Esta solución es formalmente respetable, puesto que es consciente de la necesidad de que el concepto de fuentes del derecho sea unitario; otra cosa es que esa «explicación» sea ficticia. No suele ser posible demostrar la existencia de una autorización tal por parte del legislador; igual de ficticia resulta la referencia a una autorización «tácita», al margen de que contraviene las reglas formales que establecen los modos en que el legislador puede manifestar su voluntad. En realidad, esta «vía» no es más que una *petitio principii*. Se introduce en la ley, sin fundamento alguno, precisamente aquello que implica el presupuesto de que todo reside en la ley. *En segundo lugar*, cabe modificar el concepto de derecho para que concuerde con las fuentes extralegales, restableciendo de este modo la necesaria unidad. Así, cuando se otorga especial importancia a la *costumbre* como fuente subsidiaria de derecho, ello conduce a un concepto sociológico de derecho, que pretende disolver todo derecho en *costumbres*, en reglas observadas de hecho (Ehrlich, Kornfeld y otros). Cuando se presta especial atención, en cuanto fuente subsidiaria, al derecho conocido por vía científica, a la naturaleza de las cosas similares, el resultado será el correspondiente concepto de derecho iusnaturalista-idealista (Gény y otros). En ambos casos, se reproduce el problema inicial: ¿cómo es posible armonizar la *ley,* cuyo carácter positivo (vale decir, su independencia tanto de ideales iusnaturalistas como de determinaciones sociológicas, y en particular de la costumbre) resulta tan evidente, con el concepto no positivo de derecho? Para superar este obstáculo, la teoría iusnaturalista intenta considerar a la doctrina, por distintas vías, como manifestación de la idea, revelación incompleta o cosas similares (vid. v.gr. lo referido *supra* en el cap. X, 2 y ss. sobre las «teorías del ser-cultural»). Por su parte, los sociólogos pretenden fundar la ley en una disposición *habitual* a cumplir ciertos mandatos. Ya hemos demostrado en los lugares correspondientes que todos estos intentos están condenados al fracaso.

Por eso, no queda otra salida que renunciar al dogma de que el juez no crea derecho. Sólo de esta forma se puede comprender que el derecho consuetudinario, el derecho natural, la doctrina, etc. únicamente son derecho si, y en la medida en que, son aplicados por los tribunales; siempre y cuando, claro está, no sea posible aducir la existencia de una norma jurídica general (como la ley o el derecho de creación judicial) que incorpore, en cierta medida, la correspondiente fuente con carácter general al ordenamiento. No obstante, en este caso no estaremos ante una auténtica fuente de derecho originaria, esto es, que proporcione en sí misma una base de conocimiento del derecho; sino únicamente ante una fuente en sentido impropio, derivada, que no consiste sino en una concreción del contenido de otra, a saber, de la fuente de la cual emana la regla de derecho que efectúa la incorporación.

Cuanto hasta aquí se ha dicho acerca de las supuestas fuentes materiales no-positivas, es aplicable a las igualmente supuestas fuentes formales, cuasipositivas, ya citadas: la analogía y los demás métodos «lógicos» de inferencia, como la interpretación, en tanto que rebase el marco lógico-objetivo y lingüístico-gramatical. Como ya se indicó brevemente, en el cap. VIII, 3, y se probará más adelante, en el cap. XIII, 5-6, la doctrina más común sobre la interpretación e integración de la ley encierra un iusnaturalismo oculto. «Inducción», «deducción» y «construcción» no son funciones lógicas, sino *teleológicas*. A partir de una o más reglas jurídicas es posible obtener por inducción muchas reglas superiores distintas. Sólo una determinada idea acerca del *fin* que persigue la regla determina el curso de la inducción, y con ella, la analogía. Querer encontrar un punto de apoyo para la realización de inferencias «formales» en la voluntad del legislador es absolutamente ilusorio. Como se ha señalado con frecuencia, este término no designa una realidad objetiva, sino una entidad normativa que viene a personificar los postulados políticos que dominan la interpretación.

La crítica que acabamos de exponer se refiere fundamentalmente a las corrientes del derecho libre, que sitúan junto a la ley a una serie de fuentes «libres», esto es, de tipo sociológico o iusnaturalista, basadas en el poder creador de la comunidad o de la ciencia. Pero también concierne al positivismo histórico, que aspira a identificar el derecho con la ley. Por una parte, suele atribuir a la costumbre carácter de fuente independiente de derecho, de origen popular; pero por otra parte, considera a la interpretación e integración de la ley como una fuente de derecho de origen científico; no obstante, trata de encubrir formalmente esta incongruencia, contemplando a la interpretación y la sentencia judicial como formas de conocimiento de la verdadera voluntad del legislador.

3. La definición real del concepto de fuentes del derecho variará en función de la idea que se tenga del concepto de derecho, esto es, de la naturaleza del conocimiento jurídico. En lo que sigue, nos proponemos describir y criticar el concepto de fuentes del derecho tal y como tiene que derivarse de manera consecuente: del positivismo ingenuo dominante (nº 3), de la teoría del derecho como un puro deber ser de carácter específicamente jurídico (nº 4), como un ser-natural (nº 5), como un ser-cultural (nº 6) y, finalmente, como un deber ser de tipo ético (nº 7). Sobre el fundamento sistemático de esta agrupación de teorías, vid. *supra*, cap. VIII, 6.

La concepción dominante, el positivismo ingenuo, considera al derecho como expresión de una voluntad particularmente cualificada. Consecuentemente, esta concepción tiene que llevar a considerar a dicha voluntad como fuente única y suprema del derecho, como el único fundamento a partir del cual algo puede ser identificado como derecho. Cualesquiera otras fuentes sólo podrán ser tomadas en consideración en cuanto, directa o indirectamente, sirvan de expresión a la voluntad suprema. Como tal se califica con frecuencia a la voluntad del Estado, la cual, a su vez, es descrita como una voluntad común, una voluntad de la comunidad, una voluntad colectiva o cosas similares. A esta concepción se le podría formular una serie de objeciones, entre las cuales, sin embargo, solamente nos detendremos en las que están directamente relacionadas con el problema de las fuentes.

a) Considerar a las normas como objeto de una voluntad resulta en extremo confuso. Esto se examinó con más detenimiento en el cap. VIII, 6b.

b) La afirmación de que el derecho es la voluntad del Estado, de que el derecho es «creado» por el Estado, puede fácilmente ocasionar un malentendido de tipo metodológico. Correctamente entendida, esta afirmación significa tan sólo que la denominada voluntad del Estado es la única base que permite identificar algo como derecho; que, por eso, derecho y Estado —como el conjunto de toda voluntad estatal— son magnitudes *idénticas*. Pero puesto que la expresión «crear» designa originariamente un determinado proceso natural, esta terminología conduce con facilidad a la idea de que el Estado, a modo de un poder real situado «detrás» del derecho, crea y determina éste en un sentido real-natural. Hay aquí un error que conlleva dos funestas consecuencias. *En primer lugar*, la concepción del Estado como una fuerza realmente determinante del derecho lleva a situar al Estado junto a otras fuerzas creadoras de derecho, como v. gr., las costumbres fácticas y la ciencia interpretativa. Ello se deriva de una operación ya criticada anteriormente en el apartado 2: la de situar al mismo nivel el derecho legal creado por el Estado, el derecho consuetudinario creado por la comunidad y el derecho interpretativo creado por la ciencia, lo que supone un despropósito metodológico. Dicha yuxtaposición carece de sentido, pues *todo* derecho es creado por el Estado, en la medida en que con esto se pretenda expresar la unidad formal del concepto de derecho, desde el punto de vista teórico-jurídico. *Todo derecho* es creado por la comunidad, si esto significa que, desde un punto de vista sociológico, las fuerzas sociológicamente determinantes sólo pueden encontrarse en la realidad social de la comunidad. *Todo* derecho es creado científicamente, si con esto se pretende decir que, desde una perspectiva lógico-trascendental, el derecho —como cualquier otro objeto de conocimiento— es «creado» a través del correspondiente proceso cognoscitivo, dentro del marco del sistema de conocimiento jurídico. Todo derecho es simultáneamente de creación estatal, comunitaria y científica.

En segundo lugar, la concepción del Estado como un poder real situado «detrás» del derecho conduce a un concepto metajurídico de Estado. Como toda metafísica, todo meta-derecho supone anclar el conocimiento en lo absoluto y sustancial. No es éste el lugar para mostrar en detalle las perjudiciales consecuencias para el conocimiento del derecho que tal dogmatismo porta consigo.

c) El mismo concepto de «voluntad de la colectividad» o «voluntad de la comunidad» es de naturaleza extremadamente problemática y se presta a equívocos. En el cap. XI, 1 y 2, se ha mostrado que este término puede ser utilizado correctamente para referirse a una totalidad de acciones sociales *(soziale Handlungstotalität)*. Sin embargo, la doctrina dominante no emplea la expresión en este sentido. Unas veces tiende a sustantivizar metafísicamente la coexistencia social, atribuyendo a la colectividad como tal una existencia y eficacia independientes y convirtiéndola —a través de la denominación «espíritu del pueblo», «*conscience collective*» u otras similares— en «portadora» de la voluntad de la colectividad. Esta idea encontró su expresión más característica en la doctrina romántica de la escuela histórica alemana, y de allí pasó al positivismo. Recientemente, ha vuelto a cobrar importancia, tras ser recuperada por la moderna sociología francesa. Kelsen ha criticado, con toda razón, esta idea[4].

En otras ocasiones, lo que se intenta, en aras de eludir toda metafísica, es definir la voluntad de la colectividad como expresión de la comunidad de voluntades de los individuos concretos. Pero en la práctica tal comunidad es siempre una ficción. Kelsen tiene razón al afirmar que tras esta metáfora se oculta, en realidad, la idea de un sistema normativo supraindividual[5]. De acuerdo con nuestra concepción, este sistema de normas se basa a su vez en un conjunto de acciones sociales, que puede ser denominado, con toda razón, voluntad colectiva. En éste, y *sólo* en este sentido, es posible calificar con cierta propiedad el derecho como expresión de una voluntad[6].

d) En conexión con la doctrina del derecho como voluntad del Estado, se suele concebir a las reglas jurídicas como mandatos (o imperativos) que un emisor dirige a un destinatario. Al aplicar esta imagen lingüístico-psicológica a la determinación de la «naturaleza» del derecho, esto es, del carácter del conocimiento jurídico, surgen una serie de consecuencias y problemas que en realidad son absolutamente ajenos a un sistema de conocimiento normativo. Tal vez los de mayor relevancia sean el problema del destinatario y la consecuencia de que quien emite los mandatos (el Estado) se encuentra por encima y fuera del Derecho. En el plano general, hemos de remitirnos a la excelente crítica de Kelsen a las teorías imperativistas[7]. Aquí sólo nos referiremos en detalle a este último aspecto.

---

4 Vid. la crítica de Kelsen a Le Bon y Durkheim, en *Der soziologische und der juristische Staatsbegriff*, §§ 5 y 8.

5 Op. cit., pp. 44 y 72.

6 Por lo tanto, en este sentido nuestra concepción también se diferencia de la de Kelsen, para quien lo normativo se sitúa más allá de toda realidad. Op. cit., p. 72.

7 *Hauptprobleme*, p. 189 y ss.; vid. también Kaufmann, *Logik und Rechtswissenschaft*, pp. 73 y ss. - Estando ya concluido este manuscrito, he tenido acceso a la brillante y profunda crítica de Hägerström a las teorías voluntaristas. No me ha sido ya posible incorporarla. En cualquier caso, la perspectiva que adopta Hägerström se halla en un plano distinto del nuestro; este autor no trata las teorías voluntaristas desde el punto de vista teórico-jurídico, sino en lo referente a su contenido psicológico-sociológico; vid. Hägerström, *Till fragan om den objektiva rättens begrepp* I, *Villjesteorien*, 1917.

Si se contempla el derecho como mandatos de un sujeto superior (el Estado) dirigidos a otros sujetos, la consecuencia necesaria es que el Estado mismo se halla por encima, o sea, fuera del derecho. Ello es consecuencia inmediata de la proposición de teoría formal de las normas conforme a la cual, cuando las condiciones constitutivas de una «norma» (la voluntad del Estado) son las mismas que las que constituyen lo presuntamente normado (la voluntad del Estado), es decir, cuando *desde el punto de vista lógico-normativo* sujeto normador y sujeto sometido a la norma son idénticos, en realidad no existe obligación, ni norma alguna. Pues toda «infracción» constituirá automáticamente una nueva norma, que deroga la anterior y hace imposible el conflicto normativo. Esta consecuencia, que si se parte de las ideas de la doctrina dominante haría imposible cualquier vinculación de las autoridades frente a los ciudadanos, trató de eludirse a través de la teoría de la autovinculación del Estado[8]. Podemos señalar de antemano que todos los problemas que esta doctrina suscita son problemas *sólo aparentes* que se deben al hecho de que el sistema jurídico, que se desarrolla escalonadamente a lo largo de una serie de instancias, ha sido hipostasiado en forma de *voluntad de una persona singular*. Desde el punto de vista lógico-normativo, no supone problema alguno el que también la «autoridad», en cuanto instancia normadora, pueda hallarse vinculada jurídicamente en su condición de eslabón dentro de la secuencia escalonada del derecho —es decir, a través de normas situadas o presupuestas en un escalón superior. Y ello porque las normas no proceden de la «autoridad» como algo que existe con anterioridad e independencia de ellas; por el contrario, la «autoridad» únicamente es tal en virtud de su ubicacion en el sistema; la «voluntad» normativa no emana de la autoridad, sino que instituye a ésta y se despliega a través de ella. Por eso, no hay mucho más que decir, sino que la doctrina de la autovinculación del Estado es una construcción lógico-normativamente imposible, producto de una incorrecta teoría de las fuentes del derecho.

La doctrina de la autovinculación del Estado encuentra su correlato en la teoría contractualista o la teoría del reconocimiento, que se suelen usar comúnmente para fundamentar la fuerza vinculante del ordenamiento jurídico para el individuo[9], y asimismo en la teoría del derecho internacional, que pretende fundamentar su carácter vinculante para los Estados

8 Vid. en particular Jellinek, *Natur der Staatsverträge*, al comienzo; *Allgemeine Staatslehre*, p. 357 y ss. y 475 y ss.; *Gesetz und Verorodnung*, p. 199, nota (11).

9 Esta analogía ya había sido puesta de relieve por Verdroß, en *Die gesellschaftlichen Grundlagen*, en particular pp. 419 y 420.

en contratos interestatales y, por tanto, en el propio ordenamiento estatal. En los tres casos ocurre lo mismo: la construcción supone un imposible lógico-normativo. Desde el momento en que, por ejemplo, la teoría contractualista presupone que las voluntades individuales son el fundamento último de la obligación, ha de resultar imposible llegar a una vinculatoriedad intra-individual. Una vez trazado el círculo de las voluntades individuales, es ya imposible salir de él. El resultado no puede ser otro que un absoluto solipsismo normativo. El único y su propiedad. De nada sirve incluir en el propio contrato básico la cláusula de que los contratos deben ser cumplidos; porque el hecho de que *también* haya que cumplir *esta última* ha de presuponerse necesariamente de manera independiente respecto de las voluntades individuales; de lo contrario, éstas podrían en todo momento anular la norma anterior. Lo mismo puede decirse cuando el punto de partida normativo escogido es el Estado, entendido como entidad individual, y la voluntad estatal. Sobre este fundamento resulta imposible construir una obligación del Estado frente al ciudadano o frente a otros Estados.

Formalmente, pues, la teoría de la autovinculación es siempre la misma, en sus tres escalones. Mas el motivo que la origina es en cada caso distinto. En cuanto concierne a la teoría contractualista, el motivo es, sin duda, el afán de justificar éticamente la sujeción jurídica del individuo respecto del poder del Estado. Dado que *la propia voluntad* —entendida en sentido psicológico— es el último fundamento de la vinculatoriedad ética, no resulta sino consecuente situar la condición para que el ordenamiento jurídico posea fuerza *moralmente* vinculante en un consentimiento —un contrato, un reconocimiento— por parte de los individuos. Por el contrario, por lo que se refiere a la teoría de la autovinculación del Estado, a fin de fundamentar su sujeción respecto de los ciudadanos, se trata sencillamente de una construcción para salvar *la posibilidad del derecho público*, sobre la base de una incorrecta teoría de las fuentes del derecho. Por último, en lo referente al derecho internacional, el temor a tener que renunciar a la *positividad de éste* conduce a que —en ausencia de una instancia legisladora jurídico-internacional— se crea que el derecho internacional ha de basarse en el derecho positivo estatal. Sustentarlo en una «Constitución del derecho internacional» meramente presupuesta —como sería, por ejemplo, la cláusula *pacta sunt servanda*— parece una arbitrariedad de índole iusnaturalista. Sin embargo, esta posición se debe a un incorrecto entendimiento de la posibilidad de un derecho positivo meramente presupuesto. Vid. al respecto *supra,* cap. XI, 4c.

Corresponde a Kelsen el honor de haber criticado con gran energía la doctrina de la autovinculación del Estado en su conexión con la idea de un Estado situado «detrás» del derecho, del que éste «emana»[10]. Sin embargo, resulta innegable que en Kelsen —tras haber disuelto las falsas hipóstasis que otorgan al Estado existencia independiente junto al derecho y haber declarado la identidad de Estado y ordenamiento jurídico— se encuentran aún algunos restos no superados de la teoría combatida. Kelsen habla todavía de una vinculación del Estado sobre la base del derecho estatal, como expresión de su sujeción tanto jurídico-internacional como interna. Pero si utilizamos el término Estado (como hace Kelsen) como una expresión sintética para designar al sistema jurídico en su totalidad, entonces es absurdo hablar de una vinculación del Estado sobre la base de este sistema. Ello nos devuelve, de modo inexorable, a la figura de la autovinculación. Esto se percibe con especial claridad en la teoría de Kelsen sobre el derecho internacional, donde habla de la posibilidad de que éste se fundamente, aparte de en una «primacía del derecho internacional», también en una «primacía del derecho estatal». Su doctrina coincide con la habitual, conforme a la cual el derecho internacional es derecho estatal externo, en la medida en que la constitución estatal reconoce al contrato entre Estados capacidad para crear derecho; y que establece que un tratado internacional semejante no puede ser anulado unilateralmente, se piensa haber fundamentado la fuerza vinculante del derecho internacional para el Estado[11]. Esta doctrina corre paralela a una teoría contractua-

10 Vid. *Hauptprobleme*, XIX, 395 y ss., 429 y ss.; *Der soziologische und der juristische Staatsbegriff*, § 22.

11 *Problem der Souveränität*, 157: «Si se considera el tratado internacional —por delegación constitucional— como una forma inmediata de creación de derecho por parte del Estado, entonces resulta que del axioma lógico-jurídico de que toda norma jurídica únicamente puede ser modificada bajo las condiciones que el propio ordenamiento jurídico del que forma parte establece, unido al concepto usual de tratado que emplea la Constitución, se deduce lo siguiente: que la «voluntad» del Estado que ha quedado plasmada en el tratado sólo podría modificarse con el consentimiento de otro Estado, esto es, mediante un nuevo tratado, y no a través de una ley unilateralmente dictada». Cfr. p. 191. Este razonamiento conduciría, a lo sumo, a que, para poder modificar unilateralmente un tratado jurídico-internacional, sea preciso que tal modificación revista forma constitucional. Verdroß, que inicialmente asumía, como Kelsen, la posibilidad de una construcción jurídico-estatal del Derecho Internacional, ha abandonado posteriormente esta posición: vid. *Die Einheit des rechtliches Weltbildes*, § 17, y *Die gesellschaftlichen Grundlagen der Völkerrechtstheorie*, pp. 419-420.

De una vinculación jurídico-estatal del Estado habla Kelsen, v. gr. en los *Hauptprobleme*, p. 433. Formalmente, se logra eludir la figura de la autovinculación, al afirmar que «la persona del Estado no quedará vinculada cuando lo desee, ni deberá realizar las actuaciones que le parezcan oportunas *a ella*, sino que estará vinculada en el momento en que lo decidan las personas a las que corresponde legislar, y deberá realizar las actuaciones que éstas mismas consideren oportuno». Esta construcción se basa en la teoría de Kelsen del carácter metajurídico de la formación del derecho, que posteriormente abandonaría, cfr.

lista de carácter individualista, que pretende fundar la fuerza obligatoria del ordenamiento jurídico en un contrato, que incluye la cláusula de que los contratos deben ser observados. En este caso, como en aquellos, la vinculatoriedad es ilusoria. La norma que fundamenta la imposibilidad de rescindir unilateralmente los contratos privados o estatales puede, en sí misma, ser anulada de modo unilateral por los individuos o por el Estado. Por la misma razón, es imposible considerar al Estado (como expresión de la totalidad del ordenamiento jurídico) como vinculado *ad intra* por «su propio» ordenamiento jurídico. Sólo cuando se toma el Estado como expresión de un ordenamiento jurídico parcial puede entendérsele como obligado por el «Estado», entendido como expresión de un ordenamiento parcial más amplio, o de la totalidad misma del ordenamiento. El Estado, entendido como administrador de justicia, puede considerarse vinculado por el Estado como emisor de normas reglamentarias, éste, a su vez, como vinculado por el Estado legislador, y éste último como vinculado por el Estado constituyente. Pero «el Estado» mismo, como expresión de la unidad del ordenamiento jurídico, nunca puede estar verdaderamente vinculado, en el sentido de que no pudiera, en *ninguna* de sus formas de expresión —ni siquiera como constituyente, o como cualquier otra cosa que pudiera haber por encima de éste—, «liberarse a sí mismo de su vinculación». La autovinculación es imposible. Desde el punto de vista lógico-normativo, las normas autónomas no existen.

Precisamente una comparación con las normas morales «autónomas», en analogía con las cuales Jellinek ha construido su doctrina de la autovinculación del Estado, servirá para ilustrar cómo debe entenderse este hecho en realidad. Porque, en sentido lógico-normativo, las normas morales son tan poco autónomas como las demás (cap. X, 10). «Yo» no puedo obligarme «a mí mismo», cuando «yo» y «a mí» son expresión del mismo todo, o del mismo centro de imputación, de modo que una voluntad que me es imputada «a mí» haya de ser también imputada al «yo». «Yo» y «a mí» bien pueden insertarse en la misma unidad psicológica; pero, por lo demás, ha de existir una diferencia entre ellos. «Yo» —la instancia normadora— es la voluntad específicamente moral que, por lo demás, se halla en oposición a «a mí» como expresión de las restantes concreciones

---

Hauptprobleme, cap. XIV, y por esa misma razón resulta insostenible. Una discusión exhaustiva de las construcciones de Kelsen exigiría previamente una crítica de su concepto de persona, cfr. *Hauptprobleme*, caps. XVIII-XIX, y *Der Staatsbegriff*, 134; pero habremos de dejarlo para otra ocasión.

Un caso en el que Kelsen opera con la figura de la autovinculación en un contexto distinto, *infra* p. 424.

de mi voluntad. Ambos conjuntos de voluntad se reunen bajo la misma totalidad psíquica y, en este sentido, ambos son «míos». Por el contrario, desde el punto de vista lógico-normativo, «yo» es distinto de «a mí», y por eso las normas morales son heterónomas. Exactamente lo mismo que sucede con la «autovinculación» del Estado. Sólo cabe utilizar esta expresión en el sentido de que la instancia que establece normas y la sometida a ellas son diferentes centros de imputación dentro del mismo todo, entendiendo al Estado como una totalidad social análoga al «yo» como totalidad psíquica; pero, desde un punto de vista lógico-normativo, las instancias han de ser distintas y la obligación no puede sino ser heterónoma.

Verdroß ha intentado fundamentar la «autovinculación» del legislador sobre bases lógico-normativas. La idea básica de Verdroß es que la Constitución, como escalón superior del derecho, es jurídicamente vinculante para el legislador en la misma medida en que la ley lo es para las personas a ella subordinadas. De ahí que «desde un punto de vista jurídico, la llamada autovinculación del legislador sea de idéntica naturaleza a la autovinculación de cualquier sujeto de derecho». También el legislador sólo está en disposición de vincularse jurídicamente a sí mismo y al Estado cuando el ordenamiento constitucional considerado como supremo permite esta vinculación, «elevándola» a la condición de «vínculo *jurídico*»[12]. La idea que este razonamiento expresa es que una instancia supraordenada A (la Constitución) confiere a B (el legislador) una cierta competencia, con las limitaciones que el mismo B habrá de establecer. No obstante, esta construcción sólo resulta posible si se presupone *la derogación del principio de la lex posterior*[13]. De lo contrario, el legislador habría de poder abrogar la norma de competencia dictada anteriormente por él mismo —y toda violación de la restricción competencial establecida implicaría, por sí misma, una tal derogación, por lo que las restricciones serían ineficaces. *Tenemos que conceder a Verdroß que nuestros argumentos presuponen todos la vigencia del principio de la lex posterior.* Pero, aunque la construcción de Verdroß sea posible desde un punto de vista lógico-normativo, no deja de ser irrelevante para todos los sistemas jurídicos existentes en la práctica, puesto que todos se basan en el citado principio. Y, de hecho, la analogía —a la que alude Verdroß— entre la posición del legislador y la de la persona sometida a la ley es incorrecta. Se basa en una confusión de obli-

12 Verdroß, *Zum Problem der Rechtsunterworfenheit des Gesetzgebers*, pp. 484 y 485.

13 En este sentido, ya Eisele, *Unverbindlicher Gesetzesinhalt*: «Ciertamente, la máxima *lex posterior derogat priori* (...) no expresa directamente que la voluntad del legislador sea libre frente a sí misma, pero lo presupone». Discrepan von Martitz, *Der konstitutionelle Begriff des Gesetzes*, pp. 249 y ss., y Jellinek, *Gesetz und Verorodnung*, pp. 261 y ss.

gación con competencia. Si yo prometo pagar cien coronas, surge para mí una obligación de pagar cien coronas, lo que quiere decir que, de no producirse el pago bajo determinadas condiciones, sobrevendrá una sanción. En el caso del legislador, no se habla nunca de una tal sanción. Su «obligación» consiste más bien en una modificación competencial, en tanto en cuanto se veda al legislador la creación de futuras normas que se hallen en conflicto con la norma «que le obliga». No hay aquí posibilidad alguna de contravención, y por eso tampoco existe obligación; pues bajo las condiciones mencionadas el legislador no podrá establecer normas jurídicamente válidas que se hallen en contradicción con la norma que limita su competencia. La parte correcta de la idea de Verdroß estriba en considerar al legislador como vinculado por la Constitución. Por contra, es imposible —supuesta la vigencia del principio de la *lex posterior*— considerar al legislador como vinculado por sus propias normas restrictivas de competencias, incluso si la Constitución contuviera una prescripción en este sentido.

Somló ha intentado evitar las dificultades con que tropieza la idea de la autovinculación presuponiendo la existencia de unas específicas e irreversibles normas de promesa, que emanarían de la potestad jurídica y la vincularían (*Juristische Grundlehre*, §§ 69, 94-95). Sin embargo, lo que se presenta como salida al problema no es en realidad más que un pretexto. Únicamente en un sentido psicológico-lingüístico cabe entender la promesa como una entidad independiente; en cambio, en cuanto figura lógico-normativa se reduce a las normas constituidas en la voluntad del receptor de la promesa. Y de hecho, ello se evidencia en la aplicación que Somló hace de la teoría de las normas de promesa: se ve forzado a reconocer que el receptor de la promesa —el sometido a la norma— es elevado, en virtud de dicha promesa, a la condición de partícipe de la potestad jurídica. Y esto implica una quiebra del sistema de Somló. Vid. *infra* cap. XIV, 2.

4. Dado que la doctrina normativista del derecho de Kelsen puede considerarse una versión refinada del positivismo dominante, no es de extrañar que también su doctrina de las fuentes del derecho presente sustanciales similitudes con la dominante. Según Kelsen, la validez de una norma sólo puede fundarse en que ésta deriva de otra norma —válida—, que puede ser derivada, en último término, de la *norma fundamental*. Por tanto, el conocimiento jurídico sólo es posible si se parte de una primera *norma fundamental*, cuya validez se presupone (cfr. *supra* X, 1). Ésta es, en consecuencia, la única fuente independiente y originaria (esto es, la base de conocimiento) de todo derecho[14]. Esta idea se corresponde, en la teoría

14 V. gr. *Der Staatsbegriff*, p. 94; *Problem der Souveränität*, p. 105.

positivista al uso (en su forma coherente), con la afirmación de que *el Estado* es fuente de todo derecho, y en la teoría del poder de Austin y de Somló, con la suposición de que el *soberano* y la *potestad jurídica* son, respectivamente, la fuente única y suprema. Todas estas teorías comparten la reconducción del conocimiento jurídico a una *fuente primera*, que *es absoluta*, en el sentido de que carece de relación con ninguna otra circunstancia jurídica.

En el sistema de Kelsen, cabe considerar como *fuente derivada* (*abgeleitete Quelle*) a toda norma de la que sea posible derivar, o en la que sea posible fundar, otra norma jurídica. Así, la Constitución es fuente para la ley, ésta lo es para el reglamento y así sucesivamente. Todas ellas tienen carácter derivado respecto de la norma fundamental. Esta doctrina de Merkl y Kelsen sobre la estructura escalonada del derecho expresa, pues, de forma brillante que el derecho no puede ser identificado con la ley, esto es, con la norma general situada en un cierto plano del desarrollo normativo. Por otra parte, es innegable que especialmente la doctrina de Merkl muestra una decidida tendencia a identificar dogmáticamente (pues la teoría de la norma fundamental en modo alguno le autoriza a ello) «derecho» con «derecho *establecido*» («*gesetztes Recht*») y, correspondientemente, a presuponer en todos los casos el establecimiento expreso del derecho. De ahí que el derecho consuetudinario suponga un punto débil de su teoría, como lo es también en el caso de la doctrina dominante. En los *Hauptprobleme*, Kelsen acierta al constatar que la costumbre sólo llega a ser derecho en la medida en que es aplicada por los tribunales del Estado. Pero, dado su carácter extrasistemático, su conversión en derecho es considerado como un proceso metajurídico, no susceptible de ser aprehendido jurídicamente[15]. Como ya señalamos anteriormente (cap. XI, 4c), esta idea entraña un problema, a saber, ¿como es posible entonces saber realmente si la costumbre se ha convertido en derecho? Debido al carácter deductivo de su lógica de sistema *(Systemlogik)* (que ni siquiera es consecuencia necesaria de la teoría de la norma originaria, puesto que siempre cabe incluir en ella la correspondiente delegación en blanco), Kelsen se ha vedado la comprensión de la formación inductiva del derecho en los escalones inferiores. Por contra, en la *Allgemeine Staatslehre* Kelsen parece considerar el derecho consuetudinario, en consonancia con la doctrina dominante, como un derecho creado por el pueblo[16].

15 *Hauptprobleme, pp.* 99-102 y 103.

16 *Allgemeine Staatslehre*, p. 232, donde se afirma que el derecho consuetudinario surge «de la práctica ejercida por todos los miembros de la comunidad jurídica»; este modo de creación se califica más adelante como «extremadamente democrático».

5. Si se concibe al derecho como una realidad natural y al conocimiento jurídico como un conocimiento de reglas científico-naturales, como expresión de una regularidad causal insuficientemente conocida, entonces el problema de las fuentes del derecho ha de cambiar radicalmente de carácter. Dado que el derecho se contempla como un conjunto de reglas empírico-fácticas de conducta, la pregunta por la fuentes del derecho ha de significar lo mismo que la relativa a las *causas* más profundas que explican los actos empíricos como consecuencia de leyes generales. De esta forma, Kornfeld define el concepto de fuente del derecho como «las causas reales que generan las conductas jurídico-sociales que se suceden con regularidad»[17]. Ehrlich afirma que «la pregunta acerca de las fuentes del derecho en absoluto persigue averiguar bajo qué forma adquieren carácter vinculante las reglas jurídicas que el juez o el funcionario deben aplicar (...) la tarea de una teoría de las fuentes del derecho estriba en encontrar las fuerzas que impulsan el desarrollo de las instituciones jurídicas»[18]. En todas las épocas se ha considerado como fuerzas de creación del derecho más evidentes, respectivamente, a las costumbres de hecho (desde un punto de vista sociológico) y a las fuerzas que impelen a los hombres a actuar conforme a hábitos (desde una perspectiva psicológica). Por ello, la teoría sociológica de las fuentes del derecho siempre ha tendido a *considerar a la costumbre como la fuente fundamental de todo derecho* y a todo derecho, en última instancia, como consuetudinario[19]. Esta tendencia, que encontró su manifestación histórica más marcada en la escuela histórica ale-

---

17 *Soziale Machtverhältnisse*, 73.

18 *Soziologie des Rechts*, p. 68; cfr. también 358, 365, 366.

19 Cfr. caps. XI, 4g; XVI, p. 3 y ss. y XIV, 3 y ss.

Ehrlich sustituye la habitual clasificación bipartita, ley-derecho consuetudinario, por una tripartita: «1° Ante todo, la ley en sentido propio, esto es una disposición autoritativa que no sólo emana externamente del legislador, sino que también es determinada por éste en su contenido; un contenido que, por tanto, no existía con anterioridad en el ordenamiento. A continuación, 2° la norma de decisión emanada de la legislación, la jurisdicción o la ciencia del derecho, y 3° el derecho consuetudinario social propiamente dicho.» (*Die Tatsachen des Gewohnheitsrechtes*, p. 28). Prescindiendo de todos los argumentos metodológicos que cabría aducir, debe objetarse que en la citada tripartición nada hay de nuevo con respecto a la división tradicional. El nº 1 se refiere a la ley, en la medida en que ésta no se limite a confirmar el «derecho consuetudinario». El nº 2 contiene: a) la ley, en cuanto ésta consista tan sólo en la confirmación de un derecho consuetudinario anterior; b) el derecho consuetudinario formado a través de la práctica; c) la ciencia como fuente del derecho, que hay que desechar, como construcción carente de sentido. El nº 3 se refiere a la costumbre meramente fáctica, que todavía no ha devenido derecho. Esto es, los números 1 y 2a equivalen a la ley, y el número 2b al derecho consuetudinario, y lo demás no es derecho. Por tanto, la clasificación de Ehrlich es una simple variación de la división tradicional.

mana (si bien no sobre bases sociológicas, sino histórico-filosóficas), aparece de nuevo en los psicólogos (Zitelmann, Georg Frenzel, Petrazycki y otros) y sociólogos (Ehrlich, Kornfeld, Sinzheimer, etc.) posteriores. Aunque sobre fundamentos incorrectos, y en ausencia de una comprensión teórica adecuada de la naturaleza del derecho consuetudinario como derecho *creado por el juez* (se dice «creado por la sociedad», en oposición a «creado por la comunidad»), se consigue poner de relieve —a modo de saludable contrapeso a la concepción lógico-sistemática del derecho dominante— la existencia extralegal, extrasistemática del derecho. Mientras que la doctrina dominante y la Jurisprudencia normativista van demasiado lejos, al considerar que el derecho sistemático-deductivo, expresamente formulado, es *todo* el derecho, la concepción sociologista va también demasiado lejos, pero en dirección opuesta, al desdibujar las lindes entre el derecho (el determinado por el sistema) y la mera costumbre de hecho. Esto es consecuencia necesaria de la creencia en la posibilidad de resolver la pregunta acerca de la existencia del derecho (un problema teórico-jurídico) con ayuda del método sociológico. De este modo, resulta inevitable confundir el derecho con las causas del derecho y borrar la línea de separación entre «derecho» y «costumbre».

Por lo demás, hemos de remitirnos a la exposición de las teorías sociologistas de Kornfeld y Ehrlich en el capítulo IX, 1 y 2, que muestra cómo Kornfeld no consigue determinar las fuentes del derecho sin recurrir a un punto de vista positivo-normativo. En las *Soziale Machtverhältnisse,* Kornfeld explica el derecho legal del modo siguiente: «El derecho legal resulta de la existencia de impulsos uniformes a subsumir bajo proposiciones jurídicas (...)»[20], con lo cual Kornfeld se ve obligado —toda vez que «proposiciones jurídicas» no puede referirse a cualquier proposición jurídica arbitrariamente formulada y expresada— a presuponer la ley positiva, que es precisamente lo que debía explicar. Ciertamente, en su *Allgemeine Rechtslehre* busca evitar esta circularidad, por la vía de introducir el *sentimiento del derecho* (*Rechtsgefühl*) como fundamento real último de toda actuación jurídica. Pero una de dos, o bien el razonamiento continúa siendo circular, o bien ha de presumir la existencia de un sentido del derecho (*Rechtssinn*) a modo de sexto sentido.

En el mismo lugar hemos mostrado también que la distinción que establece Ehrlich entre el derecho consuetudinario en sentido propio, los hechos del derecho (*Rechtstatsachen*) y las «normas de decisión» formales (*formelle «Entscheidungsnormen»*) se basa en una mezcolanza de la

20 Op. cit., p. 74.

cuestión sociológica acerca de las causas del derecho con la teórico-jurídica acerca de la existencia del derecho. Conclusión: querer formular una doctrina sociologista de las fuentes del derecho, en el sentido de una determinación de *la existencia* del derecho mediante la aplicación de un método sociológico, es un imposible metodológico.

6. Los autores que consideran el derecho como un ser-cultural (*supra cap.* X, 2) no han realizado, hasta donde yo sé, ninguna contribución sustancialmente nueva a la teoría de las fuentes del derecho. Y esto no es casual. Aunque afirman que lo que constituye el derecho es la idea del derecho (*Rechtsidee*), ellos mismos no se atienen rigurosamente a este postulado. De hecho, *no* se sirven de la idea del derecho para constituir el concepto o la validez del mismo. Por el contrario, dan por supuesta la existencia del derecho (su realidad natural o fenomenalidad) como algo directamente dado, no problemático y palpable, de manera coincidente con el positivismo dominante (cap. X, 5 y 6). Con lo cual aceptan la teoría de las fuentes del derecho de la doctrina dominante, con el único añadido de que los fenómenos jurídicos adquieren su peculiar «significado» jurídico en virtud de su relación con la idea del derecho; pero, como hemos mostrado detenidamente, esta afirmación es una frase vacía que sirve en realidad a fines políticos.

Y de hecho, las afirmaciones dispersas que encontramos en estos autores a propósito de las fuentes del derecho son cualquier cosa menos originales; más bien mantienen el tenor tradicional y, a lo sumo, se adaptan levemente a los propios fundamentos filosófico-dogmáticos. Binder, v. gr., define la fuente suprema del derecho, al modo tradicional, como la «voluntad de la sociedad», que se expresa de forma consciente en la ley y de forma inconsciente en las costumbres practicadas de hecho por el pueblo. Tan sólo introduce una pequeña modificación, y es que el componente tradicional de la *opinio necessitatis* es sustituido por la idea del derecho[21].

7. Tan difícil resulta encontrar una teoría del derecho que desarrolle de forma consecuente la idea de que el derecho es un deber ser ético, como una teoría de las fuentes del derecho formulada sobre esta base. Ciertamente, no es raro toparse con autores que declaran a *la voluntad de Dios, la razón, la convicción jurídica o cosas similares como fuente suprema del derecho.* A este respecto, bástenos recordar a Gény y los demás iusnaturalistas franceses. Pero, de alguna manera, siempre terminan apareciendo el derecho positivo y sus fuentes (especialmente la ley), cuya «existencia real» se presupone. Lo que quiebra el sistema puramente

21 Binder, *Philosophie des Rechts*, pp. 698-700. Cfr. p. 1007.

ético, haciendo inevitable el dualismo en el concepto de derecho (vid. *supra* cap. III, 4 y Excursus). Posteriormente, se intenta remendar el sistema, considerando a la ley positiva como una manifestación de la idea, una revelación incompleta de un derecho superior. Pero como la ley positiva es determinada con independencia de la idea, ello se queda en una mera proclama sin consecuencias.

8. De acuerdo con nuestra concepción, el derecho consiste en un sistema de normas específicas, esto es, en un sistema de doble función (*System von Doppelfunktionen*) que relaciona ciertas conductas humanas (lo normado) con un tipo específico de sanción, y que resulta cognoscible a partir de una determinada totalidad de acciones sociales (*soziale Handlungstotalität*). Tomando el nombre de otra totalidad bien conocida, podemos designar a la totalidad de acciones que subyace al derecho como una voluntad. Sin embargo, esta designación no se debería malinterpretar. Por «voluntad» no se entiende, en este sentido, un fenómeno psíquico individual, sino precisamente la ya mencionada totalidad social. Se evita así una serie de equívocos que suelen acompañar a la teoría de la voluntad al uso. El derecho no es expresión de una voluntad que emane de un sujeto situado «detrás» del derecho. Porque el Estado —el sujeto del derecho— sólo existe como expresión de la correspondiente totalidad o sistema, y no posee existencia previa o superior a éste. El derecho tampoco es la *expresión* de una voluntad que supuestamente se halla «detrás» de la formulación normativa expresa y que puede ser conocida (la verdadera voluntad del legislador, o algo similar). El derecho es esta voluntad misma, la totalidad, el sistema. Dicho con más precisión: el derecho consiste en las normas que logramos identificar a partir de la totalidad. Con ello se disuelven todos los problemas derivados de identificar el derecho con imperativos que un determinado sujeto dirige a otro, mostrándose como sólo aparentes. Obviamente, la concepción aquí sostenida tiene importantes consecuencias para la teoría del Estado, la teoría de las fuentes del derecho y la teoría de la interpretación jurídica, entre otras cosas. A una parte de ellas hemos de referirnos en lo que sigue.

La consecuencia más relevante de esta fundamentación del conocimiento jurídico es que tal conocimiento no sólo se basa en la *deducción* a partir de una norma fundamental presupuesta como derecho, sino, en la misma medida, en la *inducción* a partir de «aplicaciones» relativo-concretas. La verdad jurídica reside en la *correlación continuada*. El sistema no posee un comienzo absoluto en una norma fundamental abstracta que se presupone, y de la que las demás normas se derivan por vía de concreción, en aplicación de una *lógica de sistema (Systemlogik)*. Porque la propia norma fundamental sólo puede identificarse mediante una inducción. En realidad, la lógica de sistema consiste en la correlación continuada. Si el sistema ha de tener su «comienzo» en alguna parte, habrá de ser más bien «abajo», en el derecho plenamente concretado. Sólo los actos concretos son reales. Ciertamente, sólo adquieren carácter jurídico por referencia al sistema, por correlación con una serie distinta de actos. Pero, en cualquier caso, el derecho concreto sólo puede hallarse, y la «voluntad colectiva» sólo puede manifestarse, en la suma de los actos concretos existentes de hecho. Toda declaración abstracta sobre el derecho es una irrealidad, una hipótesis. Sólo el derecho plenamente concreto es real. El derecho abstracto es siempre una mera hipótesis acerca del derecho concreto.

De lo antedicho se desprende que el fundamento último de la identificación de algo como derecho no puede hallarse en un determinado punto de partida; ni en el Estado, ni en la potestad jurídica, ni en la norma fundamental. Tan difícil es encontrar algo absolutamente «primario» en el derecho como en la naturaleza. Todo es relativo, pues conocer algo significa simplemente ponerlo en relación. Por eso, podemos afirmar, *a modo de principio de la doctrina de las fuentes del derecho, que el fundamento último del conocimiento, la fuente última para identificar algo como derecho, reside en el sistema entendido como coordinación recíproca*, y no como una lógica de sistema (*Systemlogik*) que parte de una norma fundamental presupuesta —ya sea de manera ingenuamente dogmática o crítico-formal. El fundamento último del conocimiento no se encuentra en una norma fundamental (como sostiene la concepción puramente normativista), ni en ciertas «aplicaciones» fácticas (como cree la teoría sociologista), sino en la correlación posible de las «aplicaciones» bajo una norma fundamental, de manera tal que el sistema así constituido expresa normativamente la correspondiente totalidad de acciones colectivas (*kollektive Handlungstotalität*). *El sistema es la fuente última del derecho*.

Queremos anticiparnos de inmediato a una posible objeción. Es probable que, desde la Jurisprudencia normativista, que intenta fundar el pensamiento jurídico como algo específicamente normativo, *sin vinculación alguna con la realidad social*, se desee eliminar el sistema mismo, en cuanto presupuesto metajurídico, del ámbito del conocimiento jurídico, limitando éste al que opera dentro del sistema presupuesto. Partiendo de esta concepción, la norma fundamental es la primera fuente del derecho y cualquier otra norma de delegación es fuente derivada. Con esto se consigue poder identificar el pensamiento jurídico con una «pura» lógica normativa. Contra ello, pueden formularse dos objeciones: en primer lugar, encontramos básicamente erróneo separar la epistemología material del pensamiento jurídico de su lógica formal, identificando el pensamiento jurídico tan solo con ésta última. Porque en realidad, el presupuesto que el *sistema* implica se basa precisamente en principios que son específicos del conocimiento jurídico, es decir, lo que éste presupone es el conocimiento jurídico *par excellence*. El resto es *mera* lógica formal. Pero entonces —y esta objeción es la más importante, dado que se refiere a la posibilidad fáctica del conocimiento jurídico— es *imposible* entender el conocimiento jurídico como algo meramente intrasistemático, algo basado en una única norma fundamental. De acuerdo con la concepción de Kelsen, ésta es expresión de la unidad e *identidad* del sistema. Sólo con la revolución cambia la norma fundamental, esto es, cesa la identidad. Sin embargo, esta concepción es incorrecta, en la medida en que no existe *ninguna diferencia de principio* entre la revolución y la cotidiana determinación extrasistemática del derecho en el nivel más concreto (vid. *supra* cap. XI, 4g, e *infra* cap. XIV, 5). La diferencia y las dimensiones del cambio residen exclusivamente en lo social. Dado que el sistema se fundamenta —no sólo en el momento de la revolución, sino también en la práctica cotidiana— en el surgimiento extrasistemático del derecho, se sigue de ello que no es en ningún momento igual a sí mismo, sino que está sujeto a una permanente mutación. *Vivre c'est s'habituer.* Ciertamente, si se desea, se puede legitimar intrasistemáticamente lo que ha surgido de modo inductivo-material, por la vía de postular la existencia de una delegación en blanco; pero en este caso la norma fundamental se convierte en pura tautología (en la medida en que da por buena cualquier cosa que se determine como derecho por una vía distinta). No se ve qué impedimento puede haber entonces en extenderla hasta abarcar también... ¡la revolución! Con ello, la norma fundamental parece haber agotado su papel.

Por lo tanto, cuando afirmamos que la fuente última del derecho es el *sistema*, entendiendo por tal la correlación recíproca (tanto «inductiva» como «deductiva»), nos estamos apoyando en gran medida en la propia naturaleza del conocimiento jurídico. Queremos decir con ello que resulta imposible «deducir» todas las soluciones jurídicas con soberano desprecio de la «realidad». De donde resulta la incorrección de las frecuentes construcciones jurídicas —tanto en el «derecho privado» como en el «público»— que, sobre la base de un *sistema* que acaso expresara en su momento la realidad jurídica, elaboran una solución jurídica sin prestar atención a las modificaciones inductivas que se han producido con posterioridad, y que se halla en clamorosa oposición a la realidad social que subyace al derecho. Se suele defender tales construcciones alegando que no es cometido de la ciencia del derecho conocer la realidad social. ¡Por supuesto que no! Pero sí es su tarea proporcionar una formulación normativa específica basada en la realidad social. Me gustaría saber en qué otra cosa podría basarse la premisa mayor de la deducción, esto es, la norma fundamental presupuesta, si no es precisamente en una realidad jurídico-social más antigua y cuya condición de fundamento de dicha premisa ha caído por ello en el olvido.

Por otro lado, nuestra concepción evita también el riesgo de caer en el extremo opuesto, esto es, la pura y simple identificación del conocimiento jurídico con un conocimiento sociológico de la realidad. En primer lugar, el conocimiento jurídico no cae bajo las categorías de la ciencia natural, que se ocupa de identificar regularidades causalmente determinadas: su categoría básica es la totalidad (*Totalität*). Y en segundo lugar, lo fáctico sólo adquiere carácter jurídico a partir de su inserción *en el sistema*. - Nuestra solución discurre, de este modo, entre Escila y Caribdis.

Finalmente, de nuestra concepción se deriva también que el conocimiento jurídico en modo alguno necesita basarse en una determinación explícita; dicho en términos voluntaristas: la voluntad jurídica no tiene por qué ser expresa. Al contrario, lo primario son las acciones sociales. Una determinación expresa sólo posee significado en cuanto está en relación con éstas. En última instancia, todo derecho es «derecho consuetudinario» (vid. *supra* cap. XI, 4g e *infra* cap. XIV, 5).

9. Es posible, aunque no necesario, suponer la existencia, dentro de un determinado sistema, de ciertas normas cuyo contenido no se agota en una doble función concreta, directamente determinada, que relaciona lo normado con la sanción. Posiblemente, el contenido inmediato de la norma se limite a indicar las condiciones generales bajo las cuales el contenido definitivo puede ser conocido (por ejemplo, *lo que establezca A es derecho*). Cuando éste es el caso, nos hallamos ante un tipo de norma al que en la teoría formal de las normas se suele calificar como *norma de delegación,* y que en realidad no es sino una parte integrante de una norma abstracta, sólo parcialmente determinada, que aguarda su correspondiente concreción. La norma que delega se relaciona con la delegada como lo lógicamente abstracto con lo concreto. En la misma medida en que resulta posible establecer tales normas generales de delegación, la correspondiente realidad social adopta cada vez más el carácter de una totalidad y el sistema normativo el carácter de un sistema. Sucede exactamente lo mismo que con un organismo biológico: cuanto más numerosos sean sus principios organizadores, tanto más diferenciado y elevado será el organismo. En el supuesto contrario, su carácter orgánico disminuye, hasta tender a converger, en sus formas más primitivas —el organismo unicelular— con lo inorgánico. Por regla general, se suele asumir como forma más primitiva de una totalidad jurídica (*rechtliche Totalität*) la figura del llamado

juez-rey[22]. La norma fundamental aquí presupuesta es la norma general de delegación conforme a la cual es derecho aquello que el juez decide en el caso concreto. Esta norma fundamental se concreta de manera inmediata en las decisiones singulares. El juez es instituido —por volver a la metáfora biológica— como órgano. Ahora bien, también es ciertamente posible pensar en una comunidad primitiva en la que quepa un cierto conocimiento de la totalidad misma sin recurrir a un órgano semejante. Cuando en una comunidad tal se produce regularmente una reacción colectiva cada vez que se dan ciertas condiciones, las normas que esta reacción permite inferir bien pueden considerarse derecho. En tal caso, no se tratará de concreciones a partir de una norma fundamental de carácter formal, sino que serán, en su plena y concreta realidad, la única manifestación de la totalidad jurídica. Si tales comunidades existen realmente o se trata de una ficción, es algo que no ha de importarnos aquí. Lo único que hemos pretendido mostrar es que nuestro planteamiento puede desembocar, lógicamente, en este resultado.

10. Los sistemas realmente existentes incluyen una serie de normas generales de delegación como las referidas. Éstas pueden ordenarse jerárquicamente en una secuencia escalonada, en función de su grado de generalidad y su recíproco condicionamiento. En este orden se basa el concepto de *fuente del derecho derivada* (*abgeleitete Rechtsquelle*). El fundamento último del conocimiento jurídico es el sistema, pero dentro del mismo una norma puede ser a su vez el fundamento que permite saber que otra norma tiene carácter jurídico. La norma que delega la «potestad creadora de derecho» («*rechtschaffende Macht*»), por la vía de establecer ciertas condiciones de carácter general para que otra norma adquiera validez jurídica, se convierte en *fuente derivada inmediata* (*unmittelbare, abgeleitete Quelle*) de la norma delegada. Sólo posee validez en cuanto escalón intermedio del sistema, que constituye la fuente mediata y originaria (*mittelbare, ursprüngliche Quelle*). En este sentido, fuente del derecho es una parte del derecho mismo que, como todo derecho, puede estar expresamente establecida o bien presupuesta. No es posible formular con validez general los diversos tipos de fuentes derivadas existentes. Lo que, a lo sumo, podemos hacer aquí es establecer una tipología general. A título ilustrativo, se puede señalar que, en los sistemas que nos son más familiares, la Ley Fundamental suele ser fuente de la ley y por consiguiente, de manera indirecta, también de las normas derivadas de ella. La ley es fuente del reglamento y de la sentencia judicial, y así sucesivamente.

22 Cfr. Kelsen, *Allgemeine Staatslehre*, pp. 232 y 233.

Por regla general, el concepto de fuente del derecho se aplica en un sentido *todavía más derivado.* Cuando la fuente derivada supraordenada es conocida (cuando se trata de la Ley Fundamental, por ejemplo), para identificar una norma como jurídica bastará con saber que cumple las condiciones establecidas en dicha fuente derivada (v. gr., la forma de aprobar leyes). El conjunto de tales condiciones, o el proceso de configuración (el procedimiento legislativo), suele calificarse, entonces, como la fuente de las normas surgidas por esta vía. Esto es lo que se quiere decir cuando, sintéticamente, se califica como fuente del derecho a la legislación: que la forma de ley garantiza que las normas surgidas por esta vía son normas jurídicas.

Llamaremos a este concepto de fuente *fuente en sentido no independiente* (*Quelle in unselbständiger Bedeutung*). Porque es importante recordar que la forma constitutiva (v. gr., la forma de ley) no proporciona un fundamento cognoscitivo *si se la considera de forma aislada,* sino sólo en cuanto *contenido de una norma supraordenada* (de la Ley Fundamental). El pensamiento jurídico precrítico pasa por alto este hecho, otorgando a la forma un significado independiente y absoluto. Esta concepción es la que late tras la enumeración de una serie de fuentes del derecho respectivamente independientes, como la ley, la costumbre, la analogía, la naturaleza de las relaciones, etc. Una doctrina de las fuentes del derecho semejante —como lo es la actualmente dominante— ha de desembocar necesariamente en el dogmatismo. Ciertamente, utilizado en este sentido el concepto de fuente del derecho no carece por completo de utilidad. Designa un *grupo de normas*, esto es, el conjunto de todas aquellas normas que poseen los mismas rasgos constitutivos (al respecto, vid. *infra* cap. XV, 2); y expresa correctamente que los términos «ley fundamental», «ley», «reglamento» y otros semejantes, se refieren a grupos de normas que poseen relevancia teórico-jurídica. Pero su gran defecto reside en la consideración de este concepto no independiente de fuentes del derecho como el primero y único. Con ello, se encubre el auténtico problema de las fuentes, a saber, cómo es posible concebir estas formas normativas como determinadas por el sistema, de forma tal que las normas puedan ser identificadas como jurídicas por su ubicación dentro del sistema. Es importante darse cuenta de este hecho, pues sólo comprendiéndolo habremos despejado el camino hacia la verdadera problemática de las fuentes. Ciertamente, desde la concepción más común se han hecho diferentes tentativas de fundamentar esta o aquella forma como fuente del derecho. Así por ejemplo, se ha fundado el derecho consuetudinario en la ley (la teoría de la autorización) o, al contrario, la ley en el derecho consuetudinario (las teorías sociologistas); algunos autores fundan la ley en la naturaleza de las cosas (las teorías iusnaturalistas) y otros consideran, en sentido inverso, que la naturaleza de las cosas es una manifestación de la «auténtica voluntad del legislador». Tanto da. Si se prescinde de la idea de sistema, se acaba necesariamente en un metaderecho dogmático: en el positivismo ingenuo, el iusnaturalismo o la sociología, según que se considere como fuente última, no precisada de ulterior fundamentación, a la voluntad del legislador, a la naturaleza de las cosas o a las costumbres de hecho, respectivamente. No es cometido de una teoría crítica de las fuentes del derecho determinar un cierto número de fuentes del derecho susceptibles de ser clasificadas según uno u otro criterio. (Ley, costumbre, etc.). Este planteamiento es dogmático-sustantivo y de carácter estático. La tarea estriba en plantear y resolver los problemas relacionados con *la función del derecho dentro del sistema*. Éste se presenta, como ya hemos visto, en forma jerárquicamente escalonada. De lo cual resultan *dos grupos principales de problemas*: los relativos a la relación entre los diversos escalones (cap. XIII) y los que conciernen a una tipificación de dichos escalones (caps. XIV a XVI).

Antes de enfrentarnos a ellos hemos de señalar que, por su propia naturaleza, las fuentes derivadas (y no independientes) del derecho sólo guardan relación con el derecho surgido de modo acorde al sistema. En rigor, las expresiones de *derecho surgido sistemática* y *extrasistemáticamente*, que hemos utilizado en varias ocasiones, son incorrectas. Todo derecho surge de manera sistemática, pues, como hemos constatado, el sistema es la fuente última del derecho y no es posible identificar nada como derecho en oposición al sistema o fuera del mismo. Por ello, en sentido estricto un derecho surgido extrasistemáticamente supone una *contradictio in adjecto*. Lo que con ello se pretende expresar es otra cosa, a saber, que el sistema que permite identificar como derecho el así surgido no equivale al anteriormente supuesto. El sistema ha experimentado una redefinición, una autoverificación. El organismo ha reaccionado contra una modificación en el entorno, adaptándose y admitiendo el derecho «extrasistemático» en el seno del sistema. *«Derecho extrasistemático» significa, consecuentemente, derecho directamente referido al sistema, sin fuentes derivadas interpuestas.* Por eso, también es posible calificarlo como derecho surgido inductivamente, en oposición al surgido por deducción del sistema, o como derecho surgido de modo presupuesto, en oposición al legalmente establecido. Ello destruye los principios de organización precedentes, y supone una continua y viva fluctuación orgánica. En este sentido, no existe ninguna diferencia de principio entre una revolución «subvertidora del Estado» y la formación cotidiana e imperceptible del «derecho consuetudinario» a través de la práctica jurídica. En la medida que ésta última sea realmente extrasistemática, esto es, no se base en una norma de incorporación (la cual quizá haya surgido, a su vez, por presuposición), el derecho surgido de esta manera no tendrá relación alguna con las fuentes derivadas del sistema precedente. Por eso, supondrá necesariamente una modificación —si bien sólo accesoria— en los supremos presupuestos del sistema, en la «norma fundamental».

Capítulo XIII

LA RELACIÓN ENTRE LOS DIFERENTES NIVELES DE LA SECUENCIA ESCALONADA DEL DERECHO

1. INTRODUCCIÓN Y PLANTEAMIENTO
2. MÉTODO: CRÍTICA DE LOS MÉTODOS IUSNATURALISTA, IUSPOSITIVISTA, PSICOLÓGICO Y SOCIOLÓGICO (LAS TEORÍAS DEL DERECHO LIBRE). EL PROBLEMA ES DE ÍNDOLE TEÓRICO-JURÍDICA
3. CRÍTICA DE LA TEORÍA, METODOLÓGICAMENTE CORRECTA, DEL SILOGISMO (LA DOCTRINA DOMINANTE: VERDROß, MERKL, SOMLÓ)
4. JUEZ Y LEY SE ENCUENTRAN EN UNA RELACIÓN DE COORDINACIÓN SOBRE LA BASE DEL SISTEMA; LA ACTIVIDAD CREADORA DE DERECHO DEL JUEZ
5. LA DOCTRINA DE LA INTERPRETACIÓN: LAS TEORÍAS DE LA INTERPRETACIÓN Y LA CRÍTICA DEL CONCEPTO DE INTERPRETACIÓN
6. LOS PRINCIPIOS DE INTERPRETACIÓN CONTINGENTES; EL PRINCIPIO DE INTERPRETACIÓN NECESARIO; LA FRONTERA ENTRE LEY Y SENTENCIA; LA INTERPRETACIÓN DOCTRINAL NO CAE EN EL ÁMBITO DE LA CIENCIA JURÍDICA
7. LA DOCTRINA DE LAS LAGUNAS DEL DERECHO: ANÁLISIS DEL CONCEPTO DE LAGUNA

8. CRÍTICA DE LAS TEORÍAS DE LAS LAGUNAS (ZITELMANN)

9. EL CONCEPTO DE LAGUNA DEL DERECHO COMO CONCEPTO PURAMENTE JURÍDICO ANTERIOR O POSTERIOR A LA APLICACIÓN DEL DERECHO

1. La cuestión acerca de la relación que se da entre los diferentes escalones del sistema jurídico constituye un problema fundamental dentro de la teoría de las fuentes del derecho, que no ha sido todavía investigado ni en su conjunto, ni en su contexto sistemático. En cambio, algunos de los aspectos de este problema sí han generado una abundante bibliografía; en concreto, se ha fijado preferentemente la atención en aquellas de sus manifestaciones que, por guardar relación con ciertas cuestiones prácticas, resultan particularmente llamativas. Así ha sucedido especialmente con la *relación entre juez y ley*[1]. Existen, ya de antiguo, estudios detallados acerca de la interpretación jurídica y la función subsidiaria, correctora o supletoria de la «auténtica» voluntad del legislador. En conexión con las recientes reivindicaciones del movimiento del derecho libre, en el sentido de una mayor libertad del juez frente a la ley, la bibliografía sobre este tema ha crecido hasta convertirse en inabarcable, especialmente en Ale-

1 Hay que resaltar los siguientes trabajos: Schultze, *Privatrecht und Prozeß*, 1883; Bülow, *Gesetz und Richteramt*, 1885; Rümelin, *Werturteile und Willensentscheidungen*, 1891; Reuterskiöld, *Über Rechtsauslegung*, 1899; Gény, *Méthode d'Interpretation*, 1899; Zitelmann, *Lücken im Recht*, 1903; Rumpf, *Gesetz und Richter*, 1906; Gnaeus Flavius, *Kampf um die Rechtswissenschaft* 1906; Jung, *Positives Recht*, 1907; Brütt, *Die Kunst der Rechtsanwendung*, 1907; Gmür, *Die Anwendung des Rechts* 1908; Lukas, *Zur Lehre vom Willen des Gesetzgebers*, 1908; Fuchs, *Recht und Wahrheit in unserer heutigen Justiz*, 1908; Oertmann, *Gesetzeszwang und Richterfreiheit,* 1909; Kiß, *Billigkeit und Recht*; Laun, *Freies Ermessen und seine Grenzen*, 1910; Berolzheimer, *Die Gefahren einer Gefühlsjurisprudenz*, 1911; Bierling, *Juristische Prinzipienlehre*, tomo IV, § 53, 1911; Kiß, *Gesetzesauslegung und «ungeschriebenes Recht»*, 1911; Stampe, *Die Freirechtsbewegung*, 1911; Carl Schmitt, *Gesetz und Urteil*, 1912; Danz, *Einführung in die Rechtssprechung*, 1912, y *Richterrecht*, 1912; Peretiatkowitz, *Methodenstreit in der Rechtswissenschaft*, 1912; Kiß, *Theorie der Rechtsquellen*, 1913; Spiegel, *Gesetz und Recht*, 1913; Walter Jellinek, *Gesetz, Gesetzesanwendung und Zweckmäßigkeitserwägung,* 1913; Manigk, *Savigny und der Modernismus im Recht*, 1914; Verdross, *Das Problem des freien Ermessens und die Freirechtsbewegung*, 1914; Heck, *Gesetzesauslegung und Interessenjurisprudenz*, 1914; Hellvig, *Die Psychologie der Urteilsfindung*, 1914; Wüstendorfer, *Zur Hermeneutik der soz. Rechtsfindungstheorie*, 1915-1916; Reichel, *Gesetz und Richterspruch*, 1915; Merkl, *Zum Interpretationsproblem*, 1916; Elze, *Lücken im Gesetz,* 1916; Somló, *Juristische Grundlehre*, 1917; Koehler, *Recht und Richterspruch und Recht und Gesetz,* 1917-1918; Sander, *Rechtsdogmatik oder Theorie der Rechtserfahrung*, 1921; Huber, *Recht und Rechtsverwirklichung*, 1921.

mania. El problema ha despertado un interés que desborda el círculo de los especialistas; la relación entre la ley y el juez, entre el juez y el pueblo, aún no ha encontrado su desarrollo político-práctico y sociológico, y seguramente continuará estando al orden del día en los debates prácticos de los tiempos venideros.

Por lo que a la teoría se refiere, cabe resumir a grandes rasgos el estado de la cuestión diciendo que el positivismo dominante contempla la posición del juez en términos de subordinación absoluta a la ley. Esta idea está condicionada, como ya se ha dicho reiteradamente, por una determinada ideología constitucional. La tarea del juez consiste *únicamente en aplicar la ley,* recurriendo para ello, en la medida de lo necesario, a la interpretación e integración de la ley por vía lógico-formal. En relación con la doctrina dominante, la teoría de la *interpretación* y la *integración de las lagunas* cumple, pues, la función de mantener en pie el dogma de que el juez sólo debe aplicar la voluntad del legislador, de la que la ley es mera —y, en ocasiones, deficiente— expresión. En este punto, la Jurisprudencia normativista se ha mostrado, a grandes rasgos, como heredera del positivismo. También conforme a esta doctrina el límite de la función del juez viene dado por la ley. Al juez sólo se le reconoce una cierta actividad creadora de derecho en la medida en que le corresponde concretar la norma jurídica, dentro del marco abstracto establecido por la ley. Por contra, el movimiento del derecho libre se opone frontalmente a la corriente dominante. Por distintas razones y en distinto grado, se postula una mayor libertad del juez frente a la ley, y se llega incluso a reivindicar una jurisprudencia *contra legem.*

En ningún otro aspecto de la doctrina de las fuentes del derecho se percibe tan claramente como en éste la ausencia de un tratamiento sistemático y metodológicamente consciente del problema. Menos importante, a este respecto, es que se pase por alto el significado general y sistemático del problema, y con ello su conexión con otros problemas, tales como la posición del legislador respecto de la Constitución, por ejemplo. Lo más grave es la generalizada ausencia de método. Se ha tratado el tema ora desde un punto de vista iusnaturalista, ora desde una perspectiva sociológica, psicológica o iuspositivista, e incluso desde varios puntos de vista a la vez, sin comprender las consecuencias metodológicas que se derivan del punto de vista adoptado, y sin alcanzar como resultado sino una mezcolanza de política, psicología, sociología y derecho. Así, la gran mayoría de los estudios que se han realizado sobre este tema desde el punto de vista del derecho libre se caracteriza por otorgar a su doctrina de que el juez posee una cierta libertad, un carácter necesario y universalmente válido, sin molestarse en explicar de qué forma el método aplicado puede llegar a legitimar tal validez general. Somló ha demostrado, en una serie de contundentes críticas, que en realidad ninguna de las diversas clases de derecho libre posee tal carácter pretendidamente necesario[2]. Puedo adherirme a esta crítica, con una única salvedad (vid. más adelante).

El primer y más importante cometido que resulta de lo antedicho es el de aclarar el significado real de la cuestión acerca de la posición del juez respecto de la ley, y el método que se ha de emplear para resolverla. Nos proponemos abordar esta tarea analizando en primer lugar una serie de métodos que se ha utilizado históricamente a este efecto, para, a continuación y sobre esta base, extraer nuestras propias conclusiones.

2. Puesto que la cuestión acerca de la posición del juez en relación a la ley ha surgido recientemente, en conexión con el movimiento político reformador, resulta comprensible que la respuesta consista a menudo en un mero postulado político, condensado en forma de una serie de dogmas de los que viene a predicarse, de una u otra manera, una supuesta necesidad teórica. Así, se «reivindica» o «postula» una determinada posición del juez, fundándola en algún dogma tenido por evidente o en un principio político de general aceptación; por ejemplo, en que el juez sólo ha sido instituido para aplicar el derecho preexistente, o en que su tarea consiste, antes que nada, en servir a los verdaderos intereses (o cosas similares) de la comunidad. A menudo se recurre, en apoyo de la teoría, a una serie de analogías tomadas de la vida cotidiana, como por ejemplo la relación de un criado con las órdenes de su señor, la obligación militar de obedecer los mandatos del superior y sus límites[3], la lectura de un libro de cocina y otras similares. Nada habría que objetar contra tales postulados políticos basados en analogías «naturales», si se tomaran por lo que son: política. El error estriba en hacerlos pasar por teoría, por doctrina universalmente válida sobre la relación entre juez y ley.

Un método así —si es que cabe realmente hablar de método— es de índole iusnaturalista. A título ilustrativo, me permitiré aducir un ejemplo tomado de la bibliografía más reciente: para un determinado autor, la tarea estriba en justificar el hecho y la medida en que el juez se halla vinculado a la ley. Lo que hace del modo siguiente: «La ley está al servicio del orden. Para que pueda mantener y garantizar este orden, ha de estar dotada de autoridad, y ser por tanto básicamente inviolable. Por consiguiente, incluso cuando sea sumamente injusta e inadecuada, habrá de ser observada; del mismo modo en que obedecemos a un padre mezquino, a un

2 Op. cit., §§ 114 y s.

3 Sobre estas analogías se levanta, de hecho, toda la doctrina de Heck; cfr. el índice de materias de Heck, bajo «analogías de la vida cotidiana», op. cit. en nota (1).

maestro testarudo o a un superior caprichoso, en aras del orden doméstico, la autoridad en la escuela o la disciplina en el servicio. Pero todo tiene sus límites; también la obediencia a la ley. Sería propio de cadáveres obedecer una ley que, en rigor, sólo se hace acreedora del título honorífico de *derecho* en cuanto a su forma. Ésto es lo que sucede cuando la ley no sólo es injusta e inadecuada, sino además claramente *inmoral*. Y es inmoral cuando se halla en clamorosa contradicción con la conciencia moral generalizada de su época. Cumplir y aplicar una ley así sería como conducir el carro conscientemente al abismo. Un juez, que al fin y al cabo también es un hombre capaz de pensar éticamente, un profesional al servicio de la comunidad ética, no puede de ninguna manera obligar a hacer esto»[4]. Este razonamiento se basa en consideraciones sobre el fin metajurídico de la ley, apoyándose en analogías tomadas de la vida cotidiana, en consideraciones puramente morales sobre lo que el juez puede permitir en su calidad de hombre éticamente pensante. Y, sin embargo, el autor subraya expresamente que lo aducido «no sólo es un principio ético, sino también jurídico». La verdad sea dicha, con una motivación un tanto peculiar: «Ya que también está en juego el propio *derecho*»[5].

Este ejemplo no es en modo alguno algo aislado[6]. Por el contrario, puede considerarse típico de la bibliografía sobre el tema. A menudo, las consideraciones iusnaturalistas se realizan dentro de un marco metodológico básicamente iuspositivista. Se parte del principio de que corresponde al derecho positivo, al legislador, determinar la posición del juez. A falta de una manifestación expresa al respecto en la legislación, se estima que, por la propia «naturaleza de las cosas», corresponde a la ciencia, como *fuente subsidiaria* del derecho, complementar la ley y determinar los principios decisivos para la aplicación del derecho. En este sentido se manifiesta, por ejemplo, Heck[7]. Resulta indudable que las afirmaciones de Heck son de carácter político. Pues, para este autor, ciencia práctica del derecho significa, precisamente, política jurídica[8]. Y de hecho, el propio Heck afirma

---

4 Reichel, en op.. cit., nota (1), p. 70.

5 Reichel, op. cit., 139 y 140; cfr. pp. 61 y 67.

6 En particular, se suele determinar la posición del juez como de subordinación a la ley, apoyándose para ello, como hace Reichel, en determinados postulados éticos o políticos, así como en diversas analogías tomadas de la vida cotidiana; en ocasiones, se establecen además algunas restricciones, más o menos amplias, al deber de obediencia, fundadas en unos postulados políticos distintos. Vid., p. ej., las obras, ya citadas en nota (1), de Heck, p. 13; Peretiatkowicz,p. 574; Huber, pp. 351 y 355; Gnaeus Flavius, p. 41; Stampe, 28; Fuchs, pp. 11, 12 y 14; Oertmann, pp. 41 y 42, cfr. p.27.

7 Heck, op. cit., en nota (1), pp. 22 y 162.

8 Op. cit., p. 2, nota 4.

que se propone hallar la solución al problema de la interpretación que «mejor se adecúe a los intereses de la vida (*Lebensinteressen*)»[9]. Sus argumentos van dirigidos, por lo general, a ponderar las ventajas e inconvenientes que implicaría una eventual solución en uno u otro sentido[10]. Las observaciones de Heck, a menudo muy profundas, quedan en buena medida desvirtuadas en el momento en que se hacen pasar por respuesta jurídica a la pregunta acerca de la posición del juez con respecto a la ley. Heck afirma sin más que el juez está «autorizado y obligado»[11] a actuar de un modo determinado, sin dejar claro si con ello está postulando una obligación moral o se refiere a una auténtica obligación jurídico-positiva que se da en un sistema jurídico determinado, o incluso a un deber jurídico de carácter necesario y universalmente válido, que rige en todo sistema. Al margen de los argumentos políticos aportados, la doctrina de Heck se basa también en una determinada teoría del derecho implícita, de carácter dogmático. El hecho de que Heck considere que la base para la interpretación debe ser la voluntad del legislador (entendida como conjunto de los «intereses causales», esto es, aquellos que han motivado la ley), incluso cuando el caso a solucionar es muy posterior a la aprobación de la ley, no sólo se debe a que toma en consideración el valor de la estabilidad, sino también a una teoría del derecho implícita, conforme a la cual el supremo criterio para determinar lo que es derecho es la voluntad del legislador (sus intereses). Esa misma teoría del derecho es la que se esconde tras las dos «analogías tomadas de la vida cotidiana» sobre las que a la postre se levanta toda la teoría de Heck: la relación del criado con las órdenes de su señor y la del militar subordinado con su superior. Ambas analogías dan por supuesto que el derecho consiste en mandatos emanados de una instancia superior y dirigidos a una absolutamente subordinada. Lo que, obviamente, prejuzga en gran medida el problema[12].

La obra de Stampe contiene un buen ejemplo de aplicación subsidiaria de un método iusnaturalista. Después de «reconocer» al juez el derecho de modificar la ley en casos de extrema necesidad, añade: «A menudo se me pregunta si concedo al juez el poder de modificar la ley sólo *de lege ferenda,* o también *de lege lata*, y yo respondo a esta pregunta con un

9 Op. cit., p. 8.

10 Además de los pasajes citados en las notas 8 y 9, vid. también pp. 13, 21, 59, 82, 178, 192 y 193, donde se reivindica una determinada posición del juez, esgrimiendo a estos efectos el valor de la seguridad jurídica, determinadas analogías naturales, los resultados prácticos, la capacidad evolutiva del derecho, etc.

11 Op. cit., pp. 196, 197 y 201.

12 Cfr. Wüstendörffer [349].

«sí», basándome en que la ley no contiene ninguna disposición sobre la posición del juez; por ello, no tengo reparo en otorgar desde ya mismo al juez esta facultad, con las notables cautelas señaladas, incluso antes de que una ley se lo confiera»[13].

El mismo punto de vista comparten, en lo esencial, una serie de autores que creen realmente haber encontrado el fundamento de la solución en la ley positiva. Se puede citar como representante más típico a Gmür, autor de un libro sobre *Die Anwendung des Rechts nach dem § 1 des Z.G.B.*[14]. Sin embargo, no cabe establecer una separación tajante entre este método basado en la ley positiva y el anterior, de carácter subsidiariamente iusnaturalista; pues las directrices contenidas en la ley son tan escasas y tan poco expresivas, que se precisa aún una amplia labor «científica» de interpretación y complementación para poder resolver numerosas cuestiones interpretativas. Y de hecho encontramos en Gmür una serie de consideraciones típicamente iusnaturalistas, destinadas a completar el § 1 del Z.G.B.[*15].

---

13 Stampe, op. cit. en nota (1), p. 29, nota 2. Las consideraciones aquí expresdas constituyen un ejemplo típico de lo que podríamos llamar la *megalomanía de la doctrina*: esto es, la creencia de que el Dr. N. N., como «jurista» —o también, por qué no decirlo, la ciencia del derecho— están en disposición de atribuir o negar al juez, o a cualquier otra instancia, una determinada posición jurídica, al margen de lo establecido en las leyes. Puede afirmarse que la doctrina dominante, en cuanto *Jurisprudencia interpretativa*, incurre igualmente en buena medida en esta sobreestimación de sus propias posibilidades.

14 Puede mencionarse, además, a Danz, Kiß y Gmür. Danz recurre [67c], 78 y 79, al § 1 del B.G.B. [*Bürgerliches Gesetzbuch*, esto es, el Código Civil alemán] a fin de demostrar que el juez puede eludir el estricto tenor literal de la ley. En cuanto concierne al derecho de obligaciones, la doctrina de las lagunas del derecho y de su integración se basa directamente en el § 42 B.G.B. [67c], 37- 38 y 85. Por lo demás, se acepta como principio general para la interpretación de la ley [67b], 187 y 188, y como criterio para la integración de las lagunas [67b], 88 y [67b], 187 y 188, la «opinión de la generalidad de los hombres razonables» [67b], 199, basándose para ello, por una parte en una analogía con el § 242 del B.G.B., y por otra parte en el siguiente principio inherente a la ley: «El juez está obligado por ley a no dictar decisión alguna que sea irreflexiva o irrazonable» [67b], 202. De manera análoga, Kiß considera que el derecho consuetudinario creado por el juez está contenido, de una manera indirecta, en la propia ley; y ello en virtud, *o bien* de la remisión expresa o tácita de la ley a los «usos del tráfico jurídico» (§§ 242 y 157 del B.G.B.); *o bien*, subsidiariamente, de «un principio básico, ciertamente no expresado en la ley, aunque inherente a ella: el aequum et bonum»; vid. Kiß [171b], 466 y ss. y [171c], 286, bis y 287. Gmür cita el art. 113 de la Constitución suiza, así como el art. 1.1. del Z.G.B. [*Zivilgesetzbuch*, esto es, el Código Civil suizo] para demostrar que sólo es tarea del juez aplicar el derecho ya existente. Vid. op. cit. en nota (1), p. 77.

* Z.G.B. es la abreviatura de *Zivilgesetzbuch*, esto es, el Código Civil suizo.

15 Así, p. ej., en pp. 44 a 46, donde afirma que la interpretación de la ley ha de efectuarse partiendo de los puntos de vista y las necesidades del tiempo en que se aplica, y no de los de la aprobación de la ley; lo cual se justifica, por una parte, con el argumento *dogmático* de que el

Algunos autores han intentado solucionar la cuestión de forma distinta. Rumpf, por ejemplo, piensa que la cuestión es psicológica. Según este autor, «en la doctrina de la aplicación del derecho no se trata de preguntar ¿a qué fuentes recurre el intérprete?, sino ¿qué factores psicológicos concurren en el juez a la hora de aplicar el derecho?»[16]. Con razón constata Somló que éste es un planteamiento psicológico-individual que resulta absolutamente irrelevante para el problema en cuestión. «Los motivos que puedan estar guiando a un juez en su actividad jurisdiccional resultan enteramente impenetrables. Igual puede llevarle a una determinada sentencia el sentimiento de obligación que la pereza mental, el buen corazón que la mala voluntad, el sentido de justicia que el soborno, la deducción certera que la errónea. También es perfectamente posible que no preste atención alguna al derecho que debe aplicar»[17-18].

También Jung adopta un punto de vista psicológico. En concordancia con la doctrina más habitual del movimiento del derecho libre, afirma que la ley es insuficiente y se pregunta por la fuente del derecho que pueda haber más allá de la ley. Pero, al contrario que la concepción usual, que afirma la existencia, junto a la ley, de diferentes fuentes abstractas, no positivas, de carácter subsidiario, Jung considera que el derecho extralegal surge exclusivamente a través de la *decisión concreta*, en la medida en que el juez recurre al *sentimiento jurídico (Rechtsgefühl)*[19]. De nuevo, hemos de dar la razón a Somló: «Resulta igualmente posible que el factor decisivo haya sido la limitación mental o la actitud irresponsable [del juez], y si consideramos al sentimiento jurídico como fuente de derecho, entonces tampoco podríamos negar tal calificativo a estos últimos motivos[20].

Una investigación psicológico-individual de los factores motivacionales del juez resulta tan poco productiva para nuestro problema como lo sería un análisis sociológico de las fuerzas sociales que gravitan sobre el juez. Wüstendörfer emplea un método sociológico de esta índole. Constata, en primer lugar, a modo de *hecho*, que las fuerzas sociales inciden en el contenido de las sentencias: «Las fuerzas sociales presiden también la actividad determinadora del derecho del juez, e imprimen inconscientemente a sus ideas acerca del derecho el sello de la época ac-

---

derecho constituye una declaración de voluntad continuada del pueblo en su conjunto y, por otra parte, con los argumentos *políticos* de que de lo contrario se producirían contradicciones clamorosas y de que el fin de la ley es servir a la vida y a la seguridad jurídica.

16 Rumpf, op. cit. en nota (1), p. 25.

17 Somló, op. cit. en nota (1), p. 420.

18 Vid. también Gnaeus Flavius, op. cit. en nota (1), p. 21.

19 Jung, op. cit. en nota (1), pp. 478 y 479; cfr. 512.

20 Op. cit. en nota (1), p. 421.

tual, *de lo que sirve a los tiempos actuales*, con lo cual pueden llegar a diverger de las ideas jurídicas de la época *anterior*, de la voluntad histórica del legislador». Pero a continuación, en un giro ciertamente peculiar, aunque bastante frecuente en la historia del pensamiento[21], estas leyes fácticas se convierten súbitamente en *exigencias normativas*. Prosigue el autor: «Ambos hechos fundamentadores del conocimiento, el dominio de lo *colectivo-social* sobre lo individual y el de la *vida presente* sobre la pretérita, nos proporcionan también, en consecuencia, las piedras angulares del edificio de la doctrina normativista de la interpretación: *la determinación del derecho contenido en la ley por el juez, en primer lugar, ha de estar socialmente orientada, y en segundo lugar, ha de atenerse al orden del presente*»[22]. El enigma metodológico parece insoluble: ¿cómo es posible traducir en términos de exigencias normativas aquello que en sí mismo tiene carácter necesario?

Hasta aquí hemos podido referirnos a un método iusnaturalista, uno basado en la ley positiva, uno psicológico y otro sociológico. Lo cual nos permite formular las siguientes observaciones:

En primer lugar, y por lo que se refiere al método basado en la ley positiva, este enfoque resulta ciertamente atractivo a primera vista, pues ¿qué mejor fundamento para la solución de un problema jurídico que el que nos proporciona la ley? Sin embargo, un examen más detallado muestra que este punto de vista contiene inevitablemente una *petitio principii*. En general, puede afirmarse que, si se plantea una cuestión acerca de la relación entre dos instancias, la solución ha de buscarse, por principio, en una tercera. Cuando se pretende hallar dicha solución en alguna de las dos primeras, se está dando por supuesto de antemano que ésta es formalmente la única decisiva, es decir, se está presuponiendo ya una determinada solución del problema planteado. Por eso, cualquiera que sea la solución que materialmente se deduzca de ese punto de partida, no representa sino el cumplimiento material de los presupuestos formales, esto es, una *petitio principii*. Querer basar la proposición de que la ley es vinculante para el juez en la propia ley, implica dar por supuesto precisamente que esta norma le vincula. El intento de eludir esa dificultad por la vía de imaginar una norma que se confiera a sí misma fuerza vinculante frente al juez, supone una construcción lógicamente imposible, pues, desde el punto de vista lógico, una proposición no puede decir nada de sí misma. En una imagen afortunada, Reichel ha señalado que el intento de anclar la fuerza vinculante de la ley frente al juez en la misma ley recuerda a la respuesta de un niño a la pregunta de por qué

21 Vid. Simmel, *Einleitung*, pp. 70 a 72.
22 Op. cit. en nota (1), p. 300.

debía obedecer a su padre: «¡Pues porque lo dice mi padre!». Exactamente lo mismo ocurre con la interpretación. Toda regla interpretativa contenida en la ley habrá de ser a su vez objeto de interpretación, y presupondrá, por tanto, un principio interpretativo extralegal.

Por lo que se refiere a los restantes métodos, obviamente nada se opone a que el problema de la relación del juez con la ley se pueda investigar tanto desde puntos de vista ético-políticos (iusnaturalistas) como sociológicos (o psicológicos). Pero hay que tener en cuenta que estos caminos desembocan necesariamente en la política (ética, derecho natural) y la sociología (o psicología), respectivamente, y no en el derecho. En este caso, como en todos, las preguntas de índole política o sociológica (o psicológica) han de ir precedidas, desde el punto de vista lógico, de una pregunta de índole teórico-jurídica: a saber, cómo puede saberse que algo es un caso de «aplicación del derecho». Por eso, la pregunta por la relación entre juez y ley ha de ser contemplada, en cuanto problema fundamental específicamente jurídico, como de índole teórico-jurídica. Concierne a la relación entre los diversos niveles que componen la secuencia escalonada del derecho (*Stufenfolge des Rechtes*), y reza así: ¿Cómo y en qué condiciones es posible identificar algo como «aplicación del derecho» (nivel inferior) en relación a la ley (nivel superior)? ¿En qué relación lógico-normativa se encuentra el escalón inferior con el superior? ¿Por dónde discurre exactamente la frontera entre uno y otro?

3. La crítica metodológica expuesta en el apartado anterior se refiere, en lo esencial, a las diferentes estrategias a que recurre el movimiento del derecho libre en su intento de justificar un cierto ámbito de libertad para el juez. En cambio, tanto la teoría del silogismo dominante como la Jurisprudencia normativista, que presupone, en lo esencial, dicha teoría, se apoyan en un método básicamente correcto. Si aun así no podemos adherirnos a tales doctrinas, se debe únicamente a que creemos que se basan en una teoría del derecho errónea. Pero ha de reconocerse que, desde una perspectiva inmanente, resultan inmunes a toda crítica.

El positivismo dominante se basa en el dogma teórico-jurídico conforme al cual todo derecho es voluntad del legislador. Partiendo de este presupuesto, no es sino consecuente contemplar la *sentencia judicial al modo de un silogismo*. Lo que quiere decir que la sentencia sólo puede ser identificada como derecho en la medida en que se interprete como una manifestación de la voluntad del legislador determinable con inequívoca objetividad (*eindeutig objektiv bestimmbare Manifestation des Gesetzgeberwillens*). La función del juez es, por tanto, exclusivamente *cognoscitiva* (cfr. «silogismo»); que aplica el derecho no puede significar sino que lo *reitera.* «Existe» ya con anterioridad, de forma inequívoca y objetivamente determinable. De acuerdo con esta visión, la relación entre ley y juez se convierte, desde el punto de vista lógico-normativo, en una relación de absoluta supraordenación e infraordenación, en sentido epistemológico. Nada puede haber en la decisión que no se halle previamente en la ley. Ante el hecho innegable de que el fallo no siempre puede comprenderse como directamente deducido de la ley, la teoría silogística se apoya en una teoría auxiliar: al *interpretar* la ley e *integrar* las lagunas, el juez desempeña una labor más amplia, tendente a esclarecer la auténtica voluntad del legislador. El texto de la ley puede ser defectuoso, la auténtica voluntad del legislador no. De esta forma, se consigue mantener en pie la teoría del silogismo.

En este punto, la Jurisprudencia normativista, que supone un desarrollo ulterior del positivismo sobre bases críticas, no ha llegado esencialmente más allá de la teoría del silogismo. Esto se debe a que su teoría del derecho, pese a haberse configurado de manera crítica, se ha mantenido aferrada unilateralmente a la deducción lógica a partir del sistema (cfr. cap. X, nota 75). No ha sido capaz de extraer el núcleo de verdad que yace en el fondo del confuso lenguaje del movimiento del derecho libre —y que el propio movimiento nunca ha percibido con claridad—: que el derecho puede surgir también por vía inductiva, presupuesta; que el juez puede crear derecho (dicho en términos lógico-normativos, por vía de inducción).

A título de representantes de la Jurisprudencia normativista, hemos de referirnos a Verdroß y Merkl[23].

Ambos autores aciertan, en cuanto aplican un método teórico-jurídico. Merkl —quien ha estudiado el problema de la interpretación— afirma expresamente que no es posible encontrar el fundamento último de la doctrina de la interpretación en el contenido del derecho positivo, sino que sólo lo puede proporcionar una teoría del derecho[24]. En cuanto a Verdroß, el hecho de que sus argumentos están orientados, en última instancia, a

23 En el excelente trabajo de Oskar Bülow, *Gesetz und Richteramt*, de 1885, se encuentra ya un primer paso hacia la adopción de un método teórico-jurídico, al fundar el autor su tesis de la función creadora del juez en la operación de *concreción* que necesariamente se produce en toda sentencia judicial; op. cit., 6, 10, 42 a 44. También Gmür se encamina por la senda correcta cuando afirma, tras referirse al carácter *abstracto* de la ley, que «rara vez cabe aplicar las previsiones de la ley de manera inmediata a los casos jurídicos; han de ser provistas de un tenor más específico para que quepa subsumir, sin más, el caso bajo tales normas. Por tanto, para aplicar el derecho hay que hallar una disposición jurídica directamente aplicable al caso concreto que posea un tenor más preciso que el del texto de la ley (...)», op. cit., en nota (1), p. 73. Entre tanto, sin embargo, la posición dogmática del autor sobre el cometido del juez le impide continuar desarrollando estas ideas. Cfr. *supra*, nota (14).

24 Op. cit. en nota (1), pp. 357 y ss.

determinar bajo qué condiciones es posible identificar una determinada sentencia como derecho, permite inferir que sostiene esa misma posición[25].

Verdroß[26] comparte, desde luego, la tendencia de la Jurisprudencia normativista a identificar derecho y ley. «Las normas que no revisten forma de ley no pueden (...) ser normas jurídicas en un Estado legal (*Gesetzesstaat*)», explica este autor. «Pues resulta imposible, desde el punto de vista lógico-jurídico, que dos normas emanadas formalmente de distintas fuentes sean ambas derecho y voluntad estatal. Existirían entonces dos sistemas normativos soberanos que no podrían ser reconducidos el uno al otro, y el aplicador del derecho se hallaría ante dos instancias con igual autoridad»[27]. El autor rechaza también la idea de que quepa reducir ley y derecho consuetudinario a unidad formal recurriendo a una fuente superior común; pues «también esta norma jurídica, o bien ha sido expresamente establecida, o bien no lo ha sido y, por tanto, se presentará en forma de ley o de derecho consuetudinario»[28]. Por eso, según Verdroß, hay que optar entre ley y costumbre. «En el Estado legal, no cabe duda alguna de que cualquier norma que no aparece revestida de forma de ley no es norma jurídica. Pues todo órgano jura acatamiento a las leyes y se obliga a su aplicación incondicionada, sin que le esté permitido enjuiciar si la ley ha sido abolida por el derecho consuetudinario»[29]. Sin embargo, el razonamiento de Verdroß es incorrecto. Prescindiendo de que el argumento del juramento del juez es irrelevante desde el punto de vista teórico-jurídico, ha de señalarse que no hay ningún obstáculo lógico-normativo para suponer la existencia de una pluralidad de fuentes del derecho. No es correcta la afirmación de Verdroß de que también la fuente superior común haya de presentarse o bien como ley, o bien como costumbre. En la medida en que constituye el fundamento lógico de conocimiento de éstas, lo único que *no* puede ser es, precisamente, ley o costumbre. Verdroß identifica estos conceptos, incorrectamente, con los de

25 Op. cit., en nota (1), p. 624. Hay todavía residuos del planteamiento positivista en Verdroß, en la medida en que recurre como argumento a lo que el juez está *obligado a hacer* en virtud de su cargo, op. cit., 626 y 636. Si puede o no recaer castigo o sanción sobre el juez, es una cuestión jurídico-positiva, irrelevante a efectos del problema teórico-jurídico de la posición del juez con respecto a la ley.

26 El hecho de conocer personalmente a este autor me autoriza a asumir que no sostiene ya la posición aquí referida; no obstante, puesto que las publicaciones son el único foro de debate científico y puesto que la citada posición es también característica, en gran medida, de la lógica sistemático-deductiva propia de la Jurisprudencia normativista, tal conocimiento privado no puede ser tomado aquí en consideración.

27 Op. cit. en nota (1), p. 625.

28 Op. cit., p. 626.

29 Op. cit., p. 626.

derecho *expresamente* y *no expresamente* establecido. Pero éste no es sino un rasgo externo, que resulta irrelevante desde el punto de vista de las condiciones constitutivas en términos lógicos. La fuente superior, al ser lógicamente primaria, tiene ser necesariamente *sui generis* en relación a la ley y la costumbre; tiene carácter de *norma fundamental* respecto de ellos. En la medida en que establece las condiciones que permiten mantener la unidad formal (por ejemplo, derogación recíproca, no condicionada al transcurso del tiempo, o condicionada de algún modo), garantiza también la unidad del propio sistema jurídico.

Sobre este fundamento, Verdroß se adhiere básicamente a la teoría de la subsunción de la doctrina dominante, con la única (aunque ciertamente importante) diferencia de señalar, acertadamente, que no es posible una determinación plena del contenido de la decisión concreta del juez a partir de las prescripciones abstractas de la ley. Las palabras claras de la ley diseñan un marco que el juez no puede rebasar. Dentro de este marco, todo está determinado en igual medida por la ley y *cualquier* solución resulta jurídicamente posible. *«Por tanto, han de ser normas extrajurídicas las que indiquen en qué contenidos ha de concretarse el ámbito de discrecionalidad»*[30]. Dicho marco es rellenado aplicando el criterio *libre* (esto es, jurídicamente libre) del juez. De acuerdo con lo antedicho, podemos llamar a la teoría de Verdroß *teoría de la subsunción como concreción (Subsumptions-Konkretisationstheorie)*. Ahora bien, si una supuesta sentencia rebasa, de hecho, las palabras claras de la ley, entonces Verdroß sólo tiene dos posibilidades: negar sin vacilación su condición jurídica, o admitir la doctrina de Merkl sobre la *«previsión del error» («Fehlerkalkül»)* conforme a la cual existe una norma específica que anuda a un acto que, desde el punto de vista del sistema, ha de calificarse como nulo, las mismas consecuencias jurídicas que tendría de haber sido válido. Pero, puesto que también esta norma de previsión del error ha de estar *expresamente* contenida en la ley, Verdroß tiene que cargar con las absurdas consecuencias que se derivan de la teoría de Merkl en el caso —que es el más frecuente— de que en la ley no se halle ni rastro de una tal «previsión del error».

Merkl, por su parte, realiza un tratamiento específico del problema de la interpretación. Subraya, con razón, que el fundamento para solventar la cuestión interpretativa ha de buscarse fuera del derecho positivo, de la ley; pues toda regla positiva exige interpretación. Cualquier regla positiva de interpretación únicamente podrá tener un significado *derivado* con relación al principio que confiere su significado a esta misma regla.

30 Op. cit., p. 639.

Merkl considera que el principio interpretativo primario, único y necesario es el lógico-gramatical. Cualquier otro principio sólo podrá ser tomado en consideración en la medida en que esté previsto en la ley. Cosa que justifica de un modo ciertamente peculiar: «Este papel primario de la interpretación lógico-gramatical se basa en que aparece como la mera toma en consideración de la forma de expresión inherente a la propia ley, cosa que, por más que salte a la vista, siempre se vuelve a pasar por alto. Y ello porque la ley se presenta en la forma del lenguaje y del pensamiento, y por tanto encierra tácitamente, por vía de presuposición, las enseñanzas de la teoría del lenguaje y del pensamiento»[31]. Sin embargo, este argumento presupone que, en última instancia, corresponde a la ley, como algo más, como algo situado «tras» el mero significado literal, establecer el principio de interpretación. Esto encaja también con el hecho de que Merkl hable poco más adelante de que la gramática y la lógica rigen «en virtud de una remisión de la ley». Lo que obliga a aceptar que la ley existe, como instancia delegante, con anterioridad a su expresión literal lógico-gramátical; que existe a modo de voluntad «más profunda», que se manifiesta en el hecho de optar por el lenguaje como forma de expresión. Con esta concepción —que en su sistema lógico-normativo supone claramente una herencia rudimentaria de la concepción dogmática de la ley como expresión de una *voluntad* situada tras la propia ley— Merkl retorna a un positivismo dogmático. Su doctrina, construida aparentemente sobre la base del más estricto criticismo, se revela aquí como un criptodogmatismo, una deificación dogmática de la ley.

Por lo demás, Merkl se adhiere a la teoría de la aplicación del derecho de Verdroß[32]. El marco lógico-gramatical constituye la frontera absoluta que el juez no puede rebasar, so pena de que la sentencia no pueda ser reconocida como derecho. Toda decisión judicial *praeter* o *contra legem* constituye, para este autor, una imposibilidad jurídica. «La doctrina de la libertad del juez, entendida como la posibilidad de decidir *praeter* y *contra legem*, es incorrecta, y ello es percibido así incluso por quienes aceptan el hecho de que existan tales decisiones. Se puede admitir tal práctica (en lo que supone, precisamente, una aceptación no jurídica, sino ética), y ser consciente al mismo tiempo de su incompatibilidad con el derecho en sentido estricto»[33]. Merkl es particularmente pertinaz en su defensa consecuente del derecho conocido por la ciencia con independencia de cualquier realidad social. La audacia intelectual de Merkl, que no busca obte-

31 Merkl, op. cit. en nota (1), p. 551.
32 Op. cit., pp. 544 y 545.
33 P. 546.

ner resultados «prácticos», en cierto sentido no puede sino suscitar admiración. Pero no conseguimos desprendernos de la sensación de que en este ámbito su actitud intrépida y heroica tiene algo de fantasioso y está fuera de lugar. La «ley positiva» a favor de la cual combate Merkl tan enconadamente, como un caballero medieval, no es sino un espectro, un ídolo dogmático, una figura relativa al sistema. La desesperada y terca resistencia de Merkl a asumir la realidad es noble, pero fútil. Es el Don Quijote de la jurisprudencia normativista, que no lucha *contra*, sino *a favor* de los molinos de viento.

Un autor que sí ha logrado ir un buen trecho más allá de la teoría de la subsunción es Felix Somló.

Es cierto que Somló supone que todo derecho parte de una suprema instancia ordenante, la potestad jurídica (*Rechtsmacht*), y que, por eso, la posición del juez es formalmente de absoluta subordinación bajo dicha potestad[34]. Cosa distinta es que la propia potestad jurídica pueda conferir al juez, bien expresamente mediante la ley, bien tácitamente a través del derecho consuetudinario, un mayor ámbito de libertad. Tal ámbito no puede delimitarse a priori, sino que depende exclusivamente del contenido jurídico de un sistema dado. Tras describir diferentes regulaciones imaginables, o empíricamente existentes, de las condiciones en las que el juez está obligado respecto de la ley, Somló continúa: «A su vez, estas distintas obligaciones del juez (...) pueden haber sido establecidas por la potestad jurídica, bien de forma expresa, bien por vía consuetudinaria»[35]. Por regla general, la respuesta se hallará en el derecho consuetudinario.

Pero, no obstante, a todo ello viene a añadirse una modificación sustancial, a saber, que la teoría del derecho de Somló implica que las normas jurídicas no necesariamente han de emanar directamente de la potestad jurídica. También las instancias subordinadas pueden, en la medida en que lo autoriza dicha potestad, establecer derecho, a título de *fuentes secundarias*, ya sea directamente (regulación expresa) o a través de actos concluyentes (derecho consuetudinario). Se plantea entonces la importante cuestión de si ese derecho consuetudinario, que es normalmente el que determina la posición del juez, puede ser tanto primario como secundario. Somló no ha contestado expresamente a la pregunta, pero de su sistema se desprende necesariamente la siguiente solución: si existe una costumbre primaria, o bien una costumbre secundaria supraordenada

34 Al extraer las consecuencias que en última instancia se derivan de la teoría de Somló, me permito una ligera idealización de la exposición que ofrece el autor. Somló mismo parece considerar la cuestión como de carácter puramente jurídico-positivo.

35 Somló, op. cit. en nota (1), p. 390.

respecto del juez, la cosa está clara; pero «si en un sistema dado no existe previsión alguna al respecto, ni expresa, *ni consuetudinaria*, entonces tendrá que ser el juez quien determine también los principios que regulan la complementación del derecho y quien, por lo tanto, complemente el derecho también en este aspecto»[36]. Esto es, en tal caso el contenido de las reglas interpretativas se basará en una costumbre secundaria, establecida por el propio juez, pero su fuerza vinculante última procederá de la costumbre primaria, que acepta sin objeción alguna la práctica del juez[37]. De este modo, Somló consigue mantener en pie la afirmación de que la posición del juez se determina exclusivamente sobre la base del propio derecho positivo; esto es, por deducción a partir de los mandatos de la potestad jurídica. Pero el contenido de este derecho puede ser creado por el mismo juez, entendido como fuente subsidiaria. Con ello, la delegación «desde arriba» se ha convertido en una mera delegación *ex post*, tácita, que se deduce del hecho de que la potestad jurídica no plantee objeciones. Bien poco es lo que resta entonces del punto de vista deductivo: una delegación general de carácter tácito y *ex post*. Llegados a este punto, bien se podría reconocer abiertamente que el juez puede crear derecho por vía inductiva. En manos de Somló, la lógica sistemático-deductiva se ha convertido en vacua tautología[38].

Si consideramos ahora conjuntamente las teorías de Verdroß, Merkl y Somló, entonces se evidencia una vez más que el punto de vista estrictamente deductivo, o bien se conduce a sí mismo *ad absurdum*, o se queda en una mera delegación general omnipresente y presupuesta, disolviéndose en vacua tautología[39].

4. Partiendo de la teoría del derecho que nosotros defendemos, la fuente última del derecho, esto es, el fundamento que permite identificar algo como derecho, es el *sistema*, es decir, la correlación recíproca (*gegenseitige Zusammenordnung*) que es expresión normativa de la correspondiente totalidad de acciones sociales (*Sozialtotalität von Handlungen*). Desde este punto de vista, considerar a la actividad jurisdiccional exclusivamente como aplicación de la ley, en el sentido de que su carácter jurídico se funda únicamente en la ley y de que alcanza sólo hasta donde llega la ley, tiene que parecer necesariamente una visión unilateral. La verdad jurídica reside en la

36 Op. cit., p. 397.

37 Vid. algunos casos totalmente análogos, en los que Somló adopta expresamente este punto de vista en loc. cit., p. 356.

38 La delegación ficticia de Somló expresa, en realidad, que la sentencia está *referida al sistema*.

39 Cfr. *supra*, X, nota (75).

correlación. Por ello, del mismo modo que está justificado afirmar que la *práctica jurisdiccional* es derecho porque se basa en la ley, se puede decir también que la *ley* es derecho porque se aplica en la práctica[40]. Con la misma razón con que se considera que la posición del juez se basa en una delegación del legislador, es posible afirmar, en sentido contrario, que el poder del legislador se basa en una recepción por parte del juez. Ninguno de ellos es «el primero», en sentido absoluto. La posición de ambos se basa, en última instancia, en el sistema. Sin embargo, cabe hablar en un cierto sentido de la ley como «supraordenada» a la sentencia, en la medida en que puede ser pensada, en su formulación general y abstracta, como presupuesto de la norma judicial concreta (*konkrete Urteilsnorm*) deducible de la norma legal. La sentencia puede ser desde luego contemplada —como con frecuencia sucede— a modo de aplicación subordinada de la ley (esto es, a modo de concreción del marco por ella establecido); pero no se trata de una *necesidad* que el conocimiento jurídico imponga. De acuerdo con lo antedicho, cuando se da un conflicto entre la ley y una decisión supuestamente jurídica, no necesariamente hay que concluir —como supone la posición deductivista— que se debe postular la validez de la ley y negar el carácter jurídico de la sentencia, en cuanto no es deducible de aquella. Formalmente, el punto de vista contrario, el que insiste en que la sentencia judicial es derecho y considera a la ley como una abstracción jurídica incorrecta, es igualmente posible. No se puede decidir a priori, de forma válida para todos los casos, *cuál* de ambas conclusiones es la correcta. Dependerá de las circunstancias. Lo decisivo es cuál de las soluciones expresa la unidad del sistema. En la práctica, esto significa que cuando se cumple la decisión, esto es, cuando se dicta una serie de normas presuponiendo su carácter jurídico, y cuando *no* se establece otra serie distinta de normas basadas en la ilegalidad de la decisión, el sistema habrá asimilado la decisión como conforme a derecho y la ley se habrá visto postergada (cfr. *supra* cap. XI, 4c).

Una vez superada la parcialidad de la perspectiva únicamente deductiva, la consecuencia inmediata es no considerar la relación entre sentencia y ley como de supra e infraordenación absoluta, sino de *correlación* o *coordinación* (*Beiordnungsverhältnis*), aunque en la mayoría de las veces la relación quedará constituida de manera tal que la sentencia se subsuma deductivamente bajo la ley. Tanto la ley como la sentencia se hallan subordinadas al sistema, que es la instancia última a la que hay que acudir para conocer la concreta orientación de la correlación.

---

40 A la inversa, Salmond y Gray van demasiado lejos en el sentido opuesto, al definir el derecho como «*the rules which the courts (...) lay down for the determination of legal rights and duties*»; vid. al respecto *supra* cap. IV, Excursus A, nota (75) y p. 164.

Sobre esta base, resulta ya posible entender lo que significa afirmar que la actividad del juez es *creadora de derecho*, y en qué medida lo es. Ante todo, debe excluirse cualquier interpretación de corte sociológico. En sentido teórico-jurídico, «crear derecho» no significa sino proporcionar el fundamento que permite identificar que algo es derecho. Ahora bien, resulta claro que la actividad del juez no puede ser nunca ese fundamento último, como tampoco lo es la acción del legislador; sólo el sistema lo es. Tanto en el caso del juez como en el del legislador, de lo que a lo sumo cabe hablar es de un conocimiento por referencia al sistema.

La Jurisprudencia normativista expresa esta circunstancia del modo siguiente: materialmente, cualquier peldaño de la secuencia escalonada del derecho —incluida la sentencia— crea derecho, en tanto que rellena materialmente una delegación en blanco contenida en un escalón supraordenado; delegación que, por cierto, puede estar delimitada de modo más estrecho (sentencia) o más amplio (legislación). *Formalmente*, por contra, cualquier instancia —también la legisladora— es meramente aplicadora de derecho, pues su actividad consiste, precisamente, en hacer uso de una determinada delegación. Desde el punto de vista formal, sólo la norma fundamental es creadora de derecho[41]. En la terminología de Somló, ello se expresa negando que el juez pueda ejercer una actividad creadora de derecho de carácter *independiente*, pues, formalmente, su función ha de contemplarse siempre como basada en una delegación de la potestad jurídica[42].

El error de esta concepción radica en la falsa suposición de que el sistema sólo puede manifestarse en clave lógico-deductiva, y de que por ello el juez (la instancia infraordenada) *sólo* puede ser materialmente creador de derecho *dentro del* marco abstracto establecido por la ley (la instancia supraordenada). Pero como ya se ha visto, el sistema puede manifestarse también de manera inductiva, y en este caso la sentencia también es creadora de derecho *fuera* del marco de la ley. En realidad, esta es también la conclusión a la que llega Somló. De acuerdo con su doctrina, «concretar el contenido del marco» puede consistir en «concretar el contenido» de una mera delegación general de carácter tácito y *ex post*.

Resumiendo, pues, podemos constatar que de la naturaleza del conocimiento jurídico se deriva que, dentro del marco establecido por la ley, el juez *necesariamente* ha de crear derecho[43]. Es imposible que la

41 Verdroß, *Zum Problem der Rechtsunterworfenheit des Gesetzgebers*, p. 483.

42 Somló, op. cit. en nota (1), pp. 397 y 398.

43 Las reglas de interpretación, a lo sumo, desplazan el marco; vid. al respecto *infra*, nº 5 y 6. De lo que se sigue, como muy bien ha demostrado Verdroß en la obra citada en nota (41), que no puede existir ninguna diferencia de principio entre las funciones juzga-

ley contenga una determinación plena, como ha demostrado brillantemente Verdroß. En segundo lugar, se desprende igualmente de la naturaleza del conocimiento jurídico que siempre existe al menos la *posibilidad* de que el juez cree *también* derecho *fuera* del marco abstracto establecido por la ley. En tal caso, estamos ante un derecho inductivo, surgido por vía de presuposición y directamente referido al sistema (*induktives, voraussetzungsweise entstandenes, direkt systembezogenes Recht*). El que luego esta posibilidad se verifique o no en la práctica, es ya una cuestión fáctico-sociológica[44].

5. La teoría del silogismo no habrá quedado plenamente refutada en tanto no nos hayamos enfrentado a la doctrina de la interpretación y la integración de las lagunas (*Auslegungs- und Lückenausfüllungslehre*), dado que a ella recurrirá la doctrina dominante en todos aquellos casos en los que exista una sentencia que, aparentemente, no puede entenderse como deducida del texto de la ley.

La doctrina de la interpretación y la integración de las lagunas presupone que es posible alcanzar un conocimiento más correcto y pleno del derecho que el que se desprende directamente de las palabras de la ley. Éstas son una mera expresión, posiblemente defectuosa, de la voluntad subyacente, el auténtico derecho. Según la doctrina dominante, si se parte de esta base más profunda, el fallo siempre puede ser contemplado como un puro acto de aplicación.

Existe un sinfín de teorías, que suelen dividirse en subjetivas y objetivas. Las primeras consideran que la tarea de la interpretación es descubrir la auténtica voluntad del legislador; las últimas, por el contrario, afirman que lo decisivo es lo que quiere la ley misma, su significado objetivo, y esto depende a su vez de las circunstancias sociales del momento, que van cambiando con el tiempo. Por decirlo con un símil, se viene a cortar el cordón umbilical que une a legislador y ley y ésta pasa a vivir en adelante su propia vida. Con frecuencia esta concepción acerca de la interpretación recurre en este sentido a algún criterio relacionado con el medio social, como por ejemplo, «la opinión de la generalidad de los hombres razonables»[45] o cosas similares.

---

dora y administradora. De ahí la incorrección de la doctrina dominante, según la cual el juez se limita a *aplicar* el derecho existente, mientras que el funcionario de la Administración ejerce *discrecionalidad* al dictar actos administrativos.

44 Sobre la actividad creadora de derecho del juez, vid., por lo demás, *supra*, caps. IV, 6 y 8, XI, 4c, y XII, 2. Es comprensible que la percepción correcta del fenómeno sólo se alcance en los países de derecho no codificado; sobre Austin, vid. *supra*, cap. IV, 6 y 8.

45 Danz, *Richterrecht*, p. 199; cfr. pp.187 y 188.

Dentro de la época más reciente, la concepción subjetiva ha sido sostenida sobre todo por Gény y Bierling[46]. En cuanto a los partidarios de la teoría objetiva, cabe citar, en el pasado, a Kohler, Reuterskiöld y Binding. Recientemente, la teoría ha sido defendida de manera extensa en los tratados de carácter monográfico debidos a Danz, Lukas, Wüstendörfer y Karl Schmitt[47]. Una postura intermedia es la que ocupa Heck, en su detallada obra *Gesetzesauslegung und Interessenjurisprudenz*. Defiende básicamente una teoría subjetiva, pero, a diferencia de algunas versiones más antiguas, resalta que la «voluntad del legislador» no tiene en su doctrina el significado de una voluntad real, psicológica, sino el de una figura normativa, una personificación de los *intereses* que han dado lugar a la ley, los llamados *intereses causales* (*kausale Interessen*)[48].

Involucrarse en esta amplia discusión sobre el principio intepretativo (*Auslegungsprinzip*) sería una tarea muy extensa. Y, para nuestros efectos, totalmente inútil. Cualquiera que sea el valor que se les pueda atribuir en cuanto *política jurídica*, lo cierto es que, en cuanto *terоría del derecho*, que es lo que pretenden ser, resultan de antemano inservibles, bien por el método que utilizan, bien por la teoría dogmática del derecho que les subyace. A la postre, en esta controversia se dan cita todo tipo de postulados políticos, que son elevados al rango de lo absoluto, acompañados de una serie de construcciones de carácter dogmático-«necesario».

Los autores que defienden el método estrictamente subjetivo de interpretación se apoyan, predominantemente, en un método teórico-jurídico de carácter dogmático, que consiste en inferir del dogma del derecho (ley) como voluntad del legislador que la interpretación ha de dirigirse, necesariamente, al conocimiento de esa voluntad. Así, por ejemplo, Gény construye su teoría a partir de la «*raison d'être*» de la ley y del fundamento de su «*force obligatoire*»[49]. Por el contrario, los autores que postulan una interpretación objetiva, en concordancia con las necesidades cambiantes y las valoraciones de la época, emplean preferentemente un método puramente político, tratando de mostrar la conveniencia y utilidad del método objetivo de interpretación; en este caso, el carácter «necesario» de la teoría suele provenir de una deducción a partir del «fin» al que sirven la ley y

---

46 Gény, op. cit. en nota (1), I, pp. 251 y 263; Bierling, *Juristische Prinzipienlehre*, tomo IV, § 53.

47 Vid. nota (1).

48 Heck, op. cit. en nota (1), pp. 8 y 65. En este sentido, en realidad, también Reichel, *Gesetz und Richterspruch*, pp. 75 y ss., a pesar de que combate la doctrina de Heck. Lo que sucede es que Reichel no la ha entendido correctamente.

49 Gény, op. cit. en nota (1), I, p. 263.

la aplicación del derecho, el «bien de la comunidad» o cosas similares[50]. Todo ello es pura política. Pero incluso considerándolas como tal política, todas estas teorías se basan en un presupuesto teórico-jurídico respecto del cual hemos de pronunciarnos. Se trata del concepto mismo de interpretación. Las teorías referidas coinciden en contemplar a la interpretación como una actividad que, *correctamente* realizada, conduce a una determinación objetiva e inequívoca del auténtico significado de la ley y a su aplicación a casos concretos. Otra cosa es que exista la posibilidad de un error subjetivo. Pero si la ley se interpreta de forma correcta y la deducción se realiza adecuadamente, dos jueces distintos habrán de llegar forzosamente al mismo resultado. Y es que el papel que desempeña el concepto de interpretación es precisamente el de hacer posible que la función del juez pueda ser contemplada como puramente aplicadora del derecho. Ahora bien, el proceso interpretativo puede pensarse lógicamente en dos niveles. En primer lugar, el verdadero sentido de las palabras de la ley se determina en la forma abstracta en que aparecen. A continuación, se produce la transposición a lo concreto. *Aunque no suele percibirse así, la interpretación, tal y como este concepto se entiende comúnmente, supone en realidad una anticipación mental de la concreción del derecho.* Pero una actividad semejante no puede estar en modo alguno basada en un proceso lógicamente objetivo, pues no hay camino alguno que nos lleve desde lo abstracto a lo concreto. Lo abstracto contiene siempre una suma de posibilidades concretas que forman un marco (Verdroβ). Sobre qué punto exacto dentro de este marco ha de proyectarse la concreción es algo que no puede establecerse mediante un principio general y, por tanto, abstracto. Dicho principio puede, a lo sumo, llevarnos a una relativa concreción, a un estrechamiento del marco. Lo abstracto sigue siendo abstracto, incluso bajo una forma determinada con mayor detalle, pero aun así abstracta. Nos hallamos aquí ante un fenómeno lógico fundamental: una oposición absoluta entre lo racional y lo irracional entre lo racional y lo real-concreto. Entre lo abstracto y lo concreto existe un abismo que no puede ser superado a través de *la lógica*, sino *sólo a través de un hecho*[51]. De lo cual se deriva

50 Vid., p. ej., Gmür, *supra*, nota (15); vid. asimismo Reuterskiöld, *Über Rechtsauslegung*, pp. 64 y 65, donde se justifica la existencia de un principio objetivo de interpretación, en consonancia con la convicción jurídica general, apelando al hecho de que la ley es en mayor medida producto de *esta convicción* que del legislador.

51 La Jurisprudencia interpretativa, que pasa por alto la existencia de este abismo, comete con ello el mismo error que aquel joven teólogo que afirmaba que el Espíritu Santo se manifestó, en el bautismo de Jesucristo, en forma de *pájaro*, pero consideraba escandaloso pensar que el Espíritu Santo apareciera precisamente como una *paloma* (una paloma torcaz, p. ej.), un pato o cualquier otra ave determinada.

que es *imposible* establecer un *principio interpretativo*, tal y como suele entenderse éste, y que la concreción operada por el juez necesariamente crea derecho[52].

No es por ello de extrañar que, de hecho, los principios de interpretación que se han querido establecer no consigan determinar inequívocamente el resultado de la concreción a realizar. Es más, en la mayoría de los casos los criterios postulados ni siquiera designan un parámetro que sea objetivamente determinable.

En lo que concierne, en primer lugar, al criterio al que recurren las teorías subjetivas, la «voluntad del legislador», cabe formular las siguientes objeciones a este fantasma dogmático: 1) en primer lugar, resulta radicalmente incomprensible (cfr. *supra* cap. VIII, 6b) qué es lo se quiere decir cuando se califica a una norma como objeto de una voluntad. Todas las objeciones que cabe formular contra la teoría imperativista reaparecen aquí. 2) Además, ha sido demostrado ya en reiteradas ocasiones que, al menos en los Estados modernos, es imposible otorgar sentido alguno al concepto de *voluntad del legislador*. En las estructuras jurídico-constitucionales modernas, el legislador no es una persona concreta, sino una corporación integrada por una pluralidad de miembros. ¿Dónde está, entonces, la voluntad del legislador? La ley se forma a menudo sobre la base de un compromiso. Un partido tiende hacia una dirección, el otro hacia la contraria, y cada uno hace su propia lectura de la ley. En ocasiones, incluso, se expresa deliberadamente de forma oscura aquellos aspectos en los que no es posible llegar a un acuerdo. Las declaraciones realizadas en las comisiones y en los debates plenarios de ambas cámaras resultan mutuamente contradictorias. El señor N. N. ha pensado esto, el señor P. P. esto otro, el señor A. A. no ha pensado nada en relación con la ley. ¿Quién puede encontrar en medio de esta confusión una voluntad unitaria del legislador? Lo único que se puede decir realmente es que se ha querido que el proyecto en su forma definitiva *sea ley. Ita jus esto*. Pero ello no proporciona, obviamente, principio interpretativo alguno. 3) Finalmente, cabe añadir que, aun concediendo a posibilidad de que se pueda constatar la existencia de una cierta voluntad común correspondiente a los círculos parlamentarios dominantes, esta voluntad —al igual que la ley— será ella misma abstracta, y por tanto... exigirá ser interpretada. De hecho, resulta imposible prever *todos* los casos concretos a los cuales habrá de aplicarse la ley. Dicho de modo más correcto: *es imposible prever ni un solo caso concreto*. La voluntad absoluta del legislador a lo sumo puede suponer un relativo estrechamiento del marco legal.

52 Una serie de ejemplos que ilustran muy bien el carácter abstracto de la ley se encuentra en Walter Jellinek, op. cit. en nota (1), pp. 41 y ss.

Exactamente lo mismo puede decirse de los principios objetivos de interpretación. ¿Dónde se encuentra, por ejemplo, la opinión de «la comunidad de los hombres razonables»? ¿Quién es razonable y quién no lo es? Hoy por hoy, no es posible constatarlo. ¿Quién garantiza, en fin, que los razonables sean de la misma opinión? Finalmente, ésta ha de ser ella misma abstracta, en cuanto opinión general sobre el significado de la ley, etc.

6. A modo de resumen de la crítica del concepto y el método del principio interpretativo realizada en el apartado anterior, podemos afirmar que nuestra posición es la siguiente. Los únicos principios interpretativos que puede haber, más allá de la simple determinación lógico-gramatical del significado abstracto de la ley, vienen a ser, a lo sumo, directrices de concreción relativas (*relative Konkretisationsdirektiven*), que estrechan el marco abstracto de la ley, pero no pueden eliminarlo —y ello cuando tales principios interpretativos existen, lo cual no ha de ocurrir necesariamente—. Alcanzan hasta donde llega su carácter objetivo e inequívoco. El fundamento de estos principios, de carácter condicionado, contingente, no ha de buscarse en consideraciones de tipo político, psicológico o sociológico, sino exclusivamente en el mismo derecho positivo, es decir, en la ley o en el derecho surgido por vía de presuposición (al que, a falta de una mejor terminología, suele llamársele derecho consuetudinario). Por lo general, estos principios de concreción —que suelen ser de escaso alcance— se crean a través de la práctica interpretativa de los tribunales. Partiendo de esta base, tal vez sea posible identificar ciertas reglas que rigen en un sistema jurídico dado y regulan la relevancia que debe atribuirse a los proyectos de ley, las exposiciones de motivos, las intervenciones parlamentarias, los cambios en las circunstancias sociales y a cosas similares. En cualquier caso, sólo sobre esta base (o, eventualmente, sobre la base de una ley), cabe considerar a tales principios interpretativos como derecho. Cualesquiera consideraciones sobre sus ventajas y defectos pertenecen al campo de la *política.*

Sin embargo, no son estos principios jurídico-positivos los que trazan la frontera básica entre la ley y el derecho de origen judicial. Eso sería metodológicamente imposible, puesto que, a su vez, derivan de otro principio, del *principio interpretativo teórico-jurídicamente necesario* (*rechtstheoretisch-notwendiges Auslegungsprinzip*). Dicho principio estriba en la aplicación lógico-gramatical, objetiva, del significado abstracto de las palabras de la ley. Lo cual implica tener también en cuenta los principios de concreción condicionados y relativos antes mencionados, en cuanto se hallen presentes en la ley o en la costumbre; y, naturalmente, sólo hasta donde alcance su propio significado objetivo e inequívoco, lo que, por lo general, no será muy lejos. Este principio objetivo *marca el límite entre la ley o su aplicación y el derecho de creación judicial*; entre el derecho «ya existente» y el de nueva creación. Pues desde el punto de vista teórico-jurídico, «derecho ya existente» no significa otra cosa que el derecho que puede ser conocido a partir de fundamentos cognoscitivos ya dados, en este caso con la ley. Y lo que resulta determinante, a la hora de saber cuál es ese derecho, es precisamente el mencionado principio lógico-objetivo, pues hasta donde alcance, llegará también el conocimiento del derecho sobre la base de la ley. En esta misma medida, la actividad tiene carácter cognitivo. Por contra, donde termina el alcance de dicho principio y entran en acción las concreciones irracionales del juez, termina también la ley; y es aquí donde comienza el derecho de creación judicial[53]. Por tanto, el carácter teórico-jurídicamente necesario de este principio deriva exclusivamente de su condición de límite del conocimiento jurídico sobre la base de la ley, y no —como piensa Merkl— de que una voluntad subyacente a la ley haya remitido a la gramática y la lógica, al haber elegido el lenguaje como medio de expresión[54].

Se deduce de lo antedicho que toda interpretación que rebase el citado principio lógico-gramatical es creación de derecho. Sin embargo, tal interpretación, como es natural, sólo puede tener lugar *dentro del sistema*, esto es, sólo puede ser realizada por el juez o por cualquier otra autoridad competente para la «aplicación del derecho» según el sistema. De lo que se desprende, como importante corolario, que la *interpretación «científica»*, en cuanto trasciende al citado principio, no es ni conocimiento ni creación del derecho. No es conocimiento, porque tal interpretación, al no ser objetiva, no es cognoscitiva. No es creación, porque (habitualmente) el sistema no otorga autoridad a los juristas. Por lo tanto, en las obras jurídicas y científicas, la ciencia sólo es *ciencia del derecho* (en el sentido más estricto de la palabra, es decir, como ciencia conocedora del derecho) hasta donde alcanza el principio lógico-objetivo de interpretación. El resto son *consejos* amistosos dirigidos *al juez*. Consejos que pueden, eventualmente, apoyarse en una *política científica del derecho*, en tanto en cuanto, o bien indican, a partir de una base *sociológica*, la idoneidad de ciertas soluciones jurídicas como medio para alcanzar ciertos fines deseados, en forma de secuencia causal (tecnología jurídica); o bien expresan la valo-

53 Cuanto se dijo en el texto acerca de los principios interpretativos puede aplicarse también a las *delegaciones* abstractas, con cuya ayuda se ha intentado, a menudo, integrar en la ley el derecho de creación judicial; también de ellas puede decirse que sólo llegan hasta donde alcanza su significado abstracto objetiva e inequívocamente determinable. Para algunos ejemplos, vid. lo referente a Danz y Kiß, *supra*, en nota (14).

54 Vid. *supra*, en nota (31).

ración de distintas soluciones jurídicas, medidas conforme a un cierto valor fundamental supuesto (ética jurídica). Naturalmente, con ello no pretende afirmarse en modo alguno que tales investigaciones sean de menor valor; sino únicamente que *no* poseen carácter *específicamente científico-jurídico*. Y es importante ser consciente de esta diferencia, pues es evidente que, cuando se mezcla indistintamente las investigaciones sociológicas o ético-políticas con las específicamente jurídicas, el resultado no puede ser otro que la confusión.

7. Tal y como la entiende la concepción más común, la teoría de las lagunas y de la correspondiente integración del derecho sirve para mantener en pie el dogma de que el juez únicamente aplica un derecho ya existente. Porque en aquellos casos en que resulta imposible entender la sentencia como una deducción a partir de la ley, aun en su forma interpretada, la explicación que se da de este fenómeno es la siguiente: cuando las palabras expresas de la ley no contengan ninguna norma bajo la que sea posible subsumir el caso concreto, estaremos ante una laguna en la ley. Pero laguna en la ley (*Gesetzeslücke*) no significa laguna del derecho (*Rechtslücke*), pues las palabras de la ley no son el único medio disponible para hallar la verdadera voluntad del legislador, el verdadero derecho. También es posible determinar la verdadera voluntad del legislador por medio de la analogía y las demás inferencias de carácter formal. Por tanto, allí donde exista una laguna en la ley, el juez deberá acudir a tales inferencias a fin de identificar el derecho que sirva para complementar la ley. Tanto la identificación de las lagunas (*Konstatierung der Lücke*) como la posterior integración del derecho (*Lückenausfüllung*)* constituyen, por tanto, actividades lógico-cognitivas. La función del juez es exclusivamente aplicadora del derecho.

El movimiento del derecho libre ha incorporado con notable entusiasmo la doctrina de las lagunas del derecho, y lo ha hecho, por lo general, en estos mismos términos; con la única diferencia de que la identificación del derecho con el que se colman las lagunas no se logra a través de inferencias de carácter formal, cosa que se considera ilusoria, sino más bien a través de un libre conocimiento del derecho a partir de bases iusnaturalistas o sociológicas. Pero lo esencial es que también el movimiento del derecho libre considera la actividad de integración como *jurídico-cognoscitiva*, al basarse en ciertas fuentes subsidiarias.

Antes de pasar a considerar estas teorías con mayor detalle, parece procedente someter a un detenido análisis el concepto de «laguna». Por-

---

* N. del T.: Por razones estilísticas, hemos traducido el término alemán «*Lückenausfüllung*» en ocasiones conforme a su sentido más literal, como *actividad colmadora de lagunas*, y en otras como *integración del derecho*.

que pocas veces una expresión figurada ha originado tanta confusión. Se ha tendido con harta frecuencia a limitarse a constatar que hay una «laguna» en la ley, que «falta» una norma, sin interrogarse acerca de qué figuras y problemas *normativos* se ocultan tras este símil. A tal efecto, hay que señalar lo siguiente:

a) Cuando se habla de la existencia de una laguna, previamente tiene que haber *algo que la rodee*. El concepto de laguna presupone un todo más amplio, una serie en la que hay un lugar vacante. Determinar que «algo no está» sólo tiene sentido dentro de un sistema que indique lo que eventualmente habría podido estar. Este todo, esta secuencia, este sistema dentro del cual existe un lugar vacante, es lo que llamaremos *el entorno de la laguna* (*Lückenstoff*).

b) En segundo lugar, hay que señalar que la laguna no supone simplemente un lugar vacante en el seno del sistema, sino también que —desde algún punto de vista— se tiene la expectativa o se exige que no exista tal ausencia de contenido. El concepto de laguna es necesariamente relativo a un estado de cosas, determinado desde cierto punto de vista, en el que dicha ausencia no se produciría. Porque, de lo contrario, resultaría imposible distinguir la «laguna» del simple «vacío». Al principio que sirve para identificar el estado de cosas por referencia al cual el simple vacío se convierte en laguna, lo llamaremos *criterio para determinar la existencia de lagunas* (*Lückenmaßstab*).

c) Finalmente, está claro que para decidir si existe un lugar vacante dentro de un «todo», hay que saber si algo «está» o «no está» en el lugar en cuestión. Esto es, hay que darse cuenta del carácter y las condiciones de existencia de lo que forma el entorno de la laguna. Es perfectamente posible que, desde un punto de vista distinto al que se adopta para determinar el entorno de la laguna, el lugar se encuentre ocupado; pero esto, naturalmente, es indiferente. Es preciso que el principio según el cual se determina si el lugar está ocupado o no, sea el mismo que organiza la secuencia que a su vez determina el entorno de la laguna. Lo llamaré *principio de existencia* (*Existenzprinzip*); este principio es el que resulta determinante, tanto para la secuencia en cuestión (el entorno de la laguna), como para la ocupación o ausencia de ocupación del lugar (la laguna).

Conviene tener presente el significado del concepto de laguna en los tres sentidos mencionados[55], pues, de lo contrario, continuará siendo confuso. Es de particular importancia identificar cuál es el criterio que se aplica

55 Lo expresado bajo c) no es en realidad sino un ulterior desarrollo de lo dicho bajo a).

para determinar la existencia de lagunas, porque permite precisar el carácter de ésta y, con él, la forma de «colmarla». Cabe afirmar, con carácter necesario, lo siguiente: para que quepa hablar de la existencia de una laguna, el criterio para determinar la existencia de lagunas ha de ser distinto del principio de existencia. En caso contrario la «laguna» se contemplaría a la luz del todo fácticamente existente, y el vacío no podría aparecer como tal laguna; faltaría un estado de cosas distinto del actualmente dado, que pudiera servir de *trasfondo* para apreciar el vacío como laguna.

El significado formal de la doctrina de las lagunas para la teoría de las fuentes del derecho consiste en lo siguiente: si lo que forma el entorno de la laguna es una determinada fuente de derecho, esto es, el fundamento que permite identificar algo como derecho, y si el criterio para determinar la existencia de lagunas consiste en la exigencia epistemológica de que el único fundamento válido para identificar una determinada sentencia como derecho sean las fuentes preestablecidas, resulta claro que la existencia de una laguna implica necesariamente que el fundamento cognoscitivo asumido resulta insuficiente, por lo que existe una necesidad epistemológica de hallar otras fuentes. Ahora bien, cuando se da esta situación, cabe pensar o bien que la conclusión es que el juez mismo crea derecho, en tanto que su decisión no es deducible de las fuentes preestablecidas; o bien que existen otras fuentes que determinan la decisión jurídica. Por tanto, la doctrina de las lagunas puede utilizarse para fines teóricos bien distintos, lo que no fomenta precisamente la unidad y claridad del debate.

8. Partiendo de este esquema interpretativo, intentaremos exponer a continuación —en forma de una idealizante generalización— las teorías de las lagunas, tal y como éstas se configuran a partir de sus distintos fundamentos teórico-jurídicos.

De acuerdo con la concepción más común —asumida tanto por el positivismo como por el movimiento del derecho libre—, el concepto de laguna del derecho designa un estado de cosas en el que el derecho existente —ley o costumbre— no contiene norma alguna para la decisión de un determinado caso. Sencillamente, *falta* una norma. El entorno de la laguna es, pues, el derecho directamente dado, esto es, para seguir con el ejemplo principal: la ley. Pero ¿cuál es el criterio para determinar la existencia de lagunas? Esto no resulta nada claro; la concepción más común considera el concepto de laguna como una categoría absoluta. La norma «falta». Pero esta misma expresión conduce de forma necesaria a la idea de un criterio en relación al cual el vacío aparezca como una ausencia. Lo que subyace a la concepción habitual no puede ser sino que el criterio para la determinación de la existencia de lagunas es la posibilidad de aplicar la ley al caso en cuestión. La ley contiene una laguna cuando el caso concreto no puede ser decidido por referencia a ésta. Sin embargo, esta definición hace referencia a algo sencillamente imposible. De acuerdo con este criterio, *nunca* podrá existir una laguna; pues desde un punto de vista formal, la ley siempre es lógicamente aplicable (prescindiendo ahora del acto irracional de concreción del marco legalmente establecido). El «vacío» significa simplemente que la obligación jurídica cuya existencia ha sido alegada carece de fundamento, y que por tanto la pretensión debe ser desestimada. No existe diferencia lógico-formal alguna entre estos casos y las supuestas lagunas. Si se habla de la existencia de una laguna *con anterioridad* a la aplicación del derecho (y la doctrina habitual sólo está pensando en esta situación), entonces hay que presuponer necesariamente un criterio material, con arreglo al cual la solución del caso concreto a la que conduciría una aplicación formal de la ley resultaría, por alguna razón, insatisfactoria.

Ahora bien, para que pueda mantenerse en pie la teoría dominante, conforme a la cual cuando el juez colma una laguna su actividad es cognoscitiva, y no creadora de derecho, es imprescindible que las lagunas puedan identificarse mediante un *acto cognoscitivo de derecho*. No obstante, como se desprende de lo antedicho, resulta imposible una «contemplación inmediata de las lagunas». En realidad, lo que se hace es presuponer un cierto criterio material de determinación de la existencia de lagunas. Ahora bien, si el de «laguna» pretende ser un concepto *jurídico*, accesible al conocimiento *jurídico*, dicho criterio material también habrá de tener necesariamente carácter jurídico. Pero entonces la única solución imaginable es que el criterio estribe en que los resultados a los que conduciría la aplicación formal de la ley contravengan un derecho más profundo situado tras la ley. La laguna tendría, según esto, un carácter secundario con relación al derecho extralegal. Sin embargo, esta idea nos conduce a una antinomia; pues el derecho extralegal se define como algo subsidiario, esto es, como algo secundario respecto de la ley, y por tanto también de las lagunas de la ley. Lo que muestra que la concepción general se basa en un concepto dogmático que resulta jurídicamente imposible, el de laguna jurídica «inmediata» y «absoluta».

La citada antinomia se disuelve tan pronto como se constata que el concepto de laguna del derecho no es de naturaleza jurídica, sino *política*. Sólo partiendo de un criterio político-material es posible hablar de la existencia de una laguna en la ley con anterioridad a la aplicación del derecho. Antes de pasar a hablar sobre las consecuencias que ello conlleva para la forma en que se colman las lagunas, hemos de referirnos a un interesante intento de salvar el concepto de laguna del derecho como concepto propiamente jurídico.

En su célebre discurso rectoral sobre las lagunas, Zitelmann ha distinguido entre lagunas en sentido propio y en sentido impropio (*echte und unechte Lücken*). Estas últimas se dan, según Zitelmann, cuando en realidad la ley contiene una norma aplicable al caso, pero el juez *no quiere* aplicar dicha norma, porque considera que los resultados a que ello conduciría son insatisfactorios[56]. Esto es lo que de hecho sucede en la mayoría de los casos en que se habla de la existencia de una laguna en la ley, y, con ello, Zitelmann ha venido a reconocer que normalmente este concepto posee un significado político. Consecuentemente, también habría debido reconocer que colmar las lagunas es en estos supuestos una actividad de naturaleza política, es decir, creadora de derecho. Y de hecho, el autor a punto está de dar este paso, sólo que, en el último instante, «se lo impide su conciencia»[57]. Cautivo de las concepciones tradicionales acerca de la tarea del juez, Zitelmann recurre a la explicación habitual de que en tales casos la actividad del juez consiste en aplicar un derecho supletorio y corrector que se encuentra tras la ley. No obstante, esta explicación es inconsecuente con la propia definición que Zitelmann da del concepto de «laguna en sentido impropio» («*unechte Lücke*»); pues ¿cómo puede hablarse de que el juez *no quiere* aplicar la norma existente por considerar inadecuado el resultado a que conduciría, cuando la tarea del juez, conforme a la mencionada explicación, ha de ser puramente cognitiva? Si subsanamos, pues, el error en el que incurre la exposición de Zitelmann en este aspecto, podemos constatar que en realidad el autor ha rechazado la doctrina habitual y ha mostrado que en estos casos la identificación de lagunas jurídicas y la consiguiente integración del derecho tienen carácter político.

Como contrapartida, Zitelmann cree haber proporcionado con la laguna en sentido propio (*echte Lücke*) un concepto puramente jurídico. Se habla de laguna en sentido propio en los casos en que la ley reclama expresamente una solución (material), pero sin proporcionar la norma necesaria para ello[58]. En estos casos parece realmente posible hablar, desde un punto de vista *jurídico-positivo*, de que hay una laguna de la ley, en la medida en que es imposible aplicarla tal y como está actualmente configurada. Sin embargo, examinado con detalle, no es éste el caso. No es posible detectar una laguna en la ley partiendo de la propia ley. Esto significaría que el criterio para determinar la existencia de lagunas y el principio de existencia serían coincidentes, cosa que, conforme a la proposi-

56 Zitelmann, op. cit. en nota (1), p. 20; cfr. 24 y 25.
57 Op. cit., p. 25.
58 Op. cit., p. 27.

ción de carácter necesario antes formulada (*supra,* apartado 7), es imposible. Es decir, es imposible identificar un vacío en la ley como laguna sobre la base de la propia ley. El vacío no es discernible de la indeterminación abstracta de la ley. Cuando la ley reclama una decisión material, pero no dice por cuál de las alternativas posibles se debe optar, ello quiere decir que, desde el punto de vista de la ley, la decisión misma es libre e indeterminada, en el marco de la exigencia abstracta de que se adopte una decisión. La laguna «en sentido propio» de Zitelmann equivale sencillamente a cualquier indeterminación del derecho. Esto es lo que se desprende también, de manera indudable, de la propia definición de Zitelmann: «El supuesto de la laguna en sentido propio es el siguiente: la ley formula una proposición positiva, conforme a la cual hay que decidir, pero dentro de tal proposicion algún elemento queda indeterminado»[59]. Es más, el autor reconoce incluso que existen lagunas en sentido propio dondequiera que la ley emplea un concepto sin definirlo exhaustivamente —y en esta situación se encuentran, como admite el propio autor, casi todos los conceptos aplicados[60]. En vano busca Zitelmann —que posiblemente se apercibió de que de este modo el concepto de laguna se difuminaría— trazar una frontera entre interpretación e integración del derecho. Así indica, por ejemplo, que en el ámbito penal las normas que establecen un determinado marco punitivo no encierran lagunas, porque en este caso *la ley no quiere* que el juez se rija por una determinada norma (ausente), sino por su libre criterio[61]. Con ello, Zitelmann recurre a la idea de una voluntad objetivamente cognoscible situada *tras* la ley, que resulta determinante a la hora de identificar la norma que el juez debe aplicar. También en este caso, pues, se consigue mantener en pie la doctrina de que el juez ha de aplicar derecho preexistente. Sin embargo, al presuponer la existencia de un derecho objetivo situado tras la ley, su doctrina se desploma también en este punto (cfr. *infra,* a continuación). En definitiva, podemos concluir nuestras observaciones sobre Zitelmann afirmando lo siguiente: resulta llamativo que su inteligente mirada haya evidenciado un alcance mucho mayor que su valor para extraer las consecuencias que se derivan de su percepción de las cosas. Lo que en realidad se desprende de la doctrina de Zitelmann sobre las lagunas en sentido propio e impropio es que, o bien la laguna del derecho es un concepto político, o bien es manifestación de la simple indeterminación abstracta inherente a la ley, y en am-

59 Op. cit., p. 27.
60 Op. cit., p. 45, nota (18).
61 Op. cit., pp. 30 y 31.

bos casos la actividad colmadora de las lagunas (*Lückenausfüllung*) e creadora de derecho[62-63].

La última posibilidad de hacer accesible al *conocimiento* jurídico la existencia de lagunas en la ley en el momento previo a su aplicación, se basa, como hemos visto, en la suposición de que existe un derecho independiente y objetivamente cognoscible «tras» la ley. Por tanto, existe una

62 La importancia del excelente trabajo de Zitelmann aún no ha sido plenamente apreciada. Todavía se habla, en general, de la existencia de una laguna de la ley en el sentido absoluto de que «falta» una norma. Es por ejemplo el caso de Huber, op. cit. en nota (1), p. 354: «Existe una laguna cuando, para un determinado caso, la ley no contiene una proposición jurídica que sea aplicable, ya directamente, ya por la vía de la analogía» (1921).

63 Bierling, *Juristische Prinzipienlehre*, tomo IV, § 57, adopta en lo esencial la misma posición que Zitelmann. Pero sostiene un positivismo dogmático aún más extremado, que le lleva a rechazar lo que Zitelmann denomina lagunas en sentido impropio, puesto que la integración del derecho supone en este caso una modificación de la ley. Sin embargo, en el fondo la diferencia no pasa de ser terminológica. Bierling asume que el *entorno de la laguna* es la ley; pero no, como Zitelmann, la ley en su mera interpretación lógico-gramatical, sino interpretada en concordancia con la verdadera voluntad del legislador —o sea, lo que en el caso de Zitelmann constituye el criterio para determinar la existencia de lagunas y el correspondiente principio de integración del derecho. Pero entonces, obviamente, la laguna en sentido impropio tiene que desaparecer como tal, en la medida en que Bierling parte ya de un conocimiento más amplio del derecho, que la convierte, por tanto, en laguna en sentido propio. Porque el ámbito en el que se inserta la prescripción de que debe producirse una determinada decisión (sin que al mismo tiempo se establezca la correspondiente norma, que es lo constitutivo de una laguna en sentido propio), es más amplio en el caso de Bierling que en el de Zitelmann; esto es, comprende no sólo la ley expresa, sino también la *verdadera voluntad del legislador*. La única diferencia estriba, así, en la respectiva determinación de cuál es el entorno de la laguna: la ley en sentido estricto, o en un sentido más amplio. Por eso, tanto en el caso de Bierling como en el de Zitelmann, el concepto de laguna se disuelve en la genérica indeterminación de la ley, pues existe identidad entre el principio de existencia (la auténtica voluntad del legislador) y el criterio para determinar la existencia de lagunas (la auténtica voluntad del legislador). De acuerdo con ello, la integración del derecho se funde necesariamente con la interpretación. Éste es el caso, en particular, de las lagunas en sentido impropio de Zitelmann, pues aquí es un mismo razonamiento analógico el que lleva a la constatación *de que* un determinado caso debe ser materialmente enjuiciado (interpretación), como también al conocimiento de *cómo* debe ser enjuiciado este hecho (integración del derecho). En el caso de la laguna en sentido propio puede subsistir cierta divergencia, en la medida en que el tenor expreso de la ley implica *que* un caso debe ser enjuiciado, mientras que resta aún por determinar, por medio de algún tipo de analogía, cuál es la norma que permitirá este enjuiciamiento. Pero lo mismo puede decirse de cualquier tipo de indeterminación. Porque, ciertamente, también la interpretación puede consistir en hallar la auténtica voluntad del legislador. Bierling es consciente de este problema y admite que con frecuencia interpretación e integración se funden en la práctica, pero intenta seguir manteniendo la existencia de una diferencia de principio (pp. 403 y ss.). No obstante, este intento sólo puede estar basado en prejuicios jurídico-dogmáticos. Desde una perspectiva jurídico-funcional, la separación entre interpretación e integración resulta insostenible.

laguna legal en aquellos casos en que una aplicación formal o material entraría en contradicción con el derecho existente tras la ley. Ahora bien, si se puede probar que este derecho supuestamente situado tras la ley no resulta accesible a una identificación lógica de carácter objetivo, dentro del sistema jurídico, entonces desaparece también esta última posibilidad. Al mismo tiempo, dicha prueba hace aún más evidente que la actividad colmadora de lagunas es creadora de derecho, puesto que no sólo el concepto de laguna, sino también el material utilizado para colmarla, trascienden al conocimiento jurídico.

Cabe afirmar que, hoy en día, el hecho de que las inferencias análogicas (analogía, a contrario), etc., a las que el positivismo recurre para averiguar la voluntad «auténtica» del legislador, no suponen un juicio intelectual de carácter lógico-objetivo, está ya suficientemente reconocido. El movimiento del derecho libre —sin excluir a Gény— ha prestado al respecto una valiosa contribución, al constatar de modo irrefutable que todos estos medios formales de interpretación e integración son meras *artes*, que carecen de objetividad y que se utilizan para ocultar el carácter político de las premisas alcanzadas por una vía distinta. La razón se encuentra, en pocas palabras, en que la analogía a partir de una o más reglas legales presupone (lógicamente) una inducción de un principio más general, a partir del cual se deduce la solución del caso análogo. *Pero* una inducción semejante no tiene un carácter lógicamente necesario. Partiendo de las mismas reglas inferiores, es posible obtener por vía de inducción lógica miles de reglas superiores diferentes. Cuáles de éstas se escojan, dependerá de una cierta idea acerca de cuál es el *fin* de la ley, y por tanto de un elemento político. Dicho con otras palabras: dos casos análogos nunca son idénticos. De una igualdad entre dos casos sólo cabe hablar *desde determinado punto de vista*, que viene, a su vez, determinado por un cierto *fin*.

Las fuentes subsidiarias a las que recurre el movimiento del derecho libre tampoco son accesibles a una determinación indudable y objetiva dentro del sistema jurídico; y ello nos parece tan evidente que no requiere mayor demostración.

9. Cuanto antecede nos autoriza a concluir que es no es posible hablar de la existencia de una laguna en la ley, entendida como algo accesible al conocimiento jurídico *con anterioridad* a la aplicación del derecho, si no es en el sentido de la indeterminación de sus aplicaciones concretas derivada del carácter abstracto del derecho. Si prescindimos de ello por el momento, podemos constatar que no existe criterio jurídico alguno conforme al cual sea posible identificar una laguna de aplicación en la ley, esto es, constatar que la ley no proporciona suficiente base para la aplicación. Sólo a partir de un criterio *político* es posible detectar la existencia de una

laguna, esto es, constatar que la aplicación de la ley conduciría a un resultado políticamente indeseado.

En cambio, *con posterioridad* a la aplicación del derecho sí cabe hablar de una laguna legal en un sentido jurídico —más allá de la mera indeterminación de las aplicaciones concretas—. Cuando la misma decisión concreta rebasa el marco abstracto fijado por la ley, no es posible reconocerla como derecho por razón de la ley. En este caso, la fuente del derecho no es la ley; la sentencia tan solo obtiene carácter jurídico por referencia directa al sistema. El criterio para determinar la existencia de lagunas consiste, en tales casos, en la exigencia epistemológica de considerar a la ley como única fuente de derecho para la decisión alcanzada; allí donde esto no sea posible, existirá en la ley una laguna *ex post*. Lo que previamente era una laguna política habrá sido convertida por el juez en laguna jurídica.

A modo de resumen, podemos constatar lo siguiente:

El concepto de laguna de derecho posee dos sentidos relevantes para el conocimiento jurídico.

Con anterioridad a la aplicación del derecho, se entiende por tal la indeterminación derivada del carácter abstracto de la ley, que supone que ésta sólo de manera incompleta puede servir de fuente de derecho a la sentencia, entendida como concreción dentro del marco establecido por la ley[64].

Con posterioridad a la aplicación del derecho, dicho término hace referencia a que la ley no posee la condición de fuente que sirve de base a la sentencia, en la medida en ésta se sitúa fuera de los límites trazados por la ley.

En ambos casos, el criterio para la determinación de la existencia de lagunas radica en la posibilidad de contemplar a la ley como única fuente de derecho en que basar la sentencia.

En ambos casos, la existencia de una laguna proporciona el criterio para saber que la actividad integradora tiene carácter creador de derecho, esto es, que es el fundamento constitutivo de conocimiento (*konstituierender Erkenntnisgrund*) que permite identificar a la sentencia como derecho. Con ello se afirma que la función del juez es creadora de derecho: 1) *necesariamente*, en cuanto establece *cómo* se va a concretar el marco legal; con ello se corresponde la laguna legal identificable ya *con anterioridad* a la aplicación del derecho, esto es, la que posee carácter necesario; 2) *posiblemente*, en la medida en que la sentencia dictada trascienda el marco de la ley; a esto equivale la laguna legal identificable con posterioridad a la sentencia, esto es, cuyo carácter es meramente contingente.

64 En esta medida, pues, la integración del derecho resulta ser idéntica a lo que la concepción más común entiende por interpretación; cfr. la cita precedente.

En todos los demás sentidos en que el concepto de laguna jurídica es empleado por la doctrina, no designa un concepto puramente jurídico, sino político, más o menos disfrazado de laguna «absoluta», con lo cual se evita indicar cuál es el criterio para determinar la existencia de las lagunas. En realidad, las reglas que se establecen a efectos de la correspondiente integración del derecho son postulados políticos que pretenden orientar la creación judicial de derecho.

Finalmente, hemos de señalar que la distinción, casi omnipresente en la bibliografía, entre integración del derecho *praeter* y *contra legem*, a la cual se atribuye una gran importancia, por estimar que sólo la primera es competencia del juez, es enteramente irrelevante desde el punto de vista teórico-jurídico. Lo decisivo es únicamente si la decisión está o no *cubierta* por la ley. Si este no es el caso, entonces la decisión constituye una nueva creación, cuya legitimidad proviene directamente del sistema. Que se crea o no posible incorporarla al sistema sin con ello modificar una de las normas ya existentes, es indiferente. A lo sumo, cabría referirse a una *graduación política* en la importancia de esta nueva creación, pues acaso pueda parecer más osado modificar las reglas existentes que complementarlas. Esto, no obstante, no siempre tiene que ser así. Zitelmann ha mostrado que en la mayoría de las ocasiones la integración analógica (las lagunas «en sentido impropio») estriba en una *modificación* de la ley. Las incontables interpretaciones y analogías de carácter extensivo o reductor, sobre la base de las cuales se excepciona un mandato general (*contra legem*), significan seguramente una intervención política mucho menor que una analogía *praeter legem* que suponga abrir todo un ámbito vital a una calificación jurídica hasta entonces inexistente.

A lo largo de este capítulo nos hemos referido únicamente a la relación entre ley y sentencia. Sin embargo, al comienzo del mismo hemos señalado que dicha relación debe ser considerada tan solo como modelo de la relación general entre dos niveles respectivamente supra e infraordenados dentro de la secuencia escalonada del derecho. De lo que se sigue que la doctrina de la interpretación e integración que aquí se ha desarrollado es básicamente aplicable, en cuanto *doctrina de la secuencia escalonada (Lehre von der Stufenfolge)*, a otros problemas jurídico-estructurales. Con ello, quedan sentadas las bases sistemáticas para la solución de una serie de importantes problemas, como por ejemplo la posición del legislador con respecto a la constitución, y la del derecho estatal respecto del derecho internacional. Por razones de espacio, no podemos desarrollar aquí tales cuestiones. Habremos de contentarnos con indicar la validez general del principio establecido.

Capítulo XIV
LA CONSTITUCIÓN

1. PLANTEAMIENTO Y MÉTODO
2. LOS PROBLEMAS DE LA DEFINICIÓN DEL CONCEPTO DE CONSTITUCIÓN SOBRE BASES POSITIVISTAS: JELLINEK Y SOMLÓ
3. EL CONCEPTO DE CONSTITUCIÓN EN CLAVE LÓGICO-NORMATIVA; CRÍTICA DE LA DOCTRINA DE KELSEN DE LA CONSTITUCIÓN EN SENTIDO LÓGICO-JURÍDICO Y EN SENTIDO JURÍDICO-POSITIVO
4. EL CIERRE SUPERIOR DE LA SECUENCIA ESCALONADA DEL SISTEMA JURÍDICO. EL VERDADERO SIGNIFICADO DE LA NORMA FUNDAMENTAL DE KELSEN. LA CONSTITUCIÓN POSITIVA COMO NORMA FUNDAMENTAL
5. LOS LÍMITES EXTERNOS DEL CONOCIMIENTO JURÍDICO; EL FUNDAMENTO ÚLTIMO DEL SISTEMA JURÍDICO ES UNA CREENCIA BASADA EN UN MALENTENDIDO DE ORDEN LÓGICO
6. REVOLUCIÓN Y NORMA FUNDAMENTAL
7. LA CONSTITUCIÓN «ETERNA»
8. LA DISTINCIÓN ENTRE CONSTITUCIÓN EN SENTIDO FORMAL Y CONSTITUCIÓN EN SENTIDO MATERIAL DEBE SER RECHAZADA

1. No es posible indicar de forma generalmente válida cuántos, o cuáles son los escalones que forman un sistema jurídico. Tal pregunta es relativa a un sistema jurídico dado, en el sentido de que la respuesta que se quiera dar dependerá de la estructura que adopte dicho sistema. Por contra, no se trata de un problema de carácter jurídico-sustantivo, en el sentido de que pueda contestarse consultando determinadas normas jurídicas. Por ello, un análisis general de los escalones del sistema jurídico exige acometer únicamente las siguientes tareas: por una parte, procede determinar las formas lógico-jurídicamente posibles entre las cuales todo sistema positivo ha de seleccionar necesariamente su estructura; y, por otra parte, habrá que caracterizar en una tipología de carácter generalizador algunas de entre estas formas posibles. Una ejecución plena de ambas tareas excedería el ámbito de nuestro trabajo; en lo que sigue, nos proponemos considerar algunos de los posibles escalones en cuanto resultan especialmente relevantes para la teoría de las fuentes del derecho. En el presente capítulo abordaremos el problema de la constitución como fuente del derecho. El sistema jurídico posee una estructura escalonada (*Stufenbau*), en el sentido de que el escalón «superior» puede ser contemplado como fundamento cognoscitivo (inmediato) del escalón inferior inmediatamente subsiguiente. Esta idea plantea necesariamente una serie de problemas de carácter teórico-jurídico, consistentes en esclarecer cómo «termina por arriba» tal sistema y hasta qué altura pueden extenderse dichos escalones. Esto es lo que entendemos por problemas de la constitución como fuente del derecho (*Rechtsquellenprobleme der Verfassung*).

2. El *positivismo dominante* suele definir la constitución como «un orden jurídico que regula la relación entre los supremos órganos estatales, las relaciones jurídicas entre Estado y súbditos y las funciones del Estado». Ahora bien, dado que función del Estado (*Staatsfunktion*) es lo mismo que función del derecho (*Rechtsfunktion*), esta definición significa que la constitución es una ordenación jurídica de funciones jurídicas. El dualismo que esto produce entre constitución y funciones jurídicas resulta a todas luces insostenible; pues la constitución, en cuanto orden jurídico, ha de ser, ella misma, una función jurídica. Dicho en términos «estatales»: la constitución misma tiene que ser, en cuanto derecho, una función del Estado, ya que todo derecho emana del Estado. Con lo cual, resulta enigmático qué es lo que se quiere decir cuando se afirma que la constitución —ella misma una función del Estado— ordena las funciones del Estado. En la medida en que se considere todo derecho, con la teoría positivista, como una masa homogénea que «emana» del Estado, esta contraposición de constitución y función del derecho o función del Estado supone, inexorablemente, una antinomia. Antinomia que se resuelve de forma totalmente natural si acudimos a la con-

cepción normativista del derecho, conforme a la cual lo que cualifica a la constitución frente a las restantes funciones (subordinadas) del derecho o del «Estado» es que este término designa, desde el punto de vista lógico-normativo, un escalón jurídico superior, que por ese mismo hecho constituye el presupuesto, en términos jurídico-epistemológicos, de los escalones subordinados, pudiendo «ordenar» éstos sin por ello perder el propio carácter de función del derecho o del Estado; del mismo modo que la ley «ordena» y está supraordenada respecto de la sentencia, y, sin embargo, es a su vez derecho. Pero mientras no se haya cobrado conciencia de esta diferencia de rango lógico-sistemático, de carácter jurídicamente *inmanente*, la indudable diferencia que se aprecia entre la constitución y el resto del derecho se convertirá rápidamente en un dualismo de carácter jurídicamente *trascendente*, en cuanto la propia constitución sea excluida, de una u otra manera —consciente o inconscientemente—, del ámbito del conocimiento jurídico. Del mismo modo en que, «por abajo», es excluida del sistema de conocimiento jurídico la aplicación del derecho, al considerarla una simple aplicación de lo que está establecido como derecho en el escalón de la ley. La diferencia es que habitualmente no se reconoce abiertamente que la constitución cae fuera del dominio del derecho. Parece como si tal consecuencia resultara ya inaceptable en demasía.

De esta forma, en época reciente los *analíticos ingleses* (cfr. *supra* cap. IV, Excursus A), ante la creciente dificultad para determinar cuál es el poder soberano, se vieron forzados a admitir como fundamento de éste un cierto «orden estatal», distinto del ordenamiento jurídico. No obstante, cualquier «fundamentación» se vuelve incomprensible cuando el orden jurídico y el estatal no pertenecen a la misma clase de normas, y con ello se reproducen las mismas dificultades.

En *Alemania*, Jellinek ha dedicado un gran esfuerzo a plantear el problema sobre bases positivistas: ¿cómo es posible el derecho público si el derecho es la voluntad del Estado?[1] Jellinek ha tratado el problema con mayor penetración que los demás positivistas; pero su respuesta comporta, en realidad, la exclusión de la constitución del ámbito jurídico. Esta respuesta estriba en la conocida doctrina de Jellinek de la *autovinculación* del Estado, de la constitución como conjunto de reglas por medio de las cuales el Estado se obliga a sí mismo a observar un determinado ordenamiento. No obstante, como se ha dicho ya en reiteradas ocasiones, en términos lógico-normativos resulta imposible de concebir una autovinculación jurídica del Estado (*rechtliche Selbstverpflichtung des Staates*). En cuan-

1 *Allgemeine Staatslehre*, p. 337 y ss.

to autoobligación de carácter psicológico, esta construcción no puede expresar una obligación jurídica, sino únicamente un deber moral (cfr. p. 367). Al concebir a la constitución a modo de autovinculación, ciertamente Jellinek consigue distinguirla del resto del derecho, y fundamentar su posición privilegiada; pero sólo a costa de desplazarla al ámbito de lo ético y lo metajurídico. A este respecto, resulta significativo que la doctrina de Jellinek suponga —según sus propias palabras— una transposición al Estado, por analogía, de la idea básica de la *ética* moderna: la autonomía moral[2]. Por eso, Jellinek estima que, si se niega la posibilidad de una autovinculación del Estado, quebrará no sólo el derecho público, sino también la ética en su conjunto, desembocándose en un nihilismo que hace imposible cualquier ciencia de la vida humana en sociedad. Este razonamiento descansa en la identificación, típica del pensamiento previo a la concepción crítico-normativista, de obligación jurídica con «obligación *tout court*». A partir de un planteamiento típicamente *pars pro toto*, la concepción anterior toma como base de su concepto de obligación, entendido como categoría normativa de carácter general, la clase de obligación mejor conocida, a saber, la que se corresponde con la autonomía moral. Al mismo tiempo, lo que se toma como base del concepto general de obligación no es la obligación moral en sí (como entidad normativa), sino un concepto psicológico, como es el de *sentimiento moral de obligación (moralisches Pflichtgefühl)*, que hace referencia a los factores motivacionales que fundamentan la obligación. Es claro que ésta es también la concepción que subyace a la obra de Jellinek[3].

Continuando el pensamiento positivista, y bajo el poderoso influjo de Austin, Félix Somló ha formulado una determinada doctrina de la constitución. De acuerdo con la teoría del derecho de Somló, el derecho consis-

2 Jellinek, *Natur der Staatenverträge*, pp. 14 y ss.; cfr. *Gesetz und Verordnung*, 199, nota 11.

3 P. ej., Jellinek, *Natur der Staatenverträge*, p. 15: «El acto de obligación estriba en un proceso motivacional, consistente en exigir a una determinada voluntad que considere un móvil determinado como el más poderoso, en términos absolutos»; y p. 17: «El fundamento psicológico último de la obligación, ya sea por la propia voluntad, ya por la ajena, consiste en que la voluntad se tiene a sí misma por vinculada por la declaración efectuada». Estamos aquí ante una descripción psicológica del sentimiento moral de obligación. Si se utiliza este mismo concepto en el ámbito del deber jurídico, se desemboca necesariamente en una teoría de la justificación ética, una teoría del reconocimiento (*Anerkennungstheorie*), como la formulada por Bierling en su estudio *Zur Kritik der juristischen Grundbegriffe*. Y, de hecho, ésta resulta ser también la posición de Jellinek, si bien su doctrina —al igual que la de Bierling— muestra una tendencia a atribuir al reconocimiento, en principio puramente ético-subjetivo, un significado sociológico-objetivo, en el sentido de una observancia de hecho.

te en una serie de mandatos que proceden de un poder fáctico, la potestad jurídica (*Rechtsmacht*). Para Somló, la constitución significa, ante todo, «la designación de aquellos detentadores del poder, que forman conjuntamente la potestad jurídica de una determinada comunidad estatal»[4] (concepto básico de constitución, en sentido amplio). Sin embargo, el término se usa también en un sentido más estricto, para referirse al contenido de las normas de promesa (*Versprechensnormen*) dictadas por el que ostenta el poder; con otras palabras, el término constitución sirve en este sentido para referirse a la vinculación jurídica de la potestad jurídica, y, en particular, a las condiciones específicas en que queda establecida tal vinculación» (concepto básico de constitución, en sentido estricto). Somló considera ambos conceptos como conceptos jurídicos básicos o presupuestos (*juristische Grund- oder Voraussetzungsbegriffe*), esto es, como conceptos derivados del de derecho y cuya validez es, por ello, necesariamente independiente del contenido del derecho positivo. Finalmente, Somló se refiere a un tercer concepto de constitución, de carácter jurídico-sustantivo: «Sin embargo, pueden también existir normas jurídicas que indiquen las fuentes de las cuales pueden emanar normas jurídicas. De este modo obtenemos un tercer concepto, a saber, el concepto jurídico-sustantivo de constitución (*Rechtsinhaltsbegriff der Verfassung*) en sentido amplio, por oposición al concepto jurídico básico»[5].

El concepto básico de constitución «entendido en sentido amplio, esto es, como el conjunto de elementos que conforman la potestad jurídica de una determinada comunidad estatal, hace referencia a un hecho social, y no jurídico»[6]. Entendida así, todo Estado *necesariamente ha de tener* constitución. Pero, como Somló resalta explícitamente, por tal se entiende un *hecho social*, no uno *jurídico*. En este sentido de la palabra, la constitución cae, por tanto, fuera de la esfera del conocimiento jurídico; pertenece al ámbito fáctico-social que, según Somló, constituye el presupuesto del conocimiento jurídico.

El concepto básico de constitución en sentido estricto indica el contenido de las normas de promesa establecidas por la potestad jurídica. No todo Estado ha de tener necesariamente una constitución semejante. Dado que no cabe pensar que estas *normas de promesa* tengan otro objeto que el de fijar bajo qué condiciones cabe entender que la potestad jurídica ha establecido algo como derecho, es decir, el de indicar las «fuentes de las cuales pueden emanar normas jurídicas», se me escapa qué diferencia pue-

4 Somló, *Juristische Grundlehre*, p. 309.
5 Op. cit., p. 311.
6 Op. cit., p. 310.

de existir entre este segundo *concepto básico* y el concepto jurídico-sustantivo de constitución. Porque el así llamado concepto básico designa precisamente el *contenido* de las normas de promesa, y por tanto, el contenido del derecho (pues las normas de promesa son también derecho; al respecto, vid. Somló, op. cit., §§ 69 y 70). El hecho de que Somló haya convertido, de manera aparentemente incomprensible, un contenido jurídico condicionado en un concepto jurídico básico, se debe seguramente al citado afán de elevar la constitución por encima del nivel «jurídico-positivo». Pero, prescindiendo de este problema terminológico, resulta en cualquier caso revelador que Somló se haya visto obligado a retomar la doctrina de la autovinculación de Jellinek, aunque modificándola levemente. Somló se ve forzado a admitir la existencia, junto a las habituales normas imperativas, emanadas de una instancia dotada de poder, de una serie de *normas de promesa* coordinadas con las primeras y emanadas de la misma instancia. La promesa es, según Somló, una forma de obligación tan originaria como lo es el mandato. El promitente se vincula frente al destinatario de la promesa mediante la voluntad manifestada en aquélla. Sólo éste, y no él mismo, puede anular tal obligación. De lo que se desprende como consecuencia necesaria —como el propio Somló admite— que la voluntad del *destinatario de la promesa* es considerada determinante del contenido del derecho; y que, por tanto, hay que contemplarlo como integrado en la potestad jurídica. Y de hecho, Somló reconoce, que, en este sentido, el propio sujeto sometido a las normas es elevado por la constitución a la condición de partícipe de la potestad jurídica[7]. Lo cual, sin embargo, supone una quiebra fundamental en su sistema. Porque la potestad jurídica es definida como una instancia fáctico-social, no determinada por la posición *normativa* que ocupa el destinatario de la promesa. Es claro que la obligación cuyo fundamento es la promesa en cuanto tal, esto es, con independencia de la situación fáctica de poder de su destinatario, es de un tipo totalmente diferente a la que Somló califica como jurídica, y que adquiere su peculiar matiz fáctico por emanar de una instancia dotada de poder social cuyos mandatos son observados con regularidad[8]. En realidad, la obligación fundada en la promesa es de naturaleza *psicológicamente autónoma*, es decir, se trata de una obligación moral y no jurídica. El concepto de constitución de Somló (tanto el concepto básico en sentido estricto como el concepto sustantivo, si es que tal distinción es sostenible) se reduce en este sentido a lo moral, igual que el de Jellinek. Si el derecho es una masa homogénea, una voluntad emanada de una determinada

7 Op. cit., p. 310.
8 Op. cit, § 33.

instancia, entonces no resulta posible fundamentar desde una perspectiva teórico-jurídica inmanente el rango epistémico asociado al concepto de constitución. Si se parte de un fundamento semejante, el concepto de constitución no puede sino remitir a criterios que trascienden a lo jurídico, ya sean de tipo social (caso del primer concepto básico de Somló) o ético (caso del segundo concepto básico y el concepto jurídico-sustantivo de Somló, así como del de Jellinek)[9].

3. Sólo partiendo de *bases lógico-normativas* cabe concebir la constitución como distinta de las normas de menor rango en aplicación de un criterio jurídicamente inmanente. El carácter supralegal de la constitución significa simplemente que *designa, dentro de la secuencia escalonada del derecho, el escalón o los escalones que se hallan «por encima de» la ley, esto es, el fundamento cognoscitivo que permite identificar a ésta última como derecho*, en la medida en que, en su condición de norma, anuda la consecuencia jurídica consistente en la facultad de crear derecho al hecho mismo del acto legislativo.

Según Kelsen, todo derecho tiene su origen (*lógico-normativo*) en una determinada *norma fundamental* presupuesta (*vorausgesetzte Grundnorm*). «Cuando esta norma instituye por primera vez un órgano creador de derecho, está configurando la *constitución en sentido lógico-jurídico.* Y cuando el legislador, así instituido, establece normas que regulan la propia legislación, surge —como siguiente escalón— la *constitución en sentido jurídico-positivo*. Sin embargo, el fundamento de su unidad se encuentra propiamente en lo que hemos llamado constitución en sentido lógico-jurídico, en la norma fundamental, que no ha sido establecida, sino que se halla meramente presupuesta (*nicht gesetzte, nur vorausgesetzte Grundnorm*). Pues en ella se basa el primer acto de legislación, no determinado aún por ninguna norma de derecho positivo, esto es, por ninguna norma establecida»[10].

Ahora bien, la teoría de la constitución de Kelsen es susceptible de ser criticada —incluso contemplándola desde un punto de vista *interno*— en una serie de aspectos.

En primer lugar, cabe preguntar si es realmente necesario el desdoblamiento del concepto de constitución en uno lógico-normativo y otro jurídico-positivo (en el sentido de una constitución «establecida») ¿No sería

9 La determinación de la potestad jurídica por una norma —construcción que en Somló aparece en más de una ocasión— supone una voladura de su sistema. La potestad jurídica, que produce y debería hacer posible cualquier conocimiento jurídico, está determinada, ella misma, por el derecho. El sistema se vuelve así del revés. Esto se debe a que la potestad jurídica, entendida como concepto fáctico-social, es una fábula.

10 *Allgemeine Staatslehre*, p. 249.

posible, frente a ello, considerar a la constitución positiva misma como norma fundamental? No parece que quepa una respuesta negativa a esta cuestión. El hecho de que Kelsen se decida a incorporar un escalón más, a saber, una norma fundamental que autoriza al legislador a establecer el contenido de la constitución mediante una delegación general en blanco, se debe, a buen seguro —prescindiendo de un cierto afán racionalista-esteticista—, a la idea de que sólo cabe asumir como norma fundamental una norma *vacía*, de modo que el contenido de todo derecho positivo se determine a través de su *establecimiento expreso* (*Setzung*). Pero no hay necesidad alguna de suponer tal cosa. Desde el punto de vista lógico-normativo, nada se opone a admitir como norma fundamental una norma con un cierto grado de contenido, porque su función no consiste sino en ser el *presupuesto* (*Voraussetzung*) que permite identificar otras normas como derecho. Y esta función se cumplirá de igual manera, tanto si las condiciones que establece para la creación de las normas derivadas son exclusivamente de carácter formal, como si presentan un carácter material. Desde un punto de vista lógico-normativo, no hay razón alguna para suponer que todo contenido jurídico haya de ser expresamente establecido y *no* pueda tener *carácter presupuesto*. Y ello tanto más cuanto que la norma fundamental que la Jurisprudencia normativista asume como *constitución del derecho internacional* se caracteriza precisamente por estar dotada de un contenido sustantivo[11]. Siguiendo el propio punto de vista de Kelsen, bien puede afirmarse lo siguiente: la elección de la norma fundamental es jurídicamente libre y sólo puede estar determinada por el principio de economía epistémica. Por eso, ha de ser posible optar tanto por una norma fundamental de contenido sustantivo como por una norma meramente formal, siempre que el citado principio de economía se vea igualmente respetado.

A esto hay que añadir que Kelsen no parece capaz de escapar a las contradicciones que subyacen a la *construcción de la autovinculación* (*Selbstverpflichtungskonstruktion*). Pues si la norma fundamental ha instituido a una determinada instancia como legislador, por medio de una delegación general, entonces resulta imposible, en términos lógico-normativos, que de esta instancia puedan emanar normas jurídicas «que regulen la propia legislación». Ello constituiría un ejemplo palmario de autovinculación. Es imposible que las normas derivadas puedan anular o limitar su propio presupuesto, esto es, la delegación general contenida en la norma fundamental. Si una norma fundamental reza: *es derecho lo que A establece*, entonces A puede crear derecho con cualquier contenido —con

11 Verdroß, *Einheit des rechtlichen Weltbildes*, p.126.

excepción de las determinaciones que pudieran anular o limitar la competencia legisladora de A. Pues el ámbito de lo derivado nunca puede extenderse, en el plano lógico, más allá de su propio presupuesto. Si A estableciera de hecho una restricción tal, ésta carecería de sentido en el sistema presupuesto. Otra cosa es que dicha restricción pueda, por sí sola, operando como una norma fundamental, fundar un sistema enteramente nuevo; o que pueda derivar su validez de otros sistemas ya existentes, como por ejemplo el moral; o que el acto, considerado en su dimensión social, pueda tener efectos socialmente relevantes.

Este defecto de la teoría de Kelsen sólo puede corregirse suponiendo que la norma fundamental (la constitución en sentido lógico-jurídico) delega con carácter general la competencia de crear derecho en una determinada instancia I,1; y esta instancia delega a su vez esta facultad —bajo una serie de condiciones más precisas— en otra instancia I, 2. Podemos llamar entonces *poder constituyente* a I,1 y *poder legislativo* a I,2. Naturalmente, desde el punto de vista lógico-normativo I,2 e I,2 no designan realidad alguna, ni se refieren tampoco a sujetos vivos, sino que designan el conjunto de las correspondientes *condiciones constitutivas* conforme a las cuales algo es derecho. Pero entonces es claro que, para que se pueda identificar algo como constitución, en oposición a la simple ley, las condiciones constitutivas —I,1 e I,2— habrán de ser necesariamente distintas. De otro modo, ley y constitución resultarían necesariamente idénticas a efectos del conocimiento jurídico. Cuando se supone, como hace Kelsen, que la norma fundamental *instituye directamente* a I,2 como instancia legisladora, y que de ésta emana también la propia constitución, entonces existirá identidad entre I,1 e I,2, y resultará imposible distinguir la constitución de una ley general.

Pudiera parecer que este error de la teoría de Kelsen es meramente terminológico. La autovinculación quedará excluida con solo que se indique —cambiando levemente la exposición de Kelsen— que la norma fundamental instituye una primera instancia constituyente I,1, y que a continuación ésta instituye una instancia legisladora distinta I,2. Sin embargo, dicho error tiene consecuencias más profundas. Pues, así como Kelsen parece suponer que *siempre* se podrá hablar de la existencia de una constitución tanto en sentido lógico-jurídico como jurídico-positivo, lo antedicho demuestra que ello no es así. La posibilidad de la citada distinción *depende de que el derecho positivo permita distinguir esas dos instancias I1 e I2, lo que en modo alguno tiene por qué ser el caso.* La posibilidad de diferenciar entre el *legislador* y el *constituyente* no se deriva con carácter necesario de la mera existencia de un ordenamiento jurídico positivo. Cuando no se establecen condiciones específicas para una «reforma de la constitución», tal distinción resulta imposible. Es decir, en este caso el sistema jurídico correspondiente sólo habrá presupuesto en la norma fundamental una única constitución, a saber, la lógico-jurídica. Pero entonces no existirá necesidad alguna de suponer como norma fundamental una norma formal de delegación general. Al contrario, el «principio de economía epistémica» (en términos de una crítica *externa,* se trataría de la positividad, esto es, del principio de la recíproca correlación) conduce en este caso a suponer la existencia de una norma fundamental de contenido sustantivo, que se corresponde, por tanto, con lo que Kelsen llama constitución jurídico-positiva. Puesto que no hay por encima del legislador ninguna instancia constituyente que haya *establecido* la constitución, nos vemos forzados a considerar su contenido como meramente *presupuesto.*

Si esto es ya cierto desde el punto de vista de una crítica interna, resulta aún más evidente cuando se recuerda lo que anteriormente —en oposición a Kelsen— afirmamos sobre el sistema jurídico. Que en el caso mencionado no pueda probarse la existencia de un constituyente significa que la constitución no surge por establecimiento expreso, sino *por vía de presuposición, a través de la práctica*, esto es, a través de la praxis legislativa. La constitución es «derecho consuetudinario». La constitución *está presupuesta* (a modo de norma fundamental, dicho en términos kelsenianos). Así pues, la doctrina de Kelsen sobre la existencia de una constitución lógico-jurídica y otra jurídico-positiva se revela como una aplicación más de la teoría que comprende el derecho como deducción lógica a partir de un sistema. Con anterioridad (cap. XIII, 3, 4) hemos criticado las consecuencias que se derivan de esta teoría para la relación entre juez y ley. La relación entre legislador y constitución es totalmente análoga a esta última. Por eso, podemos concluir que, desde nuestro punto de vista, la distinción establecida por Kelsen entre constitución lógico-jurídica y jurídico-positiva expresa, en realidad, la diferencia entre la constitución surgida de modo hipotético-inductivo y la expresamente establecida. Tampoco en este caso puede considerarse que la divergencia sea meramente terminológica («presupuesta» en lugar de «surgida por vía de presuposición»). Pues la constitución surgida por presuposición tiene, en nuestra concepción, el mismo carácter *positivo* que la expresamente establecida. La constitución surgida por vía de presuposición es sencillamente una suerte de «derecho consuetudinario», surgido a través de la «praxis legislativa».

4. De acuerdo con la teoría del derecho aquí defendida, el problema de la constitución se plantea del modo siguiente.

Hemos definido la constitución como el escalón o los escalones situado(s) por encima de la ley. Con lo cual se plantea necesariamente la cuestión de dónde se encuentra el extremo superior de esta secuencia escalonada.

Para responder a ella, hemos de recordar que subyace al sistema jurídico lógico-normativo una «voluntad común» («*Gemeinschaftswille*») de carácter social, una totalidad social (*soziale Totalität*) (cfr. *supra*. cap. XI, 1 y 4c). El sistema jurídico se despliega a lo largo de una secuencia escalonada. Resulta imposible determinar a priori cuántos peldaños existen en el sistema, desde los actos de ejecución situados en el más bajo hasta la cúspide. La *lógica de sistema* (*Systemlogik*) no conduce nunca a un cierre necesario. Porque por alto que sea el grado de abstracción que se haya alcanzado, siempre será posible preguntar bajo qué condiciones posee validez la norma asumida hasta ahora como suprema (cfr. *supra,* cap. X, 1 y 9). De donde resulta que, desde un punto de vista lógico-normativo, toda norma fundamental ha de suponer siempre un cierre arbitrario, en el que bien se *podría* seguir preguntando, aunque no se haga. En cambio, la cuestión acerca de cuál es el punto de suprema abstracción en un sistema dado no es en absoluto arbitraria desde el punto de vista jurídico; sólo que la respuesta que se dé no depende de la propia lógica de sistema, sino exclusivamente de la *realidad social* que se expresa en las formas de la lógica de sistema. Es —como todo conocimiento jurídico— una cuestión que depende de la realidad dada; depende de la clase de totalidad social que fundamenta el conocimiento del derecho. Cuanto más primitiva sea dicha totalidad, cuanto menos tenga de organismo, menos escalones cabrá distinguir. Por el contrario, cuanto más desarrollada esté, cuanto más aparezca como organismo, más escalones será posible identificar, antes de llegar al punto en el que hay que concluir el proceso de abstracción, porque una hipótesis adicional acerca del principio de organización (*Organisationsprinzip*) carecería de referente en la realidad.

Para un conocimiento más detallado de estos problemas resulta importante aclarar una circunstancia que ha sido desatendida por la teoría del derecho precedente. ¿Qué es lo que diferencia en realidad a un peldaño del edificio jurídico de los que le preceden por arriba? Anteriormente (cap. XIII, en particular en el apartado sexto) hemos estudiado esta cuestión en lo referente a la relación entre ley y sentencia. Dicho análisis nos permite afirmar que lo determinante no es qué instancia haya formulado psicológicamente la proposición jurídica en cuestión. También el resultado de la interpretación lógico-cognitiva de la ley por parte del juez es ley. Del mismo modo, el modo, el derecho consuetudinario creado a través de la práctica se encuentra en un escalón superior a la sentencia. Lo determinante es únicamente si una determinada norma puede ser considerada como *fundamento cognoscitivo* (*Erkenntnisgrund*) de otra. Lo que caracteriza al escalón superior es que regula las condiciones constitutivas de las normas del escalón inferior. *Y a la inversa, rige con igual necesidad que cualquier norma que exprese las condiciones constitutivas de otra norma ha de ser considerada como situada en un escalón más elevado.*

De esta caracterización de la secuencia escalonada se deduce que una determinada norma emanada de un escalón superior tiene que haber sido establecida por una instancia distinta de aquella(s) que establece(n) las normas de los escalones inferiores, entendiéndose por instancia normadora el conjunto de las condiciones constitutivas de una norma. De lo contrario, la norma constituyente pertenecería ella misma al grupo constituido y sería constitutiva de sí misma, lo que resulta lógicamente imposible: el presupuesto lógico ha de ser distinto de la consecuencia lógica. Por tanto, la secuencia escalonada puede contemplarse también como una *secuencia de instancias.* Este es el significado fundamental de la doctrina de la construcción escalonada del derecho: si el derecho ha de poder regular su propia creación, si ha de poder establecer en abstracto sus propias condiciones de existencia, entonces es lógicamente necesario pensar las normas jurídicas como ordenadas en una serie (sucesión) de grupos, de manera tal que:

1) las normas del mismo grupo posean idénticas condiciones constitutivas y las normas situadas en grupos diferentes, condiciones igualmente distintas; y

2) las condiciones constitutivas de un cierto grupo de normas estén determinadas por el contenido de las normas del grupo precedente, que determinan la secuencia.

De lo cual se deriva una consecuencia muy importante. Dado que las *reglas de cambio* (*Änderungsregeln*) de una norma forman parte de sus condiciones constitutivas ello implica necesariamente que *las reglas referidas a las circunstancias bajo las cuales es posible modificar una norma perteneciente a un determinado escalón de la estructura del derecho, no pueden ser consideradas como pertenecientes al mismo escalón*[12]. Se ve, por tanto, que, *en términos lógicos*, no es posible pensar el fin de la secuencia, puesto que respecto de cada nuevo escalón cabe preguntar bajo qué condiciones poseen validez dichas reglas, y especialmente cómo pueden ser *modificadas*. Y en relación a cualquier norma de cambio —que es indicativa de la existencia de un escalón superior— cabe preguntar nue-

12 Esto es lo que Verdroß pasa por alto en *Zum Problem der Rechtsunterworfenheit des Gesetzgebers*, 472, donde se habla de que una proposición jurídica puede dotarse a sí misma de un carácter inmutable (¡un juicio autorreferente!) y 484, donde se dice: «Si una reforma constitucional es o no posible, y en qué términos lo es, sólo puede saberse, pues, acudiendo a la propia Constitución.» Como Kelsen, Verdroß considera (op. cit., 484) que las normas de cambio de una determinada Constitución pueden ser modificadas con arreglo a lo que en ellas mismas se establece; cfr. *infra*, nota (13).

vamente cómo se puede cambiar tal regla de modificación. ¿Y qué hay de la regla de cambio que regula la modificación de la regla de cambio? Y así *ad infinitum*. Ahora bien, en el caso del conocimiento real del derecho, la cadena de preguntas termina allí donde, atendiendo a la correspondiente totalidad social, no resulta ya posible identificar una instancia normadora diferenciada.

Para entenderlo con mayor claridad podemos imaginar el siguiente caso: una ley ordinaria contiene prescripciones *específicas* sobre su propia modificación, por ejemplo, que no puede ser derogada durante los cinco primeros años de vigencia, o que su derogación requiere una determinada mayoría cualificada. Resulta entonces indudable que estas prescripciones contradicen la constitución presupuesta hasta ese momento, puesto que ésta supone precisamente el conjunto de las condiciones *generales* para la existencia de una ley. Por eso, o bien, partiendo de una consideración deductiva, tendremos que apreciar como *nulas* tales reglas de cambio específicas, o bien, si partimos de una consideración inductiva, la constitución habrá de tenerse por modificada. Porque las reglas de cambio sólo pueden contemplarse jurídicamente como una complementación de la constitución. Al igual que sucede en otros casos semejantes, también en éste resulta imposible decidir de antemano cuál de estas opciones es la jurídicamente indicada. Ello dependerá —como en el caso de la práctica extralegal— de lo que demande la unidad del sistema. Si la asamblea legislativa tiene realmente la voluntad de considerar a dicha regla de cambio como derecho, y si se realizan otras actos jurídicos sobre la base de tal presuposición, etc., entonces la constitución habrá de considerarse modificada. En ese caso, la regla de cambio deberá contemplarse como constitución y sólo podrá ser modificada, dentro del sistema, por la instancia constituyente.

Subiendo un escalón más, la cosa se presenta como sigue: si una constitución contiene prescripciones relativas a su propia modificación, entonces dichas reglas de cambio no pueden ser consideradas como situadas en el mismo plano que los otros preceptos constitucionales, sino que habrán de considerarse necesariamente como constitución elevada a la segunda potencia y, en consecuencia, presupondrán una correspondiente instancia superior. Igual que en el ejemplo anterior, nos encontramos entonces ante la siguiente disyuntiva: *o bien* habrá que considerar nulas estas reglas de cambio, por inexistencia de una tal instancia superior; *o bien*, si hay que asumir la existencia de una voluntad *real* de las autoridades constituyentes en este sentido, fundada a su vez en la correspondiente voluntad general del pueblo, habremos de considerar estas reglas de cambio como derecho válido. Sin embargo, normalmente no resultará posible mostrar la existencia de la instancia constitucional en segunda potencia que correspondería a tales normas de cambio. De hecho, las reglas de cambio suelen ser consideradas como modificables de conformidad con lo que ellas mismas disponen. Y a pesar de que esta construcción es lógicamente imposible, posee en cualquier caso relevancia en cuanto expresa una voluntad social real. Lo que, en términos lógico-normativos, significa que las reglas de cambio de la constitución *están meramente presupuestas, sin que sea posible indicar las condiciones para su modificación*, ni tampoco, por tanto, considerar que proceden de una instancia determinada. *Este es el verdadero significado de la doctrina de Kelsen sobre la norma fundamental meramente presupuesta (bloß vorausgesetzte Grundnorm).* Dicha norma fundamental, lejos de ser arbitraria, aparece en escena exactamente en el momento en el que, partiendo de la voluntad social real, no resulta ya posible identificar, a través de un paso de abstracción ulterior las condiciones generales bajo las que una determinada norma posee validez. Ya no es posible pensar la voluntad como articulada, sino que *existe*, cuando existe, y de lo contrario, no existe. En la concepción vulgar acerca de las proposiciones jurídico-positivas, tal carencia de reglas de cambio ulteriores se concreta en la consideración de que las supremas reglas de cambio son modificables de acuerdo con sus propias determinaciones; lo que, obviamente, es absurdo. Si un precepto constitucional exige un 60% de los votos para una reforma constitucional, y se acuerda modificar el citado precepto por mayoría del 60%, en el sentido de exigir en adelante un 70%, naturalmente que este nuevo precepto puede convertirse en derecho válido. Pero resulta lógicamente imposible contemplarlo como (epistemológicamente) derivado de la constitución anterior, con arreglo a la regla de cambio allí contenida; pues del *presupuesto* de que para una modificación se necesite reunir el 60% de los votos, nunca puede derivarse que sea necesario el 70%. En lo derivado no puede contenerse nada que modifique su propio presupuesto. La regla de cambio que exigía el 60% estaba situada por encima de la constitución. Todo lo que se deriva de esta regla de cambio es constitución, y no puede afectar a la norma de cambio situada por encima de ésta. No obstante, se puede dar el caso de que la nueva regla (70% de los votos) llegue a considerarse como derecho válido, con lo que la regla de cambio se considerará modificada. Mas dicha modificación no puede ser aprehendida por vía jurídico-deductiva, sino sólo jurídico-inductivamente, como una modificación en los presupuestos del sistema. Las condiciones constitutivas (de cambio) de la regla de cambio no estaban indicadas. La regla poseía validez —no condicionada— en cuanto presupuesto del estado de cosas fácticamente existente. Ahora, en cambio, la modificación de las circunstancias fácticas conduce a que se considere a la regla del 70% como norma fundamental presupuesta y de validez incondicionada (*vorausgesetzte, bedingungslos geltende Grundnorm*), en lugar de la regla del 60%. Pero la nueva norma fundamental —aun habiendo sido aprobada por una mayoría superior al 60% de los votos— no se deriva deductivamente de la anterior[13].

Por tanto, la norma fundamental no es, en modo alguno, una figura puramente lógico-normativa, que deba considerarse arbitraria desde el punto de vista jurídico-positivo. Entra en juego allí donde ya no existen reglas de cambio. Se piensa entonces que el último conjunto de reglas de cambio se refiere también a sí mismo, con lo cual el sistema se cierra; lo cual significa que, de hecho, las reglas de cambio últimas están presupuestas en forma incondicionada.

Cuando en un sistema haya una específica *constitución*, con la correspondiente instancia constituyente, distinta de la legislativa, la norma fundamental presupuesta consistirá en las normas que definen tal instancia y determinan bajo qué condiciones puede modificarse la constitución. Esto rige también en el caso de que la instancia constituyente sólo se distinga de la legislativa por la exigencia de una mayoría cualificada o requisitos similares.

En cambio, cuando dentro de un sistema determinado no sea posible mostrar la existencia de una específica instancia constituyente (esto es, cuando no sea posible indicar una serie de condiciones constitutivas específicas referidas a un grupo de normas que se halla por encima de la ley), entonces la instancia suprema será el legislador, y serán *normas fundamentales presupuestas* aquellas que, *por vía de presuposición*, atribuyen competencia al legislador. La constitución «material» es, en sí misma, norma fundamental. Porque el hecho de que no exista una instancia constituyente específica significa que no hay ninguna regla que establezca bajo qué condiciones posee validez y puede ser modificada la constitución. Por eso, ésta no puede derivarse por deducción sino sólo presuponerse inductivamente. De ahí que, en un Estado como el inglés, que carece de constitución escrita y de reglas acerca de cómo se aprueba y modifica una tal constitución, haya que considerar que la norma fundamental son las reglas constitucionales materiales, presupuestas. No es obstáculo a esta consideración el que existan reglas expresas acerca de lo que es «constitución», con tal de que estas reglas revistan forma de simple ley y no presupongan condiciones de existencia o de reforma específicas. Esa sería la situación en un país en el que existiera constitución escrita, pero ésta pudiera ser reformada del mismo modo que se modifica una ley general. También en

13 En contra de lo que erróneamente suponen Kelsen, vid. *infra* apartado 6, y Verdroß, vid. *supra*, nota (11).

este caso la constitución sería una norma fundamental presupuesta, pues en cuanto ley —esto es, bajo el presupuesto de una cierta constitución—, es imposible que establezca reglas concernientes a dicha constitución. Por tanto, cuando «la constitución» puede ser aprobada y modificada en forma de ley general, eso es igual de irrelevante, en términos lógico-normativos, que la presencia de una norma de reforma constitucional dentro de una constitución. Por contra, en cuanto expresión de la voluntad social, este hecho indica el cierre del sistema, en forma de presuposición —incondicionada— como norma fundamental[14].

5. Con el concepto de constitución surgida por vía de presuposición (*voraussetzungsweise enstandene Verfassung*), alcanzamos ya los límites últimos del conocimiento jurídico. Si la norma fundamental meramente presupuesta —v. gr., la regla de reforma constitucional que exige una ma-

14 Raramente se ha abordado en la literatura el problema de la constitución. Mención especial merece el hecho de que W. Burkhardt, en un momento en que la Jurisprudencia normativista aún no se había abierto paso, escribiera un magnífico tratado sobre *Verfassungs- und Gesetzesrecht* [47], 1910, enteramente concebido desde una perspectiva lógico-normativa. Ciertamente, el autor admite la división tradicional entre constitución en sentido formal y constitución en sentido material, pero en el fondo él mismo la transgrede. Pues la constitución material es definida como el conjunto de reglas «que tiene por objeto regular la propia legislación» (37). Y, con toda agudeza, el autor constata que estas reglas necesariamente han de hallarse por encima, y fuera del alcance, del propio legislador: «Que tales normas jurídicas poseen validez con carácter previo a cualquier legislación, (...) es algo conceptualmente necesario» (38) (aquí se hace patente el planteamiento lógico-normativo). «Sin embargo, el legislador necesita un punto de apoyo situado fuera de la propia ley; este punto archimédico es la constitución» (38). Así pues, ¡tampoco la constitución material puede nunca ser ley en cuanto a su forma! Además, Burkhardt ha percibido —y, hasta donde yo sé, ha sido el primero en hacerlo— que las reglas de cambio de la constitución nunca pueden ser consideradas como situadas en el mismo plano que las demás reglas constitucionales (47 y 51). Que Burkhardt no consiga resultados plenamente satisfactorios se debe a que no alcanzado a entender: 1º que el escalón supremo del ordenamiento ha de poseer necesariamente un carácter meramente presupuesto, y 2º que la constitución no tiene por qué ser el único escalón situado por encima de la ley. Por esta razón, el autor llega a dos consecuencias inaceptables: a) que las así llamadas reglas constitucionales, que en los países no dotados de una instancia constituyente específica surgen por la vía legislativa ordinaria, no son reglas jurídicas, no son constitución en sentido jurídico, porque las reglas constitucionales no pueden emanar del legislador (41). El autor se olvida aquí de que, para que sea posible hablar de un legislador, necesariamente habrá de presuponerse una constitución; la cual, en la práctica, coincidirá con la establecida por el legislador, pero no posee validez porque haya sido establecida, sino porque ha de ser presupuesta; b) de manera análoga, el autor —que en este extremo sigue basándose en la idea antes indicada, bajo 2º— estima que las reglas de cambio contenidas en una constitución, emanada de una instancia constituyente específica, nunca pueden considerarse derecho (47 y 51), y que toda modificación constitucional es, por tanto, revolución (50). Por la razón aducida bajo a), tal afirmación resulta errónea.

yoría cualificada del 60%— se indujera exclusivamente a partir del reconocimiento y de la voluntad de observarla por parte de las autoridades que constituyen el sustrato humano de la suprema instancia normadora, la norma fundamental se solaparía enteramente con lo fáctico: sería válida cuando fuera observada y carecería de validez cuando fuera incumplida. Sin embargo, existe una circunstancia muy especial que permite atribuir a la norma fundamental la cualidad específica de norma jurídica, como algo distinto de su mera facticidad. Ello tiene que ver con la concepción vulgar anteriormente aludida —absurda en términos lógico-normativos— conforme a la cual se considera que la norma fundamental ha sido establecida por la instancia suprema. Partiendo de esta visión de las cosas, en los círculos políticamente influyentes (o en el pueblo) llega a formarse la idea de que, con independencia de cualquier consideración fáctica, la instancia suprema se encuentra jurídicamente vinculada por la norma presupuesta. Por eso, un eventual intento de «infracción» provocará —mientras esta convicción se mantenga viva— una violenta reacción política. En virtud de tal convicción inherente a la voluntad social, las normas fundamentales se ven revestidas de una específica sanción social y cobran auténtico carácter de derecho frente a la instancia suprema. Resultaría entonces sumamente tentador afirmar (como hace Somló) que la «más alta» instancia normadora es en realidad la mencionada voluntad política suprema y efectiva. Con ello, el derecho se cimentaría finalmente en una voluntad política efectiva situada «tras» el derecho. Sin embargo, esta idea es incorrecta. Pues de lo antedicho se desprende que la voluntad política no tiene en absoluto carácter primario respecto del derecho, sino que se basa precisamente en un conocimiento del derecho —siquiera sea presunto—. La voluntad política, lejos de ser independiente del sistema jurídico, está ligada a un fenómeno jurídico: la norma presupuesta por la propia instancia normativa suprema. Se da aquí un curioso círculo: la norma fundamental solamente llega a ser derecho, más allá de lo puramente fáctico, sobre la base de una voluntad política; pero a su vez esta voluntad sólo se forma a partir de la convicción de que la norma es ya derecho. De modo que la convicción jurídica (*Rechtsüberzeugung*) constituye el presupuesto último.

Así las cosas, no menos tentador resulta aceptar otra teoría que se ha sostenido con frecuencia a lo largo de la historia, y que trata de situar la base última del derecho en una conciencia jurídica social (*soziales Rechtsbewußtsein*) de carácter jurídico-moral. Pero esta conclusión es igualmente incorrecta. La última voluntad decisoria no es ni moral, ni meramente fáctica. Frente a ambas ideas, hay que insistir en que la convicción específicamente jurídico-positiva va ligada al sistema, en la medida en que, a través de una inferencia lógicamente absurda, transforma la norma fundamental del sistema de algo meramente fáctico en algo normativo. Con lo cual, la norma fundamental adquiere auténtico carácter normativo. A partir de este hecho, la norma posee validez porque existe una voluntad social que la quiere, pero ésta sólo la quiere porque cree que la norma es válida con independencia de ello. En esta última creencia se basa la norma fundamental. ¡Aquí sí que puede decirse, por una vez, que la creencia crea su propio objeto! El sistema jurídico crea una cierta ideología y esta ideología, en compensación, corona el sistema confiriendo cualidad jurídico-normativa a una norma fundamental en principio meramente fáctica. Sin embargo, por la misma razón, cuando la ideología se pierde, el conocimiento jurídico supremo tiende hacia cero. Este es el núcleo de verdad que yace en la doctrina de la escuela histórica sobre la convicción jurídica popular (*volkliche Rechtsüberzeugung*) como fuente última del derecho y en la doctrina de Jellinek sobre la fuerza normativa de lo fáctico.

6. Kelsen atribuye a la norma fundamental, a la constitución en sentido lógico-jurídico, una función particularmente importante: su preservación o no preservación resulta decisiva para la identidad del Estado, la continuidad o ruptura en la evolución jurídica. «El Estado sigue siendo el mismo, aunque su constitución haya sido modificada por vía jurídico-positiva, esto es, en las formas prescritas por la constitución. Por más radical que sea la modificación, no existe base alguna (si se ha realizado conforme a lo prescrito) para suponer que, con la constitución modificada, se ha creado un nuevo Estado. Sólo cuando la modificación constitucional (*Verfassungsänderung*) se realiza en forma de ruptura constitucional (*Verfassungsbruch*), esto es, cuando para considerarla válida debe presuponerse una norma fundamental distinta de aquélla en la que se basaba la anterior constitución, puede hablarse de un nuevo Estado»[15]. Y en este último caso, se habla de revolución.

Ahora bien, evidentemente «identidad del Estado» y «revolución» pueden definirse como se desee. Mientras no se indique qué significado corresponde a estos conceptos, toda discusión resulta imposible. Pero sí cabe analizar si un criterio como el indicado, 1) es en sí mismo posible, y 2), si en la medida en que resulta posible, alude a alguna clasificación que posea relevancia teórico-jurídica y permita, por tanto, apoyar en ella distinciones como la establecida entre identidad y revolución, continuidad y discontinuidad. En lo referente a la primera cuestión, hemos de negar que el criterio de Kelsen pueda servir para trazar límites. En cualquier caso, la

15 Kelsen, *Allgemeine Staatslehre*, p. 249.

formulación de Kelsen encierra un aspecto oscuro que debe eliminarse previamente. Y es que, en sentido lógico-normativo, es imposible que una reforma constitucional suponga una ruptura de la constitución; a lo sumo, podrá tratarse de una ruptura de la norma fundamental supraconstitucional presupuesta, del mismo modo que una modificación de la ley puede suponer, a lo sumo, una ruptura constitucional. Pues las reglas que regulan la modificación constitucional no pueden, como tales, formar parte de la constitución. Por tanto, el criterio aducido por Kelsen, correctamente formulado, ha de estribar en que lo determinante es si la modificación constitucional tiene lugar dejando a salvo la norma fundamental presupuesta, o si comporta una modificación de ésta.

Aunque este criterio es teóricamente posible, ha de afirmarse que no expresa una diferencia teórico-jurídica relevante en el modo en que el derecho va evolucionando. En cuanto objeto de presuposición, la norma fundamental ha surgido de forma necesariamente inductiva. Como todo derecho presupuesto, está sometida a una variación permanente, casi imperceptible. Todo nuevo derecho surgido por vía de presuposición en los escalones inferiores implica la correspondiente corrección en la suprema norma fundamental. Variación imperceptible que será particularmente importante en los países que, como Inglaterra, carecen de instancia constituyente específica, y en los cuales, por tanto, la norma fundamental es idéntica al derecho constitucional material. Calificar a toda modificación de la norma fundamental como discontinuidad o como revolución, induce, pues, a confusión. Puede incluso producirse una modificación fundamental de ésta, directamente referida a la autoridad constituyente, que no se distinga por su naturaleza de una mera evolución continuada. Por eso, se argumentó anteriormente, en el apartado cuarto, que si una constitución exige una mayoría cualificada del 60% de los votos para su modificación, y se decide, por dicha mayoría, aumentar el citado porcentaje de un 60% a un 70%, esta última determinación no puede ser considerada como derivada de la primera por vía deductiva, sino que designa una modificación de la norma fundamental surgida de modo inductivo. Esto es, para Kelsen estaríamos en tal caso ante una revolución. Lo mismo puede decirse del caso que Kelsen menciona expresamente como ejemplo de evolución no rupturista del derecho: «una monarquía absoluta es transformada en monarquía constitucional en virtud de una ley del monarca»[16]; porque está claro que la antigua norma fundamental, que consagra al monarca como suprema instancia normadora, *tiene que considerarse* abolida como tal.

16 Kelsen, *Problem der Souveränität*, p. 237.

Pues si la constitución de la monarquía «constitucional» estuviera derivada de esa norma fundamental, podría ser modificada por el anterior monarca absoluto (quien por tanto continuaría siendo absoluto). Que este *no* es el caso, no se deduce ciertamente de una consideración meramente lógico-normativa, como (por principio) supone Kelsen. Aquí, la teoría puramente normativa evidencia de nuevo sus límites. Solamente una investigación de la «voluntad» social real, o, si se prefiere, de la «convicción jurídica del pueblo», permite saber en este caso si la norma fundamental ha sido o no modificada. Si la monarquía ha pasado realmente de absoluta a constitucional (como de hecho ha ocurrido en la historia), entonces existe una modificación de la norma fundamental, y por tanto, revolución según Kelsen, con independencia de por qué medios políticos se haya alcanzado esta modificación.

Por tanto, la terminología de Kelsen —conforme a la cual toda modificación de la norma fundamental se considera revolución— induce en buena medida a confusión. Puesto que la norma fundamental surge siempre como *presupuesto de una serie de actos*, encierra la posibilidad, cuando estos actos son modificados de manera continuada, de ser a su vez modificada por esta vía y de surgir, por así decirlo, de manera *orgánica.* Ciertamente también puede originarse bruscamente. Pero mientras que ello rige necesariamente para el derecho legal, cuyo surgimiento implica siempre un momento de discontinuidad, en cambio sólo el derecho presupuesto ofrece la posibilidad de un surgimiento orgánico a través de la práctica continuada. *El que la norma fundamental se haya modificado o no, equivale simplemente a que la formación del derecho tenga lugar de modo inductivo, por vía de presuposición, o bien deductivamente, a través de un establecimiento expreso*. Esta diferencia no coincide en modo alguno con la que existe entre salto y continuidad, revolución y evolución.

La errónea teoría de Kelsen se basa, en última instancia, en una concepción incorrecta del sistema jurídico a modo de un *mecanismo* que —excepción hecha de la revolución— está determinado por una norma fundamental rígida e invariable. Hemos mostrado, en otro contexto, que el sistema jurídico se corresponde con una totalidad social real de voluntad (*realsoziale Willenstotalität*). En cuanto totalidad, el sistema jurídico asemeja a un organismo vivo y, como éstos, nunca es idéntico a sí mismo en dos momentos consecutivos. *Vivre, c'est s'habituer*. Tal adaptación ineludible y continuada se expresa precisamente en forma del derecho surgido por vía de presuposición. Por eso, resulta imposible trazar una frontera entre continuidad y revolución desde un punto de vista jurídico-formal. Si se quiere que posean algún significado, estos conceptos habrán de continuar siendo políticos. Dicho vulgarmente: hay revolución cuando se construye barricadas en las calles, cuando se da un golpe de Estado, se implanta una dictadura o suceden cosas similares.

7. Partiendo de la teoría aquí defendida, no resulta difícil saber el sentido que cabe atribuir a la así llamada constitución «eterna» (*«ewige» Verfassung).* Al igual que cualquier otra regla de cambio, una norma de inmutabilidad contenida en una constitución no forma parte de la misma constitución, sino que constituye una norma fundamental presupuesta. Y posee exactamente el mismo valor que cualquier otra norma fundamental. Sólo posee validez en tanto existe la voluntad social correspondiente y es modificada cuando ésta cambia. Mientras una voluntad tal exista, será derecho que la constitución es inmutable. Si, por el contrario, se modifica esta voluntad, la citada norma fundamental será derogada y sustituida por otra: la constitución es modificable.

8. El concepto de constitución se define por *un único rasgo característico*: el primado jurídico-epistemológico (*rechtserkenntnistheoretisches Primat*). *Este único rasgo* determina necesariamente tanto una cierta forma como un determinado contenido, que no pueden ser divergentes. Una cierta forma, en la medida en que —a diferencia de la ley— la constitución, para poder constituir el fundamento epistemológico de la ley, necesariamente ha de provenir de un constituyente específico, o hallarse presupuesta como norma fundamental. Y un contenido determinado, en la medida en que la constitución, como fundamento epistémico de la ley, necesariamente ha de contener reglas que establezcan las condiciones de existencia de ésta. Se deduce de ello que la habitual doctrina que distingue dos conceptos de constitución, uno formal y otro material, es errónea. En concreto, dicha doctrina contiene dos errores:

En primer lugar, al hablar de una *constitución formal* (por tal se entiende una ley con condiciones de modificación agravadas) que contiene reglas —v.gr., sobre el sacrificio de animales—, que no podrían considerarse pertenecientes a la constitución en sentido material. Esta afirmación se debe a un malentendido. Dado que, formalmente, la regla sólo es modificable en forma constitucional, su contenido implica la correspondiente *restricción material* de la competencia legisladora. Esta regla condiciona la competencia del legislador en la misma medida que una regla (políticamente importante) sobre la libertad religiosa del ciudadano: ambas son en igual medida ley fundamental en sentido material. La diferencia es política, no jurídica, y tiene su origen histórico en una materia considerada por una cierta ideología como contenido constitucional.

En segundo lugar, la doctrina más habitual comete un error similar al hablar de una *constitución material* que no sería constitución en sentido formal, puesto que es modificable como cualquier otra ley. Esto, como ya se dijo, desde el punto de vista lógico-normativo es imposible. El legislador no puede proporcionar reglas que sirvan como fundamento cognoscitivo de la ley. Cuando las correspondientes normas constitucionales no han sido *establecidas* por una autoridad constituyente específica, habrán de ser consideradas como *normas fundamentales presupuestas*, y por tanto se distinguirán, también en la forma, de las leyes aprobadas por el legislador. La distinción habitual oculta, tras una formulación imprecisa, una diferencia real: la existente entre las constituciones *establecidas* por una *instancia constituyente y las presupuestas como norma fundamental.* Pero ésta es exclusivamente una diferencia entre diversas formas posibles que la constitución puede revestir[17].

Hay todavía más problemas, ciertamente importantes, que dependen en su planteamiento y solución de la teoría de la constitución, y que precisamente por esa conexión sistemática bien podrían ser tratados aquí. Así, en particular, la cuestión de las *formas de Estado*. Pero como, por otro lado, la doctrina de las formas de Estado incide de manera profunda en la teoría general del Estado, enfrentarnos a este tema supondría excedernos del marco de nuestro trabajo.

17 Kelsen, *Allgemeine Staatslehre*, 253, asume la tradicional división entre constitución en sentido formal y en sentido material.

Capítulo XV
LEY Y REGLAMENTO

1. PLANTEAMIENTO Y MÉTODO (WENZEL)

2. LA LEY COMO TIPO Y LA LEY COMO CONCEPTO LÓGICO-NORMATIVO

3. ¿CONTIENE LA LEY SIEMPRE UNA NORMA GENERAL?

4.-12. SOBRE LA DISTINCIÓN ENTRE LEY EN SENTIDO FORMAL Y LEY EN SENTIDO MATERIAL

4. INTRODUCCIÓN Y PANORÁMICA GENERAL

5. GÉNESIS, CONTENIDO Y EVOLUCIÓN DE LA DOCTRINA DOMINANTE (LABAND)

6. ESQUEMA DE INTERPRETACIÓN TEÓRICO-JURÍDICO

7. PLANTEAMIENTO Y MÉTODO DE LA CRÍTICA

8. CRÍTICA TEÓRICO-JURÍDICA DE LA DOCTRINA DOMINANTE

9. CRÍTICA JURÍDICO-POSITIVA DE LA DOCTRINA DOMINANTE: A) LA SITUACIÓN JURÍDICA PRERREVOLUCIONARIA

10. CONTINUACIÓN: B) LA SITUACIÓN JURÍDICA POSTREVOLUCIONARIA

11. MENCIÓN ESPECIAL A LA DOCTRINA DEL REGLAMENTO

12. RESUMEN

13. SOBRE LA DISTINCIÓN ENTRE CONTENIDO DE LA LEY Y MANDATO DE LA LEY

14. SOBRE EL CONTENIDO DE LA LEY (WENZEL)

1. Una de las certezas más arduamente conquistadas de nuestro tiempo estriba en la imposibilidad de inducir conceptos jurídicos que posean validez general a partir de uno o más sistemas jurídicos dados. La validez general sólo puede radicar en la forma del conocimiento jurídico, no en su contenido. Por eso, el único modo de obtener un concepto con validez general es a través de su relación con la forma del conocimiento jurídico (el sistema lógico-normativo). El sentido universalmente válido de los conceptos de ley, constitución y reglamento estriba en que son expresión de la construcción escalonada del sistema: dichos conceptos sólo adquieren relevancia científica dentro de este contexto (cfr. *supra,* cap. VIII, 1).

Por ello, el intento de obtener un concepto de ley universalmente válido a través de un método empírico-inductivo está de antemano condenado al fracaso. Si partimos de aquello a lo que se denomina «ley» en uno o más sistemas jurídicos positivos, nunca llegaremos más allá de un concepto jurídico-sustantivo positivo (*positiver Rechtsinhaltsbegriff*), válido para el, o los, sistemas de los cuales se deriva. Nunca podrán tener validez *general.*

Sin embargo, uno de los trabajos más recientes y extensos sobre el concepto de ley ha seguido esta vía. Wenzel cree poder hallar el concepto básico de ley (*Grundbegriff des Gesetzes*) a través de un detallado estudio del concepto subyacente al derecho positivo de Prusia y del Imperio alemán. Para ello, se supone que basta simplemente con situarse ante los hechos jurídicos desnudos, sin «teorías prejuzgadoras». La posterior verificación de la adecuación del concepto así obtenido a todo derecho existente será la garantía de su validez universal[1]. Frente a ello, cabe aducir —aparte de lo ya dicho— que la creencia en la posibilidad de situarse ante el «hecho desnudo» sin contar con «teorías prejuzgadoras» es ilusoria. Ello hace tiempo ya que se ha hecho patente en el ámbito del conocimiento natural; hace ya mucho que se reconoce generalizadamente que no existe un «hecho desnudo» que, sin relación con teoría alguna, declare con la «voz propia de la naturaleza» la corrección o incorrección de una teoría física —*le fait cruxial*—. Tanto la pregunta para cuya respuesta se acude al «hecho desnudo», como los métodos e ins-

1 Wenzel, *Juristische Grundprobleme* I, p. 4, cfr. pp. 6 y 3; p. IX y 6; p. 7. Verificarlo para todo derecho resulta imposible, pues sería una tarea interminable.

trumentos empleados para su verificación, presuponen un conjunto de teorías «prejuzgadoras» que convierten al hecho en cualquier cosa menos «desnudo»; que hacen de «*le fait brut*» un «*fait scientifique*»[2]. La existencia o inexistencia del éter, por ejemplo, no es un hecho desnudo. En los espejos, electroscopios e instrumentos eléctricos de medida utilizados para realizar experimentos físicos, está contenida toda la teoría de la luz, del calor, de la electricidad, etc. El modo mismo en que se organiza el experimento presupone ya una cierta teoría, un esquema previo de cuestiones, un planteamiento del problema; bajo unas circunstancias dadas, se espera que se produzca o no una determinada respuesta. El «hecho desnudo» se revela así como un efecto natural calculado de antemano —la mayoría de las veces en relación con unas condiciones sumamente complejas— a partir de dos *teorías* distintas. Aquella cuya determinación cuadre mejor con lo observado será la que posea una mayor probabilidad; pero esto no supone que la hipótesis alternativa no pueda acomodarse, a través de una serie de hipótesis auxiliares, al «*fait cruxial*». No existe un «hecho desnudo», esto es, un hecho que carezca de toda relación con alguna teoría.

Lo propio rige, obviamente, para el conocimiento normativo, pues lo antedicho no está en modo alguno en función de la clase específica de conocimiento de que se trate, sino que deriva del carácter *sistemático* de todo conocimiento, que hace imposible el hecho asistemático —esto es, desnudo—. Y, de hecho, se evidencia —como no podía ser de otra forma— que lo que Wenzel considera experiencia «no prejuzgada» enmascara en realidad una teoría apriorística, esto es, encierra un «prejuicio». Por eso, el método de Wenzel no sólo es incorrecto, sino también deshonesto y peligroso, en la medida en que encubre los presupuestos que resultan determinantes y los sustrae a la discusión.

a) Apoyándose en los §§ 7 a 11 del A.L.R.* Wenzel afirma que, conforme al antiguo derecho prusiano, se tenían que dar una serie de condiciones para que algo revistiera *forma de ley*; así p. ej. una cierta forma de publicación, como la establece el § 11. Por tanto, para que pueda hablarse de la existencia de una ley válida[3], deberá cumplirse —al menos, en tanto el § 11 no haya sido derogado en las formas por él mismo exigidas— tal requisito. Wenzel se opone con ello a la tesis de otro autor (Hubrich), conforme a la cual el legislador absoluto prusiano estaría en condiciones de

2 Cfr. Cassirer, *Substanzbegriff und Funktionsbegriff*, p. 189 y ss; Poincaré, *Valeur de la science*, 221 y ss.

* N. del T.: *Allgemeines Landesrecht*, esto es, el Código Civil de Prusia.

3 Op. cit. en nota (1), p. 19 y ss.

optar también por unas formas de publicación distintas y de exigir en el futuro la observancia de éstas, sin necesidad de recurrir a la derogación formal del § 11[4].

El motivo decisivo de la disputa entre Wenzel y Hubrich es el siguiente. Para saber qué requisitos debe reunir una ley, Wenzel acude al A.L.R., esto es, a otra ley (¡!). Afirmar que el A.L.R. cumple las condiciones por él mismo establecidas para que una ley sea válida, y que por eso es ley, supone una construcción lógicamente imposible, un juicio autorreferente. Los elementos constitutivos de una ley no pueden estar basados en lo constituido por ésta. Los requisitos que han de darse para que exista una ley, sólo pueden ser identificados —en términos jurídico-positivos— partiendo de un escalón lógico-normativo anterior: la ley fundamental. Así pues, la diferencia entre las concepciones de Wenzel y Hubrich radica exclusivamente en la distinta relevancia constitucional que ambos otorgan al § 11 del A.L.R. Mientras Wenzel considera el § 11 como norma fundamental suprema, presupuesta, no modificable por vía jurídica derivada (pues la modificación a la que se refiere Wenzel ha de hacerse en las formas que establece el propio § 11 —esto es, dicha modificación presupone siempre lógicamente el § 11 y sólo significa, por tanto, una sustitución derivada, en modo alguno una derogación), Hubrich contempla el § 11 únicamente como derivado de una norma fundamental superior presupuesta: «Es derecho lo que el monarca absoluto da a conocer de manera manifiesta». Sobre esta base, el § 11 posee validez derivada, de ahí que pueda también ser modificado de acuerdo con dicha norma fundamental —esto es, sin forma alguna—. Vemos, pues, que el supuesto «hecho desnudo» que ambos juristas de orientación histórica pretenden hallar en el derecho positivo prusiano, se presenta, en toda su desnudez, como algo distinto de este derecho. Esto se debe sencillamente a que tal hecho sólo es determinable por referencia a una constitución supraordenada y a la correspondiente teoría constitucional. *«Le fait cruxial»* —el credo del dogmático del derecho positivo— se escurre entre los dedos, disolviéndose en teoría y más teoría.

b) Lo propio ocurre con la manera en que Wenzel determina el contenido de la ley, como compuesto de «norma valorativa» (*Urteilsnorm*), por una parte, e «imperativo» (*Imperativ*), esto es, norma de conducta, por otra[5]. Sus afirmaciones al respecto consisten en realidad en una serie de consideraciones, supuestamente de validez general, sobre la forma en que se objetiviza la ley, el significado de su contenido y, particularmente, sobre la voluntad del legislador, su intención y otros hechos psicológicos. Sólo

4 Op. cit., p. 25.
5 Op.cit., pp. 32 y s., 36 y ss.

posteriormente, en una especie de verificación, añade algunos preceptos del A.L.R.[6]. La circularidad del razonamiento es de nuevo evidente, pues *también en lo referente a su contenido* ha de presuponerse la condición de ley del propio A.L.R., con lo cual en realidad se está presuponiendo la solución al problema que se trataba de hallar. Invocar la concordancia entre el contenido del A.L.R. y el contenido exigible a la ley supone —como en el caso de la forma legal— una construcción lógicamente imposible, un juicio autorreferente. Esto resulta particularmente visible cuando ambos no coinciden. Pues es evidente que el contenido del parágrafo que establece que la ley ha de contener necesariamente «normas valorativas» e «imperativos», no puede ser ni una «norma valorativa» ni un «imperativo»; se trata de un mero enunciado teórico.

Y de hecho, un examen más detallado mostrará que, una vez más, la doctrina de Wenzel no puede estar basada sino en una determinada teoría del derecho de carácter apriorístico y prejuzgador.

Cuando Wenzel afirma que el contenido de la ley consta de «normas valorativas» y «normas de conducta» (imperativos), está apoyándose sobre todo en una comprensión de la ley no como consistente en el texto en cuestion, sino en las *ideas* en él expresadas. El contenido de las ideas así transmitido puede ser pensado de dos formas distintas: o bien como valoración y como normas valorativas, o bien como normas de conducta. En la primera de estas formas, el legislador expresa que él aprueba o desaprueba un cierto hecho (valoración) y que exige que las demás personas piensen otro tanto (norma valorativa). En la segunda de las formas, el legislador se está dirigiendo a la voluntad de las personas[7]. Resulta fácil ver que todo esto no es expresión de una determinada experiencia jurídica (*rechtliche Erfahrung*), sino de una teoría apriorística del derecho: es derecho lo que el legislador piensa y quiere[8]. La «experiencia no prejuzgada» de Wenzel no es en realidad sino una reiteración disfrazada del positivismo ingenuo.

2. Los conceptos de constitución, ley, reglamento, etc., sólo adquieren relevancia general en la medida en que son expresión de un determinado nivel dentro de la construcción escalonada del derecho. Pero, puesto que no se puede indicar con carácter necesario qué escalones hay dentro de un sistema jurídico, tampoco resultará posible avanzar una definición

6 Op.cit., pp. 35, 56 y ss.

7 Op.cit., pp. 35 y 36.

8 El punto de vista psicológico-lingüístico de Wenzel se aprecia claramente en el modo en que define el concepto de imperativo. «El imperativo es sólo una determinada forma del pensamiento, del mismo modo que lo son la pregunta, el deseo, el ruego, el juicio»; op. cit., p. 50. En este lugar sólo nos hemos ocupado del método de Wenzel; con respecto al contenido de su doctrina, vid. *infra*, apartado 14.

precisa de tales conceptos. La única condición para que resulten útiles es que se empleen para designar *diferentes* niveles dentro de la secuencia escalonada, poniendo así de relieve la estructura escalonada que resulta básica para todo conocimiento jurídico.

Que en el capítulo precedente definiéramos a la constitución como el escalón situado por encima de la ley, y en éste hayamos pretendido definir a la ley como el nivel situado directamente por debajo de la constitución, parece conducirnos a un círculo carente de sentido. ¿Dónde se encuentra el punto fijo de la secuencia escalonada con referencia al cual pueda determinarse el nivel ocupado por la ley y la constitución? No existe tal punto. Por eso, en términos puramente lógico-normativos, la anterior definición circular es la única posible. No cabe fijar con carácter lógico-normativamente necesario el significado del concepto de ley, sino que únicamente puede ser caracterizado en cuanto *tipo*: la ley es un *tipo jurídico-estructural* (*Rechtsstruktur-Type*). Porque habitualmente entre la norma fundamental suprema y los actos de ejecución situados en el último nivel existe un escalón específico, que se distingue por ser *el relativamente superior de aquéllos en los que se materializan en buena medida las delegaciones puramente formales*. En relación a él, los restantes escalones* aparecen como (en lo esencial) de mera delegación formal, y los inferiores como (en lo esencial) de mera concreción específica, en relación con el contenido de la ley. Dicho en términos vulgares: dentro de la secuencia de instancias, existe una instancia específica que se distingue por ser la relativamente más alta entre las que, de manera políticamente significativa y con una cierta constancia, determinan materialmente el derecho. Frente a esta función, la constitución aparece (en lo esencial) como regla de competencia meramente formal, y los escalones subordinados (en lo esencial) como mera especificación y «aplicación» de las normas contenidas en la ley.

Cuanto más se aleje un sistema jurídico del tipo que acabamos de describir, más se desvanecerá también el concepto de ley. Cabe imaginar formas de Estado en las que desaparezca por completo. Incluso dentro de algunos Estados constitucionales modernos ha mostrado una cierta tendencia a desdibujarse. En ciertos Estados americanos, p. ej., se ha acudido en buena medida a la instancia constituyente —por el carácter agravado que tiene la modificación de lo por ella prescrito— para regular materias que en general suelen atribuirse a la legislación. De esta forma, la constitución se va hinchando hasta adquirir el tamaño de un código completo, y en la medida en que esto ocurre la frontera entre ley y constitución se desvanece. A la inversa, en casi todos los Estados ha surgido, bajo ciertas circuns-

* N. del T.: parece referirse a los restantes escalones *superiores*.

tancias excepcionales (guerra, huelga general), una amplia normativa de carácter provisional y materialmente independiente, dictada por vía reglamentaria; esto es, una forma de normación subdelegada que sólo se basa en una delegación formal del poder legislativo, lo cual desdibuja la linde entre ley y reglamento.

Una vez presupuesto este criterio material a fin de indicar por dónde discurre, en un sistema de un determinado tipo, la frontera entre el escalón (o escalones) de la constitución y de la ley, podemos regresar a la definición lógico-normativa de carácter formal, que desde este momento deja ya de resultar circular en relación a los sistemas que pertenezcan al mencionado tipo. La definición es la siguiente: la ley es el escalón del derecho que se funda de manera inmediata en la constitución. Tal definición expresa el concepto de ley que posee relevancia para el conocimiento del derecho. Naturalmente, no necesariamente ha de coincidir con lo que habría de calificarse como ley con arreglo al contenido de un sistema jurídico-positivo dado; esto es irrelevante, pues no corresponde al derecho positivo determinar los conceptos relevantes para el conocimiento jurídico. Tales conceptos son creados por la teoría del derecho.

Que la ley se «funda» en la constitución significa que ésta constituye el fundamento (la fuente) de conocimiento de la ley, o que las condiciones constitutivas de las normas legales son las establecidas por la constitución.

Si denominamos al conjunto de las condiciones constitutivas de una norma su *punto de ordenación* (*Ordnungspunkt*), entonces podemos expresarlo también diciendo que ley son aquellas normas cuyo punto de ordenación está determinado por la constitución, y sólo por ella; el cual, por tanto, necesariamente habrá de ser distinto del punto de ordenación correspondiente a la propia constitución. Si ahora denominamos a las normas del escalón supremo, meramente presupuesto, normas de primer orden, y a todas las normas cuyo punto de ordenación está determinado exclusivamente por éste, normas de segundo orden, y a continuación a todas aquellas cuyo punto de ordenación está exclusivamente determinado por las normas de primer y segundo orden, normas de tercer orden etc., entonces llegamos a la siguiente definición general: que una norma pertenezca al orden «n» del ordenamiento significa que su punto de ordenación está exclusivamente determinado por las normas del orden inferior [del (n-1)º orden]*. Si califica-

* N. del T.: es claro que se refiere a las normas del orden *inferior en la cifra que lo designa*, que en el uso habitual del lenguaje es precisamente lo que suele calificarse como de orden *superior*; es decir, la cifra que designa a las normas de primer orden es inferior a la que designa las de segundo orden (1 es menos que 2), pero la relación de prioridad lógica es exactamente la inversa.

mos además al conjunto de normas que comparten el mismo punto de ordenación como *grupo normativo* (*Normgruppe*), y al conjunto de los grupos normativos que comparten la misma cifra de ordenación, como *escalón normativo* (*Normstufe*), entonces podemos definir la *ley* como aquel *escalón normativo cuya cifra de ordenación es superior en 1 a la de la constitución, o bien como el conjunto de los grupos normativos que pertenecen a un orden superior en 1 al de la constitución.*

En consecuencia, el reglamento se define como aquel escalón normativo cuya cifra de ordenación es superior en 1 a la de la ley.

Se ha pensado que cada escalón normativo sólo podría abarcar *un* grupo normativo, o, también, que todas las normas del mismo orden habrían de poseer el mismo punto de ordenación. Esta es la idea que subyace a la (¿anterior?) concepción de Kelsen y Verdroß de que la ley es la única fuente del derecho, puesto que en términos lógico-jurídicos resultaría imposible contemplar, p. ej., a la ley y a la costumbre como fuentes del mismo rango. Según consideran estos autores, de admitirse la existencia de dos fuentes independientes del mismo rango saltaría por los aires la *unidad formal* del sistema jurídico. Rechazan expresamente la posibilidad de que la unidad formal pueda radicar en una norma superior, con el argumento de que ésta misma habría de ser, bien ley, bien costumbre. Con lo cual, la equivalencia se convertiría de nuevo en supremacía de una de las formas normativas sobre la otra. Esta idea aparece por primera vez en los *Hauptprobleme* de Kelsen (1911), (aplicada a la relación ley-reglamento)[9], y posteriormente (1914) reaparece en Verdroß (aplicada a la contraposición ley-costumbre)[10]. Kelsen y Verdroß aplican aquí el concepto de ley de manera no contrapuesta al de constitución. Con lo cual ocultan una diferencia importante desde el punto de vista lógico-jurídico, pasando por alto que, en estricta lógica jurídica, es posible que la eventual norma superior, antes citada, no sea ni ley, ni reglamento, ni derecho consuetudinario, sino simplemente constitución. Al regular este escalón superior la forma de resolver una eventual oposición entre ambas fuentes, la unidad formal del ordenamiento quedará asegurada. La postura de Kelsen y Verdroß implica una errónea comprensión del carácter escalonado del sistema jurídico. No obstante, es explicable, en cuanto las afirmaciones citadas datan de un momento en que la comprensión del referido carácter escalonado —debida a los merito-

9 *Hauptprobleme*, p. 555.

10 Verdroß, *Problem des freien Ermessens*, p. 625. Más adelante, este razonamiento será recogido (en lo referente a la relación ley-reglamento) por Nawiasky, *Bayerisches Verfassungsrecht* (1923), § 43, nº 2 y § 49, nº 1.

rios trabajos de Merkl— aún no se había asentado en la Jurisprudencia normativista. Hay buenas razones para suponer que ni Kelsen ni Verdroß mantendrían hoy las posiciones referidas (cfr. *supra* XIII, nota 26).

3. La idea de que la ley ha de contener necesariamente una norma *general*, y no una norma individual y concreta, se halla muy difundida en la doctrina iuspublicista. Hay numerosos autores que la mantienen, sin molestarse en fundamentarla. Se remonta a Rousseau, el único autor que, según Jellinek, ha acometido un intento de fundamentación. El objeto de la voluntad general ha de ser siempre general[11]; con razón considera Jellinek que este argumento no pasa de ser un mero juego de palabras. En tiempos más recientes, tal posición ha sido frecuentemente criticada por carecer de fundamento[12], y probablemente habría desaparecido del todo si Kelsen no la hubiese retomado, poniéndola en conexión con la doctrina de la construcción escalonada del derecho.

Es muy común —a la par que natural— hablar, en el contexto de la teoría escalonada, de una *concreción* o *individualización* del derecho (*Konkretisation oder Individualisierung des Rechtes*) que tendría lugar en los escalones inferiores por referencia a los superiores. Y, de hecho, esta consecuencia de la estructura escalonada del derecho es la que primero salta a la vista. La ley es abstracta y vale para cualquiera; la sentencia es concreta y vale únicamente para el condenado. Basándose en ello, Kelsen considera «que la diferencia determinante es la que se da entre dictar normas jurídicas generales y dictar normas jurídicas particulares»[13]. De lo que se sigue a su vez que una de las características de la ley es que consta de normas generales.

Frente a ello, hay que señalar que la concreción es un *naturale*, no un *essentiale* de la producción escalonada del derecho. El *essentiale* de esta teoría es exclusivamente que los escalones superiores constituyen el *fundamento de conocimiento* o la *fuente* (derivada inmediata) de los niveles subsiguientes. Normalmente, los escalones posteriores supondrán una concreción de los precedentes; de lo contrario, el entero sistema jurídico no sería sino una reiteración inalterada de la norma fundamental. Pero, por otro lado, nada obsta a que en determinados casos el escalón

---

11 Jellinek, *Gesetz und Verordnung*, p. 237.

12 *En contra* de la teoría, entre otros, Laband [178], pp. 2 y ss.; v. Martitz [204], p. 241; Anschütz, en Meyer-Anschütz [216a, 7ª ed.], p. 640 y [7a], p. 60; Jellinek [156b], p. 236; Hänel [126], pp. 124 y ss.; Hatschek [131b], p. 227; Zorn [353a], p. 304.

A favor, vid. Meyer [216b], pp. 15 a 19 y [216a, 6ª ed.], pp. 25, 551; Seligmann [297], p. 64. Por lo demás, nos remitimos a la detallada referencia bibliográfica en Meyer-Anschütz [216a, 7ª ed.], p. 27, nota 2.

13 Kelsen, *Allgemeine Staatslehre*, p. 232.

posterior se pueda limitar a reiterar el precedente. El sentido de esta reiteración puede estribar, v. gr., en que el dictado de una norma —aun inalterada— por la instancia relativamente inferior es condición para que puedan dictarse otras normas, en especial aquellas que ordenan actos de ejecución. Así, si el legislador dicta una norma concreta, ésta es y seguirá siendo ley, al estar fundada inmediatamente en la constitución. La diferencia con respecto a la sentencia se encuentra, en este caso, en que no es inmediatamente ejecutable. Para poder ejecutarse, ha de ser reiterada por el juez. Esto rige en general, para todos los casos, siempre que estemos ante un Estado del tipo *Estado constitucional*. Si se anula esta diferencia, se suprime en igual medida la diferencia entre ley y sentencia. Por tanto, lo constitutivo del concepto de ley no es en modo alguno el contenido *general* de la norma, sino exclusivamente el lugar que ocupa la norma en el sistema.

Ésta es la única teoría cuyas consecuencias resultan defendibles. No resulta difícil mostrar, en la práctica, actos de legislación referidos un caso singular y que ordenan un determinado efecto jurídico (p. ej., una ley concreto-individual de expropiación, de excepción, de expulsión, de dotación presupuestaria o similares). En todos estos casos, sólo induce a confusión respecto del significado jurídico de estos actos el pretender diferenciarlos de la ley y calificarlos como... —buena pregunta: ¿como qué?

El primer autor que ataca la teoría de la ley como norma general, desde supuestos análogos a los aquí mantenidos, es Hänel. En sus espléndidos *Studien zum deutschen Privatrecht* (1880), particularmente en el número II, 2 «*das Gesetz im formellen und materiellen Sinne*» (1888), late ya —aunque no esté desarrollada en sus rasgos esenciales— la idea moderna de la estructura escalonada del derecho. Hänel se halla entre los primeros en reemplazar la habitual clasificación tripartita de las funciones del Estado por una bipartita: «legislación» y «ejecución», basada en la diferencia entre actos de voluntad regulativos y ejecutivos (*regulative und ausführende Willensakte*). Hänel reconoce expresamente que, dentro del espacio delimitado por los dos polos, tal contraposición es relativa. Lo que aquí aflora es en realidad la estructura escalonada del derecho. Frente a la citada teoría del carácter general de la ley, Hänel aduce que tal conceptualización pretende eliminar, de manera poco afortunada, la distinción más importante para el derecho positivo: la que se da entre derecho objetivo y subjetivo[14]. En este sentido, Hänel define la ley como derecho *objetivo*. En realidad, con tal distinción está haciendo precisamente referencia —

14 Hänel, *Das Gesetz*, p. 135.

aunque seguramente sin ser del todo consciente de ello— a la citada clasificación bipartita, que distingue entre dictar normas (escalón superior) y ejecutar normas (escalón inferior).

4. El concepto de ley viene determinado exclusivamente por el lugar de la ley en la secuencia escalonada; no por «la forma» ni tampoco por «el contenido» de la ley. Con ello, la habitual distinción entre ley en sentido formal y ley en sentido material (*Gesetz in formellem und Gesetz in materiellem Sinne*) se derrumba, al evidenciarse *como irrelevante desde el punto de vista teórico-jurídico*. Por supuesto, cuestión distinta es si del *contenido* de un cierto sistema jurídico cabe derivar una dualidad de conceptos de ley semejante. Es posible que la dualidad de conceptos de ley sea relevante como expresión de un determinado *tipo jurídico-positivo*. Pero, en cualquier caso, el problema teórico-jurídico y el jurídico-positivo deben mantenerse estrictamente separados. Hay que aclarar de qué se está hablando, y los argumentos pertenecientes a un ámbito no son sin más trasladables al otro.

Más o menos desde 1870, y hasta nuestros días, ha venido reinando en la bibliografía alemana una disputa aun irresuelta en torno al concepto de ley, y particularmente en torno a la distinción entre leyes formales y materiales. La opinión con mucho dominante ha defendido la pertinencia de dicha distinción. Aún hoy persiste el debate, alentado por los desacuerdos en cuanto a la correcta interpretación de las nuevas constituciones revolucionarias alemanas. Sin embargo, se percibe —aparentemente, sin ninguna razón clara para ello— una disminución de la intensidad, un enfriamiento de la disputa entre las distintas concepciones. Esto se debe, como mostraré más adelante, a un cambio en los intereses que se encuentran tras la controversia doctrinal. En el año 1880, escribió v. Martitz (y en ese momento con razón) que si la doctrina de Laband de la ley en sentido formal y en sentido material adquiría influencia política, ello podría suponer un ataque a la línea de flotación de la constitución alemana[15]. También hoy la cuestión continúa teniendo relevancia jurídico-positiva; la diferencia estriba en que, conforme la ideología del Estado constitucional se va imponiendo políticamente en Alemania, la teoría va perdiendo paulatinamente capacidad de influencia. Además, los nuevos autores, a pesar de considerarse seguidores leales de la doctrina labandiana, han modificado esencialmente la teoría en su aspecto interno, aun conservando su apariencia externa. Teoría y práctica convergen hacia el mismo punto: la doctrina franco-belga del Estado constitucional, según la cual el modo parlamen-

15 V. Martitz [204], pp. 229 y 230.

tario-constitucional de creación del derecho (el procedimiento legislativo) es el único que se basa inmediatamente en la constitución y que, por tanto, puede dar origen a la ley en sentido teórico-jurídico.

La complicación de esta controversia, que al cabo de cincuenta años continúa sin resolverse, así como el carácter abrumador de la bibliografía al respecto, que consiste en un entramado sumamente embrollado de argumentos y contraargumentos, se deben a que no se ha sido suficientemente consciente de la diferencia entre el problema teórico-jurídico y el jurídico-positivo. O, aún peor: que ambas perspectivas se han concatenado deliberadamente, con el propósito de resolver el problema *jurídico-positivo* de qué sentido hay que atribuir al término «ley», tal y como está contenido en determinados preceptos constitucionales, acudiendo al significado que tiene la legislación en la teoría general del Estado y el derecho. Lo que ha agravado los problemas, en perjuicio de ambas perspectivas. Ciertamente, la interpretación positivista adquirió de este modo un cierto lustre de «generalidad» y «necesidad». Pero ese brillo era pura apariencia, conseguida, además, a un precio bien alto. La teoría general del Estado es un arma peligrosa, que puede fácilmente volverse en contra de la propia posición. No cabe duda de que se consiguieron ciertos resultados, pero a costa de tener que asumir, en otros ámbitos, algunas consecuencias jurídico-positivas que no tienen más fundamento que, precisamente, el de ser consecuencia del arma utilizada en el enfrentamiento. Estos defectos de construcción doctrinal continúan dejando su impronta en muchas de las nuevas constituciones alemanas; aun cuando hay razones para pensar que con el tiempo serán eliminados por las exigencias de la práctica. Además, la forma en que se ha conducido esta controversia ha hecho que la bibliografía al respecto esté marcada en buena medida con el sello de una escasa honestidad intelectual, por inconsciente que ello fuera. La definición «general» tomada de la teoría del Estado pretendía afianzar la fachada teórica; pero tras esta fachada se ocultaba —introducida mediante ciertas definiciones y construcciones— una serie de postulados políticos de impronta monárquica. Si la teoría del Estado ha brindado siempre un escenario para un pensamiento de naturaleza ficticia y encubridora, determinado por intenciones de tipo político, ello puede predicarse *par excellence* del mencionado conjunto de problemas. Por otra parte, también es forzoso reconocer que había teóricos que apoyaban la corriente dominante, o incluso se inclinaban aún más hacia la «derecha», pero que, sin embargo, lejos de intentar enmascarar sus teorías, reconocieron abiertamente sus intenciones (Arndt); y, finalmente, otros autores pretendieron a su vez, erróneamente, elevar a la categoría de necesidad teórico-jurídica la teoría constitucional del Estado (Kelsen, Nawiasky). Todo ello se mostrará con mayor detenimiento a continuación.

5. A pesar de que la distinción entre la forma de una ley y su contenido no es nueva[16], la moderna doctrina de la ley en sentido formal y en sentido material (*Gesetz in formellem und materiellem Sinne*) se remonta tan solo a 1870. El primero en emplear esta terminología es v. Stockmar, en el año 1867[17], y sólo un año después (1871) Laband fundamenta la teoría detenidamente en su *Budgetrecht*. Posteriormente, el propio Laband la desarrolló con mayor detalle, logrando un reconocimiento poco menos que unánime de la doctrina[18]. Como resulta ya visible en el citado trabajo de Laband, en el que dicha teoría encontraba su primera formulación, la controversia práctica en torno al carácter jurídico de la ley de presupuestos fue el motivo de que surgiera esta doctrina. La gran trascendencia política del contencioso sobre el presupuesto es bien conocida; la teoría estaba desde el principio concebida como arma para la controversia político-jurídica. Sin embargo, en nuestra exposición prescindiremos por completo de este debate presupuestario, así como de los fines a los que la teoría podía servir en ese sentido[19].

El principal objeto de la polémica era la interpretación del artículo 5 de la Constitución del Imperio y del artículo 62 de la Constitución prusiana, que —de manera similar a lo previsto por otras constituciones monárquicas— atribuían el poder legislativo a ciertas instancias representativas del pueblo, conjuntamente con el *Bundesrat* y el Rey de Prusia. El problema planteado era el sentido que debía de atribuirse al término «ley» contenido en tales preceptos. En referencia a esta cuestión, Laband formuló su

16 Al respecto, vid. Seligmann, *Beiträge*, pp. 3 y ss.

17 V. Stockmar en *Zeitschrift für deutsches Privatrecht*, 1867, pp. 201, 203 y ss.

18 De entre la voluminosa bibliografía, citaremos, *a favor de la distinción*: Meyer, *Der Begriff des Gesetzes* y *Lehrbuch*, pp. 25, 551 y ss.; Jellinek, *Gesetz und Verordnung*, pp. 228 y ss.; Anschütz, *Kritische Studien zur Lehre vom Rechtssatz* y «Die gegenwärtigen Theorien über den Begriff der gesetzgebenden Gewalt» en Meyer-Anschütz, *Lehrbuch*, 642 y ss; Kelsen, *Allgemeine Staatslehre*, pp. 235 y 236 y *Hauptprobleme*, pp. 538 y ss. (pero de forma notablemente divergente con respecto a la doctrina al uso); Schoen, *Die formellen Gesetze*, pp. 241 y ss.; Fleischmann, *Die materielle Gesetzgebung*, pp. 224 a 225; Hatscheck, *Preussisches Verfassungsrecht*, pp. 223 y ss; Hubrich, *Die reichsgerichtliche Judikatur über den Gesetzes-und Verordnungsbegriff*.

En contra de la distinción: v. Martitz, *Über den konstituierenden Begriff des Gesetzes*; Hänel, *Das Gesetz im form. und mat. Sinne*; Zorn, *Zu den Streitfragen...*; Arndt, *Das Verordnungsrecht; Das selbständige Verordnungsrecht*; Bornhak, *Allgemeine Staatslehre*, p. 179; Preuss, *Staatsrecht*, pp. 514 y ss. Vid., por lo demás, la exhaustiva referencia bibliográfica de Meyer-Anschütz, [216a, 7ª ed.], pp. 637, nota (1), y 638, nota (3).

19 Acerca de la teoría de Laband sobre el presupuesto, vid., sobre todo, Laband, *Staatsrecht*, IV, pp. 522 y ss., y Meyer-Anschütz, *Lehrbuch* III, pp. 204 y ss., ambos con abundante información bibliográfica.

doctrina de la distinción entre el concepto de ley en sentido formal y en sentido material. Afirmaba —invocando una teoría de supuesta validez universal sobre el concepto de proposición jurídica (*Rechtssatz*) y el carácter de las funciones del Estado— que en dichos artículos la palabra «ley» había de entenderse como ley en sentido material. *Con ello, tal concepto se convirtió en determinante a la hora de interpretar la competencia exclusiva que las constituciones atribuían al poder legislativo.* Cabe sintetizar la doctrina de Laband del modo siguiente[20]:

«En la ciencia jurídica, la palabra ley posee un doble sentido, que cabría calificar como material y como formal, respectivamente. En sentido material, ley significa la prescripción jurídicamente vinculante de una proposición jurídica» (*rechtsverbindliche Anordnung eines Rechtssatzes*)[21]. Por ley en sentido formal se entiende una manifestación de voluntad estatal que ha tomado forma «por la vía legislativa»[22]. Los efectos materiales de una ley (también en sentido formal) se determinan por su contenido y pueden, por tanto, ser tan distintos como pueda serlo éste[23]. La fuerza de ley formal (*formelle Gesetzeskraft*) corresponde específicamente a las leyes en sentido formal, y estriba en que un acto de voluntad estatal que revista forma de ley únicamente podrá ser modificado o derogado por otra ley[24].

Los dos conceptos de ley no son idénticos, ni se hallan tampoco en una relación de respectiva supra y subordinación, sino que se entrecruzan. «Por lo tanto, ley en sentido material y ley en sentido formal no se relacionan entre sí como género y especie, como un concepto más amplio y otro más restringido subordinado a él, sino que se trata de dos conceptos absolutamente distintos, determinados por rasgos *diferentes*; el uno por su *contenido,* el otro por la *forma* que reviste una determinada declaración de voluntad. Ley estatal en sentido formal es un acto de voluntad estatal que se ha formado y ha sido promulgado con una cierta solemnidad. El punto de partida común de ambos conceptos, que explica la utilización de la misma expresión para dos cosas tan distintas, reside en que, por lo general, las prescripciones de proposiciones jurídicas sólo pueden efectuarse, conforme a derecho, observando la vía constitucionalmente establecida a tal efecto; la cual recibe por ello el nombre de *iter legislativo*»[25].

---

20 Nota: la exposición realizada está tomada de la 5ª edición del *Staatsrecht*, 1911, de Laband.

21 Laband, *Das Staatsrecht des Deutschen Reichs*, tomo II (1911), pp. 1 y 2.

22 Op. cit., pp. 6 y ss. y 61.

23 Op. cit., p. 73.

24 Op. cit., p. 68.

25 Op. cit., pp. 63 y 64.

En íntima relación con esta distinción se halla la doctrina del reglamento (*Verordnungslehre*). «El concepto material de reglamento (*materieller Begriff der Verordnung*) se obtiene por contraposición al concepto de ley en sentido material. Puesto que la ley consiste en la prescripción de una regla jurídica, el reglamento, como contrapuesto a la ley, ha de tener un *contenido* distinto; no contiene proposiciones jurídicas, sino que constituye una prescripción dictada en el ámbito de la Administración, un ejercicio de la actividad discrecional de gobierno o una ejecución de la ley. Su ámbito de aplicación es el campo de la actividad asistencial del Estado (*staatliche Fürsorge*), que las leyes abren a la discrecionalidad de las autoridades administrativas»[26]. El concepto formal de reglamento (*formeller Verordnungsbegriff*) abarca, por el contrario, «todo acto de voluntad estatal realizado por vía reglamentaria»[27]. Como se ve, estas definiciones se corresponden con los respectivos conceptos de ley. A su vez, los reglamentos en sentido formal se dividen en dos grupos: reglamentos jurídicos (*Rechtsverordnungen*) y reglamentos administrativos (*Verwaltungsverordnungen*)[28]. Los segundos son también reglamentos en un sentido material; en cambio, los primeros tienen carácter de ley en sentido material. De manera análoga, se habla también de leyes jurídicas (*Rechtsgesetze*) y leyes administrativas (*Verwaltungsgesetze*)[29].

Tras esta explicación, el criterio de distinción entre ley formal y reglamento formal queda suficientemente claro. En cambio, la relevancia que quepa atribuir a la distinción fundamental entre ley material y reglamento material depende de lo que el autor entienda por *proposición jurídica* (*Rechtssatz*), pues este concepto es el que marca la línea de separación. Por desgracia, Laband no señala en ningún momento de manera clara lo que entiende por este concepto fundamental, en el que basa una una distinción jurídico-positiva que tiene consecuencias decisivas nada menos que para las competencias que corresponden a la representación del pueblo. Esta negligencia, ya de por sí muy lamentable, se torna sospechosa cuando vemos lo que se esconde en realidad tras el concepto de proposición jurídica. Para averiguarlo, habremos de seguir paso a paso el razonamiento de Laband e ir señalando los pasajes en los que una determinada aplicación del concepto viene implícitamente a revelarnos la función que cumple. El resultado de este análisis es que el concepto de proposición jurídica está determinado especialmente por los siguientes *dos momentos*:

26 Op. cit., p. 86.
27 Op. cit., p. 87.
28 Op. cit., p. 87.
29 Op. cit., p. 180.

a) Ya en la página 2, Laband contrapone la ley material al «*negocio jurídico*, que ciertamente es un acto de voluntad, una disposición con efectos jurídicos, pero que no tiene por contenido proposiciones jurídicas, sino derechos y obligaciones subjetivos». Lamentablemente, esta delimitación no es muy clara. Su aportación positiva estriba en contraponer y yuxtaponer las *proposiciones jurídicas* a los *derechos y obligaciones subjetivos*, en cuanto contenidos respectivos de la ley y del negocio jurídico; dicho sintéticamente, estriba en la distinción entre derecho objetivo y subjetivo. Ahora bien, aparentemente ello podría suponer un paso en la dirección correcta, al efecto de determinar el concepto de ley. Cabría seguir desarrollando la idea de Laband hasta llegar a la contraposición entre aplicación del derecho y derecho objeto de la aplicación, esto es, a la distinción de Hänel entre «ejecución» y «legislación». Si se desarrolla de manera consecuente, esta concepción desemboca en la acertada comprensión de la ley como un escalón de la secuencia escalonada del derecho. Sin embargo, no es posible que ésta sea la idea implícita, en estado embrionario, en la citada contraposición; pues, entendida de este último modo, precisamente lo que caracteriza a la ley *no* es su contenido, sino la relación teórico-jurídica de carácter formal entre los diferentes escalones. Es más: tampoco el concepto de ley material podría entonces ser usado para delimitar la competencia legislativa. Porque la delimitación competencial presupone lógicamente una relación de coordinación, y no de subordinación. Sea lo que fuere lo que Laband tuviera en mente en el citado pasaje, de su sistema se deduce que la distinción no puede tener el significado que hemos supuesto hipotéticamente. Según se desprende de las reflexiones de Laband, derecho objetivo y subjetivo han de contemplarse como contrapuestos en un mismo nivel; pero resulta muy difícil comprender qué es lo que se quiere decir con ello. Para hallar la respuesta, hemos de acudir a la función que tal distinción desempeña dentro de su sistema: *de hecho, a lo que está haciendo referencia es a la contraposición entre normas generales e individuales* (tal y como mostramos en nota[30]). De acuerdo con ello, la ley es definida, en primer lugar, como una norma general abstracta.

30 Vid. 1) Los argumentos utilizados por Laband, en pp. 191-192, para justificar que «el decreto» es administración y no legislación; al respecto vid. *infra*, nota (45); 2), p. 176: «La esencia de la legislación consiste pues en la prescripción vinculante de una regla *jurídica*, esto es, en el establecimiento de una *proposición jurídica abstracta*; 3) op. cit., tomo IV, 379, «los mandatos judiciales (*Urteilsbefehle*) y los mandatos administrativos (*Verwaltungsbefehle*) tienen en común que, a diferencia del mandato de la ley (*Gesetzesbefehl*), no establecen una norma abstracta, sino que atañen a un caso concreto».

Por contra, hay que señalar que Laband, tomo II, p. 2, afirma expresamente que la ley no tiene por qué contener una norma general; pero, al lado de la función que el concepto de ley desempeña de hecho en su sistema, tal afirmación resulta irrelevante

b) De algunas otras afirmaciones (en particular, pp. 73 y 74, 86 bis, 87, 180 y 181) se desprende además: 1) Que el derecho consiste, por su propia naturaleza, en una delimitación de la libertad de actuación de distintas personas, esto es, de sus facultades y obligaciones. El derecho presupone, por su propia naturaleza, una pluralidad de sujetos de voluntad (*Willensträger*)[31]. 2) Que la Administración (subsidiariamente el Estado) aparece ante los súbditos como una unidad personal *(Personeneinheit)*.

Partiendo de esta base, Laband concluye que una disposición que se mantiene en el ámbito de las cuestiones *internas* de la Administración y no crea directamente derechos y obligaciones para los súbditos, no tiene carácter de prescripción jurídica (*Rechtsvorschrift*)[32]. Por tanto, tales reglas, al no contener reglas jurídicas, caen *fuera* de la competencia legislativa. Si a pesar de ello son adoptadas por vía legislativa, entonces estaremos ante una ley sólo en sentido formal. «Hay un gran número de leyes que regula *exclusivamente* la propia actuación del Estado, su constitución, la composición, las actividades y las formas de actuación de las autoridades, la ordenación económica del Estado, el funcionamiento de las instituciones estatales, etc. Tales leyes no atañen directamente al súbdito del Estado y no son aplicables ni a él ni a sus relaciones jurídicas; éste sólo se ve afectado por tales leyes en cuanto vive en el Estado en el que rigen»[33].

Al exponer su teoría de la Administración, Laband proporciona una ulterior profundización de esta doctrina, y particularmente de su tesis de que los actos administrativos no contienen proposiciones jurídicas. El principal propósito de su teoría es el de mostrar que estos actos del Estado sirven de vehículo a una función totalmente distinta a la que desempeñan la actividad legisladora o jurisdiccional. Si Laband consigue demostrar que

---

31 Op. cit., p. 181: «El derecho consiste en la respectiva *delimitación* de los derechos y obligaciones de los diversos sujetos»; p. 73: «Si una ley contiene una disposición jurídica, ello tiene el mismo objeto que el que es inherente al propio *derecho,* a saber, la determinación de las barreras y límites a la libertad natural de accion del individuo que la convivencia de los hombres en sociedad exige»; p. 181: «El derecho presupone por su propia naturaleza una *pluralidad* de sujetos de voluntad, que pueden colisionar respectivamente».

32 Además del pasaje citado en el texto, pp. 73 y 74, vid. p. 86: «Sin embargo, mientras las disposiciones e instituciones que se refieren a la actividad de los órganos administrativos del Estado no hayan obtenido de la ley o la costumbre la capacidad de de vincular a la Administración como tal, esto es, de vincular al Estado en su función administrativa, de modo tal que sus facultades queden delimitadas frente a las de otras personas, tampoco tendrán carácter de proposición jurídica»; p. 181: «Por el contrario, las reglas que se mantienen *en el ámbito interno* de la Administración, que en ningún sentido imponen limitaciones ni confieren facultades a sujeto alguno situado fuera de la misma, que ni le otorgan ni le prohiben nada, no son disposiciones jurídicas».

33 Op. cit., pp. 73 y 74.

esta diferencia tiene un carácter esencial y que va ligada al criterio adoptado para determinar la existencia de una ley (esto es, al criterio de la proposición jurídica), habrá avanzado un importante argumento en favor de su forma de concebir la competencia del legislativo. Porque parece natural pensar que si la facultad legislativa de carácter material, tal y como la define Laband en el marco de una teoría general del Estado, supone realmente una función distinta y contrapuesta a la que desempeña la administración material, también las competencias que la constitución confiere al poder legislativo deberán entenderse con arreglo al concepto material de legislación, propio de la teoría del Estado. El apoyo para la solución de este problema jurídico-positivo que Laband trata de encontrar en la teoría general del Estado, consiste, pues, en que resulta de sentido común concebir los límites competenciales jurídico-positivos como establecidos en concordancia con la diferenciación profunda y esencial entre las distintas funciones estatales. La cuestión a analizar es, entonces, cómo opera Laband a la hora de caracterizar a la administración como algo esencialmente distinto de la legislación.

A este efecto, Laband califica los actos de administración como *actuaciones* estatales (*staatliche Handlungen*), por contraposición a la legislación y la actividad judicial, que contendrían *juicios* (en sentido lógico) estatales (*staatliche Urteile*): «Leyes y sentencias tienen, por consiguiente, un elemento común; ambas contienen juicios (en sentido lógico). Pero éstos, sin embargo, no suponen una realización de las tareas a las que el Estado está obligado. Por sí mismos, los juicios carecen de efectos. Un Estado que se limitara a dictar leyes y sentencias estaría abocado a su disolución; los cometidos que le corresponden por razón de sus fines sólo puede desempeñarlos por medio de *actuaciones*, de la misma manera que el hombre particular lleva a cabo sus tareas vitales individuales no solamente mediante su voluntad y su pensamiento, sino también por medio de acciones»[34]. Tales actuaciones se dividen, a su vez, en dos grandes grupos. Las dirigidas a ejecutar leyes y sentencias, esto es, a servir al ordenamiento *jurídico,* son las que caen bajo la categoría de «ejecución» («*Vollziehung*»). Pero en modo alguno se agotan aquí las actuaciones que el Estado ha de realizar. Además del mantenimiento del ordenamiento jurídico, le corresponden otros cometidos: la protección de sus miembros y de su territorio frente a ataques de otros Estados y la obligación de velar por el bienestar moral y material de su pueblo. Estas tareas no pueden cumplirse operando meramente con reglas jurídicas, mientras que, a la inver-

34 Op. cit., p. 176.

sa, su realización sí resulta concebible y posible sin necesidad de ordenar y normar la actuación mediante leyes específicas. Por eso, no nos podemos limitar al concepto de ejecución, sino que hemos de ampliar el espectro, hasta llegar al concepto de administración (*Verwaltung*)[35].

Lo realmente interesante es, entonces, cómo conseguirá Laband delimitar la administración frente a la legislación. La dificultad deriva del hecho de que la administración —y por tanto, las *actuaciones* del Estado— incluyen cosas tan diferentes entre sí como: 1º las *leyes* administrativas, 2º los *reglamentos* administrativos y 3º los *actos* administrativos, y en concreto las disposiciones de carácter singular. Si bien la *ley* administrativa y el *reglamento* administrativo pueden concebirse, según el esquema establecido, como actuaciones, en contraposición a los juicios, esto implica, evidentemente, otorgar al concepto de actuación una extensión más amplia de la usual. Laband resuelve este problema acudiendo a una teoría complementaria, la de la *iniciativa* de la actuación (*Handlungsinitiative*). «Cuando se dice que alguien se ha construido una casa, no se pretende decir precisamente que lo haya hecho con sus propias manos. Del mismo modo, las actuaciones del Estado son normalmente operaciones consistentes en una cadena de actos singulares. *Es más*, el punto crucial no se encuentra en los eslabones finales de esta cadena, a través de los cuales se logra finalmente el resultado, sino en el acto de iniciativa, que tiene como consecuencia todos los restantes»[36]. Por eso, una ley o un reglamento pueden considerarse también como una *actuación*: «una ley que dispone la construcción de un canal, un ferrocarril o una fortaleza, o que ordena la emisión de un empréstito, supone el inicio de una serie de actuaciones mediante los cuales se quiere conseguir un cierto resultado, y por tanto, un *acto administrativo* (*Verwaltungsakt*) en sentido material»[37].

Por tanto, dentro del conjunto de los actos administrativos encontramos, por un lado, ciertos «inicios de actuación» (leyes administrativas y reglamentos administrativos) y por otro, las actuaciones mismas[38]. Éstas últimas se dividen a su vez en dos grupos, en función de si su naturaleza es *puramente fáctica* o bien *jurídica,* esto es, si se trata de *negocios jurídicos*. Por su parte, los negocios jurídicos pueden ser tanto contratos bilaterales como «disposiciones» unilaterales.

---

35 Op. cit., p. 177.
36 Op. cit., p. 180.
37 Ibid.
38 Resulta peculiar, si bien quizá no sea del todo casual, que Laband, en la sección (§ 65) en que trata «las formas de los actos administrativos», únicamente mencione los reglamentos administrativos y los propios actos administrativos; a ellos habrán de añadirse las leyes administrativas.

Por tanto, podemos resumir la doctrina de Laband como sigue: apoyado en una caracterización general de las funciones estatales, Laband establece un concepto material de legislación y de administración. A través de la primera actividad, el Estado emite juicios (en sentido lógico), y mediante la segunda el Estado actúa. La legislación es definida de modo más preciso —en contraposición a la actividad judicial— como función de prescripción jurídica (*rechtsanordnende Funktion*). La Constitución es interpretada en concordancia con estos conceptos, que se desprenden de la propia naturaleza del Estado. Cuando la Constitución atribuye a ciertas autoridades la facultad legislativa, tal legislación habrá de entenderse en el sentido material, o sea, como prescripción jurídica (*Rechtsanordnung)*. El resultado es que *toda prescripción jurídica cae bajo competencia legislativa*. En cambio, fuera quedan: 1) toda aplicación del derecho (la actividad jurisdiccional) y 2) toda actuación estatal (administración en sentido material).

No obstante, tras esta preciosa doctrina, que parece deducida de los mejores principios constitucionales, lo que se oculta en realidad —como muestra el análisis precedente— es lo siguiente. Sí, toda prescripción jurídica es competencia de la autoridad constitucional y legislativa; *pero* a continuación definimos el concepto de proposición jurídica de modo tal —¡partiendo de la teoría general del Estado!— que caigan fuera de la competencia legislativa: 1) todas las «disposiciones» individuales (*supra*, p. 454); y 2) todas las normas que no sean fuente inmediata de derechos u obligaciones entre los súbditos, sino sólo en relación a la Administración o al Estado: como es el caso, v. gr., de todas las reglas constitucionales; de las reglas sobre la composición, las actuaciones y los reglamentos de funcionamiento interno de ciertas instituciones —v. gr., de los tribunales; además, todas las atinentes a la ordenación económica del Estado, esto es, ante todo, el presupuesto, todas las leyes salariales, las leyes relativas al funcionamiento de los establecimientos públicos y otras muchas; repásese este elenco y piénsese después en lo que tienen en común todas las materias indicadas: ¡el derecho público en su conjunto! Todas estas reglas «no afectan en absoluto al súbdito del Estado», sino que constituyen exclusivamente prescripciones «internas», «en aras de una mejor justicia y de una loable labor de policía, de las cuales, ciertamente, el hombre común no deja de beneficiarse en alguna medida»[39]. Por eso, caen también *fuera de la competencia legislativa*. Esto es, a la Asamblea constitucional le corresponde dictar leyes sobre compraventa, sobre matrimonio y herencia, y sobre otras

39 V. Martitz [204], p. 244.

bagatelas jurídico-privadas. Pero todos los asuntos de Estado y cuestiones públicas no le conciernen en absoluto; son ordenados, según su propio criterio, por la Alta Administración.

Así es como Laband (probablemente el más prestigioso de los juristas alemanes de época reciente) interpreta las constituciones de Prusia y del Imperio. Más adelante, someteremos a su teoría a una crítica teórico-jurídica y jurídico-positiva. Su tendencia política, como tal, no nos concierne; no es nuestra tarea tomar posición a favor o en contra de ideales democrático-constitucionales. Pero no podemos dejar de señalar lo que la teoría de Laband tiene de mendacidad intelectual. Es como un sepulcro blanqueado: tras un exterior adornado con la «validez universal» de una teoría del Estado constitucional de carácter general, se oculta una orientación política criptoabsolutista, conforme a la cual la importancia de la Asamblea legislativa queda reducida a la nada. No deja de ser curioso que ni siquiera en la iuspublicística de la Alemania revolucionaria sea posible encontrar a algún autor que haya desenmascarado a Laband. Razón de más para el ajuste de cuentas con su teoría —de general aceptación— que nos proponemos abordar en los siguientes apartados.

La teoría de Laband encontró rápidamente una aceptación generalizada[40]. Sus brillantes ropajes de teoría del Estado resultaban seductores. Se

40 Vid. *supra*, nota (18). Georg Meyer, *Der Begriff des Gesetzes*, 1881, se adhiere a la doctrina de Laband; si bien, a diferencia de éste, resalta *expresamente* que la ley siempre contiene una norma general: «Por ley se entiende una prescripción general, obligatoria para los súbditos» (op. cit., p. 19). «Los súbditos» se encuentran aquí en oposición a los «funcionarios» (p. 26) y la definición de ley de Meyer se basa, por tanto, en la misma contraposición entre «Estado» y «súbditos» que la de Laband. Se le atribuye también la misma importancia decisiva para la competencia legislativa (pp. 19, 25-26). Resulta inconsecuente —y seguramente sea expresión de una especie de mala conciencia, que despertó en él la crítica de v. Martitz— que Meyer, en p. 32, califique como *leyes* a las disposiciones que contienen reglas generales dirigidas únicamente a los funcionarios, a pesar de que admite que éstas pueden ser promulgadas por vía administrativa.

A grandes rasgos, esa misma es también la posición adoptada por el autor del *Lehrbuch des deutschen Staatsrechts* [216a, 6ª ed.] Sólo que aquí se mantiene todavía en mayor medida la apariencia de que la ley se define exclusivamente por el carácter *general* de su contenido (op. cit., pp. 25 y 551). Si se examina la concepción de Meyer con mayor detalle, se verá que en realidad el criterio decisivo continúa siendo el carácter vinculante de la regla para los súbditos (pp. 361 y 362).

Georg Jellinek, en *Gesetz und Verordnung*, 1888, rechaza la teoría de que la ley contiene una regla general (p. 236), pero acepta el otro componente, la función delimitadora de la ley, si bien le imprime un peculiar giro subjetivo, que viene determinado por el fin de la ley: «Si una ley tiene como fin inmediato delimitar las esferas de libre actividad de los sujetos, si su objeto es establecer límites sociales, entonces contiene la prescripción de una proposición jurídica, y por lo tanto es también ley en sentido material (...)» (p.

aprueba con carácter general la *fórmula* labandiana de que ley en sentido material, el concepto decisivo para determinar la competencia del legislador, es toda prescripción jurídica; y de que toda norma aprobada por vía legislativa es ley en sentido formal. Pero tras esta unanimidad en lo referente a la fórmula se oculta un considerable desacuerdo, a menudo pasado por alto, con respecto a su aplicación concreta. Y es que la fuerza de los acontecimientos da pie a una marcada tendencia a ampliar la competencia legislativa. Estas variaciones son particularmente visibles en la formulación de la teoría que realiza Anschütz, quien aplica rigurosamente la idea de que la abstracción no es uno de los rasgos consustanciales al concepto de proposición jurídica; de ahí que en su obra no se afirme en momento alguno que «la disposición» (*«die Verfügung»*) pertenezca al ámbito de la administración material. Pero, lo que resulta más importante, en sus trabajos posteriores Anschütz aplica el criterio de la proposición jurídica en el sentido de que cae en el ámbito de la legislación en sentido material cualquier prescripción

---

242). Esta formulación de corte subjetivo reaparece en el trabajo de juventud de Anschütz *Zur Lehre vom Rechtssatz und formellen Gesetz*, 1891. Más adelante, sin embargo, en Meyer-Anschütz, *Lehrbuch* [216a, 7ª ed.], este autor abandonó la formulación subjetiva. Ley en sentido material es cualquier proposición jurídica; «pero proposición jurídica es, a su vez, toda prescripción que delimita los respectivos ámbitos de voluntad de los diferentes sujetos de voluntad (personas)» (...) (p. 640). Sobre el significado político de esta teoría, vid. el texto.

Kelsen afirma que «la ley es la forma necesaria de la proposición jurídica», *Hauptprobleme*, p. 541, lo que implica dos proposiciones: 1), «que la forma de ley podría tener también otro contenido, distinto al de la proposición jurídica» y 2) «que la posibilidad de que existan proposiciones jurídicas en forma de reglamentos queda rechazada». Esta última afirmación está en relación con la notable tendencia de Kelsen, ya mencionada en otras ocasiones, a postular la ley como fuente necesariamente única, apelando a la unidad formal del sistema; al respecto, vid. *supra*, nº 2; cfr. cap. X, 9. Con la teoría de la secuencia escalonada del derecho, este postulado desaparece. Ni la ley ni el reglamento son la fuente *última*; sólo lo es el sistema. Pero nada obsta a que el reglamento pueda ser, igual que la ley, fuente *derivada*, una vez que ambos están insertados dentro del sistema.

Con la primera proposición, Kelsen subraya «en la más decidida oposición a Hänel: que la forma de ley es suficientemente amplia para abarcar cualquier contenido» (p. 541). Pero en realidad, esta contraposición no es tan radical; es más, parece incluso haber desaparecido totalmente, a juzgar por las afirmaciones más recientes de Kelsen. Porque éste admite, no sólo que hay que negar decididamente «que la forma de ley pueda contener normas que no sean proposiciones jurídicas» (p. 548), sino que, además, cuando la forma de ley no contiene una proposición jurídica, entonces «lo que está revestido con la forma de ley carece absolutamente de relevancia jurídica; una ley así no es, en cierto modo, sino una cáscara vacía» (p. 554). Esto supone afirmar exactamente lo mismo que cuando se dice que *la ley, como figura jurídica, como objeto del conocimiento jurídico, no puede contener otra cosa que proposiciones jurídicas*. Y ésta es, precisamente, la doctrina de Hänel.

que ataña, aunque sea de forma *sólo mediata*, a la libertad y la propiedad del ciudadano[41]. La ampliación operada es colosal. Conforme a este criterio, será ya imposible que caigan bajo la categoría de administración todas las materias que Laband refiere en el pasaje varias veces mencionado: Constitución, bases económicas del Estado, etc. Es más, ¿hay alguna cosa que no influya de manera indirecta sobre la propiedad del ciudadano? Este criterio es completamente indeterminado. En último término todo está relacionado, el ciudadano y el «Estado». Si se aplicara este criterio de modo estricto, no existiría una sola norma que correspondiera al ámbito de la potestad reglamentaria independiente (*selbständige Verordnungsmacht*).

6. A modo de esquema de interpretación que pueda ayudarnos a comprender la teoría que estamos analizando, parece pertinente plantearse la siguiente pregunta: ¿cuáles son los presupuestos teórico-jurídicos que deben darse para que una distinción como la defendida por Laband, entre ley en sentido material y en sentido formal, pueda aplicarse con sentido a un sistema jurídico dado? El significado de esta distinción estriba en que el concepto de ley material es determinante para la competencia de la autoridad legislativa, mientras que el de ley formal designa cualquier acto estatal surgido por vía legislativa. Sin embargo, está claro que la autoridad legislativa tiene que ser también competente para dictar la ley formal. ¿Cómo es posible entonces que exista una divergencia entre ambos conceptos? Habrá que suponer necesariamente que el término «competencia» posee un significado en cada caso distinto. En el primero, en lo relativo a la ley material, se quiere decir que el legislativo es en estos casos el *único* competente. En el segundo, el referente a la ley formal, lo que se afirma, por contra, es que la autoridad legisladora *posiblemente* sea competente, ya que el acto también *podría* ser dictado por otra vía, distinta de la legislativa.

La condición lógico-jurídica para que pueda darse una delimitación competencial semejante es que la constitución instituya dos (o más) instancias normadoras; dicho de otro modo, que el escalón normativo constituido por la ley esté integrado por dos (o más) grupos normativos; o que *la facultad legislativa se halle atribuida a dos o más instancias diferentes situadas al mismo nivel*. Además, la competencia legislativa no debe encontrarse dividida en ámbitos mutuamente excluyentes, sino de manera tal que el ámbito de competencia meramente posible de una instancia sea distinguible de su ámbito de competencia exclusiva. Sólo para aquellas

41 Vid. Anschütz, en Meyer-Anschütz [216a, 7ª edición], p. 654, la polémica contra Arndt; frente a lo sostenido por Anschütz, hay que señalar que Laband sólo considera como legislación a aquellas disposiciones que se refieran de manera *inmediata* a los ciudadanos; vid. la cita *supra*, en nota (33).

instancias que reúnan tales requisitos será posible establecer la correspondiente distinción entre sus normas en sentido formal y material, según se trate de una *competencia exclusiva (ausschließende Kompetenz) o meramente posible* (*bloß mögliche Kompetenz*)[42].

Llegados a este punto, parece conveniente deshacer de antemano un posible maltentendido terminológico. Pues es cierto que la doctrina dominante nunca ha hablado de una *división de la facultad legislativa*, sino que siempre ha contrapuesto facultad legislativa y administración; sin embargo, esta diferencia terminológica es irrelevante. Lo decisivo es que el reglamento en sentido material, esto es, el reglamento administrativo, se considere como situado *al mismo nivel* que la ley: toda delimitación competencial presupone una igualdad de rango. Pero, en tal caso, desde el punto de vista *teórico-jurídico* el reglamento en sentido material también será ley, y se dará por tanto una división de la facultad legislativa (en sentido teórico-jurídico).

Nada obsta a que un sistema jurídico positivo pueda presentar semejante división de la facultad legislativa, que va ligada a una diferenciación entre la competencia exclusiva y la posible de una (o varias) instancia(s). Se trata de una cuestión *jurídico-positiva*. Pero, por otra parte, es igualmente seguro que tampoco las condiciones referidas *no necesariamente han de darse*. Esto es, *desde el punto de vista de la lógica jurídica la distinción no tiene carácter necesario, sino que es contingente y está en función del derecho positivo*.

42 Podríamos expresarlo con más exactitud del modo siguiente. Ambos tipos de legislación (la ley en sentido estricto y la administración situada a su mismo nivel) se designan, respectivamente, como LO_1^n y LO_2^n, con lo que se indica que emanan de dos diferentes puntos de ordenación O_1 y O_2, ambos del orden n. Ahora bien, el conjunto de las condiciones constitutivas de una norma (O) se dividirá siempre en dos grupos excluyentes y exhaustivos: el que se refiere al contenido de la norma (K) y todos los demás (I). Esto es:

$$O = (IK) \text{ y } LO_1^n = L\,(I_1K_1)^n$$

Parece evidente entonces que una norma del grupo LO_1, que emana de la instancia I_1, *siempre* tiene que caer bajo la competencia K_1, si por ello se entienden las condiciones materiales que *hacen posible* la norma. Por eso, el concepto formal de ley del grupo 1, $LO_1f = LO_1^m$ (el concepto material de ley del grupo I). Porque, para que pueda darse una divergencia, la competencia que determina el concepto material ha de ser necesariamente una competencia especial, más restringida, que *no sólo haga posible* esta instancia (I_1), sino que *simultáneamente excluya* a la otra (I_2).

Si se denomina Ka a la competencia excluyente (*ausschließende Kompetenz*) y Km a la competencia meramente posibilitadora (*nur möglichmachende Kompetenz*), obtendríamos:

$$LO_1^{nf} = L\,(I_1K_{1m})^n \text{ y}$$

$$LO_1^{nm} = L(I_1K_{1o})^n$$

y entonces cabría una divergencia entre el concepto material y el formal de ley.

De nuestro análisis se sigue que, mientras que el concepto de una ley meramente formal es perfectamente posible, designando una ley que cae bajo la competencia posible, pero no exclusiva, del legislador, el concepto de ley meramente material resulta imposible. Pues carece de sentido que una ley caiga bajo la competencia exclusiva, pero no-posible, del legislador. Ello guarda relación con el hecho de que el propio Laband parta de que la distinción entre reglamento en sentido material y en sentido formal no tiene razón de ser. En lo tocante a la legislación, Laband supone ciertamente que existe una diferencia entre la competencia exclusiva (respecto de toda prescripción jurídica) y la competencia posible (respecto de cualquier acto estatal). Pero en ninguna parte habla de una diferencia equivalente en lo relativo a los reglamentos. La potestad reglamentaria no posee ningún ámbito de competencia exclusiva, con lo cual es imposible establecer tal distinción. Si se examina la doctrina de Laband más atentamente, resulta que las dos distinciones, pese a su aparente simetría, no son del mismo tipo. La diferencia entre el reglamento material y el meramente formal se basa en que un reglamento puede dictarse tanto en virtud de una delegación del legislador, como en ausencia de ésta. Pero esta distinción no es ni equivalente, ni complementaria respecto de la que distingue entre leyes en sentido material y leyes en sentido formal. Pues, dado que el reglamento meramente formal sólo puede dictarse previa delegación del legislador, ello implica que sus condiciones constitutivas están determinadas por una ley; y esto significa, a su vez, que el reglamento meramente formal se sitúa necesariamente en un nivel inferior de la secuencia escalonada; es, pues, reglamento en sentido teórico-jurídico. Por ello, calificar al reglamento meramente formal como ley en sentido sólo material induce a confusión. Es imposible toda yuxtaposición o delimitación competencial entre normas que pertenecen a escalones situados, respectivamente, en niveles superiores e inferiores. Dentro de un determinado sistema, una delimitación competencial sólo tiene sentido si se establece *horizontalmente*, esto es, dentro del mismo orden. Por el contrario, es absurda si su orientación es *vertical*, es decir, si se establece entre órdenes distintos, pues aquí una competencia habrá de estar lógicamente supraordenada a la otra, de modo que la infraordenada supondrá una mera especificación de la superior.

Podríamos decir, en resumen, que la distinción de Laband entre actos legislativos y administrativos en sentido formal y en sentido material no posee validez general, sino que es de carácter jurídico-positivo. Su posibilidad descansa en la existencia de una particular división de la facultad legislativa. Desde los propios presupuestos de Laband, la distinción sólo es posible en lo que se refiere a la ley, de modo que el concepto de ley formal es más amplio y contiene en sí, como un elemento más, el concepto de ley en sentido material. Por ello se puede hablar de una ley meramente formal, pero no de una ley sólo material.

7. Tras lo hasta aquí referido, una crítica de la doctrina dominante habrá de referirse necesariamente a dos aspectos diferenciados. *En primer lugar*, tal crítica se proyectará sobre la cuestión jurídico-positiva: ¿presentó o presenta el vigente sistema jurídico una estructura tal que justifique realizar la mencionada distinción y extraer las consecuencias jurídico-positivas que de ella resultan, o contradice acaso el derecho positivo directamente a la doctrina dominante? O, finalmente: ¿se oculta bajo la máscara de la interpretación y la integración del derecho un postulado político acerca de la forma en que debe concretarse una constitución en cierta medida indeterminada? Para responder a estas cuestiones, es importante pensar en cuanto se dijo anteriormente (caps. XIV, 5 y XIII, 5-9) sobre la constitución, y sobre la interpretación e integración del derecho. Cuanto más escalones del sistema jurídico subimos —y aquí nos encontramos en uno de los más altos—, tanto más se aproximan el conocimiento jurídico y el político-real. La tensión entre «deber ser» y «ser» disminuye. Es bien conocido que la constitución real de un país surge en igual o mayor medida a través de la continua evolución política de hecho que mediante una formulación deliberada y discontinua. La constitución meramente presupuesta complementa a la expresamente establecida. También es muy característico de las constituciones positivas el ser —como todas las abstracciones—, indeterminadas e incompletas. Como hemos mostrado detenidamente, la determinación, la «complementación», tiene lugar exclusivamente a través de la concreción del derecho en los escalones subsiguientes. Solamente en tanto sea posible identificar dentro del sistema normas —positivas o presupuestas— que regulen la manera en que debe operar dicha concreción, será posible acudir a la interpretación y la integración del derecho. En las altas esferas en que ahora nos hallamos, en las que lo jurídico está tan próximo a lo político y al poder, tales reglas de interpretación carecerán, en la práctica, de significado. Lo único que el investigador puede hacer es: 1) averiguar, en la medida de lo posible, el significado abstracto, lógico-objetivo de la constitución positiva o presupuesta; 2) mostrar los factores históricos y políticos que operan en la práctica a la hora de la interpretación o de la integración del derecho; 3) formarse un juicio, en la medida de lo posible, acerca de cuáles de estos factores tendrán previsiblemente más fuerza y generarán, de hecho, la constitución real a través de la aplicación del derecho. Las concepciones dominantes ofrecen, en este punto, la imagen típica de una *Jurisprudencia interpretativa* (*Auslegungsjurisprudenz*): se argumenta con deliberaciones parlamentarias, motivos, aclaraciones terminológicas, dogmas doctrinales, etc., como si se

pensara realmente que lo que el Dr. N.N. ha dicho en las deliberaciones parlamentarias (lo cual, por lo demás, fue negado por el Dr. P.P.) fuera realmente decisivo para la concreción de la Constitución, cuando el debate envuelve serios intereses políticos. O bien las interpretaciones están, por mera rutina, en concordancia con los métodos de la jurisprudencia interpretativa al uso, o bien ocultan y favorecen, bajo la apariencia de verdad, un determinado postulado político.

En segundo lugar, nuestra crítica habrá de proyectarse sobre los ropajes de teoría general del derecho (y del Estado) bajo los que se presenta la doctrina dominante, y con los que se intenta dar especial relevancia a la solución jurídico-positiva propuesta. Empezaremos por esta última tarea.

8. La argumentación de Laband se basa principalmente en dos puntos.

a) En primer lugar, su teoría se basa en suponer que la Administración (el Estado) es una entidad metajurídica, situada por encima del derecho y contrapuesta a los ciudadanos. El derecho es precisamente aquello que emana *del Estado* y va dirigido *a* los ciudadanos, ordenando la relación de éstos entre sí y con el Estado. Por el contrario, lo que se mantiene «en el ámbito interno» del Estado no es derecho, pues ello supondría una imposible autovinculación. Ahora bien, ya de antemano esta teoría es errónea, pues resulta imposible concebir algo como «Estado», como «órgano del Estado» —como lo sería por ejemplo, un órgano administrativo—, si no es por referencia a un determinado un sistema jurídico. Y, ciertamente, Laband habla también de «preceptos» y de «normas» en el ámbito interno la Administración; llega a emplear incluso, con suma audacia, el término de *derecho* administrativo. Naturalmente, dichas prescripciones y normas, en la medida en que son accesibles al conocimiento jurídico, no pueden carecer de carácter jurídico. El hecho de que no se las denomine así se debe exclusivamente a la concepción política que sostiene que la representación popular no puede tener influencia alguna sobre la ordenación de estos asuntos intraestatales. La argumentación descansa, pues, exclusivamente en un razonamiento circular que expresa un postulado político. La circularidad se hace patente en la forma que adopta el argumento: se afirma que las prescripciones internas de la Administración no son derecho, porque no suponen una delimitación entre las esferas de acción de diferentes personas, sino que permanecen *en el ámbito interno* de la Administración. En este ámbito, la única forma de vinculación posible sería una autovinculación, es decir, algo que no supone una verdadera obligación. Pero este argumento presupone que la Administración haya de ser considerada jurídicamente como *una* persona, a pesar de constar de una pluralidad de individuos físicos; lo que, a este respecto, no significa sino que las reglas cuyo emisor y destinatario se mantienen dentro de este círculo no son derecho. Denominar persona a la Administración no es un argumento, sino una mera imagen cuyo uso *está justificado* una vez que se ha constatado que las normas administrativas no son derecho.

Pero el argumento de Laband también resulta insostenible desde un *punto de vista interno*. Tiene un *alcance insuficiente*, porque no puede explicar que las normas *emanadas de la potestad legislativa que tengan por objeto a la Administración* no sean derecho. En este caso existe evidentemente una duplicidad, una diferencia entre emisor y destinatario de la norma. Aquí no puede hablarse de una «autovinculación» puramente *interna* a la Administración. Eso supondría reunir legislador y Administración en una sola persona. Pero, dado que el pueblo participa de la legislación, esta personificación chocaría abiertamente con el hecho que constituye el fundamento de toda la teoría: a saber, la contraposición entre Estado y ciudadanos. Una norma emanada del poder legislativo (esto es, del Estado y los ciudadanos conjuntamente) y va dirigida a la Administración (esto es, al Estado únicamente), ha de ser considerada derecho incluso desde los presupuestos de Laband. La ley administrativa tiene que ser derecho.

b) El otro punto básico en la teoría de Laband es el intento de caracterizar los actos administrativos como esencialmente diferentes de los legislativos. Los describe como actuaciones, en contraposición a los juicios (en sentido lógico). Sin embargo, se verá que es completamente imposible establecer una distinción basada en este rasgo. Como se mencionó anteriormente, para poder concebir también la ley constitucional (*Verfassungsgesetz*) y el reglamento constitucional (*Verfassungsverordnung*) en estos términos, Laband recurre, a modo de teoría auxiliar, a la doctrina de la iniciativa como algo que forma parte de la actuación misma. Con ello tiene que estar necesariamente refiriéndose a la iniciativa para la *propia* actuación; porque de lo contrario, todos los mandatos (leyes) podrían ser concebidos como iniciativa para alguna actuación.

Contra esta teoría de la iniciativa puede objetarse, en primer lugar, que, en la medida en que interpreta reglamento y ley como iniciativas para una actuación *propia*, encierra en su seno la teoría completa ya criticada bajo a), conforme a la cual, la Administración, o, en su caso, la Administración y el legislador, tomados conjuntamente, son contemplados como una sola persona. El segundo punto básico de la teoría de Laband no es sino una especificación del primero, y se derrumba con él.

Además, cabe señalar que la teoría se muestra incapaz de mantener la delimitación entre administración y legislación en un doble aspecto. Por una parte, todas las leyes que requieren una ejecución estatal concreta por vía administrativa son concebidas como iniciativas para una actuación propia y, por tanto, como administración. Pero, por otra parte, en la medida en que vaya dirigida a los súbditos, no será posible concebir «el decreto» («*die Verfügung*») como iniciativa para la *propia* actuación y, por tanto, como administración. «El decreto», se nos dice, «es el negocio jurídico unilateral del derecho público; es el acto unilateral de voluntad de la Administración, cuya validez y eficacia jurídicas no requieren el consentimiento de los afectados (...) El decreto supone la aplicación práctica de la *potestad de mando* (*Herrschaftsrecht*) del Estado sobre su población y territorio, y el contenido habitual del decreto es, por ello, la orden»[43]. Con ello, la *actuación* estatal (puesto que el decreto es un acto administrativo) parece revelarse como una *orden*. Esta contradicción puede resolverse en parte por medio de la teoría de la iniciativa, concretamente en la medida en que «el decreto» vaya dirigido a otro órgano de la Administración[44]. La cosa es diferente cuando va dirigido a un súbdito: aquí no se trata ya de una actuación *propia*. En este caso, el criterio no sirve para distinguir el decreto de la ley, puesto que ésta también se considera como una orden dirigida a los súbditos. Y, de hecho, el autor fundamenta el carácter no jurídico del «decreto» de un modo bien distinto: «El decreto se diferencia de la ley en que es un *negocio jurídico*: regula un caso particular o un conjunto de ellos; fundamenta deberes subjetivos concretos y el ejercicio de facultades jurídicas subjetivas del Estado administrador»[45]. Con ello, Laband recurre al primer criterio, según el cual la ley sólo comprende las reglas jurídicas generales. Pero la consecuencia que necesariamente se deduce de ello es que por vía reglamentaria cabe establecer excepciones singulares a lo dispuesto por la ley, lo que obviamente no es correcto.

Todo ello demuestra que la teoría de la iniciativa es insostenible. Como consecuencia, tiene que fracasar también el intento de concebir la administración como un conjunto de actuaciones estatales. De esta forma, retornamos al error más llamativo de la teoría de Laband: la imposibilidad de calificar a la así llamada ley administrativa (al reglamento administrativo) como «administración» y no como «derecho». Ésta es, ciertamente, una de las teorías más osadas de Laband: el que una norma que emana de la Asamblea constitucional y el Gobierno y que se dirige a la Administración, no sea una norma jurídica y, por tanto, no vincule jurídicamente a la Administración. Por ello, este aspecto de la teoría de Laband ha sido el primero en ser atacado. Von Martitz subraya, con razón, el completo absurdo que entraña califi-

43 Laband, *Staatsrecht*, tomo II, p. 191.

44 Éste es el caso tanto de la denominada «orden de servicio» («*Dienstbefehl*») como del «decreto de carácter general» («*Generalverfügung*»); cfr. op. cit., p. 198.

45 Op. cit. 191-192.

car una *ley* de dotación presupuestaria, por la cual se obliga a la Administración a pagar a un general que se ha distinguido en el ejercicio de sus funciones una cierta suma de dinero en calidad de donación, como negocio jurídico, como donación[46]. La ley que impone a la Administración la realización de un cierto negocio jurídico es, a todas luces, diferente de dicho negocio jurídico. El propio Laband trata de concebir el acto legislativo como una mera autorización del acto administrativo, cosa que resulta imposible desde sus propios presupuestos. Pues en cuanto ley formal, el acto sólo puede ser derogado por medio de otra ley, y en cuanto a su contenido, tiene el efecto material de ordenar la ejecución de un acto administrativo. Consecuentemente, en la medida en que no es derogable por la Administración, ha de fundamentar necesariamente el deber jurídico de ejecutar la actuación ordenada. La ley administrativa es derecho.

Por lo demás, la imposibilidad de calificar los actos administrativos como actuaciones resulta evidente desde el principio, teniendo en cuenta que el ámbito de la administración se considera complementario del de la legislación. Ahora bien, dado que el campo de la legislación no abarca todos los mandatos estatales, sino solamente 1) los generales y 2) los que van dirigidos de forma inmediata a los ciudadanos, es necesario, a la inversa, que el concepto de administración abarque los mandatos así excluidos; esto es, 1) los individuales y 2) los que no van dirigidos inmediatamente a los ciudadanos. Pero con ello se anula la diferencia fundamental de naturaleza entre legislación y administración.

Todo ello nos permite concluir que los dos intentos de Laband de apoyar su doctrina en la teoría general del Estado resultan fallidos. El núcleo de ambos es la teoría de la administración como manifestación de un Estado metajurídico situado «más allá de» o «tras» el derecho, y la teoría, conexa, de las normas administrativas en sentido material como normas no jurídicas. Pero desde el punto de vista teórico-jurídico, la pretensión de concebir ciertos actos estatales como no-derecho es absurda. El significado real de esta teoría es que la administración es independiente con respecto a la forma jurídica específica de la legislación constitucional. Naturalmente, en términos teórico-jurídicos tal situación es posible[47]. Sólo que la doctrina dominante pierde entonces toda virtualidad como argumen-

46 V. Martitz, *Über den Begriff des Gesetzes*, p. 280 y ss.

47 *Kelsen comete el mismo error, pero en sentido inverso, cuando intenta elevar a la categoría de necesidad jurídico-teórica el hecho de que la administración esté subordinada a la legislación. Tampoco esta supuesta necesidad pasa de ser un mero postulado político-constitucional.* De nuevo, el error proviene de la doctrina examinada anteriormente arriba, en el apartado 2, conforme a la cual la ley es necesariamente la única fuente de derecho.

to, disolviéndose en una mera tautología: la administración es independiente de la legislación constitucional porque no consiste en normas *jurídicas*. Pero esto último no significa sino que la administración consiste en normas establecidas por una vía independiente respecto del legislador constitucional. La doctrina se evidencia así como lo que realmente es: *un postulado político disfrazado de teoría*. Si hay algo característico de cualquier postulado enmascarado es que, una vez desvelado, se evidencia como tautología. La única manera en que puede fundamentar su propio objeto es postulándolo en forma encubierta, disfrazado bajo otra forma.

9. Como punto de partida para la crítica jurídico-positiva de la doctrina dominante, conviene recordar que el significado jurídico-positivo de esta doctrina estriba —con independencia de la terminología empleada— en la *división de la facultad legislativa en sentido teórico-jurídico*. Dividir competencias presupone situar a las instancias al mismo nivel. En la medida en que, de acuerdo con Laband, la administración complementa la legislación en sentido constitucional, tiene en realidad carácter de *legislación*. Para dejar esto claro y evitar al mismo tiempo emplear en ambos casos la palabra ley, denominaremos a los reglamentos materiales *reglamentos independientes (selbständige Verordnungen)*. Pertenecen al mismo orden que las leyes constitucionales, y por ello son leyes en sentido teórico-jurídico. Por el contrario, llamaremos *no independientes* (*unselbständige Verordnungen*) a los reglamentos que tengan su fundamento jurídico en una ley. Pertenecen a un orden cuyo cifra de ordenación es superior en uno a la de la ley. Desde el punto de vista teórico-jurídico, son reglamentos.

Esta terminología —tomada de Arndt[48]— nos induce a comparar a grandes rasgos la doctrina de este autor con la dominante. La diferencia no es, en el fondo, tan grande como suele pensarse. Lo principal es que Arndt procede de una manera más honesta: prescinde del ropaje ideológico-constitucional con el que se presenta la doctrina dominante y, sin embargo, reivindica una potestad reglamentaria independiente para el Gobierno[49]. Arndt fundamenta directamente dicha potestad en la evolución político-histórica y en el principio monárquico supuestamente inherente a ella. Eso es jugar limpio. La diferencia en punto al resultado está en que Arndt considera que la competencia del legislador es aún más reducida. Según su teoría, éste sólo

48 Arndt, *Das Verordnungsrecht*, p. 9. Puesto que Arndt, op. cit., define a los reglamentos independientes como aquellos «cuya fuerza obligatoria procede de sí mismos», tal definición, basada en la aceptación de un «principio monárquico» «independiente» esto es, suprajurídico, ha de entenderse modificada en el sentido de que los reglamentos independientes extraen su fuerza directamente de la constitución.

49 Sin embargo, esto sólo rige en el caso de Prusia, no en el del *Reich*.

es competente en los casos expresamente previstos en la Constitución (teoría de la lista taxativa) (*Enumerationstheorie*)[50].

En el presente apartado, trataremos de hallar una respuesta a la siguiente cuestión: en el momento en que Laband formuló su teoría, ¿había fundamento jurídico-positivo para suponer la existencia de una división de la facultad legislativa y de una potestad reglamentaria independiente?

A tal efecto, hemos de reparar ante todo en lo siguiente. Si pensamos en un Estado cuya constitución esté determinada exclusivamente por *un* principio político, por ejemplo el monárquico-autocrático o el constitucional-democrático, entonces la división del poder legislativo resultaría improbable y, en cualquier caso, su significado sería puramente *técnico*. Cuando el principio para la formación de la voluntad estatal es políticamente *unitario*, no tiene mayor relevancia el que dicha voluntad (en el escalón de la ley) sea la establecida por una o por varias autoridades. De ahí que la doctrina de la ley en sentido material y en sentido formal —en cuanto implica una división de la facultad legislativa— no haya surgido ni en conexión con un Estado puramente monárquico-autocrático, ni con uno plenamente constitucional-democrático; su origen es otro. Una doctrina así sólo puede surgir en Estados que posean formas mixtas, esto es, allí donde en la formación de la voluntad del Estado intervienen dos principios opuestos. Cuando se hallan en oposición un principio autocrático y uno democrático, cada uno de los cuales se manifiesta a través de sus correspondientes instituciones, resulta de la mayor importancia saber si, y cómo, se divide, la suprema potestad de determinación material del derecho (la legislación) entre tales instituciones. Por tanto, en el caso de tales formas políticas mixtas la doctrina de Laband bien pudiera tener relevancia jurídico-positiva. Otra cosa es que haya que rechazar, en cualquier caso, su elevación a la categoría de lo absoluto, en forma de teoría general del Estado.

En segundo lugar, ha de reconocerse que, en el momento en que Laband formuló su teoría, existían indudablemente en Alemania una serie de Estados que presentaban una dualidad política como la referida: era el caso de Baviera y de Baden, así como de una serie de Estados más pequeños. En tales Estados, como también en la mayoría de los del sur de Alemania, se había promulgado, en atención al artículo 13 del Acta federal de 8 de junio de 1815, una *constitución estamental* (*Ständeverfassung*) que aseguraba a las respectivas asambleas estamentales (*Ständeversammlungen*) un cierto mínimo de derechos. Las constituciones de los Estados citados contienen una fórmula invariable conforme a la cual, con excepción de algunos asuntos expresamente citados, es necesaria la concurrencia de los estamentos para

50 Arndt, op. cit. en nota (48), pp. 57 y ss. y p. 66.

cualquier «nueva ley general que afecte a la libertad de las personas o a la propiedad de los súbditos»*[51] Como contrapunto a esta fórmula, expresión constitucional del *principio democrático*, se encuentra con igual regularidad otra distinta, que reza así: «El rey es el jefe del Estado, reúne en sí todas las facultades que integran la potestad estatal y las ejerce conforme a las disposiciones por él otorgadas, que recoge la presente carta constitucional»** [52]. Aquí encuentra expresión el principio *monárquico-autocrático*. Bajo estas circunstancias, existen buenas razones para distinguir entre una legislación en sentido material —esto es, la facultad legislativa exclusiva que se hallaba atribuida a los estamentos en conjunción con el gobierno— y la administración, esto es, la potestad reglamentaria monárquica, independiente, que, conforme a la constitución, abarcaba todas aquellas materias en que no se hubiera atribuido especialmente a los estamentos un derecho de participación. Existe una *presunción favorable* al principio monárquico. El concepto de ley en sentido meramente formal es el resultado de que la vía legislativa deba de contemplarse, en todo caso, como *posiblemente* (cuando no exlusivamente) competente. Pues esta es la vía en la que principio democrático y el autocrático actúan conjuntamente. La distinción posee una gran trascendencia, en la medida en que pueda existir un enfrentamiento político entre los estamentos y el gobierno. La competencia universal meramente posible de la legislación no puede anular dicho enfrentamiento, pues la legislación requiere también el concurso del gobierno monárquico, que éste puede declinar.

En un segundo grupo de constituciones estamentales las cosas se presentan de un modo distinto. Nos referimos a las de Württemberg, Sajonia, Hessen y otros Estados, promulgadas aproximadamente al mismo tiempo y

---

* N. del T.: en el original: «*jedes allgemeine neue Gesetz, welches die Freiheit der Personen oder das Eigentum der Staatsangehörigen betrifft*».

51 Baviera, Constitución de 26 de mayo de 1818, Tit. VII, § 2; Baden, Constitución de 22 agosto de 1818, § 65. - Weimar, Rev. Ley fundamental § 4, nº 6, entre otros; vid Meyer-Anschütz. [216a-7ª. ed.] p. 656, nota b.

** N. del T.: en el original: «*Der König ist das Oberhaupt des Staates, vereinigt in sich alle Rechte der Staatsgewalt und übt sie unter den von ihm gegebenen in der gegenwärtigen Verfassungsurkunde festgesetzten Bestimmungen aus*».

52 Baviera, Constitución de 1818, Tit. II, § 1; Baden, Constitución de 1818, § 5; Württemberg, Constitución de 1819, § 4; Sajonia, Constitución de 1831, § 4; Hessen, Constitución de 1820, art. 4, entre otros.

A los pocos años del establecimiento de la Confederación Germánica, las corrientes reaccionarias ganaban la partida. El «*Acta Final de Viena*» de 15 de mayo 1820, exigía en sus arts. 57-59 que la totalidad del poder estatal permaneciera en manos de los príncipes; una cláusula que estaba directamente orientada contra las doctrinas constitucionales de Montesquieu; cfr. Meyer-Anschütz [216-7ª ed.], § 56.

con el mismo espíritu que las anteriormente citadas. Solamente se distinguen del primer grupo en cuanto otorgan la *potestad legislativa,* sin mayores limitaciones, a los estamentos[53]. ¿Significa esto que, en contraposición a los Estados anteriormente citados, en éstos sólo impera el principio democrático, de modo que el monarca no tiene atribuida una potestad legislativa independiente, situada al mismo nivel (y denominada potestad reglamentaria)? Esta interpretación, que resultaría ciertamente posible si nos basáramos sólo en el tenor literal de los preceptos citados, está enteramente excluida por las relaciones políticas de poder que había en estos Estados, que no diferían mucho de las que se daban en los anteriormente citados. Y, de hecho, también en estos Estados el principio monárquico encuentra expresión en una fórmula muy similar a la anteriormente mencionada[54]. Finalmente, hay que señalar que muchas de las constituciones atribuían expresamente al rey la facultad de dictar reglamentos administrativos *que trascendieran* la mera «ejecución»[55]. Por tanto, la doctrina de Laband también ha de considerarse como adecuada para este segundo grupo de constituciones[56].

Pero en cambio, las dos constituciones en las que se centraba la controversia en el momento en que Laband desarrolló su doctrina, esto es, la del *Reich* y la prusiana, no encajan en ninguno de estos dos tipos. Si nos guiamos por su tenor literal, correspondían, en este punto, al grupo mencionado en segundo lugar, dado que atribuían, sin mayor precisión, la «potestad legislativa» a una institución constitucional. Pero, en contraposición a las constituciones estamentales antedichas, no es posible suponer sin más

53 Así por ejemplo, el § 88 de la Constitución de Württemberg, de 25 de septiembre de 1819: «No será posible dictar, derogar, modificar o proporcionar una interpretación auténtica de una ley sin contar con la aprobación de los estamentos.» [En el original: «*Ohne Beistimmung der Stände kann kein Gesetz gegeben, aufgehoben, geändert oder authentisch erläutert werden*»] Cfr. Hessen, Constitución de 1820, art. 72; Sajonia, Constitución de 1831, § 86, entre otras.

54 Sobre Württemberg, Hessen y Sajonia, vid. *supra*, nota (52).

55 Así, el § 87 de la Constitución de Sajonia reza como sigue: «El Rey decreta y promulga la ley haciendo referencia a su aprobación por los estamentos, y dicta las disposiciones y órdenes necesarias para su ejecución y aplicación, así como los decretos y reglamentos que resultan de su facultad de inspección y administración»; [en el original: «*Der König erläßt und promulgiert die Gesetze mit Bezug auf die erfolgte Zustimmung der Stände, und erteilt die zu deren Vollziehung und Handhabung erforderlichen, sowie die aus dem Aufsichts- und Verwaltungsrecht fließenden Verfügungen und Verordnungen.*»] Cfr. Hessen, Constitución, art. 73.

56 La contraposición política monarca-súbditos encuentra su expresión característica en el § 78 de la Constitución de Sajonia: «Los estamentos son el órgano legal de todos los ciudadanos y súbditos en su conjunto.» [En el original: «*Die Stände sind das gesetzmäßige Organ der Gesamtheit der Staatsbürger und Untertanen*»]

que estas constituciones relativamente modernas, surgidas bajo circunstancias políticas enteramente diferentes a las de las constituciones estamentales, tengan que estar basadas de igual manera en una *presunción* favorable al principio monárquico-autocrático. En este caso, la respuesta es mucho más difícil de encontrar. Naturalmente, no procede acudir a ninguna suerte de «jurisprudencia interpretativa». Por el contrario, lo que hay que hacer es tratar de identificar los principios políticamente eficaces contenidos en estas constituciones, así como las correspondientes posibilidades de solución jurídica del problema. Sin embargo, acometer esta tarea nos llevaría demasiado lejos. Lo que sigue no pretende ser sino un esbozo superficial, cuyo sentido fundamental es el de indicar el *método* por el que el pensamiento jurídico debe guiarse en este campo.

La Constitución de Prusia de 31 de enero de 1851 fue consecuencia de los movimientos revolucionarios del año 1848. Mientras las antiguas constituciones estamentales se habían creado bajo el influjo de la reaccionaria *Charte* francesa de 1814, el modelo más próximo de la prusiana fue la Constitución liberal belga de 1831. Su posición era, desde el principio, muy diferente a la de las anteriores constituciones estamentales y, de hecho, hay buenas razones para suponer que la ideología revolucionaria que condujo a la Constitución la había querido e ideado desde un espíritu constitucional y democrático, de modo que toda verdadera legislación (en sentido teórico-jurídico) se vinculaba al legislativo, debiendo corresponder al gobierno únicamente una potestad reglamentaria *no independiente*. Y estas ideas se han plasmado, de manera tanto simbólica como real, en la Constitución. Resulta en este sentido característico que, cuando su estructura se guía en muchos aspectos por las constituciones de los tipos anteriores, en cambio omita la fórmula típica contenida en el primer apartado del artículo 4 de las constituciones anteriores, que declaraba al monarca titular de toda potestad estatal, la cual era ejercida con las limitaciones derivadas de la Constitución por él mismo otorgada. Esta omisión resulta tanto más significativa por cuanto sí se ha recogido el segundo apartado del artículo mencionado, que afirma que la persona del rey es sagrada e inviolable; sólo que ¡omitiendo la palabra «sagrada»! También resulta significativo que el § 45 de la Constitución de Prusia asigne al rey una potestad reglamentaria sólo en lo que atañe a lo estrictamente necesario para la *ejecución* de la ley, mientras que los parágrafos correspondientes de las constituciones anteriores reconocían *además* al rey, de forma expresa, una potestad general para dictar reglamentos administrativos[57].

57 Ciertamente, podría aducirse que el § 89 de la Constitución de Württenberg, de 1819, se corresponde en este punto con la prusiana; pero en contra cabe señalar a su vez

Cuestión distinta es si el movimiento que se halla en el origen de la redacción de la constitución era una expresión fuerte y constante de las relaciones políticas reales de poder, o si solamente era el fruto de una exaltación momentánea y pasajera. De haberse dado esto último, al poco tiempo los acontecimientos hubieran obligado a retornar espontáneamente a la antigua senda monárquica. Así pues, la pregunta verdaderamente decisiva es si la constitución prusiana del año 1850 supuso una revolución en los acontecimientos o, más bien, una evolución tranquila, *contenida*, dominada en lo esencial por la tradición histórica; si debe ser entendida en concordancia con la ideología constitucional franco-belga que presidía su modelo, la propia constitución belga, o más bien con arreglo a la ideología monárquica transmitida por las antiguas constituciones estamentales.

No nos corresponde seguir indagando acerca de esta cuestión. Pero en lo fundamental no puede haber dudas de que, una vez pasada la tormenta revolucionaria, Alemania se encaminó por la senda reaccionaria. El decreto federal de 23 de agosto de 1851 impuso a los gobiernos la obligación de modificar las normas de sus constituciones que contradijeran la constitución federal. En muchos casos, los gobiernos aprovecharon la ocasión para liquidar —frecuentemente por vía meramente reglamentaria— las conquistas revolucionarias[58]. Los principios democrático-constitucionales habían calado en Prusia en medida mucho menor, por ejemplo, que en Dinamarca, país que, en la misma época, obtuvo su constitución por medios pacíficos[59]. Se originó así una cierta discordancia entre el texto de la Constitución y las relaciones de poder político realmente existentes. En vez de reconocerlo abiertamente, y de caer en la cuenta de que la Constitución había sido modificada por una formación orgánica del derecho llevada a cabo por vía de presuposición, tal discordancia condujo a la jurisprudencia interpretativa a exhibir algunos de sus mejores artificios. Laband, y con él la doctrina dominante, constataron que el tenor literal era de índole constitucional-democrática; pero, de hecho, interpretaron la Constitución según el espíritu heredado de las constituciones estamentales monárquicas. Este artificio se llevó a cabo recurriendo a una teoría general del Estado tendenciosamente falseada, amén de una serie de indignos trucos intelec-

---

que la mencionada Constitución incluía en su § 4 una cláusula general en favor del monarca. Al respecto, vid. *supra,* nota (52).

58 Cfr. Meyer-Anschütz [216 a- 7ª ed] p. 152.

59 Una interpretación de la constitución danesa —que, en cuanto a su texto, no se distingue esencialmente de la prusiana— como la que realiza la doctrina alemana dominante, digamos la de Arndt, no tendría sentido alguno en Dinamarca, y de hecho nunca se intentó nada semejante.

tuales. Arndt siguió otro camino: fundamentó sin ambages la existencia de una potestad reglamentaria independiente para el monarca en las circunstancias histórico-políticas; pero la defensa formal de esta solución le llevó a violar la intelección natural de la constitución. Sostuvo que la constitución prusiana había de contemplarse al modo de las antiguas constituciones estamentales, esto es, como una autolimitación del principio monárquico basada en la propia voluntad del monarca y que, por ello, el principio monárquico habría de considerarse vigente allá donde no fuera expresamente excluido por la constitución. Partiendo de esta premisa, Arndt llegó a la conclusión de que la palabra «ley» en el artículo 62 de la constitución de Prusia significaba «ley en sentido *formal*»; es decir, que la competencia exclusiva de la autoridad legislativa se limitaba a los casos en que la constitución exigía expresamente que un acto estatal se realizara en forma de ley, esto es, en las formas previstas por el artículo 62[60].

En el caso del Imperio, las circunstancias eran distintas. El Imperio no era el sucesor inmediato de una única monarquía, y por esa razón Arndt no asumió la existencia de una potestad reglamentaria independiente ostentada por el Gobierno del *Reich*. En cambio, Zorn consideró que, al haber surgido a través de la asociación de un conjunto de monarquías, también el propio Imperio habría de estar basado en el principio monárquico, y afirmó por tanto la existencia de una potestad reglamentaria[61]. La doctrina dominante mantuvo respecto del Imperio la misma posición que respecto de Prusia: no había razón alguna variarla.

Sintetizando entonces los resultados alcanzados en nuestro análisis de si la teoría de Laband se justifica en relación con la época en que fue formulada, cabe afirmar, en definitiva, lo siguiente.

En lo referente a Baviera, Baden y muchos otros Estados, la teoría de Laband se adecuaba bien a las circunstancias constitucionales reales. Salta a la vista que *la doctrina de Laband descansa precisamente en la misma idea fundamental* que expresan estas constituciones, a saber, que la competencia exclusiva de las asambleas constitucionales (de los estamentos) no abarca sino las reglas que afectan directamente a la persona y la propiedad del ciudadano. Todos los demás asuntos son altas cuestiones de Estado que no les conciernen directamente y que el monarca ordena según su propio criterio.

Otro tanto puede decirse de las restantes constituciones estamentales más antiguas.

60 Vid. *supra*, nota (50).
61 Zorn [353a] p. 314.

En cambio, en el caso de Prusia y del Imperio había dudas. En realidad, lo que sucedía era que en la arena política no se había determinado cuál habría de ser el significado de la constitución. Se daba una situación de pugna política, en el marco de la cual la teoría de Laband —disfrazada de teoría general del Estado— constituía un instrumento de combate, un postulado político que servía de apoyo al principio monárquico-autocrático. Sin embargo, comparada con el «criptoabsolutismo» de Arndt, la doctrina dominante sostenía un punto de vista moderado.

10. Como un elemento más de la crítica jurídico-positiva, queda aún por resolver la cuestión de si la distinción de Laband —prescindiendo, por supuesto, de su engañoso revestimiento teórico-jurídico— estaría justificada en relación al derecho público de la moderna Alemania revolucionaria.

Hay algo que resulta indudable: la forma en que Laband dotó de contenido sustantivo al criterio formal de la proposición jurídica, de modo tal que la Constitución, el presupuesto, todas las leyes sobre salarios y todas las reglas sobre organización funcionarial, entre otras, caían fuera de la competencia exclusiva del legislativo, no tiene viabilidad alguna en la moderna Alemania. Semejante interpretación de los artículos 60-62 de la actual Constitución prusiana y de los artículos 68-77 de la Constitución del *Reich* carecería absolutamente de sentido en las actuales circunstancias políticas. A lo sumo, cabría hablar de una separación entre ley en sentido material y administración en el sentido políticamente moderado en que la han establecido autores posteriores como, por ejemplo, Anschütz (cf. 460 y 461).

Como ya hemos dicho, sólo es posible hablar con sentido de una separación entre ley material y administración cuando existe un dualismo político en la formación de la voluntad estatal. Dicha división presupone que pueda entablarse una lucha política entre una asamblea democrática, como parte integrante del poder legislativo, y un gobierno autocrático, como ostentador de la potestad administrativa. Cuanto más se acerque un orden estatal al estado en el que sólo *un* principio político —sea autocrático o democrático— resulta determinante para la formación del derecho, tanto menos justificada estará la división de la facultad legislativa (en sentido teórico-jurídico). Dado que en la joven Alemania el *principio monárquico* ha desaparecido por completo como elemento interviniente en la formación de la voluntad del Estado, y que el sistema *parlamentario* ha sido elevado por doquier al rango de principio jurídico, Asamblea constitucional y Gobierno no pueden hallarse ya políticamente contrapuestos; bajo estas circunstancias, no parece que haya base alguna para mantener la existencia de un dualismo entre legislación y administración[62]. Como no parece que exista razón alguna para reservar a un gobierno parlamentario un ámbito de potestad reglamentaria independiente, fuera del alcance competencial de la Asamblea legislativa. Una potestad semejante no sólo carecería de fundamento, sino que en la práctica resultaría *completamente inútil.* Pues, mientras el gobierno monárquico, no parlamentario, podía usar ventajosamente su potestad reglamentaria independiente para eludir o enfrentarse a los deseos de la cámara, tal actuación sería *políticamente imposible* bajo una forma parlamentaria de gobierno. Y, sin embargo, es en este aspecto donde se muestran las consecuencias perjudiciales del modo en que Laband desarrolló la mencionada división: al haber sido revestida con la forma de una teoría general del Estado, que eleva la doctrina por encima del efímero derecho positivo, tal separación es trasladada —con todas sus consecuencias jurídico-positivas— a la nueva teoría del Estado. Así, por ejemplo, volvemos a encontrar la teoría de la delimitacion de las competencias del legislador conforme al criterio de la libertad y propiedad en Paul Schoen, quien afirma que este principio ha pasado de las antiguas constituciones a las nuevas; y ello a pesar de que sólo ha encontrado expresión directa en las de Baviera, Baden y Württemberg[63]. Ciertamente, en estas constituciones hay parágrafos que determinan la competencia del poder legislativo en función del criterio de libertad y propiedad[64]. Sin embargo, como se ha mostrado, tales disposiciones resultan absurdas cuando son referidas a la situación política moderna. En parte se trata de meras reminiscencias históricas: los citados parágrafos han sido acríticamente trasladados desde las antiguas constituciones

---

62 El postulado constitucional de que la administración sólo puede tener lugar con un previo fundamento legal, ha encontrado —seguramente por influencia de Kelsen— expresión jurídico-positiva en el art. 18.1 de la constitución austríaca de 1 de octubre de 1920: «la administración estatal en su conjunto sólo puede ser ejercida con base en la ley.» [En el original: «*die gesamte staatliche Verwaltung darf nur auf Grund der Gesetze ausgeübt werden*»]

63 Schoen, *Die formellen Gesetze*, p. 242.

64 § 74 de la constitución de Baviera, de 12 de agosto de 1919: Todas las disposiciones jurídicas obligatorias para los habitantes del Estado que afecten a la libertad de las personas o a su patrimonio sólo podrán ser establecidas, interpretadas de modo vinculante, modificadas o derogadas por vía legislativa.» [En el original: «*Alle für die Einwohner des Staates verbindlichen Rechtsvorschriften, welche die Freiheit der Person oder das Vermögen betreffen, können nur im Wege der Gesetzgebung erlassen, rechtsverbindlich erläutert, abgeändert oder aufgehoben werden.*»] De modo semejante, cfr. § 29.2 de la constitución de Baden de 21 de marzo de 1919; así como el § 62 de la constitución de Württenberg, de 20 de mayo de 1919.

estamentales, que es donde tenían sentido, a las constituciones del siglo XX[65]. No se puede negar, sin embargo, que también la concepción doctrinal dominante ha jugado un cierto papel, dejando su impronta en las correspondientes constituciones[66]. Pero en cualquier caso, lo decisivo es que el curso de los acontecimientos convertirá seguramente en irrelevantes tales petrificaciones doctrinales, dada su inadecuación a la estructura política moderna y su incompatibilidad con la ideología parlamentario-constitucional que se va imponiendo progresivamente, y conforme a la cual todo acto administrativo se halla subordinado a la ley. Y, de hecho, en el derecho constitucional bávaro más reciente se combate con fuerza la concepción sostenida por Schoen; aunque hay que señalar que tal crítica se realiza sobre la base de un argumento incorrecto, en la medida en que su autor —bajo la influencia de Kelsen— pretende convertir lo que es mero dogma constitucional en verdad teórico-jurídica[67]. Hay otros muchos iuspublicistas alemanes modernos que recogen la distinción de Laband. Pero resulta revelador que la teoría continúe siendo vacua e irrelevante. Así en Finger, donde aparece como una simple cáscara vacía[68]. Especialmente significativa es la forma en que la formula Hatschek, quien mantiene la teoría, pero imprimiéndole un giro distinto: Hatschek no pone el acento en la contraposición ley-administración —no cabe duda de que el autor dista mucho de querer atribuir al gobierno una potestad reglamentaria independiente, fuera del ámbito competencial del legislador—, sino en el dualismo entre proposición jurídica y negocio jurídico[69]. Pero, como ya hemos dicho (p. 463), en términos teórico-jurídicos esta contraposición resulta imposible, porque ambos elementos se hallan en niveles distintos; Hatschek nunca habría formulado esta teoría de no haber sido porque se hallaba bajo la presión de la doctrina tradicional, de la cual había que hacer algún tipo de lectura que le confiriera sentido, ya que en su formulación originaria se había convertido, a todas luces, en absurda. También es sintomático que Arndt, en sus extensos comentarios introductorios a la constitución prusiana de 30 de noviembre de 1920, y concretamente en el comentario dedicado a los §§ 60 a 62 (que tratan de la legislación), no dedique una sola palabra al antes tan discutido problema de si la palabra «ley» significa ley en sentido material o en sentido formal. Igualmente

65 Sobre Baviera y Baden, vid. *supra* nota (51).

66 Éste es el caso de Württemberg: no existía ninguna disposición equivalente en la constitución del año 1819. Vid. *supra* nota (53).

67 Nawiasky, *Bayerisches Verfassungsrecht*, § 43. nº 2 y § 49, nº 1.

68 Finger, *Staatsrecht*, p. 346.

69 Hatschek, *Preußisches Verfassungsrecht*, pp. 224 y 225, cfr. pp. 404 y ss.

escasa es la referencia a la potestad reglamentaria independiente propia del derecho prusiano, que Arndt había defendido en innumerables trabajos. El problema es simplemente omitido. Si continúa apareciendo aún en el derecho público alemán, se debe exclusivamente a que, como resultado de la influencia ejercida por la teoría de Laband de la administración metajurídica, se considera que la distinción posee validez general. Por ello, naturalmente el debate habrá de trasladarse al ámbito de la pura teoría del Estado. Carece de todo fundamento real. La distinción entre ley en sentido formal y en sentido material, así como la correlativa entre ley material y administración, tienen su fundamento en las constituciones estamentales de alrededor de 1820; para el derecho público de la moderna Alemania, resulta enteramente irrelevante.

11. Para concluir, nos referiremos a una cuestión jurídico-positiva que ha encontrado en las nuevas constituciones y en la doctrina más reciente una solución distinta a la que sería la más natural, en términos políticos, y cuya única razón de ser estriba en que es una consecuencia de la teoría de Laband sobre la administración. Lo que permite suponer que el curso de los acontecimientos y la evolución continuada del derecho se bastarán para modificar por sí solas esta situación.

Se ha señalado ya en reiteradas ocasiones que la distinción entre ley material y administración sólo resulta concebible —en cuanto distribución competencial— *dentro de* un mismo orden y, por lo tanto, entre dos grupos que ocupan el escalón de la ley en sentido teórico-jurídico. Por el contrario, entre normas pertenecientes a órdenes distintos —en el eje *vertical* del sistema—, una distinción semejante sería absurda; pues no tiene sentido hablar de una delimitación competencial entre la ley y una norma *derivada* de la ley. Laband no se dió cuenta de ello. La cláusula de libertad y propiedad fue aplicada indistintamente a todos los actos administrativos. Aunque consiguió fundamentar de este modo una potestad reglamentaria *independiente* del gobierno, ello sólo fue posible al precio de someter a los mismos límites a la potestad reglamentaria *no independiente*, esto es, a la que se ejerce en forma de reglamentos *ejecutivos (Ausführungsverordnungen)*. La doctrina dominante afirma por ello que los *reglamentos jurídicos* (esto es, los que tienen la condición de leyes en sentido material por serles aplicable el criterio de la libertad y propiedad) sólo pueden ser dictados sobre la base de una habilitación por parte del legislador. En la medida en que se aseguraba el reglamento administrativo del gobierno, se sacrificaban así los reglamentos jurídicos, incluidos los de ejecución. Sin embargo, en este último aspecto la doctrina no es consecuencia en modo alguno de la mencionada división competencial. Incluso cuando se parte de la existencia de una delimitación competencial entre instancias legisladoras situadas a un mismo nivel, en sentido teórico-jurídico (legislación y administración), es absurdo querer delimitar en este sentido a una de estas instancias (la ley) frente a las que tienen la condición de instancias derivadas y subordinadas respecto de ella (reglamentos *ejecutivos*)[70]. Estos últimos permanecen, de modo conceptualmente necesario, *dentro* del marco de la ley, al concretar y determinar lo que ya está contenido en ella de modo abstracto e indeterminado. Cualquier contraposición entre gobierno y legislador está de antemano excluída. Por ello, carece completamente de sentido afirmar que de la doctrina de la división competencial se deduce que el gobierno, al ejecutar en detalle lo que el legislador ha ordenado, sólo puede dictar reglamentos sobre materias que caigan fuera del ámbito de exclusiva competencia del legislador y que, por tanto, el gobierno habría podido también dictar por su propia cuenta. La doctrina dominante intentó eludir esta incongruencia interpretando la habilitación constitucional para dictar reglamentos ejecutivos como una habilitación general del legislador para dictar reglamentos jurídicos[71], lo cual concordaba también con la práctica. De esta manera, se conseguía evitar las consecuencias insatisfactorias de tal doctrina[72].

Así estaban las cosas antes de la Revolución. No obstante, a la hora de redactar las nuevas constituciones revolucionarias, la idea de atribuir a la Administración la facultad de dictar reglamentos jurídicos, en contra de lo sostenido por la teoría del Estado de Laband, despertó toda suerte de remordimientos doctrinales. El tema fue vivamente discutido y hubo opiniones a favor y en contra de otorgar una facultad semejante. Sin embargo, la concepción dominante en la Comisión parece haberse decantado en contra de ello. Las constituciones prusiana y del *Reich* no contienen cambio terminológico alguno con respecto al texto histórico: así, el artículo 51 de la constitución prusiana se limita a hablar (al igual que el anterior artículo 45) de «reglamentos» para la ejecución de las leyes; mientras que el artículo 47 de la constitución del *Reich* (al igual que el anterior artículo

70 El art. 45 de la constitución prusiana de 1850 habilitaba para dictar «los reglamentos necesarios para su ejecución [la de la ley]» y el art. 7 nº 2 de la constitución del *Reich* de 1871 habilitaba para dictar «las disposiciones administrativas de carácter general y medidas organizativas necesarias para ejecutar las leyes del *Reich*».

71 Meyer-Anschütz, *Lehrbuch* [316 a-7 ed.] p. 672, nota (8).

72 Cfr. la siguiente manifestación del secretario de estado Preuss, citada en el comentario de Arndt al artículo 77 de la constitución del *Reich*. «Provengo del mundo de la ciencia, y a la hora de comenzar a ejercer mis funciones públicas pretendía atenerme a la distinción científica entre reglamentos jurídicos y reglamentos administrativos. Pero entonces los caballeros que durante años se han ocupado de la cosa pública me hicieron ver que esta distinción no era habitual en la práctica; que nunca se había operado de otro modo que con reglamentos ejecutivos y que por tales se entendían los reglamentos jurídicos».

72) hace referencia, en cambio, a las «disposiciones administrativas». Ahora bien, mientras que en la teoría y la praxis anteriores estas expresiones se interpretaban unánimemente como comprensivas también de los reglamentos jurídicos, en la doctrina moderna ha surgido una divergencia, ocasionada por las mencionadas declaraciones en el seno de la Comisión constitucional. Arndt —que nunca había tenido motivos para excluir los reglamentos jurídicos, puesto que no seguía la teoría de Laband— afirmó, apoyándose en la teoría y en la praxis (así como en una singular declaración del secretario de Estado Preuss)— que los artículos 51 y 77 también incluyen a los reglamentos jurídicos, pero, naturalmente, los que sean *intra legem*. La expresión «reglamento administrativo» se entiende como reglamento *de* la Administración, no sólo *para* la Administración[73]. Idéntica concepción parecen sostener Stier y Somló[74]. Por el contrario, Giese mantiene rigurosamente que el artículo 77 de la constitución del *Reich* sólo autoriza a dictar reglamentos administrativos, entendidos como opuestos a las disposiciones de carácter jurídico[75]. Lo propio hace Hatschek[76]. Anschütz, que anteriormente suponía, en concordancia con la teoría dominante, que el precepto en cuestión autorizaba también los reglamentos jurídicos, afirma ahora, apoyándose en un análisis histórico sobre la génesis del precepto en la Comisión, que la intención de ésta última había sido la de excluir los reglamentos jurídicos, por lo que abandona su anterior concepción[77].

Vemos así cómo, partiendo de las opiniones de los diferentes miembros de la Comisión, se llega a resultados contradictorios. Con todo, resulta más que dudoso que sea conveniente atribuir a estas manifestaciones —en absoluto unánimes[78]— una importancia tal como para justificar el abandono de una praxis consolidada y natural. Los autores —de ambos lados— sobreestiman sin duda el valor de las opiniones formuladas en el seno de la Comisión. Una solución como la defendida por Giese, Hatschek y Anschütz ha de ser considerada como artificiosa y carente de fundamento; su existencia se debe exclusivamente a la doctrina de Laband. Dado que la concepción opuesta armoniza perfectamente con el tenor literal de la Constitución, es más, en el caso de Prusia es incluso la interpretación más

73 Arndt, *Kommentar*, Nota 3 al § 77.

74 Stier-Somló, *Kommentar*, ni siquiera mencionan la mencionada distinción en sus comentarios al artículo 51 de la Constitución prusiana.

75 Giese, *Kommentar*, nota (1) al artículo 77.

76 Hatschek, *Preußisches Verfassungsrecht*, p. 223, cfr. pp. 404 y ss.

77 Anschütz, *Kommentar*, notas (1) y (2) al artículo 77.

78 Al respecto, vid. en particular Arndt, *Kommentar*, art. 77, especialmente p. 141.

plausible, hay razones para suponer que, en la práctica, el artículo 77 de la Constitución del *Reich* y el 51 de la prusiana serán interpretados en el sentido de incluir también los «reglamentos jurídicos».

12. Una vez refutada (nº 6-11) la doctrina dominante sobre la distinción entre ley en sentido formal y en sentido material, podríamos resumir los resultados obtenidos del modo siguiente.

En cuanto concepto teórico-jurídico, la ley no está constituida ni por una determinada forma ni por un determinado contenido, sino exclusivamente por su ubicación en la secuencia escalonada del derecho. Ley es todo derecho que tiene su fuente (esto es, su fundamento de conocimiento) inmediata en la constitución.

La distinción entre ley en sentido material y ley en sentido formal no posee validez teórico-jurídica general, sino que está en función del derecho positivo. Al basarse en una *diferenciación entre dos clases de competencia* (esto es, entre la competencia exclusiva y la meramente posible; cfr. *supra* nº 6), y por tanto en una *distribución competencial*, presupone una peculiar división de la facultad legislativa en sentido teórico-jurídico. Como expresión de tal distribución competencial, sólo puede tener sentido en relación a otro grupo de normas ubicado en el *mismo* escalón: no es posible contraponer o yuxtaponer escalones situados respectivamente infra y supraordenados.

De acuerdo con la teoría del Estado de corte constitucionalista, la legislación en sentido teórico-jurídico emana íntegramente de una única instancia, el legislador. En los Estados cuya constitución está diseñada de este modo, la distinción referida resulta imposible. Lo único que cabría considerar en tales Estados como el «par opuesto» a la ley, que ocupa en exclusividad todo un escalón, serían los actos estatales situados en un escalón subordinado; sin embargo, entre instancias respectivamente infra y supraordenadas resulta imposible establecer una contraposición y una delimitación competencial. De ahí que sea también imposible hablar de un «acto administrativo», una «sentencia» o un «negocio jurídico» realizados con forma de ley (ley en sentido meramente formal); pues, en el mismo instante en que se establece una norma con forma de ley, se hace imposible reconocerla como perteneciente a uno de los tres grupos mencionados, los cuales precisamente se distinguen conceptualmente de la ley porque sus normas pertenecen a un escalón inferior. Dado que aquí las líneas divisorias se trazan exclusivamente en función del respectivo escalón ocupado en la secuencia, es imposible proceder a un «traslado formal» sin modificar simultáneamente el carácter material. En el sistema, la contraposición y delimitación sólo son concebibles en sentido «transversal», no en sentido «longitudinal».

Finalmente, cabe señalar lo siguiente: dado que «identificar algo como derecho» significa lo mismo que «identificar una norma jurídica», puede decirse, en general, que la ley contiene normas jurídicas (proposiciones jurídicas) y nada más que normas jurídicas. Por supuesto, esto no es exclusivo de la ley, sino que vale igualmente para las disposiciones administrativas, como en general para todo lo que puede ser objeto del conocimiento jurídico.

13. Hay una cierta conexión entre la distinción referida entre ley en sentido material y en sentido formal y otra teoría formulada por Laband, a saber, la de la distinción entre el contenido de la ley (*Gesetzesinhalt*) y el mandato de la ley (*Gesetzesbefehl*). A ella subyace la misma ideología política de carácter monárquico; pero, dado que no cabe atribuir a la teoría consecuencias teóricas y prácticas relevantes —no pasa de ser un ornamento del antiguo derecho público— tiene escaso interés, por lo cual la examinaremos sólo brevemente.

Apoyándose en la concepción del derecho como una voluntad que se manifiesta en forma de mandato, Laband afirma que debe distinguirse en toda ley entre la regla de derecho en ella formulada (el contenido jurídico) (*Rechtsinhalt*) y la fuerza jurídicamente vinculante con la que aparece provista (el mandato jurídico) (*Rechtsbefehl*)[79]. Dado que el derecho es considerado, además, como una serie de mandatos emanados de un poder estatal sustancial, cuya forma específica de manifestación estriba en el mandato, Laband concluye que solamente a través de la *sanción* (esto es, a través del acto de mandato legal) el acto de legislación se revela como un acto específicamente estatal, como un acto de soberanía. Por último, puesto que considera al monarca como «el único portador de la potestad estatal indivisa e indivisible», resulta que el único titular de la potestad legislativa es el rey, mientras que el papel de las cámaras consiste tan solo en dar su aprobación a los mandatos de aquél. Por ello, la sanción es también el único eslabón auténticamente creador de derecho dentro del procedimiento legislativo. Y si resulta que, por contra, el artículo 62 de la constitución prusiana y el artículo 5 de la constitución del *Reich* (nos referimos a las antiguas constituciones, pues en las nuevas no se encuentra ninguna indicación formal acerca de quién ejerce la potestad legislativa) utilizan expresiones de las cuales se desprende que la potestad legislativa es ejercida *de manera conjunta* por el monarca (*Consejo Federal*) y las cámaras, estas manifestaciones se despachan alegando que constituyen una formulación políticamente tendenciosa, opuesta al verdadero estado de co-

79 Laband, *Staatsrecht*, tomo II, pp. 4 y ss.

sas jurídico. A pesar de que las objeciones que se le formularon no fueron escasas, esta doctrina fue mayoritariamente aceptada en la literatura[80].

Se percibe fácilmente cómo también en esta construcción aflora la *ideología política de las constituciones estamentales*. El monarca es el auténtico «titular de la potestad estatal» (vgr. artículo 4 de las constituciones estamentales, vid. *supra,* apartado 9), que graciosamente ha concedido a las cámaras un derecho de participación. Pero, al margen de que esto revela un ideal de carácter político y no jurídico, el significado de esta construcción se nos antoja completamente incomprensible. Existe unanimidad en punto a las condiciones para la aprobación de una ley: tan necesaria es la aprobación de las cámaras como la del monarca. En ninguna parte se otorga a la posición sobresaliente del monarca el menor significado jurídico-funcional. Lo cual dota a esta construcción de un cierto interés pedagógico, en cuanto ejemplo de pensamiento y de construcción conceptual *metafísico-sustancialista* en el seno de la ciencia jurídica. El «mandato» jurídico, el «poder estatal» y la «potestad legislativa» son *sustancias* situadas «tras», o al menos sin conexión con, las funciones jurídicas. Que la «potestad legislativa» corresponda sólo al monarca carece de significado desde un punto de vista jurídico-funcional, esto es, supone una nada jurídica. Sólo en limitada medida cabe considerar estas transposiciones a lo sustancial como mera diversión inocente, apta para satisfacer necesidades metafísicas, religiosas, políticas y de otro tipo; puesto que encierran siempre el peligro de inferir falsas deducciones y de formular problemas meramente aparentes (la relación entre sustancia y función), como sucede, por ejemplo, cuando Laband infiere de la naturaleza sustancial de la ley como un mandato que la publicación es un rasgo conceptualmente necesario.

Es evidente que las modernas constituciones alemanas no dan pie para continuar manteniendo la doctrina de Laband. Con la modificación de las circunstancias políticas (la desaparición del principio monárquico), la distinción de Laband no puede aparecer sino como irrelevante y carente de objeto. A ello se añade una circunstancia técnica: en las constituciones más recientes, no existe habitualmente diferencia entre la instancia «determinadora del contenido» y la «sancionadora». Ambos actos corresponden normalmente al Parlamento del *Reich* (*Reichstag*) o al

80 Así, por ejemplo, en Meyer-Anschütz [316a-7ª ed.] p. 662; Jellinek, *Gesetz und Verordnung*, pp. 211, 313 y ss..; Finger, *Staatsrecht,* pp. 347-348 y otros muchos, vid. Meyer-Anschütz [316 a-7ª ed.] p. 662, nota a). Contra la doctrina de Laband se han manifestado Hänel, *Begriff des Gesetzes*, pp. 149, 151; Hatschek, *Preußisches Verfassunsrecht*, p. 229; Kelsen, *Hauptprobleme*, pp. 416 y ss.

del Estado federado (*Landtag*), sin que el Consejo del *Reich* (*Reichsrat*) ni el de los diferentes Estados federados (*Staatsrat*) posean «derecho de aprobación» («*Zustimmungsrecht*») alguno, sino solamente un «derecho de veto» («*Einspruchsrecht*»)[81]. Por ello, tiene menos sentido aún que antes hablar de una potestad sancionadora específica, distinta de la que establece el contenido de las leyes. El problema se desvanece, pues, dejando un agujero vacío, que es la prueba de su irrelevancia científico-jurídica. En este sentido, cabe hacer referencia a que dicho problema sencillamente *es omitido* en el extenso tratamiento lexicográfico que Schoen ha dedicado al concepto de ley[82]. Es más: dos de los tratados de derecho público más recientes han percibido la vacuidad de dicha teoría y la han liquidado[83]. Pero la fuerza de la rutina y de la autoridad es aún notable[84]. Finger no será seguramente el único en mantener la distinción de Laband; es probable que la teoría del Estado alemana siga todavía arrastrando este lastre por espacio de una década.

14. El contenido de la ley es siempre una norma jurídica. Dejando al margen la forma de expresión lógico-gramatical que revista la ley, su específico *sentido jurídico* —esto es, la única cualidad aprehensible por un conocimiento específicamente jurídico— reside exclusivamente en que expresa una norma jurídica. Y, a su vez, expresar algo en forma de norma jurídica significa lo mismo que establecerlo como jurídicamente debido.

Este enunciado de que la ley contiene normas jurídicas y sólo normas jurídicas, no está tomado de la experiencia. Se limita a expresar el postulado epistemológico de que se pretende fundamentar todo conocimiento jurídico en un específico sistema de conocimiento: el jurídico-normativo. A partir de ahí, disolver en forma de normas jurídicas todo lo que aparece revestido de un carácter supuestamente jurídico no supone ya sino una mera tarea constructiva. Aunque la analogía no sea del todo exacta, puede recordarse que el postulado de la física de que todo cuerpo consta de átomos (o electrones, o como quiera que se denomine a la unidad más pequeña) tampoco constituye un enunciado tomado de la experiencia, sino que es expresión de un principio instrumental basado en la «voluntad» de conocer la naturaleza, consistente en concebir todo proceso natural en términos de movimiento y cantidad. Del mismo modo,

81 Hatschek, *Deutsches und preuß. Staatsrecht,* II, pp. 10 y 95.

82 Schoen, *Die formellen Gesetze*, pp. 244 y ss.

83 Hatschek, *Preußisches Verfassungsrecht*, p. 229 y Nawiasky, *Bayerisches Verfassungsrecht*, p. 352.

84 Finger, *Staatsrecht*, pp. 347 y 348.

constituye un principio instrumental del conocimiento jurídico el concebir todo —en este caso, la ley— en términos de normas. La norma jurídica es el átomo (o el electrón) del conocimiento jurídico. De lo cual se sigue:

a) La incorrección de las teorías, recurrentes, conforme a las cuales la ley (el derecho), además de contener normas obligatorias y normas prohibitivas (expresiones de deber positivas y negativas), contiene también normas *permisivas*. Dichas teorías no expresan sino una reducción insuficiente de esas supuestas normas permisivas, fijándose en la forma lingüístico-gramatical y en el ropaje de la ley en lugar de atender a su significado jurídico específico. Porque el significado de una norma permisiva sólo puede entenderse en el plano tipo lingüístico-psicológico. En cambio, en el *plano lógico*, es incomprensible qué significado pueda tener al margen de su relación con una norma obligatoria o prohibitiva; o bien el «permiso» es jurídicamente irrelevante, o bien su significado provendrá de su condición de elemento integrante de una norma jurídica «imperativa». Sólo una perspectiva que entienda por ley un todo lingüístico o psicológico (un precepto aislado; una ley de tal y tal día) puede pasar por alto este hecho. Por razones de espacio, he de prescindir de un análisis más detenido de estas teorías. Únicamente me referiré a un caso concreto, algo más adelante, en el ejemplo segundo del subsiguiente apartado b).

b) La incorrección de la teoría expuesta por Wenzel en una de las más recientes y extensas monografías sobre el concepto de ley, que afirma que, además de la función normativa, la ley posee también una función valorativa (en sentido lógico).

En primer lugar, los conceptos de «juicio» («*Urteil*») y «norma valorativa» («*Urteilsnorm*»), con los que trabaja Wenzel, están erróneamente concebidos y, si se los entiende correctamente, no añaden nada a la función normativa. Porque, por «juicio», el autor entiende una manifestación basada en una *voluntad* y que expresa la aprobación o desaprobación de un cierto hecho; con ello, se dirige expresamente contra Felix Somló, que entiende por juicio únicamente «una manifestación que encierra una pretensión de veracidad»[85]. Sin embargo, no se ve dónde cabría trazar el límite según la concepción de Wenzel. Si una manifestación de aprobación o desaprobación constituye un juicio, ¿por qué no habrían de serlo también las manifestaciones de esperanza, deseo o *voluntad*? Sin embargo, de acuerdo con la perspectiva psicológica que adopta el autor, eso querría decir que también las normas, en cuanto expresión de una voluntad, son juicios.

85 Wenzel, *Juristische Grundprobleme*, I, pp. 32, 123-124.

Con lo cual no hay ya diferencia alguna entre la función normativa y la función valorativa de la ley. Esto se ve todavía con mayor claridad si se lo considera desde el lado opuesto. La ley no se contenta —según el autor— con formular juicios, sino que exige también que otros casos sean valorados del mismo modo. Es en este sentido en el que Wenzel habla de la función de *norma* valorativa desempeñada por la ley (*Urteilsnormfunktion des Gesetzes*)[86]. Ahora bien, resulta evidente que una norma valorativa es una norma, y no un juicio. Por tanto, la diferencia no puede ser la que se da entre normas y juicios, pero quizás sí la que distingue entre dos tipos básicos de normas: las de conducta y las de valoración. Wenzel dice al respecto que en el primer caso las normas van referidas a las acciones de las personas y, en el segundo, a su intelecto y su pensamiento[87]. Sin embargo, el concepto de norma valorativa resulta sumamente confuso. El juicio como tal, esto es, considerado en su cualidad lógica, por su propia naturaleza no puede estar subordinado a una norma jurídica. El *significado puramente lógico* de una manifestación realizada no tiene conexión alguna con la sanción que puedan prever las normas jurídicas. El juicio puede ser objeto de una norma jurídica, a lo sumo, en cuanto acto psicológico; pero en cuanto acto práctico no se distingue de las acciones, como tampoco las normas valorativas se diferencian de las de conducta: su forma lógica es la misma. La carencia de un significado lógico independiente de las normas valorativas se percibe con mayor claridad aún si observamos, en segundo lugar, que para la teoría de Wenzel rige cuanto hemos señalado anteriormente sobre las teorías referidas bajo a); esto es, que en realidad son el resultado de considerar a la ley a modo de unidad lingüístico-psicológica, y no de unidad lógica[88]. Así, el propio Wenzel admite expresamente que la función de juicio y la función de norma valorativa *no* poseen un significado *independiente*, sino que sólo y exclusivamente poseen sentido en la medida en que las normas valorativas se hallan en conexión con una norma de conducta[89]. Con lo cual, el autor admite que el significado lógico de las normas valorativas se reduce a su condición de elementos integrantes de las normas de conducta.

86 Op. cit., p. 35.

87 Op. cit. p. 36, cfr. p. 124.

88 La *perspectiva lingüístico-psicológica* de Wenzel se manifiesta claramente en los siguientes pasajes: p. 93: «si únicamente son derecho aquellas *ideas inferibles de las palabras de la ley* que constituyan imperativos (...) entonces sólo cabe calificar como derecho a lo que es obligatorio o está prohibido (...)»; p. 42: «Basta con echar un vistazo superficial al *texto de la ley* (...)»; p. 96, donde se afirma que la derogación de un imperativo no constituye en sí misma un imperativo; vid. también, *supra*, nota (8) e *infra*, notas (92) y (93).

89 Vid. por ejemplo, *infra* nota (92).

De ahí que los ejemplos que el autor aduce para apoyar la relevancia científico-jurídica de su teoría necesariamente hayan de revelarse como ficticios. Para no dejar incompleta la exposición, lo mostraremos brevemente. El autor señala los siguientes cinco ejemplos.

Ejemplo 1º: Los conceptos de conducta legal e ilegal sólo se hacen comprensibles —nos dice— si se tiene en cuenta la función valorativa de la ley; porque la referida contraposición no se agota en el complejo de conductas acordes o contrarias al imperativo, sino que abarca también las acciones meramente *permitidas* y la conducta de las personas «inimputables»[90]. De aquí resulta que el ejemplo nº 1 no contiene nada «autónomo» respecto de lo expuesto en los ejemplos 2 y 3, a los que nos remitimos.

Ejemplo 2º: Las *leyes que otorgan permisos*, opina Wenzel, sólo pueden concebirse como expresión de la función valorativa de la ley. La ley expresa el juicio de que una determinada conducta está permitida, en la medida en que no establece su carácter obligatorio o prohibido[91]. Como antes se señaló, esto no es sino la manifestación de una perspectiva lingüístico-psicológica, mientras que, desde el punto de vista puramente lógico, la ley permisiva, o bien carece de significado, o bien aparece como elemento integrante de una norma. El propio Wenzel reconoce que «por tanto, al comportamiento permitido van también siempre ligados deberes jurídicos de otras personas, consistentes en hacer u omitir algo»[92]. Resulta evidente que está adoptando una perspectiva psicológica. Afirma que se llega a la mencionada conclusión «cuando se considera qué sentido puede tener la expresión 'permitir' en boca del que permite, que en este caso es legislador»[93].

Ejemplo 3º: La conducta «*de las personas inimputables*» no puede ser concebida como objeto de un imperativo, dado que sólo puede pensarse razonablemente en el legislador como dirigiendo sus mandatos a «personas imputables». No obstante, su conducta puede ser calificada como legal o ilegal, lo que en tal caso sólo puede suceder en referencia a la función valorativa de la ley[94]. Al respecto, hay que señalar, por una parte, que el fundamento de esta concepción es exclusivamente psicológico, puesto que de nuevo se reconoce que la función valorativa no posee un significado independiente. Por otra parte, cabe añadir que el propio planteamiento encierra ya un falso problema, una simple variante del problema psicológico del destinatario, que surge exclusivamente porque Wenzel concibe el

90 Op. cit. pp. 71-73.
91 Op. cit. p. 79.
92 Op. cit. p. 81.
93 Op. cit. p. 80.
94 Op. cit. p. 73, cfr. pp. 45 y ss.

derecho como consistente en órdenes emanadas del legislador y dirigidas a ciertos «destinatarios». Partiendo de esta premisa, concluye que el legislador, como persona razonable, dirigirá sus imperativos sólo a destinatarios «imputables». Los imperativos de derecho positivo que parecen dirigirse a «sujetos inimputables» han de concebirse como dirigidos a otros destinatarios: padres, tutores o similares. Este planteamiento del problema es radicalmente erróneo. Habría sido un caso claro de iusnaturalismo si Wenzel, de modo consecuente con su punto de partida, hubiera determinado el concepto de «persona inimputable» con independencia del derecho positivo; por ejemplo, como «incapaz de actuar motivadamente», pues esta propiedad de los destinatarios hace irrazonable dirigirles órdenes. Sin embargo, el autor define el concepto de «inimputable» como un concepto jurídico-positivo, que abarca precisamente a las personas a las que el derecho positivo considera inimputables[95]. Es evidente que con ello Wenzel invierte la relación: pretende inferir, partiendo de que ciertas personas son consideradas (por el derecho positivo) como inimputables, que los imperativos se dirigen a otros destinatarios en su lugar, cuando lo que ocurre realmente es que los «inimputables» pueden ser reconocidos exclusivamente como tales merced a que el derecho positivo les excluye de ciertos efectos normativos, trasladando dichos efectos a otros sujetos por medio de determinadas reglas. La teoría de Wenzel constituye, como la doctrina de la sanción de Laband, un caso de pensamiento jurídico hipostasiador, sustancialista: más allá de la función jurídico-positiva no existe ningún problema de las «órdenes del legislador», ni de los «inimputables». Se trata de un falso problema, de una hipóstasis de carácter metafísico.

Ejemplo 4°: El concepto de «derecho subjetivo» se considera expresión de una norma jurídica independiente, que otorga un derecho[96]. Este caso es análogo a la doctrina de las «leyes permisivas» del ejemplo 2, y lo allí señalado es trasladable también a este ejemplo.

Ejemplo 5°: Finalmente, Wenzel piensa que cuando un aparente imperativo se proyecta sobre conductas ya realizadas, no se trata en realidad de un imperativo, sino de un juicio[97]. Aquí puede decirse lo mismo que en los otros casos: desde el punto de vista jurídico, tales imperativos tendrían que ser concebidos como elementos integrantes de normas generales de conducta.

c) Que la discusión acerca de si el contenido de la ley (de la proposición jurídica) es un *imperativo*, un *juicio*, un *juicio hipotético* o algo se-

95 Op. cit. p. 47.
96 Op. cit. p. 100 y 101.
97 Op. cit. p. 113.

mejante, es irrelevante. El contenido lógico-jurídico de la ley es siempre una norma jurídica, y nada más que una norma jurídica. La determinación del contenido de la ley como un imperativo, un juicio o un juicio hipotético indica solamente la forma *lingüístico-gramatical* en que se presenta el texto legal, a saber, en el modo *imperativo, indicativo* o *subjuntivo* (juicio hipotético). Pero esto no tiene nada que ver con la naturaleza de la ley. Por ello, considero un error que la discusión sobre el contenido jurídico y el significado de la ley se haya conducido hasta ahora, en gran medida, sobre tales supuestos. Cosa distinta es que, a menudo, las expresiones lingüísticas hayan ocultado teorías sobre la naturaleza lógica del derecho. La teoría del imperativo, en particular, escondía una completa teoría del derecho, conforme a la cual éste consistía en «imperativos» emanados del legislador y dirigidos a ciertos destinatarios, etc.

La cuestión de si la proposición jurídica «es» o no un imperativo carece de trascendencia real, y sólo posee relevancia a efectos constructivos. Del mismo modo que la construcción de la naturaleza del átomo reúne, en una fórmula ilustrativa, determinadas leyes fundamentales de la física y la química, la construcción de la proposición jurídica no tiene otro significado que el de ilustrar enunciados fundamentales de la teoría del derecho a través de una serie de fórmulas. Cuando se califica a la proposición jurídica como «imperativo», esta forma de construcción implica, en particular, lo siguiente: 1) que una cierta voluntad sirve de base al conocimiento jurídico y 2) que esa voluntad se piensa como emanación de un sujeto supraordenado que va destinada a uno subordinado, siendo su objeto el estado de cosas ordenado por la norma. La cuestión es, entonces, si esta fórmula ilustra de modo correcto algún enunciado fundamental de la teoría del derecho. La mayor parte de las veces se ha invertido la cuestión, considerando como inmediatamente dado el carácter imperativista del derecho y deduciendo de este hecho una serie de enunciados teórico-jurídicos. Este modo de proceder es incorrecto: la forma de la proposición jurídica está en función de los enunciados teórico-jurídicos, y no a la inversa.

A Kelsen le corresponde el honor de haber sacado a la luz una serie de engañosas concepciones ocultas tras la construcción de la proposición jurídica como imperativo[98]. El significado psicológico-subjetivo de esta expresión dificulta la percepción del carácter lógico-objetivo del derecho como un sistema de proposiciones jurídicas que se hallan entre sí en una relación sujeta a reglas (*System gesetzmäßig zusammenhängender Rechtssätze*), que constituye el objeto del correspondiente conocimiento

98 Kelsen, *Hauptprobleme*, pp. 189 y ss.; *Allg. Staatslehre*, p. 54.

jurídico. Además, la formulación imperativista genera una serie de teoremas que carecen de toda justificación funcional y teórico-jurídica: el Estado metajurídico que se sitúa por encima del derecho, en su condición de emisor de mandatos; la autovinculación del Estado; el problema de los destinatarios; los teoremas de la recepción y aceptación de la orden..., todos ellos no son sino teorías ficticias y falsos problemas.

Sin embargo —y como el propio Kelsen ha reconocido más tarde—[99], en sus escritos polémicos quedan aún algunos restos no superados de las teorías combatidas. Como forma gramatical, como expresión inmediata de una voluntad, como función de la voluntad y no del intelecto[100], carece de sentido alguno considerar el imperativo como una forma posible del conocimiento normativo. Y aunque Kelsen, de hecho, rechaza esta forma como inadecuada para el conocimiento jurídico, sin embargo, sí la acepta en lo tocante a las normas morales[101]. Es más, Kelsen no ha acabado tampoco de entender la relevancia puramente constructiva de la fórmula. Cuando, por ejemplo, objeta contra la teoría del imperativo y otras que «desde un punto de vista político-práctico, sería muy perjudicial para la autoridad estatal si de ella emanaran *mandatos* (*Befehle*) en forma de imperativo, cuyo cumplimiento no pudiera imponer *incondicionalmente*»[102]—, hay que señalar que la cuestión de si la proposición jurídica es o no un imperativo, en cuanto problema científico-constructivo, no puede ser sometido en modo alguno a una evaluación de índole político-práctica, puesto que como puro conocimiento cae fuera del mundo de la acción práctica. Hablar de hasta dónde es prudente, en la práctica, construir la proposición jurídica como un imperativo, tiene tan poco sentido como lo tendría discutir, por ejemplo, qué modelo atómico es el más «aceptable».

La propia construcción kelseniana de la proposición jurídica como juicio hipotético[103] relativo a la voluntad sancionadora del Estado, expresa correctamente que el conocimiento normativo de que «*A debe ser*», no significa el conocimiento de A como objeto de una voluntad psicológica (imperativo), sino que implica una función entre A y S, esto es, entre la conducta ordenada por la norma y la sanción. Y en la medida en que pretende expresar figuradamente la unidad del sistema jurídico, considerando cada norma jurídica como emanación de una única voluntad —la del Estado—, la formulación de Kelsen según la cual el contenido de la pro-

99 Kelsen, *Hauptprobleme*, p. VII.
100 Op. cit. p. 210.
101 Op. cit. pp. 203-204.
102 Op. cit. p. 231.
103 Op. cit. p. 228.

posición jurídica es un juicio hipotético sobre la voluntad sancionadora del Estado, resulta también plenamente ajustada y correcta. Sin embargo, no debe olvidarse que la forma gramatical se limita a ilustrar que el contenido de la proposición jurídica es una norma jurídica. El hecho de que Kelsen continúe resaltando sobre todo el aspecto lingüístico-gramatical se debe a que su teoría ha surgido en oposición a —pero, precisamente por ello, también en analogía con— la imperativista.

No nos referiremos, por lo demás, a la extensa bibliografía existente sobre este tema.

Capítulo XVI
SENTENCIA, REGLAMENTO, CONTRATO, DERECHO CONSUETUDINARIO, NATURALEZA DE LA COSA, CIENCIA, SENTIMIENTO JURÍDICO, ANALOGÍA, ESPÍRITU DE LA LEY, INTERPRETACIÓN Y OTROS

1. No cabe fijar de antemano qué escalones hay en un sistema jurídico, ni tampoco de cuántos niveles se compone. Ni siquiera el escalón de la jurisdicción puede considerarse necesario. Cabe imaginar comunidades humanas primitivas que presenten una organización claramente jurídica, pero que carezcan de tribunales. Para una ciencia sociológica del derecho, una de las tareas más interesantes es, precisamente, la de investigar las fuerzas e ideas que intervinieron en el surgimiento de esta institución social; aunque, naturalmente, tales investigaciones no nos corresponden. Desde el punto de vista teórico-jurídico, la sentencia judicial sólo puede caracterizarse en cuanto *tipo*. En los sistemas jurídicos más desarrollados, es usual poner como condición para que se produzca la sanción el que la norma concreta que la exige haya sido dictada por una instancia específica, el tribunal. Ciertamente, cabe pensar que la norma en cuestión haya obtenido ya en otra instancia una determinación plena, de modo que la función de los tribunales sólo pueda entenderse, jurídicamente, como una reiteración (así, por ejemplo, en el caso de una ley plenamente determinada, o de un acuerdo privado); pero, con mucho, lo más frecuente será que la norma obtenga su determinación final en la propia decisión judicial. Puede ocurrir incluso que la decisión judicial se salga del marco establecido en el escalón superior. En función de cuál de estas tres posibilidades se dé, la sentencia judicial se manifestará como aplicación del derecho, como concreción creadora de derecho o como creación *ex novo* directamente referida al sistema. En este contexto, los problemas más importantes son los de la interpretación y la integración del derecho en caso de laguna. Éstos han sido ya tratados en detalle con anterioridad (cap. XIII), y a ello nos remitimos.

2. Es posible pensar en una serie de escalones intermedios entre la ley y la sentencia. A falta de una terminología diferenciada, se los suele denominar, genéricamente, reglamentos. En serie descendente a partir del escalón de las leyes, podríamos calificarlos como reglamentos a la primera, segunda, tercera... potencia (al igual que es posible referirse a la constitución, en escala ascendente, como constitución a la primera, segunda, tercera... potencia). En lo que se refiere a la relación entre estos diferentes escalones, los problemas que pueden suscitarse son análogos a los de la interpretación e integración del derecho.

El *contrato privado* ocupa una posición especial. Como tipo, se distingue por las siguientes propiedades. 1) En primer lugar, las condiciones constitutivas formales (personales) (cfr. *supra* cap. XIV, 4 y XV, nota 42) para este tipo de creación de derecho son muy limitadas. Mientras en otras ocasiones se exigen especiales cualificaciones formales y personales para que las instancias correspondientes puedan dictar normas, en calidad de «constituyente», «legislador», «poder reglamentario» o «juez», por lo general se considera que cualquier individuo adulto normal es instancia competente para celebrar contratos. 2) Por otro lado, estas normas están sujetas a una considerable limitación *material*, ya que, por lo general, sólo son capaces de obligar a personas que han consentido del modo establecido, o que satisfacen otras condiciones especialmente relacionadas con la norma correspondiente. El sistema de tales condiciones, en su conjunto, constituye el derecho de contratos. 3) Finalmente, el contrato se caracteriza también por el hecho de que habitualmente en la secuencia escalonada se halla subordinado a todas las instancias creadoras de normas especialmente cualificadas. Las prescripciones legales meramente declarativas sólo aparentemente constituyen una excepción al respecto.

A medida que estos criterios se van desdibujando (y evidentemente no pueden pretender carácter necesario alguno), se volatiliza igualmente el contrato como tipo, aproximándose al reglamento; los modernos contratos colectivos son ejemplos de una tal clase intermedia. En conexión con esto surgen muchos interesantes problemas teórico-jurídicos, en los que no podemos detenernos.

Sólo cuando se contempla el contrato como un peldaño más en la gran construcción escalonada del derecho, se comprende la íntima conexión en que se hallan ley (o reglamento) y contrato a la hora de determinar un gran número de realidades jurídicas. Por ello, en muchos casos, si se exponen únicamente las reglas legales que rigen para una determinada institución jurídica, se estará proporcionando una imagen sumamente distorsionada, o que induce en cualquier caso a confusión. A menudo sólo la referencia al tipo de contrato imperante en el ordenamiento dará la verdadera imagen del verdadero —concreto— estado de cosas jurídico[1]. El contrato es sencillamente una concreción del sistema jurídico dentro del marco de lo establecido en un escalón superior. No suele ser, por regla general, la concreción última; puede consistir, al igual que la ley, en una norma general. La mayoría de las veces, la plena determinación sólo se conseguirá a través de la sentencia judicial.

La consecuencia de este planteamiento es la desaparición de la *estricta separación* entre «autoridad» y «súbditos», entre órganos estatales y ciudadanos, o entre *derecho público* y *derecho privado*. En cuanto instancia que estipula cláusulas contractuales, el «ciudadano» no se distingue esencialmente del «órgano estatal» en sentido estricto. Sólo sobre la base

1 Cfr. sobre la posición de los acreedores hipotecarios secundarios según el derecho danés, Vinding Kruse, *Tinglysning*, Kbhon, 1923, pp. 223 y ss.

de un específico concepto jurídico-sustantivo de Estado, y no de un concepto general-formal, cabe identificar a los funcionarios como órganos estatales en contraposición a los ciudadanos.

3. Se desprende de lo anteriormente dicho (en caps. IV, 6, 8; XI, 4c; XII, 2 y 10; XIV, 4 y 5) que la costumbre no supone un escalón más del edificio jurídico, una fuente derivada más, junto a la ley, el reglamento, etc. La costumbre como tal no puede ser el fundamento que permita identificar algo como derecho. Ni siquiera puede entenderse como fuente no independiente (esto es, como el conjunto de las condiciones constitutivas determinadas por una fuente derivada (vid. *supra,* cap. XII, 10), pues no establece criterios objetivos e inequívocos que permitan saber cuándo algo es derecho; es más, una construcción semejante ocultaría el carácter no-deductivo típico del derecho consuetudinario. Por derecho consuetudinario puede entenderse, en estrecha conexión con la terminología histórica y con los problemas reales a ella vinculados, todo derecho surgido por vía de presuposición, esto es, por referencia directa al sistema. Porque resulta que el término «derecho consuetudinario» se ha utilizado históricamente para referirse a una cierta especie de dicha clase general —si bien con una comprensión absolutamente defectuosa de la estructura jurídico-teórica del objeto—. Tal especie se caracteriza por dos rasgos específicos: por una parte, comprende sólo aquél derecho surgido por vía de presuposición cuyo contenido viene determinado por las correspondientes costumbres; por otra parte, frecuentemente sólo se considera como tal el derecho creado por vía judicial. Si ahora nosotros, a falta de un término mejor, utilizamos esta denominación de especie para referirnos a todo la clase teórico-jurídicamente relevante, habremos de procurar evitar los malentendidos a que puede conducir la terminología tradicional.

El derecho consuetudinario, tal y como entendemos aquí el concepto, no necesariamente ha de haber surgido a partir de una serie de costumbres. Éstas tan sólo son un factor sociológico muy importante entre los que determinan la formación del derecho por vía de presuposición. Ciertas leyes naturales —cuya exposición corresponde a la psicología jurídica y a la sociología— llevan a que el juez que crea derecho *ex novo* trate, por lo general, de acudir a reglas que, desde puntos de vista distintos del jurídico, no son nuevas, sino que poseen ya un carácter vinculante. En este sentido, las costumbres fácticamente existentes —que, como consecuencia de ciertas leyes sociológicas de la moral, tienen gran tendencia a presentarse como moralmente obligatorias— proporcionarán al juez un excelente apoyo. Pero, naturalmente, también pueden incidir sobre él de modo determinante otros factores, como, por ejemplo, una determinada concepción del derecho implícitamente sostenida por el pueblo, aunque no se haya manifestado en forma de costumbres, o el mero ideal jurídico subjetivo del juez; quizá sus intereses corporativos, o incluso sus propios intereses personales. Todos ellos pueden ser factores que incidan de modo determinante sobre la creación de derecho por el juez. Sin embargo, a efectos del concepto de costumbre como fuente del derecho, como concepto *teórico-jurídico*, todas esas posibilidades han de quedar al margen; indican únicamente las causas sociológicas o psicológicas de que el juez se comporte de un cierto modo. Por contra, el derecho consuetudinario sólo es reconocible como derecho por referencia directa al sistema, a través de su aplicación por el juez (u otra instancia), con independencia de las circunstancias que hayan podido motivar esa aplicación. Ha de recordarse, al respecto, que el derecho consuetudinario puede surgir no sólo en el nivel de la sentencia judicial, sino también en cualquier otro nivel de la secuencia escalonada. De hecho, el escalón más alto, la norma fundamental meramente presupuesta, tiene, por definición, carácter consuetudinario[2].

En cuanto concepto teórico-jurídico, el derecho consuetudinario no designa un escalón determinado (así como la costumbre no designa una determinada fuente de derecho), sino todo derecho que haya surgido (esto es, que puede conocerse) *de un modo especial*, a saber, por vía de presuposición, en contraposición al derecho expresamente establecido; o *por referencia directa al sistema*, en contraposición al derecho derivado; o por vía inductiva, en contraposición al derecho originado deductivamente.

4. Del carácter directamente referido al sistema del derecho consuetudinario se sigue que la teoría del derecho consuetudinario ha hallarse en estrecho contacto con la teoría general del derecho. Esta circunstancia explica la aparente desproporción existente entre la importancia práctica, más bien escasa, del derecho consuetudinario y la ingente bibliografía que ha generado, así como la enconada disputa que se ha producido en torno a la teoría del derecho consuetudinario. Tal circunstancia permite entender también que la evolución de la teoría del derecho consuetudinario siga paso a paso la evolución de la teoría general del derecho. El estudio de la primera permite observar, como a través de un espejo, la evolución de la segunda. Lo mostraremos, a grandes rasgos, en los casos de Alemania, Francia e Inglaterra desde 1800[3].

En el momento en que la escuela histórica alemana hacía tanto hincapié en el derecho consuetudinario, definiéndolo como la expresión inmediata e irreflexiva del espíritu viviente en el pueblo, esta teoría del derecho consuetudinario constituía precisamente la expresión característica

2 Cfr. Kelsen, *Allgemeine Staatslehre,* pp. 238 y 275.
3 Vid. visión panorámica, *infra*, apartado 6.

de la concepción romántica del derecho. La idea de la ley como producto del espíritu del pueblo, formado a través de la intervención del legislador como su medio artificial, se percibe enseguida como una construcción menos originaria, realizada con el fin de adaptar la teoría. El planteamiento de la escuela histórica es típico de una teoría del derecho primitiva. Resulta lógico que el interés se dirija primero a los factores determinantes de la existencia de un cierto sistema jurídico bajo unas circunstancias dadas; esto es, al problema histórico-sociológico. Dirigir la atención al problema epistemológico de cómo puede saberse que algo es derecho exige una mayor reflexión (una mayor proporción de energía intelectual, por así decirlo); el planteamiento jurídico desprovisto de formación filosófica contempla el derecho como algo ya dado. Utilizando una terminología imprecisa, pero habitual, puede decirse que la atención se dirige primero al contenido de un ámbito de conocimiento y luego a su forma.

También el posterior desarrollo de la teoría del derecho consuetudinario en Alemania puede entenderse en función de la evolución de la teoría del derecho. En la parte histórica correspondiente a Alemania, hemos mostrado el surgimiento de una doble reacción contra la teoría del derecho romántico-espiritualista: una de carácter sociológico y otra positivista[4].

La corriente sociológica creía poder definir la realidad del derecho determinando los factores que lo condicionan en el plano sociológico. Se propuso conocer la realidad del derecho disolviendo esa unidad romántico-espiritual, metafísica, que es el espíritu del pueblo en los componentes sociológicos reales del derecho. Identificaba el derecho con los resortes y las necesidades reales que lo originan. El resultado, obviamente, no podía ser sino una teoría del derecho consuetudinario, que consideraba a éste como la regla observada de hecho, sin atender a su origen en una autoridad normadora. Desde este planteamiento, el derecho consuetudinario había de concebirse como lo primario y la ley como algo secundario que, en último término, sólo poseía validez gracias a la costumbre, esto es, a la realidad fáctica. Si bien esta concepción apenas si aparece en los sociólogos más antiguos, sí se manifiesta claramente en los más recientes.

Entre aquéllos puede citarse a Harum (1863), quien consideraba el derecho consuetudinario como la expresión de un común «querer de una pluralidad», determinado de forma inmediata por las necesidades reales, mientras que la ley se atribuía a una determinada «voluntad» imperante, que emana de un sujeto especialmente cualificado, pero que está limitada

4 Vid. *supra,* cap. VI, 4.

y, por tanto, determinada por las necesidades reales de la comunidad[5]. Esta misma distinción, aunque en esta ocasión teñida de naturalismo, aparece de nuevo en Schuppe (1900), quien distingue entre una voluntad jurídica especial, primaria (que en tiempos primitivos habría supuesto el único modo de manifestación del derecho) y una voluntad jurídica general, secundaria, surgida de un poder centralizado[6]. Pues bien, el derecho consuetudinario se considera expresión de la primera clase de voluntad jurídica, y la ley de la segunda. La ley es, pues, secundaria en relación al derecho consuetudinario[7]. Pero Schuppe basa la validez del derecho consuetudinario, no en las necesidades reales, sino en una convicción jurídica (*Rechtsüberzeugung*) inherente a la naturaleza humana y determinada por el tiempo y el espacio, con lo cual se acerca más a la escuela histórica[8]. La distinción aparece formulada en unos términos fisio-psicológicos bien curiosos en August Sturm y Georg Frenzel. Según Sturm (1900), el impulso jurídico (*Rechtstrieb*) es el fundamento último de la validez del derecho. El sentido jurídico (*Rechtsgefühl*) se comunica con el cerebro desde el exterior, a través de los nervios sensoriales, para actuar, por medio de la corteza cerebral, la materia gris, sobre los centros motores y determinar así, a modo de impulso jurídico, los comportamientos externos. Este impulso se manifiesta originariamente en forma de costumbre inmediata (el hábito). La ley es «la forma derivada del derecho». Surge a través del hábito jurídico de obedecer a los legisladores[9]. De modo semejante, Frenzel (1892) define el derecho como una especie de costumbres generalizadas, entendidas a modo de *asociaciones psíquicas*. Se manifiestan de forma inmediata en el derecho consuetudinario, y mediatamente en el derecho legal, como expresión de una costumbre generalizada de obediencia a normas dictadas por ciertos individuos[10]. Prescindiendo de los demás argumentos que se pueden esgrimir contra estas teorías, es evidente que cometen un doble error metodológico. Al presuponer un «legislador» cuyas reglas son obedecidas, asumen una determinación positivista del derecho legal, pues ¿quién es el legislador? En segundo lugar, en la medida en que no quieran recurrir a un sentido jurídico originario a modo de sexto sentido, estas teorías sociológicas no suministran criterio alguno que

5 Harum, *Von der Entstehung des Rechts*, pp. 17, 18 y 20, 21.

6 Scuppe, *Das Gewohnheitsrecht*, pp. 34 y ss., 59 y 60.

7 Op. cit., pp. 104, 127 y 128, 59 y 60.

8 Op. cit. pp. 44, 39, 50 y 51.

9 Strum, *Revision der gemeinrechtlichen Lehre vom Gewohnheitsrecht*, pp. 4 a 5, 9 y 27.

10 Frenzel, *Recht und Rechtssätze*, pp. 19, 67 y 68; 19, 27 y 29.

permita distinguir las costumbres jurídicas de lo meramente fáctico, esto es, las costumbres y los usos.

Estos dos errores vuelven a aparecer en las versiones modernas de la doctrina sociologista. Ehrlich distingue entre las «normas de decisión» («*Entscheidungsnormen*») y el auténtico derecho consuetudinario: las primeras proceden de la legislación, la práctica o la ciencia y están, por ello, diseñadas para servir de base a una decisión, en aras de la protección del orden social jurídico-consuetudinario. Por lo segundo se entiende el orden observado de hecho. Hemos mostrado anteriormente (cap. IX, 2) que tras esta distinción se esconde la habitual mezcla de puntos de vista positivistas y sociologistas, y que el derecho consuetudinario de Ehrlich no puede evitar disolverse en las costumbres meramente fácticas. Lo propio puede decirse de la teoría de Kornfeld, tal y como aparece en su primer trabajo, *Soziale Machtverhältnisse.* Según Kornfeld, el derecho es expresión de una experiencia fáctica, que se traduce en reglas empíricas de mero carácter probabilístico. El autor busca la base real —la fuente de dichas reglas— en «motivaciones uniformes que llevan a imponer a los miembros de una determinada comunidad jurídica una serie de conductas uniformes que fundamentan un poder social y la correspondiente limitación de ese poder, en aras de la protección de un interés social»[11]. Mientras que esas motivaciones uniformes se manifiestan de manera inmediata en el derecho consuetudinario, en cambio, para explicar el derecho legal, Kornfeld se ve obligado a suponer la existencia de determinados «impulsos uniformes tendentes a la subordinación a proposiciones jurídicas»[12]. Con lo que volvemos al impulso originario a la observancia de las normas jurídicas de Schuppe, Sturm y Frenzel, esto es, a un planteamiento positivista. Porque por proposiciones jurídicas Kornfeld entiende las leyes. En un trabajo posterior, este autor intenta evitar tal recaída en el método positivista, pero sólo lo consigue al precio de suponer la existencia de un especial *sentido jurídico* que permite identificar de manera inmediata qué costumbres, qué reglas fácticas son expresión del derecho. Vid. al respecto *supra*, cap. IX,1.

La otra corriente de oposición a la escuela histórica, la positivista, se caracteriza por su creciente tendencia a dirigir la atención hacia la forma del derecho. Reconoce el valor de las investigaciones sociológicas, pero no ve en ellas el criterio decisivo para la existencia y el concepto de derecho. Sólo desde el momento en que aparecen revestidas de una forma determinada se

11 Kornfeld, *Soziale Machtverhältnisse*, p. 73; vid. por lo demás, y concretamente sobre Kornfeld, *supra,* cap. IX,1.

12 Op. cit., p. 74.

convierten en derecho las necesidades reales y las reglas fácticas. En principio, esta corriente se encamina por la senda metodológicamente correcta. Sin embargo, se queda en un positivismo ingenuo para el que la realidad del derecho aparece como algo dado y no problemático, como el mandato de la autoridad competente. Desde este planteamiento, la ley ha de considerarse la fuente primaria del derecho, expresión directa de un mandato del legislador (o del Estado, como también suele decirse ahora) dirigido a los ciudadanos. En cambio, el derecho consuetudinario únicamente puede ser una fuente secundaria de derecho, cuyo carácter jurídico esté basado en que es *indirectamente* ordenado por el legislador (el Estado) o, en cualquier caso, tolerado y reconocido de forma tácita. En esto consiste la llamada «teoría de la autorización». Es la única teoría del derecho consuetudinario consecuente, desde el punto de vista de la teoría positivista del derecho Y, de hecho, fue defendida por los primeros positivistas (Meier, Bruns, Lüders) y encontraría más adelante numerosos partidarios. Pero la mayor parte, con mucho, de los autores positivistas continuaron la línea de la escuela histórica, contradiciendo su propio punto de partida, según el cual todo derecho es derecho estatal, al considerar el derecho consuetudinario como una creación de derecho de carácter extraestatal, originada en la comunidad[13]. Tan sólo se modificaron algunos aspectos menores de la doctrina de Puchta. Ya dentro de la escuela histórica en sentido estricto, se rechazó la formulación espiritualista consecuente, al considerar al *ejercicio* como necesario para el surgimiento del derecho consuetudinario y no sólo para su conocimiento. Además, se reconocieron excepciones al surgimiento *nacional* del derecho consuetudinario. Los autores positivistas posteriores fueron progresivamente sustituyendo el espíritu del pueblo, en cuanto portador de la convicción jurídica, por el papel desempeñado por *quienes operan con el derecho*. Bajo esta forma, la doctrina de la escuela histórica ha perdurado, hasta hoy, como *doctrina dominante*.

El hecho de que la teoría del derecho consuetudinario consecuente con los postulados positivistas, «la teoría de la autorización», encontrara tan poca difusión, puede deberse a que, precisamente por su carácter positivista, resulta muy apropiada para encubrir y eludir el problema decisivo. Al definir el derecho consuetudinario —el directamente referido al sistema— como derivado de la ley, simplemente se desplaza a ésta el problema fundamental de la validez del derecho, sin realizar el menor intento de explicar qué significa que la ley posee validez. Aunque de un modo metodológicamente menos correcto, las teorías sociológicas, al considerar al

13 Vid. visión panorámica, *infra*, apartado 6.

derecho consuetudinario como la forma jurídica primaria, habían hecho un honroso intento por determinar en qué consiste su validez. La teoría de la autorización, por contra, cierra los ojos ante el problema. Un desarrollo consecuente tendría que haber llevado a esta teoría a su autodisolución, pues, si la validez del derecho consuetudinario se reconduce a la ley, el siguiente problema tendría que ser qué significa y cómo puede saberse que una ley es válida, lo que conduciría a la autodestrucción del positivismo ingenuo y a su transformación en un positivismo crítico.

Al continuar sosteniendo la teoría del derecho consuetudinario de la escuela histórica, la doctrina dominante asumió los elementos iusnaturalistas, nada despreciables, presentes en ella. Hemos mostrado ya (cap. V, 4) la impronta iusnaturalista de la escuela histórica, y por ello nos contentaremos aquí con indicar que, en lo tocante a la doctrina de la validez del derecho, el planteamiento de la escuela histórica tiene un carácter prejuicioso y iusnaturalista. Al formular la pregunta por el *fundamento* de la validez del derecho, se parte ya de esa misma validez como de algo dado y no problemático. Como, al mismo tiempo, el fundamento buscado es un principio ético-normativo que permita justificar la «fuerza vinculante del derecho», resulta evidente que por validez del derecho se entiende la fuerza *moralmente* vinculante del mismo, y no su realidad específica como derecho.

El mérito de haber roto con este planteamiento iusnaturalista corresponde a Zitelmann. En su excelente tratado sobre *Gewohnheitsrecht und Irrtum*, Zitelmann hace hincapié en que lo relevante no es preguntar *por qué* es válido el derecho, sino *qué significa* y *cómo sabemos* que es válido[14]. Su propia solución se inclina hacia las teorías psicosociológicas, conforme a las cuales la realidad del derecho radica en su observancia en la práctica[15]. Ello está relacionado con el hecho de que Zitelmann, debido a su orientación filosófica naturalista-positivista, consideró que las afirmaciones sobre la validez del derecho carecen de sentido, en cuanto a su contenido lógico, ya que a esta validez no le corresponde «realidad» alguna en el mundo real. Por ello, trasladó el planteamiento de lo lógico a lo psicológico, preguntándose bajo qué condiciones esta idea de la validez del derecho, en sí misma carente de sentido, surge en el «sujeto cuya percepción funciona correctamente»[16]. Lamentablemente, la radical modificación del planteamiento llevada a cabo por Zitelmann no fue comprendida y ejerció escasa influencia en la evolución posterior. Se siguió preguntando por

14 Zitelmann, *Gewohnheitsrecht und Irrthum*, 1883, p. 452.

15 Op. cit., pp. 454 y ss.

16 Op. cit. pp. 456 y ss., «la validez no es nada por sí sola».

el fundamento de la fuerza obligatoria del derecho, planteamiento que hoy en día vuelve a aparecer en la teoría del derecho de orientación filosófico-cultural, en realidad de impronta iusnaturalista (Radbruch, Binder y otros, vid. *supra* cap. X, 7.)

El único impulso existente en la teoría alemana hacia una correcta comprensión teórico-jurídica del carácter del derecho consuetudinario se halla en relación con el movimiento del derecho libre y se ha producido por influencia inglesa (vid. a continuación). A. S. Schultze ha sido el primero en Alemania en definir el derecho consuetudinario como derecho de creación judicial. En unos estudios históricos sobre los tribunales de escabinos medievales, muestra cómo era tarea de los «escabinos» *identificar* cuál era en cada caso el derecho. En el desempeño de este cometido, no estaban vinculados a autoridad externa alguna, sino que podían buscar el derecho en las costumbres, en las tradiciones orales, creencias y supersticiones, refranes y sentencias bíblicas; podían invocar a Adán y Eva, Caín, Cam y Esaú o al «Rey Nemrod de Babilonia»[17]; todo esto no podía considerarse en sí mismo derecho, sino que llegaba a serlo a través de la aplicación y el mandato del juez[18]. Poco tiempo después, Oskar Bülow desarrolló sintéticamente esta concepción[19]; pese a que la prioridad temporal no le corresponde a él, sino a Schultze, en tiempos posteriores esta teoría aparecería asociada a su nombre, pasando desapercibida la aportación de Schultze. En nuestro tiempo, la teoría ha sido desarrollada por Kiß, Oertmann, Manigk y otros[20]. Sin embargo, el dogma positivista de que todo derecho es voluntad del legislador continúa estando tan arraigado en Alemania que hubo que buscar acomodo en la ley a esta forma de creación jurídica, reintroduciendo así el derecho consuetudinario en el sistema deductivo. Esta inserción forzada del derecho consuetudinario en la ley acabará por hacer saltar el marco de ésta y ocultará el carácter originario, no derivado, del derecho consuetudinario (cfr. *supra* cap. IV, 8 nota 72 y ss.)[21].

17 Citado en la introducción al «*Sächsisches Weichbildrecht*», uno de los manuales para escabinos más divulgados. Vid. al respecto, Schultze, *Privatrecht und Prozeß,* 1883, p.103.

18 Op. cit., pp. 104,105 y 106.

19 Bülow, *Gesetz und Richteramt*, 1885.

20 Vid. la visión panorámica *infra,* apartado 6.

21 El § 2 del primer borrador del B.G.B. (*Bürgerliches Gesetzbuch*, el Código Civil alemán) rezaba del modo siguiente: «Las normas jurídicas de derecho consuetudinario son válidas sólo en la medida en que la ley remita al derecho consuetudinario.» Este parágrafo suscitó una viva oposición (Hölder, Gierke, Fischer, Franken, Planck y otros). «Ante la decisión de la segunda comisión de anular el § 2 (P. II, Tomo I, p. 3 y ss.) se decidió incluir en el E.G. una norma sobre el derecho consuetudinario. Sin embargo, durante la delibera-

5. También en Francia, la teoría del derecho consuetudinario refleja la evolución experimentada por la teoría general del derecho. Pese a que la supresión del derecho consuetudinario como fuente había formado parte de los ideales racionalistas codificadores originarios (del mismo modo en que más tarde ocurriría en Alemania), en la redacción definitiva del *Code*, bajo el influjo de Portalis, triunfó una concepción más historicista. De hecho, a los primeros comentaristas ni siquiera se les pasó por la cabeza la idea de excluir el derecho consuetudinario. No fue sino a mediados del siglo pasado cuando, de la mano del estricto legalismo positivista de la *école de l'exégèse*, retornó también la idea codificadora original, de impronta doctrinaria, según la cual la ley es fuente única y originaria de todo derecho. Correspondientemente, respecto del derecho consuetudinario la teoría sostenida era la de la autorización. Sólo a partir de la modernas corrientes del derecho libre se comienza de nuevo a subrayar el carácter y valor independiente del derecho consuetudinario. El curso natural de los acontecimientos habría de llevar a la recepción de la teoría germánico-canónica del derecho consuetudinario, dominante en Alemania. Sin duda, también Gény ha tomado de aquí su doctrina del derecho consuetudinario. Según él, la teoría tradicional alemana ha sido la dominante en la moderna literatura francesa. Lambert constituye una gloriosa excepción, como autor de una de las contribuciones más valiosas —si bien a partir de bases fundamentalmente sociológicas— a la superación de la doctrina germano-canónica. Al respecto, hemos de remitirnos a la exposición de la teoría de Lambert (*supra*, cap. III, 8 y 9). Por desgracia, su doctrina no parece haber ejercido mayor influencia. Sólo algunos autores aislados han percibido la función creadora de derecho del juez, si bien, en la mayoría de las ocasiones, con importantes limitaciones[22].

6. En Inglaterra, la teoría del derecho consuetudinaria ocupa una posición enteramente distinta. También aquí se rindió tributo, durante el siglo XVIII, a la teoría románico-canónica (si bien en la formulación de Blackstone se producía un giro que apuntaba ya hacia la posterior doctrina de Austin), y ciertamente hubo, hasta bien entrada la época moderna, algunos autores aislados que se adhirieron a la teoría de Blackstone; lo esencial, sin embargo, es que desde la época de Austin la concepción con mucho dominante considera al derecho consuetudinario como *judge-made law*. El debate gira en torno a la cuestión de hasta qué punto las costum-

ción sobre el E.G. se rechazaron todas las propuestas positivas y se decidió no incluir norma alguna sobre el derecho consuetudinario.» (P. II, Tomo 6, pp. 359 y ss.) (Planck, *B.G.B. nebst E. G. erläutert,* 3 ed. Tomo I, Berlín 1903, p. 38).

22 Vid. la visión panorámica a continuación.

bres fácticas pueden ser también consideradas como derecho antes de su aplicación concreta por un tribunal; concretamente, en virtud de una regla consuetudinaria de recepción general, creada por los tribunales (cfr. *supra* cap. IV, 8). Ahora estamos ya en condiciones de tomar posición en este debate. Lo decisivo es si cabe identificar, partiendo de las reglas de delegación de carácter consuetudinario, un criterio objetivo e inequívoco que nos permita determinar qué costumbres son vinculantes. Sólo hasta donde alcance lo objetivo e inequívoco llegará también la norma de recepción general; el resto tendrá que ser de nueva creación. De lo cual se desprende que se podría hablar, con cierta propiedad, de que las *special customs* son derecho incluso antes de ser aplicadas por primera vez, dado que el derecho inglés contiene una serie de condiciones para que puedan ser consideradas vinculantes (vid. *supra*, cap. IV, 2). Por otro lado, estas condiciones tienen un carácter tan vago, que su carácter objetivo e inequívoco no suele llevar muy lejos. En el caso de las *general customs* ni siquiera se ha intentado fijar criterios para determinar cuándo son vinculantes. En la medida en que no haya tales criterios objetivos, las costumbres se encuentran, en términos jurídicos, a disposición discrecional del juez, y sólo se convierten en derecho por medio de su aplicación concreta; por lo demás, nos remitimos a la exposición realizada *supra*, cap. IV, 8.

BIBLIOGRAFÍA SOBRE LA TEORÍA DEL DERECHO CONSUETUDINARIO

Visión panorámica

I. ALEMANIA

a) La teoría romántica, de carácter espiritualista y nacionalista, del derecho consuetudinario fue fundada por Savigny y desarrollada por Puchta. Vid. especialmente, Puchta, *Das Gewohnheitsrecht*, Savigny, *System*, Tomo I. Indirectamente relacionados con esta doctrina: Gerber [109a] § 28, nota 1, Pfeiffer [241] p. 41; Stobbe [316] § 22, p. 3; Thöt [322a] §§ 44 y ss. ; en tiempos más recientes, de manera análoga: Schuppe [294] pp. 104, 127-128; Richard Loening [196] pp. 29-29; Anderssen [6] p. 169; Reichel [254] p. 102.

b) La teoría de la escuela histórica *en versión modificada*: se acepta la teoría de Puchta a grandes rasgos, pero se rechaza:

α) su carácter puramente *nacional,* en cuanto que, a la vista del derecho canónico y el derecho internacional se afirma que podrían darse situaciones anormales, en las que no es un todo nacional el que produce el derecho: v. Scheurl [282b]; Unterholzner [329] p. 374; Savigny [280d] I, p. 31; Bluhme [29] p. 33; Geyer [110] pp. 45-46. Especialmente Bruns [43b], p. 396; Ernst Meier [207], pp. 26, 104. Regelsberger [253b], pp. 341-342, 346-348; Harum [129] pp. 7, 26, notas 12 y 42, entre otros muchos.

β) su carácter *espiritualista* consecuente, en tanto que se exige para el surgimiento de un derecho consuetudinario un ejercicio de hecho: Unterholzner [329] p. 376; Mühlenbruch [223], § 38, Nota 2; Bluhme [29], p. 33; Savigny [280d], I, p. 36; Beseler [21a], p. 77; Stahl [306], p. 238; Keller [167], § 1; v. Vangerow [232], § 14, nota;

Kierulff [169], p. 9, nota; Sintenis [300], § 3, nº 9-10; von Wächter [337], § 22; Unger [328], § 5; Hölder [143 d], p. 36; Roth [267], § 44, II; Dernburg [71b], § 28, V; Windscheid, [345b], p. 76; Gierke [111b], p. 164; Boehlau [31], p. 320; Sohm [303], §7, III.

c) La teoría tradicional posterior se desarrolla a partir de una modificación de la teoría histórica que consiste en que el espíritu del pueblo, en cuanto portador de la convicción popular, pasa a un segundo plano, en la medida en que se habla únicamente de la *opinio necessitatis de quienes operan con el derecho*; en cambio, se mantiene la exigencia del uso fáctico: Heilfron [134bis] pp. 20 y ss.; Brie [38c]; Cosack [61] § 8, I, p. 2; Crome [63], § 15, p. 2; Schreuer [292], § 6, III; Endemann [89], § 9, pp. 1-2; Hölder [143e], pp. 53-54; Kohler [173g], p. 106 y ss., y [173f], p. 74; Manigk [202], pp. 214, 245, 247; Hatschek [131c], I, p. 13; Hägerström [124], pp. 6-7, con una definición del concepto de opinio necessitatis como la de Dugit; entre otros muchos.

d) En oposición a la teoría espiritualista-iusnaturalista de la escuela histórica, se desarrolla:

α) una teoría del derecho consuetudinario de carácter *sociológico-psicologista*: Harum [129], pp. 18-20; Sturm [318], pp. 4-5, 9, 27; Frenzel [104], pp. 19, 27-29, 67-68; Ehrlich [83c], pp. 38, 28, y [83a], pp. 68 y ss. 382 y ss.; Kornfeld [175a], p. 74; Spiegel [305], pp. 18, 26, 27, 38, 57; Sinzheimer [301], pp. 20 y ss.;

β) una teoría del derecho consuetudinario *positivista*, la «teoría de la autorización»: Kierulff [169], p. 13 con nota; Schmid [287], p. 224; Bruns [43a], p. 224 y [43b], p. 399; Reyscher [257], p. 37; Ernst Maier [207], p. 24; Binding [27], pp. 200 y ss.; Herzfelder [139], pp. 149-150; Rümelin [271b], p. 186; Bruno Schmidt [288], pp. 2, 29-30, 59; Laband [178], p. 75; Gareis [107], § 10, § 48, I; Lasson [184], pp. 412-413; Walter Jellinek [157], pp. 177 y ss.; Nawiasky [229], pp. 341-342; Seydel [298], p. 13; Pfenninger [241bis]; Gmür [114], p. 82 y ss.; - vid. además *infra*, bajo e).

e) Se apoyan en una doctrina del derecho consuetudinario *de corte teó-*

rico-jurídico como derecho de *creación judicial*, aunque en la mayoría de los casos «basándolo» en una delegación de la ley: Kiß [171b], p. 486; Oertmann [235a], p. 17 y [235b], p. 80; Aug. S. Schultze [293], pp. 55 y ss., 95, 97 y ss.; Bülow [46]; en parte Manigk [202], pp. 120, 123; M. E. Meyer [215], p. 60; Kelsen [168c], pp. 99 y ss.; Danz [67b] y [67c].

II. FRANCIA

a) Los autores más antiguos se adhieren en su mayor parte a una «*teoría de la autorización*» de corte positivista: Delisle [69], p. 21; Oudot [236], p. 66; La Bigne de Villeneuve [25], p. 2; Huc [150], pp. 58-60; Baudry-Lacantinerie [12], p. 6; Eschbach [90], p. 27.

b) Después de Gény se asume por lo general, en época más reciente, la *tradicional teoría romano-germánica* (uso y *opinio necessitatis*): Gény [108],I, 361 y ss.; Aubry et Rau [10], p. 3; Beudant [22], p. 61; van Bemmelen [17], p. 29; Esmein [91a], p. 533; Brocher de la Flechère [39], p. 581; Capitant [49], pp. 46-47; Picard [243a], pp. 121, 123; May [205], p. 35; Planiol [244], p. 3.

c) Sobre Lambert, vid. el presente capítulo y *supra*, cap. III, 8-9.

III. INGLATERRA

a) La teoría germánico-canónica fue la mantenida en general en la época de Blackstone; posteriormente sólo ya la sostuvieron algunos autores aislados: Blackstone [28], pp. 64 y ss.; Stephen [311]; Carter [52b], pp. 183 y ss. y [52a], pp. 758-759; Clark [56], pp. 152, 332; Greer [120], p. 158;

b) La doctrina dominante considera el derecho consuetudinario como *judge-made law*; el fundador de esta teoría fue Austin [11], pp. 551 y ss.

α) De manera plenamente coincidente con Austin: Dillon [72], p. 5; Markby [203], pp. 11, 45; Cardozo [50], p. 131; Amos [5], pp. 52-53; Willoughby [343], p. 175; Gray [119], p. 283;

β) Algunos autores suponen que la costumbre es ya derecho antes de su aplicación concreta, basándose para ello en una delegación general de creación judicial: Holland [144], pp. 60-61; Brown [42], pp. 310, 313, 329; Salmond, *Jurisprudence*, 3ª ed., 1910, pp. 156 y ss.

γ) La Jurisprudencia historicista ha criticado la teoría del derecho consuetudinario en lo que se refiere a los Estados primitivos, vid. en particular Maine [201b], pp. 342-392.

7. Cuanto aquí se ha dicho de la *costumbre*, vale también (*mutatis mutandis*) para la ciencia, la naturaleza de la cosa, el sentimiento jurídico,

el derecho hallado por vía sociológica y, en general, para *todo aquello* a lo que se considere como fuente *no positiva, determinada por su contenido*. Al igual que la costumbre, estos factores no designan fuentes del derecho o normas jurídicas independientes, sino, más bien, meras circunstancias fácticas que pueden llegar a incidir de manera determinante en la creación judicial del derecho; de la misma manera que podría incidir de modo determinante en la averiguación del derecho por los «escabinos» medievales la declaración atribuida al «Rey Nemrod de Babilonia». Sólo se convierten en derecho a partir de su inserción en un sistema, a partir de su aplicación por un juez o por alguna otra instancia; cfr. *supra*, cap. XI, 4c.

Lo mismo puede decirse de la *integración analógica* de la ley (del escalón supraordenado), ya se trate de analogia legis o *analogia iuris*, del espíritu de la ley, de los juicios de valor que le son inherentes y de otros criterios cuasipositivos semejantes. Todos ellos son expresiones que se utilizan para ocultar la actividad creadora del juez. Vid. al respecto, con más detalle, *supra,* caps. IV, 6 y 8; XI, 4c; XII, 2.

Para concluir, lo que acaba de señalarse es aplicable también a la interpretación de la ley (del escalón supraordenado), en cuanto trascienda a una mera determinación lógico-gramatical de su significado abstracto. Ello es extensivo a la aplicación de reglas interpretativas —que en su condición de elementos del sistema han de aparecer necesariamente como derecho positivo (ley o costumbre)—, en la medida en que alcanzan la univocidad objetiva de éste. Más allá de estos límites, el derecho sólo es creado a través de su determinación en el escalón inferior. Cfr. *supra*, cap. XIII, 5 y 6.

BIBLIOGRAFÍA

1. Acollas, *L'idée du droit,* Paris,1886.

2. Adickes, Frank, *Zur Lehre von den Rechtsquellen*, 1872.

3a. Affolter, A., «Zur Normentheorie», *Archiv für öffentliches Recht*, tomo 23, 1908.

— 3b. -«Rechtsbegriffe und Wirklichkeit», *Archiv für öffentliches Recht*, tomo 21, 1907.

— 3c. -«Der Rechtssatz und seine Geltung», *Grünhuts Z.*, tomo 18, 1891.

4. Ahrends, H., *Naturrecht*, tomo I, 1870.

5. Amos, A., *Sistematic View of the Science of Jurisprudence,* Londres,1872.

6. Anderssen, Walter, Das Gewohnheitsrecht, *Grünhuts Z.*, tomo 37, 1910.

7a. Anschütz, Gerhard, *Kritische Studien zur Lehre vom Rechtssatz und formellen Gesetz*, Halle, 1891.

— 7b. V. nº 216a.

8a. Arndt, Adolf, «Das Reichgericht und die Begriffe "Gesetz"- und "Verwaltungsvorschriften"», *Verwaltungsarchiv*, tomo 13, 1905.

— 8b.-*Das Verordnungsrecht*, Berlin-Leipzig, 1884.

9. Arnold, Wilhelm, Recht und Wirtschaft nach geschichtlicher Ansicht, Basilea, 1863.

10. Aubry et Rau, *Cours de Droit civil français*, tomo 1, Paris, 1869.

11. Austin, John, *Lectures on Jurisprudence*, London,1879.

12. Baudry-Lacantinnerie, G., *Précis de Droit civil*, tomos 1 y 2, Paris, 1882.

13. Baumgarten, Arthur, *Die Wissenschaft vom Recht und ihre Methode*, tomos II a III, Tübingen, 1922.

14. Beal, Edv., *Cardinal Rules of Legal Interpretations*, London, 1924.

15. Beaussire, Emile, *Les principes du droit,* Paris,1888.

16. Bekker, Immanuel, *Über den Streit der historischen und der philosophischen Rechtsschule* (discurso), 1886.

17. BEMMELEN, P. Van, «Les notions fondamentales du droit civil» *Verhandelingen der Koninklijke Akademie van Wtetnschappen te Amsterdam*, Afdeeling Letterkunde, Deel I, nº I), Amsterdam, 1892.

18. BERGBOHM, Karl, *Jurisprudenz und Rechtsphilosophie*, tomo I, Leipzig, 1892.

19 a. BEROLZHEIMER, Fritz, «Grundprobleme der Rechts-und Wirtschaftphilosophie samt der Soziologie»... *Archiv für Recht- und Wirtschaftsphilosophie*, tomo III.

— 19b. *Zum Methodenstreit in der Rechtsphilosophie der Gegenwart*, [ibid., tomo III].

— 19c. *Die Gefahren einer Gefühlsjurisprudenz in der Gegenwart. Rechtsgrundsätze für freie Rechtsfindung*. Berlin-Leipzig, 1911.

— 19d. *System der Rechts-und Wirtschaftsphilosophie*. Tomo III. München, 1906.

20. BERTHÉLEMY, H., «Le fondement de l'autorité politique», *Revue de droit public, XXXII* (1915).

21a. BESELER, Georg, *Volksrecht und Juristenrecht*. Leipzig, 1843.

— 21b. -*System des gemeinen deutschen Privatrechts*, I. Leipzig, 1847.

22 a. BEAUDANT, Ch., *Cours de Droit civil français*. Publié par son fils Robert Beaudant. Introduction. Paris, 1896.

— 22 b. *Le droit individuel et l'Etat,* 3ª ed., 1920.

23. BEYER, Bruno, *Einführung in die Probleme des staatlichen Rechts*. 1918.

24a. BIERLING, Ernst Rudolf, *Juristische Prinzipienlehre*. Tomos I a IV. Freiburg-Leipzig-Tübingen, 1894-1917.

— 24b. *Zur Kritik der juristischen Grundbegriffe*. Gotha, 1877.

25. BIGNE DE VILLENEUVE, Marcel de la, *Elements de droit civil*, I, Paris, 1883.

26a. BINDER, Julius, *Philosophie des Rechts*, Berlin, 1925.

— 26b. -*Rechtsnorm und Rechtspflicht*, Leipzig, 1912.

— 26c. -*Der Wissenschaftscharakter der Rechtswissenschaft*, Kantsstudien, tomo 25, 1920.

27. BINDING, Karl, *Handbuch des Strafrechts*, I, Leipzig, 1885.

28. BLACKSTONE, William, *Commentaries on the Laws of England*, Oxford, 1765.

29. BLUHME, *Enzyklopädie der in Deutschland geltenden Rechte*, Bonn, 1847.

30. Bluntschli, *Deutsches Privatrecht*, München, 1864.

— 30b. -*Die neueren Rechtsschulen der deutschen Juristen überhaupt und die historische Schule insbesondere*, Hallische Jahrbücher, 1839.

31. Boehlau, H., *Mecklenburgisches Landrecht*, I, Weimar, 1871.

32.Boistel, *Cours de philosophie du droit*, I y II, Paris, 1899.

33a. Bonnecasse, Julien, *La Thémis (1819-1831), son fondateur, Atanase Jourdan*, Paris, 1914.

— 33b. -*La notion du Droit en France au XIXe siècle.*

34. Bordier, *A.*, *Vie des societés,* Paris,1887.

35a. Bornhak, Conrad, *Allgemeine Staatslehre*. Berlin, 1909.

— 35b. -Preuss. *Staatsrecht*. I. Breslau, 1911.

36a. Bourgeois, Léon. *Solidarité*. Paris, 1906.

— 36b. -V. nº 92.

37a. Boutroux, Emile, *Science et Religion dans la philosophie contemporaine*. Paris, 1922.

— 37b. -«Germanisme et humanité», *Revue Internationale de l'enseignement*, 1915.

38a. Brie, Siegfried, «Billigkeit und Recht mit besonderer Berücksichtigung der Freirechtsbewegung». *Archiv für Rechts- und Wirtschaftsphilosophie*, III.

— 38b. -*Der Volksgeist bei Hegel und in der historischen Schule*. Berlin-Leipzig, 1909.

— 38c. -*Die Lehre vom Gewohnheitsrecht*, I, *Geschichtliche Grundlegung*, Breslau, 1899.

39. Brocher de la Fléchère, Henri. «Le droit coutumier et la philosophie du droit», *Revue de droit international et de législation comparé,* IX (1877).

40. Brodmann, E., *Recht und Gewalt*. Berlin-Leipzig, 1921.

41. Broom, Herbert, *Philosophy of Common Law*. London, 1883.

42. Brown, W. Jethro. *The Austinian Theory of Law*. London, 1906.

43. Bruns, C. G., «Geschichte und Quellen des Römischen Rechts». *Holtzendorffs Enzyklopädie der RW*, 1882.

— 43 b. -*Das heutige römische Recht*, op. cit.

44. Bryce, James, *Studies in History of Jurisprudence*, 2 vol. Oxford, 1901.

45. Brütt, Lorenz, *Die Kunst der Rechtsanwendung*. Berlin, 1907.

46a. BÜLOW, Oskar. *Heitere und ernste Betrachtungen über die Rechtswissenschaft*. Leipzig, 1901.

— 46b. -*Gesetz und Richteramt*. Leipzig, 1885.

47. BURKHARDT, W., «Verfassungs- und Gesetzesrecht». *Pol. Jahrb. der schweizerischen Eidgenossenschaft*. Bern, 1910.

48. CAMPBELL, *The Science of Law*. Jersey City, 1887

49. CAPITANT, Henri, *Introduction à l'étude du droit civil*. Paris, 1923.

50. CARDOZO, Benjamin N., *The Nature of the Judicial Process*. New Haven, 1921.

51. CARRÉ DE MALBERG, *Contribution à la théorie générale de l'Etat,* I y II. Paris, 1920.

52a. CARTER, James Coolidge, *The Ideal and the Actual in Law*. 24 Am. Law R.1890.

— 52b. -*Law, its Origin, Growth and Function*. New York-London, 1907.

53. CASSIRER, Ernst, *Substanzbegriff und Funktionsbegriff*. Berlin, 1910.

54. CHAN-TOON, The *Nature and Value of Jurisprudence*. Londres, 1889.

55a. CHARMONT, J. «Sources du droit positif à l'époque actuelle», *Revue de metaphysique et de morale,* XV (1906).

— 55b. «La coutume contre la loi», a. St. XXIV (1907).

— 55c. *La renaissance du droit naturel*. Montpellier, 1910.

— 55d. Charmont et Chausse, «Les interprètes du code civil. Le Code civil 1804-1904», *Livre du centenaire* I, Paris,1904.

56. CLARK, E. C. *Practical Jurisprudence. A comment on Austin*. Cambridge, 1883.

57. CLARKE, R. Floyd, *The Science of Law and Lawmaking*. New York, 1898.

58. COHEN, Herman, *The Origins of Order and Law*. London, 1923.

59. COHEN, Hermann, *Ethik des reinen Willens*. Berlin, 1921.

60. COLDSTREAM, John P., *The development of the teaching of law in the University of Edinburg*. Edinburg, 1884.

61. COSACK, Konrad, *Lehrbuch des deut. Bürgerl. Rechts*, I, 1913.

62a. COURCELLE-SENEUIL, J. C. *Etudes sur la science sociale,* Paris,1862.

— 62b. «De la déclaration des droits de l'homme», *Seances et travaux de l'Académie de Sciences morales et politiques. Compte rendu*. 50° anné; Nouvelle Série t. 34; t. 134 de la collection, 1890.

63. CROME, Carl, *System des bürgerl. Rechts*, I. Tübingen-Leipzig, 1900.

64. CRUET, Jean. *La vie du droit et l'impuissance des lois. Paris,* 1908.

Danz, *Richterrecht*, 1912; *Einführung in die Rechtsprechung*, 1912

65. CUNOW, Heinrich, *Die Marxsche Geschichts-, Gesellschafts-, und Staatstheorie*, I y II. Berlin, 1921.

66a. DAHN, Felix, Zur Lehre von der Rechtsquellen, insbesondere vom Gewohnheitsrecht. *Z. f. die deutsche Gesetzgebung*, tomo VI (1872).

— 66b. -Vom Wesen und Werden des Rechts. *Z. f. vergleichende RW*, tomos II y III (1880, 1881).

— 66c. -*Über den Begriff des Rechts* (discurso). Leipzig, 1895.

— 66d. -*Die Vernunft im Recht*. X. Berlin, 1879.

67a. DANZ, Erich, *Die Auslegung der Rechtsgeschäfte*. Jena, 1911.

— 67b. -*Richterrecht*. Berlin, 1912.

— 67c.-*Einführung in die Rechtsprechung*. Jena, 1912.

68. DAVY, Georges, *Le droit, l'idéalisme et l'experiénce. Paris,* 1922.

69. DELISLE, *Traité de l'interprétation juridique,* I y II. *Paris,* 1849

69 bis. DEMOGUE, René, *Les notions fondamentales du droit privé*. Paris, 1911.

70. DEMOLOMBE, C. *Cours de Code civil*, I. Paris, 1911.

— 71a. DERNBURG, Heinrich, *System des römischen Rechts*, I. Berlin, 1911.

— 71b. -*Das bürgerl. Recht*, I. Halle, 1906.

72. DILLON, John F., *The Laws and Jurisprudence of England and America.* Boston, 1894.

73. DITTMANN, *Der Begriff des Volksgeistes bei Hegel*. Leipzig, 1909.

74. DOHNA, Alex, Graf zu, «Die Problemstellung der kritischen Rechtstheorie in ihrem Gegensatz zum Naturrecht und zur historischen Rechtsschule». *Inter. Wochenschr.*, I (1907).

75. DRESLER, Carl, *Über das Verhältnis des Rechts zum Gesetze*.

76a. DUGUIT, Léon, *L'Etat, le droit objectiv et la loi positive. Paris,* 1901.

— 76b.-*Les transformations générales du droit privé. Paris,* 1920.

— 76c.-*Traité de droit constitutionnel,* 2ª ed., Paris, 1921.

— 76d.-*Les transformations du droit public. Paris,* 1913.

— 76e. -*Souveranité et liberté. Leçons faites à l'University Columbia,* 1920-1921. Paris, 1922.

77. DURKHEIM, «Cours de science sociale», *Revue intern. de l'enseignement,* 8° año. Paris, 1888.

78. DRYOFF, Anton, «Rechtssetzung und Gesetz zunächst nach bayerischem Staatsrecht», *Annalen des deutschen Reichs (Hirths)*, 1889.

79. DRYSSEN, Carl, *Bergson und die deutsche Romantik*. Marburg, 1922.

80. EASTWOOD, R. A. *A Brief Introduction to Austins Theory of Positive Law and Sovereignity. Londres,* 1916.

81. EHRENBERG, Victor, *Herders Bedeutung für die RW* (discurso). Göttingen, 1903.

82. EHRHARDT, Eugène. *La notion du droit et le Christianisme, I. La Crise actuelle de la Philosophie du Droit.* Paris, 1908

83a. EHRLICH, Eugen, *Grundlegung* der *Soziologie des Rechts*. München-Leipzig, 1913.

— 83b. -«Soziologie und Jurisprudenz». *Die Zukunft*, n° 54 (Berlin, 1906).

— 83c. -*Die Tatsachen des Gewohnheitsrechts* (discurso). Leipzig-Wien, 1907.

— 83d. -*Beiträge zur Theorie der Rechtsquellen*, I. Berlin, 1902.

— 83e. -*Lücken im Recht*. Juristische Blätter, 1888.

84. EICH, Franz, *Gewohnheitsrecht und Gewohnheitsrechtstheorien*. Geldern, 1896.

85. EICHLER, Hans, Vom Dürfen und Sollen und vom Wesen des Rechts. *Archiv für Recht- und Wirtschaftsphilosophie*, XVIII.

86. EISELE, Fridolin, Unverbindlicher Gesetzesinhalt. Archiv für civilistische Praxis, LXIX (1885).

87. ELZE, Hans, *Lücken im Gesetz*. München-Leipzig, 1916.

88a. EMGE, C. A., Über den Charakter der Geltungsprobleme in der RW. Archiv für Recht- und Wirtschaftsphilosophie, XIV (1920-1921).

— 88b. -Recht und Philosophie. Zeitschrift für Recht und Philosophie, XIV (1920-1921).

— 88c. -Über die Zusammenhänge zwischen Soziologie und Rechtswissenschaft, einerseits, zwischen Rechtsphilosophie, Geschichtsphilosophie und Religionsphilosophie anderseits. *Archiv für Rechts- und Wirtschaftsphilosophie*, XVII.

89. ENDEMANN, F., *Lehrbuch des bürgerlichen Rechts*, I. Berlin, 1903.

90. ESCHBACH, *Introduction générale à l'étude du droit. Paris,* 1856.

— 91a. ESMEIN, A., «La coutume doit-être reconnue comme source du droit civil français?», Rapport prèsenté à la 1ª Sous-Commission de Revision du Code civil. *Bulletin de la Société d'Etudes legislatives, 4º año, Paris,* 1905.

— 91b.- «La Jurisprudence et la doctrine», *Revue trimestrelle de droit civil,* 1902

— 91c.-*Eléments de droit constitutionnel*, I. Paris, 1921.

92. «Essai d'une Philosophie de la Solidarité». *Conferénces et Discussions. Présidées par L. Bourgeois et Alfred Croiset.* Ecole des Hautes Etudes Sociales, 1901-1902. Paris, 1902.

93. FALCKENBERG, R., *Geschichte der neueren Philosophie*. Berlin-Leipzig, 1921.

94. FENET, *Recueil complet des travaux préparatoires du Code civil*, t. I-XIV. Paris, 1836 y ss.

95. FEUERBACH, Paul Johannes Anselm, *Über Philosophie und Empire.* Landshut, 1804.

96. FINGER, August, *Das Staatsrecht des deutschen Reichs.* Stuttgart, 1923.

97. FISCHER, Kuno, *Geschichte der neueren Philosophie*, tomo 7. Heidelberg, 1899.

98. FLAVIUS, Gnaeus (H.U. Kantorowicz), *Der Kampf um die Rechtswissenschaft.* Heidelberg, 1906.

99. FLEISCHMANN, Max, *Die materielle Gesetzgebung. Handbuch der Politik, I. Berlin-Leipzig, 1920.*

100. FOUILLÉE, Alfred, *L'idée moderne du droit.* Paris, 1913.

101. FRANCK, Ad., *Philosophie du droit civile. Paris,* 1886.

102. FRANK, Reinhard, *Naturrecht, geschichtliches Recht und soziales Recht.* Leipzig, 1891.

103. FRANKEN, Alex, *Romanisten und Germanisten.* 2 Vorträge. Jena, 1882.

104. FRENZEL, Georg, *Recht und Rechtssätze.* Leipzig, 1892.

105a. FUCHS, Ernst, *Juristischer Kulturkampf.* Karlsruhe, 1912.

— 105b. -*Recht und Wahrheit in unserer heutigen Justiz.* Berlin, 1908.

106a. GANS, Ed. *Über die Grundlage des Besitzes.* Berlin, 1839.

— 106b. -*Das Erbrecht in weltgeschichtlicher Entwicklung*, I. Berlin, 1824.

107a. GÉNY, François, *Méthode d'interprétation et sources du droit privé positif.* Paris, 1919.

— 107b. *Science et technique en droit privé positiv.* I, Paris, 1914; II, 1915; III, 1921; IV, 1925.

109a. GERBER, C. F., *System des deutschen Privatrechts*, 1886.

— 109b. -*Zur Charakteristik der deutschen Rechtswissenschaft* (discurso). Tübingen, 1851.

110. GEYER, A., Philosophische Einleitung in die Rechtswissenschaft. *Holzendorffs Enzyklopädie der Rechtswissenschaft*, 1882.

111a. GIERKE, Otto, *Naturrecht und deutsches Recht* (discurso). Frankfurt, 1883.

— 111b. -*Deutsches Privatrecht*, I. Leipzig, 1895.

— 111c. -*Die historische Rechtsschule und die Germanisten* (discurso). Berlin, 1903.

112. GILLIS, Fritz, *Die Billigkeit*. Berlin, 1914.

113a. GLASSON, «Les sources du droit», [op. cit. en nº 62], *Compte rendu*, 1900, t. I; nouvelle série, t. 53; t. 153 de la collection. Paris, 1900.

— 113b. -A. St. Nouvelle série, 46e anné; t. 126 de la collection. Paris, 1886.

114. GMÜR, Max, *Die Anwendung des Rechts nach Art. 1 des schweizerischen Zivilgesetzbuches*, 1908.

115. GNEIST, Rudolf, *Zur Lehre vom Volksrecht, Gewohnheitsrecht und Juristenrecht.*

116. GOLDMANN UND LILIENTHAL, *Das bürgerliche Gesetzbuch systematisch dargestellt*, I. Berlin, 1903.

117. GOADBY, Frederic M., *Introduction to the Study of Law*. London, 1921.

118. GOLDSCHMIDT, Richard, *Kritische Beleuchtung der Übergriffe der historischen Schule und Philosophie in der Rechtswissenschaft*. Berlin-Leipzig, 1886.

119. GRAY, John Chipman, *The Nature and Sources of the Law*. New York, 1909.

120. GREER, F. A., Custom in the Common Law. *9 Law Q. Rewiew. London,* 1893.

121. GROUBER, Alex, «Une théorie psychologique du droit», *Revue trimestrelle de droit civil,* 10e anné (1911).

122. GRUBER, Erwin, *Einführung in die Rechtswissenschaft*. Berlin, 1922.

123a. GUMPLOWICZ, Ludwig, *Allgemeines Staatsrecht*. Innsbruck, 1907.

— 123b. -*Österreichisches Staatsrecht*, 1902.

124. HÄGERSTRÖM, Axel, «Till fragan om den objektive rättens begrepp, I Viljesteorien». *Skrifter utgivna af k. Humanistiska Veteskaps-Samfundet i Upsala 1912*. Upsala-Leipzig, 1917.

125. *Hallische Jahrbücher*. Leipzig, 1883-1840.

126. HÄNEL, Albert, *Studien zum deutschen Privatrecht*, II, 2: Das Gesetz im formellen und materiellen Sinne. Leipzig, 1888.

127. HARING, Johann, *Der Rechts- und Gesetzesbegriff in der katholischen Ethik und modernen Jurisprudenz*. Graz, 1889.

128. HARRISON, Frederic, *On Jurisprudence and the Conflict of Laws*. Oxford, 1919.

129. HARUM, Peter, *Von der Entstehung des Rechts* (discurso). Innsbruck, 1863.

130. HASTIE, W., *Outlines of Jurisprudence, translated and edited from the juristic Encyclopädias of Puchta, Friedländer, Falck and Ahrends*. Edinburg, 1887.

131a. HATSCHECK, Julius, «Konventionalregeln oder über die Grenzen der naturwissenschaftlichen Begriffsbildung im öffentlichen Recht». *Jahrbuch des öffentlichen Rechts der Gegenwart*, III (1909).

— 131b. -*Das Preussische Verfassungsrecht*. Berlin, 1924.

— 131c. -*Deutsches und Preussisches Staatsrecht*, I-II. Berlin, 1922-1923.

132a. HAURIOU, Maurice, «Philosophie du Droit et Science sociale». *Revue du droit public et de la science politique*, 1899, Paris.

— 132b. -«Le droit et l'Allemagne», *Le Correspondant,* sept. 1918.

133. HEARN Will, Edv., *The Theory of Legal Duties and Rights,* London,1883.

134a. HECK, *Das Problem der Rechtsgewinnung* (discurso). Tübingen, 1912.

— 134b. -«Die reine Rechtslehre und die jungösterreichische Schule der Rechtswissenschaft». *Archiv für Civilistische Praxis*, N. F. (1924).

— 134c. *Gesetzesauslegung und Interessenjurisprudenz*. 1914.

134bis. HEILFRON, *Das bürgerliche Recht des deutschen Reichs.*

135. HEILINGER, Alois, *Recht und Macht*. Wien, 1917.

136a. HENRICH, Walter, «Das Sollen als Grundlage der Rechtswissenschaft». *Z. für öffentliches Recht*, tomo II (1919).

— 136b. -*Theorie des Staatsgebietes*. Wien-Leipzig, 1921.

137. HENRY, Alex, *Jurisprudence*. London, 1884.

138. HERRNITT, *Die Staatsform als Gegenstand der Verfassungsgesetzgebung und Verfassungsänderung*. Tübingen-Leipzig, 1900.

139. HERZFELDER, Felix, *Gewalt und Recht*. München, 1890.

140. HEUPGEN, Georges, *L'idée du droit* (discurso). Bruxelles, 1892.

141a. HÖFFDING, Harald, *Den nyere Filosofis Historie*. Kövenhavn, 1921.

— 141b. -*Totalitet som Kategori*. Kövenhavn, 1917.

142. HOHFELD, W. N., *Fundamental Legal Conceptions*. New Haven, 1923.

143a. HÖLDER, E., «Das positive Recht als Staatswille». *Archiv für öffentliches Recht*, tomo 23 (1908).

— 143b. -*Savigny und Feuerbach*. Berlin, 1881.

— 143c. -«Zum allgemeinen Teil des Entwurfes eines bürgerliches Gesetzbuches für das deutsche Reich». *Archiv für Civilistische Praxis*, nº 73 (1888).

— 143d. -*Pandekten*. Freiburg, 1886.

144. HOLLAND, Thomas Erskine, *Elements of Jurisprudence,* Oxford, 1924.

145. HOLMES, Justice, «Path of the Law». *X Harvard Law Rewiew* (Cambridge, Massachussets, 1897).

146. HOPPE, J., *Psychologischer Ursprung des Rechts*. Würzburg, 1888.

147. HUBER, Ernst, *Recht und Rechtverwirklichung. Probleme der Gesetzgebung und der Rechtsphilosophie*. Basel, 1921.

148. HÜBNER, Rudolf, *Jacob Grimm und das deutsche Recht*. Göttingen, 1895.

149a. HUBRICH. «Das Reichsgericht und die Begriffe "Gesetz" und "Verwaltungsvorschriften"». *Verwaltungsarchiv*, tomo 13, 1905.

— 149b.- «Die reichsgerichtliche Judikatur über den Gesetzes- und Verordnungsbegriff nach Preussischem Staatsrecht». *Annalen des deutschen Reichs* (Hirths), 1904.

— 149c. -«Die Grundlagen des monarchischen Staatsrechtes Preussens, insbesondere mit Rücksicht auf den Begriff der gesetzgebenden Gewalt». *Verwaltungsarchiv*, tomo 16 (1908).

150. HUC, Théophile, *Commentaire théorique et pratique 15 du Code civil*, I, Paris, 1892.

151a. HUGO, G., *Lehrbuch eines civilistischen Cursus*. Tomos I, Berlin, 1823 y II, Berlin, 1829.

— 151b. -*Civilistisches Magazin*. Berlin, 1791 y ss.

152. HUSSERL, Edm., *Logische Untersuchungen*, I. Halle, 1900.

153. HUSSERL, Gerhard, *Rechtskraft und Rechtsgeltung*. Berlin, 1925.

154a. IHERING, Rudolf v., *Entwicklungsgeschichte des römischen Rechts*. Leipzig, 1894.

— 154b. -*Geist des römischen Rechts*. Leipzig, 1852.

— 154c. *Der Kampf um's Recht*. Wien, 1852.

— 154d. -«Friedrich Karl von Savigny». *Jahrbuch für die Dogmatik (Gerber, Ihering)*, 5 (1861).

— 154e. -*Entwicklungsgeschichte des römischen Rechts*. Leipzig, 1894.

155. JACOBI, Erwin, Das Verordnungsrecht im Reiche seit dem November 1918. *Archiv für öffentliches Recht*, tomo 39, 1920.

156a. JELLINEK, Georg, *Allgemeine Staatslehre*. Berlin, 1922.

— 156b. -*Gesetz und Verordnung*. Freiburg im Breisgau, 1887.

— 156c. -*Die rechtliche Natur der Staatsverträge*. Wien, 1880.

— 156d. -*Die Lehre von den Staatsverbindungen*. Wien, 1882.

— 156e. -*System der subjektiven öffentlichen Rechte*. Freiburg im Breisgau, 1892.

— 156f. -*Verfassungsänderung und Verfassungwandlung*. Berlin, 1906.

157. JELLINEK, Walter, *Gesetz und Gesetzanwendung und Zweckmässigkeitserwägung*. Tübingen, 1913.

158. JERUSALEM, Franz W., *Soziologie des Rechts*. Jena, 1925.

159. JÈZE, Gaston, *Les principes*. Paris, 1914.

160. JOERGES, Rudolf, *Zur Philosophie der Rechtsquellen*. A., 1924.

161a. JUNG, Erich, *Positives Recht. Ein Beitrag zur Theorie von Rechtsquelle und Auslegung*. Giessen, 1907.

— 161b. *Das Problem des natürlichen Rechts. Leipzig*, 1912.

162. KAHLE, C. M., *Die spekulative Staatslehre*. Berlin, 1846.

163. KALTENBORN, Carl v., *Geschichte des Naturrechts und Völkerrechts*, tomo I. Leipzig, 1848.

164a. KANTOROWICZ, H. U., Rechtswissenschaft und Soziologie (discurso). Tübingen, 1911.

— 164b. -Was ist uns Savigny? *Recht und Wirtschaft*, I. Berlin, 1912.

— 164c. -Volksgeist und historische Rechtsschule. *Historische Zeitschrift*, nº 108. München-Berlin, 1912.

165. KAUFMANN, Erich, *Kritik der neukantischen Rechtsphilosophie*. Tübingen, 1921.

166. KAUFMANN, Felix, *Logik und Rechtswissenschaft*. Tübingen, 1922.

167. KELLER, F. L. v., *Pandekten*. Leipzig, 1861.

168a. KELSEN, Hans, *Rechtswissenschaft und Recht. Erledigung eines Versuches zur Überwindung der «Rechtsdogmatik»*. Wien-Leipzig, 1922.

— 168b. -*Die Lehre von den drei Gewalten oder Funktionen des Staates*. A., 1924.

— 168c. -*Hauptprobleme der Staatsrechtslehre*. Tübingen, 1923.

— 168d. -*Das Problem der Souveränität und die Theorie des Völkerrechts*. Tübingen, 1920.

— 168e. -*Grenzen zwischen juristischer und soziologischer Methode*. Tübingen, 1911.

— 168f. -»Die Rechtswissenschaft als Norm- oder Kulturwissenschaft». *Schmollers Jahrbuch*, 1916.

— 168g. -»Zur Soziologie des Rechts». *Archiv für Sozialwissenschaft und Sozialpolitik*, 1912.

169. KIERULFF, I. F., *Theorie des gemeinen Zivilrechts*. Altona, 1839.

170. KIPP, Theordor, *Geschichte der Quellen des römischen Rechts*. Leipzig, 1909.

171a. KISS, Géza, *Billigkeit und Recht mit bes. Berücksichtigung der Freirechtsbewegung*. A., tomo III.

— 171b. -«Gesetzauslegung und "ungeschriebenes" Recht». *Iherings Jahrbuch*, nº 58, 1911.

— 171c. -«Theorie der Rechtsquellen in der englischen und anglo-amerikanischen Literatur». *Archiv für bürgerliches Recht*, nº 39. 1913.

172. KLEIN, Franz, *Die physischen Quellen des Rechtsgehorsams und der Rechtsgeltung*. Berlin, 1912.

173a. KOHLER, Josef, Recht und Gesetz. *Archiv für Rechts- und Wirtschafts-philosophie*, tomo II, 1917-1918.

— 173b. -*Recht und Richterspruch*. A. St.

— 173c. -«Soziologie und Rechtsphilosophie». A., tomo III.

— 173d. -«Vom Positivismus zum Neu-Hegelianismus». A., tomo III.

— 173e. -Über die Interpretation von Gesetzen. *Grundhuts Zeitschrift*, tomo 13, 1886.

— 173f. -*Lehrbuch der Rechtsphilosophie*. Berlin-Leipzig, 1917.

— 173g. -*Lehrbuch des bürgerlichen Rechts*, tomo I. Berlin, 1906.

174. KORKUNOV, N. M., *General Theory of Law*. Traducción inglesa de W. G. Hastings. Boston, 1909.

175a. KORNFELD, Ignaz, *Soziale Machtverhältnisse*. Wien, 1911.

— 175b. -*Allgemeine Rechtslehre und Jurisprudenz*. Berlin-Leipzig, 1920.

176. KUNTZE, J. E., *Der Wendepunkt der Rechtswissenschaft*. Leipzig, 1856.

177. KUNTZ, Josef, «Besprechung von Fritz Sander, Staat und Recht». *Archiv für öffentliches Recht*, N. F., 1923.

178. LABAND, Paul, *Das Staatsrecht des deutschen Reichs*. Tübingen, 1911.

179. LAMBERT, Eduard, *Etudes de droit commun législatif. Introduction: la fonction du droit civil comparé. Paris, 1903.*

180. LAMPRECHT, K., Herder und Kant als Theoretiker der Geschichtswissenschaft. *Jahrbuch für Nationalökonomie und Statistik*, tomo 14 (1897).

181a. LANDSBERG, Ernst, *Geschichte der deutschen Rechtswissenschaft,* III, 2. München-Berlin, 1910.

— 181b. -Savigny, Biographie en «*Allgemeine deutsche Biographie*», tomo 30 (1890).

182. LAPIE, Paul, *La Justice par l'Etat*. Paris, 1899.

183. LASKINE, «Les transformations du Droit au XIXe siècle». *Revue de metaphysique et* morale, Paris, 1914.

184. LASSON, Adolf, *System der Rechtsphilosophie*. Berlin-Leipzig, 1882.

185. LAUN, Adolf von, *System der Rechtsphilosophie. Berlin-Leipzig, 1882.*

186. LAURENT, F., *Principes du droit civil*, tomo I. Bruxelles-Paris, 1869.

187a. LAZARUS, M., *Über den Ursprung der Sitten*. Berlin, 1867.

— 187b. -[y] H. Steinthal, «Einleitende Gedanken über Völkerpsychologie». *Zeitschrift für Völkerpsychologie und Sprachwissenschaft*, I, 1860.

188. LE FUR, Louis, *L'Etat fédéral et confédérations d'Etats. Paris,* 1896.

189. LENZ, Gustav, *Über die geschichtliche Entstehung des Rechts. Eine Kritik der historischen Schule*. Greifswald-Leipzig, 1854.

190a. LERMINIER, E., *Introduction générale à l'histoire du droit*. Paris, 1835.

— 190b. -*Philosophie du droit.* Paris, *1853.*

191. LEROY, Maxime, *La loi. Essai sur la théorie de l'autorité dans la démocratie*. Paris, 1908.

192. LETOURNEAU, Ch., *L'Evolution juridique dans les divers races humaines*. Paris, 1891.

193. LIGHTWOOD, John M., *The Nature of positive Law*. London, 1883.

194. LIEBERT, Arthur, «Das Problem der Geltung». *Kantstudien, Ergänzungsheft* nº 32, 1914.

195a. LOENING, Edgar, «Die philosophischen Ausgangspunkte der rechtshistorischen Schule». *Int. Wochenschrift*, 1910.

— 195b. -*Festrede*, Dorpat-Universität. 1879. Dorpat, 1880.

196. LOENING, Richard, *Über Wurzel und Wesen des Rechts* (discurso). Jena, 1907.

197. LORIMER, James, *The Institutions of Law.* Edinburg-London, 1880.

198. LÜDERS, William, *Das Gewohnheitsrecht auf dem Gebiete der Verwaltung*. Kiel, 1863.

199. LUKAS, Josef, Zur Lehre vom Willen des Gesetzgebers. Eine dogmengeschichtliche Untersuchung «*Staatsrechtliche Abhandlungen*», tomo I, 1908.

200. MADAY, Andreas v., *Die Entstehung des Rechts*. A., nº 5.

201a. MAINE, Henry Summer, *Ancient Law, its connection with the early History of Society and its Relation to Modern Ideas. London, 1906.*

— 201b. *Lectures on the early History of Institutions. London,* 1875.

202. MANIGK, Alfred, *Savigny und der Modernismus im Recht. Berlin,* 1914.

203. MARKBY, Wiliam, *Elements of Law*. Oxford, 1896.

204. MARTITZ, F. v., «Über den konstitutionellen Begriff des Gesetzes nach deutschem Staatsrecht». *Zeitschrift für die gesamte Staatswissenschaft, 36 (1880).*

205. MAY, Gaston, *Introduction à la science du droit. Paris, 1925.*

206. MEHLIS. *Schellings Geschichtsphilosophie*. Heidelberg, 1907.

207. MEIER, Ernst, *Die Rechtsbildung in Staat und Kirche*. Berlin, 1861.

208. MEJER, Otto, *Die Romantiker und das Recht* (Discurso). Rostock-Malchin, 1859.

209. MENZEL, Adolf, *Kallikles. Eine Studie zur Geschichte der Lehre vom Rechte der Stärkeren*. Wien-Leipzig, 1922.

210. MENZEL, Adolf, *Juristische Enzyklopädie*. Berlin, 1900.

211. MERKEL, Adolf, *Die Lehre von der Rechtskraft*, Leipzig-Wien, 1923.

212a. MERKEL, Adolf, *Die Lehre von der Rechtskraft*. Leipzig-Wien, 1923.

213. MESSER, August, *Die Philosophie der Gegenwart*, Leipzig, 1924.

214. *Méthodes juridiques (Leçon faites au Collège libre des Sciences sociales*, 1910). Paris, 1911.

215. MEYER, Max, Rechtsphilosophie. *Enzyklopädie d. Rechts- und Staatswissenschaft*. Herausgegeben von Kohlrausch und Kaskel, 1922.

216a. MEYER, Georg, *Lehrbuch des deutschen Staatsrechts*. München-Leipzig, 1914 (y 1905).

— *216b.* -«Der Begriff des Gesetzes und die rechtliche Natur des Staatshausetates». *Grünhuts Zeitschrift, VIII (1881).*

217. MEZGER, Edmund, *Sein und Sollen im Recht.* Tübingen, 1920.

218. MICHOUD, Léon, «La personalité et les droits subjectives de l'Etat dans la doctrine française contemporaine», *Festschrift Otto Gierke zum siebzigsten Geburtstag. Weimar,* 1911.

219. MILLER, William Galbraith, *The Data of Jurisprudence.* Edinburg-London, 1903.

220. MIRINESCO, Benone, *L'idée du droit et l'école anglaise* (tesis). Paris, 1905.

221. MOELLER, Ernst v., «Die Entstehung des Dogmas von dem Ursprung des Rechts aus dem Volksgeist». *Mitteilungen des Instituts für österreichische Geschichtsforschung, 30* (1909).

222. MONTESQUIEU, *Esprit des Lois*, 1844,

223. MÜHLENBRUCH, C. F., *Lehrbuch des Pandektenrechts*, I. Halle, 1837.

224. MÜLLER, Eduard, *Friedrich Karl v. Savigny.* Leipzig, 1906.

225. MÜLLER-EISERT, Franz Arthur, *Rechtswissenschaft und Kulturwissenschaft.* Tübingen, 1917.

226. MÜLLER-ERZBACH, Rudolf, Der Durchbruch des Interessenrechts durch allgemeine Rechtsprinzipien. *Iherings Jahrbuch*, nº 53 (1908).

227. MÜLLER, Paul, *Die Elemente der Rechtsbildung.* Leipzig, 1877.

228a. NATORP, Paul, *Philosophie, ihr Problem und ihre Probleme*, Göttingen, 1911.

— 228b. -*Die logischen Grundlagen der exakten Wissenschaften.* Leipzig-Berlin, 1910.

229. NAWIASKY, Hans, *Bayerisches Verfassungsrecht. München*, 1823.

230. NEUMANN, Fr. J., *Volk und Nation. Eine Studie.* Leipzig, 1888.

231. NOACK, L., *Schelling und die Philosophie der Romantik.* Berlin, 1859.

232. NOERERO, H., Compte rendu général du IVe Congres international de Philosophie. Bologne, 6 a 11 Avril, 1911. *Revue de metaphysique et de morale*, 1911.

233a. NUSSBAUM, Arthur, *Die Rechtstatsachenforschung. Ihre Bedeutung für Wissenschaft und Unterricht.* Tübingen, 1914.

— 233b. -«Über Aufgabe und Wesen der Jurisprudenz». *Zeitschrift für sozialwissenschaft*, IX (1906).

234. OECHSLI, *Briefwechsel Johann Kaspar Bluntschlis mit Savigny, Niebuhr, Leopold Ranke, Jakob Grimm und Ferdinand Meyer*. Frauenfeld, 1915.

235a. OERTMANN, Paul, *Rechtsordnung und Verkehrssitte.* Leipzig, 1914.

— 235b. -Staatliche und gesellschaftliche Rechtsbildung. *Archiv für bürgerliches Recht*, 40 (1914).

— 235c. -*Gesetzeszwang und Richterfreiheit* (discurso). Leipzig, 1909.

— 235d. -*Volksrecht und Gesetzesrecht* (discurso). Dresden, 1898.

236. OUDOT, *Philosophie du droit.* Paris, 1846.

237. PATTAI, Robert, *Der Kampf um die Rechtswissenschaft und die Freirechtsbewegung* (discurso). Wien, 1913.

238. PEISER, H., *Das Wesen und der Geist des Rechts*. Berlin, 1906.

239. PERETIATKOWICZ, A. v., Methodenstreit in der Rechtswissenschaft. *Grünhuts Zeitschrift*, n° 39 (1912).

240. PFEIFFER, B. W., *Ideen zu einer neuen Civil-Gesetzgebung für teutsche Staaten.* Göttingen, 1815.

241. PFEIFFER, l., *Das gemeine deutsche Strafrecht der Gegenwart*. 2° Abt. Tübingen, 1860.

241bis, PFENNIGER, Hans Felix, *Übung und Ortsgebrauch im schweizerischen Zivilgesetzsbuch*. Aarau, 1911.

242. PFERSCHE, Emil, Das Problem des Gewohnheitsrechts. *Juristische Vierteljahrschrift*, 27.

243a. PICARD, Edmond, *Les constances du Droit.* Paris, 1921.

— 243b.- *Le droit pur.* Paris, 1908.

244. PLANIOL, Marcel, *Traité Elementaire de Droit Civil*. Paris, 1900.

245a. POLLOCK, Frederik, *A First Book of Jurisprudence*. London, 1923.

— 245b. -*Essays in Jurisprudence and Ethics*. London, 1912.

246a. POST, Albert Hermann, *Der Ursprung des Rechts. Prolegomena zu einer allgemeinen, vergleichenden Rechtswissenschaft*. Oldenburg, 1876.

— 246b. -*Einleitung in einer Naturwissenschaft des Rechts*. Oldenburg, 1872.

— 246c. -*Bausteine für eine allgemeine Rechtswissenschaft auf vergleichend-etnologischer Basis*, tomos I y II. Oldenburg, 1880-1881.

— 246d. -*Grundlagen des Rechts und die Gezüge seiner Entwicklungsgeschichte*. Oldenburg, 1884.

247a. POUND, Roscoe, *An Introduction to the Philosophy of Law.* New Haven-London-Oxford, 1922

— 247b. -«Scope and Purpose of Sociological Jurisprudence». Nº 24 *Harvard Law Revue* y *25 H. L. R. Cambridge*, Massachussets, 1911 y 1912.

248a. PUCHTA, Georg Friedrich, *Das Gewohnheitsrecht*, parte I (1828) y II (1837). Erlangen.

— 248b. -*Cursus der Institutionen.* Leipzig, 1883.

— 248c. -*Pandekten.* Leipzig, 1863.

— 248e. -*Kleine civilistische Schriften.* Leipzig, 1851.

— 248f. -*Vorlesungen über das heutige römische Recht*, tomo I. Leipzig, 1862.

— 248g. -*Enzyklopädie...* Leipzig-Berlin, 1825.

249. PUNTSCHART, V., *Friedrich Karl v. Savigny.* Discurso conmemorativo. Innsbruck, 1879.

250. PULZSKY, Augustus, *The Theory of Law and Civil Society.* London, 1888.

251. RADBRUCH, Gustav, *Grundzüge der Rechtsphilosophie.* Leipzig, 1914.

252. RATTIGAN, W. H., *The Science of Jurisprudence.* London, 1888

253a. REGELSBERGER, Ferdinand, *Pandekten*, tomo I. Leipzig, 1893.

— 253b. -Das Subjekt der Rechtsbildung. *Kritische Vierteljahrschrift*, 4 (1862).

254. REICHEL, Hans, *Gesetz und Richterspruch. Zur Orientierung über Rechtsquellen- und Rechtsanwendungslehre der Gegenwart.* Zürich, 1915.

255. RENARD, Georges, *Le droit, la Justice et la volonté.* Paris, 1924.

256. REUTERSKIÖLD, C. A., *Über Rechtsauslegung.* Upsala Universitets Aarskrift. 1899 Juridik. Upsala, 1899.

257a. REYSCHER, «Über den Zweck dieser Zeitschrift». *Zeitschrift für deutsches Recht und Rechtswissenschaft*, tomo I, 1839.

— 257b. -Daseyn und Natur des deutschen Reichs. [Ibid.].

— 257c. -*Über die Bedürfnisse unserer Zeit in der Gesetzgebung.* Stuttgart und Tübingen, 1828.

258a. RICKERT, Heinrich, *Der Gegenstand der Erkenntnis.* Tübingen, 1921.

— 258b. -*Zur Lehre von der Definition.* Tübingen, 1915.

— 258c. -*Kulturwissenschaft und Naturwissenschaft.* Tübingen, 1921.

259. Ripert, Georges, «Le Droit en Allemagne et la guerre actuelle», *Revue international de l'enseignement,* 1915.

260. Ritchie, David E., *Natural Rights.* London, 1895.

261. Ritter, Eli F., *Moral Law and Civil Lawmaking.* Westerville, Ohio, 1910.

262. Ritter, Karl, *Friedrich Karl von Savigny* (discurso). Praga, 1879.

263. Rogge, Heinz, *Methodologische Vorstudien zu einer Kritik des Rechts. (Versuch einer Kritik des Rechts. Einleitung). Mit einem Geleitwort von Joseph Kohler.* Berlin-Leipzig, *1911.*

264. Roguin, Ernest, *La Science juridique pure, tomos I y II.* Paris-Lausanne, *1923.*

265. Rolin, Henri, *Prolégomènes à la science du droit. Esquisse d'une sociologie juridique.* Bruxelles-Paris, *1911.*

266. Rosenzweig, Franz, *Hegel und der Staat*, tomos I y II. München-Berlin, 1920.

267. Roth, Paul v., *System des deutschen Privatrechts*, tomo I. Tübingen, 1880.

268. Rothe, Tancrède, *Traité de Droit Naturel, tomos I y II.* Paris, 1885.

269. Rückert, Ludwig, *Der Begriff des gemeinen deutschen Privatrechts*, 1857.

270. Rudorff, «Friedrich Karl v. Savigny». *Zeitschrift für Rechtsgeschichte*, II (1863).

271a. Rümelin, Gustav, *Werturteile und Willensentscheidungen im Zivilrecht* (discurso), 1891.

— 271b. -Das Gewohnheitsrecht. *Ihering Jahrbuch für Dogmatik*, n° 27 (1889).

272. Ruyssen, Th., «La force et le droit». *Revue de metaphysique et de moral*, 1914.

273. Sadler, Gilbert F., *The relations of Custom to Law.* London, 1919.

274a. Saleilles, R., «Ecole historique et droit naturel». *Revue trimestrelle de droit civil*, año I, 1902.

— 274b. - «Le Code civil et la méthode historique. Le Code civil, 1804-1904». *Livre du centenaire*, t. 1. Paris, 1904.

275. Salmond, John, *Jurisprudence.* London, 1924.

276. Salomon, Max, *Grundlegung zur Rechtsphilosophie.* Berlin, 1925.

277a. Sander, Fritz, «Das Recht als Sollen und das Recht als Sein». *Archiv für Rechtsphilosophie*, n° 17.

— 277b. -Rechtsdogmatik oder Theorie der Rechtserfahrung. *Kritische Studie zur Rechtslehre Hans Kelsens*. Leipzig, 1921.

278. SAUER, Wilhelm, *Übersicht über die gegenwärtigen Richtungen in der deutschen Rechtsphilosophie*. Berlin-Grünewald, 1924.

279. SAUERLÄNDER, J. D., «Zur Widerlegung der Rechtsquellenlehre». *Zeitschrift für deut. R.*, nº 13. Leipzig, 1919.

280a. SAVIGNY, Friedrich Karl v., *Vom Beruf unserer Zeit für Gesetzgebung und Rechtswissenschaft*. Heidelberg, 1840.

— 280b. -«Über den Zweck dieser Zeitschrift». *Zeitschrift für geschichtliche Rechtswissenschaft,* tomo I, 1815.

— 280c. -«Recension von Th. Gönner». *Über Gesetzgebung und Rechtswissenschaft in unserer Zeit*. A. St.

— 280d. -*System des heutigen römischen Rechts*, tomo I. Berlin, 1840.

— 280e. -*Der zehnte Mai 1788*. Berlin, 1838.

281a.-SCHELLING, *Werke*, tomo I. Berlin, 1832.

— 281b. -*Von der Weltseele*, 1857.

— 281c. -*Vorlesungen über die Methode des akademischen Studiums*. Tübingen, 1803.

282a. -SCHEURL, *Einige Worte über Friedrich Carl v. Savigny* (discurso). Erlangen, 1850.

— 282b. -«Kirchliches Gewohnheitsrecht». *Doves Zeitschrift für Kirchenrecht*, 2 (1862).

283. SCHLOSSER, Johann Georg, *Briefe über die Gesetzgebung*. Frankfurt, 1789.

284. SCHMID, Aug., *Die Gewalt als Grundlage des Rechts. Eine Betrachtung über die Tatsachenblindheit der Friedenstheoretiker*. Basel, 1917.

286. SCHMID, Karl Ernst, *Deutschlands Wiedergeburt*. Jena, 1814.

287. SCHMID, Reinhold, *Theorie und Methodik des bürgerlichen Rechts*. Jena, 1848.

288. SCHMIDT, Bruno, *Das Gewohnheitsrecht als Form des Gemeinwillens*. Leipzig, 1899.

289. SCHMIDT, Richard, *Einführung in die Rechtswissenschaft*. Leipzig, 1923.

290. SCHOEN, Paul, *Die formellen Gesetze. Handbuch der Politik*, tomo I. Berlin-Leipzig, 1920.

291. SCHREIER, Fritz, *Grundbegriffe und Grundformen des Rechts*. Leipzig-Wien, 1924.

292. SCHREUER, Hans, *Deutsches Privatrecht*. Stuttgart, 1921.

293. SCHULTZE, August, *Privatrecht und Prozess...* Freiburg im Breisgau-Tübingen, 1883.

294. SCHUPPE, WILHELM, *Das Gewohnheitsrecht*. Breslau, 1890.

295. SEIDLER, Gustav, *Budget und Budgetrecht*. Wien, 1885.

296a. SEITZ, C. J., *Das praktische Bedürfnis der Rechtsform gegenüber der historischen Schule*. Erlangen, 1865.

— 296b. -*Die praktische Rechtsschule im Entwicklungskampf mit den bisherigen doktrinären, historischen und Natur-Rechtsschulen*. München, 1895.

297. SELIGMANN, Ernst, *Beiträge zur Lehre von Staatsgesetz und Staatsvertrag*. Tomo I, Begriff des Gesetzes. Berlin-Leipzig, 1886.

298. SEYDEL, Max, *Grundzüge einer allgemeinen Staatslehre*. Würzburg, 1853.

299. SIMMEL, Georg, *Einleitung in die Moralwissenschaft*. Neudruck. Stuttgart-Berlin, 1904, tomos I y II.

300. SINTENIS, C. *Das praktische gemeine Civilrecht*. Tomo I. Leipzig, 1868.

301. SINZHEIMER, Hugo, *Die soziologische Methode in der Privatrechtswissenschaft* (discurso), München, 1909.

302. SMITH, Will C.,«The Sources of Scot Law». *16 Juridical Review* Edinburg, 1904.

303. SOHM, Rudolf, *Institutionen...*, München-Leipzig, 1923.

304a. SOMLÓ, Felix, *Das Verhältnis von Soziologie und Rechtsphilosophie, insbesondere die Förderung der Rechtsphilosophie durch die Soziologie*. A., nº 4 (1910-1911).

— 304b. *Juristische Grundlehre*, Leipzig, 1917.

305. SPIEGEL, Ludwig, *Gesetz und Recht. Vorträge und Aufsätze zur Rechtsquellentheorie*. München-Leipzig, 1913.

306. STAHL, F. J., *Die Philosophie des Rechts*, tomos II (1854) y I (1830).

307a. STAMMLER, Rudolf, *Rechts- und Staatstheorien der Neuzeit. Leitsätze zu Vorlesungen. Leipzig, 1917.*

— 307b. -*Lehrbuch der Rechtsphilosophie*. Berlin-Leipzig, 1922.

— 307c. -*Wirtschaft und Recht nach der materialistischen Geschichtsauffassung*. Leipzig, 1914.

— *307d.* -«Über die Methode der geschichtlichen Rechtstheorie». *Festgabe zu B. Windscheids Doktorjubiläum.* Halle, 1888.

308. STAMPE, Ernst, *Die Freirechtsbewegung* (discurso), Berlin, 1911.

309. Stark, Bernhard, *Die Analyse des Rechts. Beschreibung der Rechts-dinge auf Grundlage der Psychophysiologie des Organismus*. Wien-Leipzig, 1916.

310. STEINTHAL, H. M., LAZARUS UND H. ST. Einleitende Gedanken über Völkerpsychologie ,en *Z. f. Völkerpsychologie und Sprachwissenschaft*, 1. Berlin, 1860.

311. STEPHEN, Henry John, *New Commentairies on the Laws of England, vol. 1*. London, 1841.

312. STERN, Jacques, *Thibaut und Savigny*. 1914.

313. STERNBERG, Theodor, *I. H. von Kirchmann und seine Kritik der Rechtswissenschaft*. Berlin-Leipzig, 1908.

314. STIER-SOMLÓ, Fritz, *Die Volksüberzeugung als Rechtsquelle* (discurso). Berlin, 1900.

315. STINTZING, R. v., *Macht und Recht* (discurso). Bonn, 1876.

316. STOBBE. *Handbuch des deutschen Privatrechts*. Berlin, 1893.

317. STOLL, Adolf, *Friedrich Karl v. Savignys sächsische Studienreise*, 1799-1800. Leipzig, 1891.

318. STURM, August, *Revision der gemeinrechtlichen Lehre vom Gewohnheitsrecht*. Leipzig, 1900.

319.TARDE, G., *Les transformations du droit,* Paris, 1922.

320. TEZNER, Friedrich, «Konventionalregeln und Systemzwang». *Grünhuts Z.*, nº 42 (1916).

321a. THIBAUT, A. F. I., *Über die Notwendigkeit eines allgemeinen bürgerlichen Rechts für Deutschland*. Heidelberg, 1814. Neue Ausgabe, Heidelberg, 1840.

— 321b. -*Über die sogennante historische und nicht-historische Rechtschule*. Heidelberg, 1838.

322a. THÖL, H., *Einleitung in das deutsche Privatrecht*. Göttingen, 1851.

— 322b. -*Volksrecht, Juristenrecht, Genossenschaften, Stände, Gemeines Recht*. Rostock-Schwerin, 1846.

323. THOMSON, Alex, «Historical and Philosophical Methods in Jurisprudence». *Juridical Review*, 7 (1895).

324. THON, August, *Rechtsnorm und subjektives Recht*. Weimar, 1878.

325. TOUILLIER, *Le droit civil français*. Bruxelles, 1829.

326. TOURTOULON, Pierre de, *Principes philosophiques de l'histoire du droit*, t. I. Paris-Lausanne, 1908.

327. TREITSCHKE, H., *Deutsche Geschichte im XIX Jahhundert*, Tomo I, Leipzig, 1879.

328. UNGER, Joseph, *System des österr. alg. Privatrechts*. Tomo I. Leipzig, 1879.

329. UNTERHOLZNER, «Rezension von Puchta, Gewohnheitsrecht». *Kritische Zeitschrift für Rechtswissenschaft*, 5 (1829).

330. VAIHINGER, Hans, *Die Philosophie des Als-ob*. Leipzig, 1920.

331. VALENSIN. *Traité de droit naturel, I (1922) y II (1925).*

332. VANGEROW, Karl Adolf v., *Lehrbuch der Pandekten*, tomo I. Leipzig, 1876.

333. VAREILLES-SOMMIÈRES, *Les principes fondamentaux du droit*. Paris, 1889.

334a. VERDROSS, Alfred, «Das Problem des freien Ermessens und die Freirechtsbewegung». *Österreichische Zeitschrift für öffentliches Recht*, nº I (1914).

— 334b. -*Die gesellschaftlichen Grundlagen der Völkerrechtstheorie*. A.

335. VINOGRADOFF, Paul, *Historical Jurisprudence*. Oxford, 1923.

336. VISSER, H. L. A., *De collective Psyche in Recht en Staat*, Haarlem, 1916.

337. WÄCHTER, C. G. v., *Pandekten*, tomo I. Leipzig, 1880.

338. WATT, W. A. *An Outline of Legal Philosophy. Edinburg*, 1893.

339. WENZEL, Max, *Juristische Grundprobleme (Begriff des Gesetzes)*. Berlin, 1920.

340. WIELAND, Karl, *Die historische und die kritische Methode in der Rechtswissenschaft*. Leipzig, 1910.

341. WIELIKOWSKI, G. A., *Neukantianer in der Rechtsphilosophie*. München, 1914.

342. WIESER, Friedrich, *Freiherr v. Recht und Macht* (seis discursos). Leipzig, 1910.

343. WILLOUGHBY, Westel Woodbury, *The Nature of the State*. New York, 1896.

344a. WINDELBAND, W., *Die Geschichte der neueren Philosophie*. Leipzig, 1904.

— 344b. -*Präludien*. Tübingen, 1911.

345 a. WINDSCHEID, Bernhard, *Recht und Rechtswissenschaft* (discurso). Greifswalde, 1854.

— 345b. -*Lehrbuch des Pandektenrechts*. Frankfurt am Main, 1906.

— 345c. -*Die geschichtliche Schule in der Rechtswissenschaft*. München, 1858.

346. WIRTH, Karl, *Über den Wendepunkt der Rechtswissenschaft*. München, 1858.

347. WISE, B. R., *Outlines of Jurisprudence*. Oxford, 1918.

348. WUNDT, Wilh, «Über Ziele und Wege der Völkerpsychologie». *Philosophische Studien*. [Editado por W.W.], tomo IV (1888).

349. WÜSTENDOERFER, *Zur Hermeneutik der soziologischen Rechtsfindungstheorie*. A., 9 (1915-1916).

350. ZIRKLER, I. H., *Revision der wichtigsten Lehre des positiven Rechts*. Giessen-Wetzlar, 1807.

351a. ZITELMANN, Ernst, *Lücken im Recht (*discurso*). Leipzig, 1903.*

— *351b.* -«Gewohnheitsrecht und Irrtum». *Archiv für civilistische Praxis*, 66 (1883).

352. ZÖPFL. «Verhältnis des rationalen und nationalen Rechts». *Zeitschrift für deutsches Recht und Rechtswissenschaft*, tomo IV (1842).

353a. ZORN, Phillip, «Zu den Streitfragen über Gesetz und Verordnung nach deutschem Reichstaatsrecht». *Annalen des deutschen Reichs* (Hirths), 1885.

— 353b. -*Gesetz, Verordnung, Budget, Staatsvertrag*. A. St., 1889.

354. ZUCKSWERDT, A., *Die Grundlinien einer Rechtslehre*. Berlin, 1879.